Jutta Heise

DIE GEIGENVIRTUOSIN WILMA NERUDA (1838-1911)
BIOGRAFIE UND REPERTOIRE

Studien und Materialien
zur Musikwissenschaft

Band 70

Jutta Heise
DIE GEIGENVIRTUOSIN WILMA NERUDA (1838-1911)

Georg Olms Verlag
Hildesheim · Zürich · New York
2013

Jutta Heise

Die Geigenvirtuosin Wilma Neruda (1838-1911)
Biografie und Repertoire

Mit einem Anhang:
Edition des Reisetagebuches der Tournee
nach Südafrika (1895)

Für Petra herzlichst von Jutta

20.2.2013 , Hannover

Georg Olms Verlag
Hildesheim · Zürich · New York
2013

Umschlagmotiv:
Wilma Neruda, ca. 1872, Fotografie, Stockholm MM,
Fotoarkievet Skand. Neruda (flera), Nr. 2352.

Das Werk ist urheberrechtlich geschützt. Jede Verwertung außerhalb
der engen Grenzen des Urheberrechtsgesetzes ist ohne Zustimmung
des Verlages unzulässig.
Das gilt insbesondere für Vervielfältigungen, Übersetzungen,
Mikroverfilmungen und die Einspeicherung und
Verarbeitung in elektronischen Systemen.

Die Deutsche Nationalbibliothek verzeichnet diese Publikation
in der Deutschen Nationalbibliografie; detaillierte bibliografische Daten
sind im Internet über *http://dnb.d-nb.de* abrufbar.

Zugl.: Hildesheim, Univ. Diss., 2011

Gedruckt auf säurefreiem und alterungsbeständigem Papier
Umschlaggestaltung: Barbara Gutjahr, Hamburg
Herstellung: BELTZ, Bad Langensalza
Satz: Schauplatz Verlag, Baden-Baden
Alle Rechte vorbehalten
Printed in Germany
© Georg Olms Verlag AG, Hildesheim 2013
www.olms.de
ISBN 978-3-487-14871-7

INHALT

Danksagung VIII

    Biografische Lebensdaten Wilma Nerudas X

I.	**Einleitung**	1
1.	Wilma Neruda – die Geigerin des 19. Jahrhunderts	1
2.	Quellen	2
2.1	*Nachlässe*	2
2.2	*Korrespondenz und autobiografische Aufzeichnungen*	4
2.3	*Stammbuch*	8
2.4	*Bildquellen*	11
2.5	*Konzertprogramme*	11
2.6	*Publizistisches*	13
3.	Zielsetzung der Arbeit	14
4.	Forschungsstand	16
5.	Vorgehensweise	21
II.	**Eine reisende Geigenvirtuosin**	25
1.	Die reisende Musikerfamilie	25
1.1	*Das Wunderkind mit der Geige*	25
1.2	*Erste Reisen 1847-1850*	34
1.3	*Abenteuer Russland 1849-1861*	42
1.4	*Eltern*	47
1.5	*Geschwister*	54
2.	Jugendtourneen nach Skandinavien 1861-1864	72
2.1	*Schweden*	72
2.2	*Dänemark*	82
2.3	*Organisation der Reisen*	89
2.4	*Lebensumstände während der Reisen*	91
3.	Familie und Karriere. Stockholm 1864-1869	95
3.1	*Ehe, Kinder und Konzerte*	95
3.2	*Unterrichtstätigkeiten*	97

3.3	*Eheliche Kammermusikgemeinschaft*	102
3.4	*Beginn einer eigenständigen Karriere*	105
4.	Aufbau eines Profils. England 1869-1900	110
4.1	*Ständig unterwegs*	110
4.2	*Feste Größe im englischen Musikleben*	116
4.3	*Öffentliche Würdigung*	124
4.4	*Zusammenarbeit mit Charles Hallé*	140
4.5	*… und weiter reisend*	144
4.6	*Schicksalsschläge*	151
5.	Mit der Geige zu fernen Kontinenten – Wilma Neruda erspielt die Welt	157
5.1	*Vorbemerkungen*	157
5.2	*Australien 1890/1891*	158
5.3	*Südafrika 1895*	202
5.4	*Amerika 1899*	208
6.	Spielen bis zum letzten Atemzug. Berlin 1900-1911	213
III.	**Leben und Karriere unter Genderperspektive**	225
1.	Musikerfamilie	225
2.	Wilma Neruda als Ehefrau und Mutter	229
2.1	*Ehe mit Luvig Norman*	229
2.2	*Ehe mit Charles Hallé*	240
3.	Beruf Geigerin	246
3.1	*Berufschancen in vorurteilsvoller Zeit*	246
3.2	*Vorbilder und Mentoren*	254
3.3	*Schrittmacherin und Vorbild Wilma Neruda*	256
3.4	*Wilma Neruda – ein weiblicher Virtuose*	261
4.	Frauen und Reisen	269
4.1	*Wunderkind*	269
4.2	*Jugendtourneen*	271
4.3	*Allein auf sich gestellt*	272
5.	„Geigenfee" – „Violinmeisterin"	275
6.	Geschäftsfrau Wilma Neruda	280
7.	Älter werden als Künstlerin	285

IV.	**Repertoire**	291
1.	Programmgestaltung im 19. Jahrhundert	291
2.	Programme des Wunderkindes. 1846-1856	292
3.	Programme der jungen Künstlerin. 1856-1869	294
4.	Etablierte Künstlerin. 1869-1911	297
4.1	*Solorepertoire*	297
4.2	*Kammermusik*	306

Anhang 315

*Tausend Zulus tanzen zu Ehren der Virtuosin. Zur Einführung in das
Reisetagebuch der Südafrikatournee 1895* 315
Das Reisetagebuch der Südafrikatournee 325
Farbabbildungen nach Seite 370
Abkürzungen und Siglen 375
Zeitschriften- und Publikationssiglen 375
Bibliotheks- und Archivsiglen 376
Abkürzungen der Lexika 377
Weitere Abkürzungen 377
Literatur- und Quellenverzeichnis 378
Monografien und Zeitschriftenaufsätze 378
Veröffentlichte Briefe und Dokumente 391
Lexika und Nachschlagewerke 392
Verwendete Zeitungen und Zeitschriften 393
Archivalien und ungedruckte Quellen 394
Abbildungsverzeichnis 397
Personenverzeichnis 402

DANKSAGUNG

Die hier vorgelegte Arbeit wurde im Sommersemester 2011 vom Fachbereich Kulturwissenschaften und Ästhetische Kommunikation der Universität Hildesheim als Dissertation angenommen. Auf diesem Weg möchte ich zunächst allen meinen Lehrern an der Universität Hildesheim danken, die mich zum wissenschaftlichen Arbeiten anregten und meinem Forschungsvorhaben positiv gegenüberstanden.

Vor allem bedanke ich mich für die intensive Betreuung sehr herzlich bei Prof. Dr. Hans-Otto Hügel. Seine Offenheit gegenüber dem Thema und seine konstruktive Kritik trugen wesentlich zum Gelingen meiner Arbeit bei.

Ein besonderer Dank gilt auch Prof. Dr. Beatrix Borchard (Hamburg), die mir mit wertvollen Hinweisen und anregenden Diskussionen, speziell im Bereich der Interpretations- und Genderproblematik, stets zur Seite stand und mich anregte, aus dem reichhaltigen Quellenmaterial punktuelle Fragestellungen zu akzentuieren.

Zu dem Forschungsprojekt wurde ich von meinem Neffen Dr. Steffen Wolters ermutigt, der mir in Diskussionen, insbesondere bei juristischen Fragestellungen, eine große Hilfe war, wofür ich mich ganz herzlich bedanken möchte.

Aufgrund der internationalen Karriere der Geigerin Wilma Nerudas war es notwendig, mich mit außerdeutschen Quellen und Studien auseinanderzusetzen. Bei den Übersetzungen der unterschiedlichen Sprachen unterstützten mich Dr. Gertrud Vogler, Caroline Fridberg, Angela Meissner, Ramona Fararo, Kristina Altunjan, Friederike Hartenstein und Dr. Nicole Strohmann, bei denen ich mich hiermit herzlich bedanke.

Für die Bereitstellung des zahlreichen Quellenmaterials und die sehr gute Betreuung während des Sichtens der Nachlässe Wilma Nerudas bedanke ich mich besonders bei den Bibliothekarinnen Marie Martens vom Musikmuseum Kopenhagen und Veslemöy Heintz und Inger Enquist von der Musik- und Theaterbibliothek Stockholm.

Dr. Dr. hc. Jochen Meyer (Marbach a. N.) und Kirsten Oltmanns habe ich für ihre Hilfe bei den Transkriptionen der Tagebücher Wilma Nerudas aus Südafrika und Australien zu danken.

Der Historikerin Dr. Michaela Kořistová (Brünn) danke ich für Informationen zur Geburtsstadt der Geigerin und zur Geschichte Österreichs.

Nicht zuletzt geht mein Dank an die Mariann-Steegmann-Stiftung für die Finanzierung meiner Forschungsreisen nach Stockholm und London sowie für die Mitfinanzierung der Drucklegung.

Allen Verwandten und Freunden danke ich für das Verständnis und die Rücksichtnahme während meiner jahrelangen Forschungen. Insbesondere bedanke ich mich bei meiner Tante Dr. Ilse Anders für ihre finanzielle Unterstützung während meines Studiums in Hildesheim, ohne die das Studium für mich weit beschwerlicher gewesen wäre.

Biografische Lebensdaten Wilma Nerudas

21.3.1838	geboren in Brünn wohnhaft Petersberg Nr. 268
22.3.1838	getauft im Petersdom Brünn
1845	erste Auftritte in Privatzirkeln in Brünn mit der Schwester Amalie
1845	Umzug nach Wien und Unterricht bei Leopold Jansa
1846	Wien erste öffentliche Konzerte u.a. mit Jenny Lind
Frühjahr 1847	Beginn umfangreicher Konzertreisen zunächst im deutschsprachigen Raum und ab 1848 auch ins westliche Ausland u.a. Holland, Belgien, Frankreich, England
11.6.1849	erster Auftritt in der *London Philharmonic Society* für Joseph Joachim
ab 1850	vorwiegend Konzertreisen nach Polen und Russland
1861-1863	ständige Tourneen nach Skandinavien
1861	1861 ausländisches Mitglied der Königlich Musikalischen Akademie Stockholm (ab 1864 inländisches Mitglied) und Ehrenmitglied der schwedischen Hofkapelle
1862	Erhalt der Goldmedaille *ingenio et arti* von König Christian VIII von Dänemark und der Medaille in Gold *Litteris et artibus* von König Carl XV. von Schweden
27.1.1864	Heirat mit Fredrik Vilhelm Ludvig Norman in der Kirche St. Thomas in Brünn
1864-1869	Leben und Wirken überwiegend in Stockholm
18.11.1864	Geburt des Sohnes Ludvig
24.5.1866	Geburt des Sohnes Waldemar
1868	Tournee von Brünn beginnend über Prag nach Paris bringt internationale Anerkennung als Solistin
1869	Tournee von Skandinavien über Frankfurt, Köln, Frankreich nach England

17.5.1869	Konzert der *London Philharmonic Society* und anschließende Konzerte in den Provinzen Englands mit dem Klavierbegleiter Charles Hallé – Beginn der Weltkarriere
28.10.1869	erstes Solokonzert in Manchester mit dem Hallé-Orchester, wo die Künstlerin bis zu ihrem Tod regelmäßig weiterhin konzertiert
8.11.1869	erstes Konzert als Primaria in den Londoner *Monday Popular Concerts* – von nun an regelmäßige Beteiligung an den Konzerten in dieser Konzertreihe bis 1898 – es folgen regelmäßige gemeinsame Auftritte mit Joseph Joachim, Clara Schuman, Hans von Bülow u.a.
Herbst 1871	fester Wohnsitz in London und regelmäßige Konzerte in London, Manchester und den Provinzen Englands
1874	Tournee nach Deutschland
1876 und 1877	Aufenthalte in Italien aufgrund von Krankheiten
1880	Tournee nach Deutschland, Dänemark und Südschweden
1881	Tournee nach Deutschland mit Charles Hallé
28.3.1885	Tod Fredrik Vilhelm Ludvig Normans
1886	Tournee nach Skandinavien und 20.4. erster Auftritt in Stockholm seit 1869
1887	Tournee nach Deutschland und Holland
26.7.1888	London Heirat mit Charles Hallé
1890	erste Konzertreise nach Australien
1891	zweite Konzertreise nach Australien
20.4.1895	Diamantene Medaille *ingenio et arti* von König Kristian von Dänemark
Frühjahr 1895	Tournee nach Stockholm, ab Juli nach Südafrika und anschließend nach Dänemark
25.10.1895	Tod von Charles Hallé

1896	Anlässlich ihres 50-jährigen Bühnenjubiläums bildet sich ein Festkommitee, an dessen Spitze der Prinz of Wales steht. Am 16. Mai erhält Wilma Neruda eine feierliche Schrift zur Würdigung ihres Werkes, verbunden mit einer Schenkung einer Villa in Asolo.
10.9.1898	Sohn Ludvig stirbt beim Bergsteigen
Frühjahr 1899	Tournee in die USA
1900	Umsiedelung nach Berlin in die Motzstr. 62 – weiterhin regelmäßige Konzerte in England, Deutschland und Skandinavien.
1901	Verleihung des Titels *Violinist to the Queen* von Königin Alexandra von England
19.3.1911	letztes Konzert im *Beethoven Saal* in Berlin
15.4.1911	Tod Wilma Nerudas infolge einer Lungenentzündung.

Für meine Mutter Sigrid Heise

Abb. 1 Wilma Neruda, Fotografie

I. EINLEITUNG

1. WILMA NERUDA – DIE GEIGERIN DES 19. JAHRHUNDERTS

Wilma Neruda, die berühmteste Geigerin des 19. Jahrhunderts, lebte und wirkte während ihrer Glanzzeit zwischen 1870 und 1900 vorwiegend in London und war dort ein Mittelpunkt des öffentlichen Lebens. Bei den *Monday and Saturday Popular Concerts*, wo zweimal wöchentlich über 2000 Zuhörerinnen und Zuhörer in der *St. James's Hall*[1] für relativ geringes Entgelt ihrem Spiel lauschten, wurde sie zum Publikumsmagnet. Die Virtuosin war daher einem breiten Publikum bekannt. Ihre Auftritte wurden zum sozialen Ereignis und waren – modern gesprochen – Kult. Die Tatsache, dass Arthur Conan Doyle Wilma Neruda in seinem ersten Sherlock Holmes Roman *A Study In Scarlet*[2] mehrmals erwähnt, ist ein Indiz für diese Popularität der Virtuosin.

Ungewöhnlich ist nicht nur das Ausmaß ihres Erfolges, ungewöhnlich ist auch, dass sie ein Leben lang konzertierte, denn in der Regel endete im 19. Jahrhundert die Berufstätigkeit einer Musikerin mit der Ehe. Doch entgegen allen gesellschaftlichen Gewohnheiten konzertierte Wilma Neruda 65 Jahre ununterbrochen. Es kann daher gesagt werden, dass ihr Lebensinhalt im Konzertieren bestand.

Zahlreiche Tourneen bewältigte sie dank ihrer unerschöpflichen Energie. Ihre großen Konzertreisen nach Australien, Südafrika und Amerika zeugen von ihrer Neugierde, fremde Kulturen kennen zu lernen, und dem Drang nach neuen Herausforderungen, sowohl musikalisch als auch gesellschaftlich. Auf diesen Konzertreisen gelang es Wilma Neruda – dies zeigen die Kritiken –, viele Menschen auch auf entfernten Kontinenten mit ihrer Kunst zu verzaubern und mit Musik bekannt zu machen, die diese vorher noch nie gehört hatten.

Für ihre Zeit war es etwas Besonderes, dass eine Frau öffentlich Geige spielte. Während Pianistinnen und Sängerinnen bereits im Konzertleben alltägliche Erscheinungen darstellten, gab es kaum Geigerinnen. Als Virtuosin mit einem für

---

[1] Die *St. James's Hall* fasste 2127 Zuschauer.
[2] Vgl. Doyle, Sir Arthur Conan: *A Study In Scarlet*, London 1887, Reprint 1976. Wilma Neruda wird namentlich erwähnt auf Seite 49, 52. Sherlock Holmes beabsichtigt, ein Konzert Wilma Nerudas zu besuchen. Auf Seite 53 und 54 wird das besuchte Konzert erwähnt.

Frauen nicht akzeptierten Instrument hat Wilma Neruda Grenzen überschritten. Ihr außerordentliches Talent überzeugte jedoch die Zuhörerinnen und Zuhörer, und sie wurde zum Vorbild für junge Geigerinnen.

2. QUELLEN

2.1 Nachlässe

Umfangreiche Teile des Nachlasses Wilma Nerudas liegen im Musikmuseum in Stockholm. Hierbei handelt es sich um Konzertprogramme, eine Sammlung von Ausschnitten aus Zeitungen nebst einer Vielzahl von Fotos. Am gleichen Ort, in der *Musik und Theaterbibliothek* Abteilung *MM handskrifter*, befinden sich drei Tagebücher der Geigerin von den Reisen nach Australien und Südafrika.

Vermutlich gelangte der Nachlass Wilma Nerudas in Stockholm über die Schwestern der Virtuosin dorthin, denn diese lebten bis zu ihrem Tod in der schwedischen Hauptstadt.[3] Es liegt nahe, dass eine der Verwandten nach dem Tod Wilma Nerudas deren Tagebücher und Briefe an sich nahm. Zahlreiche Fotos im Nachlass der Geigerin und ihres Bruders zeigen die Virtuosin sowohl privat als auch mit der Geige – quasi dienstlich. Ein Familienalbum mit der Aufschrift *Frau Lindblads Fotoalbum*[4] enthält in erster Linie Abbildungen von Familienangehörigen.

Der Nachlass Franz Nerudas[5] im Musikmuseum Kopenhagen umfasst u.a. eine große Anzahl Briefe, Fotos, Notenautografe und das Stammbuch der Schwester. Außerdem befinden sich im Museum Bilder und ein Notenständer der Geigerin

---

[3] Lt. Verzeichnis der *Musik und Theaterbibliothek* kam der Nachlass durch eine Nerudasammlerin, deren Name nicht bekannt ist, am 4. April 1946 in das Musikmuseum. Die Spenderin übergab der Bibliothek weitere Dokumente, die nichts mit den Nerudas zu tun hatten. Heute ist nicht mehr nachzuvollziehen, in welcher Beziehung die Frau zu der Familie Neruda stand.

[4] Es handelt sich hier um das Fotoalbum der Schwester Eugenie Neruda (1846-1936), verheiratet mit Major Lindblad, Sohn des schwedischen Komponisten Adolf Fredrik Lindblad (1801-1878). Sie spielte Klavier, ist aber niemals öffentlich aufgetreten. Bis zu ihrem Tod lebte sie in Stockholm.

[5] Franz Neruda (1843-1915), tschechischer Cellist, Dirigent, Komponist. Jüngerer Bruder Wilma Nerudas.

2. Quellen

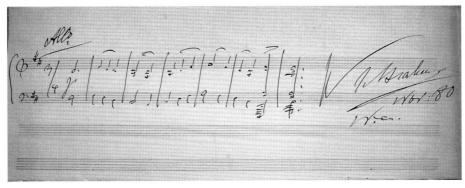

Abb. 2 Notenautograf Johannes Brahms, Wien November 1880

als Ausstellungsstücke. Es ist anzunehmen, dass der Nachlass Franz Nerudas durch dessen zweite Ehefrau Dagmar Neruda[6] ins Musikmuseum Kopenhagen gelangte.[7]

Ein weiterer Teilnachlass der Künstlerin umfasst ein Konvolut Briefe in der *Bayerischen Staatsbibliothek* München. Diese Niederschriften waren Eigentum von Wilma Neruda und Charles Hallé[8]. Der Bestand gelangte 1966 über Leonore Spiering, die Tochter des deutsch-amerikanischen Dirigenten Theodore Spiering[9], in die Bibliothek. Spiering erwarb die Briefe seinerseits von dem Geiger und Berliner Musikalienhändler Franz Ries[10]. Ergänzend finden sich Briefe in der *Staatsbibliothek zu Berlin Preußischer Kulturbesitz* in den Nachlässen von Joseph Joachim[11], Ferruccio Busoni[12] und Clara Schumann.

---

[6] Dagmar Neruda (1863-1954), dänische Pianistin, zweite Ehefrau Franz Nerudas.
[7] Einen schriftlichen Nachweis hierfür gibt es allerdings nicht. Da der Nachlass aber auch Quellen der zweiten Ehefrau Franz Nerudas enthält, liegt es nahe, dass der Nachlass nach ihrem Tod dem Museum übergeben worden ist.
[8] Charles Hallé auch Karl Halle (1819-1895), deutscher Pianist, zweiter Ehemann Wilma Nerudas.
[9] Theodore Spiering (1871-1925), deutsch-amerikanischer Geiger, Dirigent. Theodore Spiering starb in München.
[10] Franz Ries (1846-1932), deutscher Geiger, Komponist, Musikalienhändler.
[11] Joseph Joachim (1831-1907), österreich-ungarischer Geiger, Komponist.
[12] Ferruccio Busoni (1866-1924), italienischer Pianist, Komponist.

Ein Teil der Geschäftskorrespondenz der Geigerin mit der *Philharmonic Society* ist in der *British Library* archiviert, nebst einem Testimonial, das Wilma Neruda anlässlich ihres 50-jährigen Bühnenjubiläums überreicht wurde.

Eine vollständige Programmsammlung der Orchesterkonzerte des Hallé-Orchesters Manchester liegt im Archiv dieses Klangkörpers.

2.2 Korrespondenz und autobiografische Aufzeichnungen

2.2.1 *Briefe*

In der Regel handelt es sich bei dem Nachlass Wilma Nerudas um Einzelbriefe. Der größte Teil stammt von Künstlerkolleginnen und -kollegen. In den meisten Fällen ist deren Inhalt beruflicher Art, gemischt mit privaten Ergänzungen. Entsprechend der internationalen Karriere Wilma Nerudas stammen die Briefe aus den verschiedensten Ländern Europas und sind auch in unterschiedlichen Sprachen (Deutsch, Englisch, Französisch und Dänisch) geschrieben.

Einen kurzen Dialog bildet die Korrespondenz zwischen der Geigerin und Edvard Grieg, die Verabredungen zu einer Konzertreihe in England zum Thema enthält.[13]

Bei dem Konvolut von Briefen an den Sekretär der *Royal Philharmonic Society* handelt es sich um reine Geschäftskorrespondenz. Hier geht es fast ausschließlich um Verhandlungen, die Engagements und deren Geschäftsbedingungen betreffen. Diese Briefe wurden von der Künstlerin in englischer Sprache verfasst.

Die Wurzeln der Familie Neruda sind tschechisch. Trotzdem war die Umgangssprache der Familie Neruda Deutsch. So ist die gesamte aufgefundene Korrespondenz der Familie untereinander in Deutsch geschrieben. Von den privaten Briefen der Geigerin an Familienangehörige sind nur die an ihren Bruder Franz erhalten. Sie befinden sich im Nachlass des Cellisten in Kopenhagen. Diese Briefe erlauben einen Einblick in die freundschaftliche Verbundenheit der Geschwister untereinander. Briefe des Vaters Josef Neruda[14] an Franz Neruda zeugen vom Leben der Eltern in Brünn.

---

[13] Eine Abschrift der Briefe findet sich in: Rezniček, Ladislav: *Česka kultura a Edvard Grieg*, Prag / Oslo 1993.

[14] Josef Neruda (1807-1875), tschechischer Organist, Vater Wilma Nerudas.

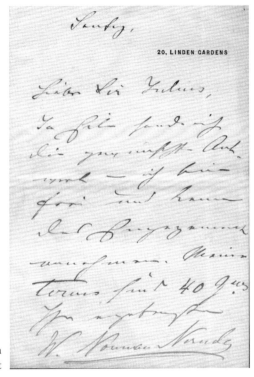

Abb. 3 Brief von Wilma Neruda an Sir Julius Benedict

Erhalten sind auch einige Briefe Franz Nerudas an Eduard d'Aubert[15] in der *Nydahl Collection*[16]. Hier schildert er die Konzertreisen der Geschwister Wilma, Marie[17] und Franz Neruda Anfang der 1860er Jahre nach Skandinavien. Die Briefe beinhalten sowohl Beschreibungen der Reisen als auch Schilderungen der Freizeitbeschäftigungen und Befindlichkeiten Franz Nerudas während der Tourneen.

---

[15] Eduard d'Aubert (1813-1873), schwedischer Geiger, Konzertmeister der königlichen Hofkapelle Stockholm, konzertierte mit den Geschwistern Wilma, Marie und Franz Neruda während ihres Aufenthaltes in Stockholm Anfang der 1860er Jahre.

[16] *Stiftelsen Musikkulturens Främjande Stockholm*: 1920 gegründet von dem schwedischen Musiker Robert Nydahl (1882-1973).

[17] Maria Rudolfina Neruda, genannt Marie Neruda (1840-1922), tschechische Geigerin, Schwester Wilma Nerudas. Sie heiratete den schwedischen Bariton und Autor Fritz Arlberg (1830-1896).

I. Einleitung

Für die Aufarbeitung der Reisen Wilma Nerudas nach Australien und Südafrika werden auch deutschsprachige Briefe der mitreisenden Sängerin Marie Fillunger[18] an deren Lebenspartnerin Eugenie Schumann[19] hinzugezogen. In ihnen werden Wilma Neruda und ihr Auftreten aus der Sicht der Sängerin geschildert. Diese Briefe befinden sich in der *Österreichischen Nationalbibliothek* Wien.[20]

Leider liegt kein Briefwechsel zwischen Ludvig Norman[21], dem ersten Ehemann und der Geigerin, bzw. zwischen Charles Hallé und der Künstlerin vor. Die Korrespondenz mit den Schwestern und den Eltern fehlt ebenfalls vollständig.

Eine große Anzahl von Grußkarten, Visitenkarten bzw. Speisekarten, auf denen die Unterschriften der Mitspeisenden verzeichnet sind, geben kund, mit welchen

Abb. 4 Unterschriftensammlung aus dem Nachlass Wilma Nerudas

---

[18] Marie Fillunger (1850-1930), österreichische Sängerin.
[19] Eugenie Schumann (1851-1938), deutsche Pianistin, Musikschriftstellerin, Tochter Clara und Robert Schumanns.
[20] Ein umfangreicher Teil der Korrespondenz wurde in dem Buch *Mit 1000 Küssen Deine Fillu*, Köln 2002, von Eva Rieger schon veröffentlicht.
[21] Ludvig Norman (1831-1885), schwedischer Komponist, Pianist, Dirigent, erster Ehemann Wilma Nerudas.

Künstlerinnen, Künstlern oder Freundinnen und Freunden die Geigerin privat verkehrte. Neben Namen von Familienangehörigen stehen auf solchen Karten beispielsweise Namen wie Joseph Joachim, Clara Schumann, Hans von Bülow[22], Max Bruch und Johannes Brahms.

2.2.2 *Tagebücher*

Es existieren drei Tagebücher Wilma Nerudas, die ihre Reisen nach Australien und Südafrika zum Inhalt haben. Wie viele Reisende beginnt die Virtuosin mit dem Tag der Abreise, beschreibt in täglichen Eintragungen die Aufenthalte und Konzerte auf den fremden Kontinenten und schließlich die glückliche Heimkehr.

Obwohl Wilma Neruda ein Leben lang gereist ist, hat sie offensichtlich keine weiteren Reisetagebücher geschrieben. Die Tagebücher der Virtuosin waren ihrer Anlage nach zu urteilen nicht für die Veröffentlichung gedacht. Sie enthalten keine nachträglichen Veränderungen und dienten als Gedächtnis für die eigene Erinnerung. Zumindest den Geschwistern schienen sie für die Nachwelt von Bedeutung zu sein.

Das Tagebuch der ersten Reise nach Australien im Jahr 1890 wurde in Kurrentschrift niedergeschrieben und außerdem in lateinische Buchstaben übertragen. Wer das Tagebuch transkribierte und zu welchem Zweck, ist nicht bekannt.

2.2.3 *Memoiren*

Im Stockholmer Musikmuseum befinden sich einige in schwedischer Sprache geschriebene unvollendete Blätter über das Leben der Familie Neruda. Da die Erzählungen nach den ersten vier Seiten über die Familie fast nur noch von Franz Neruda handeln, ist anzunehmen, dass sie Fragmente einer Biografie über diesen darstellen. Der Text enthält viele Details, so dass als Verfasserin nur eine ihm nahestehende Person infrage kommt. Ein Vergleich der Handschriften lässt die Schwester Olga Neruda[23] als Schreiberin vermuten. Ob diese Aufzeichnungen später in Form eines Buches für die Veröffentlichung geplant waren, ist nicht bekannt.

Diese Niederschriften stützen sich auf das Rechenschaftsbuch von Franz Neruda, in dem Tabellen mit den Daten der Konzerte, Verdienstangaben und Ausgaben für Reisekosten, Gepäck, Hotel etc. enthalten sind. Diese Tabellen dokumentieren den genauen Verlauf der gemeinsamen Tourneen 1861-1863 und die Tournee Wilma Nerudas 1886 durch Skandinavien.

---

[22] Hans von Bülow (1830-1894), deutscher Pianist, Dirigent.
[23] Olga Neruda (1858-1945), tschechische Pianistin, Musikpädagogin, Schwester Wilma Nerudas.

2.3 Stammbuch

Im 19. Jahrhundert war es unter Künstlern üblich, ein sogenanntes Stammbuch anzulegen. Es diente als eine Art Kommunikation, die über Freundschaften hinausging. Ähnlich wie ein Gästebuch stellt es einen halböffentlichen Raum dar. In erster Linie bat man Personen, die man verehrte oder die einen verehrten, um einen Eintrag. Musiker verewigten sich in der Regel mit einem musikalischen Motiv.

Die eigene Person wurde durch möglichst viele Eintragungen prominenter Persönlichkeiten aufgewertet. Es handelte sich quasi um ein Sammeln von bedeutenden Menschen und Kontakten. Solche Stammbücher zeigen, in welchem Kreis sich eine Künstlerin bewegte. Datum und Ort der Eintragungen geben Auskunft, wann sie wo konzertierte oder sich gerade aufhielt.

Abb. 5 Stammbuch Wilma Nerudas

2. Quellen

Das Stammbuch Wilma Nerudas ist ein Dokument ihrer Begegnungen. Welche Bedeutung es für sie hatte, zeigt schon das ansehnliche Gewicht[24] des Buches und dass es sich immer im Reisegepäck befand. Die erste Eintragung von 1847 in Zittau wurde von Friedrich Exner geschrieben und ist den drei Geschwistern Wilma, Amalie und Viktor gewidmet. Der überwiegende Teil entstand in den 1850er Jahren während der Konzertreisen nach Osteuropa, einer Epoche, in der die junge Wilma Neruda sich vom Wunderkind zur jungen Frau entwickelte. Die letzte Niederschrift geschah am 13.3.1858 von C. Nasseky aus Odessa. Hier eine ausgewählte Liste von heute noch bekannten Personen:

Bertha Roeder von Romani[25] am 16. Februar 1851
Julius Schulhoff[26] am 3. April 1851 Petersburg
Edvard Grieg im Mai 1854 ohne Ort
Henryk Wieniawski[27] am 6. Februar 1854 in Brünn
Agathe Reuß-Gaudelius[28] am 29.11.1854 in Krakau
Joseph Joachim am 12. Januar 1855 in Hannover

Von späteren Tourneen ist eine Sammlung einzelner Notenautografe erhalten, so beispielsweise von Niels Gade[29] im Mai 1862 Kopenhagen, Ferdinand David[30] 24. Oktober 1862 Leipzig, Daniel-François-Esprit Auber[31] am 12. April 1868 Paris und Johannes Brahms[32] im November 1880 Wien.

Im Stammbuch Wilma Nerudas stehen neben Musikwidmungen auch Gedichte in dänischer, polnischer und deutscher Sprache, die der Geigerin von Personen des öffentlichen Lebens zur Erinnerung zugeeignet wurden.

Die Kultur der Huldigungsgedichte dient der Ehrung von Künstlerinnen und Künstlern. Man findet diese Art Verse in öffentlichen Medien wie Zeitungen, Wochen- und Monatsschriften, aber auch in halböffentlichen wie Stammbüchern.

---

[24] Das Buch wiegt schätzungsweise 3 Kg.
[25] Bertha Roeder von Romani auch Bertha Röder (geb. 1829), tschechische Sopranistin.
[26] Julius Schulhoff (1825-1895), österreichischer Pianist, Komponist.
[27] Henryk Wieniawski (1835-1880), polnischer Geiger, Komponist.
[28] Agathe Reuß-Gaudelius (1818-1861), deutsche Sopranistin.
[29] Niels Gade (1817-1890), dänischer Komponist.
[30] Ferdinand David (1810-1873), deutscher Geiger, Komponist.
[31] Daniel-François-Esprit Auber (1782-1871), französischer Komponist.
[32] Johannes Brahms (1833-1897). Er unterzeichnete u.a. mit den ersten sieben Takten seines Violinkonzertes D-Dur op. 77.

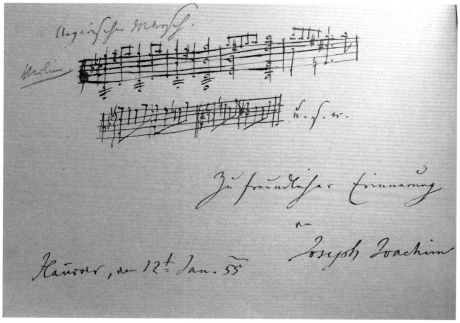

Abb. 6 Albumeintrag Joseph Joachim, Hannover 12. Januar 1855, Stammbuch Wilma Neruda S. 72

Ein Gedicht Charles Hallés an die Geigerin wird im Kapitel *Leben und Karriere unter Genderperspektive*, im Abschnitt „Ehe mit Charles Hallé" zitiert. Ein weiteres Gedicht von dem deutschen Kontrabassisten August Müller[33] aus Darmstadt vom 8. März 1849 sei hier als Beispiel angeführt:

> N_immt ein Ende einst mein Erdenlauf,
> E_i, dann hab' ich <u>eine</u> Große Bitte:
> R_ufe mich zu Deinem Himmel 'nauf,
> U_nd laß dann in aller Seel'gen Mitte
> D_eine Engel nur die Violine streichen,
> A_ber <u>so</u>, dass sie wie Wilhelmine geigen!

---

[33] August Müller (1808-1867), deutscher Kontrabassist.

2.4 Bildquellen

Im Nachlass des Musikmuseums Stockholm befinden sich zahlreiche Fotografien Wilma Nerudas und ihrer Familie. Es handelt sich dabei sowohl um offizielle als auch private Ablichtungen. Zu den offiziellen Fotos gehören Abbilder der Künstlerin mit der Geige. Wahrscheinlich waren sie für Konzertreisen gedacht, denn Fotos gehörten zum Werbematerial von Virtuosen.[34]

Einige Aufnahmen, die sich heute in der Musikbibliothek und dem Musikmuseum Stockholm befinden, hat die Künstlerin offensichtlich von ihren Reisen mitgebracht, wie die Datierungen zeigen.

Die privaten Fotografien stammen hauptsächlich aus einem Album der Schwester Eugenie Neruda. Sie zeigen die Künstlerin in ihrem privaten Bereich. Weitere meist private Fotos liegen in Kopenhagen im Nachlass Franz Nerudas. Im dänischen Musikmuseum gibt es auch einige Gemälde, auf denen Wilma Neruda abgebildet ist.

Das umfangreiche Bildmaterial aus dem Nachlass der Virtuosin unterstützt das dargestellte Persönlichkeitsbild Wilma Nerudas. Fotografien sind Dokumente eines doppelten Blicks – des Fotografen und der Fotografierten. Sie geben einen Eindruck davon, wie die Künstlerin sich darstellen, welches Image sie verkörpern wollte und wie der Fotograf es umsetzte.[35]

2.5 Konzertprogramme

Für die Rekonstruktion des Repertoires sind Programme eine entscheidende Quelle. Aufgrund der internationalen Karriere Wilma Nerudas ziehe ich zahlreiche Programmzettel aus Schweden, Dänemark, England, Polen, Tschechien, Australien, Südafrika und den vereinigten Staaten heran.

Eine umfangreiche Sammlung von Programmzetteln der *Monday Popular Concerts* London liegt in der Universitätsbibliothek *Johann Christian Senckenberg* Frankfurt am Main. Da diese Sammlung nicht vollständig ist, ergänzen Konzertankündigungen und Rezensionen aus Zeitungen die Studien.

---

[34] Vgl. Borchard: Stimme und Geige, S. 54 f.
[35] Vgl. Borchard, Beatrix: Mit Schere und Klebstoff. Montage als wissenschaftliches Verfahren in der Biographik, in: *Musik und Biographie. Festschrift für Rainer Cadenbach*, hg. von Cordula Heymann-Wentzel und Johannes Laas, Würzburg, 2004, S. 30-45.

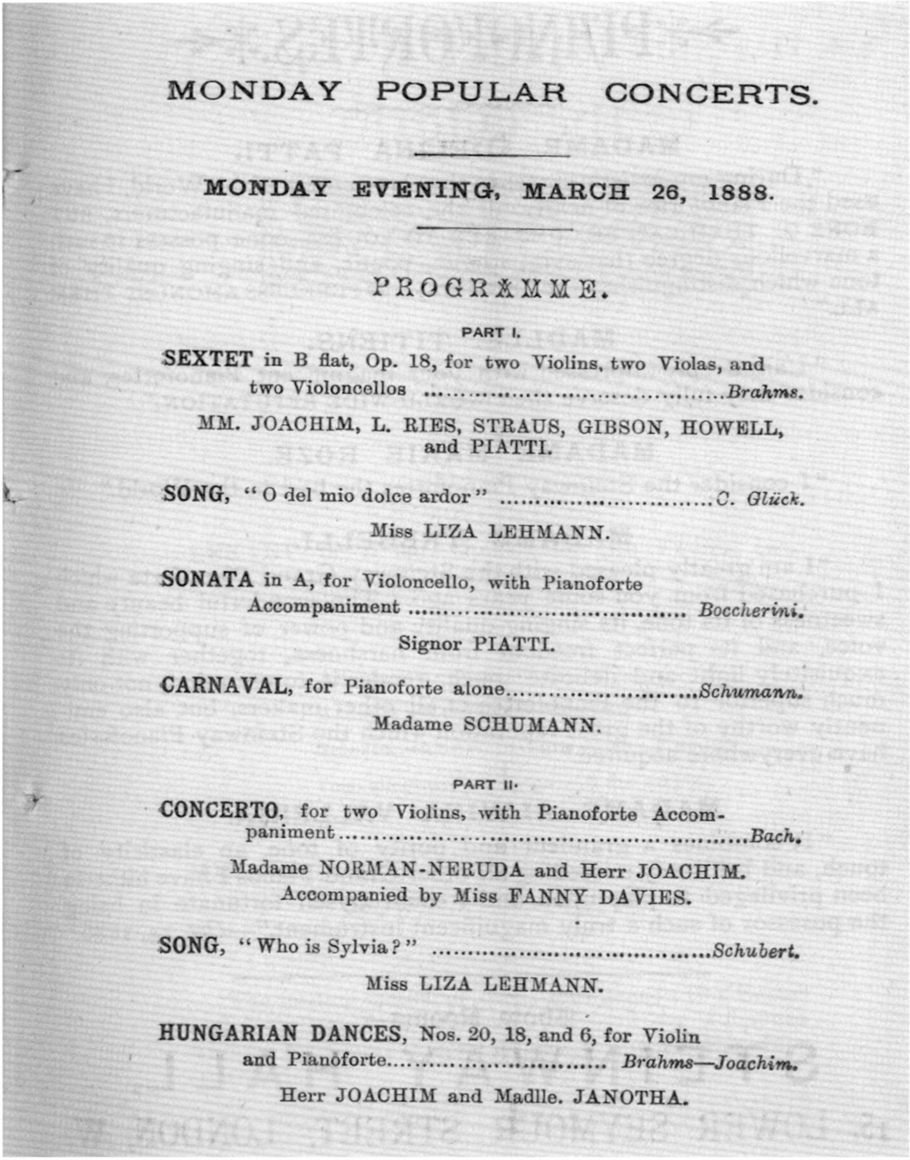

MONDAY POPULAR CONCERTS.

MONDAY EVENING, MARCH 26, 1888.

PROGRAMME.

PART I.

SEXTET in B flat, Op. 18, for two Violins, two Violas, and two Violoncellos ....*Brahms*.

MM. JOACHIM, L. RIES, STRAUS, GIBSON, HOWELL, and PIATTI.

SONG, "O del mio dolce ardor" ....*C. Glück*.

Miss LIZA LEHMANN.

SONATA in A, for Violoncello, with Pianoforte Accompaniment .... *Boccherini*.

Signor PIATTI.

CARNAVAL, for Pianoforte alone..........................*Schumann*.

Madame SCHUMANN.

PART II.

CONCERTO, for two Violins, with Pianoforte Accompaniment...*Bach*.

Madame NORMAN-NERUDA and Herr JOACHIM.
Accompanied by Miss FANNY DAVIES.

SONG, "Who is Sylvia?" ....*Schubert*.

Miss LIZA LEHMANN.

HUNGARIAN DANCES, Nos. 20, 18, and 6, for Violin and Pianoforte............................... *Brahms—Joachim*.

Herr JOACHIM and Madlle. JANOTHA.

Abb. 7 Konzertprogramm London Monday Popular Concerts, 26.3.1888

2.6 Publizistisches

Für die Recherchen wurden sowohl Musikzeitungen als auch die Tagespresse herangezogen. Die Konzertankündigungen und Rezensionen in den Tageszeitungen sind zeitnaher und oft ausführlicher. Die Informationen reichen von Ankündigungen geplanter Konzerte, Porträts mit Lebensdaten und schließlich Rezensionen. Vielfach konnte durch Mitteilungen in Zeitungen der jeweilige Aufenthaltsort der Geigerin überhaupt erst ausfindig gemacht werden.

Besonders aufschlussreich sind Porträts Wilma Nerudas. Sie erschienen meist im Zusammenhang mit Ankündigungen der Virtuosin. Auch wenn die in ihnen angeführten biografischen Daten oder Geschichten nicht immer auf der Wahrheit beruhen, denn sie dienten in erster Linie der Werbung, zeigen sie das Image der Musikerin.

Nachrufe sind ebenfalls eingearbeitet. Sie zeigen eine Bewertung der Künstlerin, welches Bild sich herausgebildet und am Ende ihres Lebens verfestigt hatte.

Um ein umfassendes Bild Wilma Nerudas als Interpretin zu zeichnen, wären Schallaufnahmen von größter Aussagekraft. Obwohl es Anfang des 20. Jahrhunderts bereits technische Möglichkeiten für Aufzeichnungen gab, existiert von der Virtuosin leider keine. Das Spiel und die Ausstrahlung der Geigerin kann daher ebenfalls nur anhand von Rezensionen und zeitgenössischen Aussagen von Musikerkollegen beschrieben werden.

Besonders interessant ist der Abdruck eines Interviews mit Wilma Neruda in der Zeitung *The Woman's World* von 1890. Das Interview führte Frederick Dolman. Es ist von besonderem Wert, da hier zu bestimmten gezielten Fragen die Künstlerin persönlich Auskunft gibt und so Beweggründe für die großen Reisen auf den fünften Kontinent nachvollzogen werden können.

Aufgrund der starken internationalen Reisetätigkeit der Geigerin war es unabdingbar, Recherchen in Zeitungen der in- wie ausländischen Presse durchzuführen. Das gestaltete sich nicht immer einfach und bedurfte der Hilfe dort ansässiger Bibliotheken. Bei der ausländischen Presse wertete ich Artikel aus Schweden, Dänemark, Österreich, Tschechien, Polen, Russland, England, Australien, Südafrika und den USA aus.[36] Ergänzt wurden diese mit Zeitungsausschnitten und Programmen aus den Bibliotheken in Moskau, Krakau, Prag, Brünn, Wien, Brisbane, Adelaide, Melbourne und Sydney.

---

[36] Titel der herangezogenen Zeitungen s. Literaturregister Zeitungen.

Nach Auskunft der Nationalbibliothek der Niederlande in Den Haag[37] befinden sich dort die Jahrgänge der niederländischen Musikzeitschrift *Caecilia*[38], die weitere Hinweise auf die Konzerttätigkeit Wilma Nerudas beinhalten. Diese wurden nicht weiter berücksichtigt, da auf die Konzerte in Holland auch die deutschen Musikzeitschriften hinweisen.

Anhand der ermittelten biografischen Daten wurden die zentralen Blätter der verschiedenen Lebens- oder Aufführungsorte auf Artikel zu Wilma Neruda gezielt durchsucht. Dabei war mir die Datenbank der *Retrospective Index to Music Periodicals* – RIPM – eine große Hilfe. Sinnvoll erschien es auch, Zeitungen der Wohnorte der Virtuosin genauer zu studieren.

Anhand dieser zahlreichen Aufsätze, Rezensionen und Ankündigungen von Konzerten konnten die Spuren des Lebens der Geigerin verfolgt werden.

3. ZIELSETZUNG DER ARBEIT

Zu Lebzeiten der Virtuosin wurde regelmäßig über ihre Konzerte berichtet. Zahlreiche Rezensionen künden von dem beeindruckenden Spiel der Geigerin. Nach ihrem Tod 1911 allerdings verblasst der Ruhm der Künstlerin schnell. Eine Biografie zu Wilma Neruda liefert daher einen Beitrag zu einem wichtigen heute vergessenen Teil der Musik – und vor allem der Interpretation – und Musikgeschichte im 19. und beginnenden 20. Jahrhundert. Besondere Bedeutung erhält die Wiederentdeckung Wilma Nerudas durch das Einbeziehen der Genderperspektive; denn trotz der Arbeiten von Forscherinnen wie Freia Hoffmann[39], Beatrix Borchard[40], Kathrin Beyer und Annette Kreutziger-Herr[41] ist der Beitrag zu Frauen der Musikgeschichte immer noch unzureichend repräsentiert.

---

[37] *Koninklijke Bibliotheek* [KB] in Den Haag.
[38] *Caecilia. Algemeen Muzikaal Tijdschrift van Nederland.*
[39] Hoffmann, Freia: *Instrument und Körper. Die musizierende Frau in der bürgerlichen Gesellschaft*, Frankfurt a.M. / Leipzig 1991.
[40] Borchard, Beatrix: Die Regel und die Ausnahme. Reisende Musikerinnen im 19. Jahrhundert, in: *Le musicien et ses voyages*, hg. von Christian Meyer, Berlin 2003.
[41] Beyer, Kathrin / Kreutziger-Herr, Annette (Hg.): *Musik. Frau. Sprache. Interdisziplinäre Frauen- und Genderforschung an der Hochschule für Musik und Theater Hannover* hg. von der Hochschule für Musik und Theater Hannover, Herbolzheim 2003, (Beiträge zur Kultur- und Sozialgeschichte der Musik, Bd. 5, hg. von Eva Rieger).

3. Zielsetzung der Arbeit

Bei der Darstellung der Biografie geht es zunächst um die Sicherung des Faktischen. Das Leben der Musikerin gilt es nachzuzeichnen; denn vor allem diese, nicht die Privatperson, tritt aus den Quellen plastisch hervor. Hierbei entsteht zugleich ein Bild der Bedingungen, unter denen die Musikvirtuosinnen und -virtuosen in der zweiten Hälfte des 19. Jahrhunderts reisten und konzertierten.

Neben der Biografie gilt das Interesse in dieser Arbeit dem Repertoire Wilma Nerudas. Es soll ihre Entwicklung gezeigt und in den kulturgeschichtlichen Kontext gestellt und geklärt werden, welche Bedeutung die Virtuosin für das zeitgenössische und spätere Konzertleben und die Repertoirebildung hatte.

Der historischen Geschlechterforschung[42] folgend, kann das Wirken Wilma Nerudas umfassend erst gewürdigt werden, wenn es auf die Bedingungen bezogen wird, die für Frauen im 19. Jahrhundert maßgebend waren, um sich in der Musikwelt durchzusetzen. Daher wird der Lebensweg der Geigerin mit Blick auf die Umstände geschildert, die für Virtuosinnen damals galten. Das Ziel ist es herauszuarbeiten, wie es der Geigerin gelang, die sozialen Vorgaben der Gesellschaft zu umgehen und eine lebenslange erfolgreiche Karriere durchzuführen.

Die Transkription, Erschließung und Veröffentlichung der Tagebücher Wilma Nerudas über ihre Konzertreisen nach Australien und Südafrika ist als wesentlicher Teil der Untersuchung zu betrachten, die damit der Forschung, vor allem der Genderforschung eine bisher unerschlossene Quelle zur Verfügung stellt. In erster Linie beschreibt die Virtuosin hier die Konzertreisen nach Übersee. Neben ihren Auftritten und dem musikalischen Leben dort schildert die Autorin aber auch mit ihre Erfahrungen und Anschauungen von diesen für sie fremden Welten.

Während die Tagebücher über Australien nur in Ausschnitten veröffentlicht und in der Darstellung der Reisen integriert werden, wird die Niederschrift über die Tournee nach Südafrika und die Erlebnisse der Geigerin vollständig wiedergegeben. In einem ergänzenden Essay werden die Besonderheiten der Südafrikareise, die Wahrnehmungen dieser fremden Welt aus dem Blickwinkel Wilma Nerudas und ihr Wirken dort näher dargestellt und erläutert.

---

[42] Vgl. Hausen, Karin: Die Polarisierung der Geschlechtscharaktere – Eine Spiegelung der Dissoziation von Erwerbs- und Familienleben, in: *Sozialgeschichte der Familie in der Neuzeit Europas,* hg. von Werner Conze, Stuttgart 1976 (Industrielle Welt, Bd. 21), S. 363-393.

4. FORSCHUNGSSTAND

Wilma Nerudas Leben und Wirken wird in verschiedenen Musiklexika erwähnt.[43] Es existiert jedoch keine wissenschaftliche Aufarbeitung ihres Lebens und Wirkens. Lediglich in drei knappen Artikeln der tschechischen Zeitschrift *Opus Musicum*[44] wird das künstlerische Wirken Wilma Nerudas beschrieben – allerdings im Zusammenhang mit ihrer Familie bzw. dem Konzertleben in Brünn. Weiterhin wird die Künstlerin in den jüngeren Biografien ihrer Ehegatten gewürdigt.[45]

Als methodische und inhaltliche Grundlage für meine Forschung dient die Biografik, die Kulturgeschichte der Musik und die Frauen- und Geschlechterforschung einschließlich ihrer Rechtsgeschichte als Grundlage bei der Erarbeitung der Biografie der Künstlerin.

Die Basis für das musikalische Handeln – der reisenden Virtuosin – ist naturgemäß das Konzertleben des 19. Jahrhunderts in Europa und in den außereuropäischen Kontinenten auf einem freien Musikmarkt.[46] Schwerpunkte dieses freien Musikmarktes – der sich seit dem beginnenden 18. Jahrhundert mit dem Erstarken des Bürgertums entwickelt hatte – sind das generelle Phänomen der reisenden

---

[43] Es finden sich je ein Artikel in den Lexika der MGG, MGG2, des NGroveD1 und 2, Riemann und Sohlman1. Die in jüngerer Zeit entstandenen deutschen und auch schwedischen Artikel sind kürzer und fehlerhafter.

[44] Štastná, Bohuslava. Kdo byli Nerudové? In: *Opus musicum*. Jg. 17, Brünn 1985. S. 85-88.
Kyas, Vojtěch: Janáček se nemel o kojo opřít? Amalie Wickenhauserová-Nerudová, Leoš Janáček a léta sedmdesátá, in: *Opus Musicum*: 25. Jg., Nr. 2, Brünn 1993, S. 33-42.
Kyas, Vojtech: K hudební historii Brna v 19. století. Slavá hudební rodina Nerudů, in: *Opus musicum*. 25. Jg., Nr. 8, Brünn 1993. S. 229-241.

[45] Kersting, Ann: *Carl Halle – Sir Charles Hallé. Ein europäischer Musiker,* Hagen 1986.
Beale, Robert: *Charles Hallé. A Musical Life,* Ashgate 2007.
Karle, Gunhild: *Ludvig Norman och Kungl. Hovkapellet i Stockholm 1861-90. Med flera,* Uppsala 2006.

[46] Daher bildet die Forschung zu diesem Thema den Hintergrund, in den diese Arbeit zu Wilma Neruda gestellt wird. Von einschlägigen Arbeiten seien einige aufgezählt:
Andersson, Gregor (Hg.): *Musikgeschichte Nordeuropas,* Stuttgart 2001. (Historische Politikforschung, Bd. 4, hg. von Wolfgang Braungart / Neithard Bulst / Ute Frevert u.a.).
Danuser, Hermann (Hg.): *Musikalische Interpretation,* Laaber 1997. (Neues Handbuch der Musikwissenschaft, Bd. 11, hg. von Carl Dahlhaus).
Ehrlich, Cyril: *First Philharmonic. A history of the royal Philharmonic Society,* Oxford 1995.
Ehrlich, Cyril: *Music Profession in Britain since the eighteenth century. A Social History,* Oxford 1985.

4. Forschungsstand

Finscher, Ludwig: *Studien zur Geschichte des Streichquartetts I. Die Entstehung des klassischen Streichquartetts. Von den Vorformen zur Grundlegung durch Joseph Haydn*, Kassel u.a. 1974, S. 238-270 (Saarbrücker Studien zur Musikwissenschaft, Bd. 3, hg. von Walter Wiora).
Flotzinger, Rudolf: *Geschichte der Musik in Österreich*, Köln 1988. (Forum für Musikwissenschaft, Bd. 5).
Fournier, Pascal: *Der Teufelsvirtuose. Eine kulturhistorische Spurensuche*, Freiburg i. Br. 2001. (Rombach Wissenschaften. Reihe Cultura, Bd. 22, hg. von Gabriele Brandstetter / Ursula Renner / Günter Schnitzler).
Glanz, Christian (Hg.): *Wien 1897. Kulturgeschichtliches Profil eines Epochenjahres*, Frankfurt a.M. 1999. (Musikleben, Bd. 8).
Gradenwitz, Peter: *Literatur und Musik in geselligem Kreise*, Stuttgart 1991.
Hanson, Alice M.: *Die zensurierte Muse*, Wien 1987. (Wiener musikwissenschaftliche Beiträge, Bd. 15).
Heller, Friedrich C. (Hg.): *Biographische Beiträge zum Musikleben Wiens im 19. und frühen 20. Jahrhundert*, Wien 1992. (Musikleben, Bd. 1).
Herresthal, Harald: *Norwegische Musik von den Anfängen bis zur Gegenwart*, Oslo 1987.
Jabłoński, Maciej / Jasińska, Danuta (Hg.): *Henryk Wieniawski. Composer and Vituoso in the Musical Culture of the XIX Centuries*, Poznan 2001.
Jonsson, Leif / Tegen, Martin: *Musiken i Sverige. Den nationella identiteten 1810-1920*, Stockholm, 1992.
La Grange, Henry-Louis de: *Wien. Eine Musikgeschichte*, Leipzig, 1997.
Mauser, Siegfried: Klavier- und Kammermusik, in: *Musikalische Interpretation*, hg. von Hermann Danuser, Laaber 1997. (Neues Handbuch der Musikwissenschaft, Bd. 11).
Redepennig, Dorothea: *Geschichte der russischen und der sowjetischen Musik. Bd. 1: Das 19. Jahrhundert*, Laaber 1994.
Scholes, Percy A.: *The Mirror of Music 1844-1944*, 2 Bd., London 1947.
Schrenk, Oswald: *Berlin und die Musik. Zweihundert Jahre Musikleben einer Stadt 1740-1940*, Berlin 1940.
Schwab, Heinrich Wilhelm: *Das Konzert. Öffentliche Musikdarbietung vom 17. bis 19. Jahrhundert*, Leipzig 1971 (Musikgeschichte in Bildern, Bd. 4: Musik der Neuzeit, hg. von Heinrich Besseler und Werner Bachmann).
Schwab, Heinrich Wilhelm: Konzert und Konzertpublikum im 19. Jahrhundert, in: *Musica*, Bd. 31, Kassel. 1977, S. 19-21.
Schwab, Heinrich Wilhelm: Formen der Virtuosenehrung und ihr sozialgeschichtlicher Hintergrund, in: *Report of the 11. Congress of the International Musicological Soc. Copenhagen 1972*. Bd. 2, S. 637-643.
Trojan, Jan: *Das Brünner Konzertleben in der Zeit der nationalen Wiedergeburt*, Brünn 1973.
Wasserloos, Yvonne: *Kulturgezeiten. Niels W. Gade und C.F.E. Horneman in Leipzig und Kopenhagen*, Hildesheim / Zürich / New York 2004.

Virtuosen, einschließlich des Phänomens der Wunderkinder.[47] Für eine Arbeit über eine Geigenvirtuosin ist es darüber hinaus selbstverständlich, die Forschung zu anderen Geigenvirtuosen, im Besonderen zu deren Repertoirebildung, aber auch zur Repertoirebildung von Virtuosenkonzerten im Allgemeinen zu Rate zu ziehen. Da für Wilma Neruda Joseph Joachim, mit dem sie zahlreiche gemeinsame Konzerte gab, sehr wichtig war, sind die Arbeiten, die diesen wohl bekanntesten Geigenvirtuosen der zweiten Hälfte des 19. Jahrhunderts behandeln, von besonderem Interesse, und es ist von entscheidender Bedeutung für die Forschung zu Wilma Neruda gewesen, dass Andreas Moser in seiner Biografie über seinen Lehrer[48] die Geigerin mit keinem Wort erwähnte. Selbst bei der Benennung der Musikpartner des Geigers in England fällt ihr Name nicht, obwohl der Geiger mit Wilma Neruda kontinuierlich während eines Zeitraumes von über 30 Jahren regelmäßig in England konzertierte. Da sich die Forschung bei der Behandlung von Geigenvirtuosen der zweiten Hälfte des 19. Jahrhunderts in erster Linie an Joachim orientierte und es zunächst keine weiteren Biografien über ihn gab, ist Moser mit seiner Lebensbeschreibung über Joachim mit dafür verantwortlich, dass Wilma Neruda für nachfolgende Forscherinnen und Forscher aus der Erinnerung verschwand.[49]

---

[47] Vgl. Bodsch, Ingrid / Biba, Otto / Fuchs, Ingrid: *Beethoven und andere Wunderkinder.* Wissenschaftliche Beiträge und Katalog zur Ausstellung, Bonn 2003.
Fleiß, Sigrit / Gayed, Ina (Hg.): *Virtuosen. Über die Eleganz der Meisterschaft,* Wien 2001 (Vorlesungen zur Kulturgeschichte hg. vom Herbert von Karajan Centrum).
Loesch, Heinz von / Mahlert, Ulrich / Rummenhöller, Peter (Hg.): *Musikalische Virtuosität,* Mainz 2004. (Schriftenreihe Klang und Begriff. Perspektiven musikalischer Theorie und Praxis, Bd. 1, hg. von Thomas Ertelt und Conny Restle).
Meissner, Toni: *Wunderkinder. Schicksal und Chance Hochbegabter,* München 1993.
Meyer, Christian: *Le musicien et ses voyages,* Berlin 2003. (Schriftenreihe: Musical life in Europe 1600-1900).
Reich, Susanna: *Clara Schumann: Piano virtuoso,* New York 1999.
Samson, Jim: *Virtuosity and the Musical Work.* The transcendental Studies of Liszt, Cambridge 2003.
Wessling, Berndt W.: *Franz Liszt. Ein virtuoses Leben,* München 1979.
[48] Andreas Moser war Schüler Joseph Joachims. Vgl. Moser, Andreas: *Joseph Joachim,* 2 Bd., Berlin 1910.
[49] Da half es auch nichts, dass in der *Geschichte des Violinspiels* von Andreas Moser Wilma Neruda in der Ausgabe von 1923 ein Absatz gewidmet ist. In der Ausgabe der *Geschichte*

Nach dem zweiten Weltkrieg setzt sich die Marginalisierung Wilma Nerudas fort. In den *Erinnerungen eines Geigers*, von Carl Flesch in den 1960er Jahren herausgegeben, wird die Geigerin fälschlicherweise sogar als Schülerin Joachims aufgefasst und es wird ihr eine persönliche Note aberkannt.[50]

Und auch die Behandlung Wilma Nerudas in eher populären Überblicksdarstellungen bietet der Virtuosin wenig Raum. Margaret Campbell[51] bezeichnet in ihrem Buch *Geschichte des Violinspiels* Wilma Neruda als *Die Lady mit dem Bogen*. Immerhin hebt Campbell ihre Bevorzugung des klassischen Stiles hervor und erwähnt, dass sie als weibliches Gegenstück zu Joachim galt. Allerdings widmet Campbell der Geigerin nur zwei Seiten. Das Leben Sarasates wird jedoch auf fünf Seiten beschrieben. Hier lässt sich die Tendenz erkennen, dass komponierenden Geigern in der Erinnerung zunehmend mehr Beachtung geschenkt wurde.[52]

Seit den 1990er Jahren beginnt man allmählich Wilma Neruda als eigenständige Künstlerin in der Musikwissenschaft zu begreifen; allerdings zumeist nur in kurzen

---

des Violinspiels von 1967 ist dieser Absatz sogar gestrichen und die Geigerin nur noch im Zusammenhang mit den Spanischen Tänzen Sarasates, von denen ihr einer gewidmet war, genannt.
Ähnlich marginal beachtet Wilhelm Wasielewskis 1927 in *Die Violine und ihre Meister* die Geigerin. Er würdigt sie zwar: „Wilma Neruda ist eine Künstlerin ersten Ranges und unbedingt die bedeutendste Violinistin der Neuzeit. Sie verbindet mit einem schönen gehaltreichen und kernigen Ton unfehlbare Sicherheit in müheloser Beherrschung technischer Schwierigkeiten.", widmet ihr aber nur eine halbe Seite.

[50] Flesch, Carl: *Erinnerungen eines Geigers*, Zürich 1960, S. 100, 172. „Ganz in Joachims Geist spielte die in England ansässige Geigerin Norman-Neruda, wohl die vornehmste Vertreterin seiner Schule. […] in ihrem Spiel war eine eigentlich persönliche Note nicht zu erkennen."

[51] Vgl. Campbell, Margaret: *Die großen Geiger. Eine Geschichte des Violinspiels von Antonio Vivaldi bis Pinchas Zukerman*, Königstein/Ts, 1982, S. 90-93.

[52] Vgl. Albrecht Roeseler: *Große Geiger unseres Jahrhunderts*, München 1987, der nur einen Hinweis auf Wilma Neruda als Wunderkind gibt.

Würdigungen[53] oder im Zusammenhang mit anderen Musikern[54], vor allem mit ihren Ehemännern[55].

Schon Ann Kersting würdigt in ihrer Biografie über Charles Hallé 1986 die Geigerin im Zusammenhang mit den Erstaufführungen der Werke Johannes Brahms in England. Auch Robert Beale hat in seinem Buch *Charles Hallé. A Musical Life* die Zusammenarbeit beider Künstler entsprechend gewürdigt. Darüber hinaus

---

[53] Vgl. Kyas: Aufsätze (opus musicum 1993, Fußnote 45) und schließlich ein Porträt der Geigerin in *Berühmte Musikerpersönlichkeiten in Brünn (1859-1914)*. Hier wird die Geigerin als eigenständige Persönlichkeit hervorgehoben.

[54] Vgl. die Biographien über Edvard Grieg von Hella Brock und Ladislav Rezniček, in denen Wilma Neruda und ihr Wirken gewürdigt werden. Hella Brock hebt den Einsatz der Geigerin für das gemeinsame Konzert mit Edvard Grieg 1866 in Kristiania hervor. Eine weitere positive Ausnahme bildet die Biografie von Christopher Fifield über Max Bruch. Der Autor beschreibt Wilma Neruda nicht nur als Instrumentalistin, die die Werke des Komponisten spielte, sondern schreibt auch, dass sie sich für die Verbreitung seiner neuen Werke einsetzte.
Dagegen wird die Virtuosin in anderen Biografien neueren Datums zu Brahms und Dvořák nicht genannt, obwohl sie durch ihre Interpretationen deren Kompositionen häufig zum Erfolg verhalf. So findet sich in *Johannes Brahms. Weg, Werk und Welt* hg. von Alfred Ehrmann, Leipzig 1933, obwohl es ein Kapitel über London gibt, kein Wort über die Geigerin.
Auch Christian Martin Schmidt (*Johannes Brahms und seine Zeit*, Laaber 1983) erwähnt Wilma Neruda in seiner Lebensbeschreibung über Johannes Brahms nicht, Joseph Joachim dagegen sehr oft. Biografien jüngeren Datums wie die von Malte Korff (*Johannes Brahms. Leben und Werk*, München 2005) und Johannes Forner (*Brahms. Ein Sommerkomponist*, Leipzig, 2. Aufl. 2007) erwähnen die Geigerin ebenfalls nicht.
In dem Buch über Antonín Dvořák von Klaus Döge (*Dvořák. Leben, Werke, Dokumente*, 2. Aufl., Mainz 1997) taucht der Name der Virtuosin ebenfalls nicht auf.

[55] In Hagen, der Geburtsstadt Charles Hallés, erschien 1995 ein Artikel von Bernhard Schneeberger: Unstreitig unter den Virtuosinnen die größte. Erinnerungen an Wilma Neruda, ihre Beziehung zu Charles Hallé und Hagen. In: *Hagener Impuls*, Bd. 13, Hagen 1995, S. 13-16. Anknüpfungspunkt war die gemeinsame Konzerttätigkeit der beiden Künstler in der Geburtsstadt des Pianisten. Dieser Aufsatz geht zwar von Charles Hallé aus, aber Wilma Nerudas Leistungen und ihr damaliges Ansehen werden gewürdigt. Weitere Lebensbeschreibungen über Charles Hallé entstanden 1949 von Herta Bielenberg (*Karl Halle. Lebensbild eines Hagener Musikers*, Hagen 1949) und 1991 von Karl Bielenberg (*Karl Halle 1819-1895. Ein deutscher Musiker im europäischen Konzert*, Hagen 1991). Wilma Neruda wird als die zweite Ehefrau und Kammermusikpartnerin Hallés hier zwar genannt, aber im Register der bedeutenden Persönlichkeiten taucht ihr Name nicht auf.

enthält die Biografie private Details aus dem Leben Wilma Nerudas. Beispielsweise erfährt man als Leserin hier Näheres über die Hochzeit beider Künstler. Auch das 2006 erschienene Werk über das Wirken Ludvig Normans enthält umfangreiche Informationen über das Leben und Schaffen Wilma Nerudas. Hier wird ausführlich die Kammermusiktätigkeit der Künstlerin in Stockholm und ihre Bedeutung für das schwedische Musikleben in den 1860er Jahren beschrieben. Weiterhin gibt die Biografie Auskunft über die ganze Familie Neruda.

Die Ignoranz der Musikgeschichtsschreibung gegenüber Wilma Neruda gründet einerseits auf ihrem Geschlecht, andererseits darauf, dass sie „nur" als Instrumentalistin wirkte. Hinzu kommt, dass die Virtuosin ein für Frauen im 19. Jahrhundert nicht akzeptiertes Instrument spielte.

Für das zwischenzeitliche Vergessen der Virtuosin Wilma Neruda gibt es neben den gesellschaftlichen Aspekten, die in erster Linie das Geschlecht betreffen, auch individuelle Gründe, die nichts mit dem Geschlecht zu tun haben. So hat die Geigerin, anders als z.B. Clara und Robert Schumann oder der Kollege und Rivale Joseph Joachim, zu Lebzeiten nicht für ihren Nachlass gesorgt, so dass es keinen Ort gibt, an dem zentral das Andenken an sie hätte bewahrt werden können.

Darüber hinaus bietet auch ihre Biografie keinen Ansatz für eine lokal begründete Erinnerungstradition. Als Weltbürgerin pendelte Wilma Neruda zwischen verschiedenen Ländern. In Mähren (Österreich/Ungarn), Deutschland (und Deutsches Reich), in Schweden, England – dort sogar 30 Jahre – hat sie längere Zeit gelebt und hat nahezu in der ganzen westlichen Welt konzertiert. Dies machte sie zwar überall bekannt und berühmt, zugleich aber auch ortlos; auch und vor allem weil es in ihrer Heimat Mähren als Teil Österreich/Ungarns nach dem Zerfall der Donaumonarchie keine Möglichkeit gab, das Gedächtnis an die Künstlerin zu bewahren.

5. VORGEHENSWEISE

Biografien sind nur in ihrem zeitgeschichtlichen Kontext verständlich. Ihn gilt es zu erkunden und wechselseitige Bezüge herauszuarbeiten. Es wird daher notwendig sein, nach der Darstellung des Lebensweges der Geigerin im Kapitel III einige Gesichtspunkte ihrer Biografie erneut, aber thematisch akzentuiert darzustellen.

Dabei spielen vor allem Genderaspekte eine Rolle, um Fragen zu beantworten wie: Unterscheidet sich die Karriere Wilma Nerudas von Laufbahnen männlicher Kollegen? Zeigen sich spezifische Unterschiede und schlagen diese sich eventuell in der Wahl der Konzertstücke nieder? In welchem Maße galten die damals üblichen Zuschreibungen der Geschlechterpolarität für Virtuosen? Gab es im Bereich der Kunst fließende Grenzen? Inwieweit konnte sich die Musikerin dem vorgegebenen Frauenbild des 19. Jahrhunderts entziehen? Gab es für die Künstlerin beispielsweise beim Reisen andere Probleme als für ihre männlichen Kollegen? Wie wirkten sich Ehe und Kinder auf ihre Karriere und Konzerttätigkeit aus?

Eine Gegenüberstellung mit Karrieren anderer Musikerinnen bildet bei der Erforschung des Lebenslaufes Wilma Nerudas einen zusätzlichen Kontext, um abschätzen zu können, was im Leben der Geigerin sich als geschlechtsspezifisch und was sich als individuell erweist.

Die Untersuchung des Repertoires Wilma Nerudas gibt Auskunft über die Entwicklung der Geigerin vom sechsjährigen Wunderkind zur Interpretin klassischer Musik. Leider war es Mitte des 19. Jahrhunderts nicht immer üblich, in den Konzertankündigungen die Stücke mit vollständiger Bezeichnung anzugeben. Daher ist es in einigen Fällen nicht möglich, das gespielte Werk eindeutig zu ermitteln. Außerdem kam es vor, dass sich in Kammermusikkonzerten kurzfristig Änderungen ergaben, die Programmzettel daher nicht immer das tatsächlich gespielte Repertoire widerspiegeln.

Den Auftritten Wilma Nerudas in Brünn liegt der Artikel von Vojtěch Kyas zugrunde. Er bezieht sich in seinen Aussagen, was die Programme der Familie Neruda betrifft, auf ein Tagebuch des zeitgenössischen tschechischen Musikkritikers Karl Wenzel.[56]

Ausgenommen sind in der Übersicht des Repertoires die Konzertprogramme der Tourneen nach Australien und Südafrika. Sie folgen stark den örtlichen Bedingungen und werden daher bei der Darstellung der Tourneen behandelt.

Für die Betrachtung des Solorepertoires werden vornehmlich die Programmlisten der Hallé-Konzerte herangezogen. Von diesen ist eine nahezu vollständige Liste im Archiv des Orchesters in Manchester vorhanden. Ergänzend werden Programmzettel von Tourneen, soweit vorhanden, hinzugezogen. Außerdem kommen Aussagen aus Zeitungen der Konzerttourneen auf das Festland und nach Skandinavien zum Tragen. Die Konzerte der Geigerin in Schweden werden in erster Linie in der *Svensk Musiktidning* besprochen. Tourneen der Virtuosin auf dem Festland wurden in Artikeln der *Signale für die Musikalische Welt* und in der *Neuen Musikzeitung* rezensiert und für die Auswertungen des Repertoires betrachtet.

Bei der Behandlung des Repertoires bietet sich eine Gegenüberstellung mit dem in jener Zeit tonangebenden Geiger Joseph Joachim an, mit dem das Spiel der Gei-

---

[56] Karl Wenzel: Tagebuch (1853-1918), 23 svazků, rukopis. Deník císařského rady, odd. *dějin hudby Moravského zemského muzea*, G 5.553-75, zit. nach: Kyas: Rodina Nerudů, S. 241.

5. Vorgehensweise

gerin tatsächlich regelmäßig verglichen wurde. Grundlage für einen Vergleich bildet die vollständige Liste der Hallé-Programme in Manchester und die Habilitationsschrift *Stimme und Geige. Amalie und Joseph Joachim. Biographie und Interpretationsgeschichte* von Beatrix Borchard, in der ausführlich das Repertoire des Geigers behandelt wird.

In der Aufarbeitung der von Wilma Neruda präferierten Werke der Kammermusik stütze ich mich auf die Konzertreihe der *Monday and Saturday Pops Concerts*. Hier gibt es zu den Programmzetteln auch verschiedentlich Rezensionen in der *Musical Times*. Außerdem wurden Programmanzeigen der *Times* herangezogen. Wie Wilma Neruda spielte auch Joseph Joachim regelmäßig im Frühjahr jeden Jahres in den Pops-Konzerten. Die Geigerin und der Geiger wechselten sich in der Führung der Kammermusikpartner ab und konzertierten auch oft gemeinsam in dieser Konzertreihe. Daher bietet sich im Bereich der Kammermusik ebenfalls ein Vergleich der beiden Instrumentalisten an.

II. EINE REISENDE GEIGENVIRTUOSIN
1. DIE REISENDE MUSIKERFAMILIE

1.1 Das Wunderkind mit der Geige

Über das Wunderkind Wilma Neruda berichtet der Musikliebhaber und Theaterdramatiker Josef Kajetán Tyl[1] 1844 folgende Geschichte[2]:

> Durch die niedrige Tür eines engen dunklen Flures des alten Gebäudes kamen wir in ein prächtiges Zimmer. Ungefähr in der Mitte stand ein geöffnetes Klavier mit zwei brennenden Kerzen; und an ihm saß ein ungefähr sieben- oder achtjähriges Mädchen, eine noch jüngere stand mit einer Geige neben ihr, und auf dem Pult vor den kleinen Musikanten lag das Konzert von Beriot.
> Das war die […] Brünner Berühmtheit, das Töchterchen des Herren Neruda, des Musikers am Dom. Als wir eintraten, stand er neben dem Klavier und begrüßte uns freudig […] Die jüngere Nerudova, Wilma, blickte mit lebhaften Augen auf mich, so unerschrocken, als wollte sie sagen: ‚Na warte, was du hören wirst!' Bald gab der Vater den Töchtern ein Zeichen. Sie waren auf dieses spätabendliche Konzert vorsorglich vorbereitet und haben nur noch auf uns gewartet. Der Vater gab den Takt an und die Mädchen begannen. Ich hörte und staunte […] Beide, besonders der niedliche Kobold mit der Geige, spielten so erstaunlich leicht und selbstverständlich. Aber mir war dabei nicht so wohl zumute. Die Saiten unter den Fingerchen der kleinen Geigerin haben deutlich geächzt. Es war noch zu hören, wie ungern, mit was für einer Anstrengung ihr die Töne entschlüpften. Sicher musste ich im Geiste die kleine Wilhelmine bedauern – ich kann nicht dafür; denn ich bin ein Feind einer zu starken Ausnutzung der kindlichen Kräfte, und das schien mir eine solche zu sein.'
> Dieser Musikfreund schrieb dann im Jahre 1847, als die Familie Neruda nach Prag kam, um zu konzertieren: ‚Plötzlich sah ich in einer Ecke eines Plakates einen Zettel von einem Konzert der Nerudas. Jetzt sind sie schon hier. Die Zeitungen haben ihre Ankunft angekündigt und sprachen von ihren Triumphen in Wien, und wenn ich mich nicht irre, auch von denen in Berlin und Bratislava. Ich bin übermäßig neugierig.

---

[1] Josef Kajetán Tyl (1808-1856), tschechischer Theaterdramaturg.
[2] Die Geschichte wird das erste Mal abgedruckt in: Josef Kajetán Tyl: Die Familie Neruda, in: *Kwěty*, Prag 2.11.1847, Nr. 131, S. 521 / 552 und Nr. 132, S. 525 f. Den Hinweis auf den Aufsatz von Tyl verdanke ich Michaela Kořistová, Historikerin aus Brünn. Die hier abgedruckte Version stammt aus: *Dalibor* 33. Jg., 1911, S. 251.

Sie standen den Geschwistern Milanollo[3] nicht nach […] Und ich fragte mich: Wie sind sie während der 3 Jahre zum Erfolg gekommen? – sogar nicht seit drei, denn in Wien spielten sie auch schon vor einem halben Jahr.
Schließlich waren wir im Saal. Die Erwartungen schienen nicht so sehr groß zu sein. Wunderkinder kommen jetzt aus der Mode. Man ist übersättigt. Diese Schwestern aus Italien haben schon das ganze weitere Interesse erstickt. Was könnte es nach ihnen noch besonderes geben? Da trat ein kleines Mädchen mit einem roten Rock und weißen Hosen auf. Auch die kleinere erkannte ich sofort, es war diejenige, die ich schon vor drei Jahren in Brünn mit dem Beriot Konzert gesehen hatte. Es war dieses Auge – was ich erkannte – und sonst nichts! Wie sie sich entwickelt hatte, zur ersten Meisterin der Geige.
Während eines Zeitraumes von dreieinhalb Jahren ist ein Genius entstanden! – Als wir Wilma damals in Brünn hörten, hatte keiner von den Freunden dies geahnt, außer dem Vater, der die Seele seines Kindes ahnte. …[4]

---

[3] Italienische Wunderkinder Teresa Milanollo (1827-1904) und Maria Milanollo (1832-1848).
[4] Dalibor 33. Jg 1911, S. 251 / 252.
„Nízkými dveřmi vešli jsme do úzké, tmavé předsině starobylého stavení, ze síně do skvostného pokoje. Skoro uprostřed stálo otevřené piano a na něm dvě hořicí svičky; u něho sedělo asi sedmi – nebo osmilleté děvčátko, ještě mladší stálo vedle něho s houslemi, na pulpitě před malými muzikantkami ležel Beriotův Koncert. To byla […] brněnská vzácnost, dceruška pana Nerudy, hudebníka při hlavním chrámu. On sám stál vedle piana, když jsme vstoupili a radostně nás uvítal. […] Mladši Nerudová (Vilemina) hleděla na mne svým živým očkem tak neohroženě, jakoby chtěla říci: ‚No, počkej, však uslyšíš!' a otec dal dceruškám brzo znamení. Bylii na ten podvečerní koncert jako schválně připraveny a jenom na nás čekaly. Otec počal dávat takt a děvčátka spustila. Já poslouchal a žasnul jsem […] Obě, zvláště ten malý, roztomilý šotek s houslemi, hrály již ovšem zběžne až k ustrnutí: ale mně nebylo při tom volno – struny pod prstičky slabounké houslistky ještě pronikavě stěnaly; ještě bylo slyšet, jak nerady, s jakým násilím zvuky z nich vyklouzají – jistě jsem musil maloukou Vileminu v duchu litovat. Nemohu za to; ale jsem nepřítel násilného přehánění dětskych sil, a tady se mi to zdálo býti takové.'
Týž přitel hudby piše z r. 1847, kdy rodina Nerudova přišla koncertovat do Prahy: ‚Najednou zahlédnu na rohu mezi strakatinou přilepených cedulí oznámení o koncerte Nerudových. Ach! Tedy jsou již tady. Noviny jich přichod již oznamovaly, noviny vypravovaly o jejich triumlech ve Vídni, a nemýlim – li se, také v Berlině a Vratislavi. Já byl nad míiru žádostiv. Nebyly to sice již po celé světě vyhlášeném Milarollky […] I ptal jsem se v duchu: ‚Jak asi za tři leta prospěly?' – ba ani ne za tři, neboť ve Vídni hraly již před půl letem. Konečně jsme stali v sále. Očekávání nezdálo se byti tak veliké. ‚Zázračné děti' vycházejí již z mody. Jsmeí přesyceni; jmenovitě udusily sestry italky všechen dalši interes. Což mohlo

1. Die reisende Musikerfamilie

Dieser Bericht spiegelt in vielen Bereichen die Klischees, die musikalische Wunderkinder Mitte des 19. Jahrhunderts umgaben, wider. Vor staunendem Publikum wurden die Kinder in möglichst jungen Jahren als „Wunder" in der Öffentlichkeit präsentiert.[5] Wunderkinder auch im Bereich der Musik gab es schon immer, aber seit Mitte des 18. Jahrhunderts waren Wunderkinder geradezu ein populäres „Phänomen" geworden, wobei das Interesse zu Beginn des 19. Jahrhunderts noch weiter zunahm. „Die Kommerzialisierung, Popularisierung und Vergrößerung der Konzertveranstaltungen, der Konkurrenzdruck unter reisenden Musikern und Musikerinnen und die damit zusammenhängende Neigung, dem Publikum immer neue Sensationen zu bieten"[6], begünstigten den raschen Anstieg der Wunderkinder.

Während Frauen im 19. Jahrhundert außer als Sängerinnen fast nur als Pianistinnen auf der Bühne konzertierten, bezauberten weibliche Wunderkinder auch sehr oft mit der Geige ihr Publikum, wobei Geschwister einen noch größeren Reiz ausübten. Das Auftreten von Mädchen gehörte in öffentlichen Konzerten zum Musikleben dazu und bildete keine Ausnahme.[7]

Wie bei den erwachsenen Virtuosen faszinierten oft Äußerlichkeiten und technische Perfektion des Spiels mehr als die Kunst. Doch hatten es junge Musizierende leichter, ihr Publikum zu gewinnen, da sie etwas Besonderes, oft auch Übernatürliches darstellten. „Das Wunderkind repräsentierte die Naturnähe, Genialität und spielerische Fantasietätigkeit, die dem betrachtenden Bürger immer weniger erreichbar schienen. Es gehörte zu den Kultfiguren, in die unausgelebte Wünsche und Träume hineinprojiziert wurden."[8]

Meist stammten musikalische Wunderkinder aus Musikerfamilien, wie auch Wilhelmina Maria Francisca Neruda. Am 21. März 1838[9] wird sie als drittes Kind des Domorganisten Josef Neruda und seiner Frau Francisca, geborene Merta, in

---

po nich ještě přijiti? Tu vystoupilo děvčátko v červených sukénkách a v bílých kalhotkách. Menší jsem poznal na první okamžení – to byla ta hlavička, jež se před třemi lety v Brně po mně otočila, když měla Beriotův koncert začíti; to bylo to očko – to jsem poznal – avšak nikoliv! Když se vinily, na perutích větru za sebou litaly, čistě a jistě, silně a jemně, jako z housli nejprvnějších mistrů.
To může genius v útlé schránce lidské za pid času, kterou jmenujeme půltřetího leta! – Toho se nenadál snad nikdo z přatel, když jsme Vileminu v Brně slyšeli – leda otec, kterýž tušil ducha svého dítěte ...."

[5] Vgl. Bodsch: Wunderkinder, S. 7.
[6] Hoffmann: Instrument und Körper, S. 312.
[7] Vgl. Hoffmann: Instrument und Körper, Kapitel Wunderkinder, S. 309-335.
[8] Hoffmann: Instrument und Körper, S. 316.
[9] Vgl. Brünn, Ordnungsamt, Geburtsbuch der kaiserlich böhmischen Domkirche.

Brünn geboren. Früh führt Josef Neruda seine Kinder an die Musik heran. Wilma Neruda erinnert sich später in einem Interview:

> It was delight of us children, […] to sit in the organ-loft listening to the music. […] I remember that, baby as I was, I took a special delight in hearing the violins, and when my father gave a little violin to an elder brother[10], I was quite envious of his good fortune. How I longed to have a little violin myself! At first my father would not let my brother lend me the instrument, fearing I should use it as a toy.[11]

Zu diesem Zeitpunkt ist Wilma Neruda vier Jahre alt und bekommt wie ihre ältere Schwester Amalie[12] zunächst Klavierunterricht. Doch die kleine Wilhelmine übt heimlich auf der Geige ihres Bruders Viktor.

> A stubborn child, she hated the piano, and secretly practised on her brother's violin whenever she could touch it. Thus she never told her parents of the progress she making, until one day her father heard the sound of music coming from her brother's room. Quite overjoyed to hear the progress he believed his little son had made, he rushed upstairs and discovered his mistake! The father was very much disappointed and pleased at the same time. The girl feared that she would be forbidden to touch the instrument again, but she was happy when her father took her into his arms, weeping over her talent.[13]

Geschichten wie diese wurden gern über Wunderkinder erzählt, um zu zeigen, wie mühelos die Kinder ihr Instrument beherrschten – „Klischee der Mühelosigkeit"[14] oder Wirklichkeit –, aber ohne Talent und ohne künstlerische Begabung können keine Wunderkinder entstehen, auch bei größtem Drill lässt sich kein wirkliches Wunder erzwingen.[15]

Von nun an unterrichtet der Vater seine Tochter auf der Geige.[16] Zwischen den Geschwistern entbrennt ein starker Wettbewerb, bei dem sie sich um Viktors Geige streiten, bis der Vater schließlich Wilma eine eigene kauft.[17]

---

[10] Viktor Neruda (1836-1852), tschechischer Cellist, Bruder Wilma Nerudas.
[11] Dolman, Frederick: Lady Hallé at Home, S. 173, in: *The Woman's World 1890*, Interview mit Wilma Neruda, S. 171-174.
[12] Amalie Neruda (1834- 1890), tschechische Pianistin, Schwester Wilma Nerudas.
[13] *American String Teacher* No. 1 / 1985.
[14] Hoffmann: Instrument und Körper, S. 327.
[15] Bodsch: Wunderkinder, S. 80.
[16] lt. Moravia 8. Jg. Nr. 59, 17.5.1845 hatte Wilma Neruda in Brünn auch Unterricht bei dem Brünner Musiklehrer Josef Baroch von Infeld.
[17] *Московские ведомости* (*Moskowskije Wedomosti*): Nr. 28, 4.3.1852, S. 259.

Infolge der rasanten Fortschritte, die Wilma auf dem Instrument zeigt, beschließt der Vater 1845, sich von seiner Tätigkeit als Organist am Dom beurlauben zu lassen, um in erster Linie die musikalische Ausbildung seiner Kinder fördern und überwachen zu können.[18] Um ihnen eine bessere musikalische Ausbildung zu gewährleisten, zieht die Familie in die Musikmetropole Wien, und Wilma erhält dort Violinunterricht bei Leopold Jansa[19]. Dieser prägt als Professor für Violine im Wien jener Zeit entscheidend das Musikleben mit. Nachdem die Quartettabende mit Ignaz Schuppanzigh[20] nach dessen Tod einschlafen, gelingt es Jansa, ab der Konzertsaison 1845/46 neue Quartettproduktionen im Musikverein mit ihm als Primgeiger zu etablieren. Die Begabung Wilmas hat er schnell erkannt und schreibt an ihre Eltern am 18. Oktober 1845 folgenden Brief:

> Verehrter Herr und Frau Neruda! Ich habe bisher mit Vergnügen Ihrer Tochter Mina den Unterricht im Violinspielen ertheilt und bin nicht abgeneigt denselben aus Rücksicht – Ihrer zahlreichen Familie und anderer nicht günstigen Umstände um ein billiges und für Sie annehmbares Honorar fortzusetzen, unter der Bedingung nämlich, daß Sie Ihre Mina ausschließlich nur meiner Leitung bis zur gänzlichen Ausbildung anvertrauen, – von keinem anderen Musiker unterrichten – und ohne meine Erlaubnis nicht produciren lassen dürfen. Sollten Sie diese Bedingungen nicht halten, – Ihre Tochter bey mir aufhören – oder für dieselbe ein anderer Meister gewählt werden, so müßen Sie sich ausdrücklich verpflichten, mir jede Lection, die ich Ihrer Mina bis jetzt und in den Folgen noch ertheilen werde, mit zwey Gulden Conv: M: zu honorieren.
> Indem ich über diese Punkte brieflich Ihre bestimmte Erklärung gewärtige, verharre ich mit Achtung Ihr ergebener Leop. Jansa.[21]

Anzunehmen ist, dass die Eltern sich aufgrund der finanziellen Lage an die Abmachung hielten. Außerdem ist nicht bekannt, dass Wilma danach bei einem anderen Lehrer Unterricht hatte, zumal sie bald darauf in Wien öffentlich auftritt,

---

[18] Kyas: Amalie Neruda, S. 33.
[19] Leopold Jansa (1795-1875), tschechisch-österreichischer Geiger.
[20] Ignaz Schuppanzigh (1776-1830), österreichischer Geiger.
[21] BSB München. Nerudaiana: Brief Leopold Jansas an Herrn und Frau Neruda, Wien 18.10.1845.

denn 1846 hört Eduard Hanslick[22] sie bereits im Salon des Klavierbauers Streicher.[23] Er nennt sie eine

> für ihr Alter ungewöhnliche Erscheinung […] Wirklich bedeutungsvoll und wichtiger als ihre Bravour ist jedoch ihre Innigkeit, mit welcher Wilhelmine langsame Cantilenen vorträgt. Aus ihrem Vortrag spricht Seele und nicht Dressur, und hierin liegt die echteste Garantie für ihren wirklich musikalischen Beruf.[24]

Salons spielten im damaligen Musikleben eine große Rolle bei der Förderung junger Talente. In den verschiedensten Salons des Adels, Bürgertums oder auch der Klavierbauer konzertierten Musikerinnen und Musiker, um Kontakte zum Publikum, zu Verlegern, Kritikern und Konzertveranstaltern herzustellen. Gerade für reisende Virtuosen dienten Salons oft als erste Anlaufstelle in einer Stadt, um sich überhaupt publik zu machen.[25] Auch die Karriere Wilma Nerudas beginnt in den verschiedenen Salons. Schon im Mai 1845 kommt es in Brünn zu einem Auftritt der Schwestern Neruda in einem der musikalischen Salons der Stadt[26] und in Wien treten sie gar mit Jenny Lind im Februar 1847 in den Appartements ihrer Majestät der regierenden Kaiserin in einem Kammerkonzert auf.[27]

Wie mit den Eltern abgesprochen, beaufsichtigt Leopold Jansa die Konzerttätigkeit Wilma Nerudas und nimmt so Anteil an ihrem Ruhm. Bereits nach ihrem ersten Konzert in Wien im Musikvereinssaal im Dezember 1846 begeistert sie die Zuschauer: „Die Aufnahme, welche diese kleine Künstlerin erhielt, war eine enthusiastische und es war auch recht so, denn bei einem so schönen kindlichen Talente darf man sich schon ganz und frei gehen lassen."[28] Zusammen mit ihrem Lehrer Professor Jansa wird sie immer wieder auf die Bühne gerufen, und nach dem dritten Konzert im Musikvereinssaal in Wien am 24. Januar 1847 schreibt der Rezensent der *Wiener Allgemeinen Musik-Zeitung*:

---

[22] Eduard Hanslick (1825-1904), ab 1855 Musikkritiker der *Presse* in Wien.
[23] Streicher: berühmter Klavierbauer in Wien, der den Salon Streicher führte.
  Möglicherweise reiste die Familie Neruda schon im Oktober 1846 nach Warschau, denn in Kopenhagen MM befinden sich zwei Mazurken für Klavier des polnischen Komponisten Kasimierz Lubomirski (1813-1871), die den Geschwistern zugeeignet sind. FNP Kassette 2 / 7.
[24] Hanslick, Eduard: *Geschichte des Konzertwesens in Wien*, Wien 1869 (Zitat von 1849, S. 19).
[25] Beci, Veronika: *Musikalische Salons*, Düsseldorf 2000, S. 8.
[26] *Moravia* 8. Jg., Nr. 59, 17.5.1845, S. 235.
[27] WAMZ Nr. 18, 11.2.1847, S. 74.
[28] *Humorist* 10. Jg., Nr. 311, 29.12.1846, S. 1255.

Abb. 8 Wilma und Amalie Neruda als Wunderkinder, ca. 1847

Hr. Jansa hat ein Meisterstück mit der Bildung dieses kleinen Geigen-Virtuosen vollbracht, und sein größtes Verdienst ist, dass er das schlummernde Talent in diesem Kinde erkannt, dass er es geweckt und mit Geist und Verstand zu pflegen und zu bilden verstand.

Die Vorführung von Wunderkinder-Schülern und -Schülerinnen im öffentlichen Konzertleben diente auch dem guten Ruf ihrer Lehrer. Wilma Neruda wird als die „erste" Schülerin Jansas bezeichnet und spielte in ihren ersten Konzertjahren des Öfteren auch Kompositionen von ihm.[29]

Anfangs begleitet er seine „Vorzeigeschülerin" auch auf Konzertreisen, wie beispielsweise im Frühjahr 1847 nach Leipzig.[30] Ein maliziöser Kritiker aus Wien nutzte eine Rezension, um sich über Jansa zu mokieren:

> Daß sie jetzt schon besser spielt als der Hr. Professor, ist außer Zweifel, wenigstens greift sie nicht so verteufelt falsch, als er, wenn er in seinen Streichquartetten Prim spielt. Es ist unbegreiflich, dass ein sechsjähriges Kind das alles (wenigstens in technischer Beziehung) kann, wozu ein anderer seine halbe Lebenszeit verwenden muß. Die musikalische Erfahrung kann sie freilich noch nicht haben, dafür ist sie aber eine poetische Erscheinung, und eine solche wirkt mehr, als alle Künsteleien. Man erinnere sich an Liszt, Jenny Lind[31], Clara Schumann und Therese Milanollo, und strafe mich Lügen. Diese Poesie der Erscheinung lässt sich nicht lernen, sie muß mit dem Individuum geboren werden.[32]

Er reiht Wilma Neruda aber auch in die Liste der großen Virtuosen ein, deren künstlerischer Vortrag nicht nur als Wunderkinder, sondern auch als Erwachsene noch das Publikum begeistert.

Wichtig für die Förderung von Wunderkindern waren nicht nur berühmte Lehrer, sondern auch einflussreiche Mäzene. Schon bei ihrem ersten öffentlichen Auftritt in Wien im Musikverein gewinnt Wilma Neruda die Herzen der Zuhörer[33] und erhält kurze Zeit danach ein für ihre Karriere bedeutsames Geschenk:

> Eine edle Dame aus der Kammer I.M.[34] der regierenden Kaiserin hat der kleinen Violinspielerin Neruda, eine vortreffliche Straduar-Violine zum Geschenke gemacht. Nie war ein Geschenk erwünschter, zweckmäßiger und rechtzeitiger als dieses, und deshalb macht dieser schöne Zug eines vortrefflichen Frauenherzens eine doppelt angenehme Wirkung auf die Mitwisser dieser anspruchslos begangenen Handlung.[35]

---

[29] Vgl. Kyas: Rodina Nerudů, S. 240. Beispielsweise spielte Wilma Neruda am 5.3.1847 in Brünn: *Duo concertant* und *Fantasie* für Violine und Klavier von Leopold Jansa.
[30] Vgl. NZfM Bd. 26, Nr. 18, 1.3.1847, S. 72.
[31] Jenny Lind (1820-1887), schwedische Sängerin.
[32] NZfM 7. Jg., Bd. 26, 22.1.1847, S. 28.
[33] Vgl. *Humorist* 10. Jg., Nr. 311, 29.12.1846, S. 1255.
[34] I.M. – Ihre Majestät
[35] *Humorist* 11. Jg., Nr. 14, 16.1.1847, S. 56.

Dem ersten Konzert im Musikverein Wien folgen weitere, wobei sich den Schwestern Neruda auch hier die Möglichkeit bietet, gemeinsam mit Jenny Lind aufzutreten. Diese weilte aufgrund von Engagements an der Wiener Oper von Ende Dezember 1846 bis Anfang April 1847 in der österreichischen Metropole.[36] Auch in diesem Konzert überzeugt Wilma Neruda mit ihrem Können, und in der *Wiener Allgemeinen Musik-Zeitung* wird sie bewundert:

> Wann hat dieses Kind angefangen seine Studien zu machen, wenn es jetzt in seinem 7. Jahr bereits die schwierigsten Bravourstücke im Konzerte vorträgt? – Und wie ausgebildet ist eben sein Spiel im Einzelnen; welch herrliche Bogenführung, welche Zartheit der Schattierungen im Vortrage, welche Gewandtheit und Sicherheit bei der bedeutendsten Bravour und dabei welche Reinheit der Intonation! – Die ganze Erscheinung ist so unbegreiflich, dass sie sich schwer definieren lässt, wir können sie nur eben bewundern. Und bei all dem wie frei und lebendig ist der Blick dieses kleinen Engels, wie kindlich sein ganzes Wesen! – …[37]

Der Kontakt zu Jenny Lind bestand auch später noch, als Wilma Neruda in London lebte und längst in der Welt als hervorragende Geigen-Virtuosin anerkannt war.[38]

In einem Interview 1890 erinnert sich Wilma Neruda an jene Zeit des Beginns ihrer Karriere:

> After we removed to Vienna, and then Jansa – who gave me whatever training I ever had – heard my play. […] Jansa was organising a concert, and nothing would satisfy him but that I should play, although I was only six years old. Jenny Lind, then at the height of her fame, sang at the concert. I played a concerto from De Beriot[39], and from that day to this, without any interval for training or indeed with scarcely any interruption whatever, I have been playing continuously in public.[40]

---

[36] Vgl. *Humorist* 11. Jg., Nr. 14, 16.1.1847, S. 56. Goldschmidt, Raymond Maud: *The Life of Jenny Lind,* London 1926. Trotz ihrer vielen Einsätze auf der Opernbühne fand Jenny Lind Zeit, außer in mehreren Benefizkonzerten auch für Clara Schumann und Wilma Neruda gratis zu singen, um ihnen zu helfen.

[37] WAMZ 7. Jg., Nr. 11, 26.1.1847, S. 45.

[38] Vgl. BSB München, Nerudaiana: Brief Jenny Lind an Wilma Neruda o.O. u. D.

[39] Charles Auguste de Bériot (1802-1870), belgischer Komponist.

[40] Interview Wilma Neruda S. 173.

1.2 Erste Reisen 1847-1850

Nach dem Debüt Wilma Nerudas in Wien und dem damit erreichten Ruhm organisiert der Vater Josef Neruda für seine Töchter Konzertreisen in die bekanntesten Musikzentren Europas. Reisen dienten der Promotion, Ziel war es, in der Welt der Musik bekannt und berühmt zu werden. Um unter den vielen berühmten Virtuosen Aufmerksamkeit zu erregen, bedurfte es eines geschickten Managements. Wichtig neben dem Können der kleinen Virtuosen waren vor allem das Image, ihre Ausstrahlung und äußere Erscheinung. In der anfangs zitierten Geschichte trug Amalie einen roten Rock und weiße Hosen – Wilma fiel durch ihren „Blick" auf. Die ganze Geschichte – zwei Kerzen, die Noten des de Bériot-Konzertes aufgeschlagen auf dem Klavier – wirkt mit Bedacht inszeniert und war es wohl auch. Häufig gelangten solche Geschichten über Wunderkinder an die Presse, die sie weiter verbreitete und so zu deren Imagebildung beitrug. Als Werbung dienten damals schon Porträtfotografien der Künstler.

Unterschiedliche Angaben des Geburtsdatums Wilma Nerudas in den Lexika könnten darauf zurückgeführt werden, dass sie während ihrer Karriere als Wunderkind für jünger ausgegeben wurde. So schreibt ein Kritiker der *Neuen Zeitschrift für Musik* am 28.5.1847 über ihren Auftritt: „Den meisten Eindruck machte die kleine Wilhelmine – sieben Jahre erst alt, wie das Programm angibt". Zu dieser Zeit zählt Wilma Neruda bereits neun Jahre. Es war üblich, das Alter der kleinen Künstlerinnen herabzusetzen, um das „Wunder" sensationeller erscheinen zu lassen, denn die Virtuosität einer möglichst jungen Geigerin faszinierte das Publikum noch mehr. Ähnlich vermindert wurde auch das Alter von Teresa Milanollo. Hierzu bemerkt ein Rezensent in der *Allgemeinen Musikalischen Zeitung* von 1844: „Zur allgemeinen Vermehrung der Merkwürdigkeit hat man behauptet, Therese zählt erst 13, Marie 11 Jahre…" Die junge Künstlerin war aber bereits schon 16 ½ Jahre alt.[41]

In Wien feiern die Schwestern Wilma und Amalie Neruda glänzende Erfolge. Dann führt sie der Weg in ihre Geburtsstadt Brünn, wo sie in der Redoute und im *Saal zum Kaiser von Österreich* auftreten. Bestehende Kontakte Josef Nerudas zum Brünner Musikleben, die noch aus seiner Domorganistenzeit bestehen, lassen ihn einen leichteren Beginn der Tournee erhoffen. Doch außer großem Lob für ihr Können: „Sie spielten hier, in Olmütz und wie es scheint, sonst auch überall beinahe die nämlichen Piecen, also ganz nach Art großer Virtuosen"[42] – müssen sie mit den verschiedensten Kuriositäten in Konkurrenz treten:

---
[41] Vgl. Hoffmann: Instrument und Körper, S. 323.
[42] WAMZ 7. Jg., Nr. 52, 1.5.1847, S. 212.

Die Propheten gelten selten viel, am wenigsten im Vaterlande, daher kam es, dass die beiden kleinen hier beide keine besonderen Geschäfte machten. Vielleicht hätte es sich im zweiten Konzert besser gethan, aber Döblers Chromatop, das grade damals zum ersten male durch seine farbigen Blitze im Theater die Massen der Besucher blendete, nahm den Leuten sonderbarerweise auch das Gehör.[43]

Ähnlich ergeht es den Geschwistern Neruda auch in Hamburg, wo sie mit *Blackfaces* oder *Minstrelsängern* um die Gunst des Publikums streiten müssen. „Im Thaliatheater haben die kleinen Neruda's sehr gefallen, aber nicht gezogen; desto mehr zogen die schwarzbemalten Amerikaner (Negersänger genannt)."[44]

Solche Art Sensationen dienten vornehmlich der Effekthascherei und ließen die Akteure „schnelles Geld" verdienen.

Im April 1847 geben die Geschwister ihr Debüt in Berlin und treten dort drei Mal auf, darunter zwei Mal im *Hotel de Russie*. Da die Reisekosten hoch sind, müssen in jeder Stadt mehrere Konzerte gegeben werden, um Gewinne zu erzielen. Nicht zuletzt aus diesem Grund treten die Schwestern in anderen Städten noch öfter auf, wie beispielsweise in Breslau, wo sie an elf Abenden brillieren.

Bis Mitte des 19. Jahrhunderts gab es keine Solistenkonzerte, sondern nur gemischte Programme. Die Präsentation von solistischen Künstlerinnen und Künstlern, die am Anfang ihrer Karriere standen, war in der Fremde mit organisatorischen Mühen verbunden. Es mussten mitwirkende Künstler gefunden werden, die mit den kleinen Musikerinnen und Musikern auftreten.

Um in einer fremden Stadt bekannt zu werden, war es üblich, Eigenwerbung zu betreiben, das bedeutete, dass die Musikerinnen und Musiker kostenlose Konzerte in verschiedenen Salons gaben.[45] Waren diese erfolgreich, folgten in der Regel bezahlte Engagements in den Konzertsälen.[46]

---

[43] WAMZ 7. Jg., Nr. 52, 1.5.1847, S. 212.
[44] WAMZ 8. Jg., Nr. 10, 22.1.1848, S. 40.
[45] Vgl. Borchard: Reisende Musikerinnen, S. 192 (vgl. Clara Schumann in Frankreich).
[46] Für die erste Russlandreise liegen diesbezüglich keine Belege vor. Allerdings berichtete 1857 die Zeitung *Музыкальные известия (Musikalnaja Iswestia)* Nr. 11, 16.3.1857, S. 83 aus Charkow, von privaten kostenlosen Konzerten der Nerudas in adligen Salons und ihren dortigen Erfolgen. Im Folgenden wird inhaltlich der Text der Zeitung wiedergegeben:
In nur wenigen Tagen hatten die Geschwister es in Charkow geschafft, aufgrund ihrer musikalischen Talente, bei allen Musikliebhabern der Stadt einen guten Eindruck zu hinterlassen. Aufgrund dieser überragenden Einführung schlossen sich erfolgreiche Konzerte im Saal der Adligen Versammlung an, die von großem Erfolg gekrönt waren. Wie groß

Zwar reiste die Familie innerhalb Europas. Aber auch hier galt es, die unterschiedlichen Sitten und Gebräuche zu beachten. Vor allem können die verschiedenen Sprachen ein Problem werden. Dieses Problem erlebte beispielsweise Clara Wieck gemeinsam mit ihrem sie begleitenden Vater auf ihrer ersten Tournee nach Paris 1831/32. Ohne Kenntnisse der französischen Sprache stellte sich die Kommunikation als sehr schwierig dar. Ihre wertvollen Empfehlungsschreiben an Rothschild und die Gesandten konnten sie nicht abgeben, bis sie die Sprache beherrschten. Inwiefern Sprachbarrieren den Nerudas zusätzliche Schwierigkeiten brachten, ist nicht bekannt.[47]

Als im August 1847 bei einem Konzert in Baden der Bruder Viktor, der inzwischen Cello spielt, erstmals in das kleine Familienensemble eintritt, erweitert sich das Repertoire der kleinen Virtuosen, und die Konzertprogramme werden vielfältiger. So können die Nerudas in verschiedenen Formationen, als Duo oder Trio, einen Konzertabend allein bestreiten, ohne auf andere Künstler angewiesen zu sein. Wichtigster Anziehungspunkt des kleinen Ensembles bleibt jedoch das Geigenspiel von Wilma Neruda, das die Kritiker immer aufs Neue erstaunen lässt:

> Wilhelmine Neruda. – Wer kennt nicht das liebliche Lockenköpfchen? Wem sind die Töne dieser Arions-Geige noch fremd geblieben? Bis wohin wäre nicht die Kunde dieser neusten Auflage eines Wunderkindes par excellence gedrungen? Süd- und Norddeutschland, Wien und Berlin haben die Hallen seines Ruhmtempels bauen

---

die Begeisterung des Publikums war, zeigt sich an dem nicht enden wollenden Applaus. Vor Enthusiasmus wurden Blumensträuße auf die Bühne geworfen, und die Musikliebhaber verabredeten sich, um Wilma Neruda beim nächsten Konzert ein wertvolles Armband als Ausdruck ihrer Freude zu schenken.
Ähnliche Erfahrungen der Nerudas schilderte die Zeitung *Dalibor* 4. Jg., Nr. 2, 10.1.1861, S. 27. In Lemberg wurden die Nerudas von dem einflussreichen Mäzen Starzynsky zu einem privaten Auftritt vor Künstlern und Kunstliebhabern der Stadt eingeladen.

[47] Vgl. Borchard: Reisende Musikerinnen, S. 193. Quellen über ähnliche Probleme der Nerudas im Ausland sind nicht vorhanden. Da in Russland des 19. Jahrhunderts an den Adelshäusern französisch gesprochen wurde und Josef Neruda diese Sprache beherrschte, dürfte dies für das Management kein Problem gewesen sein. In den verschiedenen Nachlässen befinden sich Briefe an Josef und Wilma Neruda in französischer Sprache. Von der Geigerin gibt es ebenfalls von ihr verfasste französische Briefe.
Reisen in polnischsprachige Städte dürfte kaum Verständnisschwierigkeiten gebracht haben. Es existieren im Stammbuch Wilma Nerudas polnische Eintragungen. Diese sind für die Nerudas aufgrund der Verwandtschaft der polnischen und tschechischen Sprache zu verstehen.

geholfen [...] Ganz vorzüglich musste man aber hier über die Kraft und Ausdauer unserer kleinen Violinistin wieder erstaunen, welche diesen Harpeggienknäuel mit so gewandter kräftiger Hand entwirrte, und zur vollen Bewunderung hinriss.[48]

Von Prag über Dresden geht die Tournee nach Norddeutschland und schließlich nach Amsterdam, wo das Publikum die Geschwister „bekränzte und mit einem ‚wahren Blumenregen' überschüttete. Seit undenklichen Zeiten haben die Holländer sich für einen Gegenstand nicht zu solchen Beifallsbeweisen hergegeben."[49]

Ein enormer Kostenfaktor für Konzerte waren seinerzeit die Raummieten. Um diese einzusparen, spielen die Nerudas gelegentlich in den Pausen von Theaterstücken zur allgemeinen Erbauung. Beispielsweise treten sie im Oktober und November 1848 regelmäßig im *Königstädtischen Theater* in Berlin nach jedem Akt des Vaudeville *Provinzial-Unruhen*[50] auf, ein Brauch, bis Mitte des 19. Jahrhunderts üblich, Musik zwischen den Akten einer Posse aufzuführen, der aber schon damals scharf kritisiert wurde:

> Es kann keinem Zweifel unterliegen, dass von höheren ästhetischen Gesichtspunkten aus die Sitte, die Zwischenacte des Schauspiels mit Musik auszufüllen, eine Unsitte ist, nur denen angenehm, welche Zerstreuung und möglichst schnellen gedankenlosen Wechsel suchen. Eine Ouvertüre vor Beginn des Stückes zur Sammlung der Zuschauer wäre völlig ausreichend; in den Zwischenacten wirkt die Musik, ist sie nicht eigens für das Stück componirt, nur störend. Leider aber möchte es vergeblich sein, gegen ein solches Verfahren anzukämpfen, da es von der großen Menge gewünscht wird, und diese in theatralischen Angelegenheiten immer noch die entscheidende Stimme hat. Darauf aber ist zu sehen, dass zu solcher Ausfüllung nicht Meisterwerke von Haydn, Mozart und Beethoven gewählt werden, wie es bei verschiedenen Theatern – auch in Leipzig – gebräuchlich ist. Nicht allein, dass Niemand darauf hört und wegen des Geräusches auch nicht hören kann; oftmals geschieht es, dass der Vorhang früher aufgeht, und dann in der Mitte des Satzes abgebrochen werden muß. Das ist eine Nichtachtung der höchsten Leistungen der Tonkunst, welche der Zerstörung der griechischen Kunstwerke durch die Barbaren gleichkommt.[51]

---

[48] WAMZ 7. Jg., Nr. 94, 7.8. 1847, S. 377. Rezension eines Konzertes in Baden.
[49] *Humorist* 12. Jg., Nr. 51, 29.2.1848, S. 204.
[50] *Vossischen Zeitung:* November / Dezember 1848, zit. nach: www.zlb.de/projekte/theater/ 1848: Im Dezember spielten sie beispielsweise außerdem im *Friedrich-Wilhelmstädtischen Theater* zwischen verschiedenen Lustspielen und Possen.
Provinzal-Unruhen: Text: Friedrich Adami, Musik: Musikdirektor F.W. Meyer.
[51] NZfM 27. Bd., Nr. 2, 5.7.1847, S. 11.

Diese Sitte zeugt nicht nur von der geringen Wertschätzung gegenüber der Komposition, sondern zeigt auch gegenüber der Darbietung und den Ausführenden Respektlosigkeit. Doch heute wie früher können sich junge Künstler am Beginn ihrer Karriere ihre Engagements nicht immer aussuchen und müssen wenig Bewunderung hervorrufende Auftritte in Kauf nehmen, um im Geschäft zu bleiben bzw. erst hineinzukommen.

Das Konzertleben in Mitteleuropa blieb von politischen Unruhen wie der Revolution Ende der 1840er Jahre nicht unbeeinflusst. Bereits 1847 bekommen die Schwestern die Spannungen bei ihren Gastspielen in Berlin zu spüren:

> Das zweite Konzert der Kinder fand vor ganz leerem Saal statt – an diesem Tage nämlich (22. April) hatten wir die betrübendsten Unruhen wegen der zunehmenden großen Noth und der übermäßigen Kartoffelpreise; Niemand wagte es des Abends auszugehen. Die Tageskritik meldete: dass die Billietts [sic.] zu dem Konzerte dennoch sämtlich verkauft gewesen wären; wir wolln's den guten Kindern von ganzem Herzen wünschen.[52]

Die Unruhen verstärkten sich, und es war keine Seltenheit, dass in dieser revolutionären Zeit Konzerte sogar ausfielen. So musste beispielsweise Ferdinand Laub[53], der gerade in Stuttgart konzertierte, 1848 seine Tournee aus diesem Grund abbrechen.[54]

Ähnlich ergeht es den Geschwistern Neruda. Nach ihren Auftritten in Mitteldeutschland führt sie die Tournee nach Belgien und Frankreich. In Paris nimmt die Revolution ein Ausmaß an, dass die Nerudas die Stadt aus diesem Grund sogar verlassen müssen und nach England weiterreisen.[55]

England blieb von den Unruhen weitgehend verschont und bot daher Möglichkeiten, Konzerte durchzuführen. So gibt Wilma Neruda am 30. April 1849 in London im Princess Theater mit großem Erfolg ihr Debüt: „Her performance of Vieuxtemp's Arpeggio und Ernst's Carnaval de Venise are really wonderful, nor does it require any apology on the score of her tender age."[56] Ursprünglich war das Neruda-Trio für zwei Konzerte engagiert, aber aufgrund des großen Erfolges mussten sie weitere 18 Konzerte geben.

---

[52] WAMZ 7. Jg., Nr. 18, 11.2.1847, S. 74.
[53] Ferdinand Laub (1832-1875), tschechischer Geiger.
[54] Vgl. WAMZ 8. Jg., Nr. 67, 3.6.1848, S. 264.
[55] Vgl. *Московские ведомости (Moskowskije Wedomosti)* Nr. 28, 4.3.1852, S. 259. Lt. Memoiren Franz Neruda war die ganze Familie mit auf der Reise.
[56] MT 40. Bd., Nr. 671, 1.10.1900, S. 653.

Zur gleichen Zeit weilt der damals schon sehr berühmte Joseph Joachim in London. Er war engagiert für ein Konzert in der Londoner *Philharmonic Society*, was er aus programmtechnischen Gründen absagt.[57] Statt seiner spielt Wilma Neruda am 11. Juni 1849 in London das Violinkonzert von Charles de Bériot.[58]

William Bartholomew[59] berichtet über das Konzert in einem Brief an seinen Freund:

> A little girl – a child in years and person – but a perfect miniature Paganini, played last night to the philharmonic audience a concerto of De Beriot's on the violin. Her tone, her intonation, her execution, especially with the bow hand, were all perfect – the latter is beautiful: her graceful and elastic wrist produced some of the most sparkling staccatos by up and down bowing that I ever heard.[60]

Durch die große Anzahl an Wunderkindern entstand eine zunehmende Konkurrenz, und das Publikum begann zu unterscheiden zwischen gedrillten und wirklich begabten Kindern. Nicht nur die Tatsache, dass Wilma Neruda mit den damals sehr berühmten Schwestern Milanollo verglichen wurde, zeigt, welches Talent sie hatte und dass sie eine Ausnahmeerscheinung unter den Wunderkindern bildete.[61] Diese außergewöhnliche Begabung bewahrte Wilma Neruda auch davor, in ein Unterhaltungskonzept eingespannt zu werden, das sie ausbeutet. Die Kritik der Gesellschaft richtete sich neben den Auswüchsen und die verlorene Jugend von Wunderkindern auch gegen Übertreibungen der Leistungen.[62] Für Wilma Neruda galt diese Kritik allerdings nicht, denn weiter heißt es:

---

[57] Vgl. NZfM 31. Bd., Nr. 13, 12.8.1849, S. 69. Der Geiger war gebeten worden, von Felix Mendelssohn Bartholdy das Violinkonzert e-Moll op. 64 zu spielen. Da es aber an einer für ihn nicht geeigneten Stelle im Programm platziert wurde, lehnte er es ab, das Konzert zu spielen.

[58] Vgl. NZfM 31. Bd., Nr. 15, 19.8.1849, S. 81.

[59] William Bartholomew (1793-1867), Englischer Librettist und Geiger, Übersetzer des Elias von Mendelssohn ins Englische.

[60] MT 40. Bd, Nr. 671, 1.10.1900, S. 654.

[61] Vgl. *Humorist* 10. Jg. Nr. 311, 29.12.1846, S. 1255. Rezension eines Konzertes in Wien: „In Wilhelmine Neruda scheint sich eine Begabung zu repräsentieren, welche in zwei anderen, wunderartig für die Kunst geschaffenen Mädchen auch jetzt noch, wo sie schon längst die Schranken des ‚Wunderkindlichen' überschritten haben, magisch auf die Zuhörer wirkt."

[62] *Humorist* 10. Jg., Nr. 311, 29.12.1846, S. 1255: „Die Kinder können jetzt noch nicht auf den Füßen stehen, und machen schon mit den Händen Musik; sie bringen noch keine zusammenhängenden Worte aus dem Munde hervor und produzieren schon Fantasien

Aber die siebenjährige Violinspielerin, und zwar eine siebenjährige Violinspielerin mit einem herrlichen Talente, eine Knospe, in welcher schwellend die Künstlerschaft bereit liegt, um plötzlich hervorzubrechen mit üppigem Schmelze und Dufte der Kunst; ein kleines Mädchen; in welchem sich Geschick und Gefühl für Musik aus innerem Drange und nicht aus äußerem Zwange, aus angeborner Lust, und nicht aus abgenöthigtem Fleiße, aus Beruf, und nicht aus Dressur sich äußern, das ist eine Seltenheit unter den häufigen Seltenheiten in unserer Zeit der üppig blühenden Virtuosenzucht.[63]

Natürlich wirkten auch die Schwestern Neruda in erster Linie durch ihre Kindlichkeit, meist wird in den Rezensionen aber immer wieder auf Wilmas überdurchschnittliche Begabung hingewiesen: „Die Kinder Neruda […] unstreitig verdanken sie ihren Erfolg vielmehr der Curiosität, als dem Kunstinteresse, obgleich die kleine

---

auf einem Instrumente; sie können noch nicht mit der Puppe aber schon auf dem Klavier spielen. Die Kleinheit des Virtuöschen verleiht dem Kinde nicht mehr das Prädikat ‚Wunder!'"

Kinder als Kuriositäten vorzuzeigen – hierfür gibt es aus der Zeit unzählige Beispiele. Nur eines sei genannt; Basilius Bohdanowicz, aus Galizien stammend und Primgeiger im Orchester des *Leopoldstädter Theaters* in Wien, ließ seine Kinder mit drei oder vier Bögen auf einer Geige streichen und vermarktete sein Kinderensemble reißerisch. Allerdings ernteten solche skurrilen Ereignisse immer mehr höhnisches Gelächter. (Vgl. Bodsch: Wunderkinder S. 80.).

Doch nicht nur Kuriositäten wurden inzwischen argwöhnisch betrachtet. Allein das Phänomen Wunderkind wurde in einigen Zeitungen zunehmend kritisch gesehen und die kleinen Virtuosen aufgrund ihrer „verlorenen Jugend" bedauert.

„Es thut sehr weh über dergleichen schreiben zu müssen; man hört so liebe unschuldige Geschöpfe nicht mit dem Ohre, man hört sie mit dem Herzen; aus jedem Tone klingt die traurige Geschichte von der verlorenen Jugend, jeder Ton ist ein Stückchen von dem verlorenen Himmel, den jeder Mensch in seiner Kindheit besitzt, und der ihm nur auf unnatürlichem Wege verkümmert und geraubt werden kann. Wer will uns denn einreden, dass Kinder auf dem vorgeschriebenen naturgemäßen Entwicklungsgange in den Kinderjahren Virtuosen werden können? Wie sollen Kunstleistungen entstehen in den Jahren der Entwicklung, der ungetrübtesten Heiterkeit und Unbefangenheit, wenn nicht durch Erziehung alles dessen? O, es ist traurig, dass es immer noch Eltern gibt, die ihre Kinder auf solche Weise opfern, und nicht einsehen, dass aus solchen Treibhaus-Pflanzen welke und blasirte Geschöpfe werden, die später als ein Erinnerungs-Klagelied für die Menschheit, als ein schrecklicher Vorwurf für die Erzieher dastehen." (WAMZ 7. Jg., Nr. 57, 13.5.1847, S. 231.).

[63] *Humorist* 10. Jg., Nr. 311, 29.12.1846, S. 1255. Das Konzert fand in Wien. statt.

Abb. 9 Wilma, Viktor und Amalie Neruda, Lithografie ca. 1850 von August Prinzhofer (1816-1885)

Geigerin eine bedeutende Zukunft hat."⁶⁴ Und das bewies sie auch auf ihren Konzertreisen und im späteren Verlauf ihrer Karriere, denn in erster Linie überzeugte sie immer durch ihr Können.

Bis 1849 konzertiert Wilma Neruda mit ihren Geschwistern schon in ganz Mitteleuropa, und ihr Ruhm eilt ihr voraus: „Die Konzerte der verdientesten Musiker sind leer, aber wenn Wilma Neruda, eine siebenjährige Geigerin, auftritt, schlagen sich die Gräfinnen und Grafen um die Karten."⁶⁵

Es wurden keine Belege gefunden, dass Wilma Neruda ihre Jugend als „verloren" ansah. Da sie mit ihren Geschwistern gereist ist, hatte sie zumindest die Gesellschaft von gleichaltrigen Kindern. Zwischen ihnen entwickelte sich eine enge Bindung, die ein Leben lang anhielt.

---

⁶⁴ WAMZ 8. Jg., Nr. 10, 22.1.1848, S. 40.
⁶⁵ Weissweiler, Eva: *Clara Schumann. Eine Biographie,* Hamburg 1990, S. 196 f.

1.3 Abenteuer Russland 1849-1861

Nach den großen Erfolgen Wilma Nerudas in London kehrt die Familie schließlich nach Wien zurück. Im März 1850 konzertieren Wilma, Amalie und Viktor erneut in der Hauptstadt.[66] Doch in der einstigen Musikmetropole wirken sich die Ausläufer der revolutionären Unruhen noch negativ auf das Musikleben aus. Wien verliert für längere Zeit seinen bis dahin bestehenden Glanz. Da die Subventionen des Kaisers entfallen, muss der Musikverein gezwungenermaßen für drei Jahre seine Aktivitäten einstellen. Auch das Konservatorium wird für geraume Zeit geschlossen.[67] Möglicherweise siedeln die Nerudas aus diesen Gründen schon 1850 nach Brünn über. Zumindest geben sie dort im Juni und September einige Konzerte.[68] Doch das verdiente Geld reicht nicht, um die Familie zu ernähren. Sie besteht zu der Zeit aus den Eltern und sechs Kindern. Also müssen neue Orte gesucht werden, um mit einträglichen Konzerten den Lebensstandard zu sichern. Da Russland von den revolutionären Unruhen kaum betroffen ist, begibt sich Josef Neruda mit seinen Kindern auf die Reise gen Osten. Außerdem war von Petersburg bekannt: „Wer vom westlichen Europa aus den strapaziösen Weg nach dem fernen Petersburg riskierte und dort die Chance erhielt, auftreten zu dürfen, konnte in der Regel innerhalb kurzer Zeit ein Vermögen verdienen."[69]

Das Publikum in Russland bevorzugte Mitte des 19. Jahrhunderts in erster Linie Kompositionen westeuropäischer Meister und italienische Opern, obwohl durch Michail Glinka[70] und Alexander Dargomyshski[71] auch in Russland langsam eine eigene Kunstmusik entstand.[72] Die russischen Instrumentalisten genossen einen gesellschaftlich niedrigen Status und waren als Künstler nicht anerkannt.[73] Kon-

---

[66] Im Stammbuch existiert ein Eintrag vom 3.3.1850 von Jacob Dirnböck, (1809-1861), österreichischer Buchhändler, Lyriker und Verleger.
[67] Vgl. La Grange, Henry-Louis de La: *Wien. Eine Musikgeschichte*, Leipzig 1997, S. 273.
[68] Vgl. Kyas: Rodina Nerudů, S. 241.
[69] Schwab, Heinrich Wilhelm: Kopenhagen als Reiseziel ausländischer Virtuosen, S. 144, in: *Le musicien et ses voyages. Pratiques, réseaux et représentations*, hg. von Christian Meyer, Musical Life in Europe 1600-1900. Circulation, Institutions, Representation, Berlin 2003, S. 143-168.
[70] Michail Glinka (1804-1857), russischer Komponist.
[71] Alexander Dargomyshski (1813-1869), russischer Komponist.
[72] Vgl. Beci: Musikalische Salons, S.146.
[73] Vgl. Redepennig, Dorothea: *Geschichte der russischen und sowjetischen Musik*, Bd. 1: Das 19. Jahrhundert, Laaber 1994, S. 107.

servatorien, die den Musikernachwuchs gezielt ausbilden konnten, gab es zu der Zeit weder in Petersburg noch in Moskau.[74] Doch besonders Solistenkonzerte erfreuten sich in den Metropolen großer Beliebtheit und lockten daher zahlreiche ausländische Virtuosen wie beispielsweise Clara Schumann, Henri Vieuxtemps, Wilhelmine Schröder-Devrient und Henryk Wieniawski an, die zu einem abwechslungsreichen Konzertleben beitrugen. Die russischen Städte bildeten somit ein Eldorado für ausländische Instrumentalisten, zumal die Adligen sie oft sehr großzügig entlohnten.

Am Ende der Wintersaison 1850/51 konnte man in der *Rheinischen Musikzeitung* von diesem regen Konzertleben in Petersburg lesen, zu dem auch die Nerudas mit beitrugen:

> An Musik-Vereinen fehlt es nicht. Wir haben die berühmte philharmonische Gesellschaft, zu welcher die tüchtigsten Mitglieder der Kaiserlichen Orchester gehören; sie gibt jährlich zwei grosse Conzerte zum Besten ihrer Witwen und Waisen. Wir haben, Dank der unermüdlichen Beharrlichkeit Vieuxtemps, seit 5 Jahren die trefflichen Quartett-Unterhaltungen; wir haben eine Singakademie, eine Liedertafel u.s.w.u.s.w. So hat denn dieses Jahr die Anwesenheit von Schulhoff, den Brüdern Wieniawski, den Geschwistern Neruda, Seymour Shiff, Apoll. v. Kontski das Publikum aus der Lethargie aufgerüttelt, welche unsere Künstler tief beklagten. Der Umschwung und die Rückkehr zur Musik war sogar so gross und andauernd, dass trotz der ungeheuren Menge von Concerten – es fanden bis zu acht an Einem Tage statt, zwei des Morgens und sechs des Abends – die Säle fast immer bis auf die letzten Plätze besetzt waren, so dass unsere Gäste mit der reichen Aernte an Rubeln und Banknoten die beste Meinung von der Bevölkerung der russischen Hauptstadt mit nach Hause genommen hat.[75]

Ergänzend ist hinzuzufügen, dass nicht nur die Philharmonische Gesellschaft, sondern auch die Sinfonische Gesellschaft und die Musikakademie Sinfoniekonzerte in Petersburg organisierten. In Moskau wurden Anfang des Jahrhunderts die Konzerte eher in privatem Rahmen oder von Theatern organisiert, und erst ab 1834 gab es dort eine Musikalische Versammlung und ab 1850 Universitätskonzerte.

---

[74] ebd. S. 115: Das erste Konservatorium in Russland wurde 1862 in Petersburg gegründet.
[75] RMZ 2. Jg., Nr. 1, 5.7.1851, S. 419 f.
[76] Aus den Rezensionen ist zu entnehmen, dass der Sohn Viktor an dieser Tournee nicht teilnahm. Möglicherweise war er schon sehr krank. Er litt an Tuberkulose und wahrscheinlich konnte er den Strapazen einer solchen Reise nicht mehr ausgesetzt werden.

Im Herbst 1850 bricht Josef Neruda mit seinen Töchtern Wilma und Amalie zu der ersten Konzertreise nach Russland auf.[76] Die Reise nach Petersburg bedeutet ein nicht geringes Risiko, denn die Geschwister verfügen über keine Empfehlungsschreiben.[77] Diese waren aber von großer Bedeutung, öffneten sie doch neu ankommenden Künstlern Tür und Tor. Die Familie reist also mit großem Risiko auf eigene Rechnung.

Um die Reisekosten in entfernte Länder möglichst gering zu halten, war es für Virtuosen wichtig zu wissen, wo auf dem Weg zu dem fernen Ziel der nächste Ort mit einem interessierten Konzertpublikum liegt. Nach diesen Kriterien wählt auch Josef Neruda die Route. Die erste Tournee im Herbst 1850 nach Russland verläuft von Brünn über Prag, Berlin, Danzig, Elbing, Königsberg, Tilsit, Riga nach Petersburg.[78] In vielen größeren bekannten Städten auf dem Weg nach Petersburg konzertieren die Geschwister, und Wilma erntet auf allen Stationen viel Ruhm:

> Die Geigerin [ist] ein Talent von erstem Range zu nennen. Ihr gesunder Ton und kräftiger Bogen, die goldene Intonation und das unblasirte, natürliche ihrer Vortragsweise sprachen höchst wohltuend an. In Königsberg traten diese talentvollen Schwestern 11 Mal öffentlich auf, was daselbst von Concertisten wohl kaum in einem Zeitraum von 6 Wochen jemals efectuirt sein dürfe.[79]

Die ungeheure Vielzahl der Konzerte zeigt, wie schnell sich das Talent Wilma Nerudas herumsprach, aber auch, welchen Anstrengungen das Wunderkind allein durch das Konzertieren unterworfen war.

Aber der Aufenthalt zahlte sich aus. Das Spiel der jungen Virtuosin löste bei den Kritikern besonderes Entzücken aus, was sich auch in der Bezahlung niederschlug. So schrieb der Rezensent der *Neuen Zeitschrift für Musik*: „Die Geschwister Neruda ernten in Riga Lorbeeren und russische Silber-Rubel."[80] Sicher ein Grund, um 1856 noch einmal die Stadt Riga zu besuchen, um dort zu konzertieren.[81]

Schließlich treffen die Wunderkinder in der russischen Hauptstadt ein und können sich auch ohne Empfehlungsschreiben ihren Markt erobern.

---

[77] Vgl. RMZ 2. Jg., Nr. 1, 12.7.1851, S. 427.
[78] Vgl. RMZ 1. Jg., Nr. 5, 14.6.1851, S. 399.
[79] RMZ 1. Jg., Nr. 50, 14.6.1851, S. 399. In der NZfM Bd. 34, Nr. 7, 14.2.1851, S. 64 wird sogar von 12 Konzerten berichtet.
[80] NZfM 34. Bd., Nr. 11, 14.3.1851, S. 112.
[81] Vgl. Eintrag im Stammbuch Wilma Nerudas aus Riga.

Darum hat dieses heitere, blühende Kind, das augenscheinlich mehr zu seinem eigenen Vergnügen als für die Zuhörer spielt, […] unser Publikum zu einem Enthusiasmus gebracht, der in den sieben Concerten, welche die Geschwister Neruda gegeben haben, sich nie verleugnet hat.[82]

Scheinbar mühelos überwindet Wilma Neruda die Strapazen der ausgedehnten Reisen und spielt wie zu ihrem eigenen Vergnügen.

Bis Mai 1851 hält sich Josef Neruda mit seinen Töchtern in Petersburg[83] auf und tritt nach erfolgreichem Gelingen der Tournee den Weg zurück nach Brünn an.

Sicherlich aufgrund des großen Erfolges dieser Konzertreise und des guten Verdienstes beschließt die Familie, für längere Zeit nach Petersburg umzusiedeln und von hier aus künstlerische Reisen in weite Teile Russlands zu unternehmen. Nachweislich konzertieren die Geschwister Amalie, Wilma und Marie[84] im Frühjahr 1852 in Moskau und Kiew[85]. Wie sehr Wilma Neruda auch die Moskauer Zuhörer für sich einnehmen kann, beschreibt der Kritiker der Zeitung *Moskowskije Wedomocti*: „Wir besaßen die Möglichkeit sie zu hören und konnten die allgemeine Begeisterung, die sie auf alle ausübte, teilen. Das saubere, klare, ruhige und strahlende Spiel Wilma Nerudas zeigt ihr ungewöhnliches Talent und ihren reichhaltigen Sinn für Musikalität."[86] Diesem hervorragenden Einstieg folgen weitere Konzerte der Geschwister in der Stadt.

Trotz des finanziellen Ertrages bleibt die Familie Neruda nur einige Monate in Russland. Am 28. April 1852 stirbt der Bruder Viktor.[87] Dies ist sicher teilweise auch den großen Strapazen, denen die Wunderkinder über Jahre hinweg ausgesetzt

---

[82] RMZ 2. Jg., Nr. 2, 12.7.1851, S. 427. Artikel: Musik, in St. Petersburg von B. Damcke: „Den grössten Erfolg hatte Wilma Neruda mit den Compositionen von de Bériot und dann besonders mit den burlesken Variationen über ein deutsches Lied von Mildner, einer ziemlich geistvollen Nachahmung des Carnevals von Venedig."

[83] Eintrag aus Wilma Nerudas Stammbuch vom 15.5.1851 aus Petersburg.

[84] Anna Maria Rudolfina Neruda (1840-1922), tschechische Geigerin, Schwester Wilma Nerudas.

[85] Vgl. Berlin SBPK: Mus. ep. Josef Neruda: Brief Josef Neruda an einen Unbekannten Herrn, Brünn 18.10.1854: Es werden Konzerte in Kiew erwähnt.

[86] *Московские ведомости (Moskowskije wedomocti)* Nr. 28, 4.3.1852, S. 259: „Мы имели случай её слышать и не могли не разделять общего произведенного ею восторга. Чистая отчетливая покойная и блестящая игра Вильмы обличают и необыкновенный талант и много музыкального смысла."

[87] Viktor Neruda starb an einem Blutsturz, der auf Tuberkulose schließen lässt. Vgl. NWMZ, 1. Jg., Nr. 21, 20.5.1852, S. 95.

waren, anzurechnen. Der ständige psychische Druck auf die Kinder, schon in jungen Jahren Höchstleistungen erbringen zu müssen, gepaart mit dem unruhigen Leben der ständigen Reisen, der Unterbringung in oft primitiven und zugigen Unterkünften, zehrte über Jahre hinweg an seiner Gesundheit. Möglicherweise kam auch ein psychischer Aspekt dazu. Seine jüngere Schwester Wilma übernahm mit Leichtigkeit das Geigenspiel, das vorerst für ihn gedacht war. Er selber musste das Cellospiel erlernen, da sich so das Repertoire im Familienensemble erweitern ließ. Welche Schwierigkeiten dies für ihn bedeutete und unter welchem Druck der junge Künstler sich befand, der auch in Konkurrenz zu seiner jüngeren hochbegabten Schwester Wilma stand, lässt sich leicht ermessen.

Sein Leichnam wird mit Bewilligung des Zaren nach Brünn überführt.[88] Der Tod des erst 16 Jahre alten Sohnes lässt die Familie den Weg zurück in die Heimat antreten.

Später wird Olga Neruda Folgendes über die Reisen der Familie in den Memoiren notieren:

> Im Jahre 1851 oder 1852 zog die Familie nach Petersburg. Sie fuhren mit einem Dampfer von Stettin nach Petersburg, blieben aber nur neun Monate, da der Bruder Victor dort mit nur 15 Jahren starb. Die Familie fuhr mit der Kutsche von Warschau zurück nach Brünn. Sie wussten nicht wo sie hingehen sollten und sprachen während der Reise sehr viel darüber.[89]

Letztendlich entschließt sich die Familie, in ihre alte Heimatstadt Brünn zurückzukehren. Wieder in Brünn geben sie am 19. Juli 1852, dem Tag des Geburtstages von Viktor, ein Konzert.[90]

Von Brünn aus unternimmt die Familie Neruda weiter unzählige ausgedehnte Konzertreisen nach Osteuropa[91]. Die Konzertreisen beginnen stets im Herbst und enden mit Saisonende im Frühjahr. Die Sommermonate verbringt die Familie in der Regel in Brünn. Diese Zeit konnte genutzt werden, das Repertoire zu erweitern oder andere Studien zu betreiben. Aufgrund der Zahl von Tourneen ist es nicht

---

[88] Vgl. NWMZ 1. Jg., Nr. 21, 20.5.1852, S. 95.
[89] Stockholm MM, Nachlass Franz Neruda, MFN S. 2.
[90] Vgl. Kyas: Rodina Nerudů, S. 241. Das Programm des Konzertes liegt nicht vor.
[91] Besonders viele Tourneen unternahm die Familie ins heutige Polen. Einerseits führte der Weg nach Russland durch Polen, und zum anderen lagen die Städte teils auch geografisch in der Nähe von Brünn. So konzertierten sie lt. Dalibor in Warschau (1850/ 1852/ 1856 / 1858 / 1859), Krakau und Breslau (1854) und immer wieder in Lwow [Lemberg] (1858/ 1860/ 1861).

möglich, alle im Detail aufzuzeigen. Die Motivation für die vielen Konzertreisen war, wie bei den meisten Virtuosen, scheinbar in erster Linie finanziell begründet.

Wie aus Eintragungen im Stammbuch Wilma Nerudas zu erkennen ist, ergaben sich in Russland viele Kontakte zu damals einflussreichen Musikern[92]. Nicht zuletzt diese Begegnungen ebneten ihnen den Weg für Erfolge weiterer Tourneen nach Russland. Nun einmal im Musikleben Osteuropas bekannt, knüpft der Vater vor jeder Reise brieflich die verschiedensten Kontakte zu Freunden und Bekannten.[93] Die Kinder sind nun keine Unbekannten mehr.

Zu häufiges Erscheinen in einer Stadt konnte aber auch dazu führen, dass man der Virtuosen überdrüssig wurde. Aus diesem Grund waren die Konzerte Wilma Nerudas nicht nur von Erfolg gekrönt. Speziell in Petersburg sah sich die junge Künstlerin stetig wachsender Konkurrenz mit anderen Virtuosen ausgesetzt. Das Publikum war verwöhnt und übersättigt. Ständig erwartete es neue Künstler und Attraktionen. So verwundert es nicht, dass ein erneutes Konzert 1861 in der russischen Hauptstadt nicht den gewünschten Erfolg bringt. Hier ist die Geigerin bekannt – der Reiz des Neuen ist verblasst.[94] Dieses Beispiel zeigt, dass sich die Künstlerin, wie alle Virtuosen, auch mit vermeintlichen Niederlagen auseinandersetzen musste und ihr der Ruhm nicht geschenkt wurde, sondern hart erarbeitet war.

1.4 Eltern

In der Regel forcierten die Väter die Karriere ihrer „Wunderkinder". Daher werden die Mütter in den Biografien ihrer berühmten Kinder oft nicht einmal erwähnt.[95] Meist bleiben sie mit den jüngeren Geschwistern im Heimatort und werden auch in den Rezensionen nicht mit genannt. So ist es häufig schon schwierig, ihre Lebensdaten zu bestimmen. Ähnlich verhält es sich bei der Mutter

---

[92] Die Namen der Musiker sind dem Stammbuch Wilma Nerudas entnommen. Es handelte sich um den tschechischen Pianisten Julius Schulhoff (1825-1898), den deutschen Violinisten und Komponisten Louis Maurer (1789-1878) und um den polnischen Violinisten Apoliary de Kontski (1825-1879), der bei Paganini studiert hatte.
[93] Vgl. Berlin SBPK: Mus. ep. Josef Neruda: Brief Josef Neruda an einen Unbekannten, Brünn 18.10.1854. In diesem Brief erkundigt er sich nach dem Aufenthalt verschiedener Bekannter, da eine Reise nach Russland geplant war.
[94] Vgl. *Петербургская Летопись (Peterburgskaja Letopis)* Nr. 81, 9.4.1861.
[95] Vgl. Hoffmann: Instrument und Körper, S. 325 f.

Abb. 10 Mutter: Francisca Neruda, Fotografie

Abb. 11 Vater: Josef Neruda, Fotografie

Wilma Nerudas. Die wenigen Daten, die bekannt sind, sollen hier genannt werden.

Francisca Neruda, geborene Merta, wurde vermutlich in der Nähe von Olmütz am 3.12.1817[96] geboren. Ihr Vater Anton Merta war pensionierter Beamter. Auch sie war eine sehr gute Pianistin,[97] und Josef Neruda verließ sich auf ihr musika-

---

[96] *Moravský zemský archiv Brně* (Mährisches Landesarchiv Brünn), Römisch-katholisches Pfarramt Brünn, St.-Jacob Kirche, Totenmatrix, Band VII, S. 289, Die Daten wurden mir von Michaela Kořistová, Historikerin in Brünn, zur Verfügung gestellt. In den *Memoiren Franz Nerudas* steht, dass Francisca bei der Heirat erst 15 Jahre alt war.

[97] Vgl. *Московские ведомости (Moskowskije Wedomosti)* Nr. 28, 4.3.1852, S. 258 f.

lisches Urteil[98]. Sie starb am 19. Dezember 1881 in Brünn an Versagen der inneren Organe.[99]

Die Eltern Josef Nerudas, Johann Neruda und Francisca Martin, heirateten 1799.[100] Am 16. Januar 1807 wurde Josef in Mohelno [Mähren] als zwölftes Kind geboren.[101] Obwohl sein Vater ein wohlhabender Mühlenbesitzer war, reichte das Geld aufgrund der vielen Kinder nicht aus, um alle im Hause zu behalten. So kommt Josef Neruda in das Benediktinerkloster Rajhrad und erhält dort eine umfangreiche musikalische Ausbildung. Bereits mit 16 Jahren arbeitet er als Hilfslehrer in Namesti an der Oslava und gleichzeitig in der Hauskapelle der gräflichen Familie Haugwitz. 1825 erhält er eine Stelle als Militärmusiker, und gleichzeitig betätigt er sich als Klavierlehrer in Olmütz. Schon 1832 wird er am Dom des *Heiligen Peter und Paul* in Brünn angestellt. Zunächst ist er dort als Chorsänger unter der Leitung von Josef Dvořák[10] beschäftigt, bekleidet aber ab 1836 das Amt des Domorganisten.

Die Eltern Wilma Nerudas heiraten 1832 und haben insgesamt elf Kinder – fünf Jungen und sechs Mädchen –, von denen einige früh sterben.[103] Bis zu ihrer Übersiedlung nach Wien wohnt die Familie in Brünn Am Petrov Nr. 268.

Nachdem Josef Neruda speziell die große Begabung seiner kleinen Tochter Wilma erkannt hat, kündigt er seine Organistenstelle am Dom in Brünn und verlegt seinen Wohnsitz mit der Familie nach Wien. Entgegen der Gewohnheiten anderer Eltern von Wunderkindern geht auch die Mutter mit den übrigen Kindern mit nach Wien. So wird die Schwester Eugenie im Oktober 1846 in Wien geboren. Die Mutter Francisca unterstützt den Vater beim Unterrichten seiner Kinder und gibt beispielsweise der Tochter Amalie Klavierunterricht.[104]

---

[98] Vgl. Kopenhagen MM, FNP Kassette 1 / 2: Brief Josef Nerudas an Franz Neruda vom 24.10.1865 aus Brünn.

[99] *Moravský zemský archiv Brně*, Römisch-katholisches Pfarramt Brünn, St.-Jacob Kirche, Totenmatrix, Band VII, S. 289, Die Daten wurden mir von Michaela Kořistová zur Verfügung gestellt.

[100] Vgl. Štastná, Bohuslava: Kdo byli nerudové? In: *opus musicum.*, Brünn 27. Jg., Nr.3, 1985, S. 85.

[101] Vgl. Stockholm MM, Nachlass Franz Neruda, MFN: Der Vater Josef Neruda kam als 12. Kind zur Welt. Im Weiteren Verlauf stützt sich der Lebenslauf auf den Artikel „Wilma Neruda" von Martin Tegen und Jaroslav Bužga, in: MGG Bd. 9, Kassel 1961, Sp. 1379 f.

[102] Josef Dvořák (1807–1869), tschechischer Liederkomponist und Verleger.

[103] Vgl. MFN S. 1.

[104] Vgl. *Московские ведомости (Moskowskije Wedomosti)* Nr. 28, 4.3.1852, S. 259.

Es ist zu vermuten, dass Josef Neruda seine Kinder planmäßig zu einem Kinderensemble heranzieht, nachdem er ihre musische Begabung erkannt hat. Nicht nur Wilma war eine hochbegabte Geigerin, sondern auch ihre Schwester Amalie spielte sehr gut Klavier, und, wie sich später herausstellte, waren die Brüder Viktor und Franz sehr gute Cellisten. Beide Brüder spielten zunächst Violine, wechselten aber dann das Instrument und erlernten Violoncello. Gerade im Fall von Franz Neruda ist anzunehmen, dass er den früh verstorbenen Viktor als Cellist im Familienensemble ersetzen sollte. Dies muss für den erst neunjährigen Franz eine große Anstrengung und Belastung gewesen sein, denn später berichtete er ironisch, dass er dabei seine Haare verloren hätte.[105]

Der Unterricht von Wilma Neruda bei Leopold Jansa in Wien kann nicht viele Jahre stattgefunden haben, denn ab 1849 ging die Familie regelmäßig auf Tournee. Von nun an unterrichtet Josef Neruda selbst seine Kinder auf der Geige, dem Cello und auch auf dem Klavier. Das hat den Vorteil, dass der Unterricht auch während der Konzertreisen weiter durchgeführt werden kann.

Josef Neruda erzieht seine Kinder nicht zum reinen Virtuosentum, das brillante Technik nur zum Imponieren benutzt. In folgendem Zitat eines Briefes an Franz Neruda wird die Empörung des Vaters über einen solchen Stil sichtbar:

> Nun habe ich den Remeny gehört. Das Adagio Finale des Mendelssohn Concerts hat er unterm Pfui gespielt, die Ungarischen Melodien von ihm traubpibirt viel Flagolets, die Arpeggios und anderen Firlefanz. Es ist dies ein Ungarischer Kontsky, mein lieber Franz! Der Saal war fast leer; was willst Du noch mehr?[106]

Das Streben des Vaters, seine Kinder als ernsthafte Musikerinnen und Musiker auftreten und auch als solche Anerkennung finden zu lassen, gestaltete sich nicht immer einfach und stellte oft eine Gratwanderung zwischen Zurschaustellung und künstlerischem Anspruch dar. Die musikalische Ausbildung der Kinder, weg vom reinen hohlen Virtuosentum zu anspruchsvollem Kunstschaffen, bereitete ihnen den Weg in eine nicht der Mode unterworfenen anerkannte Kunst. Den Kindern ist der Spagat gelungen, denn nicht nur Wilma, sondern auch Franz Neruda spielte als erwachsener Künstler eine bedeutende Rolle im europäischen Musikleben seiner Zeit, und die Schwestern Amalie, Marie und Olga blieben bis an ihr Lebensende ebenfalls professionelle Musikerinnen.

---

[105] MFN S. 3.
[106] Kopenhagen MM, FNP Kassette 1 / 2: Brief Josef Neruda an Franz Neruda, Brünn 24.10.1865.

Abb. 12 Brünn: Elternhaus der Familie Neruda, Fotografie

Aufgrund der unzähligen Konzertreisen, die Josef Neruda mit den Geschwistern unternahm, war es für seine Kinder nicht möglich, regelmäßig eine Schule zu besuchen. Daher betreute der Vater auch die allgemeine Schulbildung seiner Kinder, wozu er aufgrund seiner Anstellung als Hilfslehrer in Mohelno sehr gut in Lage war. Sie erhielten beispielsweise umfangreichen Unterricht in Harmonielehre. Der Sohn Franz, der nie ein Konservatorium besucht hatte, wurde später ein anerkannter Komponist, und auch Wilma schrieb in jungen Jahren kleine Kompositionen.[107] Um sich auf den Reisen verständigen zu können, erlernten die Kin-

---

[107] MT 40. Bd., Nr. 671, 1.10.1900, S. 653. In dem Artikel *Lady Hallé's first appearance in England* wird Rückschau gehalten auf ihre ersten Konzerte 1849 in London. Dort stand am 15.5.1849 als Nr. 4 auf dem Programm: „God save the Queen, composed and performed by Mademoiselle Wilhelmine Neruda." Weiterhin wurde geschrieben: "It may not be generally know that the great little fiddler appeared, at the age of nine, as a composer!" Lt. Dalibor 4. Jg., Nr. 2, 10.1.1861 spielte Wilma Neruda im Konzert „eine Mazurka eigener Schöpfung im Stile Chopins" am 9.1.1861 in Lemberg. Das Manuskript der Mazurka befindet sich in Mannheim in der Stadt- und Musikbibliothek, Sig. TkI3 Neru.

der mehrere Sprachen. Wilma Neruda beherrschte außer Tschechisch und Deutsch auch Englisch, Schwedisch und Französisch, wie Briefe in der jeweiligen Sprache belegen. Als Muttersprache ist aber Deutsch anzunehmen, da sie ihre Tagebücher in dieser Sprache verfasste und auch die schriftliche Kommunikation unter den Geschwistern auf Deutsch stattfand.

Dass die geistige Ausbildung Wilma Nerudas nicht der technischen hinterher stand, bemerkt ein Kritiker des *Humorist* schon bei ihren ersten Auftritten 1847:

> Nicht zu leugnen ist es, dass die Leistungen besonders der Violinistin Neruda, wirklich zum Bewundern sind. Die junge Künstlerin spielt rein und mit bewundernswerth starkem markigen Tone, auch steht ihre geistige Ausbildung durchaus nicht gegen ihre Technik zurück, was wir besonders beim Vortrage der Elegie von Ernst zu bemerken Gelegenheit hatten.[108]

So zeigte sich der Vater als Förderer seiner Kinder, denn ohne ihn hätten sie es nicht zu solchem Ruhm gebracht, aber auch als unerbittlicher Forderer, denn Talent reicht nicht für eine weltweite Karriere, es gehört auch viel Mühe und Zeit zum Üben dazu.

Mit Ernst verfolgte er die Auftritte seiner Kinder:

> Die Pianistin spielt recht sauber und verständig, bewies eine anzuerkennende Fertigkeit und im Ganzen eine, wenn auch nicht wunderbare, doch außergewöhnliche Begabung ... Wunderbarer sind die Leistungen ihrer sieben- oder achtjährigen Schwester Wilhelmine. Sie spielt nicht nur rein, kennt nicht nur alle Stricharten und überwindet nicht nur schon große Schwierigkeiten mit Sicherheit, – das Unerklärliche ist ihr großer, ausdrucksvoller Ton, ihre reizende, übermüthige Keckheit. Wenn wir da unwillkührlich an die Mähren der morgen – und abendländischen ‚Tausend und eine Nacht' denken und gern an das Pathengeschenk irgend einer gütigen, huldreichen Fee glauben, warum stört dann der Vater der kleinen Virtuosinnen unsere Illusion, wenn er ihnen, die bei solcher Frühreife in der Kunst doch wohl allein in einem Concert-Saal stehen können, immer mit ernster, kalter Miene zur Seite bleibt und uns lebhaft an Dressur u.s.w. gemahnt?[109]

Unter welchem psychischen Druck die Kinder standen, lässt sich unschwer erahnen. Auch für den Vater war es von großer Bedeutung, dass seine Kinder berühmt wurden, hatte er doch für ihre Ausbildung seine gute Stellung am Dom in Brünn aufgegeben. Wie kritisch er den Fortschritt des Komponierens seines Sohnes Franz

---

[108] *Humorist* 11. Jg., Nr. 108, 6.5.1847, S. 432. Rezension über das Konzert am 19.4.1847 in Berlin.
[109] BMZ 1847 Nr. 18, zit. nach Hoffmann: Instrument und Körper S. 327.

später weiterhin verfolgte und welchen Druck er auf ihn ausübte, ist aus Briefen ersichtlich, die er dem inzwischen erwachsenen jungen Mann schrieb:

> Nun mein lieber Sohn sey noch fleißig auf Deinem Instrumente. Componire Du fleißig für dasselbe. Ich werde vielleicht nächsten Sommertage das Glück haben wenn ich noch lebe einige Töne mehr zu hören bekommen als es Heuer der Fall gewesen, denn überfüttert hattest Du mich wahrlich nicht mit deinen Cello Tönen![110]

Die gesamte Organisation der Konzerte lag in den Händen des Vaters. Das bedeutete nicht nur, die Kontakte für eine neue Tournee zu knüpfen, sondern auch Möglichkeiten zu schaffen, dass alle Kinder mitreisen konnten. Dies gestaltete sich nicht immer einfach. Als Franz als junger Mann zum Militärdienst einberufen wurde, ließ ihn der Vater freistellen. Das ging nicht problemlos vonstatten, und der Vater zahlte 300 Taler Ablösegeld.[111]

Wie schließlich der Vater seine Kinder zu den musikalischen Hochleistungen stets zu motivieren verstand, erzählt Franz Neruda später in einem Interview:

---

[110] Kopenhagen MM, FNP Kassette 1 / 2: Brief Josef Neruda an Franz Neruda, Brünn 24.10.1865.
Selbst als Franz Neruda erwachsen war, konnte der Vater es nicht unterlassen, seinen inzwischen erwachsenen Sohn zu ermahnen. So erhielt Franz Neruda in Briefen des Vaters Vorwürfe über seine Schrift: „Vor allem erinnere ich Dich, dass ich schon früher einige mahle Dir gerathen Dich einer besseren Handschrift zu befleißen, aber leider ohne allen Erfolg! – [...] Und bedenke was da für zweideutige Verwechslungen entstehen können. – Entsetzlich!" Kopenhagen MM, FNP Kassette 1 / 2: Brief Josef Neruda an Franz Neruda, Brünn 30.11.1872.
[111] Kopenhagen MM, FNP Kassette 1 / 2: Brief Josef Neruda an Franz Neruda, Brünn 19.4.1869: Es ist der Antwortbrief auf die Bitte von Franz Neruda, sich einen Taufschein aus Brünn schicken zu lassen. Höchstwahrscheinlich sollte Franz Neruda in Dänemark, wo er als Cellist in der Hofkapelle angestellt war, zum Militär eingezogen werden.
„Du sprichst dass Du schon einmal wegen dem Taufschein geschrieben, wir haben den Brief nicht erhalten. Das ist übrigens eine schöne Geschichte. Es hat mir so ein Kummer gemacht, um Dich in Deinem Vaterland vom Militär loszumachen und es kostete 300 Taler und nun sollst Du in der Fremde Soldaten Jacke anziehen. – Da komt es auf meine Rede. Ich war immer dagegen, dass Du Dich dort ansiedeln wolltest. Auf diese Weise ist es bey uns noch immer besser. Bey uns wird man keinen Fremden Unterthan und namentlich von Deinem Range zum Soldaten pressen wollen. Und es müsste mit dem Teufel zugehen, wen Du Dir nicht in Wien eben solche, ja sogar bessere Stellung gegründet hättest. Aber Du hast anderen Leuten mehr geglaubt, als Deinem alten erfahrenen Vater."

Aber immer spielten wir gleich schön. […] Mein Vater sagte immer zu uns Kindern: ‚Heute Abend ist ein schlecht besuchtes Haus dann müsst ihr besonders schön spielen.' Oder: ‚Kinder, heute Abend ist es ganz voll, dann müsst ihr sehr schön spielen.' Und mit seinem feinem Lächeln fügte Franz Neruda hinzu: ‚Also wir sollten immer schön spielen!!!'"[112]

1.5 Geschwister

Die Lebensläufe der Geschwister Neruda sind nicht Gegenstand dieser Arbeit. In den folgenden Ausführungen soll daher in erster Linie gezeigt werden, wie die Geschwister über ihre Jugendzeit privat und musikalisch miteinander verbunden blieben. Den Schwerpunkt bildet dabei das Verhältnis von Wilma Neruda zu den Geschwistern.

1.5.1 *Amalie Neruda-Wickenhauser*
Gute Klavierbegleiterinnen und -begleiter sind für Virtuosinnen und Virtuosen besonders wichtig, da sie sich den Spielweisen der Solistin anpassen und unterstützend wirken sollen. Die erste Akkompagnistin Wilma Nerudas war ihre Schwester Amalie Neruda. Mit ihr feierte die Virtuosin ihre ersten Erfolge als Wunderkind, angefangen bei ihren Auftritten 1845 in privaten Zirkeln in Brünn bis zum Konzert 1847 im Salon der Kaiserin, zusammen mit Jenny Lind. Kurze Zeit darauf unternahmen beide Geschwister unter Obhut des Vaters ihre ersten Tourneen nach Deutschland.

Der Vater war es auch, der Amalie während der Tourneen im Klavierspielen unterwies. Möglicherweise erhielt sie in den Sommermonaten, wenn die Familie sich wieder in Brünn versammelte, von der Mutter ebenfalls Unterricht.[113]

Bis Mitte der 1850er Jahre gehörte Amalie Neruda mit zum Familienensemble und tourte durch die verschiedenen Städte Europas. In den Rezensionen der Russlandreise 1857 in Charkow wird der Name Amalie Neruda nicht mit erwähnt.

---

[112] DN, Beilage 15.3.1925, S. 6, Porträt Franz Neruda anlässlich seines 10. Todestages: „‚Men altid spillede de lige dejligt, […] Min Fader sagde stadig til os Børn: I Aften er der daarligt Hus, saa maa I spille særlig smukt, eller: Børn! I Aften er der ganske fuldt, saa I maa spille me get smukt' og med sit fine Smil føjede Franz Neruda til: ‚Altsaa, vi skulde altid spille smukt!!!'"

[113] Vgl. *Московские ведомости (Moskowskije wedomosti)* 4.3.1852, S. 299.

1. Die reisende Musikerfamilie 55

Vielleicht hatte sie inzwischen den Dirigenten Ernst Wickenhauser[114] geheiratet und als Ehefrau außerhalb Brünns nicht mehr konzertiert.

Wenn Amalie Neruda auch nicht mehr an den Tourneen der Familie teilnahm, so endete ihre Berufstätigkeit dennoch nicht. In erster Linie war sie nun in Brünn als Klavierpädagogin tätig. Einer ihrer bekanntesten Schüler war Leoš Janáček[11], den sie von 1876 bis 1879 unterrichtete.[11]

Neben ihrer Tätigkeit als Instrumentallehrerin spielte Amalie Neruda eine führende Rolle im Musikleben Brünns. Regelmäßig konzertierte sie in den Konzerten der *Beseda Brněnská*[11]. Hier brachte sie dem Publikum die Werke Beethovens, Schumanns, Mendelssohns und Dvořáks nahe.[11] Das Klavierquintett f-Moll op. 34 von Johannes Brahms wurde aufgrund ihrer Initiative im Januar 1876 das erste Mal in Brünn aufgeführt. Der Klavierpart wurde von der Pianistin dargeboten.[119]

Mit ihrer Schwester Wilma Neruda konzertierte Amalie über Jahrzehnte bei deren Aufenthalten in Brünn. Die Konzerte waren für das Brünner Publikum stets ein erstrangiges Erlebnis.[120] Über ein gemeinsames Konzert am 12. Januar 1868 im Saale des Blinden-Institutes schrieb der Kritiker Karl Wenzel in sein Tagebuch:

---

[114] Ernst Wickenhauser (1827-1888), deutscher Dirigent. Er war Kapellmeister am *Deutschen Theater* in Brünn.
Vgl. Kyas: Rodina Nerudů, S. 231.

[115] Leoš Janáček (1854-1928), tschechischer Komponist, Pianist.

[116] Vgl. Kyas: Amalie Neruda.

[117] Bajgarová, Jitka: Der Verein *Beseda Brněnská* und seine Konzerte an der Jahrhundertwende, S. 243. In: *Besední dům. Architektura, společnost kultura*, hg. von Milos Stedron, Lea Frimlová u.a., Brünn 1995. In Brünn gab es in der Zeit den tschechischen Verein *Beseda Brněnská* (tschechischer Musikverein) und den *Brünner Musikverein*, der in erster Linie eine repräsentative Konzertinstitution der deutschen Bevölkerung darstellte.

[118] Vgl. Janáček, Leoš: *„Intime Briefe" 1879/80 aus Leipzig und Wien*, kommentiert und ergänzt von Jacob Knaus, Zürich 1985, S. 258 f: Es erklangen u.a. folgende Werke bei denen Amalie Neruda den Klavierpart übernahm: Ludwig van Beethoven: Klaviersonate f-Moll op. 57 – Robert Schumann: Klavierquintett Es-Dur op. 44 – Felix Mendelssohn Bartholdy: Klaviertrio c-Moll op. 66 – Antonín Dvořák: Klaviertrio Nr. 1 B-Dur op. 21.

[119] Vgl. Kyas: Amalie Neruda, S. 34.

[120] Vgl. Kyas: Rodina Nerudů, S. 229.

Sehr schöner Erfolg. Wilhelmine spielte mit Amalie die G dur Sonate v. Beethoven besonders in den zwei letzten Sätzen sehr hübsch nuanzirt. Eine Comp. v. Bach und eine Sonate v. Rust mit zweistimmigem fugirten Satze in der Violine waren hochinteressant und fanden stürmische Aufnahme.[121]

Von 1877 bis 1879 gab Amalie Neruda auch regelmäßig gemeinsame Konzerte mit ihrem Schüler Leoš Janáček. In den Werken für zwei Klaviere war er ihr Klavierpartner. Bei diesen Gelegenheiten spielten die Künstler 1877 das Andante mit Variationen B-Dur op. 46 für zwei Klaviere von Robert Schumann und die Fantasie für zwei Klaviere f-Moll op. 73 von Anton Rubinstein[122]. Im Jahr 1879 erklangen die Sonate F-Dur für zwei Klaviere von Johann Christian Friedrich Bach[123], das Klavierquintett g-Moll op. 99 von Anton Rubinstein und von Carl Reinecke[124] ein Duo für zwei Klaviere.[125] Die Künstlerin und den Künstler verband eine Freundschaft. Amalie Neruda, die in Brünn zur höheren Gesellschaft gehörte, protegierte den 20 Jahre jüngeren Janáček.

Aus unbekannten Gründen kam es vonseiten Janáčeks zum Zerwürfnis mit seiner Mäzenin. In der Folge schrieb er an seine spätere Ehefrau Zdenka Schulz Briefe, in denen er Amalie Neruda verleumdete. Janáček beschuldigte seine Lehrerin, sie hätte ihn in dem Glauben erzogen, er wäre ein fertiger Spieler und hätte ihm damit geschadet.[126] In einem weiteren Brief nennt er sie gar Xantippe und schreibt, sie müsse bestraft werden, wofür er sorgen würde.[127]

Dieser Streit mit Leoš Janáček hatte allerdings auch Einfluss auf die Beziehung Amalie Nerudas zur *Beseda*. In dessen Folge entschied sie sich dafür, ab 1880 nur noch im deutschen Musikverein aufzutreten. Es bleibt eine offene Frage, warum es Janáček gelang, seine Lehrerin aus dem tschechischen Musikverein zu vertreiben.

---

[121] Vgl. ebd., S. 235. Auf dem Programm standen u.a.: Ludwig van Beethoven: Sonate in G-Dur op. 30, Johann Sebastian Bach: Partita Nr. 3 E-Dur BWV 1006 Gavotte, Menuette und Präludium für Violine solo, Friedrich Wilhelm Rust: Sonate für Violine in C-Dur.
[122] Anton Rubinstein (1829-1894), russischer Pianist, Komponist.
[123] Johann Christian Friedrich Bach (1732-1795), der sogenannte Bückeburger Bach.
[124] Carl Reinecke (1824-1910), deutscher Pianist, Komponist, Dirigent. Das Werk konnte nicht genau identifiziert werden.
[125] Vgl. Leoš Janáček: *„Intime Briefe" 1879/80 aus Leipzig und Wien*, kommentiert und ergänzt von Jakob Knaus, Zürich 1985, S. 358-259.
[126] Vgl. ebd. S. 43. Brief vom 14.10.1879.
[127] Vgl. ebd. S. 70. Brief vom 1.11.1879.

Ihre Geschwister Wilma, Marie und Franz Neruda sympathisierten mit Amalie und konzertierten von nun an ebenfalls nicht mehr in den Konzerten der *Beseda Brněnská*.[128]

Eine herzliche Beziehung verband Amalie Neruda mit Antonín Dvořák. Das ihr von dem Komponisten gewidmete Klaviertrio B-Dur op. 21 führte sie am 5.1.1879 in einem Konzert des tschechischen Musikvereins auf. Seitdem sie nicht mehr in der *Beseda* konzertierte, nahm sie die Klaviertrios Dvořáks wiederholt in die Programme des deutschen Kammermusikvereins mit auf.

Bis zum Ende ihres Lebens trat die Künstlerin weiterhin in verschiedenen Vereinen in Brünn auf. Ihr letztes Konzert gab sie am 8. März 1887. Am 24. Februar 1890 starb die Pianistin Amalie Neruda in Brünn.

1.5.2 *Marie Neruda-Arlberg*

Zunächst konzertierte Marie Neruda als Geigerin mit ihren Geschwistern 1850 mehrere Male in Brünn.[129] In den Rezensionen der Reisen wird ihr Name das erste Mal anlässlich der Russlandreise im Frühjahr 1852 erwähnt.[130] Von nun an reiste Marie regelmäßig mit dem Familienensemble und spielte im Quartett die zweite Geige.

Als der Vater Josef Neruda seine Reisetätigkeit einstellte, konzertierten die drei Geschwister Wilma, Marie und Franz Neruda weiterhin als Trio in der Besetzung zwei Violinen und Violoncello. Die Tourneen führten sie vorwiegend nach Skandinavien.

Mit der Heirat Wilma Nerudas löste sich das Familienensemble auf. Die Geigerin verlegte ihren Lebensmittelpunkt von nun an nach Stockholm. Möglicherweise zog Marie Neruda mit nach Schweden und wohnte dort mit ihrer Schwester zusammen.[131]

Beide Schwestern konzertierten regelmäßig in Stockholm in der von Wilma Neruda gegründeten Kammermusikreihe.

---

[128] Vgl. Kyas: Amalie Neruda, S. 42.
[129] Vgl. Kyas: Rodina Nerudů, S. 241. Es fanden insgesamt vier Konzerte in Brünn statt, an denen Marie Neruda beteiligt war – 13.6., 15.6., 22.6. und 11.9.1850.
[130] Vgl. *Московские ведомости (Moskowskije wedomosti)*, 4.3.1852, S. 299.
[131] Vgl. Kopenhagen MM, FNP Kassette 3 / 1: Brief von Vater Josef Neruda an Franz Neruda, Stockholm o.D: „Aber es scheint der Umstand zu seyn, dass die Minerle [Wilma] nicht in der Stadt, sondern auf dem Lande Sjöberg wohnt, mit dem Marinerle[Marie] zusammen." Der Brief ist zwischen 1864 und 1869 auf einer Besuchsreise der Eltern zu Wilma Neruda nach Schweden geschrieben.

Abb. 13 Marie Neruda, Fotografie

Nachdem Marie Neruda 1868 den schwedischen Opernsänger Fritz Arlberg[132] heiratete, trat sie kaum noch öffentlich auf. Ausnahmen bildeten Konzerte mit ihren Geschwistern wie z.B. ein Konzert am 19.11.1891 mit Wilma und Franz Neruda an der Königlichen Oper in Stockholm. Gemeinsam spielten die Schwestern das Doppelkonzert für zwei Violinen d-Moll BWV 1043 von Johann Sebastian Bach unter der Leitung des Bruders Franz. Auch an einem Konzert am 9. Mai 1895 beteiligte sich Marie Neruda.[133]

Nach dem Tod ihres Ehemannes Fritz Arlberg zog Marie Neruda 1896 nach Berlin. Dort lebte ihr Sohn Hjalmar Arlberg[134], der inzwischen als Sänger ebenfalls eine Karriere anstrebte.

Ihre ältere Schwester Wilma Neruda sorgte sich um das seelische Gleichgewicht und um das Einkommen der Witwe. Daher wandte sich die Geigerin 1896 mit einer Bitte an Joseph Joachim:

---

[132] Fritz Arlberg war von 1874-1877 als Sänger an der Oper in Kristiania beschäftigt.
[133] Vgl. SMT 1.5.1895, Programmzettel 10.5.1895. Vgl. auch Kapitel Franz Neruda.
[134] Hjalmar Arlberg (1869-1941), schwedischer Sänger. Von 1914 bis 1935 war er Professor am Konservatorium in Leipzig.

Hochverehrtester!
Schon wieder belästige ich Sie mit einem Briefe und möchte Sie im Voraus bitten mir zu verzeihen wenn ich Sie mit verschiedenen Bitten quälen werde. Vorher aber danke ich Ihnen herzlich für Ihre Freundlichkeit für meine Neffen.
Er ist ein sehr intelligenter Mensch und es wird ganz von ihm abhängen etwas erdenkliches zu leisten. Aber jetzt kommt die erste Bitte. Meine Schwester Frau Arlberg ist eine sehr gute Geigenlehrerin und ich würde Ihnen von ganzen Herzen danken wenn Sie durch Ihre Bemühung einige Schüler oder Schülerinnen bekommen könnte. Nicht nur ist es von großer Wichtigkeit Einmal in pekuminärer Hinsicht, aber fast noch von größerer wäre es ihrer Gesundheit wegen, denn der Arzt sagt daß für sie eine geregelte Thätigkeit in dieser Richtung absolut nöthig ist, um wieder ihr geistiges Gleichgewicht zu erlangen. Der Tod ihres Mannes im Februar dieses Jahres hat fatal auf sie gewirkt. Wenn Sie hochverehrter Freund mir helfen wollten so möglich daß Sie mit der musikalischen Thätigkeit auch wieder ruhiger und gesünder werden könnte.
Sie können vielleicht begreifen wie mir das am Herzen liegt und mich quält und ich möchte Sie verehrter Freund bitten meiner Schwester gleich ein paar Schüler zu verschaffen, und sollten es vorerst nicht anders gehen, so könnten Sie ihr ein paar sehr untalentierte Schüler geben für die ich bezahlen möchte – natürlich dürfte meine Schwester keine Ahnung davon haben – aber auch sonst Niemand dürfte darum wissen. Wenn Sie mir das Geheimnis bewahren wollen so würde ich meiner Schwester unendlich wohl thun können. Ich bin sicher daß meine Schwester später zahlende Schüler bekommen würde denn sie versteht ihre Sache vortrefflich.
Die zweite Bitte ist die – wollen Sie gütigst meiner Schwester und ihrem Sohn erlauben Ihre Quartett Concerte zu besuchen? Durch Ihre Vermittlung könnten Sie vielleicht auch Billets für andere interessante Concerte etz. bekommen. Habe ich Sie verehrter Freund nun genug geplagt!
Ich hoffe zu Weihnachten meine Schwester in Berlin für einige Tage zu besuchen, auch jedenfalls werde ich mir bei Ihnen persönlich Verzeihung für diesen Brief erbitten. Dennoch habe ich die geheime Hoffnung daß Sie mir noch vorher – vielleicht bald – ein Wort der Verzeihung zukommen lassen werden.
Viel Hochachtungsvolle Verehrung bin ich Ihre
Wilma Hallé[135]

Es ließen sich keine Belege finden, ob Joseph Joachim geholfen hat bzw. wovon Marie Neruda lebte.

---

[135] Berlin SIM, Nachlass Joseph Joachim: Sig.: Doc. orig. Wilma Norman-Neruda Nr. 12, Manchester 9.10.1896.

Wenige Jahre nach diesem Brief zog Wilma Neruda zu Marie nach Berlin. Bis zum Tod der Geigerin lebten beide Schwestern dort zusammen.[136] Nach dem Tod der Geigerin zog Marie Neruda wieder nach Stockholm, wo sie 1922 verstarb.

1.5.3 *Franz Neruda*

Wie Wilma Neruda erhielt auch ihr Bruder Franz[137] zunächst Violinunterricht bei seinem Vater. Nachdem 1852 auf einer Russlandtournee der Bruder Viktor starb, wechselte Franz das Instrument und spielte von nun an Violoncello.

Er nahm Unterricht bei dem Brünner Karl Březina[138] und weiterhin bei Josef Neruda. 1859 genoss er für ein halbes Jahr Unterricht bei dem von ihm sehr verehrten Cellisten Adrien-François Servais[139] in Warschau.[140] Nach dem Tod Viktors übernahm Franz seinen Part im Familienensemble.[141] In seiner Heimatstadt Brünn trat er das erste Mal am 29.9.1857 in einem Konzert mit den Schwestern Wilma und Marie Neruda auf.[142]

Wie in der Biografie Wilma Nerudas bereits beschrieben, konzertierten die Geschwister Wilma, Marie und Franz Neruda von 1861 bis 1863 mit großem Erfolg in erster Linie in Skandinavien. Im Sommer 1864 wurde Franz Neruda Solocellist der königlichen Kapelle Kopenhagen.[143] Dafür hatte sich Niels Gade sehr engagiert. In jener Zeit waren Deutsche und Österreicher in Kopenhagen aufgrund des Krieges zwischen Österreich, Preußen und Dänemark nicht willkommen. Dank seiner Autorität, die Gade im dänischen Musikleben besaß, konnte er sich gegen diese Vorurteile durchsetzen und Franz Neruda zu der Position im Orchester verhelfen.[144] Der Däne kannte die künstlerische Qualität des Cellisten

---

[136] Vgl. Stockholm MM, Nachlass Wilma Neruda, Zeitungssammlung, SMT 21.2.1910. Vgl. *Vossische Zeitung* Nr. 184, 18.4.1911, Beilage zur Vossischen Zeitung.

[137] František Xaver Neruda geboren am 3.12.1843 in Brünn.

[138] Vgl. Kyas: Rodina Nerudů, S. 230. In den handgeschriebenen Memoiren wurde Karl Březina nicht als Lehrer von Franz Neruda erwähnt.

[139] Adrien-François Servais (1807-1866), belgischer Violoncellist.

[140] Vgl. Kyas: Rodina Nerudů, S. 230.

[141] Vgl. Skjerne, Godfredt: Franz Neruda, in: *Ord och Bild*, 24. Jg., Stockholm 1915, S. 431-437, hier S. 432. Franz Neruda wurde allerdings in der Rezension der *Musikalnaja Iswestia*, Charkow 16. März 1857, S. 83/84 nicht erwähnt. Vermutlich hatte er an dieser Russlandtournee noch nicht teilgenommen.
Godtfred Skjerne (1880-1955), dänischer Musikkritiker.

[142] Vgl. Kyas: Rodina Nerudů, S. 230. Das Programm ist nicht erhalten.

[143] Vgl. Kyas: Rodina Nerudů, S. 233. Vgl. Wasserloos: Kulturgezeiten., S. 200.

[144] Vgl. Skjerne: Franz Neruda, S. 433.

1. Die reisende Musikerfamilie

Abb. 14 Franz Neruda, ca. 1862, Fotografie

durch die gemeinsamen Konzerte der Geschwister Anfang der 1860er Jahre in Dänemark und war ihnen darüber hinaus auch freundschaftlich verbunden.[145]

Neben seiner Orchestertätigkeit engagierte sich der Cellist als Kammermusiker. Regelmäßig spielte er Streichquartett und war einer der Mitbegründer der 1868 initiierten *Kammermusikforeningen* in Kopenhagen.[146] Vermutlich versuchte er sich eine unabhängige Karriere als Kammermusiker aufzubauen. Ab 1874 konzertierte er daher regelmäßig in London, Liverpool und Manchester. Möglich wäre es, dass der Cellist diese Engagements durch Vermittlung seiner Schwester Wilma erhalten

---

[145] Vgl. Kapitel Jugendtourneen.
[146] Vgl. Wasserloos: Kulturgezeiten. S. 200. Seine Mitspieler waren in der Zeit: Tofte – Violine (Konzertmeister der königlichen Kapelle Kopenhagen), Schiørring – Violine (Mitglied der königlichen Kapelle Kopenhagen), Vilhelm Holm – Bratschist.

hatte.[147] Zumindest half ihm Wilma Neruda beim Aufbau einer eigenen Karriere, indem sie ihm ein gutes Cello kaufte.[148]

Franz Neruda scheint sich als Cellist im Theaterorchester nicht wohl gefühlt zu haben. Das legen jedenfalls Briefe nahe, die ihm seine Schwester Wilma schrieb. Vermutlich strebte er eine ungebundene Karriere an, wie sie seine Schwester Wilma bereits führte. In einem Brief an den Cellisten warnt die Geigerin aber ihren Bruder, keine unüberlegten Schritte zu unternehmen:

> Es thut mir so leid lieber Franz dass Du in diesem Jahr nicht so zufrieden bist wie sonst und besonders leid thut es mir dass Du nicht nach London gehen kannst. Hallé konnte und wollte nicht die Recitals wie in den letzten 4 Jahren geben da er fürchtete das Publikum würde z.B. mit Straus als ersten Geiger nicht zufrieden sein nachdem in den Popular Concerten Joachim erst eben aufhörte. Ich glaubte gar nicht dass er sie überhaupt geben wird aber Chappell hat ihn dazu überredet. Es ist auch besser so denn es wird im nächsten Jahr so viel leichter sein die Ensemble Musik wieder aufzunehmen. Du schriebst an Hallé dass Du die Absicht habest nach Österreich zu gehe um zu concertieren? Ist dem so! Ach! Wenn Du nur eine Dir sympathische Position finden könntest! – Schreibe, bitte, wieder und sage was Du zu thun gedenkst.

---

[147] Kopenhagen MM, FNP Kassette 1 / 3: Brief Wilma Neruda an Franz Neruda, [London] 20.4.1874: „Wahrscheinlich bekommst Du Engagement in Manchester für ein Kammermusik Concert, wenigstens wird Dich Hallé dort vorschlagen und ich denke sie werden ja sagen – und es ist auch genug Zeit darüber zu sprechen."
Brief Wilma Neruda an Franz Neruda, [London] 5.10.1874: „Lieber Franz, Ich fange schon an Gewissensbisse zu fühlen weil ich Deinen letzten Brief so lange nicht beantwortete. Es schien mir zuerst nicht so wichtig denn alles ist ja in Ordnung wenn Du für den Mai Dich frei machst und wahrscheinlich spielst Du in all den 8 Concerten da Piatti […] nicht spielen wird. In diesen Concerten oder wie sie genannt werden Hallé's Recitals' wird ganz wie Du glaubst die beste Musik gemacht, viel Neues wenn es solches geübt war und uns das Publikum interessirt und alles mit Clavir, Clavir Trios, Clavirquartetts etz. Solos werden gewöhnlich nur für Clavir gespielt, zuweilen spiele ich hier und wenn Du nicht speziell wünschst so wird kein Cello solo gemacht. Das ist also alles."
[148] Kopenhagen MM, FNP Kassette 1 / 3: Brief des Vaters Josef Neruda an Franz Neruda, Stockholm o.D., Geschrieben zwischen 1864 und 1869, während einer Besuchsreise der Eltern bei Wilma Neruda in Stockholm: „Sie spricht mit der größten Liebe von dir und auch Ludovica, auch hat sie nun erzählt, dass sie dir ein Violoncello kaufen will,[…] Sie ist wirklich noch wie … das liebe gute Kind zu ihren Eltern, wie eine liebevolle Schwester zu ihren Geschwistern. Möge sie der liebe Gott recht gesund und immer froh erhalten. Sie gibt sich alle Mühe um uns den Aufenthalt angenehm zu machen."

> Marie ist auch sehr traurig dass Du nicht ohne dem abscheulichen Theater existiren kannst und dass Du überhaupt nicht Grund hattest diesen Winter zufrieden zu sein. Aber sehr traurig wäre ich wenn Du das Theater aufgegeben hättest wegen der Recitals in London – Vorigen Winter als Du mir schriebst, dass Du das thun wolltest, schrieb ich Dir darüber und bat Dich doch ja zu bedenken bevor Du so einen Schritt thust. Und dann sagtest Du mir dass Du sie wieder bekommen kannst wenn Du sie wolltest. Es wäre natürlich so viel besser könntest Du ohne existiren.[149]

Trotz der Warnungen seiner Schwester kündigt Franz Neruda seine Stelle am Theater und geht 1876 nach England. 1879 kehrt er jedoch nach Dänemark zurück und gründet dort ein neues Quartett mit Anton Svendsen[150], Nicolai Hansen und Christian Petersen[151] – das *Neruda-Quartett*. Dieses Quartett hatte durch seine Konzerte großen Einfluss auf die Kammermusikpflege Dänemarks.[152] Hierin fand Franz Neruda eine Aufgabe und künstlerische Bestätigung, die seinen Neigungen entsprach. Hans von Bülow beschreibt in seinen *Skandinavischen Concertreiseskizzen* das Spiel Franz Nerudas:

> Als Violoncellist nimmt er meines Erachtens dieselbe ‚conprimaria' (wie es italienisch heißt) Stellung zu Meister Piatti[153] ein, wie seine erlauchte Schwester, die ‚Geigenfee' Frau Wilma Norman-Neruda zu Meister Joachim. Das weiß mein hochverehrter Freund, Herr Charles Hallé in London, sehr wohl, und deshalb hat er ihn sich auch wieder für die Frühjahrssaison als dritten im Bunde für sein Kammermusik-Kosmorama verschrieben. Es läßt nichts Vollendeteres denken, als z.B. der Vortrag von Brahms' erstem Clavier-Trio (H dur) durch diese Künstler-Trias![154]

Auch der dänische König Christian IX.[155] war begeistert von Franz Neruda und zeichnete ihn als Kammervirtuosen des Königs aus. Häufig war der Cellist will-

---

[149] Kopenhagen MM, FNP Kassette 1 / 3: Brief Wilma Neruda an Franz Neruda, Lago Maggiore Mai 1876.
[150] Anton Svendsen (1846-1930), dänischer Violinist, Mitglied der dänisch königlichen Kapelle.
[151] Christian Petersen (1839-1922), dänischer Bratschist.
[152] Vgl. Schiørring, Nils: Artikel „Franz Neruda", in: MGG, Bd. 9, Kassel 1961, Spalte 1380-MGG, Bd. 9, Spalte 1380.
[153] Carlo Alfredo Piatti (1822-1901), italienischer Cellist, Komponist.
[154] Hans von Bülow: *Ausgewählte Schriften. 1850-1892*, hg. von Marie von Bülow, Leipzig 1911, S. 230
[155] Christian der IX. (1818-1906), dänischer König von 1863-1906.

kommener Gast am königlichen Hof, wo er zusammen mit der Königin[156] Kammermusik spielte.[157] Seine Kammermusiktätigkeit übte er aber auch weiterhin über die Grenzen Dänemarks hinaus aus. Beispielsweise spielte er am 8. Mai 1886 den Cellopart im Konzert mit seinen Schwestern Wilma und Olga Neruda in Stockholm. Auch in den *Hallé-Recitals* in London trat Franz Neruda weiterhin mit Wilma Neruda und Charles Hallé auf.[158] Eine Position als Cellist im Orchester nahm Franz Neruda allerdings nicht wieder an.

Stattdessen unterrichtete er als Dozent am dänischen Konservatorium Klavier. Durch die Vermittlung Anton Rubinsteins wurde Franz Neruda 1889 Nachfolger Karl J. Davidoffs[159] als Professor am Konservatorium in St. Petersburg für Cello. Jedoch kehrte er im Oktober 1891 nach Dänemark zurück.

Noch im gleichen Monat, am 24. Oktober 1891, dirigierte Franz Neruda das Philharmonische Konzert in Kopenhagen. Es war sein erster Auftritt als Dirigent. In diesem Konzert spielte seine Schwester Wilma Neruda das 8. Violinkonzert a-Moll op. 47 *In Form einer Gesangsszene* von Louis Spohr sowie von Felix Mendelssohn Bartholdy das Violinkonzert e-Moll op. 64. Als Orchesterstücke erklangen die 5. Sinfonie c-Moll op. 67 von Ludwig van Beethoven und Orchestrierungen des Präludiums in cis-Moll aus dem Wohltemperierten Klavier von Johann Sebastian Bach verbunden mit einem Choral für Blechbläser.

Der Applaus galt aber in erster Linie der Solistin Wilma Neruda. So beschrieb der Rezensent der dänischen Zeitung *Morgenbladet* die „einzigartige Tonschönheit, die vollendete technische Anmut und Eleganz" im Vortrag der Künstlerin in den *Gesangsszenen*. Die Interpretation des Violinkonzertes von Mendelssohn erzeugte gar Beifallsstürme und Zurufe durch das Publikum. Aber auch die Leitung des Orchesters durch Franz Neruda galt als mustergültig.[160]

Nach diesem Erfolg in Kopenhagen reisten die Geschwister nach Stockholm. In der schwedischen Hauptstadt gab Wilma Neruda am 19. November 1891 ebenfalls ein Konzert, und der Bruder Franz Neruda dirigierte die königliche Hofkapelle. Auch die Schwester Marie wirkte in diesem Konzert mit. Gemeinsam

---

[156] Prinzessin Louise von Hessen-Kassel (1817-1898), vermählt mit König Christian IX. seit 1842.
[157] Vgl. Dalibor 11. Jg., 30.3.1889, S. 110.
[158] Vgl. MT 30. Bd., Nr. 540, 1.7.1889, S. 409.
[159] Karl Juljewitsch Davidoff (1838-1889), russischer Cellist, Komponist.
[160] Vgl. *Musikbladet* 4.11.1891, S. 95.

Abb. 15 Franz Neruda, Fotografie

spielten die Schwestern das Doppelkonzert d-Moll BWV 1043 für zwei Violinen und Orchester.[161]

Bis zu seinem Tod im Jahr 1915 dirigierte Franz Neruda nun regelmäßig in Stockholm als Hofkapellmeister der dortigen Musikvereinigung. Insgesamt waren es über 70 Konzerte, die er anleitete. 1893 erhielt er für seine Verdienste um das schwedische Musikleben den Professorentitel.[162]

Seine Dirigententätigkeit blieb nicht auf Stockholm begrenzt. Zwei Jahre nach dem Tod Niels Gades übernahm Franz Neruda 1892 die Stelle als Dirigent von Kopenhagens *Musikforeningen*. Die Bekleidung dieser Position gab ihm die Möglichkeit, das Musikleben Dänemarks entscheidend mitzuprägen.

Neben seiner Funktion als Dirigent blieb er auch seinem Cello treu und betätigte sich weiterhin als Kammermusiker. Regelmäßige Kammermusiksoireen fanden

---

[161] Vgl. SMT 11. Jg. Nr. 18, 15.11.1891, S. 137. Weiterhin standen auf dem Programm: Felix Mendelssohn Bartholdy: Ouvertüre zu *Athalia* – Henry Vieuxtemps: *Andante* und *Rondo* aus dem Violinkonzert Nr. 1 E-Dur op. 10: – Franz Schubert: *Der Erlkönig* – Louis Spohr: Ouvertüre zu *Jessonda* – Edvard Grieg: *Det förste Möde* und *Wandring I Skoven* – Louis Spohr: *Adagio* F-Dur – Henryk Wieniawski: *Polonaise* A-Dur für Violine und Orchester. Violine: Wilma Neruda – Gesang: Frau Edling.

[162] Vgl. Karle: Ludvig Norman, S. 291. Vgl. auch SMT 15. Jg. Nr. 9, 1.5.1895, S. 65/66.

unter seiner Leitung von 1890 bis 1895 in der Musikakademie im Orgelsaal Stockholm mit Hilma Svedbom[163] und seiner zweiten Frau Dagmar Neruda[164] am Klavier statt. Daneben wirkte der Cellist in Schweden häufig bei Tor Aulins[165] Quartettabenden mit.[166]

Für die Schweden war es ein großes Musikereignis, als das Neruda-Kammermusiktrio Wilma, Marie und Franz am 9. Mai 1895 nach über 30 Jahren wieder in Schweden gemeinsam auftreten wollte.[167] Die *Svensk Musiktidning* widmete den Geschwistern ihre Titelseite mit Porträts und ausführlichen Lebensläufen. Gemeinsam mit Johan Conrad Nordqvist[168] von der Hofkapelle spielten sie das Streichquartett F-Dur op. 59 Nr. 1 von Ludwig van Beethoven, das Streichquartett C-Dur KV 465 von Wolfgang Amadeus Mozart und Wilma Neruda spielte aus der Partita Nr. 2 d-Moll für Solo Violine BWV 1004 die *Chaconne* von Johann Sebastian Bach. Das ausverkaufte Konzert wurde ein großer Erfolg und „die Begeisterung der Zuhörer unmittelbar und grenzenlos".[169]

Ein weiteres gemeinsames Konzert Franz Nerudas mit seinen Schwestern Wilma und Marie fand im Februar 1907 unter Leitung von Conrad Nordqvist mit dem Orchester des Musikvereins in der Wissenschaftsakademie statt.[170] Außerdem sind eine Reihe Kammermusikkonzerte mit Wilma Neruda für das Frühjahr 1910 belegt.[171]

---

[163] Hilma Svedbom geb. Lindberg (1856-1921), schwedische Pianistin.

[164] In erster Ehe war Franz Neruda seit 1869 mit der Ballettänzerin Ludivica Camilla Cetti (1848-1935), Tochter des Opernsängers Giovanni Cetti, verheiratet. Nach der Scheidung heiratete er 1892 Dagmar Holm (1863-1954).

[165] Tor Aulin (1866-1914), schwedischer Geiger, Komponist.

[166] Vgl. Karle: Ludvig Norman, S. 291.

[167] Vgl. SMT 15. Jg. Nr. 9, 1.5.1895, S. 65 /66.

[168] Johan Conrad Nordqvist (1840.1920), schwedischer Geiger, Hofkapellmeister.

[169] SMT 15. Jg. Nr. 10, 15.5.1895, S. 78. „Inför ett sådant spel, som dessa artister åstadkommo, står kritiken stum, i stället är åhörarnes entusiasm omedelbar och gränslös, såsom ock var fallet denna afton."

[170] Vgl. SMT 21.2.1910, S. 27.

[171] Vgl. Stockholm MM, Nachlass Wilma Neruda: Sammlung Programmzettel.
Konzert am 25.2.1910. Auf dem Programm standen: Johannes Brahms: Klaviertrio g-Moll, op. 101 - Johann Sebastian Bach: *Aria variata* für Klavier – Johann Baptist Neruda (1740-1780): *Suite* für Violine – Ludwig van Beethoven: Klaviertrio Es-Dur, op. 70 Nr. 2. Konzert am 3.3.1910. Auf dem Programm standen: Ludwig van Beethoven: Sonate G-Dur, op. 96 für Violine und Klavier – Giuseppe Tartini: Teufelstriller-Sonate g-Moll für Violine und Klavier – Johannes Brahms: Klavierquartett g-Moll, op. 25. Es wirkten außerdem mit: Conrad Lundqvist – Viola, Wilhelm Stenhammar – Klavier.

Franz Neruda ist nicht zuletzt als Komponist zu nennen. Neben vielen kleineren Musikstücken, die vielfach an slawische Melodien erinnern, bedachte er in erster Linie sein Instrument mit Kompositionen. Sein zweites Cellokonzert in d-Moll op. 59 – von insgesamt fünf Cellokonzerten – gehörte Anfang des 20. Jahrhunderts zum Standardrepertoire von Cellisten.[172]

Franz Neruda verstarb am 20.3.1915 in Kopenhagen.

1.5.4 Olga Neruda

Die Pianistin Olga Neruda wurde 1858 in Brünn geboren und war die jüngste Tochter der Musikerfamilie. Als sich das Familienensemble auflöste, war sie sechs Jahre alt. Daher führte sie nicht das Leben eines reisenden Wunderkindes wie ihre Geschwister. Ihren ersten Klavierunterricht erhielt Olga, wie die übrigen Geschwister, von ihrem Vater und eventuell von der Mutter.

Nach dem Tod der Mutter im Jahr 1881 lebte Olga Neruda in England und hatte zunächst Unterricht bei Charles Hallé. Wilma Neruda unterstützte die Begeisterung ihrer Schwester für die Musik und schrieb daher 1883 an Clara Schumann, um ihrer Schwester den bestmöglichen Unterricht angedeihen zu lassen.

> Hochverehrte Frau,
> Sie werden mir hoffe ich verzeihen, wenn ich Sie mir diesem Brief belästige – ich habe eine mir unendlich wichtige Frage an Sie zu stellen und die Kühnheit zu hoffen Sie werden sie nach meinem Wunsche beantworten.
> Meine jüngste Schwester die noch nicht 25 Jahre ist, spielt seit ihrer Kindheit Clavir, ist musikalisch sehr begabt – lernt leicht und schnell und hat in diesem Jahre wo sie mit mir in England lebte, so bedeutende Fortschritte gemacht; solche Lust und Liebe für Musik bekommen daß ich es für durchaus nothwendig halte ihr die Gelegenheit zu verschaffen den <u>besten</u> Unterricht zu erhalten.
> Ist es nun zu <u>kühn</u> von mir daß ich es wage Sie hochverehrte Frau zu fragen ob Sie geneigt wären meiner Schwester kommenden Winter Unterricht zu geben? Ich weiß wie viel ich von Ihnen verlange – Ihre Zeit ist ja so sehr in Anspruch genommen – und doch hoffe ich Sie werden meinen Wunsch, meine Bitte erfüllen – sollte es Ihnen möglich sein.
> Darf ich Sie verehrteste Frau bitten so bald wie nur möglich hierher zu schreiben wo ich bis Mitte September bleiben werde? Ich würde Ihnen für diese Freundlichkeit sehr dankbar sein Ende September könnte ich selbst meine Schwester zu Ihnen bringen damit Sie sie hören können um sich von ihrem Talente zu überzeugen.

---

[172] Vgl. Schiørring, Nils: Artikel „Franz Neruda", in: MGG, Bd. 9, Kassel 1961, Spalte 1381.

Abb. 16 Olga und Wilma Neruda, Fotografie

Ihre Antwort werde ich mit der gespanntesten Erwartung entgegen sehen. Mit herzlichen Grüßen an Ihre Fräulein Töchter bitte ich Sie sehr verehrteste Frau den Ausdruck meiner innigsten Verehrung und Bewunderung entgegen zu nehmen.
Ihre ergebenste
Wilma Norman Neruda[173]

Clara Schumann war zunächst von dem Talent Olga Nerudas überzeugt, denn sie erteilte ihr den gewünschten Unterricht. Doch die Fortschritte der Schülerin entwickelten sich nicht in dem Sinne, wie die Pianistin es erwartete. Als diese den Unterricht abbrechen wollte, setzte sich Wilma Neruda wiederum für die Schwester ein und bat die Pianistin um Rat:

Hochverehrte Frau Schumann,
Soeben erhalte ich Ihren freundlichen und so wohlmeinenden Brief aus London nachgeschickt für den ich Ihnen den herzlichsten Dank schuldig bin. Es thut mir natürlich sehr leid dass meine Schwester nicht so rasch wie Sie es erwarteten die tech-

---

[173] Berlin SBPK, Musikalischer Nachlass Clara Schumann: Sig.: Nachl. Schumann, K. 4, 252: Brief Wilma Nerudas an Clara Schumann, Gleichenberg Steiermark 25.8.1883.

nischen Schwierigkeiten überwinden konnte. Ich hatte auch nie gezweifelt dass sie mit riesigen Schwierigkeiten was Technik anbelangt, zu kämpfen haben würde.
Ich denke nun liebe Frau Schumann dass sie vielleicht glauben meine Schwester solle Künstlerin – Solospielerin werden und dass sie dafür nicht genug Fortschritte macht. Aber da sie nicht Künstlerin werden soll – da es ja leider! viel zu spät ist – so wünscht sie und ich es möge eine tüchtige Lehrerin aus ihr werden die so gut wie es für sie nur möglich ist, spielen kann.
Darf ich Sie nun bitten, verehrte Frau Schumann mir zu sagen ob sie nicht noch glauben es wäre von größtem Nutzen für Olga noch ein Jahr von Ihnen unterrichtet zu werden – oder ob Sie denken sie solle nun anfangen mit Unterricht zu geben. Olga wünscht sehr noch ein Jahr das Glück und den Vorteil Ihres Unterrichtes zu genießen und auch mir wäre das sehr lieb – im Falle Sie nicht entschieden dagegen sind. Ob meiner Schwester Gesundheit besser im nächsten Winter sein wird kann ich leider nicht voraus sagen – nur hoffen. Entschuldigen Sie verehrteste Frau Schumann dass ich Sie mit meinem so langen Brief belästige – aber bitte doch ihn zu beantworten.
Mit größter Hochachtung und Verehrung
Ihre ergebenste
Wilma Norman Neruda[174]

Ob es noch zu Unterweisungen auf dem Klavier von Clara Schumann kam, ist nicht bekannt. Wie Wilma Neruda es in ihrem Brief voraussagte, wirkte die Schwester in erster Linie als Lehrerin für Klavier und erhielt in Manchester eine Professur am *Royal College of Music*.[175] Zu ihren prominentesten Schülerinnen zählen die Töchter von Prinzessin Alexandra aus Dänemark, spätere Königin von England.[176]

Vereinzelt begleitete Olga Wilma Neruda auch bei Konzerten. Belegt ist ein gemeinsamer Auftritt der Schwestern am 31. Oktober 1880 in Brünn.[177] Weitere gemeinsame Konzerte fanden beispielsweise am 20., 26., 28. und 29. April 1886

---

[174] Berlin SBPK, Musikalischer Nachlass Clara Schumann: Sig.: Nachl. Schumann, K. 4, 289: Brief Wilma Nerudas an Clara Schumann, Gleichenberg Steiermark 14.8.1884.
[175] Vgl. British Biographical Archive, S. 146.
[176] Vgl. Interview Wilma Neruda S. 173.
[177] Vgl. Kyas: Rodina Nerudů, S. 238. Wilma Neruda wurde von ihrer Schwester Olga bei folgenden Stücken begleitet: Giovanni Battista Viotti: *Adagio* aus dem Violinkonzert Nr. 22 a-Moll für Violine mit Klavierbegleitung – Henri Vieuxtemps: Variationen für Violine mit Klavierbegleitung. Der genaue Titel konnte nicht ermittelt werden.

Abb. 17 Olga, Wilma, und Franz Neruda, ca. 1881, Fotografie

1. Die reisende Musikerfamilie

in Stockholm statt.[178] Hier begleitete die Pianistin Wilma Neruda „vortrefflich", wie der Rezensent der Svensk Musiktidning urteilte.[179]

Es ist davon auszugehen, dass beide Schwestern sich regelmäßig sahen – entweder in Manchester oder in London. Beispielsweise verabschiedete Olga Wilma Neruda, als die Geigerin ihre Tournee nach Australien und Südafrika antrat. Auch während der Reisen standen die Schwestern in regelmäßigen Briefkontakt.[180]

Olga Neruda verbrachte ihren Lebensabend in Stockholm und starb am 9.12.1945 im Altersheim in Djursholm nahe der schwedischen Hauptstadt. Mit ihr endete die Dynastie der Musikerinnen und Musiker mit Namen Neruda.

---

[178] Vgl. Stockholm MM, Nachlass Wilma Neruda, Sammlung Programmzettel: Wilma Neruda wurde bei folgenden Werken von Olga Neruda begleitet:
Konzert am 20.4.1886: Louis Spohr: Violinkonzert Nr. 12 A-Dur op. 79 – Franz Neruda: *Berceuse Slave* op. 11 – Henyk Wieniawski: *Mazurka* D-Dur op. 19 Nr. 2 – Antonio Bazzini: *La Ronde des Lutins* op. 25 – Henri Vieuxtemps: Violinkonzert Nr. 1 E-Dur op. 10.
Konzert am 26.4.1886: Giovanni Battista Viotti: Violinkonzert Nr. 22 a-Moll – Ludwig van Beethoven: *Romanze* für Violine in G-Dur op. 40 – Friedrich Wilhelm Rust (1739-1796): Violinsonate C-Dur – Louis Spohr: *Adagio* aus dem Violinkonzert Nr. 8 a-Moll op. 47 *In Form einer Gesangsszene* – Henri Vieuxtemps: *Air Varie* op. 22 Nr. 2.
Konzert am 28.4.1886: Pietro Nardini: *Larghetto* aus der Violinsonate D-Dur – Jean-Marie Leclair: Tambourin, Henryk Wieniawski: *Mazurka* D-Dur op. 19 Nr. 2 – Franz Neruda: *Berceuse Slave* – Antonio Bazzini: *La ronde des lutins* op. 25. Solistisch spielte die Pianistin an dem Abend von Frederik Chopin: *Nocturne, Etude* und *Valse.* Konzert am 29.4.1886: Louis Spohr: Violinkonzert Nr. 8 a-Moll op. 47 *In Form einer Gesangsszene* – Johannes Brahms: Sonate für Klavier und Violine G-Dur op. 78 und die schon erwähnten Stücke von Nardini, Neruda, Bazzini nebst *Mouvement Perpétuel* von Niccoló Paganini.
[179] SMT 6. Jg. Nr. 9, 1.5.1886, S. 71.
[180] Vgl. Tagebücher Wilma Neruda über ihre Tourneen nach Australien und Südafrika.

2. JUGENDTOURNEEN NACH SKANDINAVIEN 1861-1864

2.1 Schweden

Anfang Oktober 1861 reisen die jungen Künstler Wilma, Marie und Franz Neruda erneut nach Polen und präsentieren sich in Ratibor, Leobschitz und Gleiwitz.[181] Diese Reisen der Wintersaison 1861/1862 unternehmen die Geschwister erstmals allein ohne ihren Vater. Für das Geschwistertrio bedeuteten die Reisen ohne den Vater, eine größere Verantwortung zu übernehmen, aber auch Freiheiten zu genießen – natürlich immer mit dem Hintergrund, möglichst große Einnahmen durch die Konzerte zu erzielen. Das Trio reist zunächst nach Schlesien in Orte, die ihnen von früheren Aufenthalten bekannt sind. Dies bedeutet, kein Neuland zu betreten, denn der Ruhm eilt ihnen sozusagen voraus. Sowohl beim Publikum als auch bei den Konzertveranstaltern können sie auf früheren Erfolgen aufbauen. Geplant war eine weiterführende Konzertreise durch Deutschland, Holland, Belgien nach Frankreich.[182] Doch da sich die Route änderte, waren anscheinend für Holland, Belgien und Frankreich keine Engagements vorher festgelegt worden. Die Virtuosen reagierten flexibel auf die jeweils vorhandene Situation. Das brachte Risiken mit sich, erwies sich, wie sich zeigte, aber als vorteilhaft.

Von Schlesien führt die Tournee das Trio nach Norddeutschland, u.a. nach Hamburg[183]. In einem der Konzerte weilt der Theaterdirektor des Stockholmer Mindre Theaters unter den Zuhörern[184], und Wilmas Spiel beeindruckt ihn so stark, dass er sie und ihre Geschwister nach Schweden einlädt, um dort Konzerte zu geben. Da sie an keine weiteren Verträge gebunden sind, fahren sie direkt nach ihrem letzten Konzert in Hamburg am 5.11.1861 nach Stockholm. Am 13.11.1861 geben sie dort schon ihr erstes Konzert.[185] Hier debütiert Wilma mit der *Rêverie und*

---

[181] Kopenhagen MM, FNP Kasse 3 / 17: Franz Neruda führte ein Rechenschaftsbuch, das Tabellen enthält, die Auskunft über die Konzertorte, Daten und Einnahmen geben. Programme sind leider nicht erhalten. Die Daten für die Konzerte wurden dieser Tabelle entnommen: 4.10.1861 Ratibor; 6.10.1861 Leobschütz; 8.10. 1861 Gleiwitz; 10.10.1861 Ratibor; 12.10.1861 Leobschütz; 14.10.1861 Gleiwitz.
[182] Vgl. Signale Jg. 19 Nr. 39, 29.9.1861, S. 542.
[183] Vgl. Konzerttabelle FNP Kassette 3/17: Die Konzerte in Hamburg fanden am 22. / 25. / 28. / 31.10. / 2. / 5.11.1861 statt.
[184] Vgl. Stockholm MM: Nachlass Wilma Neruda: Sammlung Rezensionen. IT 22.3.1862.
[185] Vgl. Konzerttabelle Franz Neruda, Kopenhagen MM, FNP Kasse 3 / 17.

2. Jugendtourneen nach Skandinavien 1861-1864

Abb. 18 Neruda Trio Wilma, Franz und Marie, ca. 1862, Fotografie

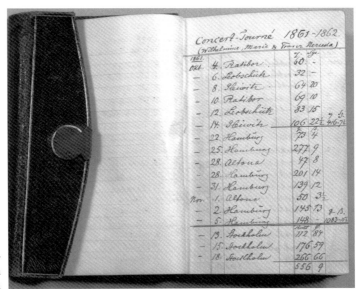

Abb. 19 Rechenschaftsbuch Franz Neruda

Tarantella von Henri Vieuxtemps.[186] Im Gegensatz zu ihrer ersten Russlandreise bedeutet diese erste Tournee nach Schweden für die Familie Neruda kein Risiko, denn sie waren ja bereits engagiert.

Die Werbung spielte Mitte des 19. Jahrhunderts für Künstler in Schweden noch keine große Rolle. Das Publikum bildete sich seine eigene Meinung in den Konzerten und ließ sich überraschen, welche Künstler es zu hören bekam. In der *Neuen Illustrierten Zeitung* wurde der grandiose Erfolg vom ersten Konzert der Geschwister in Stockholm beschrieben:

> Das Publikum, das sie zuerst willkommen hieß, war nicht sehr zahlreich, bestand aber aus einem harten Kern von Musikveteranen, ein gelehrter Areshügel, zu dessen hauptsächlichem Charakterzug ein gewisser Skeptizismus gehörte und dessen Strenge einigermaßen fürchterlich sein kann, auch wenn diese sich nur mit Gleichgültigkeit auszudrücken pflegt. Genug davon! Diese grimmigen und strengen Kritiker verließen den Saal vollständig verzaubert. In ihrem Applaus konnte man Erstaunen und Verzücken hören und die Kunde, dass hier eine Künstlerin von allerhöchstem Rang aufgetreten war, flog, tausendfaltig in seiner Bedeutung vermehrt durch solche Boten, wie ein Lauffeuer durch die Stadt. Für die jungen Künstler war mit diesem Sieg alles gewonnen. Sie traten mehr als dreißigmal auf, immer vor ausverkauften Salons und unter einem Beifall, der an Jenny Linds Triumphe erinnerte.[187]

Besonders das Violinspiel Wilma Nerudas begeistert das Publikum, wie die eingangs zitierte Rezension berichtet. Vom schwedischen König Carl XV. erhält sie für ihre hervorragenden Leistungen die Medaille *litteris et artibus*[188]. Sie wird 1861

---

[186] Vgl. Stockholm 1861 mit Überschrift *Förste Afdelningen* ohne Angabe des Datums: Henri Vieuxtemps: *Reverie* und *Tarantella* op. 22 für Violine (Wilma Neruda, Violine) – Robert Schumann: *Fantasiestücke* op. 12 arr. von Franz Neruda für 2 Violine und Violoncello (Wilma / Marie / Franz Neruda).

[187] *Ny Illustrerad Tidning* 3.Bd., Nr.13, 27.3.1869, S.97/98 „Det auditorium, som först välkomnade dem var icke synnerligen talrikt, men det bestod af en kärntrupp musikvateraner, en lärd areopag, i hvars lynne ett grag af scepticism är framstående och hvas stränghet är ganska fruktansvärd ehuru det blott är i likgiltigheten den plägar taga sett uttryck. Nog af! Dessa bistra kritici lemnade salen som förtrollade. Det var häpnad och förtjusning i deras bifall, och ryktet att en artist af allra första rangen gästade här flög, tusendubbladt till sin betydese genom dylika sagesmän, som en löpeld genom staden. För ständigt fullsat salong och under ett bifall som erinrade om Jenny Lind triumfer."

[188] Vgl. Dalibor 5. Jg., Nr. 5, 20.5.1862, S. 120. Diese Medaille erhielten z.B. 1975 Astrid Lindgren (1907-2002) Schriftstellerin, 1960 Birgit Nilsson (1918-2005) Opernsängerin, 1916 Hugo Alfvén (1872-1960) Komponist und Adelina Patti (1843-1919) Opernsängerin.

2. Jugendtourneen nach Skandinavien 1861-1864

Abb. 20 Wilma Neruda, ca. 1862, Fotografie

sogar als ausländisches Mitglied in die königliche musikalische Akademie aufgenommen.[189] Außerdem zeichnet der König Wilma Neruda als erstes Ehrenmitglied der Königlichen Hofkapelle aus.[190] Diese ihr erbrachten vielfältigen Ehrungen bezeugen, dass sie sich nicht nur von ihren Geschwistern künstlerisch abhob, sondern zur Elite der ausübenden Künstlerinnen und Künstler zählte.

Die Reise in den hohen Norden lohnte sich auch finanziell. Der Besuch eines Virtuosenkonzertes kostete oft nicht wenig Geld, denn die musikalische Leistung des Künstlers wurde möglichst teuer verkauft. Nur ein auserwähltes Publikum konnte sich die Karten leisten. Dementsprechend wurden auch die Leistungen bezahlt.[191] Die wirtschaftliche Existenz der Virtuosen war in starkem Maße abhängig von ihren künstlerischen Erfolgen und dem Wert ihrer Leistung in der Gesellschaft, der sich vor allem in der Höhe der Gage ausdrückt. Für die Geschwister spiegelte sich ihr musikalischer Triumph daher ebenfalls in der Bezahlung ihrer Auftritte wider. Erhielten sie für das erste Konzert in Stockholm 112,84 Kronen, so konnten sie vier Wochen später am 10. Dezember des gleichen Jahres 1350 Kronen für den Abend einnehmen. Insgesamt verdienten die Geschwister während der gesamten Tournee 49 000 Kronen.[192] In der Legende, die eine gewisse Verklärung des Virtuosentums ausdrückt, beschreibt folgende Anekdote die Freude der jungen Musiker über die verdiente Gage: „Sie waren es ja überhaupt nicht gewohnt so viel Geld in den Händen zu halten und Kinder wie sie waren, konnten sie am Abend nach einer guten Abrechnung sich hinsetzen, um alle Geldzettel zu einem Ball zusammenzurollen und damit zu spielen."[193]

Der Verdienst war so enorm, dass die Kinder ihren Eltern von den Konzerteinnahmen ein Haus in Brünn kauften.[194] Nachdem sich die Familie in den 1850er

---

[189] Vgl. SMT 15. Jg, Nr. 9, 1.5.1891, S. 65. 1864 heiratete Wilma Neruda den Hofkapellmeister Ludvig Norman und wurde dann inländisches Mitglied der Akademie.

[190] Vgl. *Nya Dagl Allehanda* 1862, 25/1, zit. nach: Karle: Ludvig Norman S. 148.

[191] Vgl. Schwab, Heinrich: Konzert – und Konzertpublkum im 19. Jahrhundert, S. 20. In: *Musica*, Bd. 31, Kassel 1977, S. 19-21.

[192] Der Verdienst wurde den Konzerttabelle Franz Nerudas entnommen. – Kopenhagen MM FNP Kassette 3/17. Zum Vergleich: Der „extra" Violinist C.J. Lindman des *Dramatiska teaterns orkester* in Stockholm erhielt 1863 als Anfangsgehalt 600 Kr. im Jahr. Vgl..Karle: Luvig Norman, S. 21.

[193] DN Beilage S. 6: „ De var jo slet ikke vante til at have saa mange Penge mellem Hænder, og Børn, som de var, kunde de om Aftenen efter en gunstig Afregning sætte sig hen og rulle alle Pengesedlerne sammen til en Bold og spille med den!"

[194] Vgl. MFN: Vermutlich ist es das Haus in der Huttergasse 8.

Abb. 21 Wilma Neruda, Zeichnung nach Staaff

Jahren wieder in Brünn niedergelassen hatte, waren sie häufig umgezogen. Das war nun nicht mehr nötig, und das Haus wurde nicht nur für die Eltern, sondern auch für die jungen Virtuosen zu einem Hort, zu dem sie, wo immer in der Welt sie sich aufhielten, gern zurückkamen. Aber nicht nur finanziell, sondern auch künstlerisch hatte sich die Reise gelohnt. Das zeigt anschaulich eine Kritik vom 22. März 1862:

> Heute präsentieren wir nach einer Zeichnung von Staaff das Bild der Heldin dieser Saison[195]. [...] Selten hat man einem reineren und seelenvolleren Zusammenspiel gelauscht als bei diesem Geschwistertrio. Aber nicht genug damit, so glaubte man außerdem, in ihr, die die erste Stimme spielte, eine Solokünstlerin gefunden zu haben, die alle bisher gehörten übertrifft. Die Erinnerung an solche Meister wie ein Prume[196], Ernst[197], Leonard[198] und Ole Bull[199] verblasste an der Seite von Wilhelmina Neruda. Jedoch das heißt sicher, etwas zu weit zu gehen. Hat vielleicht nicht doch die Frau eine Kleinigkeit zu den Triumphen beigetragen, die der Künstler erntet? Ein junges Frauenzimmer, das Geige spielt, und eine solche Geige! Erst 23 Jahre und solche Töne! Da wird das Talent von zwölf Männern gebraucht, um ein solches Phänomen aufzuwiegen, zumindest in den Augen derjenigen, die die Gleichwertigkeit der Frau

---

[195] Es handelt sich dabei um ein Bild Wilma Nerudas in der *Illustrerad Tidning* 22.3.1862, Stockholm MM: Nachlass Wilma Neruda: Sammlung Rezensionen.
[196] François Prume (1816-1849), belgischer Violinist.
[197] Heinrich Wilhelm Ernst, (1814-1865), tschechischer Violinist, geb. in Brünn.
[198] Hubert Léonard (1819-1890), französischer Violinist, Komponist.
[199] Ole Bull (1810-1880), norwegischer Violinvirtuose.

mit dem Mann anzweifeln. Für uns aber, die schon immer der Überzeugung waren — eine Überzeugung, die durch so viele Erfahrungen gestärkt wird —, nämlich dass was ein Mann vollbringt, auch eine Frau vollbringen kann, — für uns ist Wilhelmina Neruda wohl ein Talent der höheren Ordnung, wenn auch nicht vom unüberwindlichen Schlag, der alles andere hinter sich lässt. Wir waren daher einigermaßen frei von dem sogenannten ‚Nerudafieber', eines jener Fieber, die man sich glücklicherweise nicht durch eine Erkältung zuzieht und die daher dem, der daran leidet, nicht schadet. Der Schirokko, der da auf den Flügeln des Talents heranjagt, mag wohl das eine oder andere Gehirn umblasen, aber jedenfalls erfrischt er uns etwas und bringt eine höchst angenehme und ersehnte Unterbrechung in unserem alltäglichen Leben. Indessen werden wir niemals dieses gewinnende Geschwistertrio vergessen. Ach, wenn nur alle Geschwister so gut übereinkämen! Niemals werden wir die Töne aus Wilhelminas Geige vergessen, rein und glänzend wie Perlen. Mit solchen Perlen geschmückt muss doch eine Frau Bewunderung erwecken!
Auch unsere Musiker, und besonders unsere Geiger, schwebten im siebten Himmel. […] Aber wie gesagt, es war alles nur ein Traum, in Wahrheit haben sie Schweden schon verlassen, ließen unser Orchester in der traurigsten Stimmung zurück. […] ‚Sie haben uns unser Gold genommen!', seufzen die Direktoren unserer Theater mit einem Blick auf ihre jetzt so leeren Säle.[200]

---

[200] Stockholm MM, Nachlass Wilma Neruda: Sammlung Rezensionen: *Illustrerad Tidning* 22.3.1862: „Vi framställa i dag, efter ritning af Staaff, bilden af hjeltinnan för säsongen.[…] Sällan har man lyssnat till ett renare och själfullare samspel ån i denna syskontrio. Men ickke nog dermed: man trodde sig äfven I henne som utförde första stämman hafva funnit en solokonstnär öfverträfande alla dem man tillförene hört. Minnet af sådana mästare som en Prume, en Ernst, en Leonard, en Ole Bull förblknade vid sidan af Wilhelmina Neruda. Men detta var bestämdt att gå något för långt. Har måhända icke ändå qvinnan något litet bidragit till de triumfer artisten skördat? Ett ungt fruntimmer som spelar fiol och en sådan fiol! Bara 23 år och sådaner toner! Det vill tolfmannatalang till för att uppväge ett sådant fenomen åtminstone i deras ögon som betvifla qvinnans paritet med mannen. För oss deremot, som alltid varit af den tanken – en tanke styrkt åf så många erfarenheter – att hvad en man gör, det kan en qvinna göra efter, – för oss år Wilhelmina Neruda väl en talang of högre ordning, men visst icke af det öfversvinneliga slag som lemnar allt annat under sig. Vi hafva således gått någorlunda fria för den s.k. ‚Nerudafebern', en af de febrar som man lyckligtvis ej ådragar sig genom förkylning och hvilka följaktligen aldrig skada dem som angripas deraf. Den sirocco som jagar fram på alangens vingar blåser måhända omkull en och annan hjerna, men den uppfriskar oss något hvar i alla fall och gör i vårt hvardagslif ett afbrott högeligen angenämt och efterlängtansvärdt. Emellertid glömma vi aldrig denna intagande syskentrio. Ack, om alla syskon ackorderade så! Aldrig förgäta vi tonerna i Wilhelminas fiolin, rena och glänsande som perlor. Smyckad med sådana perlor skulle icke en ung qvinna väcka

Dieses nachhaltige Presseecho hinterließ Wilma Neruda bei den Kritikern der Zeitung *Illustrerad Tidning* schon nach ihrer ersten Tournee in Schweden. Die Besonderheit, dass sie als junge Frau „solche Töne" hervorbrachte und, wie man liest, die Männer in den Schatten stellte, wurde explizit hervorgehoben.

Das Wort „Nerudafieber", auch wenn der Kritiker sich davon distanziert, belegt plastisch die Überzeugungskraft von Wilma Nerudas Spiel schon in frühen Jahren. Die jungen Künstler werden schon bei ihrer ersten Konzertreise Gegenstand des öffentlichen Gesprächs, und ihre Konzerte werden als „ersehnte Unterbrechung in unserem alltäglichen Leben erfahren".

Dass der Kritiker bei aller ekstatischen Bewunderung für Wilma Neruda ihr Talent zwar als eines „höherer Ordnung" preist, aber doch „nicht vom unüberwindlichem Schlag" – vom Teufelsgeiger ist sie also weit weg –, unterstreicht noch das Lob. Denn dadurch wird es möglich, sie in die Geschichte der Geigenvirtuosinnen einzuordnen und somit ins Musikleben der Zeit einzupassen.

Als die Geschwister Anfang der 1860er Jahre nach Stockholm kamen, befand sich das Musikleben Schwedens gerade in einem Wandel. Anfang des 19. Jahrhunderts wurde es hauptsächlich geprägt von Dilettanten und Stadtmusikern und war vom weiteren Musikbetrieb Europas weitgehend abgekoppelt. Seit 1773 gab es allerdings das Königliche Opernhaus und die Hofkapelle, deren Mitglieder auch als Kammermusikensembles auftraten. Es wurde zwar ein vielseitiges Opernprogramm gegeben, die Anzahl der sinfonischen Konzerte war allerdings nicht bedeutend. Einen großen Raum der öffentlichen Konzerte nahm die Chormusik ein, besonders die der Männerchöre. Im Laufe des 19. Jahrhunderts entwickelte sich in Schweden immer mehr ein professionelleres Musikleben. Die Zentren der klassischen Musik waren in Stockholm, Göteborg, Uppsala und Lund angesiedelt. Zahlreiche Musiker, wie z.B. Jacob Axel Josephson[201], Albert Rubenson[202] und Ludvig Norman, die meist am Konservatorium in Leipzig studiert hatten, prägten das Konzertleben im Stockholm der 2. Hälfte des 19. Jahrhunderts. Ludvig Norman spielte auch eine führende Rolle in der Organisation der schwedischen Musikszene und strebte danach, den noch vorhandenen „Dilettantismus und die provinzielle

---

beundran! Också hafva våra musici, och isynnerhet våra fiolinister, sväfvat i sjunde himmelen. […] Men allt har, som sagdt, varit blott en dröm, I verkligheten hafva de redan öfvergifvit Sverge, lemnande våra orkestrar i den sorgligaste förstämning. […] 'De hafva tagit värt guld!' sucka direktörerna för våra teatrar, med en blick på sina numera så tomma salonger."

[201] Jacob Axel Josephson (1818-1880), Musikdirektor in Uppsala von 1849-1880.
[202] Albert Rubenson (1826-1901), schwedischer Komponist.

Isolierung des Musiklebens zu überwinden".[203] 1860 rief er die *Nya harmoniska sällskapet – Neue Harmonische Gesellschaft* ins Leben, die große Orchester- und Chorwerke zur Aufführung brachte. Im gleichen Jahr wurde das Konservatorium gegründet, das die Basis für eine umfangreiche Ausbildung der Musiker gab. Bis dahin erteilte die seit 1771 existierende *Kungliga Svenska musikalska akademien – Königliche Schwedische Musik-Akademie* zunächst Gesangsunterricht und bildete ab ca. 1813 auch Kantoren und Musiklehrer aus. Bis zur Gründung des Konservatoriums 1866 erweiterte sich das Angebot des Musikunterrichtes nach und nach auf alle Orchesterinstrumente, Instrumentalsolisten, Musiklehrer und Militärmusiker.

Die Kammermusiken wurden ab 1848 von der *Mazerska Kvartettsällskapet – Mazersche Quartettvereinigung* organisiert. Außerdem entstanden Mitte des 19. Jahrhunderts zahlreiche kleine Theater wie das *Mindre Teatern* und das *Vasateatern*, die für einen vielseitigen Musikgeschmack Raum boten.

Viele ausländische berühmte Instrumentalvirtuosinnen und -virtuosen besuchten Schweden, so wie auch die berühmten schwedischen Sängerinnen Jenny Lind und Christina Nilsson[204] in der gesamten Welt Karriere machten.

Kinder im eigentlichen Sinn waren die Geschwister nun nicht mehr, sondern junge Erwachsene, denn Wilma Neruda zählt inzwischen schon 23 Jahre. Wie bei allen Wunderkindern bestand natürlich auch bei Wilma Neruda die Sorge, ihre Faszination über die Pubertät hinaus erhalten zu können. Durch die Strapazen der vielen anstrengenden Reisen blieb den Kindern oft kaum Zeit, zu wahren Künstlerinnen und Künstlern zu reifen. Somit schlossen viele junge Karrieren mit dem Ende der Pubertät, da die jungen Virtuosen ausgebrannt waren und keine weitere Entwicklung mehr stattfand. Wenn auch schon unter Wunderkindern die Konkurrenz eine große Rolle spielte, so nahm sie im Erwachsenenalter noch zu. Wunderkinder besaßen einen „Kinderbonus" – oft wurde dem Image mehr Bedeutung zugemessen als dem künstlerischen Vortrag. Bei erwachsenen Virtuosen stand neben der Bühnenpräsenz immer mehr die instrumentale Leistung im Zeichen der Kritik. Der Anspruch an junge Musiker stieg mit Beendigung der Pubertät.[205]

Obwohl die Geschwister als Trio weitgehend unabhängig einen ganzen Konzertabend allein bestreiten konnten, konzertierten sie nach Bedarf auch mit ansässigen

---

[203] Helmer, Axel: Artikel „Schweden. Spätromantische Zeit (ca 1850-1890), in: MGG Bd. 12, Kassel 1965, Spalte 359 f.
[204] Christina Nilsson (1843-1921), schwedische Sängerin. Sie erhielt ihre Gesangsausbildung in Göteborg. Jenny Lind erhielt zunächst an den Königlichen Musikakademie Gesangsunterricht, und ab 1841 studierte sie am Konservatorium in Paris.
[205] Vgl. Hoffmann: Instrument und Körper, S. 311.

2. Jugendtourneen nach Skandinavien 1861-1864

Musikern. In Stockholm treffen sie auf den Kgl. Konzertmeister Eduard d'Aubert und lernen den Pianisten Ludvig Norman kennen. Das gab ihnen die Gelegenheit, nun auch im Quartett bzw. Quintett aufzutreten.

Ständig reisenden Virtuosen bietet sich kaum Gelegenheit, anhaltende Freundschaften einzugehen, da ihre Präsenz in den einzelnen Städten oft nicht von langer Dauer ist. Da der Begeisterungssturm des Publikums in Stockholm bei jedem Auftreten der Geschwister nicht abreißt, setzen sie die Konzertreihe weiter fort. Durch diesen ungewöhnlich langen Aufenthalt in dieser für das Trio so angenehmen Stadt[206] schließen sie Freundschaften mit Musikerkollegen. In Ludvig Norman findet Wilma Neruda auch ihre erste Liebe. Nicht nur in der schwedischen Hauptstadt musiziert er mit dem Trio, sondern begleitet es auch auf der weiterführenden Tournee. Beispielsweise reist er mit ihnen nach Kopenhagen und wird allen ein guter Freund, wie aus den wenigen erhaltenen Briefen der damaligen Zeit ersichtlich ist:

> Norman verlässt uns schon Morgen Mittag und Du magst glauben dass nicht nur allein Wilma, sondern wir alle ihn sehr vermissen werden – denn wir haben so schöne Tage jetzt zusammen verlebt, wir werden uns gar nicht seiner Abwesenheit gewöhnen können. Wir musizierten viel zusammen, sangen sogar Duos, und machten verschiedenen Unsinn. – Ich wünschte recht bald wieder zusammen zu sein. – [207]

Doch nicht nur aufgrund ihrer Liebe zu Ludvig Norman fühlt sich Wilma Neruda mit Stockholm verbunden. Im Verlaufe der Tournee entwickelt sich zwischen ihr und Fredrika Andrée[208], einer bekannten Opernsängerin des Stockholmer Opernhauses, eine Künstlerinnenfreundschaft:

> Götheburg, den 5. März 1862
> Liebe Friederike!
> Sie sehen dass ich Wort halthe, Ihnen schreibe und ein Bild schicke. Es soll Ihnen ein Beweis unserer Freundschaft für Sie sein und dass ich mich in der Ferne mich Ihrer, liebe Friederike, gerne erinnere.

---

[206] Franz Neruda schwärmte in seinen Briefen an Eduard d'Aubert geradezu von Stockholm. „Die Erinnerung an diese glückliche Zeit stimmt mich fröhlich, denn ich habe ja die Hoffnung in so kurzer Zeit diese schöne Stadt an der ich so hänge, bald wieder zu sehen." Vgl. Stockholm NYC: Brief Franz Neruda an Eduard d'Aubert, Upsala 21.4.1863.

[207] Stockholm NYC: Brief Franz Neruda an Eduard d'Aubert, Kopenhagen, 1.1.1863.

[208] Fredrika (deutsch: Friederike) Andrée – verheirate Stenhammar (1836-1880), schwedische Opernsängerin.

Wir haben in Örebro 2 Concerte gegeben und können in jeder Hinsicht mit dem Erfolg zufrieden sein. Hier haben wir dann 3 der ersten Concerte gegeben und auch dieses war sehr besucht und das Publikum zufrieden. Uns ist es fürchterlich lange nach unserem geliebten Stockholm – trotzdem dass wir viel beschäftigt sind und viel in Gesellschaft sind, wird [?...] es mir war dass die Zeit gar nicht vergehen will – ich glaube dass es schon eine halbe Ewigkeit ist dass wir von Stockholm fort sind. Ich bitte Sie liebe Friederike mir die Freude zu machen und mir nach Copenhagen poste restante zu schreiben denn Sie können sich wohl denken dass es für mich Interesse hat von Ihnen zu hören, wie es Ihnen geht. Haben Sie sich schon fotografieren lassen? Schicken Sie mir Ihr Bild sobald es fertig ist. – Nun liebe Friederike bitte ich Sie noch meiner zuweilen zu gedenken und von den freundschaftlichen Gesinnungen überzeugt zu sein
Ihre
Wilhelmine Neruda[209]

2.2 Dänemark

Während eines Konzertes in Stockholm saß auch August Bournonville[210], der Chef des *Musikforeningen*[211] Kopenhagens, unter den Zuschauern. Das Spiel Wilma Nerudas faszinierte ihn dermaßen, dass er sich sofort mit dem Direktor des *Folketeatret*, Herrn Lange, in Verbindung setzte, um Engagements für eine Konzertreihe zu organisieren.[212]

Es war im Jahr 1861, als die Familie, damals nur bestehend aus Franz und den Schwestern Wilhelmine und Maria, den Sprung in den kalten Norden wagte, und es war auf schwedischem Grund und Boden, wo dieses Ensemble erst Fuß fasste. Schwere Begeisterungsstürme trugen schnell ihren Ruf nach Dänemark und im März 1862 tauchten sie das erste Mal in Kopenhagen auf. Es war keine schlechte Zeit, in die Hauptstadt Dänemarks zu kommen. Im Gegenteil. Genau in diesem Jahr florierte das Musikleben wie niemals zuvor.[213]

---

[209] Stockholm NYC.
[210] August Bournonville (1805-1879), dänischer Choreograf.
[211] Die Gesellschaft *Musikforeningen* wurde 1836 gegründet mit dem Ziel, ernste dänische Musik herauszugeben und zu fördern. Vgl. MGG, Bd. 2, Spalte 1851.
[212] Vgl. Stockholm MM: Nachlass Wilma Neruda: Zeitungsausschnitt ohne Datumsanzeige.
[213] Skjerne: Franz Neruda, S. 432: „Det var i Aaret 1861, Familien, dengang begrænset til Franz og Søstrene Wilhelmine og Maria, vovede Springet til det kolde Nord, og det var paa svensk Grund, dette Ensemble først vandt Fodfæste. Svære Begejstringsstorme førte

2. Jugendtourneen nach Skandinavien 1861-1864

Abb. 22 Wilma Neruda und (vermutlich) Niels Gade, ca. 1858, Zeichnung von Wilhelm Marstrand (1810-1873)

In jenen Jahren war Niels Gade die führende Musikerpersönlichkeit in Kopenhagen. 1848 kam er aus Leipzig zurück mit der Absicht, die musikalische Entwicklung Dänemarks zu fördern. Als er 1850 Leiter der Gesellschaft *Musikforeningen* wurde, ließ er vor allem Werke von Beethoven, Schubert und Mendelssohn, die bis dahin kaum erklangen, aufführen. Sein Interesse galt aber auch Kompositionen von Berlioz, Liszt, Wagner und Brahms. Anfangs wurden die Konzerte vom Königlichen Orchester ausgeführt, später gründete der Musikverein ein eigenes Orchester. Außer im königlichen Theater, das ein internationales Opernrepertoire pflegte, fanden die Konzerte im 1848 erbauten *Casino* und im *Folketeatret* statt. Leichte und volkstümliche Musik erklang im 1843 gegründeten *Tivoli*, das ein eigenes Orchester unterhielt.

Gades Kompositionen brachten allerdings nach 1860 wenig neue Impulse, was zur Folge hatte, dass die Zuhörer sich an diese Musikfarbe gewöhnten, so dass das Musikleben daher etwas konservativ und wenig offen für neue Strömungen war.

hastigt dets Ry til Danmark, og i Marts Maaned 1862 dukkede det for første Gang op i København. Det var ingenlunde nogen død Tid at komme til Danmarks Hovedstad paa. Tværtimod. Netop dette Aar florerede Musiklivet som ingensinde før."

Trotzdem besuchten viele Virtuosen Dänemark. Anfang der 60er Jahre konzertierten u.a. François Servais, Anton Rubinstein und Ole Bull in Kopenhagen.

Im Jahr 1856, während eines Aufenthaltes in Dresden, riet der Pianist Charles Mayer dem Vater der Geschwister, Josef Neruda, mit seinen Kindern nach Kopenhagen zu gehen. Damals wehrte er sich „mit Händen und Füßen, die Reise zu erweitern in ein solches langweiliges Loch"[214].

Doch welchen Erfolg erzielen seine Kinder nur sechs Jahre später! Hätte dies der Vater geahnt! Zunächst konzertieren die Geschwister im *Folketeatret* als Rahmenprogramm zu Vaudevilles, Lustspielen und Volkskomödien mit Gesang. Das erste Konzert findet am 18.3.1862 statt, und es folgen noch fast 20 Konzerte allein in Kopenhagen.

Über ihren ersten Erfolg in Kopenhagen, die Resonanz des Publikums und der Kritiker berichtet die *Berlingske Tidende*:

> Wilhelmine Neruda ragt in der Zwischenzeit weit über ihre Geschwister hinaus. […] Die Art und Weise, in der sie alle Art der Kunstgriffe vorführt, Läufe, Passagen, Triller und die verschiedensten Figuren, heben diese äußere Zierde, die in der Regel nur dazu gedacht sind, dem Virtuosen Gelegenheit zu geben, seine Fertigkeit zu zeigen als offensichtlichen notwendigen Teil des Ganzen und für schöne Schattierungen in der Tonmalerei. […] Sie hat in der Kenntnis, dass die größte Wirkung mit vollem edlem und schönem Ton erreicht wird, diesen in so hohem Grad kultiviert, dass sie sich vorzugsweise in diesem Punkt auszeichnet. In allen Cantabile-Sätzen, im simpelsten Spianato, im markierenden Spiccato, wird sie kaum von jemanden übertroffen, ja selbst im schwersten und schnellsten Allegro behält sie diese Fülle und Schönheit des Tones. Es ist mittlerweile schwer zu sagen, was hier am meisten bewundert werden muss. Die Auffassungsgabe, die Reinheit des Tones, die Fülle und Schönheit, die glänzende Bravour oder der seelenvolle Ausdruck, der die Zuhörer ergreift und bewegt sowohl in dem einfachsten als auch in dem kunstreichsten Vortrag dieser ausgezeichneten Künstlerin.[215]

---

[214] ebd. S. 432 – „med Hænder og Fødder satte sig imod at udstrække Rejsen til saadant et 'kedeligt Hul".
[215] Berlingske Tidende Nr. 70, 24.3.1862: „Wilhelmine Neruda staaer imidlertid højt over sine Søskende. […] Den Maade, hvorpaa hun udfører alle Slags Kunststykker, Løb, Passager, Triller og de forskjelligste Fieriturer, hæver disse udvortes Prydelser, der i Reglen kun ere beregnede paa at give Virtuosen Lejlighed til at vise sin Færdighed, til tilsynelladende nødvendige Led af det Hele og til skjønne Schatteringer i Tonemaleriet. […] Hun har, i Erkendelsen af, at de største Virkninger opnaas med den fulde ædler og skjønne Tone, kultiveret denne i saa høj Grad, at hun dristigt tør træde i Skranken med de

2. Jugendtourneen nach Skandinavien 1861-1864

Schnell spricht sich die Virtuosität Wilma Nerudas bis zu König Fredrik VII. herum, und dieser lädt sie bereits Ende März zu sich auf das Schloss mit der Bitte, ihm vorzuspielen. Das überragende Spiel der jungen Virtuosin begeistert Seine Majestät, so dass er ihr als Anerkennung ein wertvolles Armband schenkt.[216] Bereits drei Wochen nach ihrem ersten Auftritt in Kopenhagen zeichnet er sie aufgrund ihrer musikalischen Genialität mit der dänischen Verdienstmedaille *ingenio et arti*[217] in Gold aus.

Bei „Hofe" war es üblich, statt Bargeld wertvolle Geschenke zu verteilen und die Künstler mit ehrenvollen Auszeichnungen zu honorieren,[218] wie es auch in den Salons keinen finanziellen Obolus gab.

In Kopenhagen führte den einflussreichsten Salon, der auch den Mittelpunkt des gesellschaftlichen Musiklebens darstellte, in jener Zeit Niels Gade. Hier verkehrten dänische und ausländische Virtuosen mit Rang und Namen, und hier spielen auch die Nerudas. Ihre Auftritte im Salon Gade zeugen von der großen gesellschaftlichen Anerkennung, die sie durch ihre Konzerte erworben hatten.

Anton Rubinstein und Alexander Dreyschock[219] hielten sich ebenfalls in Kopenhagen auf und musizierten gemeinsam mit den Geschwistern. Über einen gemeinsamen Musikabend im Salon der Prinzessin zu Hessen schreibt Niels Gade Folgendes in sein Tagebuch:

> Mai 1862: Musikabend bei Prinzessin Anna zu Hessen. Streichquartette mit den 3 Nerudas gespielt. Solo-Vorträge von Wilhelmine Neruda und Dreyschock, der

---

> Berømtheder, der fortrinsvis udmærke sig i dette Punkt. I alle kantabile Satser, i det simpleste Spianato, i det markerede, vanskelige Spiccato, hvori hun neppe fordunkles af Nogen, ja selv i det sværeste og hurtigste Allegro vedligeholder hun denne Tonens Fylde og Skjønhed. Det vilde imidlertid være svært at sige, hvad der her mest maa beundres: Opfattelse, Tonens Reenhed, Fylde og Skjønhed, glimrende Bravour eller – det sjælefuld Udtryk, der griber og bevæger Tilhørerne i det simpleste som det kunsrigste af denne udmærkede Kunstnerindes Foredrag."

[216] Vgl. BT Nr. 75, 29.3.1862.
[217] Vgl. BT Nr. 103, 3.5.1862. Diese Medaille erhielten beispielsweise 1950 Karen Blixen (1885-1961) Schriftstellerin, 1973 Birgit Nilsson (1918-2005) Opernsängerin.
[218] Vgl. Schwab, Heinrich W.: Kopenhagen als Reiseziel, S. 165. Liszt erhielt in Spanien beispielsweise nach einem Konzert am königlichen Hof von Königin Isabella eine brillante Nadel im Wert von 20.000 Real (ungefähr 5000 Franken) und den Titel: *Ritter des Ordens* von Carl III.
[219] Alexander Dreyschock: (1818-1869), tschechischer Pianist.

Abb. 23 Wilma Neruda, ca. 1862, Fotografie

zusammen mit Rubinstein auf zwei Klavieren spielt, anwesend auch Hartmann[220], Andersen[221], Siboni[222], Dr. Saxdorf und Emil Hansen.[223]

Der Kontakt zu Prinzessin Anna zu Hessen blieb erhalten. Die Nerudas besuchten sie auch bei späteren Aufenthalten in Kopenhagen[224]. Wie begeistert die Prinzessin von Wilma Nerudas Spiel war, zeigt folgender Brief an die Kaiserin von Österreich, der sie auf das Wärmste empfiehlt, der Musik von Wilma Neruda zu lauschen:

---

[220] evtl. Johann Peter Emilius Hartmann (1805-1900), dänischer Komponist.
[221] evtl. Hans Christian Andersen (1805-1875), dänischer Schriftsteller.
[222] evtl. Vincenzo Antonio Siboni: Tenor und Gesangsmeister des kgl. Theaters Kopenhagen (geb. 1819) oder Erik Siboni (1828-1892), dänischer Komponist.
[223] Wasserloos: Kulturgezeiten, S. 577.
[224] Vgl. Stockholm NYC: Brief Franz Neruda an d'Aubert, Copenhagen 28.12.1862.

Kopenhagen im Jänner 63
Eure Kaiserliche Hoheit
Güte und Freundschaftlichkeit während unserer 2 Aufenthalte von mehreren Jahren zu Ostende, wo Sie mich damit so verwöhnt haben, geben mit heute den Muth auf Ihre Nachricht Anspruch zu erheben u. Eurer Kaiserlichen Hoheit als warme, herzliche Fürsprecherin unter die Augen zu treten, ich wage es die Bitte zweier jungen Violinspielender Damen zu erfüllen ein gutes Wort für sie einlegen zu wollen, um so bereitwilliger und lieber, als ich es mit meinem Gewissen thun kann da die Betreffenden es in seltenen Maße durch ihre Begabung u. ihre anspruchslose Persönlichkeit verdienen, und Eurer Kaiserlichen Hoheit's Gunst und Huld nur Ehre machen, u. sich derselben würdig zeigen würden. Es sind 2 Schwestern u. 1 Bruder (geschickter Cellist) aus Brünn in Mähren Namens Neruda und auch I.K.H. der Erzherzogin Elisabeth persönlich bekannt – ein reichtalentirtes Geschwistertrio, von dem namentlich die ältere Schwester Wilma Neruda, gewiss eine der ersten Violinspielenden Damen der Gegenwart, wenn nicht die allerhervorragendste, ist; ein so selten talentirtes Mädchen dass ich Eurer Kaiser. Hoheit im Voraus den schönsten Kunstgenuß versprechen kann. Sie spielt nicht allein als Virtuosin die alle technischen Schwierigkeiten überwunden hat sondern als vollendete Künstlerin mit der seelenvollsten Hingebung, u. Euer Kaiserliche Hoheit Sinn für alles Hohe u. Schöne wird sicherlich ihre echt künstlerische Auffassung erkennen u. Geschmack an dem genialen Verständnis finden, durch welches das Fräulein Neruda uns zur Bewunderung hinriß! Sie begeben sich in Kürze auf eine größere Kunstreise nach Belgien, legten hohen Werth darauf, Euer Kaiserliche Hoheit Wohlwollen empfohlen zu werden u. so thue ich es gerne und gewissenhaft mit diesen kühnen, unbescheidenen Zeilen; möchten mir Eure K. Hoheit nochmals gütig vergeben, wenn ich, des guten Zweckes wegen, Ihre kostbare Zeit, belästige und mir in der Erhörung meiner Fürbitte zum freundlichen Beweis Ihre gütigen Gesinnungen geben wollen, was so herzlich erfreuen würde Eurer Kaiserlichen Hoheit wahrhaft und ganz ergebenste Cousine
Anna v. Hessen[225]

Mit Alexander Dreyschock konzertiert Wilma Neruda in Kopenhagen noch mehrmals. Als Beispiel sei das Orchesterkonzert unter der Führung von Niels Gade am 5. Mai 1862 im *Casino Store Sal* genannt. Hier spielt sie das Violinkonzert a-Moll von Pierre Rode mit Orchesterbegleitung, von A. Möser die Fantasie über *Jægerbruden* für Violine mit Orchester und gemeinsam mit Alexander Dreyschock das Duo für Violine und Klavier über *Don Juan* von Henry Vieuxtemps und Edouard Wolff[226].

---

[225] Kopenhagen MM, FNP Kassette 2 / 10.
[226] Es handelt sich um das *Duo concertant sur des thèmes de „Don Juan"* von Henri Vieuxtemps und Edouard Wolff, Pianist.

Mehrere Auftritte im *Casino Mindre Sal* als Primaria im Streichquartett zeugen von der Vielseitigkeit Wilma Nerudas, die sie ja schon in der Wunderkinderzeit bewies. Zwar ist beim Quartettspiel ebenfalls eine vollendete Technik die Voraussetzung für einen glänzenden Vortrag, doch sind hier noch andere Vorzüge gefragt. Wie beim solistischen Spiel übernimmt die Primaria die Führung des Ensembles, muss sich aber gleichzeitig in die Gruppe einfügen und der Gemeinsamkeit unterordnen. Dieser Spagat gelang Wilma Neruda außerordentlich gut. Bereits Tage zuvor waren die Karten für das Konzert ausverkauft, und das Publikum wurde nicht enttäuscht: „Was nun die drei Geschwister Neruda und des Herrn königlicher Herr Kapelmusikus Holms Ausführung des erwähnten Quartetts angeht, da muss es als das Beste hervorgehoben werden, was man in diesem Genre hier gehört hat."[227] Speziell die *Canconetta* aus dem Streichquartett Nr. 1 Es-Dur op. 12 von Felix Mendelssohn Bartholdy rief durch den magischen Ton der Geigerin „jubelnden Enthusiasmus hervor".

Es zeigt sich wiederholt, dass die Geschwister keinen Anlass haben, den Weg in „das Athen des Nordens" zu bereuen. Besonders Wilma Neruda erobert alle Herzen im Sturm. Das Ausmaß der Begeisterungsstürme kennt keine Grenzen:

> Erik Bögh, der damals scherzhafteste Chronist, erzählt, dass die Enthusiasten sich geradezu dem Direktor des Volkstheaters, wo die Nerudas auftraten, zuwandten, mit der Bitte um die Erlaubnis, sich während der Vormittagsproben im Blumenstraußwerfen üben zu dürfen, um die nötige Wurffertigkeit bis zur Vorstellung zu erwerben, währenddessen der Musikdirektor C.C. Möller[228] zur gleichen Zeit eine sehr schwierige Stellung als Orchesterdirigent hatte, da er jeden Augenblick in Gefahr war, an den Kopf zu bekommen, was den Virtuosen zu Füssen geworfen werden sollte.[229]

---

[227] BT Nr. 98, 28.4.1862, „Hvad nu de 3 Sødskende Nerudas og Hr. kgl. Kapelmusikus Holms Udførelse af de nævnte Qvartetter angaaer, da maa den fremhæves som noget af det Bedste, man her har hørt i denne Genre."

[228] Carl Christian Møller: (1823-1893), Dirigent, Musikdirektor in Kopenhagen.

[229] Das Werfen von Blumensträußen gehörte seit Anfang des 19. Jahrhunderts zum Repertoire begeisterter Konzertbesucher. Skjerne S. 432: Franz Neruda: „Erik Bøgh, Datidens spøgefuldeste Kronikør, fortæller, at Enthusiasterne ligefrem henvendte sig til Direktøren for Folketeatret, hvor Nerudaerne optraadte, med Anmodning om Tilladelse til under Formiddagspøverne at øve sig i Buketkastning for at erhverve den fornødne ballistiske Færdighed til selve Forestillingerne, medens Musikdirektøren, C.C. Møller paa samme Tid havde en meget vanskelig Stilling som Orkesterdirigent, idet han hvert øjeblik var udsat for at faa i Hovedet, hvad der skulde kastes for Virtuosindens Fødder."

2.3 Organisation der Reisen

„Randers den 4. Februar 1863
Mein lieber Eduard! [...] Seit Freitag voriger Woche sind wir bald da bald dort. Wir spielten Freitag in Slagelse, Samstag in Odense (hatten von Korsör nach Nyborg eine höchst unangenehme Seereise) Montag und Dienstag geben wir Concert in Aarhus, und heute Abend spielen wir hier im Theater. Überall war es mehr als voll und mussten wir versprechen in 4 Wochen spätestens wieder in jeder Stadt einmal mindestens [zu] spielen. In mehrere kleine Städtchen bekommen wir Einladungen und gute Engagements, wir konnten aber keine mehr annehmen, denn wir haben in Bremen den 10. zugesagt.
Den 16. spielen wir in Utrecht, den 19. Haag etz.[sic!] – bis den 27. Amsterdam, und wollen nun später hierher kommen um nach Schweden zu reisen! – Ich vermuthe dass wir ungefähr früher als Mitte März dort sein werden, und Du kannst glauben dass ich mich nicht wenig darnach sehne, – und darauf freue. – Wir besuchen alle Südstädte und ich denke man kann auch wagen nach Jönköping zu gehen, das heißt, man darf vorher nicht annoncieren, sondern ohne dass Jemand was weiss ankommen, und dann erst Concerte arrangieren, ich glaube es kann gehen. – [...]
Morgen früh reisen wir per Eisenbahn nach Aarhus, schiffen uns gleich ein um nach Ronsör zu segeln, wo wir gegen Abend eintreffen. ¼ 8 geht die Bahn nach Kopenhagen, wo wir uns bis Samstag Abend aufhalten, um etwas auszuruhen. [230]

Während der gesamten Tournee konzertierten die Geschwister vom 4.10.1861 bis 18. Mai 1862 ununterbrochen und gaben nachweislich 93 bezahlte Konzerte, davon 34 allein in Stockholm und 20 in Kopenhagen. Außerdem spielten sie unzählige Male auf Benefizkonzerten[231], wie es von großen Künstlern im 19. Jahrhundert erwartet wurde. Die Beteiligung an Wohltätigkeitskonzerten war unerlässlich für das Image der Virtuosen und Teil der Werbung für eigene Konzerte.

Die Bewältigung so vieler Auftritte benötigte eine funktionierende Organisation. Wie damals üblich, hatten sich die Geschwister Empfehlungen für ihre potenziellen Spielstätten besorgt, und dank ihres großen Erfolges, der sich schnell herumsprach, fielen die Anfragen auf fruchtbaren Boden. Die Konzerttermine ergaben sich dann während der Tournee, wie ein Brief Franz Nerudas aus Christiania an Eduard d'Aubert beschreibt:

---

[230] Stockholm NYC: Brief Franz Neruda an Eduard d'Aubert, Randers 4.2.1863.
[231] Benefizkonzert in Kopenhagen 3.4.1862 / Benefizkonzert Stockholm vgl. Zitat 22.3.1862 / Benefiz in Norrköping zu Gunsten der Armen (Brief Franz Neruda an Eduard d'Aubert 17.6.1862).

> Überall habe ich schon hingeschrieben. In Jönköping spielen wir im Theater den 3ten. Von Cap. Södenberg bekam ich heute Antwort auf einen Brief den ich ihm schwedisch schrieb; er reist mit uns bis nach Wenneroborg [evtl. ist Vänersborg gemeint]. – Ich und meine Schwestern freuen sich sehr auf die Canalreise. Nach Stockholm kommen wir spätestens den 6. Juni. Das ist so berechnet dass wir 2mal in Jönköping, 1mal in Lindköping und 2mal in Norrköping spielen. Vielleicht kommen wir noch früher. Jedenfalls bekommst Du durch Telegramm zu wissen, welchen Tag und Zeit wir ankommen. […] Heute haben wir unser 6. Concert. Jedesmal ists ganz voll. Mina spielt heute Mendelssohn Concert. Sperati[232] ist ein tüchtiger Musiker und hat sich alle mögliche Mühe gegeben dass das Concert gut gehen soll.[233]

Zumeist gibt es einen Konzertorganisator, mit dem die Programme entweder vorab brieflich oder individuell vor Ort abgesprochen werden, wie beispielsweise mit dem Musikdirektor Jacob Axel Josephson in Uppsala:

> Ich wünsche jetzt sehr dass Sie wenn Sie zurück kommen Sie entweder bei mir oder zu einem anderen Zweck hier spielen – die ganze nächste Woche ist vom Amateur Theater besetzt. Dort biete ich vor den Studenten an und also taugt es für mich nicht vor dem 14. Himmelfahrt.
> Somit mein Vorschlag – Sie spielen am Himmelfahrtstage bei mir und geben selbst entweder Tag vorher oder nach eigenem Concert –. Alles im großen Saal. Dies ist jedenfalls für uns alle das beste – Ist's Ihnen wahrlich unmöglich diese Tage zu wählen, dann können Sie vielleicht Sonntag den 10. eigenes Concert geben dann aber wollen Sie den Tag darauf in ein Philharm. Concert spielen, wo man ein wohltätigen Zweck verbinden will. […]
> Wenn Sie bei mir spielen, will wohl Ihre Schwester das Gounodsche mit Orgel spielen und eine Romanze für Violine von mir? – Wollen Sie die eine mit obligaten Cello von Bach machen? – Und übrigens was Sie selbst zum Zusammenspiel wählen? – Können wir nicht in einem von den Concerten ein [Rordschu… er] oder so was mit [kultrierter?] Orchesterbegleitung machen? – Es kann sehr wohl gehen – Ich erwarte Ihren bestimmten gefassten Beschluß, den Sie mir bestähtigt mittheilen wollen – […] Viele Grüße an Ihre Schwestern und an Norman. Ihr ergebenster JA Josephson.[234]

Für den Erfolg eines Konzertes war es wichtig, auf die Wünsche der Konzertorganisatoren einzugehen, denn diese kannten die musikalischen Vorlieben des

---

[232] Paolo Sperati (1820-1884), italienischer Kapellmeister, blieb 1849 während einer Konzertreise in Christiania und wirkte dort als Kapellmeister am Theater.
[233] Stockholm NYC: Brief Franz Neruda an Eduard d'Aubert, Christiania 23.5.1862.
[234] Kopenhagen MM, FNP Kasse 1 / 2: Brief von Jacob Axel Josephson, Musikdirektor in Uppsala an Franz Neruda, Uppsala 29.4.1863.

Publikums. Beispielsweise bevorzugte das dänische Publikum Variationen und Arrangements aus Opernarien, Virtuosenstücke, mit denen brilliert wurde, und Bearbeitungen von dänischen Volksliedern.[235]

Ebenso wichtig war es, das Interesse des Publikums wach- und hochzuhalten. Das lernen die Geschwister schnell. So steigern sie die Aufmerksamkeit des Publikums, indem sie gezielt Geheimnisse über ihre Anwesenheit verbreiten: „Ich glaube dass wir nach dem 4. Jan. anfangen werden zu concertieren, und zwar erstens im Folketheater. – Es weiß es aber noch niemand dass wir spielen werden – denn es heißt blos dass wir zum Vergnügen hier sind."[236]

Ständig war das Trio auf seinen Tourneen bemüht, das Repertoire zu erweitern. Leider wurden sie in ihrem Enthusiasmus gebremst durch eine Entzündung im Arm von Ludvig Norman: „Schade dass Normans Arm nicht zulässt nach Herzenslust zu spielen, sonst würden wir gewiß 5-6 Trios des Abends spielen. – Mina hat noch neun Stücke auf dem Repertoire, ebenso ich."[237]

2.4 Lebensumstände während der Reisen

Obwohl die Geschwister viel unterwegs waren, ständig in verschiedenen Orten konzertierten, reichlich Gesellschaft genossen und Kontakte zu Verlegern wie Wilhelm Hansen, C.C. Lose sowie einflussreichen Konzertveranstaltern pflegten, sich auch sicherlich oft mit bekannten umherreisenden Virtuosen die Zeit vertrieben, kam doch häufig, gerade in kleineren Städten, Langeweile auf. Sie waren jung und sehnten sich nach Vergnügungen wie andere junge Leute auch. Franz schrieb seinem Freund Eduard d'Aubert aus Christiania: „Ich möchte als Musiker nicht in Christiania leben. Es ist in jeder Hinsicht langweilig hier; Seit vorgestern regnet es hier, also konnten wir hier auch keine Promenade machen."[238] Nicht nur Franz, auch Wilma versucht Langeweile mit Briefe Schreiben auszufüllen, wie aus Briefen von Franz an d'Aubert[239] zu entnehmen ist.

Auch die Sehnsucht nach Ludvig Norman, mit dem sie inzwischen liiert ist, macht es ihr sicher nicht leicht, ständig auf Reisen zu sein und von ihm getrennt leben zu müssen, zumal auch er ständig zu Konzerten verpflichtet ist. Ein Brief an Friederike Andrée beschreibt ihre Gefühle:

---

[235] Vgl. Schwab: Kopenhagen als Reiseziel, S. 152.
[236] Stockholm NYC: Brief Franz Neruda an Eduard d'Aubert, Copenhagen 28.12.1862.
[237] Stockholm NYC: Brief Franz Neruda an Eduard d'Aubert, Copenhagen 28.12.1862.
[238] Stockholm NYC: Brief Franz Neruda an Eduard d'Aubert, Christiania 23.5.1862.
[239] Vgl. Stockholm NYC: Brief Franz Neruda an Eduard d'Aubert, Upsala 21.4.1863.

Abb. 24 Wilma Neruda, ca. 1862, Fotografie

> Sie, liebe Friederike, die Sie das Glück haben Ihren Bräutigam täglich sehen zu können werden ermessen können die Freude – das Glück meinen Ludwig hier zu sehen – es waren schöne Tage – leider nur wenige Tage – aber ich bin doch dankbar für das kurze Glück welches mir dies Wiedersehen brachte – morgen reist er und ich bleibe mit betrübten Herzen zurück.[240]

Gerade die Weihnachtsfeiertage lassen recht getrübte Stimmung bei den Geschwistern aufkommen:

> An Weihnachten sind vorüber!
> Gott sei Dank! Denn diese Tage die man eigentlich bei den Seinen verbringen muß, sind selten aus [sic] der Fremde angenehm.

---

[240] Stockholm NYC: Brief Wilma Neruda an Fridrike Andrée, Götheburg 5.3.1862.

Doch hatten wir es bei Lose günstig und gemüthlich. [...] Visite haben wir auch gar nicht gemacht (außer bei Prinzessin Anna, die aber lieb wie früher ist) – daher auch noch wenig bekommen, außer Gade, Winding[241]

Die Reisen sind oft mit Misslichkeiten und Entbehrungen verbunden. Die Inseln können nur mit Schiffen erreicht werden. Oft fehlt es den Geschwistern an dem Nötigsten. Die Unterkünfte sind teils kläglich. Ein Zitat Franz Nerudas aus einem Brief an seinen Freund Eduard d'Aubert weist auf den Mangel von Wasser während der Tourneen hin: „– Du kannst Dir denken, wie das nun ist, da wir im Hause [in Brünn], so viele Monate wieder zugebracht und an viel Wasser gewöhnt sind."[242]

In den Provinzen finden die Konzerte teils in schlechten Sälen statt. Dort leiden nicht nur die ausübenden Musiker unter den schlechten Voraussetzungen, sondern auch die Zuhörenden sind damit unzufrieden. Doch die Geschwister verzaubern das Publikum mit Musik, die das unzureichende Ambiente vergessen lässt.[243]

Unannehmlichkeiten während der Reisen und teilweise Vereinsamung lösen aber auch immer wieder Freuden über angenehme Begegnungen ab. Ein vergnüglicher Silvesterabend bei dem Konzertveranstalter Lose zusammen mit vielen anderen Gästen, mit denen sie sich die Zeit angenehm vertreiben und heiter ins Neue Jahr hinüberfeiern können, lässt die unangenehmen Seiten des Reisens schnell wieder vergessen.[244]

Auch mit Schabernack wird die Zeit angenehm verbracht, wie aus einem Brief Franz Nerudas an Eduard d'Aubert zu entnehmen ist:

Wir werden wahrscheinlich 14-16 in Stockholm verweilen und schöne Landpartien machen. – so viel es Deine Zeit so wie Normans erlaubt. – Da ihr jeder eine Dame habt's, so glaub ich, muß ich mir auch eine nehmen. – denn sonst würde es mit der Parthie zu langweilig werden. – Indessen bekomme ich keine, so werd ich und wir alle so lustig sein, ja Unsinn wird getrieben. Wir werden die Kürze die wir zusammen sind genießen.[245]

---

[241] Stockholm NYC: Brief Franz Neruda an Eduard d'Aubert, Copenhagen 28.12.1862 (Heinrich August Winding (1835-1899), Pianist und Klavierpädagoge in Kopenhagen).
[242] Stockholm NYC: Franz Neruda an Eduard d'Aubert, Brünn 14.7.1863.
[243] Vgl. Stockholm NYC: Franz Neruda an Eduard d'Aubert Götheburg 4.3.1862.
[244] Vgl. Stockholm NYC: Brief Franz Neruda an Eduard d'Aubert, Copenhagen 1.1.1863.
[245] Stockholm NYC: Brief Franz Neruda an Eduard d'Aubert, Christiania 23.3.1862.

Abb. 25 Neruda Trio Franz, Marie und Wilma ca. 1862, Fotografie

Im Sommer pausierte im Norden in der Regel das Konzertleben. Beispielsweise fanden in Kopenhagen vier Monate lang keine Konzerte statt.[246] Diese Zeit verbringen die Geschwister in Brünn im Kreis der Familie, studieren neue Werke ein und erholen sich von den Strapazen der Reisen. Bis sich allmählich Langeweile einstellt,[247] aber dann kommt bald wieder die nächste Tournee.

---

[246] Vgl. Schwab: Kopenhagen als Reiseziel, S. 157.
[247] Vgl. Stockholm NYC: Brief Franz Neruda an Eduard d'Aubert, Brünn 14.7.1863.

3. FAMILIE UND KARRIERE. STOCKHOLM 1864-1869

3.1 Ehe, Kinder und Konzerte

Den Herbst 1863 verbringen die Geschwister zunächst in ihrer Heimatstadt Brünn und geben nochmals zusammen mit dem Vater eine Reihe Konzerte[248]. Dies werden die letzten gemeinsamen Konzerte der Musikerfamilie in der Quartettbesetzung[249] der frühen Reisejahre als Wunderkinder sein. Am 27.1.1864 heiratet Wilma Neruda Ludvig Norman und verlegt ihren Lebensmittelpunkt nach Stockholm.[250] Vorerst nennt sie sich nun Wilhelmine Norman. Durch ihre Vermählung und anschließende Übersiedlung nach Schweden wird sie nun inländisches Mitglied der Königlichen musikalischen Akademie Stockholms.

Mit der Trauung endet aber die Karriere Wilma Nerudas[251] nicht. Durch ihre zahlreichen Konzerte, die sie mit ihren Geschwistern in Stockholm gab, hatte sie schon längst die Herzen des schwedischen Publikums erobert und kann so bei ihren weiteren Auftritten darauf aufbauen.

Eine größere Konzertpause legt sie nur während ihrer ersten Schwangerschaft ein. Nach erfolgreichen Konzerten im Mai 1864 in Stockholm[252] verbringt sie den Sommer in Brünn. Bis zur Geburt ihres ersten Sohnes[253] Ludvig am 18. November des gleichen Jahres konzertiert sie vorerst nicht mehr.

Ab Februar 1865 steht sie aber wieder auf dem Podium und bezaubert ihr Publikum. Nun folgt eine Zeit, in der sie sehr viel konzertiert. Dies bedeutet aber auch zusätzliches umfangreiches Üben und Vorbereitungen für die Auftritte. Laut Gunhild Karle scheint etwas „Hektisches über ihrem musikalischen Handeln zu

---

[248] Vgl. Kyas: Rodina Nerudů, S. 233. Die Konzerte fanden am 22.11. / 29.11. und 6.12.1863 statt. Am 22.11.1863 standen auf dem Programm: Joseph Haydn: Quartett D-Dur op.6 Nr. 4 – Felix Mendelssohn Bartholdy: Quartett A-Dur op. 13, 1 – Ludwig van Beethoven: *Adelaide* eingerichtet für 2 Violinen und Violoncello von L. Maurer – A. Möser: *Freischütz-Fantasie* für Violine.

[249] Franz Neruda nimmt ein Engagement bei der Hofkapelle in Kopenhagen an; Marie Neruda folgt ihrer Schwester Wilma Neruda nach Stockholm.

[250] Warum die Hochzeit verschoben wurde, ist nicht bekannt. Die Trauung fand in Brünn in der Kirche des heiligen Thomas statt. Vgl. Kyas: Rodina Nerudů S. 233.

[251] Im Text wird sie weiterhin Wilma Neruda benannt.

[252] Vgl. Karle: Ludvig Norman, S. 150. Im Weiteren folge ich diesen Ausführungen.

[253] Franz Ludvig Eugène Norman-Neruda (1864-1898).

Abb. 26 Wilma Neruda mit Ludvig Norman-Neruda, 1865, Fotografie

liegen"²⁵⁴. Man kann den Eindruck bekommen, dass die Künstlerin die Konzertpause während der Schwangerschaft als „verlorene Möglichkeiten" empfand und versucht nun, diese wieder einzuholen?²⁵⁵

Während ihrer zweiten Schwangerschaft verringert Wilma Neruda diese Pause enorm. Wie Clara Schumann²⁵⁶ agiert die Geigerin nun bis zwei Monate vor der Geburt des Sohnes am 24. Mai²⁵⁷ nachweislich auf der Bühne. In mehreren Konzerten in Stockholm und Uppsala brilliert sie als Primaria im Streichquartett mit ihrer Schwester Marie Neruda, Eduard d'Aubert und Fritz Södermann: „Wie gewohnt verzauberte Wilhelmine Nerudas Geigenspiel die Zuhörer und es folgte stürmischer Applaus." Die Kritik für das Konzert am nächsten Tag lautet: „Am Sonntag gaben die berühmten Geiger noch ein Konzert. […] Die Leistungen der

---

²⁵⁴ Belegt sind die Konzerte in Stockholm am 7.2 / 19.2. / 25.2. / 4.3. und 16.3.1865. Vgl. Karle: Ludvig Norman S. 150 f.
²⁵⁵ Karle: Ludvig Norman, S. 150.
²⁵⁶ Vgl. Nancy B. Reich: *Clara Schumann. Romantik als Schicksal*, Reinbek bei Hamburg 1991, S. 158. Beispielsweise konzertierte Clara Schumann noch am 1.1.1846 in Leipzig, fünf Wochen vor der Geburt ihres Sohnes Emil (8.2.1846).
²⁵⁷ Felix Wilhelm Waldemar Norman-Neruda (1866-1907).

ausgezeichneten Künstler wurden auch hier mit lebhaftem Interesse beachtet. Eine von Wilhelmine Neruda gespielte Romanze[258] erweckte besondere Aufmerksamkeit."[259]

Diesen Konzerten folgen im gleichen Monat drei weitere für die Musikvereinigung in Kopenhagen.[260]

Nach der Geburt des zweiten Sohnes folgen wieder vermehrt Konzerte ins Ausland. Als Edvard Grieg im Herbst 1866 nach Kristiania übersiedelt, gibt er kurz darauf am 15. Oktober sein Debütkonzert, an dem auch Wilma Neruda teilnimmt. Hier begleitet er die Geigerin bei seiner ersten Violinsonate F-Dur op. 8 auf dem Klavier. Über seine Begeisterung vom Spiel Wilma Nerudas schreibt der Komponist an Gottfred Matthison-Hansen[261]: „Sie hätten hören sollen, wie Frau Norman die Violinsonate spielte! Ja, ich wußte kaum, was ich tun sollte, spielen oder es sein lassen, um ihr zuzuhören!"[262] Nicht zuletzt aufgrund dieser Begeisterung Edvard Griegs und des Riesenerfolgs des Konzertes, denn es trug mit dazu bei, dass er schnell in seiner Heimat Norwegen ein anerkannter Künstler wurde, trafen sich die Wege der beiden Künstler auch später immer wieder.

3.2 Unterrichtstätigkeiten

Über die Lehrtätigkeiten Wilma Nerudas können nur geringe Aussagen gemacht werden. Fest steht, dass sie von 1867-1870 an der *Kungliga Musikalska Akademien* Stockholm Dozentin für das Instrument Geige war. Die Tabelle zeigt die Namen der Schülerinnen und Schüler und gibt an, wie lange diese bei Wilma Neruda Unterricht hatten.

---

[258] Das Programm liegt nicht vor, daher ist nicht bekannt, um welche Romanze es sich handelt.

[259] Karle, Gunhild: Ludvig Norman, S. 156, zit. nach Tageszeitung Uppsala 5.3.1866.
„Wilhelmine Nerudas Violin elektrifierade som wangligt ålhörarne och framkallade stormande applåder." Vom nächstfolgenden Tag berichtete der Rezensent weiter: „I söndags gåfvo de berömda virtuoserna ännu en concert, [...] De utmärkta artisternas förtjenstfulla prestationer mottogos äfwen nu med det lifligaste intresse. En af Wilhelmina Neruda utförd romans wäckte i synnerhet stor sensation."

[260] Vgl. Brief Ludvig Norman an Johann Axel Josephson, Stockholm 22.2.1866; zit. nach Karle: Ludvig Norman, S. 153 f.

[261] Gottfred Matthison-Hansen (1832-1909), dänischer Komponist.

[262] Brief Edvard Grieg an Matthison-Hansen vom 12. Dezember 1866; zit. nach Benestad, Finn / Schjelderup-Ebbe, Dag: *Edvard Grieg. Mensch und Künstler*, Leipzig 1993, S. 90.

II. Eine reisende Geigenvirtuosin

Kungl. Musikaliska Akademien – Kungliga Musikalska Akademien[263]
Konservatorium für Höstterminen Stockholm

Name	Alter – Geburtsdatum	Geburtsort
1867 Extra ordinarie Lärare		
Frl. Agrell, Anna	1849-1880	Stockholm
Frl. Bergman, Ellen M.	1842-1921	Strengräs
Frl. Saxenberg, E. T.	1843-1898	Upsala
Frl. Sundelin, F. E.		unbekannt
Frl. Åberg, F. E.	21	Linköping
Hr. Decander, J. F.	19	Linköping
Hr. Edgren, A.	18	Lindesberg
Hr. Hagemeister, R.	1846-1916	Berlin
Hr. Hägg, Jacob Adolf	1850-1928	Wisby
1868 Tillför ordnate Lärare		
Frl. Agrell, A.	19	Stockholm
Frl. Bergman, E. M.	26	Strengräs
Frl. Hellgren, H. C.	18	Stockholm
Frl. Saxenberg, E. T.	25	Upsala
Frl. Westman, A. S.	1851*	Stockholm
Frl. Åberg, F. E.	22	Linköping
Hr. Decander, J. F.	20	Linköping
Hr. Edgren, A.	19	Lindesberg
Hr. Heintze, G. Wilhelm	1849-1895	Jönköping
Hr. Hägg, J. A.	18	Wisby

---

[263] Nyström, Pia / Elmquist, Anne Marie (Hg.): *Kungliga Musikaliska Akademien, Matrikel 1771-1995*, 2. verb. u. erw. Aufl., Stockholm 1996.

3. FAMILIE UND KARRIERE. STOCKHOLM 1864-1869

Name	Alter – Geburtsdatum	Geburtsort
1869		
Frl. Agrell, A.	20	Stockholm
Frl. Bergmann, E. M.	27	Strengnäs
Frl. Hellgren, H. C.	19	Stockholm
Frl. Pira, H.	22	Stockholm
Frl. Westman, A. S.	1851*	Stockholm
Frl. Wilskman, E. E. M.	17	Göteborg
Frl. Åberg, F. E.	23	Linköping
Frl. Åquist, J. född. Hjort.	1848*	Göteborg
Hr. Decander, J. F.	21	Linköping
Hr. Edgren, A.	20	Lindesberg
Hr. Heintze, G. W.	20	Jönköping
Hr. Hägg, J. A.	19	Wisby
Hr. Nilsson, C. G.	1849*	Skenninge
1870		
Frl. Agrell, A.		Stockholm
Frl. Pira, H..	1847*	Stockholm
Frl. Westman, A. S.	1851*	Stockholm
Frl. Åquist, J. född. Hjort.	1848*	Göteborg
Hr. Andersson, Richard	1851-1918	Stockholm
Hr. Heintze, G. W.	1849-1895	Jönköping
Hr. Nordstrand, M	1848*	Wexiö
Hr. Rehndahl, Claes	1848-1926	Wexiö

Von ihren Studentinnen und Studenten sind Richard Hagemeister[264] und Anna Agrell[265] hervorzuheben. Beide spielten im Musikleben Stockholms eine nicht geringe Rolle.[266]

Richard Hagemeister[267] wurde in Berlin geboren. Seine Familie siedelte nach Schweden über. Frühzeitig erhielt er Unterricht im Violinspiel von Fridolf Book, Konzertmeister der Königlichen Hofkapelle Stockholm und später von Wilma Neruda. Bereits mit 19 Jahren konnte er als zweiter Geiger in der Hofkapelle eine Stelle antreten. 1872 gab er seine Position dort auf und ging nach Berlin, wo er bei Joseph Joachim seine Studien auf der Violine vervollkommnete. Zwei Jahre darauf kehrte er nach Stockholm zurück und spielte nun als erster Geiger wiederum bei der Hofkapelle. 1879 wurde Richard Hagemeister eine Stelle an der Berliner Hofoper angeboten, wo er dann ab 1896 als Konzertmeister die Streichergruppe anführte. Von 1884 bis 1892 lehrte der Geiger am Scharwenka Konservatorium[268]. Richard Hagemeister war sechs Jahre Mitglied der Schwedischen Musikakademie. Er starb 1916 in Berlin.

Anna Agrell[269] war ein hoffnungsvolles Violintalent. Vier Jahre studierte die Geigerin bei Wilma Neruda an der Musikalischen Akademie in Stockholm. Sie machte sich vor allem als Kammermusikerin einen Namen. So gründete die Geigerin ein Streichquartett[270], das sie als Primaria leitete. In den 1870er Jahren errang Anna Agrell mit ihrem Klaviertrio gemeinsam mit Ellen Bergman (Violoncello) und Eugenie Caëson (Klavier) große Erfolge in Schweden. Leider endete ihre Karriere abrupt durch ihren frühzeitigen Tod. Sie zeichnete sich durch hohe Begabung aus, und Ludvig Norman erhoffte sich eine schwedische Wilma Neruda in ihr zu finden.

Eine weitere institutionelle Lehrtätigkeit führt Wilma Neruda am Sternschen Konservatorium in Berlin aus. Dort unterrichtet sie in den Jahren 1900 bis 1902 als Hauptfachlehrerin im Fach Violine. Vermutlich hatte Gustav Hollaender, der damalige Leiter, die Geigerin für die Lehranstalt gewinnen können.[271]

---

[264] Julius Richard Alwin Hagemeister (1846-1916), deutsch / schwedischer Geiger.
[265] Anna Agrell (1849-1880), schwedische Geigerin.
[266] Vgl. Karle: Ludvig Norman, S. 384-387 bzw. 205-207.
[267] Vgl. ebd. S. 384 f.
[268] Das Scharwenka Konservatorium Berlin wurde 1881 von Xaver Scharwenka gegründet.
[269] Vgl. Karle: Ludvig Norman, S. 205 f.
[270] Die Namen der Mitspielerinnen sind nicht bekannt.
[271] Den Hinweis und die Namen der Schülerinnen erhielt ich von Cordula Heymann-Wentzel. Zum Sternschen Konservatorium entsteht eine Dissertation von Cordula Heymann-Wentzel, UdK Berlin.

3. Familie und Karriere. Stockholm 1864-1869

Zu den Schülerinnen Wilma Nerudas zählen für das Schuljahr 1900/1901 Mauriel Carne aus Cornwall/England, Ida Grace Hyett aus London und Martha Teichmann aus Frankfurt a.M.

Im Schuljahr 1901/02 unterrichtet Wilma nur noch die Schülerin Eva Reynolds aus Cork in Irland. Diese scheidet im Laufe des Schuljahres aus.

Inwieweit Wilma Neruda privat unterrichtete, ist nicht bekannt. Eventuell stand einer regelmäßigen Lehrtätigkeit ihre hohe Anzahl an Konzerten entgegen. Als ein berühmter Privatschüler der Geigerin ist Leoš Janáček zu nennen.[272] Jedoch ist nicht bekannt, in welchem Umfang sie ihn unterrichtete.

Anzunehmen ist allerdings, dass Wilma Neruda einen sehr guten Ruf als Dozentin hatte. Nicht zuletzt aus diesem Grund sandte Martin Pierre Marsick[273] der Geigerin einen Brief, in dem er sie bittet, eine Schülerin von ihm zu übernehmen, um deren Talent zu fördern.

> Madame und berühmte Kollegin,
> Vor einigen Jahren, als ich einfacher Geiger im Orchester Pasdeloup und Schüler am Konservatorium war, hatte ich da Glück, Sie in den Concerts Populaires zu hören. Seit dem habe ich nie die große Geigerin vergessen, deren wunderbarer Klang, Stil und deren Technik ohnegleichen großen Eindruck auf mich gemacht haben. Heute komme ich, um von Ihrer Nachsicht für eine meiner Schülerinnen, Mademoiselle Maud Gates, den Gefallen zu erbitten, vor Ihnen zu spielen und von Ihnen den Rat zu erhalten, ihre künstlerische Ausbildung fortzuführen. Sie liebt ihre Kunst ernsthaft und besitzt heute ein ernsthaftes Talent, das immer größer werden würde, wenn sie von Ihnen einige Ratschläge erhalten könnte.
> Ich für meinen Teil wäre darüber sehr froh und bitte Sie, Madame und berühmte Kollegin, die Hommage meiner großen Bewunderung anzunehmen.[274]

---

[272] Vgl. Kyas: Rodina Nerudů, S. 237. In seiner Lebensbeschreibung äußert sich Janaček wie folgt: „In diesem Hause wohnte die Virtuosin Wilma Norman-Neruda, meine Lehrerin." [„V osamělém domě bydlila virtuoska Viléma Norman-Nerudová, moje učitelka."] Daraus kann gefolgert werden, dass Janaček der Schüler Wilma-Nerudas war. Bekannt ist, dass Janaček erst 1878 in Prag eine zusätzliche staatliche Prüfung für Geige ablegte, nach den Prüfungen im Gesang, Klavierspiel und auf der Orgel (1875/1876). Allerdings ist nicht erwiesen, dass er im Oktober 1877 die Gegenwart von Wilma Neruda in Brünn zur Vollendung seines Spiels auf der Geige ausnutzte und er zu der gefürchteten Prüfung auf der Geige erst ein Jahr später antrat.

[273] Martin Pierre Marsick (1847-1923), belgischer Geiger, Komponist und von 1892-1900 Professor am Konservatorium in Paris.

[274] Brief von M.P. Marsick an Wilma Neruda, o.O. u.D.:
„Madame et Illustre Collègue, Il y a quelques années alors que j'étais simple violon à

Diese Worte Marsicks lassen auf die hohe Anerkennung Wilma Nerudas als eine gute Lehrerin ihres Instrumentes schließen. Ob sie die Schülerin weiterhin unterrichtete, ist nicht bekannt. Einzelheiten über die Unterrichtstätigkeit Wilma Nerudas bedürfen noch der Erforschung.

3.3 Eheliche Kammermusikgemeinschaft[275]

In den gemeinsamen Konzerten mit ihren Geschwistern zeichnet sich Wilma Neruda nicht nur als brillante solistische Virtuosin, sondern auch als versierte Kammermusikerin aus. Auf ihren Erfahrungen aufbauend, gründet sie gemeinsam mit Ludvig Norman in Stockholm eine Konzertgesellschaft[276], um in Schweden kammermusikalische Werke bekannter zu machen. Kammermusik war in Stockholm Mitte des 19. Jahrhunderts noch wenig etabliert und wurde hauptsächlich von Musikern der Hofkapelle in Stockholm gespielt.

Die neu gegründete Kammermusikreihe bot drei Konzerte pro Saison an, die auch abonniert werden konnten. In allen Konzerten führte Wilma Neruda die Ensembles als Primaria an und gab meist auch eine Solosonate zum Besten.

Das erste Konzert findet am 7.2.1865 und wie alle übrigen im *De la Croix's salong* statt[277]. Auf dem Programm steht das Streichquintett B-Dur, op. 87 von Felix Mendelssohn Bartholdy und das Klaviertrio E-Dur von Joseph Haydn sowie eine Sonate für Violine von Johann Sebastian Bach, mit Klavierbegleitung arrangiert von Robert Schumann, und das Streichquartett F-Dur op. 59 von Ludwig van Beethoven. Unterstützt wird das Ehepaar von Marie Neruda und von Kollegen

---

l'orchestre Pasdeloup et élève au conservatoire, j'eus le bonheur de vous entendre aux concerts Populaires.

Je n'ai jamais oublié depuis la grande violoniste dont l'admirable sonorité, le style et le mécanisme sans pareils firent une profonde impression sur moi ; aujourd'hui je viens réclamer de votre indulgence la faveur pour une de mes élèves, Mademoiselle Maud Gates, de jouer devant vous et d'obtenir de vous de continuer encore son éducation artistique ! Elle aime sérieusement son art et possède aujourd'hui un talent sérieux qui ne fera que grandir si elle pourrait obtenir quelques conseils de vous.

J'en serais, pour ma part, très heureux et vous prie de recevoir Madame et illustre collègue l'hommage de ma grande admiration. M.P. Marsick, Professeur au conservatoire de Paris."

[275] Vgl. Karle: Ludvig Norman, S. 150.
[276] Vgl. ebd. S. 150 f.
[277] AB 17.1.1865 – vgl.: Karle: Ludvig Norman, S. 150.

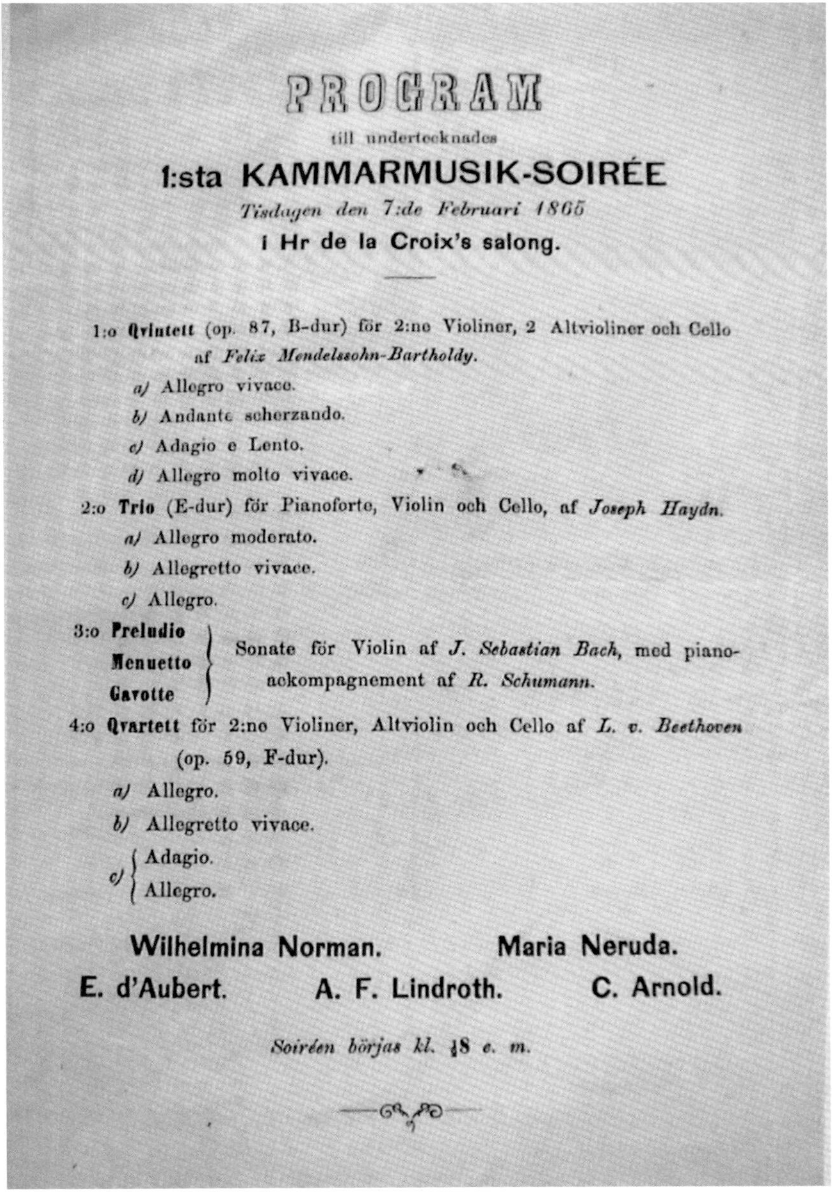

PROGRAM

till undertecknades

1:sta KAMMARMUSIK-SOIRÉE

Tisdagen den 7:de Februari 1865

i Hr de la Croix's salong.

1:o **Qvintett** (op. 87, B-dur) för 2:ne Violiner, 2 Altvioliner och Cello af *Felix Mendelssohn-Bartholdy*.
 a) Allegro vivace.
 b) Andante scherzando.
 c) Adagio e Lento.
 d) Allegro molto vivace.

2:o **Trio** (E-dur) för Pianoforte, Violin och Cello, af *Joseph Haydn*.
 a) Allegro moderato.
 b) Allegretto vivace.
 c) Allegro.

3:o **Preludio**
 Menuetto } Sonate för Violin af *J. Sebastian Bach*, med piano-
 Gavotte   ackompagnement af *R. Schumann*.

4:o **Qvartett** för 2:ne Violiner, Altviolin och Cello af *L. v. Beethoven*
 (op. 59, F-dur).
 a) Allegro.
 b) Allegretto vivace.
 c) { Adagio.
      { Allegro.

Wilhelmina Norman.   **Maria Neruda.**
E. d'Aubert.   **A. F. Lindroth.**   **C. Arnold.**

Soiréen börjas kl. ½8 e. m.

Abb. 27 Konzertprogramm Stockholm, Erste Kammermusiksoiree 7.2.1865

der Hofkapelle Stockholms, wie Eduard d'Aubert, Adolf Fredrik Lindroth[278] und Carl Arnold[279].

Beim dritten und letzten Konzert der Saison ist auch der König anwesend, was die Bedeutung dieser Kammermusikreihe unterstreicht. Wie Wilma Neruda das Publikum in diesen Kammerkonzerten begeistert, berichtet das *Aftonbladet*:

> Frau Norman spielte [...] mit genialer Auffassung und unter sorgfältigster Einhaltung der zahlreichen rhythmischen Finessen Präludium und Fuge (g-Moll) von Sebastian Bach und auch das bei der ersten Soiree präsentierte vortreffliche Quartett dieses Meisters. Frau Norman hatte die Freundlichkeit das letzte Stück nach dem eigentlichen Programm zu geben [...] und wurde nach ihrer ausgezeichneten Darbietung der Bachschen Komposition wieder hervorgerufen und mit reichlich Beifall für ihre auch im Übrigen sehr talentvollen Leistungen bedacht. Denjenigen, die diese interessanten Soireen besucht haben, wird sie sicher sehr lange in Erinnerung bleiben.[280]

Doch die frisch gegründete Kammermusikgemeinschaft muss bald ihre Konzertreihe aufgeben. Der Auftritt am 22. Februar 1866 war wahrscheinlich die letzte Musikveranstaltung dieser Reihe. Obwohl die Konzerte beim Publikum begeistert aufgenommen wurden, hatten die Musiker scheinbar zu wenig daran verdient. Höchstwahrscheinlich wurden die Programme von den Musikkritikern auch nicht entsprechend gewürdigt, wobei die Werke von Robert Schumann besonders schlechte Rezensionen erhielten.[281] Der Grund für das Ablehnen seiner Kompositionen könnte in den damaligen Musikzuständen Schwedens zu finden sein, über die ein schwedischer Korrespondent 1861 in der *Neuen Zeitschrift für Musik* schrieb:

---

[278] Adolf Fredrik Lindroth (1N824-1895), Geiger der Hofkapelle Stockholm.
[279] Carl Arnold, norwegischer Cellist der Hofkapelle Stockholm.
[280] AB 17.3.1865; zit. nach Karle: Ludvig Norman, S. 152: „Frau Norman spelade [...], meed genialisk uppfattning och med det omsorgsfullaste iaktagande af de talrika rytmiska finesserna, preludium och fuga (G-moll) af Sebastian Bach samt den vid första soirén förekommande förträffliga qvartetten af samme mästare, hvilket sednare stycke fru Norman hade den artigheten attgifva utöfver programmet. [...] Fru Wilhelmine Norman blef efter sitt ypperliga utförande af de Bachska kompositionerna, framropad, och rikligt bifall egnades äfven i öfrigt at de talangfulla prestationerna, hvaraf minnet säkert länge skall bibhalla sig hos dem som bivistat dessa intressanta soiréer."
[281] Brief Ludvig Norman an Jacob Axel Johannson, Stockholm 22.2.1866. Vgl. Karle: Ludvig Norman, S. 153.

3. Familie und Karriere. Stockholm 1864-1869

Sie haben mich aufgefordert, Ihnen einiges über die musikalischen Zustände unseres Landes zu berichten – es wird eben nicht viel Gutes sich finden lassen. Unsere Hauptstadt Stockholm zeichnet sich durch Ablehnung und Verwerfung alles Neuen aus, woher es nun komme; daß unter solchen Verhältnissen von innerer Entwicklung nicht die Rede sein kann, ist selbstverständlich.[282]

Dass unter solchen Umständen eine neu gegründete Kammermusikreihe Schwierigkeiten hatte, sich zu etablieren, ist gut vorstellbar. Mit der Auflösung dieser Kammermusikreihe endet auch die intensive Zusammenarbeit des Ehepaares Norman. Während Ludwig Norman sich wieder vermehrt in der von ihm 1860 gegründeten *Nya Harmoniska Sällskapet* einbringt und unter ihrer Schirmherrschaft in Stockholm eine neue Konzertreihe initiiert, konzertiert Wilma Neruda fortan solistisch. Was sie hierzu bewog, wir wissen es nicht.[283] Genügte ihr die Euphorie der Stockholmer nicht? Vermisste sie das internationale Publikum? Möglicherweise fühlte sie sich als hervorragende Geigerin diesem auch verpflichtet, und das schwedische Musikleben bot ihr nicht genügend Möglichkeiten, sich zu entfalten. Oder hatte sie wie Clara Schumann gar Angst, vergessen zu werden, wenn sie nicht in die Musikmetropolen zu Konzerten reiste?[284]

3.4 Beginn einer eigenständigen Karriere

Von frühster Kindheit an führt Wilma Neruda das unruhige Leben einer anerkannten Violinistin, die ihre Kunst in ganz Europa präsentiert, und genießt die damit verbundene internationale gesellschaftliche Anerkennung.

Obwohl Wilma Neruda künstlerisch weit über ihre Geschwister hinausragte, hat sie ihre Tourneen bis zur Vermählung fast immer im Familienverband durchgeführt. Von nun an tritt die Künstlerin eine Karriere als eigenständige Virtuosin an, nicht nur ohne ihre Geschwister, sondern auch ohne ihren Ehegatten.[285]

Vermutlich organisierte Wilma Neruda wie Clara Schumann ihre Tourneen selber. Nach vorher festgelegten Konzerten folgten, wenn diese mit Erfolg gekrönt

---

[282] NZfM Bd. 54, Nr. 20, 10.5.1861, S. 179.
[283] Im Folgenden beziehe ich mich auf die Ausführungen von Karle: Ludwig Norman – hier S. 160.
[284] Beatrix Borchard: Reisende Musikerinnen im 19. Jahrhundert, S. 199.
[285] Der Name Ludwig Normans erschien auf keinem der Programmzettel und wurde auch in den Zeitungen nicht erwähnt. Lt. Signale 27. Jg., Nr. 41, 24.6.1869, S. 651 befand sich Ludwig Norman einige Tage in Leipzig, als Wilma Neruda in Frankreich und England konzertierte. Beide Ehepartner trafen sich anschließend in Wiesbaden.

waren, weitere Konzerte. Diese wurden erst vor Ort vereinbart. Fand sich in der Provinz kein geeigneter Akkompagnist, so sorgte die Geigerin für einen guten Klavierbegleiter. Im folgenden Beispiel mangelte es in den Provinzen Dänemarks an einem solchen. Aus diesem Grund soll der Bruder Franz die Virtuosin dort auf dem Klavier begleiten. In einem Brief an den Kapellmeister der Dänischen Hofkapelle Holger Paulli[286] bittet sie den Dirigenten sogar, ihren Bruder, der dort als erster Cellist angestellt war, vom Dienst freizustellen.[287]

Nach einem Konzert Wilma Nerudas am 3. März 1866 in Uppsala folgen immer mehr Tourneen auch ins Ausland, wie beispielsweise die oben schon erwähnten Konzerte in Kopenhagen und im Herbst des gleichen Jahres in Kristiania.

Belegt ist eine längere ausländische Konzertreise, die, im November 1867 beginnend, sie als erstes nach Deutschland führt, wo sie u.a. am 28. November im Gewandhaus zu Leipzig mit großem Erfolg glänzt:

> In Frau Wilma Neruda-Norman begrüßten wir wieder einen stets willkommenen Gast und stimmten auch diesmal von ganzem Herzen in den begeisterten Beifall ein, welcher der reichbegabten Künstlerin für ihre meisterliche Wiedergabe des nicht

---

[286] Holger Simon Paulli (1810-1891), dänischer Komponist, Kapellmeister des *Könglichen Theaters* Kopenhagen.

[287] Brief Wilma Neruda an Kapellmeiser Holger Simon Paulli, Königliche Bibliothek Kopenhagen, Handschriftensammlung, Briefe (Brevbase) Sig. NKS 2449/ 2:
„Dienstag Vormittag
Geehrtester Kapellmeister,
Verzeihen Sie meine Dreistigkeit Sie mit einer großen Bitte zu belästigen. Ich hoffe aber mit [Gewissheit] daß Sie für mich die Freundlichkeit und große Liebenswürdigkeit haben werden, Sie zu erfüllen. Wir sollen Sonntag in Slagelsen, Montag in Aarhus und Mittwoch in Odensen spielen – in diesen Städten sind aber keine guten Accompagnaten und deshalb wäre es mir ganz unmöglich dahin zu reisen wenn Sie lieber Herr Kapellmeister unseren Bruder nicht für diese Tage von seinem Dienst befreien wollten. Ist eine Oper Dienstag so wird er zum Abend wieder im Theater sein. – Ich weiß dass ich viel von Ihnen Herr Kapellmeister erbitte – aber ich weiß auch daß Sie so freundlich und liebenswürdig sind um meine innige Bitte nicht zu erfüllen. Habe ich Ihre günstige Antwort und sollten Sie es wünschen, so wende ich mich auch an den Herrn Theaterintendanten [?] – Mit Ungeduld und Hoffnung einer freundlichen Antwort entgegensehend zeichne ich mit allergrößter Hochachtung ergebend Wilma Norman Neruda
Ich bitte aber um eine rechtbaldige Antwort denn noch heut muß es entschieden sein ob wir die Wünsche der drei kleinen Städte erfüllen können – von Ihnen Herr Kapellmeister hängt es jetzt ab! –"

3. FAMILIE UND KARRIERE. STOCKHOLM 1864-1869   107

uninteressanten Rode'schen Amoll Concertes und des Adagio und Rondo aus dem Edur-Concerte von Vieuxtemps zu Theil ward, und sich durch nicht enden wollenden Applaus kundgab. Ein großer edler Ton, lebensvoller Vortrag, eminente Sicherheit in Ueberwindung aller Schwierigkeiten und vor Allem ein Staccato von seltener Brillanz und Correktheit sind die großen Vorzüge dieser herrlichen Künstlerin, welche sie überall wo sie auftritt zur Siegerin machen müssen.[288]

Ihre persönliche Art zu spielen, wozu einerseits ihre brillante Technik, aber auch die Seele ihres Vortrages zählen, ließ sie schnell zu den weltberühmtesten Künstlerinnen und Künstlern gehören. Für eine Solistenkarriere war es von entscheidender Bedeutung, sich in der französischen Hauptstadt zu präsentieren.[289] Nachdem Wilma Neruda in Brünn[290] und Prag[291] erfolgreich konzertierte, reiste sie weiter nach Paris[292], denn:

> Frau Norman-Neruda hält, wie es leicht vorauszusehen war, einen förmlichen Triumphzug auf ihrer gegenwärtigen Kunstreise, und ihr magischer Bogen bezaubert förmlich die Zuhörer. In Paris hat diese eminente Künstlerin in drei Concerten Pasdeloup's[293] gespielt und einen unbeschreiblichen Enthusiasmus hervorgerufen. Sie ist der Stern der großen Gesellschaft und hat bereits beim Kaiser in den Tuilerien, sowie bei der Fürstin Metternich gespielt. Am 29. März tritt sie in dem Conservatoire-Concert auf.[294]

---

[288] Signale 25. Jg., Nr. 50, 29.11.1867, S. 974.
[289] Vgl. Haas, Fridhjof: *Hans von Bülow. Leben und Wirken*, Wilhelmshaven 2002, S. 48.
[290] Vgl. Kyas: Rodina Nerudů, S. 234f: Die Konzerte in Brünn fanden am 19. und 21.12.1867 und am 12.1. und 19.1.1868 statt.
[291] Vgl. NZfM Bd. 64, Nr. 8, 14.2.1868, S. 64.
[292] Vgl. NIT 27.3.1869, 3. Bd., Nr. 13, S. 97: Das Konzert in Paris im *Cirque de Napoléon* fand am 16.2.1868 statt.
NZfM Bd. 64, Jg. 35, Nr. 13, 20.3.1868, S. 110. Eines der von Wilma Neruda gespielten Pasdeloup-Konzerte in Paris fand am 26.3.1868 statt.
Der Artikel von Jaroslav Bužga und Martin Tegen in der MGG Bd. 9, Spalte 1379 f enthält eventuell einen Fehler, denn nach meinen Erkenntnissen feierte Wilma Neruda nicht 1864 ihre großen Triumphe in Paris, sondern erst 1868.
[293] Jules Pasdeloup (1819-1887), französischer Dirigent. Er gründete 1861 mit einem eigenen Orchester die *Concerts Populaires*. Die Konzertdaten sind: 23.2. / 1.3.1868.
[294] Signale 26. Jg., Nr. 21, 27.3.1868, S. 385. Außerdem reiste die Künstlerin in der vorigen Woche nach Holland und gab dort sechs Konzerte in Amsterdam, Utrecht, Haag, Rotterdam und Dortrecht. Lt. Signale 26. Jg., Nr. 20, 20.3.1868, S. 345 berichteten die Amsterdamer voller Begeisterung: „Diese talentvolle Künstlerin hat eine Höhe erreicht, wie es Wenigen vergönnt ist, und sie kann sich ruhig den ersten Geigern der Gegenwart zur Seite stellen."

Die Konzerte Wilma Nerudas vor Kaiser Napoléon III.[295] in den Tuilerien sowie bei der Fürstin Metternich zeugen von ihrer internationalen Anerkennung als Künstlerin und ihrer damit verbundenen gesellschaftlichen Stellung. Sie hat einen ersten Höhepunkt in ihrer Virtuosinnenlaufbahn erreicht. Nun präsentiert sie sich vor einem riesigen Publikum, ein Schritt, wie sie ihn sich sicher immer erträumt hatte. Über ihr erstes Pasdeloup-Konzert schreibt der Rezensent der schwedischen Zeitung *Illusterad Tidning*:

> Zum ersten Mal spielte sie vor einem Publikum, das ‚The million' repräsentierte. Ihre Erfolge gaben ihr den Mut und auch das nötige Selbstbewusstsein das bekannte Mendelssohn Konzert zu spielen, obwohl der große Joachim, der Violinkönig, kurz davor das Stück dort ebenfalls mit sehr viel Beifall gespielt hatte. Welch glänzenden Ruhm sie errang, bewiesen die Kritiken der Franzosen, die mehr als hervorragend waren.[296]

Und wie hervorragend sie waren, können wir aus der *Revue et Gazette musicale* erfahren:

> Madame Neruda hat ein Spiel von einwandfreier Genauigkeit und großer Eleganz; ihr Stil ist rein und frei von diesen mehr oder weniger fantasievollen Verzierungen, die ein schönes Talent eher verderben. Die zarten Klänge des Andante erhalten unter ihren Fingern einen eindringlichen, fast jungfräulichen Charme. Die Feinheiten des Finales werden in einem geschickten Bogen aufgefächert, der dieses Motiv auf eine lebhafte Ungezwungenheit mit einer ganz weiblichen Anmut zurückführt. Schließlich verleiht etwas zugleich Ernstes und Zartes in ihrer Art zu phrasieren dem bemerkenswerten Talent dieser Künstlerin eine ganz persönliche Originalität.[297]

---

[295] Napoléon III (1808-1873), französischer Kaiser von 1852-1870.

[296] NIT 27.3.1869, Bd. 3, Nr. 13, S. 97 „För första gångon måhända inför en publik, som sannskyldigt representerar the million. Med en djerfhet, som af framgången bevisades hafva varit blott råttmätig sjelfkänsla, valde hon till ämne Mendelssohns allbekanta konsert, hvari Joachim, violinkungen, nyss förut låtit parisarne applådera sig. Den franska kritikens entusiastiska lofoffer bevisa imellertid att vågstycket adlades till lysande seger."

[297] RGM Paris 35. Jg., Nr. 8, 23.2.1868, S. 59-60 „Mme. Neruda a un jeu d'une irréprochable justesse et d'une grande élégance; le style en est pur et exempt de ces ornementations plus au moins fantaisistes qui gâtent plus d'un beau talent. Les phrases tendres de l'andante sont de celles qui, sous ses doigts, prennent un charme pénétrant, presque virginal. Les finesses du finale sont détaillées d'un archet habile, ramenant ce motif à la désinvolture vive avec une grâce toute féminine. Enfin, un je ne sais quoi de sérieux et de chaste en même temps, dans la manière de phraser, donne au talent remarquable de cette artiste une originalité toute personnelle. Le succès qu'elle a obtenu au premier concert a décidé M. Pasdeloup à la faire entendre de nouveau aujourd'hui."

3. Familie und Karriere. Stockholm 1864-1869

Aufgrund ihres sensationellen Erfolges hat Pasdeloup sie für zwei weitere Konzerte engagiert.

Ermutigt durch ihren großen Erfolg, organisiert Wilma Neruda, wie der damals schon berühmte Anton Rubinstein[298], ein eigenes Konzert. Dies bedeutete ein viel größeres Wagnis, da sie das finanzielle Risiko dabei allein trug. Das Konzert findet am 26. März im vornehmen *Salle des concerts de la rue de la Victoire* des Henri Herz[299] statt, wo sich das begüterte Bildungsbürgertum von Paris regelmäßig zu Musikdarbietungen traf.[300]

Nach einem folgenden Auftritt am 29. März im *Conservatoire-Concert*[301] reist die Virtuosin in die Provinzen Frankreichs, ehe sie über Kopenhagen nach Schweden zurückkehrt.

Über das unstete Reiseleben der Geigerin berichtet ein Brief ihres Vaters an Franz Neruda:

> Beyligenden Brief bitte ich an die Minerle[302] abzuschicken. Ich hätte den Brief selbst an sie gesendet da ich aber nicht weiß ob sie noch in Stockholm, oder wirklich schon irgend auf der Reise begriffen ist, so habe ich den Brief an Dich gesendet mit der Hoffnung dass Du vielleicht unterrichtet bist wo der Brief die Minerle antreffen könnte.[303]

Selbst die nächsten Angehörigen waren über ihren Aufenthalt nicht immer informiert. Kurzfristig organisierte und angenommene Konzertreisen zeugen von der Professionalität Wilma Nerudas und ihrem unruhigen Virtuosinnenleben.

Nach einer von ihr organisierten Kammermusikreihe[304] im *De la Croix's salong* in Stockholm mit der Schwester Marie, Eduard d'Aubert und August Meissner im Winter 1868/69 unternimmt sie eine Tournee ins Ausland, die schicksalbestimmend für ihr weiteres Leben werden sollte.

---

[298] Vgl. Signale 26. Jg., Nr. 19, 12.3.1868, S. 321. Anton Rubinstein weilte zur gleichen Zeit in Paris und spielte am 19. März 1868 ein Konzert im Herz Saal.
[299] Henri Herz (1803-1888), österreichisch-französischer Pianist, Komponist.
[300] Vgl. Signale 26. Jg., Nr. 21, 27.3.1868, S. 385.
[301] Vgl. ebd.
[302] Minerle – Kosename des Vaters für Wilhelmine.
[303] Kopenhagen MM, FNP Kassette 1 / 2: Brief Josef Neruda an Franz Neruda, Brünn 24.10.1868.
[304] Vgl. Stockholm MM, Nachlass Wilma Neruda, Sammlung Programmzettel: Die Konzerte fanden am 28.11.1868 / 17.12.1868 / 9.1.1869 statt.

> Die Musikfreunde in Stockholm werden wieder einige Zeit ohne ihren erklärten Liebling [Frau Norman] auskommen müssen. Aber jetzt wie auch früher schenkt sie selbst der Sehnsucht den besten Trost, indem sie, wohin sie auch fährt, neue Lorbeeren erntet und die Kunde, dass nun ein größerer Kreis dieselbe Verzückung erleben darf, die sie bei uns geweckt hat, vollauf die guten Wünsche bekräftigt, die sie von hier aus begleitet haben.[305]

4. AUFBAU EINES PROFILS. ENGLAND 1869-1900

4.1 Ständig unterwegs

> Madame Norman-Neruda, is a violinist of such extraordinary talent as to require no qualification in our remarks on account of her sex. An Adagio and showy Rondo, from Vieuxtemps' Concerto in E, were admirably suited to display both her tone and execution to the utmost advantage; and rarely indeed have we heard a more exquisite performance, or witnessed a more genuine success. The audience seemed never tired of applauding her.[306]

20 Jahre waren vergangen, seit Wilma Neruda als Wunderkind im Juni 1849 in der *Philharmonic Society* in London ihr Debüt feierte. In Erinnerung an ihre früheren Erfolge als Wunderkind, wurde sie in der Ankündigung und auf den Programmzetteln „Wilhelmine Norman-Neruda"[307] genannt. Unter diesem Namen trat sie von nun an weiterhin auf. Doch wie verlief der Weg dorthin?

Von Stockholm geht die Tournee im Januar 1869 nach Kopenhagen, wo sie in zwei Konzerten spielt[308]. Nach weiteren Stationen in Frankfurt[309] und Köln[310] fährt

---

[305] NIT 27.3.1869, Bd. 3, Nr. 13, S. 97: „Ånyo nödgas det musikalska Stockholm för en tid umbära sin förklarade gunstling, men nu som förr skänker hon saknaden den bästa tröst, en könstnär kan gifva, då hon, hvarthän hon far, skär nya lagrar, och låter oss förnimma huru en vidsträcktare krets erfar samma hänföreise, som hon här har väckt, samt huru omständigheterna i fallasto mått bekräfta de välönskningar, som ledsagat henne härifrån."
[306] MT 14. Jg., Nr. 316, 1. Juni 1869, S. 110. Zitat über das Konzert am 17.5.1869.
[307] Im Text wird sie weiterhin Wilma Neruda genannt.
[308] Vgl. Signale 27. Jg., Nr. 11, 1869, S. 154 und Nr. 12, S. 184. Am 14.1. und 20.1.1869 fanden in Kopenhagen Konzerte statt.
[309] Vgl. Signale 27. Jg., Nr. 17, 15.2.1869, S. 265. Wilma Neruda spielte im achten Museumskonzert in Frankfurt das Violinkonzert von Mendelssohn Bartholdy und eine Sonate von Rust.
[310] Vgl. Signale 27. Jg., Nr. 16, 1869, S. 247. Wilma Neruda spielte im Gürzenich-Konzert in Köln am 26.1.1869 das Violinkonzert Nr. 7 a-Moll op. 9 von Pierre Rode.

4. Aufbau eines Profils. England 1869-1900

die Geigerin im Februar weiter nach Paris[311]. Dort tritt Wilma Neruda mehrere Male mit großem Erfolg in den Pasdeloup-Konzerten auf und spielt u.a. das Violinkonzert e-Moll op. 64 von Mendelssohn Bartholdy und die *Fantaisie-Caprice* op. 11 von Henri Vieuxtemps. Wie im Jahr zuvor rufen ihre Auftritte abermals großen Jubel hervor. Nach erfolgreichen Konzerten in Bordeaux und Brüssel[312] reist sie weiter nach London. Am 17. Mai 1869 feiert die Virtuosin in der *Philharmonic Society*[313] ihren wohl bisher größten Triumph.

Die 1813 gegründete *Royal Philharmonic Society*[314] nahm die führende Rolle bei der Organisation von Konzerten im Musikleben Londons ein. Namhafte Musiker wie Louis Spohr[315], Felix Mendelssohn Bartholdy und Hector Berlioz[316] trugen schon früh zum Ruhm der Gesellschaft bei. Ziel der Philharmonischen Gesellschaft war es, die großen Orchesterwerke bedeutender Komponisten in England bekannt zu machen. Die englische Aufführung von Beethovens neunter Sinfonie im Jahre 1825, die von der Gesellschaft in Auftrag gegeben wurde, war ein Markstein in der Geschichte der Society. Das Orchester bestand aus einem Stamm fest angestellter Musiker. Zu den Konzerten kamen Instrumentalisten aus dem Opernhaus und Theaterorchestern hinzu. Bis 1897 veranstaltete die Gesellschaft zwischen Mitte Februar und Juni acht Konzerte. Von 1833 bis 1869 fanden die Konzerte im *Hanover Square Room* statt. Dieser Saal bot 800 Personen Platz. Danach wechselte der Austragungsort in die *St James's Hall*, die Raum für über 2000 Personen bot.[317] Seit Mitte des 19. Jahrhunderts konzertierten hier berühmte künstlerische Größen wie Clara Schumann, Charles Hallé, Henryk Wieniawski[318], Hans von Bülow, Alfredo Piatti, Anton Rubinstein, Joseph Joachim und Johannes Brahms. Nun erscheint der Name Wilma Norman-Neruda im gleichen Atemzug mit diesen hervorragenden Virtuosen.

---

[311] Vgl. Signale 27. Jg., Nr. 16, 1869, S. 247; Nr. 18, S. 281; Nr. 20, S. 313.
[312] Vgl. Signale 27. Jg., Nr. 30, 8.4.1869, S. 474. Frau Neruda-Norman errang große Erfolge in Bordeaux und Brüssel.
[313] Vgl. Times Nr. 26/440, 18.5.1869, S. 9. Vgl. auch Programmzettel *Philharmonic Society*.
[314] *Philharmonic Society:* Die Ausführungen orientieren sich an: Temperley, Nicholas: Artikel „London VI. Das 19. Jahrhundert", in: MGG, Bd. 8, Kassel 1960, Spalte 1158-1169.
[315] Louis Spohr (1784-1858), deutscher Geiger, Komponist.
[316] Hector Berlioz (1803-1869), französischer Komponist.
[317] Vgl. Ehrlich: First Philharmonic, S. 111.
[318] Henryk Wieniawski (1835-1888), polnischer Geiger, Komponist.

Für aufstrebende Künstler war es empfehlenswert, ihr Debüt in London stets in der *Philharmonic Society* zu beginnen. Dies riet auch Stanley Lucas[319] 1873 dem Agenten von Hans von Bülow:

> I should strongly advise Bülow not playing anywhere until he has made his debut at the Philharmonic Society … the first season in London of any artist, however great, is uphill work, and a successful appearance at Philharmonic makes every after engagement easier.[320]

Auch Wilma Neruda befolgt diese Strategie. Durch die führende Rolle der Society im Londoner Musikleben besteht für sie die Chance, hier die größte Aufmerksamkeit der anwesenden Musiker und Konzertagenten auf sich zu lenken: „Her performance at the Philharmonic Concert took a brilliant audience by storm. Joachim, Hallé and Vieuxtemps pronounce Madame Norman Neruda a violinist of the very highest order."[321]

Nach dem sensationellen Auftakt folgen weitere Konzerte mit etablierten Künstlern, wie u.a. Charles Hallé[322], Henri Vieuxtemps und Anton Rubinstein[323] in London. Beispielsweise geben Wilma Neruda und Vieuxtemps gemeinsame Konzerte zusammen mit Charles Hallé und Alfredo Piatti.[324] Die Zeitschrift *Signale für die musikalische Welt* hebt das Konzert dieser Künstler am 14.6.1869 besonders positiv aus der „*Unmasse der Concerte*", die in der letzten Zeit in London gegeben wurden, hervor.[325]

Nach Konzerten im Landesinneren[326] reist Wilma Neruda zunächst über Deutschland zurück nach Schweden. Dort verbringt sie einen erholsamen Sommer in ihrem Ferienhaus in Saltsjöbaden.[327] Im Herbst 1869 kehrt sie schließlich nach

---

[319] Stanley Lucas (1834-1903), Cellist, Sekretär der *Philharmonic Society*.
[320] zit. nach: Ehrlich: First Philharmonic. S. 113.
[321] Times Nr. 26/565, 11.10.1869, S. 1. Weiterhin war in der *Times* zu lesen: „Madame Norman Neruda. – This elegant and accomplished artist – known, flattered, and admired in Germany and in Paris – has (during the past season in London) burst upon the critics and amateurs and filled them with a perfect passion of wonder an delight."
[322] Vgl. Times Nr. 26/442, 20.5.1869, S. 1. Das Konzert fand am 22.5.1869 statt.
[323] Vgl. MS 254. Bd., 12.6.1869, S. 283 / 284. Das Konzert fand am 27.5.1869 statt.
[324] Vgl. Signale 27. Jg., Nr. 41, 24.6.1869, S. 648.
[325] Vgl. Signale 27. Jg., Nr. 42, 1.7.1869, S. 661.
[326] Vgl. Signale 27. Jg., Nr. 41, 24.6.1869, S. 648. Konzerte mit Charles Hallé in Manchester und Edinburgh.
[327] Vgl. Signale 27. Jg., Nr. 38, 3.6.1869, S. 599. Lt. SMT 16. Jg., Nr. 11, 1.6.1896 besaß Wilma Neruda ein Landhaus in Saltsjöbaden.

4. Aufbau eines Profils. England 1869-1900

England zurück, um ihre Karriere dort fortzusetzen und spätestens ab Herbst 1871 in London zu wohnen.

Warum wählt Wilma Neruda gerade London als ihre zweite Heimat? Zum einen konnte sie dort an ihre großen Erfolge anknüpfen. Möglicherweise erhielt sie schon vor ihrer Abreise nach Schweden mehrere lukrative Konzertangebote in England. Die schwedische Musikzeitung wendet diesen Aspekt ins musikpolitische und umschreibt die möglichen Gründe für Wilma Nerudas Entschluss folgendermaßen:

> Genau so wie die Kunst kosmopolitisch ist, verhält es sich auch mit den großen Künstlern, und das ist nur natürlich. Sie wollen sich stets weiter entwickeln und ihren Horizont erweitern. So fühlt sich ein großer Künstler nicht wohl, wenn es zu eng wird. Er braucht die große weite Welt, um sich zu bewegen und frei atmen zu können. Große Künstler fühlen sich daher von den Welthauptstädten angezogen: der Bildhauer geht nach Rom, der Maler nach Paris und der Musiker nach London. […] Der Musiker hat das Bedürfnis viel Musik zu hören und braucht die Gelegenheit daran teil zu nehmen. Das alles kann nur eine Großstadt bieten. Das Talent versucht immer bekannter zu werden und es ist gut so, denn dadurch haben viel mehr Menschen die Möglichkeit diese Kunst und Musik zu genießen.[328]

Und London bot diese Möglichkeiten. Hier gab es ein florierendes Musikleben. Seit Jahren wurden die berühmtesten Komponisten und Interpreten auf die Insel eingeladen. Beispielsweise feierte Joseph Haydn mit seinen Sinfonien und Oratorien hier Triumphe, und auch Komponisten wie Louis Spohr, Richard Wagner und Giacomo Meyerbeer dirigierten in der Mitte des 19. Jahrhunderts ihre Werke in der Musikmetropole.[329] Daneben war London Sammelpunkt vieler berühmter Interpreten des deutschen Sprachraums. So wurde diese Stadt u.a.

---

[328] SMT 11. Jg., Nr. 18, 15.11.1891, S. 137: „Likasom konsten är kosmopolitisk, så är förhållandet vanligen också med de stora konstnärerna, och det är naturligt nog. Det gudaborna konstanlaget sträfvar till allt högre utveckling, och talangen känner ett oafvisligt behof att vidga sitt verksamhetsfält; en första rangens konstnär trifves ej inom tranga gränser, den behöfver stora vida verlden att röra sig uti för att andas fritt. Verldshufvudstäderna attrahera derför nästan med kraften af en naturlag konstens idkare: bildhuggaren drages till Rom, malaren till Paris och ton konstnären till London. […] Tonkonstnären behöfver höra mycken musik och få tillfälle att deltaga deri; detta kan endast en storstad erbjuda. Och det är väl att talangen söker göra sig känd vida ikring, ty derigenom komma så många fler att få del af den hoga njutning, som den är mäktig att skänka."

[329] Vgl. Haas: Hans von Bülow, S. 77.

für Joseph Joachim zur zweiten Heimat, und auch Clara Schumann konzertierte regelmäßig dort.

In England lag die Musikorganisation in den Händen professioneller Konzertagenturen[330]. Ein solcher Agent, Arthur Chappell[331], der mit seinem Bruder einen Musikverlag besaß, wurde der Manager von Wilma Neruda. Die Organisation der Konzerte abzugeben, brachte auch Bequemlichkeiten, denn so konnte sie sich unbeschwerter auf ihre künstlerische Arbeit konzentrieren. Zunächst unternimmt sie mit Charles Hallé, dem Gründer des Hallé-Orchesters in Manchester, eine umfassende Konzerttournee in die Provinzen Englands. Seit 1850 veranstaltete Charles Hallé erstmalig einen neuen Konzerttyp – den Klavierabend. Im Laufe der Jahre machte Hallé mit dieser Konzertreihe das Publikum bekannt mit Klavierkompositionen von Johann Sebastian Bach, Joseph Haydn, Felix Mendelssohn Bartholdy, Frédéric Chopin, Franz Schubert und Ludwig van Beethoven, die bis dahin wenig erklangen. Schließlich aber integrierte er ab 1869 immer mehr Kammermusik in verschiedenen Besetzungen in seine Programme.[332] Diese Art Kammermusikrecitals führte er gemeinsam mit Wilma Neruda in den Provinzen Englands durch. Vermutlich gab es eine gegenseitige Absprache der Programme. Die Enge des Zeitplanes der Konzerttermine ist belegt durch Ankündigungen in der *Times*.[333] Insgesamt brillierte Wilma Neruda in der Saison 1869/70 in England mindestens 106 Mal auf der Konzertbühne.[334]

Ein Brief Wilma Nerudas an ihren Bruder Franz Neruda schildert ihr arbeitsreiches Leben:

> Geliebter guter Franz,
> Du bist mir wohl böse dass ich Dir gar keine Nachricht von mir gebe. Aber das ist wirklich nicht so leicht – denn ich reise und spiele jeden Tag. Ich habe den 15. Sep.

---

[330] Vgl. Reich: Clara Schumann, S. 391.
[331] William Chappell (1809-1888), leitete den Londoner Musikverlag Chappell & Co. Vgl. Haas: Hans von Bülow, S. 89. Arthur Chappell (1834-1904), leitete die populären Montags- und Samstagskonzerte.
[332] Vgl. Kersting: Carl Halle, S. 29.
[333] Vgl. Times Nr. 26/565, 11.10.1969, S. 1: 15.10.69 Exeter, 16.10.69 Torquay, 18.10.69 Plymouth, 21.10.69 Salisbury, 22.10.69 Portsmouth, 23.10.69 Brighton.
Vgl. Times Nr. 26/572, 18.10.1869, S. 1: 25.10.69 Shaftsbury, 26.10.69 Worcester, 1.11.69 Nottingham, 2.11.1869 Derby, 3.11.69 Leamington, 5.11.69 Hereford, 6.11.69 Chettenham, 8.11.1869 London.
Vgl. Times Nr. 26/589, 8.11.1869, S. 1: 9.11.1869 Brighton Konzert, 10.11.1869 Cambridge, 12.11.1869 Oxford, 13.11.1869 Bath, 15.11.1869 London.
[334] Vgl. NZfM 37. Jg., Bd. 66, Teil II, 25.11.1870, S. 440.

angefangen und bisher 14 Concerte gespielt, heute das 15te. Drei Concerte davon waren mit Orchester und heute spielen wir die Kreutzer-Sonate[335] zum zwölften Male. Diese Art zu Reisen und zu spielen ist wie Du leicht denken kannst, sehr anstrengend, nerfen thötend. Ich finde aber dass wenn man so jeden Tag spielt es noch weniger anstrengt als dazwischen einige freie Tage zu haben. Bis jetzt hatte ich 3 Sonntage und einen Sonnabend frei und nachdem ich die beiden freien Tage hatte war ich viel mehr müde wieder zu spielen als wenn ich jeden Tag spielte. Jetzt werde ich die Sonntage und mehrere Donnerstage frei haben. Montag spiele ich zum ersten mal in den Monday Popular Concerts. Wir spielen D dur Quartett von Mendelssohn, ich mit Pauer[336] eine Sonate für Piano und Violine von Mozart und ein D moll Quartett von Haydn [...] Dazwischen sind Gesänge. Mit meinem Arm geht es Gott Lob! recht gut, ich muß nur sehr vorsichtig sein, ich darf nicht im Bett ohne in meine Filzdecke gehüllt zu sein, liegen, und vor Zug etz. mich hüten.

Jenny[337] sehnt sich sehr nach Hause aber es intereßirt sie doch dieses Leben. Wir machen nur kleine Reisen jeden Tag 2-3 Stunden, heut nur eine halbe. Es ist alles sehr gut eingerichtet damit es so bequem wie möglich geht. Denke nur Franz daß ich bereits 7000 frs[338] rein verdient habe, und mehr, da ich von den Concerten mit Orchester noch bekomme – und Reise und Hotels frei habe. Ich bin so glücklich daß diese Reise doch ein solches Resultat haben wird – wenn mir Gott und Kraft dazu verhilft die Anstrengungen auszuhalten. – [...] Schreib Du mir gleich. Sei herzlich gegrüßt von Deiner treuen Schwester Wilhelmine[339]

Wilma Neruda hatte sich durch diese sehr erfolgreiche Tournee fest im Musikleben Englands etabliert. Joseph Joachim beschreibt die Geigerin in einem Brief an seine Frau. Er ist voll des Lobes, vergisst aber bezeichnenderweise nicht, den finanziellen Aspekt von Wilma Nerudas Erfolg zu erwähnen:

---

[335] Ludwig van Beethoven: Sonate für Klavier und Violine A-Dur op. 47.
[336] Ernst Pauer (1826-1905), deutscher Pianist, Komponist.
[337] Jenny – Eugenie Neruda.
[338] 7000 frs [Francs] entsprechen ca. 280 Pfund nach: Jürgen Schneider/ Oskar Schwarzer/ Friedrich Zellfelder (Hg.): Währungen der Welt I, Europäische und nordamerikanische Devisenkurse 1777-1914, Teilband III, Stuttgart 1991. Zum Vergleich: Julius Benedict (1804-1885) der damalige Musikdirektor der *Liverpool Philharmonic Society* und Leiter der Monday Pops Concerts in Liverpool ein Jahresgehalt von 200 Pfund. Vgl. Fifield: Max Bruch, S. 171.
[339] Kopenhagen MM, FNP, Kassette 1/ 3. Absender: Burwood Plan, Hyde Park, Derby, 2 Nov. 1869. Aufgrund ihres unruhigen Lebens besaß Wilma Neruda in London vorerst keinen festen Wohnsitz und ihre Post ging daher an ihren Manager. Mr. A. Chappell; 50, New Bond Street, London.

In Manchester wohnte ich bei Hallé. Zum Concert kam Frau Norman Neruda, die mir sehr gut gefällt, und ich glaube, auch Dir recht sein würde. Sie spielt wirklich am meisten nach meinem Sinn von allen Kollegen, unverdorben, rein, musikalisch. Die arme Frau reist nun schon seit Oktober, fast täglich öffentlich spielend in den Provinzen und wird dies bis Ende März fortsetzen, aber auch 1 800 Pfund reinen Profit machen.[340]

4.2 Feste Größe im englischen Musikleben

4.2.1 *Solistische Auftritte*

Nach ihrem Debüt am 17. Mai 1869 und ihrem überaus großen Erfolg bei der *Philharmonic Society* folgen weitere Konzerte Wilma Nerudas in dieser renommierten Gesellschaft. Über ihren außergewöhnlichen Auftritt am 16.3.1870 berichtet die *Musical Times*:

> Madame Norman-Néruda's performance of Mendelssohn's Violin Concerto was marked by that excessive refinement and finished executive power which have placed her in the first rank of solo players. Her phrasing of the Andante was peculiarly her own, and instinct with that feminine grace which makes her interpretation of the classical works stand apart from that of even the greatest violinist of the opposite sex.[341]

Als „*excellence and novelty*" wurde auch die künstlerische Wiedergabe des Violinkonzertes D-Dur op. 61 von Ludwig van Beethoven am 22. Mai 1871 herausgestellt.[342] Dieses Konzert spielt sie fast 20 Jahre später noch einmal in der *St. James's Hall*. Im Laufe ihrer Solistinnenenlaufbahn tritt sie insgesamt 13 Mal bei der *Philharmonic Society* auf, das letzte Mal am 30. Mai 1907 mit dem Violinkonzert e-Moll op. 64 von Felix Mendelssohn Bartholdy.

Nicht immer konnten die Aufführungen der *Philharmonic Society* das erwartete hohe Niveau erfüllen. Der Interpretation speziell der Orchesterwerke fehlten Feinheiten in den Schattierungen.[343] Dies war nicht verwunderlich, denn für jedes

---

[340] Brief Joseph Jochim an seine Frau Amalie, [London] Sonnabend. [5. oder 12. Feb. 1870], zit. nach: Johannes Joachim / Andreas Moser (Hg.): *Briefe von und an Joseph Joachim*. Bd. 3, Berlin 1913, S. 38.
[341] MT 14. Jg., Nr. 326, 1.4.1870, S. 429.
[342] MT 15. Jg., Nr. 341, 1.7.1871. S. 140.
[343] Vgl. Hanslick, Eduard: *Aus dem Concert-Saal, Kritiken und Schilderungen aus 20 Jahren des Wiener Musiklebens 1848-1868*, Wien 1897, S. 578.

Konzert wurde nur eine Probe angesetzt. Verständlich, dass während dieser Konzerte nicht immer alles glatt lief:

> And so the dismal parade continued; a report on a later concert nothing that only the solo violinist and pianist, Mlles Neruda and Mehlig, ‚succeeded in rousing an apathetic conductor and evoking ... some show of satisfaction and enthusiasm' from the audience..[344]

Nicht nur von der *Philharmonic Society* wird Wilma Neruda engagiert, sondern auch in den Kristallpalastkonzerten ist sie oft zu hören. Diese Orchesterkonzerte wurden 1855[345] durch August Manns[346] begründet und brachten vor allem unbekannte ausländische Werke zur Aufführung. Hier erhielt das Publikum die Gelegenheit, Werke von Schubert, Schumann und englischen modernen Komponisten zu hören.

Hans von Bülow beschrieb 1877 das Orchester der Kristallpalastkonzerte als „bekanntlich quantitativ wie qualitativ das vornehmste in ganz England".[347]

Wilma Neruda spielt hier beispielsweise am 15.3.1873 gemeinsam mit Clara Schumann und Alfredo Piatti das Klaviertrio Nr. 1 d-Moll op. 63 von Robert Schumann. Im gleichen Konzert bringt Joseph Joachim sein Violinkonzert d-Moll op. 11 im *Ungarischen Stil* zur Aufführung. Die hochkarätige Besetzung zeugt von dem hohen musikalischen Niveau dieser Konzertreihe.

Weiterhin lädt das Hallé-Orchester Manchester Wilma Neruda regelmäßig als Solistin ein. Zu seiner Gründung kam es anlässlich einer großen Kunst- und Handwerksausstellung 1857, bei der auch die Musik in einem angemessenen Rahmen präsentiert sein sollte. Auf Hallés Betreiben wurde ein fünfzigköpfiges Orchester gegründet, das sich aus Musikern aller umliegenden Städte und sogar aus dem Ausland zusammensetzte. Da viele Ausstellungsbesucher vorher nie eine Sinfonie zu hören bekamen, wurde dieses Orchester eine Sensation. Jeden Nachmittag fanden unter verschiedenen Dirigenten Konzerte statt. Charles Hallé dirigierte ein Konzert in der Woche und sorgte für die korrekte Buchführung. Nach Beendigung der Ausstellung beschloss Hallé, das Orchester auf eigene Kosten weiterzuführen. Trotz anfänglicher finanzieller Schwierigkeiten gelang es ihm, das Orchester fest

---

[344] Ehrlich: First Philarmonic, S. 121.
[345] Vgl. Westrup, Jack-Allan: Artikel „England. Romantik und englische Renaissance". In: MGG, Bd. 3, Kassel 1954, Spalte 1402.
[346] August Manns (1825-1907), deutscher Dirigent, von 1855-1901 erster Kapellmeister am *Crystal Palace*.
[347] Haas: Hans von Bühlow, S. 132.

im Konzertleben Englands zu etablieren. Es galt damals als eines der besten Englands und hielt auch dem kritischen Vergleich mit europäischen Orchestern stand.[348] Hans von Bülow meinte gar: „Ich stehe nicht an, mich dem Vorwurf der Übertreibung auszusetzen, indem ich Herrn Hallé's Capelle als eine der ersten der Welt überhaupt, so weit ich sie kenne, erkläre."[349]

Als Wilma Neruda im Herbst 1869 nach England zurückkehrt, steht sie am 28. Oktober mit dem Violinkonzert e-Moll op. 64 von Felix Mendelssohn Bartholdy das erste Mal in Manchester auf dem Podium.[350] Auch dieses Konzert wurde ein Erfolg, und schon am 2. Dezember des gleichen Jahres konzertiert sie wiederholt mit diesem hervorragenden Orchester. Ihre Leistungen sind umso bemerkenswerter, als sie offensichtlich einige Werke auswendig vorträgt:

> The fair violinist's repertoire contained Beethoven's Romanza in F (so familiar by Herr Joachim's incomparable performance), a Sonata by Rust, and Schubert's Rondo in B minor, in which latter she was joined by Mr. Hallé at the piano. The sonata by Rust (himself a violinist of no mean order) displayed Mdme. Neruda's brilliant execution, particularly in certain passages introducing some double stopping pizzicato. Altogether Mdme. Neruda surpassed herself, playing (as she did) entirely from memory.[351]

Während der langen Zeit ihres Wirkens in England konzertiert Wilma Neruda regelmäßig mit allen großen Violinkonzerten. Das Violinkonzert D-Dur op. 61 von Beethoven und das Violinkonzert e-Moll op. 64 von Mendelssohn erklingen in Manchester jeweils mindestens zehn Mal. Aber auch das Violinkonzert von Johannes Brahms, Antonín Dvořák nebst den drei Konzerten von Max Bruch und einigen von Louis Spohr und Henri Vieuxtemps kommen hier zur Aufführung.[35]

Im Laufe ihres Lebens tritt sie in Manchester über 100 Mal auf, teils mit Solisten wie Joseph Joachim, Ludwig Strauss[353], Hugo Becker[354] und Alfredo Piatti. Wie

---

[348] Vgl. Kersting: Carl Halle, S. 171-177.
[349] Haas: Hans von Bülow, S. 136.
[350] Daten aus dem Archiv des Hallé Orchesters in Manchester. Als weiteres Werk spielte Wilma Neruda in diesem Konzert das *Adagio* aus dem Violinkonzert Nr. 4 F-Dur op. 86 *Die Weihe der Töne* von Louis Spohr.
[351] MS 11. Jg., Nr. 280, 11.12.1869, S. 285.
[352] Daten aus dem Archiv des Hallé Orchesters in Manchester. Vgl. Kapitel Repertoire.
[353] Ludwig Strauss (1835-1899), österreichischer Geiger, Konzertmeister der *Philharmonic Society* in London.
[354] Hugo Becker (1863-1941), deutscher Cellist, Komponist.

Abb. 28 Wilma Neruda in der St. Jame's Hall, ca. 1870, Zeichnung von Daniel Frederick Wentworth

verbunden sich Wilma Neruda mit diesem Orchester fühlt, zeigt die Tatsache, dass sie bei finanziellen Engpässen wiederholte Male auf ihre Gage verzichtet.[355] Der Lokalkorrespondent geht sogar so weit zu behaupten: „I cannot but feel that among all the services which Sir Charles Hallé has rendered to Manchester, perhaps the very chief is the closeness of the tie whereby he has bound his accomplished wife to our city."[356] Auch nach dem Tod von Charles Hallé konzertiert die Künstlerin weiter mit dem Manchester Orchester.

Von den Konzertstationen außerhalb Londons ist noch besonders das *32. Reid Commemorations* Konzert in Edinburgh in der Musikhalle am 13. Februar 1872 zu erwähnen. Charles Hallé dirigiert und tritt im gleichen Konzert auch als Pianist auf. *The Musical Times* berichtet überschwänglich über Wilma Nerudas Spiel: „The chief honours of the evening were, however, heaped on Mdme. Norman-Neruda. Her appearance was greeted with the most enthusiastic applause; and on the conclusion of her performance of Spohr's ‚Adagio' she was overwhelmed with bravas."[357]

Als weitere Beispiele für ihren Erfolg außerhalb Londons stehen ein Konzert in Liverpool[358], wo sie das *Dramatic Concerto* von Louis Spohr[359] „exquisitely" vorträgt, und in Birmingham im März 1889, wo sie die Violinromanze Nr. 2 in F-Dur op. 50 von Ludwig van Beethoven „in a different style, wonderfully charming and effective"[360] spielt.

4.2.2 *Primaria im Quartett*

Nicht nur als Solistin, sondern auch als Kammermusikerin bewährt Wilma Neruda sich in England. Ab der Herbstsaison 1869 spielt sie eine wichtige Rolle in den *Monday and Saturday Popular Concerts*. Die von Arthur Chappell 1859 initiierten Popular Concerts in der *St. James's Hall* fanden von Anfang November bis Mitte April zweimal wöchentlich statt. Sie brachten Kammermusik einem großen Publikum näher. Das war möglich, da diese Konzerte nur einen Schilling für den

---

[355] Vgl. Kersting: Carl Halle, S. 202.
[356] David Russel: Musicians in the English Provincial City: Manchester, 1860-1914, S. 241, in: *Music and British Culture, 1785-1914*, hg. von Christina Bashford / Leanne Laugley, Oxford 2000, S. 233-255.
[357] MT 15. Jg., Nr. 349, 1.3.1872, S. 420.
[358] Vgl. MT 14. Jg., Nr. 324, 1.2.1870, S. 376.
[359] Es handelt sich um das Konzert für Violine und Orchester Nr. 8 a-Moll op. 47 *Gesangsszenen*
[360] MT 30. Jg., Nr. 542, 1.4.1889, S. 219.

4. Aufbau eines Profils. England 1869-1900

ganzen Abend kosteten[361] und so große Bevölkerungsschichten gute Musik und erfolgreiche Virtuosen hören konnten. Allgemein waren diese Konzerte unter dem Namen *Monday and Saturday Pops* bekannt. Auf den Programmzetteln wurde Sir Julius Benedict als „Conductor" genannt. Was es mit dieser „Leitung" auf sich hatte, beschreibt Franz Hüfner[362], Korrespondent des *Musikalisches Wochenblattes* folgendermaßen:

> Conductor dieser Aufführungen ist Herr Benedict, eine Würde, die sich nach deutschen Begriffen schwer bestimmen lässt. Die Erklärung durch „Dirigent" wäre jedenfalls äusserst inadäquat, da ja in diesen Concerten überhaupt nichts zu dirigieren ist. Die Thätigkeit des Conductors (der übrigens nebst einem oft auch 3 oder 4 Direktoren auf keinem richtigen englischen Programme fehlen darf) beschränkt sich in den Monday-Popular-Concerts, oder wie die gewöhnliche abkürzende Bezeichnung lautet: den Monday-Pops, dem Publicum gegenüber auf das Accompagnement der Gesangsvorträge. Wie weit sein Einfluss in der Feststellung der Programme und dem Engagement der Künstler reicht, wissen die Götter und andere Eingeweihte. Die Ausführung der Instrumentalwerke ist, sei es hier ein für allemal gesagt, durchweg vorzüglich und braucht den Vergleich mit irgend einem anderen Concertsaal der Welt nicht zu scheuen.[363]

Bis 1898, als die Serie endete, wurden für die Aufführungen die bekanntesten und besten Instrumentalsolisten engagiert. Im Herbst 1869 führt Wilma Neruda als erste Frau hier mit der Geige die Kammermusik an.[364] Gemeinsam mit den Herren Louis Ries[365], John Baptiste Zerbini[366] und Alfredo Piatti eröffnet sie die Konzertsaison. Auf dem Programm stehen das Streichquartett D-Dur op. 44 Nr. 1 von Felix Mendelssohn Bartholdy und das Streichquartett Nr. 61 d-Moll op. 76 Nr. 2,

---

[361] Vgl. Hanslick, Eduard: *Aus dem Concert-Saal*, Wien 1897, S. 579. Im Vergleich dazu kostete ein Platz bei den Philharmonischen Konzerten 1 Guinee.
[362] Franz Hüfner [auch Francis Hueffer] (1845-1889), deutsch-englischer Musikhistoriker.
[363] MW Nr. 24, 10.6.1870, S. 374, Musikbrief aus London von Franz Hüfner.
[364] Vgl. Shaffer, Karen A.: *Maud Powell. Pioneer American Violinist*, Arlington 1988, S. 143. Wilma Neruda war es, die als erste Frau ein, ansonsten mit männlichen Kollegen besetztes Streichquartett, als erste Geigerin anführte. Erst 1894 formierte auch Maud Powell ein eigenes gemischtgeschlechtliches Streichquartett. Weitere Ausführungen vgl. Kapitel Gender.
[365] Louis Ries (1830-1913), deutscher Geiger, Mitglied des Orchesters der *Philharmonic Society*.
[366] John Baptiste Zerbini (1839-1891), englischer Bratscher, Pianist. Den Hinweis auf die Geburtsdaten erhielt ich von Carolin Stahrenberg.

das so genannte *Quintenquartett*, von Joseph Haydn. Mit Ernst Pauer, der die Virtuosin am Klavier begleitet, spielt sie die Sonate für Klavier und Violine B-Dur KV 454 von Wolfgang Amadeus Mozart[367]. Ihr Erfolg war enorm. Bald wird die Geigerin der Anziehungspunkt dieser Konzertreihe, und die *Musical Times* lobt sie in höchsten Tönen: „Madame Norman-Neruda, by her excellent leading of the most exacting quartets, has fully sustained her reputation as one of the first classical violinists of the day."[368]

Obwohl Wilma Neruda eine begnadete Solointerpretin ist, kann sie sich exzellent in den Rahmen eines Quartettes einfügen und bildet mit den übrigen Instrumentalisten einen harmonischen Klangkörper.

> From the impassioned character of Madame Norman-Néruda's solo playing, it was naturally a source of some anxiety as to how far she would be able to blend her own style with that of other performers, but the rich and delicate ensemble of the trio and quartets of the evening most effectually removed all fears on the subject.[369]

Viele Jahre hindurch wechseln sich Wilma Neruda und Joseph Joachim in der Führung der Konzerte ab. Meist eröffnet die Geigerin die Saison, und im Frühjahr übernimmt Joachim die Führung. Oft musizieren die Künstlerin und der Künstler in dieser Konzertreihe auch gemeinsam. Bei diesen Gelegenheiten, wie im Mai 1871[370], kommt das Doppelkonzert für zwei Violinen und Orchester d-Moll von Johann Sebastian Bach zur Aufführung. Wie beliebt die Interpretation des Bachschen Doppelkonzertes mit diesen beiden exzellenten Solisten ist, zeigt das Konzert vom 21.3.1896. Die Nachfrage übersteigt die Platzkapazität der *St. James's Hall*.[371]

---

[367] Vgl. Times Nr. 26/589, 8.11.1869, S. 1. Bezeichnenderweise war die Sonate von Mozart der Geigerin Regina Strinasacchi aus Mantua (1764-1823) gewidmet, mit der der Komponist das Werk auch uraufführte. Vgl. Dr. Ludwig Ritter von Köchel: *Chronologisch-thematisches Verzeichnis sämtlicher Tonwerke Wolfgang Amadeus Mozarts*, Leipzig 1937, S. 575.

[368] MT 18. Jg., Nr. 395, 1.1.1877, S. 19: „Madame Norman-Neruda, by her excellent leading of the most exacting quartets, has fully sustained her reputation as one of the first classical violinists of the day."

[369] MT 14. Jg., Nr. 323, 1.1.1870, S. 344.

[370] Vgl. NZfM 38. Jg., Bd. 67, 19.5.1871, S. 206. In diesem Konzert erklang von Clara Schumann, Charles Hallé und Ernst Pauer das Tripelkonzert a-Moll BWV 1044 von Johann Sebastian Bach - ein Hinweis für die erstklassige Musikerbesetzung in dieser Konzertreihe.

[371] Vgl. MT 36. Jg., Nr. 625, 1.4.1896, S. 241. Das Saturday Pops Concert fand am 21.3.1896 statt.

4. Aufbau eines Profils. England 1869-1900

Auch bei den Hallé Recitals, einer Kammermusikreihe von jährlich sieben Konzerten, die Freitagabend in der *St. James's Hall* stattfanden, wirkt Wilma Neruda regelmäßig mit. Diese Hallé Recitals führt sie auch weiterhin in die Provinzen, wo in Bristol „Madame Norman-Neruda's wonderful playing frequently roused the audience to enthusiasm".[372]

1869 führte Julius Benedict nach Londoner Vorbild in Liverpool ebenfalls Montagskonzerte ein. Die Programme dieser *Popular Concerts* bestanden aus einer bunten Mischung von Kammermusik und Solosonaten, bei denen meist zwei Solisten engagiert waren.[373] Dort spielt die Geigerin z.B. am 17.1.1871 in der *Philharmonic Hall* vor einem „gekrönten Publikum" zusammen mit Louis Ries, John Baptiste Zerbini, Alfredo Piatti und Charles Hallé und „the last movement of Beethoven's Trio, especially, was played with such brilliancy as to elicit as a vociferous encore".[374] Für die Flexibilität der Virtuosin auch bei unvorhergesehenen Umständen spricht folgende Geschichte, die sich in London während eines Konzertes zutrug:

> Denn ohne Frauen funktioniert gar nichts [...] Die letzte Nummer auf dem Programm war ein Trio von Beethoven und das Publikum war in Erwartung, um es zu hören. Allerdings dauerte die Pause zwischen den Stücken so lange, dass das Publikum anfing etwas ungeduldig zu werden. Ein Assistent kam schließlich auf die Bühne und teilte mit, dass leider ein Problem aufgetreten sei und die Noten nicht vorhanden wären. Man hatte aber jemanden geschickt, der die Noten von einem Musikhändler besorgen sollte. Als die Noten endlich eintrafen wurden sie auf den Notenständer gestellt und man begann zu spielen – aber bald wurde abgebrochen. Man hatte in der Schnelligkeit übersehen, dass die neuen Noten nicht aufgeschnitten waren und dies merkte man erst, als die erste Seite zu Ende war. Niemand der Anwesenden hatte ein Taschenmesser dabei. Die Situation fing an etwas unangenehm zu werden, wurde aber von Frau Norman-Neruda gerettet, als sie plötzlich ihre Haarnadel nahm und damit die Noten aufschlitzte. Danach wurde das Stück mit Bravour gespielt.[375]

---

[372] MT 27. Jg., Nr. 506, 1.4.1886, S. 221.
[373] Vgl. Fifield: Max Bruch, S. 171.
[374] MT 15. Jg., Nr. 348, 1871, S. 388.
[375] SMT 6. Jg., Nr. 5, 1.3.1886, S. 37: „Ty utan qvinnor kann man ingenting utföra [...] Det sista numret pa programmet var en trio sf Beethoven, som hela publiken stannade för att höra. Pausen mellan det föregaende numret och detta blef emellertid sa lang, att publiken började visa tecken till otalighet, tills omsider en af de assisterande trädde fram och meddelade, att till följd af ett ledsamt missförstand noterna till trion ej funnos till hands, men man hade sändt bud efter dem till en musikhandlare.
Do kommo ocksa och placerades pa notställarne, och den vackra introductionen började – för att med ens afbrytas. Man hade i hastigheten ej observerat, att de nykomna noterna

4.3 Öffentliche Würdigung

4.3.1 *Anerkennung bei Kollegen und Rezensenten*

… da ich bereits angedeutet, wo Joachim's Rival zu finden sei, habe ich ja nicht nöthig weiter auszuführen, wo derselbe vor der Hand nicht weiter zu suchen ist. Des Einzigen einziger Rival lebt in England, dieser Er ist eine Dame und diese Dame heißt Wilma Norman-Neruda.

Sie habe ich die ‚Geigenfee' getauft […] Ich bin gefaßt, bei Nennung des irdischen Namens der ‚Geigenfee' auf zahlreiche Bewunderungsmienen zu stoßen. Die Belesensten in der musikalischen Chronik werden sich des Aufsehens erinnern, das ein reisendes Wunderkind Neruda vor einigen zwanzig Jahren erregt hat […] das kann ich aber mit äußerster Bestimmtheit versichern: das Wundermädchen Wilma Neruda ist eine Wunderfrau geworden und in England herrscht sie als Geigenkönig von Apollo's Gnaden und unter Zustimmung aller Musikkenner und Musikliebhaber.

Die Geigenfee hat sich dem Schreiber dieser Zeilen, der die Ehre und das Glück gehabt hat, in dem vergangenem Monate viermal mit ihr zu musiziren[376], als eine solche Geisteswohlthäterin erwiesen, daß er sich Mühe geben muß, nicht in einen allzu bedenklich enthusiastischen Ton zu verfallen. […]

Schon bei früheren Besuchen in England hatte mich die Künstlerin mit höchster Sympathie und Bewunderung erfüllt […] aber noch nie hatten mich ihre Leistungen so elektrisch gepackt. ‚Irre ich mich nicht', sagte ich meinem hochverehrten Collegen Herrn Charles Hallé, ‚so spielt sie schöner als je zuvor.' ‚Nein, Sie irren sich nicht', erhielt ich zur Antwort, ‚sie spielt wirklich schöner, nicht blos mit jedem Jahre, sondern mit jedem Auftreten.' Wo soll das noch enden?

Frau Neruda's Technik zu preisen, wäre ebenso abgeschmackt als materialistisch. Wer spricht von Joachim's Mechanismus? Der Geist, die Seele, das Leben, die Wärme, der Adel, der Styl, die aus der innigsten Vertiefung in das Kunstwerk, aus dem liebevollsten Aufgehen in demselben sich entfaltende Hoch-Blüthe idealer Individualität,

---

voro ouppskurna, och der stod man nu vid första sidans slut ty ingen af de uppträdande hade pennknif var pa sig. Situationen började blifva betänklig, men fru Norman-Neruda räddade den genom att ett ögonblick famla i sitt har och draga fram en harnal, med hvilken hon behändigt skar upp notbladen, hvarefter gick med glans."

[376] Vgl. MT 21. Jg., Nr. 432, 1.2.1880, S. 69. Belegt sind folgende gemeinsame Konzerte: *Saturday Popular Concert* 17.1.1880: Repertoire: u.a. Ludwig van Beethoven: Klaviertrio B-Dur op. 97 – Franz Schubert: Rondo in b-Moll op. 70.

Monday Popular Concert 1.2.1880. Gemeinsam mit Zerbini und Piatti spielten sie von Joseph Gabriel Rheinberger: Klavierquartett Es op. 38.

Vgl. MT 21. Jg., Nr. 433, 1.3.1880, S. 125. *Monday Popular Concert* 2.2.1880: Bei dieser Gelegenheit kam in dieser Konzertreihe die Sonate Nr. 1 G-Dur op. 78 für Klavier und Violine von Johannes Brahms zum ersten Mal zur Aufführung.

4. Aufbau eines Profils. England 1869-1900

die verklärte Auferstehung des Subjects als Lohn für seine Hingebung an das Object, darin liegt das Machtgeheimniß dieser Zauberin über die Herzen der Zuhörer. Darin ist sie groß und rein wie Joachim, darin ist sie so einzig, wie Er. das ist's, was bewirkt, daß man ihr mehr als ‚talent hors ligne', daß man ihr Genie, also Talent in höchster Potenz zuzuerkennen hat. Und dabei welche Vielseitigkeit![377]

Diese überschwänglichen Worte schrieb Hans von Bülow in der deutschen Zeitung *Signale für die musikalische Welt* über Wilma Neruda nach seinem Konzertaufenthalt 1880 in London.[378] Seit Anfang der 1870er Jahre reiste von Bülow regelmäßig nach London und konzertierte dort mit den ansässigen Musikern – am liebsten spielte er mit der „vorzüglichen Geigerin Wilma Neruda-Norman".[379]

Als Wilma Neruda im Herbst 1869 nach ihrem großen Triumph in London nach England zurückkehrt, wird sie bereits als „the Extraordinary Lady Violinist" und an anderer Stelle als „the Queen of Violinist' begrüßt".[380]

Bülow fasziniert vor allem ihre Spielweise. Nicht das Blendwerk und die Scharlatanerie der Technik, welches das reine Virtuosentum schmückt, sondern die Musik und die „innigste Vertiefung an das Kunstwerk" verzauberte ihn und die „Herzen der Zuhörer". Schon 1869 findet ein schwedischer Rezensent ähnliche Worte:

> Mag ihre Technik auch noch so bemerkenswert sein, so herrscht und entzückt sie doch vor allem durch ihr unverfälschtes, draufgängerisches Talent. Ihre Darbietung wissenschaftlicher, beherrschter Kammermusik ist ebenso brillant wie die der mitreißendsten Bravournummer und gleichermaßen gediegen. Da blitzen Weiten der Fantasie und eine Gefühlstiefe auf, die wir kaum erahnen können, und abwechselnd schwärmerisch oder spielerisch, schmeichlerisch oder streng, lachend oder weinend, besitzt sie die Macht der echten, großen Kunst, wunderbare Empfindungen oder liebliche Erinnerungen hervorzurufen. Eine herausragende Stellung in der künstlerischen Welt nimmt Frau Norman dadurch ein, dass sie eine Künstlerin ist. Bei keinem Musiker haben wir das Auftreten so mit der Darbietung verschmelzen sehen, und in beiden schimmert das Genialische.[381]

---

[377] Signale 38. Jg., Nr. 16, Februar 1880, S. 241-243, Rezensent: Hans von Bülow.
[378] Heise, Jutta: Wilma Neruda – „Groß und rein wie Joachim", in: *„... mein Wunsch ist, Spuren zu hinterlassen ...". Rezeptions- und Berufsgeschichte von Geigerinnen*, hg. von Carolin Stahrenberg und Susanne Rode-Breymann, Hannover 2011, S. 44-63 (Beiträge aus dem Forschungszentrum Musik und Gender, Bd. 1, hg. von Susanne Rode-Breymann).
[379] Haas: Hans von Bülow, S. 90.
[380] Times Nr. 26/572, 18.10.1869, S. 1.
[381] NIT 3. Bd., Nr. 13, 27.3.1869, S. 98: „Skulle öfverskrida så väl planen för denna teckning som tecknarens kompetens. Huru märkvärdig hennes teknik än är, är det dock först och främst genom sitt ursprungliga, dristiga snille, hon herrskar och lyckliggör. Hennes före-

Beeindruckt hat die Presse die Gefühlstiefe ihres Spiels und ihr Vermögen, beim Publikum „wunderbare Empfindungen oder liebliche Erinnerungen" hervorzurufen. Jahre später, als Wilma Neruda sich das erste Mal nach dem Tod ihres Ehegatten Ludvig Norman[382] wieder in Stockholm präsentierte, hielt der Jubel noch immer an.

> Man kann nicht beschreiben, wie phantastisch sie ist. Technisch gesehen ist sie eine Meisterin aber das vergisst man schnell, durch die Magie ihres Spiels, die so rein, poetisch und edel ist, dass wir jeden Ton, den sie uns schenkt, mit unserer ganzen Seele wahrnehmen müssen.[383]

Nur folgerichtig war es daher, dass sich Hans von Bülow wünschte, Wilma Neruda möge „es nicht mehr verschmähen" und „für uns nur legendenhaft […] sein, sondern in Deutschland zu enthüllen, was ihr Nam' und Art". [384]

Angesichts der Tatsache, dass sie bereits 1874 erfolgreich in Deutschland konzertiert hatte, kann dieser Wunsch Bülows nur als Aufforderung an die Künstlerin verstanden werden, an diese Erfolge anzuknüpfen und erneut nach Deutschland zu kommen. Schon nach den früheren Konzerten wird sie in den *Signale für die musikalische Welt* voller Hochachtung eine der bemerkenswertesten Künstlerinnen genannt. Nach ihrem Konzert in Frankfurt am Main in der Musikgesellschaft schreibt der Rezensent, sie „gehört als Violinspielerin bekanntlich zu den seltensten und ausgezeichnetsten Erscheinungen. Sie steht entschieden jetzt auf der Höhe künstlerischer Vollendung: höchste Reinheit, zierliche Abrundung und freundliche Anmuth zeichnen ihre Vorträge aus."[385]

---

drag är lika briljant i den vetenskapligt lugna kammarmusiken som i de mest sprittande bravurnummer, och lika gediget i de senare som i de förra. Blixtlikt belyser det fantasirymder och känslodjup, till hvilka, utan dess hjelp, knappt ens vår aning har tillträde och svärmande eller lekfullt, smekande eller strängt, grät eller skratt, som det vexelvis är, har det alltjemt den äkta konstens magt att hänrycka till underbara förnimmelser eller till ljufva erinringar. Ett särskildt företräde framför konstnärerne har fru Norman deri, att hon är konstnärinna. Hos ingen musikalisk artist hafva vi sett apparitionen så smälta hop till ett med föredraget; och båda bära de geniets pregel."

[382] Ludvig Norman starb am 28.3.1885. Seitdem Wilma Neruda ab 1869 regelmäßig in London konzertierte, hatte sie bis 1886 in Stockholm nicht wieder konzertiert.

[383] SMT 6. Jg., Nr. 9, 1.5.1886, S. 70-71: „Man kann ej med någon superlativus excelletiae förklara höjden af hennes konstnärskap. Beundran för det tekniska mästerskapet tränges här alldeles tillbaka för njutningen af hennes magiska spel, så rent, så poetiskt och ädelt, att vi med hela var själ girigt lyssna till hvarje ton hon skänker oss."

[384] Signale 38. Jg., Nr. 16, Februar 1880, S. 243, Rezensent Hans von Bülow.

[385] Signale 32. Jg., Nr. 46, Oktober 1874, S. 728.

4. Aufbau eines Profils. England 1869-1900

Abb. 29 Wilma Neruda, Fotografie

Wenig später wird sie, aufgrund ihres Auftritts im Gewandhaus, als „die im Vollglanz ihrer Künstlerschaft strahlende Violinistin"[386] bezeichnet.

Der Wunsch Hans von Bülows erfüllte sich für die deutschen Zuhörer, denn schon im April 1880 weilen Wilma Neruda und Charles Hallé bei ihm in Hannover und geben ein von „außerordentlichem Erfolg"[387] gekröntes Konzert.

Vergleiche von Virtuosen, wie es von Bülow tat, sind in der Musikwelt üblich, ja sogar schmeichelhaft für junge aufstrebende Musiker. Schon in ihrer Zeit als Wunderkind zogen die Rezensenten bei dem faszinierenden Geigenspiel Wilma Nerudas Parallelen zu dem der Schwestern Milanollo. Nun, als gestandene Künstlerin, stellt Bülow sie als „Rivale" neben Joachim, den bedeutendsten Violinisten seiner Zeit. Auch in der *Svensk Musik Tidning* wird sie wie folgt beschrieben:

---

[386] Signale 32. Jg., Nr. 50, Oktober 1874, S. 787. Das Konzert fand am 15.10.1874 im Gewandhaus statt. Auf dem Programm stand das Violinkonzert Nr. 22 a-Moll von Giovanni Battista Viotti.

[387] Signale 38. Jg., Nr. 30, April 1880, S. 473.

Nachdem die große Saison der Violinisten zu Ende war, hatten wir eigentlich genug Violinmusik gehört und fühlten uns übersättigt. Sauret[388] und Eug. Ysaÿe[389] hatten uns alles gegeben, was man erwarten konnte. Das dachten wir. Aber damit lagen wir falsch. Die beiden sind nämlich nicht die größten im Reich der Violinisten. Denn hier gibt es bereits einen König – Joachim, und eine Königin – Wilhelmina Neruda. Und sie kam nach ihnen [Sauret und Ysaÿe] Nachdem Sie 20 Jahre nicht hier gewesen war, wurde sie jetzt wie eine Königin auf enthusiastischste Weise geehrt.[390]

Später wird sie in der gleichen Zeitung als „die beste Geigerin der Welt" bezeichnet – allerdings mit der schmeichelhaften Einschränkung „und sollte es jemanden geben, der besser ist, könnte es nur Joachim sein".

Aber auch mit Pablo de Sarasate[391] und Henri Vieuxtemps brauchte sie den Vergleich nicht zu scheuen. So steht in der schwedischen Zeitung *Ny Illustrerad Tidning* 1869 über ihren Triumphzug in Paris zu lesen, dass sie in der Interpretation Vieuxtemps bei Weitem übertroffen habe. Dies war umso bemerkenswerter, als Wilma Neruda in dem rezensierten Konzert ausschließlich Werke von Vieuxtemps zur Aufführung brachte.[392]

Wenn auch Nebeneinanderstellungen berühmter Künstler zutreffend und natürlich schmeichelhaft waren, so hatten sie doch auch ihre Schattenseiten. Durch die große Zahl bedeutender Virtuosen entstand ein Konkurrenzdruck, dem sich auch große und berühmte Virtuosen nicht entziehen konnten. Hans von Bülow beispielsweise sah sich bei seinem ersten Londonaufenthalt mit Anton Rubinstein und Clara Schumann als Konkurrenz konfrontiert und musste fleißig üben, um die erwünschte Anerkennung beim Publikum zu finden.[393] Auch Clara Schumann

---

[388] Émil Sauret (1852-1920), französischer Geiger.
[389] Eugen *Ysaÿe* (1858-1931), belgischer Geiger, Komponist.
[390] SMT 6. Jg., Nr. 9, 1.5.1886, S. 70 / 71: „Violinisternas stora säsong var tilländagångten och vi kände oss nu nästan öfvermätta på violinspel. Sauret och Eug. Ysaÿe hade ju fört oss upp på spetsen af hänförelsens Tabor. Ja, vie tyckte så. Men vi bedroge oss sjelfva. Ingen har ännu vågat sätta någon af de nämnde artisterna på tronen i violinisternas rike. De ega redan en konung – Joachim, och en medregerande drottning – Wilhelmina Neruda. Och hon kom hit efter dem. Efter 20-årig frånvaro har hon nu på det mest entusiastiska sätt hyllats här såsom sådan."
[391] Pablo de Sarasate (1844-1908), spanischer Geiger, Komponist.
Vgl. NIT 1891: „Wilma Neruda wird nicht nur hoch angesehen, sondern sie ist eine einzigartige europäische Musikerin, die sich mit Joachim und Sarasate vergleichen darf."
[392] Vgl. NIT 3. Bd., Nr. 13, 27.3.1869, S. 98. Wilma Neruda spielte in diesem Konzert das Violinkonzert E-Dur op. 10 und *Fantaisie-Caprice* op. 11 von Henri Vieuxtemps.
[393] Vgl. Haas: Hans von Bülow, S. 78.

hatte gegen scharfe Konkurrenz zu bestehen. In ihren Tagebüchern berichtete sie oft über die anwesenden „Rivalen", fühlte sich gar in ihrer Karriere durch die Konkurrenz bedroht.[394]

Wilma Neruda musste sich ebenfalls schon in frühster Jugend dem Wettbewerb stellen, denn Mitte des 19. Jahrhunderts gab es eine große Anzahl Wunderkinder. Trotz der großen Konkurrenz wurde die Künstlerin jedoch sehr geschätzt. Von Joseph Joachim, der die Geigerin verschiedentlich auf dem Kontinent gehört hatte, ist folgender Ausspruch bekannt, den er gegenüber Charles Hallé äußerte: „I recommend this artist to your careful consideration. Mark this, when people have given her a fair hearing, they will think more of her and less of me."[395]

Ein weiteres Zeugnis für die Achtung gegenüber der Geigerin zeigt sich in der Bitte Joseph Joachims, in einem von ihm dirigierten Konzert den Solopart zu spielen, was Wilma Neruda auch freudig übernimmt.[396] Das Konzert fand am 10. Februar 1887 in Berlin statt. Wie sehr es die Virtuosin ihrerseits genoss, unter Joachim zu spielen, drückt sie in folgenden Zeilen aus: „Für mich wird der Abend wo ich unter Ihrer Leitung gespielt habe unvergeßlich – eine schöne Erinnerung bleiben!"[397]

Bekannt ist, dass nicht nur Joachim, sondern auch Vieuxtemps Wilma Neruda als große Geigerin bewunderte. Ihre gemeinsame musikalische Zusammenarbeit war von gegenseitiger Achtung geprägt. Als Ausdruck seiner Bewunderung wid-

---

[394] Vgl. Reich, Nancy B.: *Clara Schumann. Romantik als Schicksal. Eine Biographie*, Reinbek bei Hamburg 1991, S. 138 / S. 107 / S.119 ff. Im Frühjahr 1839 in Paris hatte sie mit einer großen Anzahl Pianistinnen und Pianisten zu konkurrieren, ehe ihr die gewünschte Anerkennung zuteil wurde. Auch sah sie die wenige Jahre ältere Pianistin Camilla Pleyel, die 1839 in Leipzig mit großem Erfolg glänzte, als ihre Rivalin an. Ein Jahr später verzichtete sie gar auf eine Russlandreise, da zu dieser Zeit Franz Liszt dort gerade konzertierte.

[395] Lahee: Famous Violinists, S. 315.

[396] BSB München. Nerudaiana: Brief Joseph Joachim an Wilma Neruda, Aigen bei Salzburg 29. 7. o.J., „Ich möchte Ihnen nun nochmals folgerichtig an's Herz legen mir einen der von mir dirigierten Abende der Philharm. Concerte zu verschönern. Nun da ich Sie, auf Ihre positive Versicherung gerne kommen zu wollen im vorigen Jahr dem Publikum versprach, und Sie nachher nochmals gegebene Zusage (mit dem gleichzeitig gegebenen Versprechen später gewiß zu kommen) vorläufig zurücknahmen, wäre es jetzt wohl nur recht und billig, wenn Sie mich vor den anderen berücksichtigten."

[397] Berlin SIM, Nachlass Joseph Joachim, Sig. Doc. Orig. Wilma Norman-Neruda Nr. 10; SM 12/ 1957/3494-3506. Brief Wilma Neruda an Joseph Joachim, Berlin, Hotel de Rome, 14.2.1887.

mete er ihr sein in den letzten Lebensjahren geschriebenes 6. Violinkonzert G-Dur op. 47.

Gerade diese beiden Geiger waren es auch, die Wilma Neruda überzeugten, ihre Karriere in London fortzusetzen.

Letztendlich kann man sagen: Alle zeitgenössischen prominenten Geiger verehrten Wilma Neruda. Als Ausdruck seiner Achtung widmete beispielsweise Pablo de Sarasate ihr einen seiner spanischen Tänze. Damit befand sie sich in guter Gesellschaft mit Joseph Joachim, H. Hermann und Leopold Auer[398], denn diesen berühmten Virtuosen eignete er ebenfalls je einen seiner Tänze zu. Niels Gade dachte bei der Komposition seines Violinkonzertes an die Geige Wilma Nerudas.[399] Seine dritte Sonate für Violine und Klavier war ihr ebenfalls dediziert.[400]

Der Geiger Johann Christoph Lauterbach schickte der Virtuosin seine Komposition *Legende*, mit der Bitte, diese in ihren Konzerten zum Vortrag zu bringen.[401] Ähnliche Anliegen kamen auch von anderen Komponistinnen und Komponisten.[402]

Doch nicht nur mit männlichen Kollegen wurde Wilma Neruda verglichen. Sie diente auch als Vergleichspunkt für andere Künstlerinnen. Als es in der zweiten Hälfte des 19. Jahrhunderts immer mehr Geigerinnen gab, die eine große Karriere anstrebten, wie beispielsweise Marie Soldat-Röger[403], Gabriele Wietrowetz[404] und Maud Powell[405], wurden diese jungen aufstrebenden Violinistinnen mit Wilma Neruda verglichen bzw. sie als deren Vorbild angesehen. Als Wilma Neruda am 6. März 1900 ein Konzert bei der *Philharmonic Society* absagen musste, sprang die junge amerikanische Geigerin Maud Powell für sie ein und spielte das Konzert von Camille Saint-Saëns Nr. 3 in b-Moll. Das Konzert wurde ein großer Erfolg, und Maud Powell wurde fortan „the Lady Hallé of America" genannt.[406]

---

[398] Leopold Auer (1845-1930), österreich-ungarischer Geiger.
[399] BSB München. Nerudaiana: Brief Niels Gade an Wilma Neruda, Kopenhagen 12.9.1881. Es handelt sich dabei um das Violinkonzert d-Moll op. 56.
[400] Die Sonaten für Violine und Klavier Nr. 1 und Nr. 2 waren Clara und Robert Schumann gewidmet
[401] Vgl. BSB München. Nerudaiana: Brief Johann Christoph Lauterbach (1832-1918, deutscher Geiger) an Wilma Neruda, Dresden 11.10.1890.
[402] Berlin SBPK: Mus. ep. Wilma Norman Neruda 5: Antwortbrief Wilma Neruda an Mary Wurm, in dem sie auf die Bitte ihre Sonate zu spielen, ablehnend reagiert. London 11.4.1889.
[403] Marie Soldat-Röger (1864-1955), österreichische Geigerin, Schülerin Joseph Joachims.
[404] Gabriele Wietrowetz (1866-1937), österreichische Geigerin, Schülerin Joseph Joachims.
[405] Maud Powell (1867-1920), US-amerikanische Geigerin, u.a. Schülerin Joseph Joachims.
[406] Shaffer: Maud Powell, S. 164 / 165.

Wie Wilma Neruda die Konkurrenz selbst empfand, ist nicht bekannt. Ein Tagebuch über die Jahre als Geigerin in England, das über diese Zusammenhänge Auskunft geben könnte, wurde bis jetzt nicht gefunden. Daher ist nicht bekannt, ob und inwieweit sie Konkurrenz fürchtete. Dass sie sich allerdings an der Konkurrenz orientierte, ist belegt durch einen erhaltenen Brief an Francesco Berger[407]. Hierin sagte die Geigerin zu, das Violinkonzert D-Dur op. 61 von Ludwig van Beethoven zu spielen. Gleichzeitig erkundigte sich die Virtuosin, wer in der Saison außer ihr das Konzert spielen würde. Doch da sie das Konzert schon zugesagt hatte, schien es sich eher um eine informelle Frage zu handeln.

4.3.2 Anerkennung in der Gesellschaft

„Frau Norman-Neruda, die unübertreffliche Zauberin auf der Geige, ist seit einigen Wochen in den Besitz einer der besten und schönsten Geigen gekommen, deren Töne seit Ernst's Tode verstummt waren."[408] Es handelte sich dabei um eine Stradivari im Wert von 4000 Talern. Der Herzog von Edinburgh[409], Lord Dudley und Lord Hardwicke schenkten der Künstlerin diese als Ausdruck ihrer Bewunderung. In einem Interview erzählt die Virtuosin, wie sie zu diesem großartigen Geschenk kam:

> Although the ‚Strad' is considered one of the most perfect in existence. It belonged to Ernst, to whom it was presented by an English admirer, famous for his collection of violins. I was very anxious to have a ‚Strad', when I heard that this instrument was for sale by a well-known dealer in Edinburgh. Not knowing its tone, I obtained permission to try the violin once or twice at concerts. One evening I played at Lord Dudley's [...] and among others the Duke of Edinburgh was there. His Royal Highness was very pleased with the instrument he would. I laughingly remarked that that would be very unfair, as he had such a fine ‚Strad' already. The Duke then suggested to Lord Dudley that they should buy the violin for me, which they did.[410]

---

[407] Vgl. London BL., Sig. RPS MS 347 f. 69, Brief Wilma Neruda an Francesco Berger. Francesco Berger (1834-1933), Sekretär der *Royal Philharmonic Society*, London 19. Mai 1889.

[408] Signale 33. Jg., Nr. 9, Februar 1875, S. 139. Es handelt sich dabei um eine Stradivari Baujahr 1709, ID 287, die Heinrich Wilhelm Ernst bis zu seinem Tod spielte.

[409] Herzog von Edinburgh (1844-1900), Herzog von Sachsen-Coburg-Gotha, Prinz Alfred, zweiter Sohn der Königin Victoria, Bruder des Prinzen von Wales und späteren König Edouard VII, war selber Geiger, wie folgende Notiz zeigt: „Das erste Concert der Royal Albert-Hall-Gesellschaft unter Sullivan's und Mount's Direction hatte ein Orchesterpersonal von 192 Mann, an der Spitze der ersten Geigen saß der Herzog von Edinburgh als Mitwirkender." NZfM 40. Jg., Bd. 69, 7.3.1873, S. 113.

[410] Interview Wilma Neruda, S. 173 f.

Wilma Neruda verkehrt in den vornehmsten Salons, ja sogar im Königshaus ist sie hoch geachtet[411], und diniert mit den berühmtesten und einflussreichsten Häuptern Englands. Zu ihren Bekannten zählen hohe Politiker, wie beispielsweise William Gladstone[412] und der Bankier Lord Revelstoke[413]. Sie ist ein Teil der Londoner Society und gern gesehen bei Hoffesten der Prinzessin[414] und des Prinzen von Wales.[415]

Eine ganz besonders herzliche Beziehung hat Wilma Neruda zur Prinzessin von Wales, der späteren Königin Alexandra[416]. Die Freundschaft der beiden Frauen begann, lange bevor Wilma Neruda in Schweden heiratete und die Prinzessin Thronanwärterin in England wurde.[417] Vermutlich lernten sie sich kennen, als Wilma Neruda mit ihren Geschwistern in Dänemark ihre erfolgreichen Jugendtourneen durchführte. In dieser Zeit spielten die Geschwister wiederholte Male auch im dänischen Königshaus.

Nach dem Tod Königin Victorias im Januar 1901 übernahm ihr Sohn, der Prinz von Wales, die Regierungsgeschäfte. Seine Frau, Königin Alexandra, verlieh der großen Geigerin nur wenige Monate nach ihrer Ernennung zur Königin den Titel *Violinist to the Queen*.

---

[411] Vgl. *The Strad*, 72. Bd., Nr. 853, Mai 1861, S. 19.

[412] Vgl. University Library, Coll./Call# CO9/6, Box/Folder# 2,16: Brief Wilma Neruda an Miss Gladestone, Ehefrau von William Gladstone (1809-1898, Britischer Premierminister), Manchester, 27.1.1881: Wilma Neruda sagte eine Einladung aufgrund eines Konzertes ab.

[413] Edward Charles Baring – 1. Lord Revelstoke (1828-1897).

[414] Alexandra von Wales (1844-1925), Prinzessin Alexandra von Dänemark. 1901 wurde sie als Gemahlin von König Eduard VII zur Königin gekrönt.

[415] Vgl. SMT 16. Jg., Nr. 6, 16.3.1896: „Lady Hallé deltager äfven mycket i Londons högre sällskapslif och är gerna sedd på hoffesterna hos prinsen och prinsessan af Wales." Prinz von Wales (1841-1910), Albert Eduard von Sachsen-Coburg-Gotha, ab Januar 1901. Nach dem Tod von Victoria I, wurde er König Eduard VII. Er liebte die französische Lebensart, die Welt der Theater und das Glücksspiel. Sein Schloss Sandringham wurde ein Zentrum des High-Society-Lebens,

[416] Prinzessin Alexandra pflegte trotz Schwerhörigkeit eine große Liebe zur Musik. Sie spielte eifrig Klavier und war Schülerin von Charles Hallé. Obwohl ihr Musikgeschmack eher konventionell war, besuchte sie in den 70er Jahren, als das Interesse an Johann Sebastian Bach neu erwachte, Aufführungen seiner Werke. Zusammen mit Prinz Eduard förderte sie das Royal College of Music und organisierte im Marlborough House Konzerte für die jungen Nachwuchskünstler. Vgl. Georgina Battiscombe: *Alexandra. Königin an der Seite Edouard VII*, München 1970 und SMT 17.2.1902.

[417] Interview Wilma Neruda, S. 173.

Abb. 30 Wilma Neruda, Zeichnung von Otto Bache (1839-1927)

Wie interessant der Prinzessin Wilma Neruda erschien, bezeugt die Tatsache, dass sie sich kurzerhand bei ihr auch selber einlud. Clara Schumann, die ebenfalls geladen war, schrieb in ihr Tagebuch: „Am 28.April 1888 bei der Neruda ein ‚Künstlerdiner‘, zu dem die Prinzessin von Wales sich selbst eingeladen, mitgemacht und bei dieser Gelegenheit einen erheblich günstigeren Eindruck von dem Wesen des hohen Gastes empfangen hatte."[418]

Zu ihren Diners lud Wilma Neruda Künstlerinnen und Künstler ein wie beispielsweise das Künstlerehepaar Laura[419] und Lawrence Alma-Tadema[420] und Lady Linsay[421]. Von ihr erhielt Wilma Neruda als Ausdruck ihrer Wertschätzung „ein schönes nützliches Geschenk [...], einen Seals Paletot und Muff der Pfund 35 kostet und einen Toiletten Kasten alles mit Silber der gewiß ebensoviel kostet".[422]

---

[418] Litzmann: Clara Schumann, Bd. 3, S. 500.
[419] Laura Alma-Tadema (1852-1909), britische Malerin.
[420] Lawrence Alma-Tadema (1836-1912), niederländischer Maler.
[421] Lady Linsay (Caroline Blanche Fitzroy) (1844-1912), englische Künstlerin, Galeristin und Mitbegründerin der Grosvenor Gallery. Ihre Mutter war eine Rothschild.
[422] Kopenhagen MM, FNP, Kassette 1/ 3: Brief Wilma Neruda an Franz Neruda. o.O., 5.10.1874.

Eine besondere Form der Virtuosenverehrung stellt das Porträt der Künstlerin durch Maler dar. Als Beispiele seien hier genannt: eine Zeichnung des Malers Moritz Calisch[423], der Wilma Neruda mit ihren Geschwistern Amalie und Viktor 1848 schon als Wunderkind porträtierte. Ein Holzschnitt[424] von 1872 zeigt sie bei einem Streichquartettvortrag zusammen mit Alfredo Piatti, Ludwig Strauss und Louis Ries. Ferner haben Daniel Frederick Wentworth[425] und Violet Victoria Butler[426] Ölgemälde von ihr gefertigt. Das Kopenhagener Musikmuseum ist im Besitz eines Gemäldes von John Collier[427], einer Zeichnung von Otto Bache[428] sowie eines unbekannten Malers, die alle Wilma Neruda darstellen. Außerdem befindet sich dort ein Gemälde des Künstlers Wilhelm Marstrand[429], das sie als junges Mädchen Geige spielend zeigt. Der begleitende Klaviervirtuose trägt unverkennbar die Züge Niels Gades.

Doch auch Schriftsteller gaben der Virtuosin ein Andenken. In einem seiner Bücher hat Sir Arthur Conan Doyle die Geigerin mehrere Male erwähnt.[430] Sherlock Holmes besucht darin ein Konzert dieser großen Künstlerin. Wie viele Rezensenten lobt auch der Detektiv die glänzende Bogenführung der Geigerin und natürlich ihr großartiges Spiel.

Einen weiteren Höhepunkt der Anerkennung ihrer großen künstlerischen Leistungen erlebte Wilma Neruda im Jahre 1896. Schon im Herbst 1895 fand sich ein Komitee zusammen, an dessen Spitze als Präsident der Prinz von Wales stand. Ziel des Komitees war es, das 50-jährige Bühnenjubiläum Wilma Nerudas sowie ihren 25-jährigen Wohnsitz in England vorzubereiten. Patronin war die Prinzessin von Wales, spätere Königin Alexandra. Im Komitee befanden sich außerdem mehrere Mitglieder des englischen Hochadels, wie der Earl of Hardwicke, Earl of Darnley, Lord Revelstoke nebst Repräsentanten der schwedischen und dänischen Krone. Vertreten waren außerdem Honoratioren aus Australien, aus Hessen und seine Eminenz der Kardinal und Erzbischof Vaugham, außerdem zahlreiche hochrangige Musikerinnen und Musiker, mit denen Wilma Neruda jahrelang gemeinsam

---

[423] Moritz Calisch (1819-1870), niederländischer Maler.
[424] Vgl. Abb. 63.
[425] Daniel Frederick Wentworth (1850-1934), norwegisch-amerikanischer Maler. Das Gemälde entstand um 1870. Vgl. Abb. 28.
[426] Violet Victoria Butler (1889-1980), britische Malerin.
[427] John Collier (1850-1934), britischer Maler und Schriftsteller, vgl. Abb. 77, im Farbteil.
[428] Otto Bache (1839-1927), dänischer Künstler, vgl. Abb. 30.
[429] Wilhelm Marstrand (1810-1873), dänischer Maler, vgl. Abb. 22.
[430] Vgl. Fußnote 2, Kap. I.1.

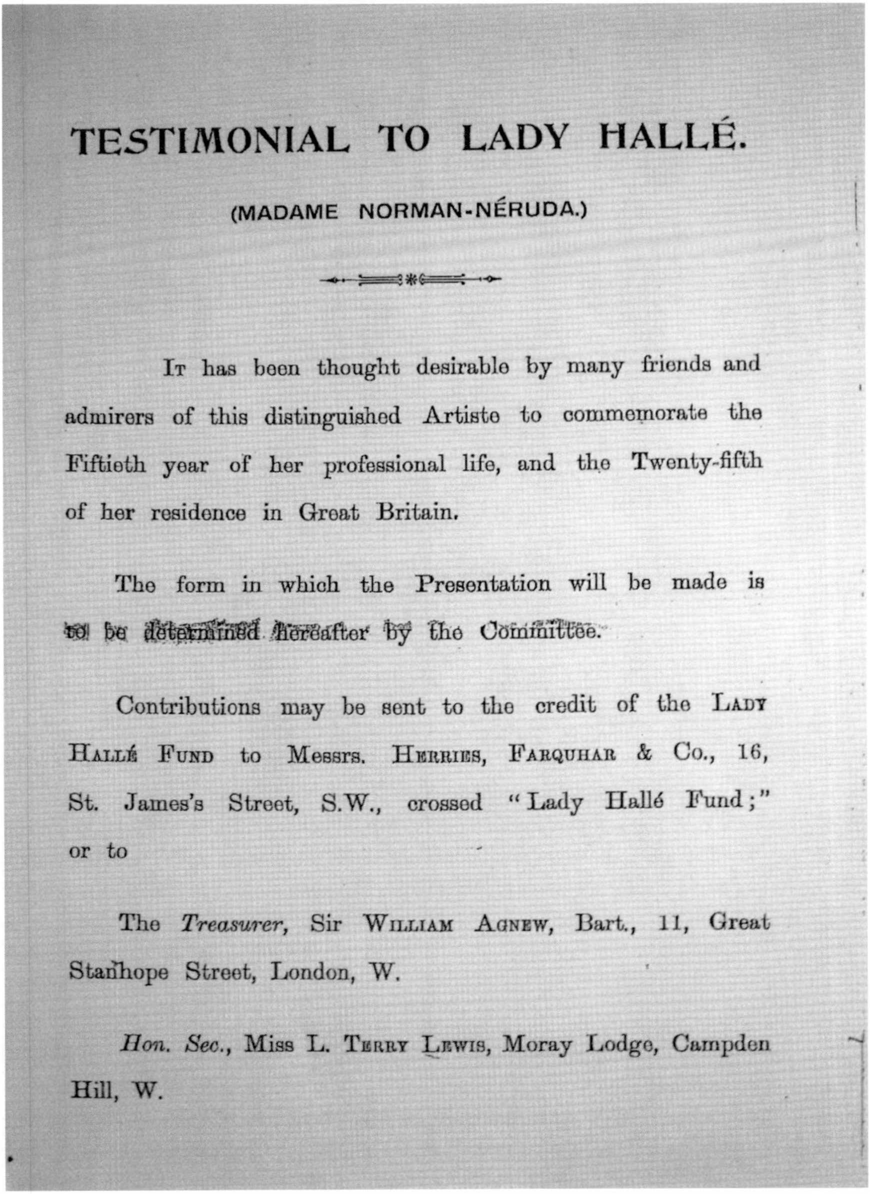

TESTIMONIAL TO LADY HALLÉ.

(MADAME NORMAN-NÉRUDA.)

It has been thought desirable by many friends and admirers of this distinguished Artiste to commemorate the Fiftieth year of her professional life, and the Twenty-fifth of her residence in Great Britain.

The form in which the Presentation will be made is to be determined hereafter by the Committee.

Contributions may be sent to the credit of the LADY HALLÉ FUND to Messrs. HERRIES, FARQUHAR & Co., 16, St. James's Street, S.W., crossed "Lady Hallé Fund;" or to

The *Treasurer*, Sir WILLIAM AGNEW, Bart., 11, Great Stanhope Street, London, W.

Hon. Sec., Miss L. TERRY LEWIS, Moray Lodge, Campden Hill, W.

Abb. 31 Testimonial Seite 1

COMMITTEE.

H.R.H. THE PRINCE OF WALES, *President.*

His Eminence The Cardinal Archbishop Vaughan.
His Grace The Duke of Westminster.
His Grace The Duke of Fife, K.T.
The Marquis of Lorne, K.T., M.P.
His Excellency The Danish Minister.
His Excellency The Swedish and Norwegian Minister.
Principe di Molfetta.
The Countess of Normanton.
The Countess of Radnor.
The Earl of Kintore, G.C.M.G.
The Earl of Hopetoun, G.C.M.G.
The Earl of Hardwicke.
The Earl of Darnley.
The Earl of Lathom, G.C.B.
Earl Carrington, G.C.M.G.
The Lady Battersea.
The Lord Revelstoke.
The Right Hon. Arthur James Balfour, M.P.
Rt. Hon. C. R. Spencer.
Field Marshal Sir Frederick P. Haines, G.C.B., S.I.
The Hon. Mrs. Maclagan.
The Hon. Mrs. Alfred Sartoris.
The Hon. Mrs. Eric Barrington.
Hon. Mrs. C. R. Spencer.
Mrs. Asquith.
The Hon. Eric Barrington, C.B.
Madame Clara Schumann.
Madame Albani-Gye.
Miss Agnes Zimmermann.
Miss Fillunger.
Mr. Alfred de Rothschild.
Sir Herbert Oakeley, LL.D.
Sir A. C. Mackenzie, Mus.D.
Sir George Grove, C.B., D.C.L.
Sir Joseph Barnby.
Dr. Hubert Parry.
Professor C. Villiers Stanford, M.A., Mus.D.
Dr. Hans Richter.
Mr. August Manns.
Mr. Georg Henschel.
Dr. Johannes Brahms.
Mr. S. Radcliffe Platt.
Dr. Edvard Grieg.
Dr. Joseph Joachim.
Dr. Eduard Hanslick.

Signor Piatti.
Mr. Ludwig Straus.
Mr. Louis Ries.
Professor Ernst Pauer.
Mr. Adolph Brodsky.
M. Ernest Vieuxtemps.
Mr. Hugo Becker.
Mr. Alfred Gibson.
Mr. Edward Lloyd.
Mr. Charles Santley.
Sir Augustus Harris.
Mr. Arthur Chappell.
Sir Frederic Leighton, Bart., P.R.A.
Sir John E. Millais, Bart., R.A.
Mr. G. F. Watts, R.A.
Mr. J. C. Horsley, R.A.
Mr. L. Alma-Tadema, R.A.
Professor Herkomer, R.A.
Mr. Alfred Gilbert, R.A.
Mr. Frank Dicksee, R.A.
Mr. George du Maurier.
Mrs. Humphry Ward.
Mr. F. C. Burnand.
Sir Henry Irving, D.C.L., LL.D.
Mrs. Arthur Lewis (*née* Kate Terry).
Miss Marion Terry.
The Rev. Canon Duckworth, D.D.
Sir Spencer Wells, Bart.
Sir John Eric Erichsen, Bart.
Sir Edward Lawson, Bart.
Dr. Hermann Weber.
Mr. E. C. Robson Roose, M.D.
Sir William Bowman, Bart.
Sir Thomas Paine.
Sir W. C. F. Robinson.
Miss Mary A. Ewart.
Miss Fleetwood Wilson.
Mrs. N. Cohen.
Mr. Edward Reiss.
Mr. E. J. Broadfield.
Mr. A. J. Hipkins, F.S.A.
Mr. J. H. Tschudi Broadwood.
Mr. Thomas Threlfall.
Mr. Philip Leslie Agnew.
Mr. C. W. Mathews.
Mr. Arthur James Lewis.
Mr. Hermann Klein.
Mr. Fred Pawle.
Mr. Frank Forty.
Mr. Charles Morley, M.P.

Abb. 32 Testimonial Seite 2

4. Aufbau eines Profils. England 1869-1900

Abb. 33 Boudoir Wilma Nerudas, Holland Haus 19, London, Fotografie

musiziert hatte, wie beispielsweise Clara Schumann, Joseph Joachim, Frederic Cowen, Hans Richter, Johannes Brahms, Edvard Grieg und Marie Fillunger. Die Feier fand am 16. Mai 1896 im Marlborough House statt. Zu diesem Anlass überreichte ihr Prinzessin Louise[431] eine silberne Schachtel mit Glückwünschen ihrer Bewunderinnen und Bewunderer. Ferner erhielt sie als Ausdruck der Dankbarkeit eine Villa in Asolo.

Durch die große Anzahl ihrer Konzerte verdiente Wilma Neruda genügend, um sich einen hohen Lebensstandard zu sichern, den sie auch genoss und auszuleben verstand. So wohnte sie in den edelsten Stadtvierteln Londons, wie bei-

---

[431] Prinzessin Louise – Duchess of Argyll (1848-1939), Mitglied der britischen Königsfamilie, sechstes Kind von Königin Victoria.

spielsweise am *Hyde Park* und *Holland Park*.[432] Im Zusammenhang mit einem Interview, das Wilma Neruda der Zeitung *The Woman's World* gab, wird dem Leser auch ein intimer Blick in das Zuhause der Geigerin gewährt:

> Even as Lady Hallé speaks the shadows fall so that I can scarcely perceive the playful humour which flits across her face as she recalls her days of small things. In the midst of our talk, however, a maid enters to light a large lamp of glittering gold and pink-coloured glass. The lamp casts a warm glow for a few yards around, lighting up the features with which almost every music-lover in almost every town must be familiar, and revealing a homely dress of dark-checked silk. In the rest of the large music-room there is bur a „dim religious light" which well fits the pictures by the mantelpiece of Christ and the Virgin Mary, that at once attract the eye – small though they be – as betokening Lady Hallés allegiance to the old faith. In the dusky expanse of strawberry coloured upholstery and rich drapery two other objects also stand out clearly, the grand piano in polished ebony and gold frame, with a score from which Sir Charles and Lady Hallé had just been rehearsing for a concert that evening still resting upon the easel.[433]

Mit ihrer Liebe zu Hunden, „Home-life" und „Five o'clock tea" führt Wilma Neruda privat das Leben einer englischen Lady, voll der Hoffnung auf die Zukunft. Auf dem Höhepunkt ihrer Karriere in London findet Wilma Neruda auch persönlich ihr Glück. Drei Jahre nach dem Tod von Ludvig Norman heiratet sie 1888 ihren langjährigen Klavierpartner Charles Hallé, der kurz zuvor von Königin Victoria in den Adelsstand erhoben wurde. Fortan nennt sich die Künstlerin *Lady Hallé*.

Alle gesellschaftliche Anerkennung führte jedoch nicht dazu, dass der Musik und den auftretenden Künstlerinnen die Achtung entgegengebracht wurde, die diese glaubten stets beanspruchen zu dürfen. So bezeugt ein Tagebucheintrag Clara Schumanns, dass die absolute Spitze der Gesellschaft die Aufmerksamkeit, die die Musik als Kunst im Verlauf des 19. Jahrhunderts erfahren hatte, nicht mittrug und die Künstler wie im absolutistischen 18. Jahrhundert als dienstbare Unterhalter behandelte:

---

[432] Als bekannte Adressen konnten ermittelt werden:
Burwood Place Nr. 3 am Hyde Park;
Bentinck Street 17;
Linden Gardens 20, Bayswater / London. W.;
Holland Park Nr. 19, (Hier wohnen heute Diplomaten und andere Würdenträger aus der Wirtschaft und Regierung). Vgl. Abb. 62.
[433] Interview Wilma Neruda, S. 173 f.

4. Aufbau eines Profils. England 1869-1900

Abb. 34 Wilma Neruda, Fotografie

London, April 1872. Am 20. war meine alljährliche Abschiedsmatinee bei Burnands ... Ich musste noch einige Tage zugeben, weil die Königin mich zum Spiel in den Buckingham Palace eingeladen. Das war ein unglaubliches Concert ... Mad. Neruda, Frl. Regan, und einige Herren wirkten mit. Das Zimmer war schön für Musik aber nicht sehr groß – 700 Personen waren geladen (von 5-7 Uhr fand es statt), etwa 100 Personen waren im Saale und zum größten Theile hinter leeren Stühlen stehend. Mit der Königen saß die Herzogin von Cambridge und Prinzeß Louise. Die Königin begrüßte uns gar nicht, saß halb in das Zimmer gekehrt, sprach unausgesetzt, hörte nur immer die letzten Tacte, von jedem Stück und applaudirte dann wenig. Wie ... sah sie aus! ... mit weißer Mullhaube, ganz gewöhnlichem schwarz-seidenem Kleide. ... Während der Musik hörte man noch überdies das Gemurmel der übrigen 600 Menschen in den Nebensälen. Das Unglaublichste geschah nach dem ersten Theil: Die Königin stand auf um Thee zu nehmen und als Zwischenmusik ertönte erst ein Potpourri der Kgl. Bande dann legten zwei Backpipers (im Nebensaale) los (diese in schottischen Kostümen!) Ich wusste nicht, was ich sagen sollte, begriff erst gar nicht was los war, bis Mad. Neruda mir erzählte, dass diese Musik der Königin Lieblings-Musik sei! ... Ich war außer mir, wäre am liebsten gleich fortgelaufen. Nun begann der zweite Theil und schon hatte die Königin sich halb wieder auf ihren Stuhl gesetzt, als ihr wieder einfiel, sie müsste uns etwas sagen. So kam sie denn, begann mit einer leichten Kopfneigung bei mir mit den Worten „sehr schön gespielt!" wobei sie den Blick rund um (wir standen alle nebeneinander) gehen ließ und sich wieder zurückzog auf ihren Stuhl.

… Als Alles vorüber war sagte sie uns kein Wort des Dankes – Das war mir im Leben noch nie passiert … nun mich sieht diese Königin nicht wieder bei sich, so viel weiß ich![434]

Das macht deutlich, dass trotz der hohen Wertschätzung, die sich in der Einladung widerspiegelt, Königin Victoria ihren Gästen gegenüber nicht immer die nötige Achtung entgegenbrachte.

4.4 Zusammenarbeit mit Charles Hallé

Die erste Begegnung zwischen Wilma Neruda und Charles Hallé fand vermutlich im Frühjahr 1849 statt. Das damalige Wunderkind kam mit den Geschwistern nach England und konzertierte u.a. am 28. Mai in Manchester in den Gentlemen-Konzerten. Zu der Zeit lebte Charles Hallé schon in dieser Stadt, und es liegt nahe, dass er die kleine Geigenvirtuosin in einem Konzert gehört hatte.[435]

Als Pianist hatte er sich in Paris schon in den 1840er Jahren einen Namen gemacht. Anlässlich der Februarrevolution 1848, die sich auf das Musikleben der französischen Hauptstadt verheerend auswirkte, ging er zunächst nach London. Kurz nach seiner Ankunft dort bekam er die Gelegenheit, im Orchesterkonzert *Covent Garden* das Klavierkonzert in Es-Dur von Beethoven mit großem Erfolg aufzuführen.[436]

Für Herman Leo, einen musikbegeisterten wohlhabenden Stoffdruckfabrikanten aus Manchester, war daher Charles Hallé der richtige Musiker, der das damals laienhafte Musikleben in dieser Stadt zum Erfolg bringen konnte.[437] Er konnte den Pianisten überzeugen, und so ging jener Ende 1848 nach Manchester, um das Konzertleben dort zu professionalisieren. Schon im Winter 1848/49 organisierte Charles Hallé eine Reihe von sechs Kammermusikkonzerten, deren stetiger Erfolg 1852

---

[434] Litzmann, Berthold (Hg.): *Clara Schumann. Ein Künstlerleben. Nach Tagebüchern und Briefen*, Bd. 3 (1856-1896), Reprint Hildesheim / Zürich / New York 1971, S. 274.

[435] Vgl. Michael Kennedy (Hg.): *The Autobiography of Charles Hallé*, London 1972, S. 20. Im November des gleichen Jahres wurde ihm die Leitung der Gentlemen-Konzerte angetragen.

[436] Vgl. auch für das Folgende: Kersting: Carl Halle, S. 22.

[437] Vgl. ebd. S. 24. Manchester galt durch seine Industrie als reiche Stadt. Die Gesellschaft der Gentlemen-Konzerte war dadurch finanziell sehr gut gestellt.

4. Aufbau eines Profils. England 1869-1900 141

zur Gründung der *Chamber Music Society* führte. An den Konzerten auf hohem Niveau nahmen außer dem Cellisten Alfredo Piatti die Geiger Heinrich Ernst, Bernhard Molique und Henri Vieuxtemps regelmäßig teil.

Ende 1849 wurde Charles Hallé die Leitung der *Gentlemen's Concerts*, die bisher ohne festen Dirigenten spielten, angetragen. Das Orchester probte vierzehntägig, was auch als „private concert" galt, und gab einmal im Monat ein öffentliches Konzert. Durch das Engagement von Hallé entwickelte sich das Orchester zu einem professionellen Klangkörper, der regelmäßig hervorragende Solisten wie Clara Schumann, Arabella Goddard, Ernst Pauer, Joseph Joachim, Henryk Wieniawski, Ole Bull, Heinrich Ernst und August Wilhelmj zu den Aufführungen einlud. Im Rahmen der *Gentlemen's Concerts* wurden ab 1870 auch Kammermusikabende in verschiedenen Besetzungen gegeben.

Den Sommer über konzertierte Hallé wie vereinbart in London. Hier gab er regelmäßig seine von ihm eingeführten reinen Klavierrecitals. In einer Reihe von acht Klavierabenden brachte er 1861 sämtliche 32 Beethoven Klaviersonaten zur Aufführung, was bis dahin einmalig im Musikleben Londons war. Schließlich aber führte er ab 1869 immer mehr Kammermusik in seine Konzerte ein.[438] Diese Recitals erweiterte er im Laufe der Zeit immer mehr zu Kammermusikrecitals. Bald reichte sein Ruf als professioneller Musiker über Manchester und London hinaus, da er seinen Wirkungsbereich ständig erweiterte. So spielte er entweder solistisch oder mit anderen Musikern regelmäßig in den Provinzen Englands und Schottlands wie Edinburgh, Chester, Bury, Leeds u.a.

Während der Kunst- und Handwerksausstellung 1857 in Manchester wurde Hallé schließlich aufgrund seiner organisatorischen und künstlerischen Fähigkeiten auf kammermusikalischer Ebene und als Leiter der *Gentlemen's Concerts* die musikalische Leitung des Festivalorchesters angetragen. Wie im Kapitel 4.2 beschrieben, gründete er daraus das bis heute berühmte Hallé-Orchester.

Als Wilma Neruda im Mai 1869 nach London kam, hielt sich Charles Hallé gerade dort auf, und vermutlich hatte er ihrem erneuten Debüt bei der *Philharmonic Society* beigewohnt. Drei Tage nach ihrem Comeback in der renommierten Vereinigung wird in der Times ein Recital der Geigerin mit Charles Hallé als sie begleitender Pianist angekündigt.[439] Auf dem Programm der in der *St. James's Hall* stattfindenden Darbietung standen u.a. *Fantaisie-Caprice* op. 11 von Henri Vieuxtemps und die Sonate für Klavier und Violine G-Dur op. 30 von Ludwig van Beethoven. Bereits während des ersten gemeinsamen Konzertes hatte die Künstlerin das

---
[438] Vgl. ebd. S. 46, 108-111.
[439] Vgl. Times Nr. 26/442, 20.5.1869, S. 1. Das Konzert fand am 22.5.1869 statt.

Abb. 35 Charles Hallé, Fotografie

Gefühl, dass sie niemals so gut begleitet wurde wie von Charles Hallé.[440] Diese Partnerschaft war für die musikalische Zusammenarbeit ideal. Beide Künstler waren kompromisslos, wenn es um ihre eigenen Vorstellungen ging, aber jeder konnte des anderen Beitrag zu einer gelungenen Aufführung annehmen.[441] Es entwickelte sich eine Freundschaft mit gegenseitiger großer Wertschätzung, die bis zum Tod des Pianisten anhielt.

Noch vor der Sommerpause geben Wilma Neruda und Charles Hallé gemeinsam eine Reihe von Kammerkonzerten in London und Umgebung, die im Herbst 1869 fortgesetzt wird. Von Mitte September bis Ende Dezember konzertiert das Duo fast täglich zusammen in London und den Provinzen Englands.

---

[440] Vgl. Interview Wilma Neruda, S. 171-174.
[441] Vgl. Kersting: Carl Halle, S. 57.

4. AUFBAU EINES PROFILS. ENGLAND 1869-1900

In den Londoner Popular-Konzerten spielen sie oft gemeinsam, und einige Werke erlangen durch das Duo in Gemeinschaft mit anderen renommierten Instrumentalisten ihre englische Erstaufführung.[442]

Die gemeinsame Konzerttätigkeit Wilma Nerudas und Charles Hallés bezieht sich jedoch nicht nur auf England. Auch außerhalb des Königreiches begleitet der Pianist die Künstlerin. Im April 1880 beispielsweise folgen beide einer Einladung Hans von Bülows nach Hannover:

> In Hannover gaben Frau Norman-Neruda und Herr Charles Hallé aus London ein von außerordentlichem Erfolge gekröntes Concert. Gemeinschaftlich brachte das treffliche Künstlerpaar für Clavier und Violine Schubert's große Fantasie in Gdur und die neue Sonate in Gdur von Brahms zu Gehör. Frau Norman-Neruda excellirte außerdem in der dmoll Sonate von Rust, einem Adagio von Spohr und drei ungarischen Tänzen von Brahms-Joachim. Herr Hallé's in einem Nocturne und der Fisdur-Barcarole bestehende Solovorträge erfreuten sich einer technisch musterhaften ungemein delicaten Ausführung und fanden demgemäß beifälligste Aufnahme.[443]

Diesem Konzert schließt sich eine Tournee nach Kopenhagen an, wo sie ebenfalls mit großem Erfolg gemeinsam konzertieren:

> Frau Norman-Neruda hat ein paar Concerte gegeben, in welchen jedes Mal der Saal bis auf den letzten Platz besetzt, und der Beifall rauschend war. Im zweiten Concert wurde die Concertgeberin von dem angesehenen Pianisten Hallé aus England, der auch hier seinen Ruf als ein solider und talentvoller Künstler ersten Ranges bestätigte, assistirt.[444]

Charles Hallé reiste regelmäßig in seine Heimatstadt Hagen, um dort Verwandte und Freunde zu besuchen. Stets gab er dort eine Reihe Konzerte, oft zugunsten des städtischen Krankenhauses. Seit 1878 begleitete ihn Wilma Neruda auf diesen Tourneen.[445]

---

[442] Vgl. May, Florence: Johannes Brahms. Die Geschichte seines Lebens, 2. Aufl., 2 Bd. in einem Bd. Leipzig 1925, Reprint München 1983, S. 117 und S. 222. Vgl. Kapitel Repertoire.
Gemeinsames Konzert mit Ludwig Strauss und Alfredo Piatti am 26.1.1874. Gespielt wurde von Johannes Brahms: Klavierquartett g-Moll op. 25.
Gemeinsames Konzert am 22.1.1883 mit Alfredo Piatti: Johannes Brahms: Klaviertrio C-Dur op. 87.
[443] Signale 38. Jg., Nr. 30, April 1880, S. 473.
[444] Signale 38. Jg., Nr. 40, April 1880, S. 632.
[445] Vgl. Kersting: Carl Halle, S. 57.

Teilweise reist die Geigerin so viel, dass Hallé ihre Korrespondenz bezüglich der Organisation von Konzerten mit übernimmt. Für die geplante gemeinsame Tournee nach Deutschland und Österreich im März 1881 handelt er mit dem Manager Kugel die Programme und die Gagen aus.[446]

Schließlich brechen beide Virtuosen, dann schon als Ehepaar, im Jahre 1890 und 1891 nach Australien zu erfolgreichen Tourneen auf. Vier Jahre später folgt die Tournee nach Südafrika.

4.5 … und weiter reisend

4.5.1 *Konzertreisen auf den Kontinent*

Obwohl Wilma Neruda eine feste Größe im Musikleben Londons war, zählte sie auch über die Grenzen Englands hinaus zu den bemerkenswertesten Künstlerinnen. Im Herbst 1880 reist sie wiederholt in die Heimat, um dort zu konzertieren. In Wien, wo sie 1846 ihre Karriere als Wunderkind begonnen hat, kündigen die Zeitungen ihren Besuch überschwänglich an:

> Schon im nächsten Monat im ersten Konzert der Gesellschaft der Musikfreunde, wird Frau Norman-Neruda ihr Licht, das schon lange am Kunsthimmel Englands und des Auslands als Stern ersten Ranges glänzt, auch im eigenen Vaterlande leuchten lassen und werden u.A. Pest, Graz und Prag der Auszeichnung theilhaftig werden, ihre im fernen Norden berühmt gewordene Landsmännin begrüßen zu können. […] Doch der wahre Künstler kennt keine Mühe, immer vorwärts ist dessen Losung, und, kaum daß diese Zeilen das Licht der Welt erblicken, rüstet sich auch schon Frau Norman-Neruda zu neuen Triumphzügen und wird es ihr auch gewiß in Österreich, wo man wärmer fühlt als im kalten Norden, mindestens eben so rasch wie dort gelingen, sich die Herzen aller zu erobern.[447]

Weiter wird sie in dem Artikel als bedeutende klassische Künstlerin, sowohl im Solo- als auch im Quartettspiel, und mit dem Titel *weiblicher Joachim* bezeichnet. Doch zunächst gilt es für die Geigerin, die Herzen des Publikums

---

[446] Vgl. BSB München. Nerudaiana: Briefe von Charles Hallé an den Manager Kugel in Wien. Manchester 4.12.1880 Sig. A/71/1148 und Manchester 24.2.1881, Sig. A/74/20541.

[447] Kopenhagen MM, FNP: Zeitungssammlung, ohne Titel und Datum, S. 254. Lt. Programmzettel der *Gesellschaft der Musikfreunde* Wien fand das Konzert am 19.11.1880 im *Großen Musikvereins-Saal* statt. Wilma Neruda spielte u.a. das Violinkonzert e-Moll op. 64 von Felix Mendelssohn Bartholdy.

4. Aufbau eines Profils. England 1869-1900

in Brünn[448] und Prag zu erobern. In Prag gibt sie am 8. November im Konzertsaal eine selbständige Soirée. Über ihren Erfolg in diesem Konzert wird in der *Neuen Zeitung für Musik* Folgendes berichtet:

> Das auserlesene Programm enthielt Violinsonaten von F.W. Rust und Händel, das Adagio aus Spohr's 9. Concerte und die Variationen in D von Vieuxtemps, und bot der Künstlerin Gelegenheit, die Vorzüge ihrer Vortragsweise, den schönen, großen innig beseelten und gesangvollen Ton, die wahrhaft überraschende Kraft, die unfehlbare Sicherheit und Bravour des Bogenstriches, die Klarheit und Gediegenheit der Auffassung allseitig zu entfalten, Vorzüge, die nur einer Künstlerin ersten Ranges, einer Meisterin eignen. Der Erfolg der Production war ein überaus glänzender.[449]

Und auch in Pest begeistert sie das Publikum:

> Der große Ruf, welcher der Künstlerin voran ging rechtfertigte die hohen Erwartungen, die man an ihre Künstlerschaft stellt; dass sie diese nicht nur erfüllte, sondern sogar bei Weitem übertraf, bewies, dass man sie mit Recht zu den ersten Violinvirtuosen zählen kann. In dem Violinconcert von Mendelssohn erregte bald der kräftige, männlich-markige Ton, bald die süße Cantilene und das brillante Passagen Spiel allgemeine Bewunderung. Nach der Fdur-Romanze von Beethoven steigerte sich der Beifall zu solchem Enthusiasmus, dass die Künstlerin einen Satz aus einer Bach'schen Sonate zugab.[450]

Schließlich tritt Wilma Neruda an zwei Abenden in Wien im Großen Musikvereins-Saal auf. Der glänzende Ruf, der ihr voranging, ihr edler Ton und der geschmackvolle Vortrag lassen die Wiener sie mit stürmischen Ovationen begrüßen, und auch Eduard Hanslick schwärmt:

> Als einzige Neuigkeit im ersten Gesellschaftskonzerte erschien die Violin-Virtuosin Frau Norman-Neruda. […] Seit Jahren bildet Frau Norman-Neruda einen wertvollen, fast unentbehrlichen Schmuck der Londoner Saison, wo sie neben einem Joachim

---

[448] Vgl. Kyas: Rodina Nerudů, S. 238.
Das Konzert fand am 31.10.1880 im Musikverein Brünn statt. Hier spielte Wilma Neruda mit Orchesterbegleitung das Violinkonzert Nr. 8 a-Moll op. 47 von Louis Spohr. Mit Klavierbegleitung brachte die Geigerin das *Adagio* aus dem Violinkonzert Nr. 22 a-Moll von Giovanni Batista Viotti zur Aufführung und *Variationen* für Violine von Henri Vieuxtemps. Am Klavier wurde sie von ihrer Schwester Olga Neruda begleitet.
[449] NZfM 77. Bd., 48., Nr. 3, 14.1.1881, S. 30.
[450] Signale 38. Jg., Nr. 65, November 1880, S. 1031.

sich siegreich behauptet. Durch den meisterhaften Vortrag der Spohrschen ‚Gesangsszene' im Gesellschaftsconcert erprobte die Künstlerin ihren Ruhm als einen wohlverdienten. Reinheit und Süßigkeit des Tones, Innigkeit der Empfindung bei makelloser, niemals aufdringlicher Bravour charakterisierte ihren Vortrag.[451]

Unter der Leitung von Josef Hellmesberger[452] spielt die Virtuosin im zweiten Konzert das Violinkonzert e-Moll op. 64 von Felix Mendelssohn Bartholdy.[453] Aufgrund ihrer jetzigen Konzerte werden in Wien die Erinnerungen an ihre Konzerte als Wunderkind von der Presse wieder wachgerufen. Schon vor 30 Jahren „rühmte man die weit über ihren Jahren stehende Auffassung, die vollendete Form des Vortrages, die Reinheit der Intonation überhaupt und den feinen kräftigen Ton, den sie der kleinen Dreiviertelgeige entlockte", und diese „Hoffnungen, die der kleine Engel damals erregte, haben sich erfüllt".[454]

Ein geplantes drittes Konzert in Wien muss ausfallen, da die Künstlerin erkrankt ist.[455]

Trotz des großen Erfolges hatte sich die Tournee jedoch offenbar finanziell nicht gelohnt, denn Charles Hallé musste Wilma Neruda zu einer erneuten Tournee in ihre ehemalige Heimat regelrecht überreden, wie ein Brief Hallés an den Konzertorganisator Kugel in Wien beschreibt:

> Was nun Ihre weiteren Projekte für Dresden u. Österreich betrifft, so muß ich gestehen, dass die Erfahrungen, die Frau Norman Neruda jetzt eben gemacht hat, nicht der Art sind, dass ich mich berechtigt fühlen könnte sie zu einem erneuten Versuche aufzufordern, besonders da sie selbst sehr wenig Lust dazu besitzt. Ein ‚Concertiren' zu Zweien kann meines Erachtens nicht sehr lohnend sein; denn, wenn man auch Ihnen z.B. das Concert in Dresden abkaufen will, so bin ich doch sehr in Zweifel darüber ob die gebotene Summe auch von uns angenommen werden könnte? jedenfalls müsste ich sie vorher kennen.[456]

---

[451] Eduard Hanslick: *Concerte, Componisten und Vituosen der letzten fünfzehn Jahre. 1870-1885.* Kritiken, Berlin 1886 / 1880, S. 288. Wahrscheinlich handelt es sich um eine Kritik des Konzertes vom 15.11.1880.
[452] Josef Hellmesberger (1828-1893), österreichischer Geiger, Dirigent, Komponist.
[453] Außerdem erklangen an diesem Abend *Adagio und Rondo* aus dem Violinkonzert E-Dur op. 10 von Henri Vieuxtemps und ein *Ungarischer Tanz* von Brahms-Joachim.
[454] Signale 38. Jg., Nr. 69, Dezember 1880, S. 1092/93.
[455] Vgl. Signale 38. Jg. 38, Nr. 71, Dezember 1880, S. 1123.
[456] BSB München: Nerudaiana: Sig. A/71/1148, Brief Charles Hallé an den Konzertmanager Kugel, Manchester 4.12.1880.

4. Aufbau eines Profils. England 1869-1900

Offensichtlich war die gebotene Summe für die Künstlerin ausreichend, so dass Charles Hallé die Geigerin überzeugen konnte, eine Tournee auf dem Festland im Frühjahr 1881 mit ihm gemeinsam durchzuführen. In Wien organisierte der Manager Kugel die Konzerte. Weitere Stationen führten die Künstlerin und den Künstler nach Prag und Pest.[457] Möglicherweise konzertierten sie auch in Antwerpen, Bonn, Hagen, Düsseldorf, Elberfeld und Essen.[458]

Diese Tournee steht für eine Konzertreise Wilma Nerudas. Es folgen immer wieder Einladungen zu Konzerten von berühmten Dirigenten wie Édouard Colonne[459] im Januar 1882 nach Paris[460], um im *Théâtre Châtelet*[461] zu spielen, oder von Karl Klindworth[462] für Konzerte bei der *Berliner Philharmonischen Gesellschaft*[463].

Leider muss sie aufgrund der sehr zahlreiche Anfragen des Öfteren Konzerte absagen, wie ein Brief vom 9. Oktober 1874 belegt:

> Geehrter Herr,
> Es thut mir sehr leid Ihre freundliche Einladung, in einem Concert in Zürich zu spielen, nicht annehmen zu können. Meine Zeit ist so sehr kurz zugemessen so daß ich leider für dieses Mal ablehnen muß. Ich hoffe aber ein anderes Mal glücklicher zu sein – vielleicht ist es mir möglich zum nächsten Jahr nach der Schweiz zu kommen und da werde ich mir die Freiheit nehmen an Sie geehrter Herr zu schreiben.
> Mit größter Achtung
> Ihre ergebene Wilma Norman Neruda[464]

---

[457] Vgl. Kersting: Carl Halle, S. 51.
[458] Vgl. BSB München. Nerudaiana: Sig. A/71/1148: Brief Charles Hallé an Herrn Kugel, Manchester 4.12.1880.
[459] Édouard Colonne (1838-1910), französischer Dirigent.
[460] Vgl. BSB München. Nerudaiana: Brief Edouard Colonne an Wilma Neruda, Paris 18.1.1882.
[461] Edouard Colonne (1838-1910), französischer Geiger und Dirigent gründete 1875 das *Association Artistique des Concert Colonne* (Concerts Colonne), das seinen Sitz im *Théâtre Châtelet* hatte.
[462] Karl Klindworth (1830-1916), deutscher Dirigent, Komponist, Pianist.
[463] Vgl. München Monacensia: Sig. 1586 / 68 – AI /1: Brief Karl Klindworth an Wilma Neruda, Berlin 15.Mai 1884.
[464] Zentralbibliothek Zürich: Sig. NN 132, AMG I 1683: Aus Nachlass Friedrich Hegar, Dirigent in Zürich. Vermutlich war der Brief an ihn adressiert. Datiert ist der Brief Frankfurt, 8.10.1874.

4.5.2 Konzertreisen nach Skandinavien

Nach ihrem Debüt in der englischen Hauptstadt konzertiert Wilma Neruda in Skandinavien vorerst nicht mehr. Im April 1880, nach einem gemeinsamen Besuch mit Charles Hallé bei Hans von Bülow in Hannover, reist sie weiter nach Kopenhagen. Hier kann Wilma Neruda nahtlos an ihre früheren Erfolge anknüpfen, denn in jedem Konzert war „der Saal bis auf den letzten Platz besetzt".[465] In der dänischen Hauptstadt gibt sie vier Konzerte, davon zwei mit Orchesterbegleitung, und bei jedem Auftritt wird sie mit Begeisterung begrüßt.[466] Insgesamt gibt Wilma Neruda mit ihrem Bruder Franz in Dänemark und Südschweden 16 bezahlte Konzerte.[467] In der Regel werden die Geschwister von Charles Hallé am Klavier begleitet. Nach dieser erfolgreichen Tournee konzertiert die Geigerin wiederholt in Skandinavien. Beispielsweise findet am 29. März 1886 das erste einer erfolgreichen Serie von Konzerten im Kasinotheater in Kopenhagen statt.[468] Der Enthusiasmus der Zuschauer beflügelt die Virtuosin, und regelmäßig kehrt sie in die dänische Hauptstadt zu Konzerten zurück.

Vom Spiel Wilma Nerudas fasziniert ist auch der dänische König Kristian. Als sie am 20. April 1895 im zweiten *Filharmonischen Sällskapat* in Kopenhagen mit dem Violinkonzert D-Dur op. 61 von Ludwig van Beethoven brilliert, überreicht er ihr die *Diamantene Medaille für Kunst und Wissenschaft*.[469]

Obwohl Wilma Neruda des Öfteren gebeten wurde, in Stockholm zu konzertieren, vermied sie dies, seit sie Ludvig Norman 1869 verlassen hatte.[470] Nach seinem Tod 1885 entscheidet sich die Künstlerin jedoch, wieder vermehrt Konzerte in Schweden zu geben. Nach der erfolgreichen Konzertreihe im Frühjahr 1886 in Dänemark setzt sie ihre Tournee in Stockholm fort. Seit ihrem ersten Auftritt 1861 als Jugendliche mit ihren Geschwistern waren 25 Jahre vergangen, doch schnell erobert sie sich die Herzen der Schweden zurück:

> 25 ereignisreiche Jahre liegen zwischen Wilhelmina Norman von damals und heute. Was sie damals träumte und erahnte, lebt sie heute und die Geige ist heute wie damals ihre Vertraute und Stimme. […] Wilhelmina Norman legt von allen Violinisten, die

---

[465] Signale 38. Jg., Nr. 40, April 1880, S. 632.
[466] Vgl. NMT , 1. Jg. Nr. 5, Mai 1880, S. 81.
[467] Vgl. Kopenhagen MM, FNP Kassette 3 / 17: Rechenschaftsbuch Konzerttabelle Franz Neruda: Die Konzerte fanden in der Zeit von 10.4. bis 7.5.1880 statt.
[468] Vgl. SMT 6. Jg., 1.4.1886, S. 56.
[469] Vgl. Stockholm MM, Nachlass Wilma Neruda: Zeitungssammlung, SMT 16.12.1897.
[470] Vgl. NTK 15.3.1886.

4. Aufbau eines Profils. England 1869-1900

Abb. 36 Wilma Neruda, Fotografie

wir hörten, am meisten Seele in ihren Vortrag. Sie vereinigt in sich alle die Züge zusammen, die sonst jeder unserer anderen herausragenden Violinisten einzeln für sich charakterisiert. Es ist ein Fest für uns, dass wir jetzt wieder ihrer Violine lauschen dürfen, umso mehr, als sie [Wilma Neruda] einmal zu uns gehörte. [...] Mit Freude heißen wir sie erneut bei uns willkommen.[471]

Nicht zuletzt durch diesen herzlichen Empfang animiert, konzertiert Wilma Neruda nun regelmäßig wieder in Schweden. Das Publikum ist gefesselt von der

---

[471] Stockholm MM, Nachlass Wilma Neruda: Zeitungssammlung, SMT 1886: „Ett 25-årigt skiftesrikt lif ligger bakom Wilhelmina Norman, mellan nu och då – hvad hon då drömde och anade hor hon nu lefvat och känt, och stråken är nu, såsom då, hennes förtrogne och hennes tolk. [...] Wilhelmina Norman är den af alla violinister vi hört, som liftigast lägger sin själ i föredraget. Hon förenar många af de drag, som hvart för sig karakteriserar våra öfrigar förnämsta violinister. Vi råckna öck så som en högtid att få åter höra hennes stråke, så mycket mer som hon en tid hört oss till. [...] Med glädje helsa vi henne nu välkommen åter."

Seele ihres Spiels und zeugt ihr die höchsten Ehren. Auch hier gilt sie als die Königin der Violinen.[472] Wie verbunden sich ihrerseits die Künstlerin mit den schwedischen Zuschauern fühlt, beschreibt ein Rezensent der *Svensk Musiktidning*:

> Kürzlich besuchten uns zwei Königinnen aus dem Reich der Musik: Madame Adelina Patti und Lady Hallé Neruda. […] Ich hörte Lady Hallé in einem Kammermusikkonzert mit ihrem Mann Sir Charles Hallé spielen. Als die Künstlerin die Bühne betrat, erhielt sie sofort großen Beifall. An diesem Abend spielte sie noch graziöser und glänzender als sonst. Nicht viele Violinspieler können Saint-Saëns Introduzione und Rondo Capriccio in a-moll so großartig spielen wie Lady Hallé. Ich hatte das Vergnügen eine Stunde mit der gefeierten Künstlerin auf Schwedisch zu reden, dass sie noch fließend beherrscht. Sie sprach mit großer Begeisterung von Stockholm und als ich ihr sagte, dass ich mich freue, das zu hören, antwortete sie: ‚Wie kann ich es vergessen, da ich doch so viele liebe alte Freunde dort habe.' Auf meine Frage, ob sie bald wieder nach Schweden komme antwortete sie: ‚Ja, wahrscheinlich innerhalb eines Jahres.' Zum Abschied bat mich die Künstlerin: ‚Grüßen sie alle meine Freunde in Stockholm von mir, wenn sie nach Hause schreiben.' Diese Grüße habe ich jetzt das Vergnügen an die Schwedische Musikzeitung weiter zu geben.[473]

Und Wilma Neruda hält ihr Versprechen. Konzertiert sie ab 1886 noch in größeren Abständen in Schweden, so besucht sie das Land seit 1895 fast jährlich und bezaubert die Menschen in Skandinavien mit ihrer Kunst.

---

[472] Vgl. SMT 11. Jg. Nr. 18, 15.11.1891, S. 137.
[473] SMT 13. Jg. Nr. 3, 1.2.1893, S. 21: Musikbref från England. Das Konzert fand im Januar 1893 in Newcastle statt. „För en kort tid sedan hade vi besök af tvänne drottingar i musikens rike, nämligen Madame Adelina Patti och Lady Hallé-Neruda. […] Annorlunda var förhållandet då Lady Hallé-Neruda jemte sin man, Sir Charles Hallé, spelade på en af Chamber Societys-konserterna här. Stormande applåder helsade konstnärinnan så snart hon visade sig å estraden. Som hon den kvällen var ovanligt väl disponerad blef hennes violinspel mer än vanligt graciöst och glänsande. Det är ej månge violspelerskor, som kunna spela Saint-Saëns' Introduzione & Rondo samt Capriccio i A-moll såsom Lady Hallé-Neruda gjorde det vid detta tillfälle. Jag hade nöjet att språka en stund med den firade konstnärinnan, och på svenska språket, som hon talar fullkomligt flytande. Hon talade med stor förtjusning om Stockholm, och då jag sade, att detta gladde mig att höra, utropade hon: 'Huru kan jag annat, ty der har jag ju så månge kära gamla vänner!' Pa min förfrågan om hon ämnade sig snart till Sverige igen, svarade hon: 'Ja, troligen inom ett år.' Vid afskedet sade konstnärinnan: 'Hälsa alla mina bekanta i Stockholm från mig, då ni skrifver hem.' – En hälsning, som jag nu får nöjet att framföra förmedelst Svenska Musiktidningen."

4.6 Schicksalsschläge

4.6.1 Spielen auf Kosten der Gesundheit

Wilma Neruda und ihr Geigenspiel wurden von Kindheit an gefeiert. Ob als Wunderkind, als Jugendliche oder später als reife Künstlerin, ständig lebt sie das Leben einer reisenden Virtuosin. Nicht verwunderlich ist es daher, dass auch ihre Gesundheit unter den Strapazen des ständigen Reisens litt. Wie bei vielen Virtuosen wurde auch ihre Karriere durch Krankheiten unterbrochen. Wahrscheinlich hat Wilma Neruda schon in den 1870er Jahren an Tuberkulose gelitten, vermutlich aber hatte sie die ersten Anzeichen der Krankheit ignoriert und weiter konzertiert. Am 29. Dezember 1875 jedoch, im letzten *Monday Popular Concert* dieses Jahres, geht es der Geigerin während des Konzertes so schlecht, dass sie ihren Auftritt nicht zu Ende bringen kann. Die noch geplante Kreutzer-Sonate von Beethoven muss daher ausfallen.[474] Trotzdem konzertiert die Virtuosin schon kurze Zeit später, nämlich im Januar 1876[475], noch einige Male in London in den Pops-Konzerten und am 27. des gleichen Monats in Manchester in den Hallé-Konzerten[476]. Spätestens im Februar 1876 jedoch reist die Künstlerin nach Italien zur Kur.[477] Dort erholt sich Wilma Neruda u.a. in San Remo, am Lago Maggiore und in Venedig. In einem Brief an ihren Bruder Franz schreibt sie über den Verlauf ihre Krankheit:

> Der hiesige Arzt (mir durch Dr. Weber in London empfohlen) findet mich recht gut und findet dass eine kurze Kur in Soden und ein Aufenthalt auf hohen Bergen in der Schweiz würde mich wieder ganz gesund machen. Freilig bleibt das geringste in der Lunge zurück so darf ich unter keiner Bedingung nächsten Winter nach England zurück was höchst fatal für mich wäre da ich so schauderhaft viel verliere und ausgeben muß.[478]

---

[474] Vgl. Signale 33. Jg., Nr. 8, Januar 1875, S. 118.
[475] Vgl. NZfM 72. Bd., Nr. 6, 4.2.1876: Wilma Neruda konzertierte am 17.1.1876.
Vgl. NZfM 72. Bd.; Nr.7, 11.2.1876: Wilma Neruda konzertierte am 24.1.1876.
[476] Vgl. Programme auch dem Archiv des Hallé Orchesters.
[477] Kopenhagen MM, FNP Kassette 1 / 2: Brief Marie Neruda an Franz Neruda, Christiania, 13.2.1876: „Gestern hatte ich einen Brief von Minerle, sie reist den 26. nach Mentone, fühlt sich aber jetzt wieder etwas besser, ach Gott gebe dass sie sich diesen Sommer ganz und gar erholt und den schlimmen Husten ganz aufhören wollte." Wilma Neruda wird von ihrer Schwester Marie und deren Sohn Hjalmar nach Italien begleitet.
[478] Kopenhagen MM, FNP Kassette 1/ 3: Brief Wilma Neruda an Franz Neruda, Lago Maggiore Mai 1876.

Deutlich sind die Furcht vor Krankheit und der damit verbundene finanzielle Verlust aus dem Brief der Virtuosin herauszulesen. Dennoch hält sich die Künstlerin nicht an die Anordnungen des Arztes, denn ab dem 13. November 1876 konzertiert sie wieder regelmäßig in den *Monday Popular Concerts*.[479] Wenig erstaunlich ist es daher, dass diese hartnäckige Krankheit nicht ganz ausheilt und Wilma Neruda im Frühjahr 1877 erneut nach Italien zur Kur fahren muss. In der – mutmaßlich richtigen – Annahme, dass eine vollständige Genesung sich nunmehr über einen längeren Zeitraum hinziehen würde, kündigt sie ihre Wohnung in England.[480] Von Italien schreibt sie über ihr Befinden: „Es geht mir seit acht Tagen viel besser – ich huste wieder nur ganz selten – aber erkälte mich unglaublich häufig und schnell."[481]

Wie wenig behutsam Wilma Neruda trotz alledem mit ihrer Gesundheit umgeht, zeigt die Tatsache, dass sie im Mai des gleichen Jahres wieder in den Hallé Recitals spielt.[482] Und auch in späteren Jahren nimmt sie wenig Rücksicht auf ihre Gesundheit, wenn es um die Einhaltung von Konzertverpflichtungen geht. Obwohl sie an Bronchitis leidet und ein Treffen mit Freunden aus diesem Grund absagen muss, fährt sie am folgenden Tag zu einer Tournee nach Kopenhagen.[483]

Vor diesem Hintergrund verwundert es nicht, dass schwere Erkältungskrankheiten im Leben der Künstlerin weiterhin eine große Rolle spielen. In einigen Fällen geschah es auch, dass sie aus diesem Grund Konzerte absagen muss, wie

---

[479] Vgl. Times Nr. 28/781, 8.11.1876, S. 1 / Nr. 28/785, 14.11.1876, S. 1 / Nr. 28/792, 21.11.1876, S. 1 / Nr. 28/803, 4.12.1876, S. 1. Demnach spielte Wilma Neruda am 18./ 20./ 25./ 27.11. und 4.12.1876.

[480] Vgl. Kopenhagen MM, FNP Kassette 1/ 3: Brief Wilma Neruda an Franz Neruda, Venedig 20.4.1877.

[481] Kopenhagen MM FNP Kassette 1/ 3: Brief Wilma Neruda an Franz Neruda, Sestri Levante 30.3.1877.

[482] Vgl. Beale: Charles Hallé, S. 242.

[483] Vgl. Leipzig, Universitätsbibliothek, Sondersammlungen, Sl. Neubauer, Musiker, M 409: Brief Wilma Neruda an einen Hochgeschätzten Freund, Hotel de l' Europe Berlin, o.D., aber nach 1888 geschrieben, da die Künstlerin mit Lady Hallé unterzeichnet hatte, der Brief also nach ihrer Verehelichung mit Charles Hallé geschrieben wurde: „Ich war gestern auf dem Weg zu Ihnen, wurde aber von einem schlimmen Hustenanfall (ich leide sehr an Bronchitis) gezwungen nach Hause zu gehen. Wie gern hätte ich Sie wieder gesehen! Nun, vielleicht bei einer Rückreise von Copenhagen Ende November. [...] Morgen früh reise ich nach Copenhagen."

4. Aufbau eines Profils. England 1869-1900   153

Abb. 37 Wilma Neruda in Venedig, ca. 1875, Fotografie

beispielsweise 1880 in Wien[484] oder gar 1883 Joseph Joachim, der Wilma Neruda gern als Solistin in einem seiner Konzerte präsentieren wollte.[485]

Neben gefährlichen Krankheiten – wie Tuberkulose bei Wilma Neruda – berichten Instrumentalisten häufig über Leiden des Bewegungsapparates. Schmerzen im Arm oder Finger haben dann zur Folge, dass Konzerte abgesagt werden müssen. Gleichzeitig besteht immer die Furcht, die Schmerzen könnten chronisch werden und eine weitere Karriere als Instrumentalistin damit ausgeschlossen sein. So erlitt Clara Schumann u.a. 1857 in Augsburg einen Anfall von rheumatischen

---

[484] Vgl. Signale, 38. Jg., Nr. 71, 1880, Seite 1123.
[485] Vgl. Berlin SIM: Sig. Doc. Orig. Wilma Norman-Neruda 4; SM 12/30, Brief Wilma Neruda an Joseph Joachim, London 9.11.1883.

Beschwerden im Arm und Nervenschmerzen, so dass ihr sogar Opium verabreicht werden musste.[486] Sowohl Clara Schumann als auch Joseph Joachim litten an Gicht in den Fingern.[487]

Wilma Neruda war ebenfalls vor Schmerzen im Arm oder Finger nicht gefeit. Zwar hatte sie keine Gicht, lebte aber beispielsweise auf ihrer ersten Tournee in England 1869 stets in der Furcht, dass ihre vorhandenen Beschwerden im Arm sich verstärken würden. Um dies zu verhindern, wickelte die Geigerin ihn zum Schlafen immer in eine Filzdecke ein.[488] Zum Glück überstand sie diese Tournee, ohne dass ein Konzert verschoben oder gar abgesagt werden musste. Anders verhielt es sich jedoch auf der ersten Australienreise. Hier war es nötig, mehrere Konzerte zu verlegen, da die Künstlerin sich eine Entzündung eines Fingers der linken Hand zugezogen hatte. Aufgrund solcher Erkrankungen konnte eine ganze Tournee ins Wanken geraten. Auf der genannten Australienreise kamen allgemeine Erschöpfungszustände Wilma Nerudas hinzu, verbunden mit Schlafstörungen aufgrund zu hoher Anstrengungen durch das viele Konzertieren.[489] Die mitreisende Sängerin der zweiten Australientournee, Marie Fillunger, beschrieb Wilma Neruda in Briefen an ihre Freundin Eugenie Schumann oft als abgehetzt und verstimmt. Noch vor der Abreise nach Australien bemerkte sie: „Hallé's sind eben angekommen, sie scheint mir recht elend und sehr verstimmt. Sie wird wohl einige Tage brauchen ehe sie liebenswürdig wird."[490]

4.6.2 *Persönliche Verluste*

Schon früh wurde Wilma Neruda mit Verlusten durch den Tod von nahen Angehörigen konfrontiert. Der Tod des Bruders Viktor muss ein schwerer Schlag für die 14-jährige Geigerin gewesen sein, reisten und konzertierten doch die Geschwister seit frühster Kindheit zusammen.

Auch die Krankheit der Mutter und ihr anschließender Tod bewegte die Künstlerin sehr. Aus diesem Grund hielt sich die Geigerin während der Krankheit der Mutter in Brünn auf. Einem Engagement von Niels Gade, der die Virtuosin zu Konzerten nach Kopenhagen einlud, sagte sie daher ab.

---

[486] Vgl. Borchard: *Clara Schumann. Ihr Leben,* Frankfurt a.M. 1991, S. 282.
[487] Vgl. ebd. S. 395; Borchard: Stimme und Geige, S. 579.
[488] Vgl. Kapitel *Wilma Neruda ständig unterwegs,* Brief Wilma Neruda an Franz Neruda, Derby 2.11.1869.
[489] Vgl. Wilma Neruda: Tagebuch 1. Australienreise 1890.
[490] Wien ÖNB: Sig. 980 / 17-3: Brief Marie Fillunger an Eugenie Schumann, Brindisi 16.4.1891.

4. Aufbau eines Profils. England 1869-1900

Gerne möchte ich im November nach Copenhagen – leider kann ich nicht einmal nach England gehen wo ich schon am 31. Oct. meine Concerte beginnen soll; der Gesundheitszustand meiner armen Mutter ist derart dass ich sie für lange Zeit wohl nicht werde verlassen können! Wir haben einen sehr traurigen Sommer durchgemacht![491]

Wilma Neruda hat die Konzerte tatsächlich abgesagt und bis Ende des Jahres nicht in den Pops-Konzerten gespielt.[492] Das zeigt, welch starke Verbundenheit zwischen Wilma Neruda und ihrer Mutter bestand. Erst nach ihrem Tod[493] stand die Geigerin wieder regelmäßig in London in den Popular-Konzerten auf der Bühne, das erste Mal am 28. Januar 1882.[494]

Ihren zweiten Ehemann Charles Hallé verlor die Künstlerin einige Jahre später. Nach der erfolgreichen gemeinsamen Tournee nach Südafrika im Sommer 1895 schien Charles Hallé, trotz seines fortgeschrittenen Alters, voller Elan und Pläne zu sein.[495] Umso unvorhersehbarer war sein plötzlicher Tod am 25. Oktober 1895 in Manchester. Er starb an Gehirnblutung. Zu diesem Zeitpunkt konzertierte Wilma Neruda in Dänemark. Kurz nach der Ankunft aus Südafrika begab sich die Geigerin auf eine lange vorher geplante Tournee dorthin.

Als sie vom Tod Hallés erfuhr, brach sie die Tournee ab und eilte zu der vier Tage später stattfindenden Beerdigung ihres Ehemannes und langjährig mit ihr musikalisch verbundenen Klavierpartners und Freundes.[496]

Über ihren Schmerz schrieb sie an Clara Schumann:

19. Holland Park, 21. Nov. 1895
Hochverehrteste Frau,
Wie kann ich Ihnen ja genug danken für die gütige sympathivolle Karte die Sie mir geschrieben haben? Ich hatte schon lange versucht Ihnen dafür meinen gerührten

---

[491] Königliche Bibliothek Kopenhagen, Handschriftensammlung, Brevbase Sig. NKS 1716/2, Brief Wilma Neruda an Niels Gade, Brünn 27.9.1881.

[492] In der *Times* fanden sich keine Konzertankündigungen von Wilma Neruda, bzw. die *Monday and Saturday Popular Concerts* führten andere Künstler an.

[493] Vgl. Römisch-katholisches Pfarramt Brünn, St. Jacob Kirche, Totenmatrix, Bd. VII, S. 289: Die Mutter stirbt am 19.12.1881 an Degeneration der inneren Organe. Den Hinweis erhielt ich von Michaela Kořistová.

[494] Vgl. Times Nr. 30/416, 28.1.1882, S. 1.

[495] Vgl. Kersting: Carl Halle: S. 119. Charles Hallé plante für 1896 eine Serie von Klavierrecitals, in denen er alle Sonaten von Ludwig van Beethoven in chronologischer Reihenfolge aufführen wollte.

[496] Vgl. Beale: Charles Hallé, S. 197.

herzlichen Dank auszusprechen – aber ich konnte nie die richtigen Worte finden – und auch heut ist es mir absolut unmöglich Ihnen so zu danken wie ich es fühle. Deshalb will ich es auch gar nicht versuchen, sondern nur sagen wie grenzenlos allein ich mich jetzt fühle! –

Noch habe ich nicht versucht meine Geige zur Vertrauten meines unendlichen Schmerzes zu machen – ich wagte es noch nicht – aber wenn ich es können werde dann wird es mir auch Trost gewähren, ich hoffe es wenigstens.

Ihre hochachtungsvoll ergebene

Wilma Hallé[497]

Nach diesem schrecklichen Verlust ihres Partners pausierte die Künstlerin einige Monate und konzertierte erst ab Januar 1896 wieder regelmäßig.[498]

Den Tod eines Kindes erleben zu müssen, ist zweifellos eines der schrecklichsten Dinge, die Eltern geschehen können. Wilma Neruda musste diesen Schicksalsschlag in ihrem Leben gleich zwei Mal verkraften.

Ihr ältester Sohn, Ludvig Norman-Neruda, wurde am 18. November 1864 in Stockholm geboren. Zunächst studierte er Malerei an der Kunstakademie in Antwerpen, Paris und London.[499] Im Anschluss daran blieb er vorerst in der britischen Hauptstadt wohnen, entdeckte jedoch bald seine Liebe zu den Bergen. Ab 1886 wurde er Bergsteiger und Vorkämpfer einer modernen, sportlichen Richtung des Alpinismus. Seine Vorliebe galt den Dolomiten. Aus diesem Grund zog er 1894 mit seiner Frau May[500] und der gemeinsamen Tochter Wilma[501] nach Asolo. Über seine Erfahrungen als Bergsteiger berichtete er in dem Buch *The climbs of Norman-Neruda*, das seine Frau nach seinem Tod edierte und um seinen letzten Aufstieg ergänzte. Ludvig Norman-Neruda stürzte beim Erklimmen der Südseite der Fünffingerspitze (Langkofelgruppe in Südtirol) am 10. September 1898 ab und verstarb an den Folgen des Unfalls.

Äußerungen Wilma Nerudas in ihren Tagebüchern aus Australien lassen darauf schließen, dass Ludvig der Lieblingssohn der Künstlerin war. Möglicherweise zog

---

[497] Berlin SBPK, Sig. Mus. Nachl. Schumann, K. 6,304, Brief Wilma Neruda an Clara Schumann, London 21.11.1895.

[498] Vgl. *Times*, Januar 1896.

[499] Vgl. *Österreichisches biographisches Lexikon 1815-1950*, Wien 1978, S. 151 f.

[500] May Peyton (1866-1945), Edition und Herausgeberin des Buches ihres Ehemannes: *The climbs of Norman-Neruda and with an account of his last climb by May Norman-Neruda*, London 1899.

[501] Wilma Norman-Neruda jun. (geb. 1893). Die Familie wohnte in Asolo abitava al civico 174. Diese Informationen erhielt ich vom Ufficio Cultura del Commune di Asolo.

sie u.a. auch aus diesem Grund nach dem Tod Charles Hallés für die Sommermonate ebenfalls nach Asolo.

Ein halbes Jahr nach dem Absturz Ludvigs begab sich die Künstlerin auf eine Amerikatournee. Hier mutmaßten die Zeitungen, dass eine gelegentliche Schwäche in ihrem Spiel auf den Verlust ihres Sohnes hinweise – möglich wäre es.[502]

Während ihrer Konzertaufenthalte in London lebte die Virtuosin bei ihrem jüngeren Sohn Waldemar.[503] Das lässt darauf schließen, dass sie zu diesem ebenfalls ein herzliches Verhältnis hatte. Waldemar Norman-Neruda war Inhaber einer Konzertagentur in London. Aus einem Brief an Edvard Grieg wird ersichtlich, dass er auch in Einzelfällen seine Mutter managte.[504] Tragischerweise überlebte Wilma Neruda auch ihren jüngeren Sohn Waldemar.[505] Dieser starb 1907; die genauen Umstände seines Todes sind bislang noch nicht erforscht.

5. MIT DER GEIGE ZU FERNEN KONTINENTEN – WILMA NERUDA ERSPIELT DIE WELT

5.1 Vorbemerkungen

Die vier großen Tourneen zu entfernten Kontinenten werden im Folgenden unterschiedlich dargestellt. Ausschlaggebend hierfür ist die unterschiedliche Quellenlage zu den einzelnen Reisen. Für die zwei Australientourneen sind die Quellen sehr umfangreich. Hier gibt es für jede Tour ein Tagebuch von Wilma Neruda, ferner Auszüge des Tagebuches von Charles Hallé, Briefe der mitreisenden Sängerin Marie Fillunger und zahlreiche Rezensionen und Programme der Konzerte. Die

---

[502] Vgl. Zeitungssammlung Karen Shaffer o. O. u. D.: Columne: "Her playing was no doubt affected while on her Amerikan tour by a terrible personal sorrow the violinist had sustained the year before in the tragic death of her son."
[503] Die Briefe tragen die Absenderadresse ihres Sohnes.
[504] Vgl. Bergen Off. Bibliotek, Sig. FNWN I 001: Die Agentur hieß: Norman-Neruda & Co. Concert Agents; 10. Vigo Street. Es existiert ein Brief von Waldemar Norman-Neruda an Edward Grieg geschrieben in London am 23. Januar 1896, in dem er den Komponisten einlud zu einer Reihe von Konzerten nach London zu kommen. Bei dieser Gelegenheit könne Grieg mit seiner Mutter u.a. seine komponierten Violinsonaten spielen.
[505] Den Hinweis zum Tod Waldemar Nerudas erhielt ich ebenfalls von Michaela Kořistová aus Brünn.

erste Tournee nach Australien 1890 stellte für Wilma Neruda etwas Besonderes und Neues dar. Daher beschreibt sie diese Reise in den vorliegenden Tagebüchern ausführlicher als später die zweite Reise. Die unterschiedliche Anzahl der vorliegenden Rezensionen australischer Zeitungen deuten darauf hin, dass die erste Tournee der beiden Virtuosen als bedeutender angesehen wurde als die nachfolgende. Aus diesen Gründen wird der Ablauf der ersten Reise auch detaillierter besprochen und die zweite Australientournee nur für Vergleiche und Ergänzungen herangezogen.

Für die Beschreibung der Reise nach Südafrika im Jahre 1895 werden das Tagebuch Wilma Nerudas, Auszüge der Niederschriften Charles Hallés und einige örtliche Rezensionen der Tageszeitungen herangezogen. Das Tagebuch Wilma Nerudas enthält in erster Linie Beschreibungen der Ausflüge vor Ort, aber weniger Angaben über die dort gespielten Konzerte. Jedoch gibt es einen Einblick in die Musikkultur des Landes. Es vermittelt einen Eindruck über das Leben auf dem fernen Kontinent vor 100 Jahren und die Betrachtungsweise der Künstlerin auf die für sie fremden, ja exotischen Lebensweisen. Aufgrund des Quellenwertes auch für Disziplinen jenseits der Musikwissenschaft wird das transkribierte Tagebuch von der Tournee in Südafrika vollständig wiedergegeben.

Einen relativ geringen Raum nimmt die Schilderung der Amerikatournee 1899 ein, da hierüber keine Tagebucheinträge Wilma Nerudas und nur wenige Rezensionen der *New York Times* von mir ausfindig gemacht werden konnten. Vermutlich hielt sich Wilma Neruda dort nur verhältnismäßig kurz auf.

5.2 Australien 1890/1891

5.2.1 *Organisation der Reisen*

Die Gründe für die erste Reise Wilma Nerudas nach Australien, die sie gemeinsam mit ihrem Ehegatten Charles Hallé unternahm, beschrieb die Geigerin in einem Interview, das sie der Zeitung *The Woman's World* im Frühjahr 1890[506], also kurz vor der Reise gegeben hatte. Während der letzten Jahre hatten die Hallés vermehrt auch in Provinzstädten konzertiert; beispielsweise gaben die Künstler während der letzten drei Monate vor der Tournee ca. 60 Konzerte in verschiedenen englischen Städten. Aus finanziellen Gründen war die Reise also nicht nötig, vielmehr sollte die Seereise im Frühjahr nach Australien gleichzeitig als Erholung für beide Partner dienen. Ferner erhofften sich die Hallés auf dem fernen Kontinent ein dankbareres

---

[506] Vgl. Interview Wilma Neruda, S. 173.

Abb. 38 Wilma Neruda in Melbourne, 1890, Fotografie

Publikum. Das englische Publikum war verwöhnt und hatte sich verändert, äußerte sich Wilma Neruda. Es schien ihr, als wenn es gleichgültiger und oberflächlicher gegenüber der hohen Qualität der Musikdarstellungen geworden wäre. Die Beifallsbekundungen dienten eher Höflichkeitsbezeugungen als wirklicher Bewunderung der Kunst – es sei denn, es wurden populäre Stücke gespielt. Die Tournee sollte quasi auch ein Ausstieg aus gewohnten Gleisen sein und neue Impulse für die zukünftige Arbeit bringen.

Bemerkenswerterweise begann die erste Tournee am 11. April 1890, zu einer Zeit, in der in England bald die Sommerpause der Konzertsaison eintrat. Ende September trafen die Hallés wieder in London ein. Pünktlich zu Beginn der herbstlichen Konzertsaison standen die Künstler also für Auftritte wieder zur Verfügung. Man könnte den Eindruck gewinnen, dass die Australientournee auch als Überbrückung der einnahmelosen europäischen Sommerpause gedacht war. Vielleicht trieb die Hallés auch ein wenig Abenteuerlust nach Australien. Dass Charles Hallés Sohn Barney dort wohnte, mag ebenfalls ein Teil des Antriebs für diese Reise gewesen sein. Die zweite Reise nach Australien ergab sich aufgrund des riesigen Erfolges ihrer ersten Tournee.

Der Entschluss zu der ersten Reise und deren Planung erfolgte frühzeitig. Marie Fillunger, eine befreundete Sängerin, die auf der zweiten Tournee das Ehepaar Hallé begleitete, schrieb schon im Januar 1890: „Hallés gehen im April nach Australien für 40. Concerte. Dabei sind sie beide so abgehetzt wie möglich u haben die Reise als Erholung nöthig."[507] Auch Wilma Neruda bestätigte in ihrem Tagebuch, dass sie sich vor der Reise krank und müde fühlte.[508]

Doch Erholung sollte es genug geben, denn die Überfahrt auf dem Schiff dauerte ca. sechs Wochen, und tatsächlich kehrte Wilma Neruda erholt und gestärkt von dieser Tournee nach England zurück.[509] Möglicherweise war dies einer der Gründe für eine erneute Reise nach Australien im darauf folgenden Jahr.

Den größten Teil der Organisation übernahm wahrscheinlich Charles Hallé. So wurde W.H. Poole[510] als sein Manager in Australien benannt. Außer Poole gab es in Australien den Konzertdirektor S. Churchill Otton, der, wie es scheint, für alle Konzerte dort verantwortlich war. Beide Manager organisierten auch die zweite Tournee nach Down Under. In verschiedenen Städten gab es jeweils noch einen Agenten vor Ort.[511]

Die Konzertmanager waren auch für die Werbung in den Zeitungen und die Programmhefte verantwortlich. Die Presse kündigte die Künstler vorab mit einem kurzen Lebenslauf und der Bekanntgabe der ersten Konzerte an. Ferner gaben die Hallés bereits kurz nach ihrer Ankunft in Melbourne, ihrer ersten Station in Australien, den Reportern Interviews.[512] Seit 1870 gab es Bildpostkarten[513], die von Virtuosen allgemein als Werbematerial benutzt wurden, so auch von Wilma

---

[507] Wien ÖNB, Sign. 980 / 6-6: Brief Marie Fillunger an Eugenie Schumann, o.O. 10.1.1890.
[508] Vgl. Tagebuch der 1. Tournee nach Australien, S. 171.
[509] Vgl. Wien ÖNB, Sign. 980 / 16-7: Brief Marie Fillunger an Eugenie Schumann, S. l, 16.3.1891, zit. nach: Rieger: Mit 1000 Küssen, S. 302 f.
[510] Der Name des Managers W.H Poole ist den Programmen entnommen. Nähere Angaben zur Person sind nicht bekannt. Dies gilt für alle aufgeführten Manager in Australien.
[511] Es konnten die Namen folgende Manager ermittelt werden:
Vgl. *Brisbane Courier*, 11.7.1890, S. 6: Mr. Vincent West in Brisbane;
lt. Programmzettel 31.5.1890: Churchill Otton, Musikdirektor in Melbourne.
Vgl. Tgb 2 WN, S. 53: Mr. Rose, Mr. Sanyther: Angestellter der Firma Broadwood in Melbourne;
Vgl. Tgb. 2 WN, S. 33 / 89: Mr. A.D. Henry, Mr. Hogg, Mr. Laco in Adelaide.
[512] Vgl. Tgb 1 WN, S. 79.
[513] Vgl. Berg, Christa (Hg.): *Handbuch der Bildungsgeschichte Bd. IV, 1870-1918. Von der Reichsgründung bis zum Ende des Ersten Weltkrieges,* München 1991.

Neruda und Charles Hallé. Wie die Geigerin in ihrem Tagebuch beschreibt, ließ sich das Ehepaar aus diesem Grund regelmäßig während der Tournee fotografieren.[514] Auf der ersten Australienreise erhielt das Sängerehepaar Turner Engagements, um in den Programmen mitzuwirken. Die Turners konzertierten nicht zum ersten Mal in Australien[515] und verfügten daher über gewisse lokale Erfahrungen. Außerdem begleitete Charles Santley[516], ein englischer Sänger, das Ehepaar Hallé, auf der zweiten Reise die Sängerin Marie Fillunger.

Die Programme für ein Konzert wurden erst in Australien zusammengestellt, häufig erst einen Tag im Voraus. Wie in England in den *Monday Popular Concerts* waren dies auch hier gemischte Programme, in denen Sonaten sich mit Solo-Instrumentalstücken und Vokalwerken abwechselten. Insgesamt enthielt ein Programm Darbietungen für ca. 80-90 Minuten. Es kam vor, dass ein Programm auch in derselben Reihenfolge in einer anderen Stadt wiederholt wurde.[517]

Naheliegend ist es, dass Charles Hallé Wilma Neruda bei ihren Soli auf dem Klavier begleitete. Die genannten Sänger der Tournee 1890 wurden in Melbourne[518] von Benno Scherek und in Sydney[519] und Brisbane von Miss Naylor akkompagniert. Bei beiden Pianisten handelt es sich höchstwahrscheinlich um Australier.

Die Reise und die Konzerte waren nicht bis in jedes Detail vorher festgelegt.[520] Sicherlich wurde die Reihenfolge der zu besuchenden Städte vorher geplant, nicht aber unbedingt die Dauer des Aufenthaltes. So war es möglich, in Melbourne[521] und Sydney aufgrund des sehr großen Erfolges der Künstlerin und des Künstlers

---

[514] Vgl. Tgb 1 WN, S 80 / 91 / 95 / 104 / 136. Hier wird erwähnt, dass die Hallés sich fotografieren ließen.

[515] *Brisbane Courier*, 10.7.1890, S. 5: „No operating artistes who have appeared in Brisbane have ever been more popular than the Turners."

[516] Charles Santley (1834-1922), englischer Sänger. Er trat auch in den *Monday Popular Concerts* mit Wilma Neruda gemeinsam auf.

[517] Vgl. Wien ÖNB, Sign. 980 / 18-3: Brief Marie Fillunger an Eugenie Schumann, Melbourne 6.6.1891.

[518] Vgl. *The Argus*, 28.5.1890.

[519] Vgl. *Sydney Morning Herold*, 19.6.1890 und *Brisbane Courier*, 11.7.1890.

[520] Vgl. Kennedy: Charles Hallé, S. 208: Beispielsweise gab Mr. W.H. Poole Hallé die Daten für die Konzerte in Sydney erst vor Ort in Melbourne.

[521] Der Musikdirektor Churchill Otton hatte die Konzerte von Sydney wegen der Zusatzkonzerte in Melbourne verschoben. Vgl. *State Library Melbourne*, Programmzettel vom 31.5.1890.

Zusatzkonzerte zu veranstalten. Dies hatte wiederum zur Folge, dass vorher abgesprochene Verabredungen nicht eingehalten werden konnten.[522]
Zur Disposition standen weiterhin Anschlusskonzerte in Neuseeland. Diese Pläne wurden aber letztlich verworfen:

> Endlich wissen wir was geschehen wird. Es wurde zuerst bestimmt daß wir nach New Zealand gehen sollen – und auch Tasmanien. Die Zeit für New Zealand wäre aber viel zu kurz gewesen und wir hatten erst im September von Australien abreisen können – also für Hallé zu spät. Dann sollten wir nach Tasmanien – aber jetzt wurde endlich beschlossen auch das aufzugeben da die Reise nicht sehr angenehm, […] die Sääle sehr klein, die Zahl der Concerte nur 4 hätte sein können, die Unkosten aber dennoch sehr groß gewesen wären. Dabei hätten wir täglich lange Reise machen müssen und zwar trotzdem es jetzt dort bedeutend kälter sei als in Australien.[523]

Auch ein geplantes Konzert in Sandhurst wurde abgesagt[524], was ebenfalls auf eine recht freie Entscheidung über die Reisepläne noch im Land hindeutet.

Wie es für große Virtuosen üblich war, gaben die Hallés sowohl auf der ersten als auch auf der zweiten Tournee in Australien Wohltätigkeitskonzerte. Durch große Überschwemmungen gab es 1891 in Melbourne viel Leid unter der Bevölkerung. Um diesen Menschen zu helfen, gaben auch die Hallés neben vielen anderen Künstlern ein Benefizkonzert, und als das Ehepaar das Blindeninstitut in Melbourne besichtigte, spielte es für die dortigen Bewohner.[525]

5.2.2 Überfahrt

Die Tournee bedeutete einen Abschied von Verwandten und Freunden für lange Zeit. Wilma Neruda schreibt in ihrem Tagebuch zu Beginn der ersten Australientournee:

> Den 11. April 1890 Abends 8.15 reisten wir von Victoria Station ab. Mir war ganz schauderhaft miserabel zu Muthe – körperlich und geistlich fühlte ich mich krank. Meine lieben Buben und Schwestern zu verlassen that mir in der Seele weh.

---

[522] Vgl. Tgb WN, S. 107: „Vor einigen Tagen bekam ich einen Brief von Lady Carrington, die uns schon in dieser Woche erwartet hat – wir sollten schon längst in Sidney sein, aber da die Concerte hier [Melbourne] zu voll sind, wurden noch mehr gegeben, als beabsichtigt – deshalb kommen wir so spät fort." Letztendlich trafen die Hallés Lord und Lady Carrington, da diese wegen eines Unwetters ihrerseits die Reise verschieben mussten.
[523] Tgb 2 WN S. 52 f.
[524] Vgl. Kennedy: Charles Hallé, S. 207.
[525] Wien ÖNB, Sign. 980/19-5: Brief Marie Fillunger an Eugenie Schumann, Melbourne 30.7.1891, zit. nach: Rieger: Mit 1000 Küssen, S. 312 f. Vgl. auch Tgb 1und 2 WN.

5. Mit der Geige zu fernen Kontinenten

Als wir von Australien sprachen, die Reise und den dortigen Aufenthalt, halt zergliederten, kam es mir so leicht und so einfach vor für 6 Monate fortzugehen – ich hatte keine Ahnung wie schwer es werden würde! Als endlich der Zug abfuhr, da brach mir fast das Herz! Doch – diese Reise soll mir ja so gut thun – und so darf ich nicht mehr klagen.[526]

Von Calais fuhr der Zug direkt nach Brindisi, und nach einigen Hindernissen – einer der Waggons musste unterwegs repariert werden, an dem Restaurantwagen brach eine Feder, und er wurde abgehängt – erreichen sie dieses Ziel zwar müde, aber wohlbehalten.

In Brindisi steht die Valetta, ein großer Ozeandampfer, zur Abfahrt bereit. Wilma Neruda: „Ich war überrascht, als ich das riesige Schiff, die Valetta sah. Es ist ungeheuer lang! Wir fanden unsere Cabine sehr angenehm und gross."[527]

Die Hallés reisen erster Klasse und verbringen dadurch die Reisezeit recht komfortabel, denn vor ihnen liegt eine Seereise von knapp sechs Wochen.

Das Mittelmeer ist wunderbar schön – kein anderes hat eine so tiefblaue Farbe – es ist wirklich zu herrlich. Wir kamen bei so vielen Inseln vorbei, bei Corfu Griechenland … und einer kleinen Oesterreich angehörenden Insel die ich nicht mehr ausnehmen konnte, da es schon finster war. Dienstag passierten wir Creta – eine sehr ausgedehnte Insel, die wundervolle Färbung im Sonnenschein hatte – sehr bergig und viele hohe Berge mit Schnee bedeckt. Nachdem wir Creta passiert hatten, war kein Land mehr zu sehen.[528]

Unterwegs hält die *Valetta* auf verschiedenen Zwischenstationen, um neue Passagiere aufzunehmen und die Ladung zu löschen. Die Passagiere an Bord erhalten Gelegenheit, auch an Land zu gehen, was Wilma Neruda bei ihrer ersten Reise teils vermeidet:

Um 11 Uhr waren wir in Port Saïd; die Stadt soll schauderhaft sein. Ich wollte gerne ans Land gehen, aber es soll für Damen nicht angenhm sein. Sehr viele der männlichen Passagiere ruderten ans Land. Es war ein Leben und Treiben, ein Schreien und Singen, wie ich es noch nie hörte. ‚Ali' ‚Hassan' ‚Medje' schrie es von allen Seiten – die kleinen Boote umlagerten die Valetta, und die Reisenden welche Port Saïd sehen wollten, wussten nicht in welches Boot zu gehen. Kohlen wurden eingeladen, wobei die Eingeborenen einen höchst monotonen Gesang anstimmten. Ich blieb mit Carl auf dem Deck, es war recht kalt und windig, obgleich der Himmel von Milliarden Sternen [und] Sternchen besät war.[529]

---

[526] Tgb 1 WN, S. 2.
[527] ebd. S. 3.
[528] ebd. S. 4 f.
[529] ebd. S. 5 f.

Über den Aufenthalt der Mitreisenden in Port Said erfuhr die Geigerin später von Charles Hallé einige Details:

> Der ganze Ort soll eine Art Räuberhöhle sein und die Fremden auf alle erdenkliche Weise geprellt wurden. Jeder ist neugierig etwas von diesem Leben zu sehen, und ich wäre selbst gern ans Land gegangen – aber ich fürchtete es würde mir in mehr als einer Art unangenehm sein – und ich hatte jedenfalls wohl getan, nicht zu gehen wie mir Hallé nachher sagte, der von den anderen Herren über den Besuch in Port Said Ausführliches hörte.[530]

Auf ihrer zweiten Reise war Lady Hallé allerdings etwas mutiger oder neugieriger und schaute sich die „Räuberhöhle" dann doch an: „Um 3 Uhr Nachmittag kamen wir nach Port Said. Dies mal gingen wir ans Land. Wir waren in zwei Cafés, spazierten etwas, sahen die Laden an, kauften zwei Bücher – und gingen wieder auf die Victoria zurück."[531]

Schließlich geht die Reise weiter:

> Durch den Suez Canal geht das Schiff sehr langsam – in einer Stunde nur 5 englische Meilen. Ein ganz merkwürdiges Schauspiel – der enge Kanal, die mitunter sehr hohen sandigen Ufer – dann die Stationen – sehr hübsche kleine Häuser von Franzosen gehalten und gepflegt – die braunen fast ganz unbekleideten Gestalten – der Eingeborenen – die vermummten Weiber – die Palmengärten bei den Stationen – dies alles ist höchst interessant. Männer und Kinder liefen an den Ufern, schreiend nach Backschisch. Viele junge Leute an Bord warfen Penny's in den Sand und die Jagd ging los![532]

Auf dem Schiff gründet sich aus den Mitreisenden ein Vergnügungskomitee, für das Charles Hallé als Präsident gewählt wurde. Dieses Komitee organisiert die verschiedensten Aktivitäten zur allgemeinen Zerstreuung an Bord wie Tanz, Sport und auch Konzerte, und Wilma Neruda findet sich für Letzteres auch bereit zu spielen:

> Das Hinterdeck wurde ganz mit Flaggen abgeschlossen, das Pianino herangebracht und Stühle für die Zuhörenden placirt. Beleuchtet war es auch sehr gut, und der Luftzug genügend um comfortabel spielen zu können. Ich hätte nicht gedacht, als wir auf Victoria Station vor 8 Tagen waren, dass wir Freitag den 18ten auf dem rothen Meer

---

[530] ebd. S. 9 f.
[531] Tgb 2 WN, S. 6.
[532] Tgb 1 WN, S. 6.

Abb. 39 V.V. Briscoe, Kapitän der Valetta, Sydney 1890, signierte Fotografie

Concert haben würden – dass ich spielen würde! – Eine Mitreisende sang zweimal, (sehr elend – echt englisch); der Lieutenant Phillpott sang einmal in dem er sich auf dem Banjo begleitete, einen komischen Gesang (sehr amüsant). Hallé spielte zweimal – ich zwei Solo's und die D-moll Variationen von Mozart. Der Capitaine frug ob er die Passagiere der II. Classe einladen solle, ich sagte natürlich ja – alle sollen zuhören. Die Leute waren sehr dankbar, dass wir spielten. Die Meisten kennen uns und hörten uns auch.[533]

Der Maschinenmeister äußert sich gegenüber Wilma Neruda wie folgt über das Konzert: „as for the violin that was not so bad, but as for the Piano I didn't hear a d [-] de tune in it."[534]

Allerdings stört die Geigerin die Musik der anderen Passagiere, die musikalische Laien sind, aber ebenfalls ein Konzert geben:

---

[533] ebd. S. 12 f.
[534] ebd. S. 14 f.

> Heut Abend ist das Concert der I Classe Passagiere, und es wird viel dafür geübt – ein unglücklicher Flötenspieler übt „la donna e mobile"! Es ist schauderhaft! – ... Nach dem Diner war Concert! Ach! War das eine Qual – ich konnte es kaum aushalten – diese drei Frauenzimmer die Clavier spielten – nun, es war entsetzlich – die Eine spielte schlechter als die Andere; dann ein Flötist ! Schauderhaft! Ich schweige über den Rest – das ganze war fürchterlich.[535]

Welche Bedeutung dieser Ärger für die Virtuosin hatte, ersieht man daran, dass sie an anderer Stelle in ihrem Tagebuch weiterhin darüber schreibt: „Die Musik ist das Schlimmste auf diesem Schiffe – es ist eine kleine Bande mit, die ganz schauderhaft spielt – davon kann man sich keinen Begriff machen; es ist ein wahres Leiden für mich – übrigens sind alle Passagiere derselben Meinung."[536]

Als sich das Schiff dem Äquator nähert, wird die Fahrt unangenehm heiß. Lag das Schiff im Hafen, war die Hitze kaum auszuhalten, denn von der Schiffsbesatzung gab es die Anordnung, nachts alle Luken und Türen zu verschließen. Es bestand die Gefahr, dass die Eingeborenen von außen bis zu den Fenstern kletterten, um zu stehlen. So ging kein Luftzug mehr in den Kabinen, und die Virtuosin klagte über die stickige Luft, die sie nicht schlafen ließ.

Nachdem in Colombo Station gemacht wurde, ging die Fahrt für längere Zeit aufs offene Meer hinaus. Wilma Neruda: „Seit dem wir Colombo verliessen sahen wir kein Schiff und der Capitaine sagt dass wir kaum Eins sehen werden 14 Tage lang. Wie sonderbar das ist, so ganz verlassen zu sein…"[537]

Die starken Winde auf dem offenen Meer bereiten vielen Passagieren großes Unbehagen. Obwohl die Geigerin nicht unter Seekrankheit leidet, ist das Konzertieren allerdings bei dem starken Rollen des Schiffes eine Herausforderung:

> Es wurde gegen Abend recht schaukelich – und als wir um halb 9 Uhr im Speisesaal, wohin das Pianino gebracht worden war, zu spielen anfingen, glaubte ich, es nicht fertig bringen zu können – ich konnte nicht ruhig stehen bleiben. Ich that mein Bestes – aber schwer war es – besonders für die Beine! Wir spielten eine Stunde – Niemand sonst spielte oder sang. Alle Passagiere waren versammelt – auch die der II Classe. Es wurde sehr viel applaudiert – und nach dem der Capitaine einige Worte des Dankes gesprochen hatte, wurde geluncht."[538] […] „Das Schaukeln des Schiffes steigerte sich mehr und mehr und kaum konnte man gehen. Es sieht zu drollig aus bei Tisch, wenn das Rollen stärker wird, wie die Gläser und Flaschen, Teller, Gabeln und Messer herumrutschen – wie Jeder versucht das Seinige festzuhalten, und dabei die ängst-

---

[535] ebd. S. 32.
[536] ebd. S. 46.
[537] ebd. S. 44 f.
[538] ebd. S. 57.

lichen, besorgten Gesichter. Es ist unangenehm, aber sehr spassig. Wir sind Alle ganz wohl – nicht einmal Cilli ist krank.[539]

Schließlich treffen Lady und Charles Hallé am 16.5.1890 in Melbourne ein, wo sie von ihren dortigen Agenten Poole und Otton aufs Herzlichste empfangen werden. Vor ihnen liegen 40 Konzerte auf einem unbekannten Kontinent.

5.2.3 Musikleben in Australien

Eine Reise nach Australien war Ende des 19. Jahrhunderts nicht mehr so ungewöhnlich wie zu früheren Zeiten. Durch die Goldfunde ab 1851 in New South Wales und Victoria hatte eine starke Einwanderungswelle eingesetzt. Größere Städte wie Melbourne und Sydney mit bis zu 500 000 Einwohnern, in denen die Wirtschaft boomte und der Wohlstand großer Teile der Bevölkerung stieg, wuchsen stetig. In Sydney entstanden viele Prachtbauten wie die 1868 errichtete St Mary's Cathedral mit ihrem heute weltbekannten Mosaikboden in der Krypta und die Town Hall. Die Universitäten der großen Städte wie Melbourne, Sydney und Adelaide waren mit großen öffentlichen Bibliotheken ausgestattet.

Seit Mitte der 1830er Jahre existieren in Melbourne und Sydney Theater, die aber zunächst noch keine Opernaufführungen im Repertoire führten. Daher bedeutete die Aufführung der Oper *Lucia di Lammermoor* 1861 in Melbourne eine Sensation. Erst 1877 wurde die erste Wagneroper – *Lohengrin* – hier gespielt.

Die Orchester Australiens konnten 1890 nicht auf eine lange musikalische Tradition zurückblicken wie die Ensembles in Europa. Wilma Neruda äußert sich über das in Melbourne existierende Orchester wenig schmeichelhaft, wobei der Dirigent besonders im Mittelpunkt ihrer Kritik steht:

> Wir gingen Nachmittag das „Victorian" Orchester zu hören. […] Es war ein sehr mässiger Genuss; der Dirigent Hamilton Clark aus London ist durchaus kein guter Musiker – er kennt die Sachen die er dirigirt sehr wenig und weiss auch gar nichts damit anzufangen. Sein höchstes Interesse erregt, wie es scheint, seine eigene Persönlichkeit – die scheint ihm das wichtigste zu sein – besonders seine linke Manschette versucht er stets in die gehörige Lage zu bringen, nachdem er sich einige Male herbei liess auch mit der linken Hand zu taktieren. Er giebt nie ein Zeichen den Bläsern – es scheint ihn auch wenig zu kümmern, wenn sie nicht richtig einfallen, was gestern einige Male der Fall war. Das Orchester selbst ist gar nicht schlecht und würde so viel besser sein, wenn der Dirigent ein routinirter Concertdirigent wäre. Freilich kann man von Clark in dieser Beziehung nichts verlangen, da er bis zu seiner Ankunft hier nur Entre act's Musik dirigirt hat – im Lyceum und anderen Theatern in London.[540]

---

[539] ebd. S. 59.
[540] ebd. S. 111.

In der zweiten Hälfte des 19. Jahrhunderts wurden durch die zahlreichen Einwanderer viele Vereine und Liedertafeln gegründet, die vor allem das vielfältige deutsche Volks- und Kunstliedgut pflegten.

Es entwickelte sich ein Bildungsbürgertum, das sich stark mit den kulturellen europäischen, insbesondere auch britischen Traditionen verbunden fühlte. Wie in Europa wurde Musik im eigenen Heim mittels eines Klaviers gepflegt.

Vor dem Ehepaar Hallé waren bereits einige Künstler[541] zu dem fernen Erdteil gereist, wie beispielsweise Camilla Urso[542], Edouard Remenyi[543], Madeline Schiller[544] und August Wilhelmj[545]. Selbst Sarah Bernhardt[546] zog es auf den fünften Kontinent. Sie hielt sich ebenfalls 1891, während der zweiten Tournee der Hallés, in Australien auf.[547]

Australische Musikerinnen und Musiker erlangten im eigenen Land oft nur wenig Ruhm. Beispielsweise sang Nellie Melba[548], eine damals sehr berühmte Sopranistin, in Übersee vor ausverkauften Opernhäusern. Doch es dauerte einige Zeit, ehe sie auch in Australien die gleiche Aufmerksamkeit erringen konnte. Ähnlich erging es Percy Grainger[549], der viele Jahre seines Lebens außerhalb Australiens verbrachte, ehe er auch in seiner Heimat anerkannt wurde.[550]

So gingen auch die meisten Musikstudenten Ende des 19. Jahrhunderts in die europäischen Metropolen, um ihre Studien zu vervollkommnen.

Gleich zu Beginn ihrer Ankunft in Melbourne hatte Wilma Neruda eine nette Begegnung mit einem Cabby des Customer Houses: „er hoffe es würde uns gefallen und dass das Publikum anfinge Musik schon besser zu verstehen; sie thaten hier sehr viel um die Leute musikalisch zu erziehen, auch hoffe er, wir würden, wenn wir zurückgehen, ein gutes Wort ‚for us' zu sagen haben."[551]

---

[541] Vgl. *Brisbane Courier*, 10.7.1890 S. 5 bzw. *Argus*, 23.5.1890.
[542] Camilla Urso (1842-1902), französisch-amerikanische Geigerin.
[543] Edouard Remenyi (1830-1898), österreich-ungarischer Geiger.
[544] Madeline Schiller (1845-1911), englische Pianistin. Sie spielte den Klavier-Solopart im 2. Klavierkonzert op. 44 G-Dur von Peter Tschaikowski in der amerikanischen Erstaufführung im November 1881 in New York.
[545] August Wilhelmj (1845-1908), deutscher Geiger.
[546] Sarah Bernhardt (1844-1923), französische Schauspielerin.
[547] Vgl. Tgb 2 WN, S. 35.
[548] Nelli Melba (1861-1931), australische Sängerin.
[549] Percy Grainger (1882-1961), australischer Komponist.
[550] Vgl. Dusik, Roland: *Australien. Der Osten & Tasmanien*, Ostfildern 2005, S. 60.
[551] Tgb 1 WN S. 78.

Die aus Europa stammende Bevölkerung Australiens war begierig, Musik ausländischer Künstler zu hören. Obwohl die Bevölkerungszahl Melbournes nicht die von Manchester erreichte, ist es Wilma Neruda und Charles Hallé möglich, hier innerhalb von zehn Tagen sechs Konzerte vor ausverkauften Häusern zu geben.[552] Der enorme Erfolg der geplanten ersten Konzerte steigert die Nachfrage nach Karten so sehr, dass hier insgesamt fünf Zusatzkonzerte organisiert werden. Auch in Sydney hält der Enthusiasmus des Publikums an, so dass dort ebenfalls Zusatzkonzerte gegeben werden.

Obwohl zahlreiche berühmte Künstler bereits in Australien konzertiert hatten, bedeutete es doch etwas Besonderes, dass die Hallés ihren Weg dorthin fanden:

> It must be many years before an opportunity of hearing in Australia a Sir Charles and Lady Hallé, or any other such, can occur again. At present we are enjoying a bit of extraordinary good fortune, and it is satisfactory to notice that it is being estimated at is proper value by the public.[553]

Vor allem waren noch nie zwei so exzellente Virtuosen gemeinsam hier, berichtete der Rezensent der Zeitung *The Argus*. Weiter heißt es: „it at once becomes evident that Australia is attracting attention as home musically as well as politically and otherwise."[554]

Auch in Brisbane wird das Künstlerehepaar anlässlich eines Empfangs beim Bürgermeister[555] hoch geehrt und die Bedeutung ihrer Tournee für diese Stadt betont. Sir Charles Lilley, der erste Richter der Stadt, der die älteste musikalische Organisation von Brisbane repräsentiert, äußert sich überschwänglich:

> We were a young people here in Queensland, but a widespread and general taste for music existed amongst us, and a diligent cultivation of the art had been going on for some years. [...] The tour of Sir Charles and Lady Hallé has so far been one triumphal progress. The intense enthusiasm with which they have been received is probably unique in the history of music in Australia.[556]

---

[552] Vgl. Hallé, C.E. / Hallé, M. (Hg.): *Live and Letters of Sir Charles Hallé*, London 1896, S. 374.
[553] *The Argus*, 11.6.1890, S. 8.
[554] *The Argus*, 23.5.1890.
[555] Der Name des Bürgermeisters aus Brisbane ist nicht bekannt.
[556] *Brisbane Courier*, 10.7.1890.

5.2.4 *Auftritte als Virtuosin*

Melbourne

Die ersten Konzerte fanden in Melbourne statt. Die 1837 gegründete, am Yarra River gelegene Stadt wurde nach dem damaligen Premierminister Englands Lord Melbourne benannt. Die Goldfunde in den nahe gelegenen Orten Ballarat und Bendigo hatten großen Einfluss auf die rasante Entwicklung der Stadt. Mit der Weltausstellung 1880 erlangte Melbourne weltweite Berühmtheit. Seinen kulturellen Anspruch zeigte die Stadt, indem sie zur Eröffnung der Weltausstellung ein Orchester mit 150 Musikern und einen Chor von 820 Sängern zusammenstellen ließ, die gemeinsam das *Hallelujah* von Georg Friedrich Händel aufführten.

Am 1. Januar 1901 erklärte der Gouverneur Lord Hopetoun[557] Australien zum Mitglied des Commonwealth, und Melbourne wurde bis 1927 offizielle Hauptstadt Australiens.

In der Town Hall fanden die Hallés sehr gute Konzertbedingungen vor. Nachdem sie einigen gesellschaftlichen Verpflichtungen genüge getan und auch Mr. Hart vom *Argus*, der dortigen Lokalzeitung, Interviews gegeben hatten, fand am Donnerstag, dem 22. Mai 1890 das erste Konzert statt. Voller Spannung fiebert Wilma Neruda diesem entgegen: „Bin sehr begierig wie es sein wird – ob mir das Publikum sympathisch sein wird – ob ich dem Publikum gefallen werde – wer kann das wissen!?"[558]

Und so beginnt es: „Lord and Lady Hopetoun arrived punctually to the minute, the accompanist playing *God Save the Queen* vigorously on the piano as they entered."[559]

Der Erfolg des ersten Konzertes ist überwältigend. Charles Hallé schildert das Spiel Wilma Nerudas bei ihrem ersten Auftritt in Australien wie folgt:

> Wilma's first piece, the ‚Fantaisie Caprice', created a perfect furore, and she was recalled four times. She was in excellent form, and I really believe that I never had heard her play so well, with such grace, such passion, such marvellous perfection, and such mastery. It was a thing to be remembered, and no wonder that the public was amazed. The whole concert was a grand triumph, and made us think that we are quite safe here.[560]

---

[557] Lord John Adrian Hopetoun (1860-1908): Generalgouverneur von Victoria (Australien); Lady Hasey Hopetoun – Gattin s. Abb. 44.
[558] Tgb 1 WN, S.81.
[559] Life and Letters, S.368 f.
[560] Life and Letters S. 369.

5. Mit der Geige zu fernen Kontinenten

Abb. 40 Hasey Hopetoun, Australien Juli 1891, signierte Fotografie

Am nächsten Morgen berichtet der Kritiker der Melbourner Tageszeitung *The Argus* voller Lob über das Konzert:

> Madame Norman Neruda (Lady Hallé) on ranking her appearance, was received with such a burst of applause, so long continued, as to be enough to unnerve nine out of ten.
> This was not to be wondered at, for Lady Hallé's name has been in the mouths of all who take any interest in musical matters for long past as the greatest living Lady violinist and this report was abundantly and unmistakably verified last night. Of last night's playing it is impossible to speak in terms of exaggerated praise. Lady Hallé' at once captivated her audience, and beauty of her tone, the faultless intonation, the elegance and gracefulness of her bowing, the exquisite feeling and pathos as well as brilliance infused into the music, to say nothing of the double-stopping and technical perfection, which could not possibly be surpassed, were sufficient to at once demonstrate the fact that we were listening not merely to a distinguished virtuoso, but also to a great artist. The audience was electrified, and gave such vociferous and tumultuous applause as has never been … in Melbourne.[561]

---

[561] *The Argus*, 23.5.1890, S. 4.

Die Künstlerin genießt ihren Erfolg und schreibt in ihr Tagebuch:

> Das erste Concert ist vorüber – es war voll – der Saal ist sehr gut – klingt ausgezeichnet schön – der Success war sehr gross. Lord und Lady Hopetoun waren auch im Concert – ich bekam viele Blumen auch einen Lorbeerkranz mit weiss und rothen Bändern von einer Böhmin! Dann einen Korb mit Blumen mit weisser Schleife, worauf ein österreichischer Doppeladler, eine Geige mit Noten ‚Die Nacht am Rhein' gemalt ist.[562]

Die Konzerte in Melbourne waren durchweg ein grandioser Erfolg. Im fünften Konzert „sassen die Leute auf dem Orchester uns ganz nahe – es scheint dass kein einziger Platz frei war. Samstag ist das 6. Concert, auch für dieses soll alles verkauft sein."[563] Die Landsleute der Geigerin ehrten sie im letzten Konzert auf besondere Weise:

> Nach meinem ersten Solo wurde mir eine Art Wappenschild auf hohem Gestell, ganz von Blumen, mit Schleifen geschmückt, gebracht. Auf dem Schilde standen die Worte aus rothen Blumen ‚Der genialen Künstlerin von ihren Landsleuten'. In der Mitte: N. N. – An den beiden Seiten hingen mährische Bänder, rothgold und schwarzgelb – tiefer unten ungarische Nationalfarben roth weiss grün – und eine weisse Schleife mit Dedication. Frau Flesch kam zu mir heran und sagte, die Oesterreicher und Ungarn offeriren mir diese Blumen. Es war sehr nett und von meinen Landsleuten ungewöhnliche Aufmerksamkeit – wenigstens gegen mich!![564]

Von Melbourne aus unternehmen die Künstlerin und der Künstler zwei Abstecher in kleinere Städte Australiens. Nach Geelong reisen sie mit dem Zug, was nur knapp zwei Stunden Fahrzeit bedeutet. Nicht nur in den großen Städten werden die Künstler durch vorherige Zeitungsartikel publik gemacht, auch die kleineren Städte bedienen sich dieser Werbung und, wie man dem nachstehenden Tagebucheintrag Wilma Nerudas entnehmen kann, mit Erfolg: „Das Concert war ganz voll. Wir spielten in einer Art Theater – Exhibition Theater. Das Publikum war ganz erfüllt von hiesigen Zeitungen und wir hatten deshalb grossen Success."[565]

Nicht immer waren die Bedingungen für die Konzerte gleich gut. Die Reise nach Ballarat war beispielsweise weniger angenehm und mehr als doppelt so lang. Auch ließ der hässliche, schmutzige Saal das Konzert für Wilma Neruda in schlech-

---

[562] Tgb 1 WN, S. 85 f.
[563] ebd. S. 91.
[564] ebd. S. 111.
[565] ebd. S. 97 f.

Abb. 41 Wilma Neruda, Fotografie

ter Erinnerung bleiben. Während der Darbietungen zog es fürchterlich, so dass die Künstlerin rheumatische Beschwerden in einem Finger der linken Hand bekam, was für die Tournee noch unangenehme Folgen nach sich zog.

Von all dem merkte das Publikum nichts und verfolgte das Konzert aufmerksam,[566] und der Applaus artete regelrecht in Tumulte aus.[567]

Aufgrund des einzigartigen Erfolges der Hallés in Melbourne organisierte der Manager Otton hier fünf zusätzliche Konzerte. Auch in diesen Konzerten riss die Begeisterung nicht ab. Im vorerst letzten Konzert in Melbourne vor der Abreise nach Sydney blieb wieder kein Platz leer, und wie alle anderen war dies auch sehr erfolgreich, wie die Rezensenten berichteten. Über das erste Solo Wilma Nerudas, die Sonate in A-Dur von Georg Friedrich Händel, konnten die Melbourner Folgendes lesen:

> In this [work] there is sufficient scope for the expression of a variety of feelings, and in each and all Lady Hallé showed what it is possible to do with a violin in a hands

---

[566] ebd. S. 101.
[567] Vgl. Kennedy: Charles Hallé, S. 207.

of a consummate master. [...] Lady Hallé is gifted with that versatility of genius which belongs only to the privileged few – thus, whether it be a brilliant display of bravura playing, or an inspired movement wherein the technique is only second to the workings of the mind, she immediately enforces the conviction that one is in the presence of an artiste whom it is an honour to listen to. [568]

Auf der Rückreise von Sydney nach Adelaide konzertieren die Hallés erneut in Melbourne. Leider laufen diese Konzerte, zum Unmut Wilma Nerudas, schlecht an. Sie sind im Vorfeld von den Managern zu wenig publik gemacht worden.[569] Doch das vorhandene Publikum ist begeistert, und langsam werden die Konzerte auch besser wahrgenommen: „Der Enthusiasmus aber überstieg Alles. Carl wurde nach dem Concertstück von Weber 3 mal gerufen. Es war ganz amüsant das Publikum so zu sehen. Ich spielte das Concert von Mendelssohn."[570] Die schlecht besuchten Kammerkonzerte können aber auch darin begründet sein, dass vier Orchesterkonzerte angekündigt waren. Vermutlich wartete das Publikum auf diese Höhepunkte.[571] Obwohl Wilma Neruda sich bereits anfangs abfällig über den Dirigenten in Melbourne geäußert hatte, lässt sie sich bei ihren Auftritten mit Orchester von ihm begleiten, findet ihre anfängliche Meinung aber bestätigt:

> Mittwoch 6. August. Um 11. Uhr hatte ich Probe von der Polonaise von Wieniawski – Carl probirte Beethoven's Es dur Concert. Das Orchester ist wirklich gar nicht schlecht – wenn es einen besseren Dirigenten hätte, wäre es so viel besser.
> Das heutige Concert war voll und das Publikum ganz hingerissen, wie es schien.[572]

Solokonzerte mit Orchesterbegleitung stellten für Melbourne etwas ganz Neues dar. Dementsprechend einzigartig fällt der Erfolg aus und zieht Zuhörer aus fernen Gegenden des Landes an: „We heard ... a party of twenty-five are staying, who have come hundreds of miles from the bush for our last three concerts here."[573]

---

[568] *The Argus*, Melbourne, 14.6.1890. In diesem Konzert spielte Wilma Neruda außerdem: Ludwig van Beethoven: Sonate für Klavier und Violine F-Dur op. 24 – Henri Vieuxtemps: *Reverie* op. 22/3 und *Tarantella* op. 22/5 – als Zugabe: Johannes Brahms / Joseph Joachim: *Ungarischer Tanz* Nr. 6.
[569] Näheres vgl. Kapitel 5.2.7
[570] Tgb 1 WN, S. 162.
[571] Vgl. ebd. S. 161.
[572] ebd. S. 163.
[573] Life and Letters, S. 375, 14.6.1890.

Auch junge Menschen vermochten die Konzerte Wilma Nerudas zu fesseln. Besonders für Geige spielende junge Mädchen war der Erfolg der großen Virtuosen beispielgebend und Vorbild:

> Es ist unser 9. Concert heut Abend. Es war wieder heut Abend sehr voll und natürlich war das Publikum wie gewöhnlich lebhaft. Ein junges Mädchen im Concert übergab mir eine Violine von Veilchen gemacht! Sie schrieb einen kleinen Brief dazu um zu sagen dass sie Geige spielt und in jedem Concert ist. Ich sah sie auch jedes Mal.[574]

Am Abend des letzten Konzertes in Melbourne spielen sowohl Wilma Neruda als auch Charles Hallé je wieder ein Solokonzert mit Begleitung des Orchesters, und der Erfolg ist ‚kolossal':

> Es war das 18. hier; der Saal war so voll wie er nur sein kann und viele Menschen konnten nicht eingelassen werden. Der Applaus war ungeheuer stürmisch. Das Programm war etwas lang – Carl spielte C moll Concert von Beethoven, ich Mendelssohn und jeder ein kleineres Solo. Carl musste nach seinem Solo ein Encore spielen – ‚Home, sweet Home', wurde <u>kolossal</u> applaudirt. Ich musste ebenfalls nach meinem Solo spielen. Das Mendelsohns'sche Concert fing um 10 Uhr an! Aber trotzdem es halb 11 war als es vorbei war – musste ich noch mal spielen. Ich ging mit Carl 4 mal hinauf, aber immer fingen sie wieder mehr zu toben an – bis ich endlich wieder spielte. Es war sehr schön, den Saal mit der enthusiastischen Menge so vor sich zu sehen! Wir können mit Freude und Satisfaction auf unsere Thaten – und Erfolge zurücksehen – die Erinnerung wird stets eine sehr angenehme sein. Wir bekamen vom Orchester eine grosse Lira aus Camelien, Veilchen und Schneeglöckchen, nebst Farn – geziert mit rohtgelben Bändern – die mährischen Farben. Darauf steht in Goldlettern: Sir Charles Hallé – Lady Hallé – the Victorian Orchestra – Melbourne 1890. Es freute uns diese Aufmerksamkeit des Orchesters sehr. Einen prachtvollen Korb aus Veilchen und gelben Blumen bekam ich mit den oesterreichischen Farben – schwarz und gelb – und noch viele andere Bouquetts. Es war ein schöner Abend![575]

Sydney

Am Montag, dem 16. Juni 1890 reisten die Künstler per Zug nach Sydney. Diese Reise dauerte 19 Stunden und blieb Wilma Neruda in schlechter Erinnerung. Doch groß war die Freude speziell Charles Hallés bei der Ankunft in Sydney, denn sie wurden am Bahnhof von seinem Sohn Barney, dessen Ehefrau und deren gemeinsamer Tochter empfangen.

---

[574] Tgb 1 WN, S. 105.
[575] ebd. S. 165 f.

Die Konzertbedingungen waren hier nicht so günstig wie in Melbourne. In der Town Hall wurde gerade die neue große Orgel aufgestellt. Daher konnte dieser große Konzertsaal nicht benutzt werden. So spielten die Geigerin und der Pianist in einem *Meeting Saal*, der eher an eine Kirche erinnerte[576] und „nur" 1500 Menschen fasste. Auch die Akustik stellte Wilma Neruda nicht zufrieden: „Der Saal gefällt mir durchaus nicht – es klingt auch gar nicht sehr gut, was das Unangenehmste ist – wenigstens für mich klingt es nicht gut – es spielt sich nicht so leicht wie z. B. in Melbourne – dort war es ein Vergnügen zu spielen."[577]

Doch das Publikum schien dies nicht zu stören, denn es hieß Wilma Neruda aufs höchste willkommen:

> The audience at once broke out into tumult, ad gave to Lady Hallé a reception, if possible, even more enthusiastic than that already accorded to her husband. This Lady's position in the musical world is unique, for not only is she recognised as by far the most prominent violin player of her sex, but she has succeeded in fairly rivalling the greatest artists upon her merits alone. […] She comes to us in the full possession of all her powers and in the very zenith of her fame. For her no such thing as technical difficulties exists. Left and right hand are trained to equal perfection, and both are subordinated to art-expression.[578]

Leider hatte sich Wilma Neruda bei einem vorhergehenden Konzert in Ballarat – wie erwähnt – eine rheumatische Entzündung in einem Finger der linken Hand zugezogen. Der Finger schmerzte derartig, dass einige Konzerte verschoben wurden, bis die Schmerzen sich legten. Dann gaben die Hallés alle geplanten Konzerte mit anhaltendem Erfolg. Selbst bei Regenwetter scheute das Publikum nicht den Weg, um diese beiden berühmten Künstler zu hören:

> Donnerstag 26. Juni. […] Es war ein furchtbares Regenwetter den ganzen Tag und Abends goss es schauderhaft – aber trotzdem war es voll. Nach meinem ersten Solo bekam ich einen wunderschönen Korb mit Blumen. Der Korb ist von weissen Atlas und Spitzen gemacht und die Blumen waren weisse Rosen und Kamelien, Butterblumen, Veilchen, Hyazinten und rothe und gelbe Herbstblätter nebst verschiedenem Farnkraut. Das ganze Arrangement des Hortes war wunderschön. Nach der Kreutzer-

---

[576] Vgl. ebd. S. 119.
[577] ebd. S. 129.
[578] *The Sydney Morning Herald*, 19.6.1890. Das Konzert fand am 17.6.1890 statt. Wilma Neruda spielte folgende Stücke: Henri Vieuxtemps: *Fantaisie-Caprice* op. 11 – Ludwig van Beethoven: Sonate für Klavier und Violine Nr. 3 G-Dur op. 30 – Franz Neruda: *Berceuse Slave* d-Moll op. 11 – Antonio Bazzini: *La Ronde des Lutins* op. 25.

Sonate wurde uns aufs Podium ein Riesenlorbeerkranz gereicht – gross wie ein Wagenrad, der in der Mitte die Buchstaben N. H. von weissen und rosafarben Kamelien trug – mit einer Menge von Atlasschleifen. Ein Mann konnte ihn kaum tragen.[579]

Der Erfolg der Konzerte steigerte sich derart, dass es im neunten Konzert in Sydney von den Galerien und dem Parkett auf die Künstlerin Blumen regnete und sie buchstäblich über Rosen lief, als sie die Bühne verließ:

> Das Concert war übervoll, und das Publikum im höchsten Grade stürmisch enthusiastisch. Nach meinem ersten Solo wurden mir viele wunderschöne Blumenbouquets überreicht und nach meinem letzten Solo regnete es von allen Seiten Blumen und Bouquets. Eine solche Menge Blumen habe ich noch nie bekommen in einem Concert. Lord Carrington der mit seiner Frau und den beiden ältesten Mädchen auf dem Podium sass, half die Blumen aufnehmen – was gar keine kleine Arbeit war. Dabei trafen die Blumen unsere Köpfe, Rücken und Arme. Ich ging 3 mal mit Blumen in den Armen, herab vom Podium – als ich wieder hinauf gehen musste um zu spielen, ging ich noch über alle möglichen schönen Rosen und Camelien, die wir nicht mehr auflesen konnten.[580]

Es ist also nicht verwunderlich, dass auch in Sydney wegen der großen Nachfrage drei Zusatzkonzerte gegeben wurden, nachdem die Künstler aus Brisbane zurückkehrten. Auch diese waren wieder sehr triumphal. Im letzten Konzert bedankten sich die Zuhörer bei Wilma Neruda feierlich:

> Montag 28. Juli. Heut Nachmittag war unser letztes Concert hier – das 15. Es war sehr voll und das Publikum sehr enthusiastisch, und als wir den II Theil anfangen wollten, kam ein Herr aus dem Publikum aufs Podium um mir ein Geschenk der Concertbesucherinnen zu überreichen – es stand eigentlich auf einem Tische. Er hielt eine kleine Rede, die ich kaum anhörte. Darauf sagte ich ihm ‚danke' und reichte ihm die Hand. Es ist ein Lyravogel – ein australischer Vogel, gemacht aus australischem Silber und ist hiesige Arbeit. Er ist sehr schön und macht mir wirklich grosse Freude – viel mehr Freude als mir ein Schmuckgegenstand gemacht haben würde; man hatte neulich getheilte Ansichten darüber – Einige wollten mir ein Armband geben, Andere aber glaubten ein speziell Australien Present würde angenehmer sein – und das ist es. Es wird verpackt und auf die Arcadia geschickt. Der Vogel wiegt 148 Unzen.[581]

---

[579] Tgb 1 WN, S. 130 f.
[580] ebd. S. 139. In diesem Konzert spielte Wilma Neruda folgende Werke: Louis Spohr: Violinkonzert Nr. 8 a-Moll – Edvard Grieg: Sonate in c-Moll op. 45 – Heinrich Wilhelm Ernst: *Elegie* c-Moll – Niccolò Paganini: *Moto perpetuo*.
[581] ebd. S. 158.

Brisbane

Von Sydney ging die Tournee schließlich weiter nach Brisbane, der Hauptstadt der Kolonie Queensland. Das offizielle Stadtrecht erhielt Brisbane erst 1902. Die Reise von Sydney nach Brisbane mit dem Zug dauerte damals 36 Stunden. Den Hallés sollte eigentlich ein spezieller Wagen bereitgestellt werden, der sich dann aber als ein gewöhnliches Coupé der ersten Klasse entpuppte, in dem die Sitze mit Kissen und einer Decke belegt wurden.[582] Daher empfand Wilma Neruda die Reise als sehr unangenehm.

Die Künstler wurden auch in Brisbane auf das Freudigste empfangen. Die Tageszeitung *Brisbane Courier* kündigte die Hallés überschwänglich an und gab bekannt, dass der Gouverneur die Absicht habe, bei den Konzerten dabei zu sein, was dann auch der Fall war.[583] Selbst im fernen Brisbane wurde Wilma Neruda hier als „the lady who ranks next to Joachim among violinists" beschrieben und dass er nicht geschmeichelt habe mit seiner Aussage: „She is the incarnation of music."[584]

Auch Brisbane verfügte über eine Town Hall, und somit boten sich auch hier gute Bedingungen für die Virtuosen.

Der erste Auftritt Wilma Nerudas wurde als ein großer Erfolg geschildert, und wie in Melbourne begann sie ihr erstes Solo mit *Fantaisie-Caprice* op. 11 von Vieuxtemps:

> Madame Néruda (Lady Hallé) was received with enthusiastic applause. Her first number was Vieuxtemps's „Fantaisie Caprice" in A. Her playing can only be described as marvellous Words can give but a faint idea of the exquisite finish, the wonderful execution, the perfect intonation, the superbly graceful bowing, the richness and purity of the tone, and the absolute accuracy of the double-stopping of Madame Néruda's performances.[585]

Auch in den Rezensionen der folgenden Konzerte lobten die Tageszeitungen die Darbietungen der Geigerin auf das Höchste. Doch schien die Künstlerin eine zweifelhafte Meinung vom Publikum zu haben[586], was zur Folge hatte, dass sie sich hier nicht wohl fühlte.

---

[582] Vgl. ebd. S. 140.
[583] Vgl. *Brisbane Courier*, 8.7.1890, S. 4.
[584] *Brisbane Courier*, 10.7.1890, S. 5.
[585] ebd. S. 5 In diesem Konzert spielte Wilma Neruda außerdem: Franz. Neruda: *Berceuse Slave* d-Moll op. 11 – Antonio Bazzini: *La Ronde des Lutins* op. 25 – Ludwig van Beethoven: Sonate für Klavier und Violine Nr. 3 G-Dur op. 30.
[586] Näheres siehe Kapitel 5.2.5.

Adelaide

Die letzte Station dieser erfolgreichen Tournee durch Australien bildete Adelaide. Am 13. August fand hier das erste Konzert statt. Doch welche Enttäuschung erfuhr Wilma Neruda in dieser Stadt:

> Unser erstes Concert ist vorüber und wir sind sehr desapprinirt – es war leer! Adelaide soll die musikalische Stadt Australiens sein, wo ein College of Music ist, Professor der Music an der Universität, und sehr viele Deutsche leben! Wir waren sehr unangenehm überrascht als wir den leeren Saal sahen. Der Gouverneur und Familie waren da. Das Publikum war recht lebhaft – aber mich langweilte das Concert. Consul Pinschoff ist auch überrascht gewesen und wir alle ärgerten uns sehr.[587]

Auch das zweite Konzert war leer und Wilma Neruda regelrecht frustriert:

> – es ist disgusting. Niemand kann verstehen, dass die Concerte nicht brechend voll sind, und wenn das die deutsche Stadt Australiens ist, dann bitte ich mir die nicht deutschen Städte aus. Die Leute müssen hier von ihrer musikalischen Superiarität so erfüllt sein, dass sie gar kein Bedürfnis fühlen Künstler zu hören. – Schade! Adelaide, die letzte Stadt, die wir in Australien besuchen, hinterlässt einen unangenehmen Eindruck – ich bedaure nur, dass wir herkamen![588]

Doch von Konzert zu Konzert ließen sich immer mehr Menschen begeistern. So konnten die Künstler im vierten Konzert bereits die größte Zuhörerschaft fesseln, die das Gebäude je gesehen hatte. Beide Galerien waren mit zahlreichen Blumen übersäht. Der Gouverneur und andere Ehrengäste der Stadt waren anwesend, und selbst Menschen, die weniger musikalische Bildung besaßen, wollten sich diese Konzerte nicht entgehen lassen.[589]

Schließlich war die Town Hall bei der Abschiedsmatinee in Adelaide bis auf den letzten Platz ausgebucht. Nach jeder Darbietung erhielten die Virtuosen riesigen Applaus und wurden immer wieder auf die Bühne zurückgerufen:

> Every number was received with the most marked favour, compelling the artists to reappear, and floral tributes of approval were lavishly bestowed upon Lady Hallé, who was quite unequal to to hearing from the platform the wealth of our gardens, which was offered to her as a mark of pleasure which she afforded to her numerous admirers.[590]

---

[587] Tgb 1 WN, S. 171.
[588] ebd. S. 172.
[589] Vgl. *Adelaide Observer*, 23.8.1890, S. 26.
[590] ebd.

Insgesamt besuchten 20 000 Menschen die Konzerte in Adelaide[591], und auch im Jahr 1891 veranstalteten die Hallés in Adelaide erneut fünf Konzerte.

Die Wahrnehmung der Konzerte und die Begeisterung des Publikums in Adelaide stellten einen ungewohnten Wandel dar, wenn man ihn mit den bisherigen Auftritten Wilma Nerudas in Australien vergleicht. Die Tageszeitung *The Adelaide Observer* erklärte diese Veränderung wie folgt:

> It is generally noticed that the Adelaide public waits for the opinions of the press before largely patronising the entertainments provided by any artists who have not previously appeared in the city. In the Hallé-Neruda season this is abundantly manifested. After two concerts at which a comparatively small attendance was observed the third given on Friday night attracted a very much larger audience, though by no means such as should have assembled to show that Adelaide is indeed a music-loving city. Again His Excellency the Governor with the Countess and suite besides a large number of the leading citizens were present.[592]

Da die Erwartungen der Hallés an die Zuhörer von Adelaide besonders hoch waren, empfanden sie die anfängliche Zurückhaltung des Publikums in ihren ersten Konzerten umso enttäuschender. Nachdem jedoch in den Zeitungen durchweg sehr gute Kritiken erschienen, füllte sich der Saal bei jedem folgenden Konzertereignis mehr. Im gleichen Maße nahm der Enthusiasmus des Publikums zu, so dass Wilma Neruda schließlich auch in Adelaide feierlich und mit großen Ehren verabschiedet wurde.

5.2.5 *Wilma Neruda und der Musikgeschmack der Australier*
Der Musikgeschmack der Australier war auf den verschiedenen Stationen der Tournee unterschiedlich. So erfreuten sich in Melbourne und Sydney die Beethoven-Sonaten großer Beliebtheit und standen bei Wilma Neruda dementsprechend oft auf dem Spielplan. Besonders die Kreutzer-Sonate eroberte die Herzen des Melbourner Publikums, und obwohl diese Sonate hier schon des Öfteren von hervorragenden Geigern vorgetragen wurde, übertraf die Darbietung Wilma Nerudas mit Charles Hallé alles bisher Dargebotene.

> But to our mind, the rendering of last night was the *non plus ultra*. The exquisite blending, both of tone and style, on the part of the two artists engaged in is resulted in the complete realisation of the rich and manifold beauties of this *magnum opus*. [...] Suffice it to say that the first and last prestos were given with such fire, energy, brilliancy, and

---

[591] Vgl. *The Adelaisde Observer*, 17.7.1891, S. 5.
[592] *Adelaide Observer*, 23.8.90, S. 26.

gaiety that the enthusiasm proved contagious and spread amongst the listeners, who were completely carried away, some even experiencing a difficulty in maintaining their customary calm composure in the midst of such extraordinary musical excitement. The unsurpassably lovely andante cantabile – was there ever a more inspired melody penned? – with the never fading but ever fresh variations, were played in such a way as to make a deep and ineffaceable impression. We are but expressing the general wish of the public suggesting that the ‚Kreutzer-Sonate' should be repeated more than once; in fact, from such hands it cannot be heard too often, and the frequent repetitions will assuredly mean great attendance. A tremendous outburst of Applause succeeded the last note of the finale, and a decided inclination was evinced to hear at any rate the last movement over again; this was of course, sensibly declined."593

Durch diesen Enthusiasmus des Publikums und die positive Reflexion der Zeitungen ermuntert, stand die Kreutzer-Sonate in Melbourne noch einmal auf dem Programm und wurde der Magnet des Konzertes: „Notwithstanding the inclemency of the weather last night, the fact of the ‚Kreutzer-Sonate' being included in the programme for the ninth Hallé concert was sufficient inducement to bring together a very large audience in the Town – Hall."594

Auch die Sonate für Klavier und Violine G-Dur op. 30 Nr. 3 von Ludwig van Beethoven stand mit auf den Programmen und wurde in Sydney hervorragend aufgenommen, ja bildete „indeed the central feature of the concert, [...] the applause increased after each movement, and a high pitch of excitement obtained by the time the end of the finale was reached".595

Obwohl in Sydney sich die Beethoven-Sonaten großer Beliebtheit erfreuten, sagte dem Publikum rein virtuose Musik mehr zu, und Wilma Neruda war über den Geschmack des Publikums verwundert: „Es war wieder voll und das Publikum lebhaft – besonders gefiel das Rondo von Dussek! Wir mussten 3 mal hinauf aufs Podium und dann es noch mal spielen! Wie komisch ist der Geschmack des Publikums."596

Als problematisch sah Wilma Neruda ihre Konzerte in Brisbane an. Dort vermutete sie, dass sich das Publikum langweilte:

> Das Concert war voll, aber das Publikum schien mir gar nichts zu verstehen und ich zweifele dass viele Leute ein wenig Genuss von den Beethoven'schen Sonaten hatten; sie schienen ziemlich gelangweilt zu sein. Freilich kann man es den hiesigen Einwohnern nicht verdenken, wo sollten sie in Musik zu verstehen gelernt haben? Sie haben

---

593 *The Argus*, 23.5.1890.
594 *The Argus*, 11.6.1890.
595 *The Sydney Morning Herold*, 10.6.1890.
596 Tgb 1 WN, S. 131.

Abb. 42 Wilma Neruda, ca. 1890, Fotografie

so wenig gehört, und konnten sich daher durch Musik hören, nicht bilden. Zum Schluss schienen sie etwas aufzuwachen – beim ‚Rondo des Lutins' – und in der heutigen – 10. Juli – gar nicht schlecht geschriebenen Kritik sagt man, dass das Publikum ungeheuer enthusiastisch gewesen wäre, was uns gar nicht so vorkam.[597]

Die Rezension des Brisbane Courier unterschied sich tatsächlich grundlegend vom Eindruck Wilma Nerudas über dieses Konzert:

> The intense enthusiasm with which they have been received is probably unique in the history of music in Australia. There is every reason to suppose, if the reception given to them last night may be taken as an indication, that the impression they will make here will be worthy of them and of their high position in the great world of art.[598]

Das Publikum in Brisbane interessierte sich zwar sehr für die Konzerte der Hallés, und in der Centennial Hall blieb kein Platz leer, jedoch lösten die Werke Beethovens bei den Zuhörern Unverständnis aus. Sie wurden bisher in dieser Stadt

---

[597] Tgb 1 WN, S. 144.
[598] *Brisbane Courier,* 10.7.1890, S. 5.

noch nie gespielt.[599] Nach einigen Konzerten trat allerdings eine Veränderung ein, und auch die Sonaten von Beethoven erfreuten sich immer größerer Beliebtheit.[600] Obwohl sich die Konzerte auch in Brisbane gut entwickelten, konzertierte Wilma Neruda auf der Tournee 1891 in Australien dort nicht wieder.

In gewissem Grad hatte sich die Virtuosin mit ihrem Repertoire auf das Publikum in Australien eingestellt. In welcher Weise dies geschah, bemerkte auch der Rezensent der Brisbaner Tageszeitung:

> It was classical without being in the slightest degree heavy, or above the appreciative powers of an intelligent audience. All could appreciate and admire, even if they could not quite understand, and probably there were few who did not gain from the performances of Sir Charles and Lady Hallé some new insight into, and some fuller comprehension of, the beauties of classical compositions. [...] They have possible yet to realise the surpassing excellence of the concerts which good fortune has sent in their way.[601]

Allerdings enthielt nicht nur in Brisbane das Programm eher populäre Titel im Repertoire. So standen in Melbourne und Sydney regelmäßig virtuose Werke von Wieniawski, Nardini, Sarasate, Dussek, Ries, Bazzini[602] und Vieuxtemps auf dem Programm. Und es waren vor allem diese virtuosen Werke, mit denen Wilma Neruda den Nerv des australischen Publikums traf. Den Enthusiasmus der Zuhörer für diese Stücke sollen stellvertretend Kritikerzitate aus Brisbane wiedergeben.

La Rondo des Lutins von Antonio Bazzini gefiel hier außerordentlich, und nach der Darbietung dieses Stückes jubelte das Publikum, bis Wilma Neruda in eine Zugabe einwilligte.[603] Auch bei dem virtuos artistischen Werk *Perpetuo* von Franz Ries erhielt sie tosenden Beifall.[604] Schließlich erzeugte das *Rondo und Andante* von Johann Ladislaus Dussek riesigen Applaus:

> The singular beauty of the composition, and the fascinating manner in which it was rendered, powerfully moved the audience. Twice did the applause bring Sir Charles and Lady Hallé back on the platform, and they had to appear a third time before the programme could be proceeded with…[605]

---

[599] Vgl. Life and Letters S. 385.
[600] Vgl. Tgb 1 WN, S 146.
[601] Brisbane Courier, 11.7.1890 S. 6.
[602] Antonio Bazzini (1818-1897), italienischer Geiger, Komponist.
[603] Vgl. *Brisbane Courier*, 10.7.1890, S. 5.
[604] Vgl. *Brisbane Courier*, 11.7.1890, S. 6.
[605] *Brisbane Courier*, 12.7.90.

Ebenso überzeugte ein Werk von Henryk Wieniawski: „The Mazurka, a more showy composition, but quite worthy of the composer, drew from the audience a most spontaneous and enthusiastic burst of applause."[606] Weiterhin brachte die *Grande Polonaise* in A von Wieniawski tumulthaften Applaus. Die Künstlerin kehrte dreimal auf das Podium zurück, doch das Publikum gab sich nicht zufrieden, bis sie noch ein Solo spielte.[607]

Die *Tarantella* in a-Moll von Vieuxtemps mussten die Hallés wiederholen, und der Enthusiasmus steigerte sich erneut[608]. Ein junger Virtuose aus Adelaide beschrieb das Spiel Wilma Nerudas folgendermaßen:

> It was at Hallé concert. In the audience were a proud father and mother and their youthful prodigy, who for some months has been learning to mangle the violin. Madame Norman-Neruda had just finished a most difficult selection, which she had executed matchlessly. ‚Well, Robby, what do you think of it?' asked the fond mamma. ‚She is very good', replied Robby, shutting one eye critically, ‚but she is rather a tricky player.' This is a solid fact.[609]

Doch Wilma Neruda bereicherte das musikalische Leben Australiens nicht nur dadurch, dass sie durch den Kontinent tourte und die Menschen mit der virtuosen Darstellung ihrer Geigenkunst erfreute, sondern sie nahm für die dortigen Zuhörer unbekannte Werke mit in ihr Repertoire auf, so wie die Sonate für Klavier und Violine in A-Dur, op. 100 von Johannes Brahms. Diese wurde von Wilma Neruda laut *Argus* vom 28.5.1890 zum ersten Mal in Melbourne aufgeführt. Zu der Interpretation durch die Künstler schrieb der Kritiker dieser Zeitung:

> If Brahms – the greatest composer of the day – had been particularly desirous that his op. 100 should have a fair chance of being judged on its merits at the Antipodes. He could not have put it into the hands of better or more trustworthy custodians than Sir Charles and Lady Hallé, who entering into the spirit themselves, reflected it on the audience with the most complete success.[610]

Aber Wilma Neruda bescherte dem australischen Publikum noch eine Neuigkeit – die Sonate c-Moll op. 45 von Edvard Grieg. Obwohl seine Musik in England und auf dem Kontinent sehr bekannt ist, wurde sie in Australien kaum gehört.[611]

---

[606] *Brisbane Courier*, 13.7.1890.
[607] Vgl. *Brisbane Courier*, 13.7.1890.
[608] Vgl. *Brisbane Courier*, 14.7.1890.
[609] *The Adelaide Observer*, 22.8.1890, S. 32.
[610] *The Argus*, 28.5.1890.
[611] Vgl. *Brisbane Courier*, 14.7.1890, S. 5.

Wie im vorherigen Kapitel schon erwähnt, eroberte Wilma Neruda, trotz einiger Anfangsschwierigkeiten in Brisbane und Adelaide, ihr Publikum im Sturm und hinterließ einen nachhaltig positiven Eindruck:

> Their Australian visit has been made within the short space which such busy celebrities usually give over to rest and enjoyment. The effect their concerts will have on musical culture in the colonies can hardly fail to be very great permanent. The perfect interpretations they have given of the works of the great masters must have been of incalculable value to young and struggling musicians. Equally important and wider in its scope probably will be the influence exerted by them on the musical taste of the people, for it must lead to a more intelligent and generous appreciation of the best and noblest music. It would not be exaggerating to say that every string of Madame Néruda's noble violin, in the fullest sense, is a singer of rich and varied resources.[612]

Das Resümee Wilma Nerudas fiel dementsprechend aus: „Ich kann sagen, dass wir sehr zufrieden mit unseren hiesigen Thaten sind – das Publikum war wirklich unendlich aufmerksam und schien immer verständiger zu werden."[613]

Auch für die Künstler bedeutete der Aufenthalt auf dem fernen Kontinent und das Darbieten ihrer Kunst dort eine neue Erfahrung. So nahmen sie zahlreiche Eindrücke und Anregungen mit zurück nach England:

> I must say that the contact with a new public has done as much good, and has put fresh musical life into us. Playing so constantly in England as we do, it becomes a matter of routine, and loses its interest; here we are quite astonished ti find that we take a real interest in every concert, in every article in the papers, and we certainly do our best. It is a great satisfaction to witness the breathless attention with which these large crowds listen to us; there is not the least exaggeration in saying that you might hear a pin drop; and never a soul stirs before the last note is playing.[614]

5.2.6 Gesellschaftliche Anerkennung

Nach ihrer Ankunft in Melbourne blieb Wilma und Charles Hallé nicht viel Zeit, sich von der Reise zu erholen und mit der neuen Umgebung vertraut zu machen. Kaum angekommen in *Menzies Hotel*, erschienen die verschiedensten Kritiker zum Empfang. Sie waren begierig, die berühmten Künstler zu begrüßen, und die Hallés gaben ihnen bereitwillig Interviews für die Tagespresse. Schon vor dem Eintreffen

---

[612] ebd. S. 5.
[613] Tgb 1 WN, S. 111.
[614] Life and Letters, S. 374.

der Virtuosen wurden in den Zeitungen verschiedene Artikel über sie gedruckt, galt es doch, ihre Konzerte im Vorfeld möglichst publik zu machen. Nun waren die Kritiker begierig, Interviews dieser außerordentlichen Künstler zu bekommen. Die Bewerbung war wichtig für die Hallés, aber natürlich auch für die Manager, denn auch sie wollten gute Geschäfte machen. In allen Städten, in denen die Hallés eintrafen, gab es ihnen zu Ehren große Empfänge vom regierenden Gouverneur bzw. Bürgermeister. Wie Wilma Neruda in Melbourne gefeiert wurde, schilderte sie in ihrem Tagebuch:

> Um ½ 5 Uhr waren wir in der Town Hall, wo wir vom Mayor und der Mayoresse, so wie vom Townclarke öffentlich empfangen wurden. Die Mayoresse überreichte mir einen Korb mit den schönsten Rosen. Dann wurden wir in das council chamber geführt, auf eine Art Estrade mit Stühlen wo wir sitzen sollten, aber Hallé und ich mussten fast die ganze Zeit stehen um mit den uns vorgestellten Damen und Herren zu sprechen und Hand zu schütteln. Dann hielt der Mayor eine kleine Rede um uns willkommen zu heissen – worauf Champagner getrunken wurde (ich aber nicht). Es waren eine ganze Masse Leute – der Namen erinnere ich mich aber nicht mehr. Toole[615] war dort, dann der hiesige Dirigent Hamilton Clarke.[616]

Überall besuchten die Stadthonoratioren die Konzerte. In Sydney[617] und Brisbane[618] standen sie sogar unter der Schirmherrschaft des regierenden Gouverneurs. Auch in Melbourne und Adelaide ließen sich die Gouverneure Lord Hopetoun und der Earl of Kintore[619] dieses Ereignis nicht entgehen und besuchten die Konzerte. Oft folgten dem Konzertgenuss private Einladungen an die Künstler. Beispielsweise erhielten Wilma Neruda und Charles Hallé schon in der Pause des ersten Konzertes vom Gouverneur Lord Hopetoun eine Einladung für den darauf folgenden Sonntag[620]. Dies war der 24. Mai, der Geburtstag der Königin – the Queen's Birthday. Charles Hallé berichtet über die Feier in seinem Tagebuch:

---

[615] John Lawrence Toole (1830-1906), englischer Schauspieler.
[616] Tgb 1 WN, S. 83.
[617] Vgl. *Sydney Morning Herold*, 17.6.1890, S. 2: Die Konzerte in Sydney fanden statt unter der Patronage des Gouverneurs Lord Charles Robert Carrington (1843-1928).
[618] Vgl. *Brisbane Courier*, 8.7.1890, S. 2: Die Konzerte in Brisbane fanden statt unter der Patronage des Gouverneurs Sir Henry Wylie Norman (1826-1904).
[619] Earl of Kintore – Algernon Hawkins Thomond Keith-Falconer (1852-1930), Gouverneur von Adelaide. Seine Frau: Lady Sydney Charlotte Kintore.
[620] Vgl. Life and Letters, S. 369.

At 9 o'clock I fetched Wilma and drove with her to Government House. The throne-room is really splendid, and the party was a brilliant one. Lady Hopetoun talked a long time with Wilma, and proved very charming, simple, and shy. We made many acquaintances, amongst others that of the Austrian Consul, Herr Carl Pinschoff[621], a most charming man and true Viennese, a great friend of Brahms, and formerly of Wagner, having always lived in musical circles and married a singer, Mlle. Widermann.[622]

Wilma Neruda hielt diese Begegnung ebenfalls in ihrem Tagebuch fest: „Ich machte die Bekanntschaft des österreichischen Consuls Pinschof, der ein ganz gemüthlicher Mann ist, und mit dem Hallé die längste Zeit plauderte. [...] Wir werden Sonntag beim Concul lunchen, er giebt uns Milchrahmstrudel!"[623]

Konsul Pinschof tat alles, um den Hallés den Aufenthalt in Australien auch während der Konzerte angenehm zu bereiten: „Der österreichische Consul hatte aus dem Wiener Cafe Eis bestellt, welches in der Zwischenpause kam. Es war recht gut – aber dem Wiener Eis sehr wenig ähnlich."[624] Außerdem verwöhnte er die Hallés mit Krapfen und Gugelhupf.[625]

Auch die High Society Melbournes interessierte sich für diese berühmten Künstler: „Gestern Nachmittag kam zu uns Sir William und Lady Clarke – einer der reichsten Männer in Melbourne. Sie ist sehr gesprächig – er schweigsam. Sie luden uns für Mittwoch zum diner ein."[626]

Bei ihrer Ankunft in Sydney gab es ebenfalls einen Empfang vom dortigen Bürgermeister Burdekin[627] in der Town Hall, bei dem die Hallés über 800 Menschen der Gesellschaft wie Staatsministern, Konsuln usw. begrüßen mussten:[628]

> Als wir ankamen, wartete der Mayor und die Mayoress am Eingange, sie mit einem grossen Veilchenbouquet für mich, um uns hinauf, in die heut zum ersten Male benutzten Drawingrooms zu führen, die wirklich sehr hübsch sind und mit Palmen

---

[621] Carl Ludwig Pinschof (1855-1926), österreichischer Konsul von 1885-1926 in Melbourne.
[622] Richtig: Elise Wiedermann (1851-1922), österreichische Sopranistin. Life and Letters, S. 369.
[623] Tgb 1 WN, S. 88.
[624] ebd. S. 102.
[625] Vgl. ebd. S. 92.
[626] ebd. S. 82.
[627] Sydney Burdekin (1839-1899), Bürgermeister von Sydney.
[628] Vgl. Life and Letters, S. 377.

Abb. 43 Carl Pinschof, Melbourne August 1890, signierte Fotografie

und Fesus geschmückt waren. Da begannen auch schon die Eingeladenen zu kommen. Die Mayoress und ich standen an der Thüre – der Mayor mit Hallé etwas weiter, und so wurden die Ankommenden der Mayoress genannt, die mich dann nannte und die Leute mir vorstellte. Dasselbe that dann der Mayor mit Hallé. Da war denn alles von Distinction und Verdienst von Sidney versammelt. Ein sehr alter Herr mit sehr langem, weissen Haar und Bart – Sir John Hay[629], der mehrere Male Minister hier war, war sehr interessant. Dessen Frau gefiel mir besonders gut – ich sass später beim Thee neben ihr.[630]

Wieder erhielten die Hallés Einladungen zum Diner beim Gouverneur von Sydney Lord Carrington und seiner Frau Lady Carrington. Anschließend besuchten sie das Jubiläumskonzert der dortigen Liedertafel. Wilma Neruda beschreibt ihre Eindrücke:

> Wir fuhren in 3 Wagen, […] Vor dem ersten Wagen ritten zwei Soldaten. Als wir ankamen war gerade der erste Theil vorüber und wir wurden gebeten einige Minuten im Wagen zu bleiben, bis das Orchester wieder versammelt sei. Nach 5 Minuten wur-

---

[629] John Hay (1816-1892), australischer Politiker.
[630] Tgb 1 WN, S. 118.

den wir geholt – zuerst ging Lord Carrington mit mir, dann Lady Carrington mit dem Mayor und so folgten die anderen. Ich fühlte mich ganz grossartig als das ganze Publikum aufstand während das Orchester God save the Queen spielte, und ich am Arme Lord Carrington's daher schritt! – Natürlich erregten wir die Neugierde des ganzen Publikums. Lady Carrington und ich sassen in den Lehnstühlen – Lord Carrington bestand darauf dass ich auf seinem Platze sitze. Das Concert – der II Theil – war sehr langweilig – mit Ausnahme des Cores, der sehr gut geschult zu sein scheint. Da war aber eine Sängerin – eine Miss Bussard – die war gräulich! Sie sang die grosse Arie aus der Traviata – es war die reinste Parodie! Und das Publikum war entzückt, denn nachdem sie die hohen Töne herausschrie, presste, quetschte, dabei fast platzte, war es ganz hingerissen und bestand auf einem Encore! Auch ein Flötensolo haben wir geniessen müssen! – Nach dem letzten Stück wurde die Hymne wieder gespielt und wir marschirten wieder in derselben Ordnung aus dem Saale.[631]

Wie sehr die Hallés bei den einheimischen Musikern geachtet wurden, zeigt das Engagement, das diese Leute aufbrachten, um ihnen ihre Ehrerbietung zu zeigen. Weniger feierlich, doch ebenso aufrichtig gemeint erlebte Wilma Neruda den Gesang der Liedertafel in Adelaide:

Ich vergass gestern zu schreiben, dass nach unserem ersten Concert die Adelaider Liedertafel uns eine Serenade brachte. Die Mitglieder, deren es nur 16 giebt, waren vor unseren Fenstern auf der Strasse versammelt, wo sie mehrere Sachen ganz gut sangen. Ich konnte nicht auf dem Balcon bleiben, da es zu kalt war für mich; Halle blieb draussen. Nachher kamen die Mitglieder mit ihrem Anführer um uns eine Adresse zu überreichen – eigentlich um uns zu ihren Ehrenmitgliedern zu machen. Dabei hielt der Anführer – ein Deutscher – die komischste Rede – englisch – die mir je vorkam. Er konnte weder deutsch noch englisch sprechen – es war zu drollig![632]

In Brisbane angekommen, gab der Bürgermeister der Stadt zu Ehren der Hallés einen Empfang in der Town Hall, bei dem alle wichtigen Repräsentanten der Stadt anwesend waren. Im *Brisbane Courier* war am nächsten Tag Folgendes über den Empfang zu lesen:

There is every reason to suppose, if the reception given to them last night may be taken as an indication, that the impression they will make here will be worthy of them and of their high position in the great world of art. The Centennial Hall last evening was filled in every part, and presented a very brilliant appearance.[633]

---

[631] ebd. S. 121.
[632] ebd. S. 173: Das Konzert fand am 14.8.1890 statt.
[633] *Brisbane Courier*, 10.7.1890.

Anscheinend empfand Wilma Neruda diesen Empfang jedoch als weniger glanzvoll:

> Leider mussten wir um 3 Uhr in die Townhall, wo uns der Mayor empfangen wollte. Soeben kommen wir zurück und lachen noch über diese komische Versammlung! Noch nie habe ich solche Leute gesehen – Männer wie Frauen sind von einer Vulgarität gewesen, in Aussehen und Benehmen, die unparallel [gemeint: unvergleichlich] ist. Ich fürchte immer Carl würde losplatzen – und blieb deshalb sehr ernst – aber wenn die Vorgestellten bei uns vorbeischlichen, (die Meisten sahen mich gar nicht an) so schüchtern und verschämt und scheu, da wäre ich gerne losgebrochen in das mich fast erstickende Gelächter. Der Mayor ist auch so vulgär und scheu. Der Netteste war der Chief Justice, Sir Charles Lilly (ich glaube, so heisst er). Nachdem der Mayor eine kurze Rede gehalten hatte und Sir L. dankte Carl für die Reception, und dann wurde uns Thee geboten nach dessen verschlucken wir nach Hause fuhren, auf dem ganzen Wege noch lachend über diese drollige, noch nie da gewesene Gesellschaft![634]

Nach einer nächtlichen Zugfahrt von Melbourne nach Adelaide folgte das Ehepaar noch am gleichen Abend einer Einladung des dortigen Gouverneurs Lord Kintore. Dass diese Art Einladungen nach strapaziösen Zugfahrten nicht immer nur Genuss bedeutete, schildert Wilma Neruda in ihrem Tagebuch:

> Es wurde mir schwer mich anzukleiden, um halb 8 Uhr beim Gouverneur Lord Kintore zum diner zu sein! Nach dem diner war sehr grosse Gesellschaft – es war zuerst ein Kleines Concert – nur Gesang – Solo und Chöre, und nach einer Pause von einer halben Stunde, wurde eine kleine Operette gemacht, die von hiesigen jungen Dilettanten gedichtet, componirt und aufgeführt worden ist. Es wurde recht gut gesungen und war recht amüsant – verhältnismässig natürlich. Lady Kintore sagte mir, dass sie dachte, es sei am besten, uns mit hiesigen Produkten zu unterhalten. Ich war todtmüde als wir gegen halb zwölf Uhr nach Hause kamen. Mittwoch 13. August. Schon um halb 11 Uhr Vormittag mussten wir in der Townhall sein wo der Mayor und die Mayoress für uns eine Reception hatten. Es wurde mit einem Orgelstück angefangen – dann passirten die Eingeladenen bei uns vorbei deren Namen uns gesagt wurden. Dann waren wir in der Banquetting Hall, wo Sofa's, Stühle und Tische standen und Erfrischungen gereicht wurden – Caffe, Thee, Champagner, etc, etc. Dann hielt der Mayor eine leider sehr lange Rede, die Hallé beantworten musste – kurz, natürlich. Es war im höchsten Grade langweilig und ermüdend.[635]

---

[634] Tgb 1 WN, S. 143.
[635] ebd. S. 170.

Abwechslungsreich gestalteten sich die Bälle, zu denen Wilma Neruda und Charles Hallé in Australien geladen waren. So besuchten sie noch nach einem Konzert in Sydney ein Fest der Mayoress:

> Es waren sehr viel Menschen dort und sie tanzten mit grosser Lebhaftigkeit – gar nicht wie in England. Eine Art ‚Schottisch' ist sehr hübsch gewesen. Ich sollte durchaus tanzen – konnte mich aber nur zu einem ganz kurzen Walzer mit einem Augenarzt entschliessen. Mrs. Burdekin ist eine sehr hübsche und höchst liebenswürdige Frau. Vor halb 1 Uhr waren wir im Hotel.[636]

In Adelaide stellte der 38. Geburtstag von Lord Kintore ein besonderes gesellschaftliches Ereignis dar. Aus diesem Anlass wurde ein riesiges Fest gegeben, das auch in der örtlichen Tagespresse gebührend beschrieben wurde. Die Feier fand im Gouvernementhaus statt und war die Gouverneursfeier der Saison. Unter den über 300 geladenen honorigen Gästen befanden sich beinahe alle Mitglieder des Ritterordens, viele Offiziere der Verteidigungstruppe und die Gouverneure der anderen Provinzen Australiens wie beispielsweise Lord und Lady Hopetoun. Neben allen Größen des gesellschaftlichen Lebens in Australien waren auch Sir Charles und Lady Hallé als prominente Ehrengäste bei diesem Ereignis geladen.[637]

Bei den gesellschaftlichen Empfängen und Feiern lernten die Künstlerin und der Künstler Menschen aus verschiedenen Bereichen kennen. In Sydney machten sie beispielsweise die Bekanntschaft mit Kapitän Foss vom deutschen Kriegsschiff *Sperber*. Foss lud das Ehepaar zu einer Besichtigung seines Schiffes ein, und Wilma Neruda notierte über dieses Ereignis in ihrem Tagebuch: „Er zeigte uns alles und es interessirte mich sehr. Torpedo's sah ich zum ersten Male. Foss ist ein sehr liebenswürdiger, angenehmer Mann."[638]

In Melbourne zeigte der Rektor der Universität den Hallés neben allen anderen Gebäuden voller Stolz auch den Seziersaal:

> Halle refüsirte nun das anatomische Theater zu sehen – und der Chancellor hatte mich schon an die geöffnete Thüre geführt, wo ich einer Anzahl Studenten um einen Gegenstand beschäftigt sah, der einstens wohl noch vor ganz kurzem unter den Lebenden wandelte. Ich blieb sehr ruhig und machte keinen Fuss. Halle zog mich aber schleunigst fort. Der Chancellor hätte mir so gerne auch das gezeigt![639]

---

[636] ebd. S. 134.
[637] Vgl. *The Arcade* Adelaide, 15.8.1890, S. 11.
[638] Tgb 1 WN, S. 137.
[639] ebd. S. 109.

Abb. 44 Earl of Kintore, Australien, ca. 1890, signierte Fotografie

Ausdruck der Freude und Ehrerbietung der Australier gegenüber Wilma Nerudas Geigenspiel waren, neben den vielen Blumen, auch die reichlichen Geschenke, die sie erhielt. So schenkten die Zuhörer ihr nicht nur einen aus Silber gefertigten Lyra-Vogel, sondern auch lebende Finken und Sperlinge:

> Mr. Rose[640] kam im Nebenzimmer mit 4 kleinen Vögeln, die ganz reizend sind. Zwei davon sind Diamant Sparrows, die Namen der Anderen weiss ich noch nicht – oder vergass sie vielmehr. Sie amüsieren auch sehr, meine neuen Kinder, und ich hoffe nur, dass sie den Wechsel des Klimas vertragen werden.[641]

Auch Charles Hallés Sohn Barney überreichte ihr zwei Java-Spatzen zum Hochzeitstag.[642] Insgesamt führte sie bei ihrer Ausreise 16 australische Vögel mit.

Über ein weiteres besonderes Geschenk freute sich Wilma Neruda. Arbeiter der Goldminen in Ballarat, die ihren Konzerten gelauscht hatten, schenkten ihr einen

---

[640] Algernon Rose, Angestellter bei Broadwood Pianoforte in Sydney.
[641] Tgb 1 WN, S. 162.
[642] Vgl. ebd. S. 156.

5. Mit der Geige zu fernen Kontinenten

Quarz mit eingeschlossenem Gold. „Heut früh kamen in Ballarat zwei Männer, der eine ein Minenaufseher, der Andere ein Arbeiter. Sie und noch sehr viele Minenarbeiter waren im Concert, und sie brachten mir ein Stückchen Quarz worin das Gold sitze. Ich freue mich sehr es zu haben."[643]

Trotz des großen Erfolges und der Ehrungen, die Wilma Neruda erfuhr, freute sie sich auf die Heimreise nach England:

> Mittwoch 20. August. Den heutigen Tag werde ich nie vergessen! – Der längst so sehnsüchtig erwartete 20 August war da und wir schon früh auf, um mit dem speciellen Zuge um 9.50 nach Port Adelaide zu fahren. Der Consul begleitete uns, und auf der Station waren noch Mrs. Rawn, unsere Manager's Poole und Otton, und Mrs. Poole, die uns ebenfalls auf die Arcadia begleiten wollten. Am Bahnhof war noch der Chief Justice Way.[644]

5.2.7 Probleme während der Tourneen

Ein großer Teil der aufgetretenen Probleme der Australienreisen war auf Fehler des Managements zurückzuführen. Auffällig mehr Schwierigkeiten zeigten sich vor allem während der zweiten Tournee auf den fernen Kontinent. Hauptsächlich seitens der Agenten in den verschiedenen Städten lief die Organisation nicht zufriedenstellend für die Hallés. Wilma Neruda äußerte sich auch dementsprechend:

> Mr. Hogg ist auch mit. Er ist ein sehr lieber Mann, der mir aber keine große Capacität, was Concertarrangements anbelangt, zu sein scheint, – so viel er damit zu thun hatte – denn er hat Sweyther angegiert für uns. Der Arrangeur für Victoria Mr. Laco, ist gewiß ein Ehrenmann, aber auch nicht der richtige Mann für uns gewesen.[645]

Schon während der ersten Tournee zeigten sich Mängel in der Werbung für ihre Auftritte. Da die drei Zusatzkonzerte in Sydney erst einen Tag vorher publik gemacht wurden, waren die Konzerte nicht so gut besucht. Als ein ähnliches Problem stellte sich diese Art der nachlässigen Promotion in Melbourne bei den Zusatzkonzerten heraus:

> Das gestrige Concert war gar nicht voll, was mich sehr ärgert. Den heutigen Tag verbrachten wir zu Hause wir waren gar nicht aus – wir beide spielten recht viel. 2. August. Auch dieses Concert – das 13., war nicht voll – aber man hat diese Concerte so schlecht angezeigt, wie es scheint – und heut hat man schon annoncirt, dass

---

[643] ebd. S. 101.
[644] ebd. S. 179.
[645] Tgb 2 WN, S. 89.

wir 4 Concerte mit dem hiesigen Orchester geben werden – da warten die Leute natürlich darauf, weil es etwas ganz Neues hier ist. Diese Managers sind sehr dumme Leute, haben gar kein Idee wie solche Concerte in solchem Lande zu arrangieren sind.[646]

Die Kette der Missgeschicke riss nicht ab, denn bei dem ersten Zusatzkonzert in Melbourne fehlten die Programme: „Es waren keine Programm's – durch ein Missverständnis – und der Accompagnateur annoncierte vor jedem Stück was gespielt oder gesungen wird. Es war höchst drollig."[647]

Die Programme während der Tournee wurden als Mischprogramme gestaltet. Das bedeutete, dass zwischen den instrumentalen Werken Lieder oder Arien erklangen. Für diese Gesangsnummern engagierten die Manager Sänger. Auf der ersten Tournee reiste das Sängerehepaar Turner mit den Hallés, von deren Gesangsqualität Wilma Neruda nicht viel hielt: „Es sind weniger als secondrate Sänger, die leider für alle Concerte engagirt sind."[648] Entsprachen die Sänger der ersten Tournee nicht den Erwartungen Wilma Nerudas, so empfand sie die Altistin der zweiten Konzertreise, die zusätzlich zu Marie Fillunger engagiert worden war, geradezu als eine Zumutung. Sie drohte gar, nicht spielen zu wollen, und nur dank der Überredungskunst Charles Hallés konnte sie von der Notwendigkeit zu konzertieren überzeugt werden.[649]

> 24 Juni Sydney Nach einer unbequemen und schlaflosen Nacht einerseits, kamen wir sehr verspätet in Sydney an. Auf dem Wege zum Hotel Metropole sah ich zu meinem Entsetzen daß unser Sydney Arrangeur, ohne Hallés Erlaubnis eine Sängerin, Marian Burton – eine sehr berüchtigte Person und schlechte Sängerin – engagirt hat. Ich war wütend darüber und wollte durchaus daß sie nicht singen soll. Hallé sagte da sie engagirt sei so könnten wir nichts thun. […] Wäre sie eine gute Sängerin so wäre es etwas anderes – aber so ist sie miserabel – singt so falsch. Ich hörte sie im vorigen Jahr in ‚Paulus'. Damals wußte ich gar nichts von ihr – aber ich konnte das Singen kaum ertragen.[650]

Die schlechte Sängerin wirkte sich auch negativ auf die Preisgestaltung der Konzerte aus, vermutete Wilma Neruda, zumal mit ihnen vorher diesbezüglich nichts abgesprochen war:

---

[646] Tgb 1 WN, S. 161.
[647] ebd. S. 102 f.
[648] ebd. S. 102 f.
[649] Vgl. Wien ÖNB, Sign. 980 /18-7: Brief Marie Fillunger an Eugenie Schumann, Sydney 25.6.1891, zit. nach: Rieger: Mit 1000 Küssen, S. 309.
[650] Tgb 2 WN, S. 40 f.

5. Mit der Geige zu fernen Kontinenten 195

Es ist schändlich von Leuten, die durch Broadwoods die Sache in die Hände nahmen, daß sie <u>darauf</u> eingingen, und auf das Engagement dieser schlechten Sängerin, ohne vorher Hallés Intentionen gewußt zu haben. Sie hätten ihn telegraphiren <u>müssen</u> und nicht eigenmächtig – zu unserem Nachtheil – zu handeln.[651]

Es stellte sich sogar heraus, dass diese Sängerin für eine längere Zeit unter Vertrag genommen und mit ihr ein festes Honorar festgelegt wurde:

> Es ist erst jetzt heraus gekommen daß die Burton von Sanythe für <u>7 Wochen</u> mit 55 Pfund per Woche nebst freier Reise (nicht Hotel) <u>für uns</u>! engagirt hat!!! Ich glaube nicht daß ich mich je im Leben so geärgert habe als über dieses niederträchtige Arrangement, von denen wir keine Ahnung hatten! Und diese Tour sollte so angenehm sein, da kein Entrepreneures dabei beteiligt ist, wir also absolut thun könnten, was wir wollen. […] Und <u>jetzt</u> sind wir <u>gezwungen</u> solche schändliche, schauerliche Sache hinzunehmen![652]

Die mitreisende Sängerin Marie Fillunger, ebenfalls verärgert aufgrund des schlechten Managements, bezeichnete den Agenten von Sydney gar als „Hauptlump"[653] und an anderer Stelle als „Mistvieh, den man nicht mit der Zange anfassen mochte". Weiter schrieb sie:

> Sie sind die reinen Räuber hier und haben eine solche Angst daß man ihr Gold exportirt dass sie solche Unternehmungen wie die Unsere geradezu hinderlich entgegentreten z.B. waren die Advertisments [sic] für unsere ersten 12 Concerte hier über Pfund 500 berechnet im Hotel zahlen wir jede Woche über Pfund 40. Die Agenten haben 10% von den Bruttoeinnahmen und daher haben sie gar kein Interesse die Kosten zu verkleinern, es wird im Gegentheil angeschrieben was ‚das' Zeug hält.[654]

Es verwundert daher nicht, dass sich schließlich herausstellte, dass die zweite Tournee nach Australien für die Hallés finanziell wenig attraktiv war.

> Es scheint dass die Auslagen der Concerte so exorbitant sind dass die Hallé's nicht sehr großen Gewinn haben werden obwohl sie gegen 6000 Pfund einnehmen werden

---

[651] ebd. S. 51.
[652] ebd. S. 52.
[653] Wien ÖNB, Sign. 980 /19-2: Brief Marie Fillunger an Eugenie Schumann, Sydney 11.7.1891, zit. nach: Rieger: Mit 1000 Küssen, S. 310.
[654] Wien ÖNB, Sign. 980 /19-8: Brief Marie Fillunger an Eugenie Schumann, Melbourne15.8.1891, zit. nach: Rieger: Mit 1000 Küssen, S. 314 f.

in 45 Concerten. Etwa die Hälfte oder noch mehr geht darauf das macht nur etwa 60 Pfund für Beide. dafür brauchen sie nicht nach Australien zu gehen.[655]

Dieses finanzielle Desaster lag allerdings nicht allein an den schlechten Sängern, sondern vor allem daran, dass die Karten für die Konzerte unter Wert verkauft wurden, was ebenfalls wieder vom Management mit wenig Weitsicht festgelegt wurde.

> Samstag den 4 Juli war das 6te Concert – recht voll. Wären die Preise so wie sie immer hier sind – und weiß Gott! schon sehr gering (5 Schilling der beste Platz!) so könnten wir sehr zufrieden sein – so aber – wenn der beste Platz 3 S kostet, da kann man sich bei diesen riesigen Kosten nicht mal kleiden.[656]

Die finanziellen Einbußen setzten sich fort. Aufgrund des kleinen Saales konnte in Newcastle, obwohl die Konzerte sehr gut besucht waren, wenig Gewinn erzielt werden.[657] Marie Fillunger beschrieb die Lage in einem Brief an Eugenie Schumann:

> Newcastle ist nur eine kleine Stadt mit Kohlengruben und wir lachten darüber, aber die ganze Sache ist so frech betrieben daß man wirklich staunen mußte über Sir Ch's dumme Nachgiebigkeit, sie (Lady H.) hat ihn ganz genügend bearbeitet, aber es kam nie zu irgend einer That von seiner Seite und es ist ein wahres Wunder dass wir das Gesindel doch noch losgeworden sind.[658]

So wurde die zweite Konzertserie in Melbourne 1891 eine finanzielle Katastrophe für die Hallés. Charles Hallé zahlte sogar 300 Pfund zu und wagte dies Wilma Neruda aus guten Gründen nicht zu sagen. „Sie [W. Neruda] kann unmöglich auf ihre Kosten kommen denn ihre Kleider waren unerhört kostbar u [sic] sie sagte mir wiederholt sie hätte sie noch nicht bezahlt."[659]

Nicht nur die Hallés hatten unter dem schlechten Management zu leiden. Zusätzlich verärgerten die Agenten das Publikum. Die Disziplin, was die Pünktlichkeit

---

[655] Wien ÖNB, Sign. 980 /19-3: Brief Marie Fillunger an Eugenie Schumann, Adelaide 18.7.1891, zit. nach: Rieger: Mit 1000 Küssen, S. 311 f.
[656] Tgb 2 WN, S. 50.
[657] Vgl. Tgb 2 WN, S. 60. Die Konzerte fanden am 13. und 14. Juli 1891 in Newcastle statt.
[658] Wien ÖNB, Sign. 980 /19-3: Brief Marie Fillunger an Eugenie Schumann, Adelaide 18.7.1891, zit. nach: Rieger: Mit 1000 Küssen, S. 311 f. Mit Gesindel war die engagierte Altistin Marian Burton und ihr Begleiter gemeint.
[659] Wien ÖNB, Sign. 980 /19-9: Brief Marie Fillunger an Eugenie Schumann, Melbourne 18.8.1891.

betraf, ließ in den australischen Städten in jener Zeit sehr zu wünschen übrig. Das Management hatte es sich zur Aufgabe gemacht, das Publikum diesbezüglich zu erziehen. So wurden nach der ungewöhnlich kurzen Pause die Türen geschlossen, was aber dazu führte, dass nach der Pause viele Zuhörer nicht mehr in den Konzertsaal kamen und der Sonate von Beethoven zu Beginn des zweiten Konzertteils nicht zuhören konnten.[660]

Selbst auf dem fernsten Kontinent besteht bei den Virtuosen die Befürchtung, die Konkurrenz könne ihnen den Ruhm streitig machen. Während der zweiten Australienreise waren es Sarah Bernhardt und ihre Ausstrahlung, die bei Wilma Neruda Ängste diesbezüglich aufkommen ließ. Sarah Bernhardt weilte zur gleichen Zeit wie die Hallés in Australien und sorgte mit viel Werbung für Rummel:

> Wie schade, daß die Sarah hier ist – natürlich muß Jeder hingehen um sie zu sehen. Die Neugierde des Publikums wird auf jede Weise gereizt – sie kam her von Sydney auf der Locomotive – angefahren was natürlich vorher bekannt gemacht wurde. Über ihre Toilethe stehen ganze Tage lange Artikel in den Zeitungen.[661]

Zum Glück traten die Befürchtungen der Geigerin nicht ein. Obwohl Sarah Bernhardt teilweise im gleichen Zeitraum wie die Virtuosin in Sydney Vorstellungen gab, waren die Konzerte voller als an den vorherigen Abenden.[662]

Während ihres Aufenthaltes in Australien verweilte das Ehepaar kaum länger als eine Woche in einer Stadt. Das bedeutete steten Ortswechsel. In der Regel reisten sie zu den verschiedenen Konzertorten per Zug. Die Reise erwies sich nicht immer als ideal. Obwohl seit den 1880er Jahren die größten Städte Australiens mit der Eisenbahn erreichbar waren, dauerte die Fahrt von Melbourne nach Sydney fast 20 Stunden. Das bedeutete eine Nacht schlafend im Zug zu verbringen, was Wilma Neruda einiges Unbehagen bereitete:

> Wir hatten bis zur Grenze von South Wales – 11 Uhr – ein Compartement für uns allein. Dann gingen wir in den Sleeping Care und ich musste mit Mrs. Turner und ihrer Zofe, nebst Cille schlafen! Dabei ist der Raum so eng, dass man sich absolut nicht rühren kann – ich hätte mich um keinen Preis entkleidet – aber Mrs. Turner genierte sich durchaus nicht. Daß das in einem so engen Raum höchst unangenehm ist – ekelhaft – ist wohl selbstverständlich. Auf der Rückreise werde ich nicht in einen

---
[660] Vgl. *Sydney Morning Herold*, 19.6.1890.
[661] Tgb 2 WN, S. 35.
[662] Vgl. Wien ÖNB, Sign. 980 / 19-2: Brief Marie Fillunger an Eugenie Schumann, Sydney 11.7.1891, zit. nach: Rieger: Mit 1000 Küssen, S. 310 f.

Schlafwagen gehen, sondern zu einem gewöhnlichen – da entkleidet sich wenigstens Niemand – und wir bekommen ein Compartement gewiss für uns allein. Dass ich gar nicht schlafen konnte ist begreiflich, und um so mehr als mein Finger sehr schmerzt und geschwollen ist. Die Unruhe, der Schmerz und das Unbehagliche der Situation liess mich keinen Augenblick ruhen. Der Zug war nur eine Stunde zu spät in Sidney.[663]

Wie das Beispiel zeigt, entsprach der Komfort der Zugreisen nicht immer den Maßstäben der Geigerin. Auch war es nicht immer möglich, sich einen eigenen Wagen zu ordern, und so kam es vor, dass auf der Fahrt nach Ballarat das Ehepaar sich ein Abteil mit vier Erwachsenen und drei Kindern teilen musste. Daher gestaltete sich die Reise nach Ballarat für Wilma Neruda bezüglich des Komforts als problematisch: „Es waren so ungezogene Kinder und höchst ordinäre Mutter, die für die II Classe nicht anständig genug gewesen wären. Es war eine höchst unangenehme Fahrt, die fast 4 Stunden gedauert hat."[664]

Angesichts des umfangreichen Gepäcks der Virtuosin war das Reisen für sie in der Tat nicht einfach. Von der Australienreise 1891 schrieb Marie Fillunger an Eugenie Schumann: „Lady H. reist mit solchen Umständen und immer mit zwei Bestien wie die Sarah Bernard. Wir hatten 17 Stück Gepäck, zwei Vogelbauer und einen kranken Hund."[665] Hinzu kamen auf der Rückreise der ersten Tournee, wie berichtet, 16 Vögel, die von Australien nach London transportiert werden mussten.

Als ein weiteres Problem konnte sich die Unterbringung in den Hotels herausstellen. Während die Hallés in Adelaide ein exzellentes Hotel mit je einem Balkon vor jedem Fenster und reizender Aussicht bewohnten, boten in einigen Städten die Gasthäuser nicht den erwarteten Komfort. In Ballarat besaß das Craigs Royal Hotel „die kleinsten Schlafzimmer, die mir je vorgekommen sind. Man kann sich kaum darin ankleiden".[666] Ähnlich unzufrieden war Wilma Neruda über das Hotel in Sydney:

> Wir fuhren nach Petry's Hotel, wo Barny für uns Wohnung nahm, die ich ganz scheusslich und unrein besonders die Schlafzimmer, finde. Jedenfalls ist die Wohnung noch viel ungemüthlicher als ich sie mir vorstellen konnte – und ich hatte meine

---

[663] Tgb 1 WN, S. 115.
[664] Tgb 1 WN, S. 101.
[665] Wien ÖNB, Sign. 980 /19-3: Brief Marie Fillunger an Eugenie Schumann, Adelaide 18.7.1891, zit. nach: Rieger: Mit 1000 Küssen, S. 311 f.
[666] Tgb 1 WN, S. 100.

Erwartungen sehr niedrig gestellt! – Wenn ich hier 4 Wochen bleiben müsste, ich würde ganz melankolisch werden – ich bin es heut schon ganz schauderhaft. Nach dem lunchen gestern legte ich mich zu Bette, um etwas zu schlafen und stand erste um 7 Uhr wieder auf.[667]

Melancholie blieb der Künstlerin jedoch erspart, denn nach ein paar Tagen siedelten die Hallés in ein angemessenes Hotel über. Doch nicht immer gab es die Möglichkeit, die Pension zu wechseln. In Geelong angekommen, damals ein kleines, am Meer gelegenes Städtchen von 10 000 Einwohnern, bezogen die Hallés ihr Hotel – das *Grand Coffee Palace*. Dieses beschreibt Wilma Neruda als ein „sehr mediveres Wirthshaus":

> Wein musste erst geholt werden, da im Coffee Palace keiner zu haben war – er ist nur für Tea to tailers. Kaum waren wir im Sittingroom, als eine Maus an der Gardine herablief! Ich war entsetzt! – Nachher hörte ich eine Saite plötzlich klingen in einem uralten Pianino welches Hallé versucht hatte. Ich kam zur Überzeugung dass eine Mäusefamilie sich das alte Möbel erkor, um dort ihre Kleinen zu erziehen. – Hallé störte sie leider in ihrer friedlichen Häuslichkeit. Ich ging mit Zittern und Zagen zu Bette – Mäuse fürchtend – und mich an das Abendteuer in Viborg erinnernd, wo ich mit Olga die Nacht in Mauseängsten durchwachte! Glücklicherweise zogen die Mäuse das Clavier vor – ich schlief ganz gut.[668]

Wie bereits beschrieben, waren auch die Konzertbedingungen nicht immer optimal. Besonders der Saal in Ballarat erfüllte die an ihn gestellten Bedingungen nicht annähernd. Vor allem litt die Geigerin dort unter ständigem Zug.[669] Das führte zu einer rheumatischen Entzündung des Mittelfingers der linken Hand.

> Es soll heut Abend das erste Concert sein. Mein Finger ist noch eben so schlimm, dass ich noch gar nicht weiss, ob ich die Courage haben werde zu spielen. Es scheint aber Poole findet, es könne vorher nichts gethan werden und es müsse erst an der Thür gesagt werden, im Falle ich nicht spielen kann, dass das Concert nicht stattfindet. Der Finger ist ganz geschwollen und schmerzt bei jeder Bewegung. Das habe ich dem Zuge auf dem Theater in Ballarat zu verdanken! – Das Concert fand doch statt, trotzdem mein Finger Abends noch schlimmer wurde. […] Es war voll und der Empfang ungeheuer schmeichelhaft. Ich war aber so sehr mit meinem Finger beschäftigt, dass mich, für meine Person, das Publikum nur sehr wenig interessirte. Es scheint aber, dass der Success ein für hier ganz ausserordentlicher war. Desto besser.

---

[667] ebd. S. 115 f.
[668] ebd. S. 97 f.
[669] Vgl. ebd. S. 101.

> Mein Finger wurde nach jedem Stück schlimmer und nur mit Widerstreben spielte ich zuletzt ein Encore.[670]

Waren die Zugaben oft für die Künstler ermüdend, so potenzierte sich dieses Gefühl für Wilma Neruda wegen des schmerzenden Fingers. Doch schließlich entschloss sie sich, doch eine Zugabe zu geben, und Charles Hallé beschrieb ihr Spiel mit folgenden Worten: „never did she play more divinely. Our success was enormous, but how glad we were when it was over!"[671]

Die Schmerzen des Mittelfingers wurden so stark, dass einige Konzerte verschoben werden mussten.

> 21. Juni. Heute sollte das 2. Concert sein – aber als ich diesen Morgen die Geige versuchte, fühlte ich gleich dass ich unmöglich spielen könnte ohne mir noch mehr weh zu thun. Der Finger ist jedenfalls besser und die Behandlung thut gut – dabei soll der Finger ruhen – aber wenn ich heut Abend hätte spielen sollen, hätte ich wenigstens 1-2 Stunden üben müssen, um den kranken Finger gelenkig zu machen und das hätte ihn wieder schlimmer gemacht. Carl hat Poole gesagt, das Concert müsse aufgeschoben werden, und so werden wir wahrscheinlich nächste Woche 5 Concerte gaben – im Falle mein Finger wieder gut ist, was ich sehr hoffe.[672]

Auf Anraten des Arztes wurden noch zwei weitere Konzerte in Sydney verschoben, die dann später nachgeholt wurden. Schließlich besserten sich die Schmerzen, und die Konzerte konnten fortgeführt werden:

> Donnerstag 26 Juni. Gott sei Dank! Das Concert ist vorüber und ich habe nicht viel Schmerz im Finger gehabt, so dass er mich fast gar nicht genirte. Am meisten fühlte ich das Unbehagen in der Kreutzer-Sonate wo zuweilen ziemlich unangenehme Griffe sind. Aber im Ganzen bin ich sehr zufrieden.[673]

Auch auf der zweiten Reise klagte Wilma Neruda über gesundheitliche Probleme. Bekannt ist, dass sie seit den 1870er Jahren höchstwahrscheinlich an Tuberkulose litt. Daher konnten die Strapazen der vielen Konzerte schnell ihre Gesundheit angreifen.

> Sie ist aber gar nicht wohl u klagt über Schmerzen in der Lunge u wenn sie dann fünf Programme machen muß so verliert sie allen Muth u erklärt sie könne nicht

---
[670] ebd. S. 116.
[671] Life and Letters, S. 377.
[672] Tgb 1 WN, S. 124.
[673] ebd. S. 130.

spielen. Da braucht es dann viel Geduld Überredung von seiner Seite. Sie spielt allemal herrlich aber ich glaube auch daß es nicht mehr lange so fortgehen kann.[674]

Die Prophezeiung stellte sich nicht ein, und Wilma Neruda meisterte auch diese Konzertreise. Allerdings rissen die Probleme bis zum Schluss nicht ab, und beinahe hätte die ersehnte Heimreise verschoben werden müssen. Am Ende der ersten Australienfahrt bemerkte man erst knapp vor Abfahrt des Schiffes, dass die Koffer der Künstler fehlten:

> Wir kamen auf das Schiff, sahen unsere drei Cabinen – die wir alle für uns allein haben, und Cilli bemerkte, dass unsere Cabinen Koffer noch nicht in den Cabinen waren. Da wurde denn nachgefragt – zuerst wusste Niemand Bescheid, endlich wurde der Officier gefunden, der die Gepäcksaufsicht hat; der sagte, dass noch kein Gepäck gekommen sei, dass aber noch drei Boote mit Sachen kommen und sie gewiss gebracht werden. Ich hatte gefürchtet, dass die Kiste, die erst heut früh geholt wurde, möglicherweise noch nicht gekommen sei, aber nach allen Nachforschungen hiess es, dass nichts von unserem Gepäck auf dem Schiffe sei! Mir wurde immer ängstlicher zu Muthe und Carl war ebenfalls ganz aufgeregt. Die drei Boote mit Post und Passagieren kamen – aber unser Gepäck nicht. Es kam auch kein anderes Boot nach, das konnten wir von der Arcadia sehen. Carl sagte schon, dass wir dennoch reisen müssen – ich aber konnte den Gedanken gar nicht fassen, eine solche Reise, die mehr als 4 Wochen dauert, ganz ohne Kleider und Wäsche anzutreten – wir hatten nur das, was wir trugen! Der Schwede, der bei der P & O Company augestellt ist, schickte den einen kleinen Dampfer zurück, um nachzusehen ob unser Gepäck in Port Adelaide sei, und es sofort zu bringen. Wir alle zweifelten schon, dass unser Gepäck kommen würde und ich weinte fast vor Aufregung und desappointment, denn abreisen konnten wir auf keinen Fall – ich konnte es unter keiner Bedingung thun und der Consul hatte schon Carl überredet, im Falle das Gepäck nicht käme, auf das nächste P & O Boot, die Brittania, die in 14 Tagen geht, zu warten. Da wären denn unsere schönen Pläne für Ferien in Italien zu Wasser geworden. Ich war unglücklich über alle Beschreibung! Cilli hatte ich schon gesagt, unsere kleinen Sachen und Vögel aufs Deck zu bringen, um aussteigen zu können, um Falle unser Gepäck nicht käme. – Da, der Dampfer kam und schon aus der Ferne erkannte ich unsere mit braunem Waterproof überzogenen Koffer! Welche Steine von unseren Herzen fielen, ist unbeschreiblich! Diese Stunde der Angst war zu viel! Ich fühlte mich den ganzen Tag fast, zu allem unfähig – und immer wieder dankte ich Gott, dass wir abreisen konnten! Um 1 Uhr dampften wir fort.[675]

---

[674] Wien ÖNB, Sign. 980 / 18-4: Brief Marie Fillunger an Eugenie Schumann, Melbourne 12.6.1891.
[675] Tgb 1 WN, S. 179 ff.

5.3 Südafrika 1895

5.3.1 *Planung der Reise*

Vom 13.7.1895 bis 28.9.1895[676] waren die Eheleute Hallé auf Tournee in Südafrika unterwegs. Über die Planungen gibt es keinerlei Aufzeichnungen. Wir wissen daher nicht, ob sie aus neu erwachter Abenteuerlust den „dunklen Kontinent" Afrika kennen lernen wollten, ob die Aussicht auf großzügige Gagen ein Anreiz für die Reise gewesen sein könnte oder ob die großen Erfolge, die die Hallés auf ihren Australientourneen gefeiert hatten, sie zu dieser Konzertreise motivierte. Auf den früheren Tourneen hatten die Hallés eine Menge Auslandserfahrung gesammelt, die sie wohl darin bestärkt hatte, auch eine gemeinsame Tournee nach Südafrika zu wagen. Schließlich dürfte die Reise eine willkommene Möglichkeit gewesen sein, den Sohn Gustav aus der ersten Ehe Charles Hallés, der zwölf Jahre zuvor aus gesundheitlichen Gründen dorthin ausgewandert war[677] und zu der Zeit in Johannesburg wohnte, wieder zu sehen (wie es für die Australienreise der Besuch bei Barney, dem anderen Sohn von Charles Hallé, gewesen war).

Um 1895 war Südafrika ein Land, das Europäer einigermaßen komfortabel bereisen konnten. Die Wirtschaft des Landes hatte durch die großen Diamantenfunde 1867 bei Kimberley und später durch die Entdeckung riesiger Goldreserven in der Nähe von Witwatersrand großen Aufschwung genommen. Das hatte unter anderem zur Folge, dass das Schienennetz ständig erweitert wurde. Bis 1895 waren viele größere Städte des Landes mit der Eisenbahn erreichbar.

Für die Dauer der Tournee plante das Ehepaar insgesamt zweieinhalb Monate ein, wovon allein die Schiffsfahrt je 16 Tage in Anspruch nahm. In dem verbleibenden Zeitraum von ca. anderthalb Monaten gaben die Hallés insgesamt 20 Konzerte beginnend in Cape Town, danach in Port Elizabeth und weiter über Grahamstown, King William's Town, Durban, Pietermaritzburg, Johannesburg, Pretoria, Bloemfontain, Kimberly ging die Tournee zurück nach Cape Town. Dem Tagebuch Wilma Nerudas ist zu entnehmen, dass bei dieser Tournee – im Unterschied zu den vorherigen Reisen nach Australien – alle Konzertorte und -termine durch den Konzerttourunternehmer Mr. Luscombe Searelle[678] festgelegt waren. Zusatzkonzerte, die auf eine freie Entscheidung der Reiseroute schließen lassen könnten, gab es bis auf eines in East London[679] nicht.

---

[676] Vgl. Tagebuch Wilma Neruda SA.
[677] Vgl. Ann Kersting: Carl Halle, S. 59.
[678] Luscombe Searelle (1853-1907), Musical Komponist, Impressario.
[679] Vgl. Life and Letters, S. 399.

5. Mit der Geige zu fernen Kontinenten

Abb. 45 Wilma Neruda, 1894, Fotografie

Neben Searelle hatten die Hallés noch den Reisemanager Mr. T. A. Conby[680] engagiert. Dieser reiste den Künstlern auf ihrer Tournee voraus, organisierte die Konzerte in den Städten vor Ort und sorgte für die Werbung und Konzertanzeigen in den Zeitungen. Infolgedessen wurden regelmäßig große Konzertankündigungen veröffentlicht, verbunden mit einem Porträt der Künstler. Auf die Darbietungen folgten zahlreiche Rezensionen. Die Hallés hatten aus den organisatorischen Fehlern der Australien-Reise gelernt.

Auf der Tournee wurden die Hallés, wie 1891 nach Australien, von der Sopranistin Marie Fillunger begleitet. Zusätzlich reiste der Tenor William Wild mit ihnen.

5.3.2 Auftritte in Südafrika

Aufgrund der politischen und sozialen Situation in Südafrika war ein europäisch geprägtes Musikleben dort Ende des 19. Jahrhunderts nur schwach entwickelt und

---

[680] T. A. Conby (1853-1916), geb. in England, Südafrikanischer Showman.

konnte mit dem der europäischen Metropolen nicht konkurrieren. Es war ein großer Fortschritt, ja eine Sensation, dass dort allein im Laufe des Jahres 1895 Künstlerinnen wie Madame Trebelli[681] und Camilla Urso auftraten und im selben Jahr auch noch die berühmten Eheleute Lady und Charles Hallé gastierten.[682] Die Südafrikaner waren stolz, solche Künstler hören zu dürfen. In allen Städten Südafrikas, die die Hallés besuchten, wurden sie mit enthusiastischen Empfängen begrüßt und spielten stets vor vollen Häusern.[683]

Wie außergewöhnlich der Aufenthalt der Künstlerin und des Künstlers war, schlug sich in der Berichterstattung der Zeitungen nieder – das spricht aber auch für ein gutes Management. Stets erfuhren die Leserinnen und Leser, wo Wilma Neruda und Charles Hallé sich gerade auf ihrer Tournee befanden, gar welchen Weg sie zu einem neuen Konzertort nahmen. Das führte zu besonderen Ehrungen. Während sie auf dem Schiffsweg von Cape Town nach Port Elizabeth fuhren, wurden ihnen vom Ufer *flashes* und Flaggengrüße von der musikinteressierten Bevölkerung gesendet.[684]

An den Konzertorten pflegten die Hallés auch außerhalb der Konzerte Kontakte mit ihrem Publikum. Viele Bewunderer und Verehrerinnen ihrer Kunst kamen zu einem privaten Besuch oder meldeten ihre Aufwartung bei dem Künstlerpaar an. Darüber kann man in der Tageszeitung *The Eastern Province Herald* in Port Elizabeth Folgendes lesen: „Ladys and Gentlemen who intend visiting Sir Charles and Lady Hallé at their Residence, ‚Mavis Bank,' Grand Hotel, during their visit here, 3rd 4th and 5th August, are kindly requested to leave two Visiting Cards."[685]

In größeren Städten gab es bereits eine Town Hall oder ein Theater. Doch war das Musikleben meist noch provinziell, wie die Zeitung *Cape Mercury* am 14.8.1895, selbstkritisch einschätzte. Zu den künstlerischen Leistungen der Hallés heißt es:

> It was such a programme that made the local champion violinist, or the local star pianist climb down from his pinnacle of fame and hide himself until the wave had passed and he was once more the best in our little world. Our little world was enlarged for the time being and stood out for a few hours, made bright by the light of genius

---

[681] Antoinette Trebelli (auch Antonia Dolores genannt), französische Sopranistin – Tochter von Zelia Trebelli (Zelia Gloria Caroline Gillebert, 1838-1892), französische Altistin.
[682] Vgl. *The Cape Argus*, 31.7.1895.
[683] Vgl. Life and Letters, S. 399 und Tgb. Wilma Neruda SA.
[684] Vgl. Tgb. Wilma Neruda SA, S. 20.
[685] *The Eastern Province Herald*, 3. 8. 1895.

which shone upon it. The light of genius passed away and we lapsed again into our twilight of musical mediocrity. It was not until we had heard with our ears that we felt how small we were."⁶⁸⁶

Und wie hoch die Anwesenheit Wilma Nerudas geschätzt wurde, veranschaulichte *The Cape Argus*: „As Madame Norman Neruda, Lady Hallé has for years occupied a leading position among the world's great artist's, and her visit to South Africa should give boundless satisfaction to all music-lovers throughout the country."⁶⁸⁷

Ähnlich enthusiastisch äußerte sich die Zeitung *The Transvaal Advertiser* vom 24. August 1895: „The concert to be given by Sir Charles and Lady Hallé this evening promises to mark an epoch in the musical history of Pretoria."⁶⁸⁸

Man verglich Wilma Neruda auch in Südafrika – wie in den musikalischen Zentren Europas – mit dem größten bekanntesten Geigenvirtuosen seiner Zeit, Joseph Joachim, und stellte ihre musikalischen Fähigkeiten gleichberechtigt neben die seinen:

> Lady Hallé combined a marvellous skill in an easy and graceful style, a style more skin to Joachim. Violinists cannot but admire the bowing, harmonics, double stopping, pizzicato with the left hand, and other difficulties which Lady Hallé indulged in and which she overcome in an easy grace which won the applause of all.⁶⁸⁹

Die vorhandenen Rezensionen deuten darauf hin, dass Wilma Neruda in Pretoria und Cape Town mehrmals das Violinkonzert a-Moll von Louis Spohr und die Kreutzer-Sonate A-Dur op. 47 von Ludwig van Beethoven aufführte. Beide Werke erfreuten sich beim Publikum und den Kritikern großer Beliebtheit, wie folgende Rezensionen zeigen:

> The famous ‚Kreutzer' Sonate (Piano and Violin) in A op. 47 (Beethoven) was rendered by Sir Charles and Lady Hallé magnificently, it being given with a wholly admirable union dexterity, distinctness and distinction of style.
> Lady Hallé delighted her hearers with Spohr's Dramatic Concerto No. 8, in A minor, completely something her mastery over its technical difficulties and the indwelling spirit in a manner which only a great executant would be capable of doing. Lady

---

⁶⁸⁶ *Cape Mercury*, 14.8.1895.
 Das Programm beinhaltete: Henri Vieuxtemps: *Fantasia Appassionata* op. 35 – Franz Neruda: *Berceuse slave* – Antonio Bazzini: *La Ronde des lutins* op. 25 – gespielt von Lady Hallé. Frederic Chopin: *Nocturne* in Fis-Dur und zwei Walzer – gespielt von Charles Hallé.
⁶⁸⁷ *The Cape Argus*, 31.7.1895.
⁶⁸⁸ *The Transvaal Advertiser*, 24.8.1895.
⁶⁸⁹ *The Cape Mercury*, 14.8.1895.

Abb. 46 Wilma Neruda, 1894, signierte Fotografie

> Hallé's second solo was ‚Introduzione and Rondo capriccioso in A minor' in which this most fascinating lady virtuosos of the violin exhibited her crisp touch and brilliant execution in a most marked degree, delighting the audience beyond measure and securing most rapturous applause.[690]

Auch in der *Cape Times* vom 2.8.1895 wurde die Darbietung der oben genannten Stücke aufs Höchste gelobt:

> Lady Hallé played the dramatic concerto, violin No. 8 in A minor (Spohr). It is difficult to express adequately the intense admiration around by this exquisite performance; for to true intonation and perfect mastery was added the charm that the feeling of a true artiste alone can give.

Und weiter heißt es über die Kreutzer-Sonate: „the audience was kept entranced by the succession of sweet sounds, culminating in the fire and passion of the presto movement."[691] Und wie in den europäischen Kritiken wird in Südafrika sowohl

---

[690] *The Press*, Pretoria 30.8.1895.
[691] *Cape Times*, 2.8.1895.

die technische Brillanz als auch der künstlerische Ausdruck Wilma Nerudas hervorgehoben. Stellvertretend für die vielen Konzerte und den Erfolg Wilma Nerudas in dem so unbekannten Land soll die Rezension eines Abschiedskonzertes der Tageszeitung *The Press* aus Pretoria stehen:

> Not one whit less enthusiastic was last night's audience than that which greeted the first appearance in Pretoria of those renowned musicians, Sir Charles and Lady Hallé, and equal in every respect in point of excellence was the splendid programme provided. It is a manifest impossibility, in the small space at our disposal, to render anything like adequate justice, either to the famous artists, or their marvellous treatment of the superb musical masterpieces selected for last evening's concert. With regard both to Sir Charles and Lady Hallé we have already expressed our opinion concerning their wonderful technical ability. For them no such consideration as difficulties appear to exist. Their art both astonishes and touches, their playing is entirely satisfying, and is full of that emotional warmth which is the outcome of genuine feeling.[692]

5.3.3 *Tagebuch der Südafrikareise*

Viele Reisende schrieben Tagebuch, für sich zur Erinnerung oder als Berichte für die Daheimgebliebenen; bis ins 19. Jahrhundert waren diese Niederschriften häufig für die Nachwelt gedacht oder mitgedacht, da weite Reisen, zumal in ferne Länder, immer noch etwas Außergewöhnliches waren.[693] Das Diarium Wilma Nerudas gibt Aufschluss über das europäisch geprägte Musikleben Südafrikas. Diese Informationen findet man in herkömmlichen Tagebüchern von Reisenden nach Südafrika natürlicherweise nicht. Daher ist das Tagebuch schon allein aus diesem Grund ein kulturelles Zeugnis, das Beachtung verdient. Im Mittelpunkt ihrer Betrachtungen stehen aber in erster Linie ihre durchaus persönlich gehaltenen Eindrücke von Land und Leuten. Im Anhang biete ich den ganzen transkribierten Text des Tagebuches. Er gibt einen direkten Einblick von Wilma Neruda. Zugleich – und dies begründet vor allem die Textedition – steht der ungekürzte Text für weitere Forschungen zur Verfügung; denn Reisetagebücher von Frauen sind aus dem 19. Jahrhundert relativ wenige überliefert.[694]

---

[692] *The Press*, Pretoria 30.8.1895.

[693] Vgl. die entsprechenden Rubriken in den Familienzeitschriften bspw. in: *Über Land und Meer* 1897 / 1, *Wissenschaftliche Expeditionen, Reisen, Jagden*.

[694] Im Folgenden werden einige Reisetagebücher von Frauen aufgezählt: Elizabeth Robins Pennell: *Tantallon Castle. The story of the castle and the ship*, Edinburgh 1895; Hannah Asch: *Fräulein Weltenbummler. Reiseerlebnisse in Afrika und Asien*, Berlin 1927; Sophie Döhner: *Weltreise einer Hamburgerin 1893-1894*, Hamburg 1895.

Wilma Neruda schildert in dem Tagebuch die ihr vollkommen fremde Welt, der sie sich in Südafrika gegenüber sieht. Sie beobachtet Pflanzen, Landschaften und vor allem Menschen, die sie zuvor noch nie gesehen hat und die einen starken Eindruck auf sie machen. Aus dem Tagebuch spricht ihr großes Interesse für all das Fremde, auch wenn sie selbstverständlich den Urteilen und Vorurteilen ihrer Zeit verhaftet ist. Es ist nicht Aufgabe dieser Arbeit, diese Darstellungen auf ihre Stichhaltigkeit zu untersuchen oder die Ansichten bzw. Schilderungen Wilma Nerudas mit denen anderer Reisender ihrer Zeit zu vergleichen. Vielmehr beleuchtet das Südafrika-Tagebuch der Künstlerin ihre Persönlichkeit, die in den Quellen zum europäischen Konzertbetrieb nicht deutlich werden können, jedenfalls nicht mit dieser Klarheit.

5.4 Amerika 1899

> Concertreisen in Amerika: Die vereinigten Staaten bleiben das Eldorado für europäische Virtuosen. Nachdem Paderewski[695] vor Kurzem von einer Concertreise zurückgekehrt ist, bei der er an 100 Abenden für ein Honorar von je 1000 Dollar aufgetreten ist, wurde jetzt Rosenthal[696] für eine Tournee von 50 Concerten zu 800 Dollar engagiert. Einen ähnlichen Vertrag hat gleichzeitig der Geiger Ondriček[697] abgeschlossen. Von hervorragenden Sängerinnen werden im kommenden Winter in Amerika sich hören lassen die Albani[698], Emma Calvé[699], Melba, Trebelli und Sucher.[700]

Reisen nach Amerika lagen seit Mitte des 19. Jahrhunderts im Trend führender Interpreten aus Europa. Als die sogenannte „schwedische Nachtigall", die Sängerin Jenny Lind, in den Jahren 1850 und 1852 den Sprung über den Atlantik wagte, kehrte sie mit einem Vermögen nach Europa zurück. Auch für ihren Landsmann Ole Bull brachte die Tournee große finanzielle Gewinne, und ebenso konnten die Pianisten Hans von Bülow, Anton Rubinstein und Sigismund Thalberg[701] dort große Erfolge verzeichnen. Beispielsweise bekam Bülow einen Vertrag, in dem festgelegt wurde, dass er für 170 Konzerte insgesamt 100 000 Goldfranken verdienen

---

[695] Ignaz Paderewski (1860-1941), polnischer Pianist, späterer Ministerpräsident und Außenminister Polens nach dem ersten Weltkrieg.
[696] Moriz Rosenthal (1862-1946), polnisch-amerikanischer Pianist.
[697] František Ondriček (1857-1922), tschechischer Geiger.
[698] Emma Albani (184-1930), kanadische Sängerin.
[699] Emma Calvé (1858-1942), französische Sängerin.
[700] NMP 4. Jg., Nr. 32, 11.8.1895.
[701] Vgl. Haas: Hans von Bülow S. 92 f.

würde. Noch Gustav Mahler erhielt im Jahre 1907 das Fünffache an Gage geboten, im Vergleich zu dem, was er an der Wiener Hofoper erhielt. Zahlreiche Dirigenten hatten zumindest ein künstlerisches Standbein in den USA, wie zum Beispiel Anton Seidl, Arthur Nikisch, Arturo Toscanini und Richard Strauss. Bis 1903 waren alle Dirigenten der New York Philharmoniker deutsch-österreichischer Herkunft.[702]

Im Zuge der Einwanderungswelle ab Mitte des 19. Jahrhundert siedelten sich auch viele deutsche Musiker in Amerika an. Begünstigt durch ihre gute Ausbildung dominierten sie in vielen großen Städten Amerikas das Musikleben.

Der technische Fortschritt erleichterte die Reise enorm. Seit 1885 der Doppelschraubenantrieb erfunden worden war, dauerte eine Schifffahrt nach Amerika von Deutschland aus nur noch acht Tage,[703] und die großen Städte an der Ostküste Nordamerikas waren seit Mitte des 19. Jahrhunderts durch ein Eisenbahnnetz verbunden. Für die Nachtfahrten gab es luxuriöse Schlafwagenabteile, die sogenannten Pullman-Wagen.[704]

Reiste Wilma Neruda nach Amerika, um ebenfalls reichen finanziellen Gewinn dort zu machen? Eigentlich hätte sie das nicht nötig gehabt, denn seit Jahren war sie eine angesehene, reiche Künstlerin und bekam für ihre Konzerte in Europa hohe Honorare.[705] Möglich ist auch, dass sie an ihre Erfolge in Australien und Südafrika anknüpfen wollte und neue Herausforderungen suchte. In der Vergangenheit hatte sie bis dahin Angebote aus den USA immer abgelehnt, nicht zuletzt wegen der langen Zugfahrten zwischen den amerikanischen Städten. Vermutlich beschränkte sich die Tournee aus diesem Grund nur auf Städte im Osten der USA.[706] Vielleicht handelte sie aber auch einfach aus einem gewissen Systemzwang heraus: Da so viele große Kollegen in den USA gewesen waren, wollte sie nicht nachstehen.

Der erste Hinweis auf eine bevorstehende Amerikareise der Künstlerin findet sich schon im März 1896 in der Zeitung *Svensk Musik Tidning*[707]. Es scheint, als sei die Tournee zunächst für das Jahr 1897 geplant gewesen. Möglicherweise wollte Wilma Neruda ursprünglich mit Charles Hallé reisen, doch vereitelte dessen plötzlicher Tod im Jahr 1895 diese Pläne. Der Tod des geliebten Sohnes Ludvig Nor-

---

[702] Vgl. Borchard: Reisende Musikerinnen, S. 185.
[703] Vgl. Haas: Hans von Bülow S. 105.
[704] Vgl. ebd. S. 98.
[705] Vgl. Stockholm MM, Nachlass Wilma Neruda: Zeitungssammlung: *Aftenbladet* 3.12.1895.
[706] Vgl. Interview Wilma Neruda, S. 172. „Lady Hallé visited the United States in February 1899 and played in several of the Eastern cities."
[707] Vgl. SMT 16. Jg., Nr. 6, 16.3.1896.

man-Neruda im September 1898 könnte ein weiterer Grund gewesen sein, die Reise nochmals zu verschieben. Im Februar 1899 fand die Reise nach Amerika schließlich statt.

Zunächst jedoch galt es, die Konzertreise von Europa aus vorzubereiten. Die Organisation lag nun allein in den Händen Wilma Nerudas. Die notwendigen Verbindungen stellte sie durch ihre Kontakte zu Künstlern wie Nellie Melba[708] sowie durch ihren Klavierpartner Ignaz Paderewski[709] her, die beide regelmäßig in Amerika konzertierten.

Begleitet wurde sie in den Konzerten von dem englischen Pianisten Victor Beigel[710]. Voraussichtlich begann Wilma Neruda die Reise Anfang Februar, denn am 28. Januar des gleichen Jahres spielte sie noch in den *Saturday Popular Concerts*, was wahrscheinlich ihr letzter Auftritt in dieser renommierten Konzertreihe war.[711]

Die Künstlerwerbung war in den USA zu dieser Zeit schon weit entwickelt und wurde auch von Wilma Neruda genutzt. Wie allgemein üblich wurde die Geigerin in der *New York Times*[712] mit einer kurzen Biografie und einem Foto angekündigt. Vermutlich begann die Tournee in New York. Dort gab sie mit dem 1881 gegründeten Bostoner Symphony Orchestra in der *Carnegie Hall* ihr Debüt in den USA. Bei diesem Konzert stand das Violinkonzert d-Moll op. 58 von Max Bruch auf dem Programm:

> It was a performance conspicuous for its lofty serenity, its fine poise, its polished dignity. […] The contour of the melos was never blurred; the details of the phrasing were never slurred. The music flowed from the instrument in a stream of pure, vibrant, penetrating tone, with a wealth of nuance in its utterance […], without attempts at exaggeration.[713]

---

[708] Vgl. BSB München. Nerudaiana: Brief Nelly Melba an Wilma Neruda, London 1898. Die Absenderin benennt einen Kontakt zu dem Bostoner Konzertagenten Charles A. Ellis. Transcribiert Regina Back.

[709] Vgl. Kopenhagen MM, FNP Kassette 1 / 3: Brief Ignaz Paderewski an Wilma Neruda, o.O. 14.4.1898. Im Brief versichert Paderewski der Geigerin, an einen bedeutenden Freund namens C.F. Tretbar einige Zeilen zu senden, zwecks Kontaktaufnahme.

[710] Victor Beigel (1870-1930), englischer Pianist und Gesangslehrer. Vgl. Shaffer: Zeitungssammlung: NYT 6.4.1899, S. 7.

[711] Lt. *Times* tauchte der Name Wilma Nerudas in der nächsten Saison nicht mehr im Zusammenhang mit den *Saturday Popular Concerts* auf. Ab 1900 lebte Wilma Neruda in Berlin und kam nur zu gelegentlichen Konzerten nach London.

[712] Vgl. NYT 19.2.1899, S. 6. Von anderen Zeitungen liegen mir keine Quellen vor.

[713] NYT 24.2.1899, S 6.

Vollständig überzeugte sie allerdings nicht, vielmehr hieß es an anderer Stelle desselben Artikels:

> It was an almost unalloyed delight to hear such a clean, straightforward, musicianly performance of the Bruch concerto as Lady Hallé gave last evening. The alloy was infused into the enjoyment by some uncertainty in the intonation of the higher double-stopping in the finale and by a slight deficiency in incisiveness of accent and general brightness of style in that movement.[714]

Wie die amerikanischen Zeitungen schrieben, könnten diese vorübergehenden Ungenauigkeiten im Spiel Wilma Nerudas durch die Trauer um den plötzlich verstorbenen Sohn Ludvig Norman-Neruda im September 1898 bedingt gewesen sein:

> Her playing was no doubt affected while on her American tour by a terrible personal sorrow the violinist had sustained the year before in the tragic death of her son, Mr. Norman Neruda, who was killed while ascending a lofty peak in the Alps. There was great regret in America that she had not made her visit while in the full command of her great powers.[715]

Auch von Missgeschicken blieb sie auf der Tournee nicht verschont, die sie aber mit großer Selbstbeherrschung meisterte. Die *New York Times* berichtete unter der Überschrift „*Lady Hallé's Pluck*":

> On retiring after second acknowledgment, in descending the steps leading to her apartment at the right of the platform, she slipped and fell, striking partly on her back and on the back of her head. Lady Hallé rose, apparently uninjured, but she must have been severely shocked. Nevertheless, she responded six times more to the appeals of the demonstrative assemblage, until it appeared to many as absolute cruelty to further demand an encore number when no encore was to be given.[716]

Im März 1899 konzertierte sie im 1883 gegründeten *Metropolitan Opera House*. Hier hatte sie ihre Kondition wiedererlangt, und der Kritiker der *New York Times* lobte ihr Spiel von Vieuxtemps' Adagio und Rondo aus dem E-Dur-Konzert mit folgenden Worten: „Lady Hallés staccato bowing was specially notable for it clearness and crispness, and her whole performance was admirable in style."[717]

---

[714] NYT 24.2.1899, S. 6: Konzert mit dem Boston Symphony Orchestra.
[715] Karen Shaffer: Zeitungssammlung: *Musical America*: April oder Mai 1899.
[716] NYT 25.2.1899, S. 7.
[717] NYT 12.3.1899, S. 7. Als Zugabe spielte Wilma Neruda einen Satz aus einer Bach-Sonate für Violine Solo. Die Satzangaben fehlten in der Rezension.

Doch nicht nur in der *Met* konzertierte sie, sondern überzeugte auch in der *Carnegie Hall* und schließlich in der *Mendelssohn Hall*[718] das Publikum. Nicht nur mit Solokonzerten, sondern auch durch ihre Violinrecitals konnte sie das New Yorker Publikum begeistern. So wird besonders ihre Interpretation einer Sonate von Tartini gelobt, deren Stil sie in ihrer Darbietung gerecht werde.

Hans von Bülow berichtete schon 1875, als er seine Tournee nach Amerika unternahm, dass er „einen Appell an den musikalischen Geschmack gerichtet habe, ohne an den ‚Mob' zu denken".[719] Mit ihrer Einstellung zur Musik befand Wilma Neruda sich ganz auf der Linie Hans von Bülows. Mit ihrem Spiel war sie nicht auf schnelle Sensationen aus, sondern wollte ein musikalisch erwachsenes Publikum erreichen:

> So far as the really musical portion of her audience was concerned, therefore, it may be assumed that it went to the concert because it knew that it would hear some good music well played. [...] Her playing yesterday was in general most delightful. There are a fine certainly and a restful repose of style in the work if this admirable artist. This must not be construed as meaning that there is any coldness in her playing, for that would be far from the truth. Lady Hallé plays with a good deal of warmth, but never with that species of abandon which counts for so much with the young and impressionable, and which to the older and more judicious shows so great a lack of artistic control.[720]

Das Verhalten des amerikanischen Konzertpublikums unterschied sich sehr von dem europäischen. Auch während der Konzerte pflegten sich die Zuhörer laut zu unterhalten und *„refreshments"* einzunehmen. Europäischen Künstlern musste es also so scheinen, als sei das als „klassisch" bezeichnete europäische Repertoire für den Durchschnitt des amerikanischen Publikums kaum mehr als ein unterhaltsames Programm. Nicht alle europäischen Künstler konnten sich mit den Gewohnheiten der Amerikaner anfreunden. So kollidierte das „elitäre Kunstverständnis" Henri Marteaus auf seiner ersten Amerikatournee stark mit dem auf „marketing" und „performances" ausgerichteten Zuhörerkreis, wie aus seinen Briefen an die Familie und Freunde hervorgeht.[721]

Leider sind von Wilma Neruda keine Briefe und Tagebücher vorhanden, die von ähnlichen Erfahrungen oder Einstellungen sprechen. Dass sie aber nicht allen Bitten des Publikums Rechnung trug, bezeugt folgendes Zitat:

---

[718] Vgl NYT 6.4.1899, S. 7.
[719] Vgl. Haas: Hans von Bülow, S. 94.
[720] **NYT 6.4.99, S. 7.**
[721] Vgl. Weiß, Günther: *Der große Geiger Henri Marteau,* Tutzing 2002, S. 45 ff.

> There was certainly an attitude of calm observation when Lady Hallé [...] began her share of evening's work; but when she had finished it, the audience bestowed upon her an unqualified demonstration, marred only by the foolish persistence of some encore demanders who continued to bruise their palms after it had been made clear to all other that no encore number was to be forthcoming. Lady Hallé deserves praise for refusing to dim in the minds of the judicious the bright impression of her playing of the concerto.[722]

Kaum wieder in Europa setzte sie ihre Konzerttätigkeit fort, ohne sich von den Anstrengungen der Tournee zu erholen. Bereits am 8. Mai 1899 spielte sie bei dem von Robert Newman[723] organisierten Londoner Musikfestival in der Queens Hall. In diesem Konzert spielte sie wieder das erste Violinkonzert g-Moll op. 26 von Max Bruch[724]. Während dieses Festivals traten weiterhin als Solisten so berühmte Persönlichkeiten wie Ignaz Paderewski, Eugène Ysaÿe und Wladimir Pachmann[725] auf.

6. SPIELEN BIS ZUM LETZTEN ATEMZUG. BERLIN 1900-1911

Nachdem Wilma Neruda anlässlich ihres 50-jährigen Bühnenjubiläums eine Villa in Asolo/Norditalien geschenkt bekommen hatte, verlegte sie ihren Hauptwohnsitz im selben Jahr dorthin.[726] Seit 1894 wohnte ihr Sohn Ludvig mit seiner Familie bereits in Asolo.[727] Nachdem ihr Sohn 1898 in den Dolomiten abgestürzt und gestorben war, zog Wilma Neruda in den Sommermonaten 1899 nach Berlin in die Motzstr. 62 zu ihrer Schwester Marie Arlberg.[728] Die Gründe für ihre Übersiedlung nach Berlin sind aus den Quellen nicht zu erfahren. Eventuell suchte Wilma Neruda für sich als Künstlerin einen neuen Wirkungskreis. Dafür spricht, dass die *Monday Popular Concerts*, in denen sie regelmäßig auftrat, 1898 endeten. Möglicherweise waren die Gründe auch rein privater Natur.

---

[722] NYT 24.2.1899, S. 6.
[723] Robert Newman (1858-1926), Manager der *Queens Hall* und Gründer des *Queen's Hall Orchestra* 1895 in London, Initiator der *Promenade Concerts*.
[724] Vgl. MT 39. Bd., 1.6.1899, S. 391.
[725] Wladimir Pachmann (1848-1933), russischer Pianist.
[726] *La Tribuna* 20.1.2006, o. Jg. Entdeckung des Musikers Anthony G. Morris: Heute befindet sich in dem Palast das Rathaus von Asolo. Der Artikel der Zeitung wurde mir freundlicherweise von Michaela Kořistová überlassen.
[727] Diese Auskunft erhielt ich vom *Ufficio Cultura del Comune di Asolo* per mail.
[728] Vgl. *Vossische Zeitung* Nr. 184, 18.4.1911, 1. Beilage.

Abb. 47 Wilma Neruda am Meer, ca. 1900, Fotografie

Gerüchten zufolge wollte die Geigerin sich in Berlin vom Konzertpodium zurückziehen und sich nur noch der Lehre widmen[729]. Ab 1900 unterrichtete sie als Hauptfachlehrerin Violine am Sternschen Konservatorium[730], gab ihre Lehrtätigkeit aber nach drei Semestern wieder auf.

Dass die Virtuosin sich ernsthaft von der Konzertbühne zurückziehen wollte, ist kaum anzunehmen; entsprechende Aussagen sind daher wohl tatsächlich Gerüchte, die vermutlich der Werbung dienen sollten. Für diese Annahme spricht, dass Wilma Neruda, kaum war sie in Berlin ansässig, noch Ende des Jahres 1899 mehrere Konzerte gab.[731] Auch mit ihrem langjährigen Kollegen und Künstlerfreund Joseph Joachim präsentierte sie sich mit großem Erfolg mit dem Konzert

---

[729] Vgl. MT 40. Bd., 1.10.1900, S. 652.
[730] Sternsches Konservatorium gegr. 1850, Vgl. Borchard: Stimme und Geige, S. 293.
[731] BSB München. Nerudaiana: Brief Max Bruch an Wilma Neruda, Berlin 18.11.1899: „Von den verschiedensten Seiten höre ich daß Sie in Ihrem Berliner Concert meine Romanze in A-moll mit der vollendeten Meisterschaft gespielt haben, die wir alle seit vielen Jahren an Ihnen schätzen und bewundern." Vgl. SMT 20. Jg., Nr. 2, 15.1.1900, S. 1: Wilma Neruda gab am 16.11.1899 in Berlin ein Konzert, in dem auch ihr Neffe Hjalmar Arlberg auftrat.

d-Moll BWV 1043 für zwei Violinen von Johann Sebastian Bach[732], was beide großen Künstler regelmäßig gemeinsam in England[733] zur Aufführung gebracht hatten. Dieses Konzert spielten die Geigerin und der Geiger am 26. November 1904 noch einmal mit dem Meininger Orchester unter der Leitung von Hofkapellmeister Berger[734]. Wie der Rezensent des *Berliner Tageblatt* beschreibt, steigerte allein die Ankündigung des Konzertes mit der Künstlerin und dem Künstler die Aufmerksamkeit des Publikums für dieses Ereignis. Weiterhin berichtet er fasziniert über das Konzert und unterstreicht dabei – bei aller Unterschiedlichkeit der Spielweise – doch das harmonische Zusammenspiel der beiden:

> Der Eindruck ist schwer zu schildern. Bald nahm die kraftvolle Frische der merkwürdigen Frau den Hörer gefangen, die Freude an ihrem schönen Ton und der männlich ernsten, so ungemein natürlichen Art ihres Spiels, dann wieder das verklärte Wesen Joachims, das uns immer wieder wie etwas Neues anmutet, uns diese himmelhoch überragende Künstlererscheinung in ihrer völligen Unvergleichlichkeit stets aufs neue empfinden lässt; und doch war es im Grunde das harmonische Zusammenwirken dieser beiden Naturen, das die kurzen Minuten zu einem Erlebnis machte und schließlich die Gedanken nur noch der Größe und Tiefe Bachs zuwendete, gewiß der stärkste Triumph, den eine Wiedergabe feiern kann! Ganz besonders war das beim langsamen Satz der Fall, der nach Schluß des Ganzen den enthusiasmierten Zuhörern noch einmal in der denkbar vollendetsten Weise geboten wurde.[735]

Gegen einen Rückzug vom Konzertpodium Wilma Nerudas spricht auch, dass bereits 1899 die Planungen für ein Konzert mit Edvard Grieg in Kopenhagen liefen.[736] In diesem Konzert am 9. Januar 1900 kamen alle drei Sonaten für Violine und Klavier von Grieg zur Aufführung.

Daran schließen sich Konzerte Wilma Nerudas bis Mai des gleichen Jahres in Stockholm[737] an. In die schwedische Hauptstadt zieht es die Künstlerin weiterhin regelmäßig, denn hier kann sie die Arbeit mit Verwandtenbesuchen verbinden. Gleichzeitig bieten diese Tourneen auch Gelegenheiten, sich mit Freunden aus den Jugendjahren und der Zeit ihrer Ehe mit Ludvig Norman zu treffen. Es gibt also

---

[732] *Dalibor* 33. Jg., 1911, S. 252.
[733] Lt. Archiv des Hallé Orchesters in Manchester beispielsweise 1896 zum letzten Mal.
[734] Wilhelm Berger (1861-1911), Dirigent, Pianist und Komponist.
[735] *Berliner Tageblatt* Nr. 601, 30.11.1904.
[736] Vgl. Brief Edvard Grieg an seinen Verleger Peters, Kopenhagen 19.12.1899, in: Rezniček, Ladislav: *Česka kultura a Edvard Grieg*, Prag 1993.
[737] Vgl. Stockholm MM, Nachlass Wilma Neruda: Sammlung Programmzettel.

viele Gründe für Wilma Neruda, regelmäßig nach Stockholm zu reisen. Stets wird sie dort überschwänglich begrüßt, und ihre Konzerte sind lange vorher ausverkauft.

Lady Hallé und Leonard Borwick haben diese Woche geglänzt und sind wieder verschwunden. Sie waren wie glänzende Meteoriten, die man am liebsten, wie die Sterne am Himmel, immer wieder sehen würde. Diese Kunst ist einfach und ehrlich und man hat noch lange etwas davon.[738]

Wilma Neruda konzertierte in Stockholm wahrscheinlich im Frühjahr 1910 in einer Kammermusikreihe mit ihrem Bruder Franz Neruda das letzte Mal.[739] Mit ihrem Spiel faszinierte die Virtuosin das Publikum noch immer derart, dass sie zum Schluss des Konzertes und dem allgemeinen Beifall allein auf die Bühne gerufen wurde und die Begeisterung kein Ende zu nehmen schien.[740]

Nachdem Wilma Neruda ihren Wohnsitz nach Berlin verlegt hatte, mussten auch die Londoner die große Künstlerin nicht lange vermissen. Als sie zur Herbstsaison 1900 wieder die englische Hauptstadt besucht, wird ihre Ankunft von der *Musical Times* freudig angekündigt. Nach dem Tod von Charles Hallé, der ja nicht nur ihr Ehemann, sondern auch ihr langjähriger Klavierpartner war, konzertiert Wilma Neruda nun mit den Pianistinnen Johanna Amalie Stockmarr[741], Fanny Davies[742] sowie den Pianisten Ignaz Paderewski, Leonard Borwick[743], Donald Francis Tovey[744] und Ernst von Dohnányi[745].

Mit letzterem führt sie sein Klavierquintett Nr. 1 c-Moll op. 1 Ende 1898 in England auf.[746] Später folgen gemeinsame ausgedehnte Tourneen nach Dänemark.

---

[738] Stockholm MM, Nachlass Wilma Neruda: Zeitungssammlung: SMT 5.3.1903: „Lady Hallé och Leonard Borwick ha denne vecka lyst och åter försvunnit, Glänsade meteorer, som man skulle önska voro fixstärnor på vår konsthimmel. Solid, ärlig konst, som man har godt af lang tid framåt."

[739] Vgl. Stockholm MM, Nachlass Wilma Neruda: Sammlung Programmzettel: Am 3.3.1910 konzertierte die Geigerin mit Franz Neruda, Conrad Nordquist und Wilhelm Stenhammar. Auf dem Programm standen: Ludwig van Beethoven: Sonate für Klavier und Violine G-Dur op. 96 – Giuseppe Tartini: Sonate g-Moll *Il Trillo del' Diavolo* für Violine – Johannes Brahms: Klavierquartett g-Moll op. 25.

[740] Vgl. SMT 30. Jg., Nr. 7, 15.3.1910, S.46.

[741] Johanna Amalie Stockmarr (1869-1944), dänische Pianistin.

[742] Fanny Davies (1861-1934), englische Pianistin.

[743] Leonard Borwick (1868-1925), englischer Pianist.

[744] Donald Francis Tovey (1875-1940), englischer Pianist, Komponist.

[745] Ernst von Dohnányi (1877-1960), österreich-ungarischer Pianist, Komponist.

[746] Vgl. MT 39. Bd., 1.1.1899, S. 25.

Abb. 48 Konzertprogramm, Kopenhagen 24.10.1905

Wie begeistert Dohnányi von der großen Geigerin war, ist zu erahnen, wenn man das Interview anlässlich seines 80. Geburtstags im RIAS hört. In diesem Statement gedenkt er Wilma Neruda gleich an dritter Stelle, in dem er die Geigerin nach Brahms und Joachim mit folgenden Worten ehrt:

> Eine sehr bedeutende Geigerin war <u>Lady Hallé</u> (geb. Neruda). Mit ihr spielte ich Sonaten in London und in vielen Orten Dänemarks. Sie war damals bereits eine bejahrte Dame, doch war ihr Spiel fast jugendlich temperamentvoll, kräftig, rhythmisch und sehr sauber.[747]

Nicht nur er war noch immer von Wilma Nerudas Spiel fasziniert, auch Grieg schwärmte von der Künstlerin mit folgenden Worten: „Die Neruda spielt einfach himmlisch. Sie ist jetzt 60 vorbei und immer noch die erste Geigerin!"[748] Auch Hugo Becker mit dem Wilma Neruda seit den 1890er Jahren konzertierte, schrieb ihr voller Bewunderung: „Heute will ich nur meiner Freude Ausdruck geben, dass Sie so frisch und spielfreudig sind. Bravo!"[749] In einem Brief vom 22. September 1910 bezeichnet er das Spiel mit Wilma Neruda als ein „Fest" und weiter führt er aus: „Sie bleiben ja in Ihrer herrlichen Kunst ewig jung! Wie oft denke ich an die schönen Stunden."[750]

Der Pianist Francis Tovey hatte eine Konzertreihe in der Chelsea Town Hall ins Leben gerufen, die sogenannten *Mr. Donald Francis Tovey Chelsea Concerts*. Regelmäßig beteiligte sich Wilma Neruda an seinen Musikabenden. Wie begeistert der Pianist über die Interpretationen seiner Werke seitens der Künstlerin war, bezeugt ein Brief an die Künstlerin:

> Well, I'm not generally inclined to undervalue my own things, on the contrary, I'm rather too pleased with them on the whole; – but I really didn't know how good these tunes are until Lady Halle played them. Several times I nearly forgot to come in, […] because you made me listen & forget that it was my own piece. When that is what you do you cannot be surprised, that when you apologise for a tiny little slip I become confused and don't know what to say!

---

[747] London BL Nachlass Ernst von Dohnany: Dohnány Collection Vol XVIII – Add. MS 50, 807 A:
[748] Brief Edvard Grieg an seinen Verleger Peters, Kopenhagen 19.12.1899, in: Rezniček, Ladislav: *Česka kultura a Edvard Grieg*, Prag 1993.
[749] Kopenhagen MM, FNP Kassette 1 / 3: Brief Hugo Becker an Wilma Neruda, Lago di Como 15.10.1910.
[750] ebd.

And, apart from the perfect certainly I could feel that who ever right go wrong for a moment nothing could really upset you so that you wouldn't pull it right in half a bar.[751]

Weiterhin bemerkt der Komponist, dass Wilma Neruda bei allen Unsicherheiten, die während des Spielens auftraten, niemals die Fassung verlor und das Werk zu einem erfolgreichen Ende brachte.

Ihre letzte Reihe von Konzerten in London fanden im November/Dezember 1909 in der *Bechstein hall* statt.[752] Vermutlich konzertierte Wilma Neruda nach dem Jahr 1910 nicht mehr in England.

Die weitere Tätigkeit Wilma Nerudas in England bleibt nicht nur auf London beschränkt. So konzertiert die Virtuosin in Manchester weiterhin regelmäßig mit dem Hallé-Orchester. Wie ihre solistischen Konzerte dort gewürdigt wurden, zeigt sich u.a. darin, dass sie zum 50-jährigen Bestehen des Orchesters am 10. Januar 1907[753] als Solistin mit dem Violinkonzert von Mendelssohn engagiert wird. Nun steht sie bereits mehr als 60 Jahre auf der Bühne und begeistert noch immer das Publikum. Bei einem weiteren Konzert in Manchester im November desselben Jahres wird sie ebenfalls von den Zuhörern voller Enthusiasmus begrüßt.[754] Höchstwahrscheinlich konzertiert die Geigerin in dieser Stadt das letzte Mal am 7. Januar 1909.[755]

In Deutschland schien die Virtuosin sich dagegen in ihrer letzten Lebensphase rar zu machen. So ist aus Berlin nur bekannt, dass sie im Beethoven Saal einige Konzerte mit Friedrich Gernsheim gab.[756] Ihre letzten Konzerte in diesem Saal gab sie am 4. Dezember 1910 und 19. März 1911 mit Hugo Becker, Pablo Casals[757], Oskar Nedbal[758] und Amy Hare[759]. In Ankündigung des Konzertes schrieb der Rezensent der Vossischen Zeitung:

---

[751] Kopenhagen MM, FNP Kassette 1 / 3: Brief Donald Francis Tovey an Wilma Neruda, o.O., o.D.: In dem Konzert wurde ein Trio von Francis Tovey gespielt. Um welches Trio es sich handelte, konnte nicht ermittelt werden.
[752] Belegt sind lt. *Times* Konzerte am 17.11. / 24.11. / 1.12.1909.
[753] Vgl. Archiv des Hallé Orchesters und MT 48. Bd., 1.2.1907, S. 116.
[754] Vgl. MT 48. Bd., 1.12.1907, S. 814.
[755] Vgl. Archiv Hallé Orchester.
[756] Friedrich Gernsheim (1839-1916), deutscher Pianist, Komponist.
  Stockholm MM Nachlass Wilma Neruda: Es existiert eine Anzeige über Konzerte mit Friedrich Gernsheim ohne Angabe von Daten.
[757] Pablo Casals (1876-1973), spanisch katalanischer Cellist.
[758] Oskar Nedbal (1874-1930), tschechischer Komponist, Bratscher.
[759] Amy Hare (gest. 1939), englische Pianistin.

Abb. 49 Wilma und Marie Neruda, ca. 1900, Fotografie

Abb. 50 Olga Neruda, Wilma Neruda und Johanna Stockmarr, ca. 1900, Fotografie

6. Spielen bis zum letzten Atemzug. Berlin 1900-1911

Die Geigerin wird übermorgen 72 Jahre alt, aber mir scheint, diese wundervolle Frau, die ihre Triogenossen mit so feiner Überlegenheit führt, hat nur die Weisheit des Alters, nicht seine Gebrechen; ihr zu lauschen gewährt eine jeder reinen und seltenen Freuden, die nur ein begnadetes Künstlertum verschenken kann.[760]

Das *Berliner Tageblatt* nannte die Geigerin „noch immer eine vornehme und erstaunliche Vertreterin ihres Instrumentes".[761]

Bis kurz vor ihrem Tod stand sie brieflich[762] mit Pablo Casals in Terminverhandlungen bezüglich weiterer geplanter Konzerte in Berlin. Diese vorgesehenen Aufführungen sollten im April 1911 stattfinden. Wie man hieraus erkennen kann, dachte die Künstlerin an eine Beendigung ihrer Konzerttätigkeit auch zu diesem Zeitpunkt nicht.[763]

Am 15. April 1911 verstarb die große Violinvirtuosin Wilma Neruda infolge einer Lungenentzündung. An ihrem Sterbelager weilten ihre Schwestern Marie Arlberg, Eugenie Lindblad, Olga Neruda und der Bruder Franz Neruda.[764] Wilma Neruda wurde auf dem Alten Luisen-Friedhof in Charlottenburg-Westend begraben.[765]

Zahlreiche Zeitungen im In- und Ausland berichteten vom Tod der Künstlerin und von ihrem hervorragenden Geigenspiel. Einige Ausschnitte seien hier wiedergegeben:

Mit Wilma Norman-Neruda sinkt eine Violinistin erlesensten Ranges ins Grab, eine Meisterin, deren priesterliche Kunstübung die Kenner wie die Massen erbaute und beseligte. Mit ihr erlischt jener edle, an den Klassikern genährte Stil, der die Ruhe suchte und die Leidenschaften mied. Die Person galt dieser seltenen Frau und Künstlerin nichts, die Sache alles; darum hat sie ihre reiche Kraft niemals an unwürdige Aufgaben verschwendet. Ebenbürtig war ihr vielleicht nur Joachim, und wer je etwa das Glück gehabt hat, von diesem erlauchten Paare Bachs Doppelkonzert D-moll zu hören, wird um unvergessliche Eindrücke bereichert worden sein.[766]

---

[760] *Vossische Zeitung* Nr. 133, Dritte Beilage, Sonntag Morgen 19.3.1911. Die Geigerin wurde allerdings 73 Jahre alt.

[761] Vgl. *Berliner Tageblatt* 39. Jg., Nr. 622, 1. Beilage, 8.12.1910.

[762] Vgl. Kopenhagen MM, FNP Kassette 1 / 3: Brief Pablo Casals an Wilma Neruda, Vendrell, Spanien 30.9.1910.

[763] Der Hinweis in der *Vossischen Zeitung* Nr. 184, erste Beilage, 18.4.1911 auf eine weitere Australientournee der Virtuosin vom Sommer 1910 beruht sicher auf einem Irrtum.

[764] Vgl. *Vossische Zeitung* Nr. 184, erste Beilage, 18.4.1911, vgl. Pester Lloyd 58. Jg., Nr. 91, 18.4.1911 S. 7.

[765] Vgl. *Berliner Tageblatt* 40. Jg., Nr. 197, 18.4.1911 – Todesanzeige.

[766] *Vossische Zeitung* Nr. 184, erste Beilage, 18.4.1911.

Die Violinistin Wilma Norman-Neruda ist Samstag in Berlin im Alter von 72 Jahren gestorben. Eine hochbegabte Musikerin ist mit Frau Norman-Neruda dahingegangen. Hans von Bülow bezeichnete sie als Joachims ‚des einzigen, einzige Rivalin'; sie vereinigte, wie Joachim, das Können der Virtuosin mit einer seltenen Tiefe und Kraft und Empfindung, gepaart mit seinem Stilgefühl und geläuterten Geschmack.[767]

In Lady Hallé the violin world has lost its most famous exponent of the fair sex; she was one of the first of the gentler sex to attain celebrity with the instrument and for more than three score years she maintained her place as the world's famous woman violinist. It would be saying too much to state that she was the greatest of woman violinists.[768]

With her death there passes away a violinist who was one of the greatest of her time and whose name, as Madame Norman-Neruda, was once a household word. The present generation will not feel the loss as keenly as those with whom the great days of the Popular Concerts are a living memory. In their minds a link with the past is broken.[769]

Her artistic tours throughout Europe have been very numerous, and the influence she exercised on the history of the art, especially in England will not soon fade away.[770]

Die Königin der Geigerinnen, Lady Hallé, ist im Alter von 72 Jahren in Berlin gestorben.[771]
Es ist nicht lange her, dass sie noch im Beethoven Saal als Leiterin der Quartettvereinigung auftrat. Vielleicht hat das den Tod der Virtuosin beschleunigt, von der zu sagen wäre, dass sie ihrer Kunst treu blieb bis zum letzten Atemzug.[772]

---

[767] *Wiener Abendpost* Nr. 88, 18.4.1911 S. 4, vgl. Stockholm MM, Nachlass Wilma Neruda: Zeitungssammlung: *Die Musik* X:15.
[768] Karen Shaffer: Zeitungssammlung: *The Musical Observer* – New York 1911 o.D.
[769] MT 52. Bd., 1.5.1911, S. 314.
[770] *Times* Nr. 39/ 561, 17. 4. 1911, S. 6.
[771] Stockholm MM, Nachlass Wilma Neruda: Zeitungssammlung: SMT 1911: „Violinisternas drotting, Wilhelmina Neruda-Norman, lady Hallé, har I dagarna, 72-årig, aflidit I Berlin, där hon de senare åren varit bosatt."
[772] *Dalibor* 33. Jg., 1911, S. 252: „Nemi tomu dávno, co vystoupila jčstě v Beethovenově síni jako náčelnice v kvartetním sdružení přes vše to, že jí nebylo vono. Snad to uspišilo smrt virtuosky, o níž možno řici, že byla svému umění věrna do psledního dechu."

Abb. 51 Eugenie, Franz, Marie und Dagmar Neruda, Johanna Stockmarr, Wilma Neruda ca. 1900, Fotografie

Abb. 52 Marie Neruda, Hjalmar Arlberg, Dagmar, Wilma und Franz Neruda, ca. 1900, Fotografie

III. LEBEN UND KARRIERE UNTER GENDERPERSPEKTIVE

1. MUSIKERFAMILIE

Das Ideal der Familie im 19. Jahrhundert sah eine Berufstätigkeit der Ehefrau nicht vor. Sie hatte sich im Hause um das Wohlbefinden der Familienmitglieder zu kümmern. So ist es nicht verwunderlich, dass den Mädchen meist keine breite Bildung zuteilwurde. Zwar sah das Bildungsideal des Bürgertums auch für Frauen den Erwerb einer grundlegenden Allgemeinbildung vor und auch rudimentäre Kenntnisse in der Musik, denn schließlich sollten sie in der Lage sein, die Kinder zu allseitig gebildeten Menschen zu erziehen. Wir kennen das bürgerliche Ideal der Klavier spielenden höheren Töchter. Eine umfassende Berufsausbildung, die eine spätere Berufsausübung möglich machte, bekamen die Frauen in der Regel nicht.

Dieses bürgerliche Ideal gab es in Musikerfamilien häufig nicht, da sie einen Außenseiterstatus genossen.[1] In der Regel, meist aufgrund finanzieller Schwierigkeiten, herrschte dort im 19. Jahrhundert noch weiterhin die Tradition vor, die Kinder möglichst bald Geld mitverdienen zu lassen. Folglich erlernten sowohl Jungen als auch Mädchen wie selbstverständlich ein Instrument. Meist war der Vater der erste Lehrer der Kinder, wie bei den Nerudas. Zwar galt die Geige Mitte des 19. Jahrhunderts für Frauen nicht als angemessenes Instrument, aber es ist die Frage, ob der Vater Josef Neruda das bei der Wahl der Instrumente für seine Kinder überhaupt in Betracht zog. Spätestens als er die große Begabung seiner Tochter Wilma erkannte, wird dieser Gesichtspunkt keine Rolle mehr gespielt haben. Einige Jahre später erlernte auch die jüngere Schwester Marie wie selbstverständlich das Geigenspiel.

Für weibliche Wunderkinder bedeutete Geige zu spielen erst einmal nichts Besonderes. Bis zu den „revolutionierenden Theorien Sigmund Freuds"[2] galten Kinder als asexuell. Sie verkörperten den Hauch der kindlichen Unschuld. So erzielten die in weiß gekleideten Schwestern Milanollo während ihres Spielens eine fast religiös schwärmerische Verehrung.

Die Beschreibung Wilma Nerudas mit ihren „lebhaften Augen" als „niedlicher Kobold" deutet eher auf ihre kindliche Unbeschwertheit hin, die einen bodenständigen Eindruck vermittelt. Auch wenn sie bisweilen „das liebliche Lockenköpf-

---

[1] Vgl. Borchard: Robert Schumann und Clara Wieck, S. 130.
[2] Hoffmann: Instrument und Körper, S. 320 f.

chen" oder „kleiner Engel" genannt wurde, fiel sie doch stets durch ihren „freien und lebendigen Blick" auf. Dies ist Ausdruck einer anderen Imagebildung der kleinen Virtuosin, weg von dem überirdischen Anstrich der Schwestern Milanollo. Eventuell hat auch dieses eher erdverbundene Image, was wohl von Wilma Neruda selbst kam, auch ihr weiteres Leben geprägt. Während Teresa Milanollo mit der Ehe ihre Berufstätigkeit aufgab, war eine Ehe für Wilma Neruda kein Hindernis, weiter zu konzertieren.

Um seine Kinder genügend zu fördern, gab Josef Neruda seine feste Stellung am Dom in Brünn auf und siedelte mit der Familie nach Wien über. Besonders die hochbegabte Tochter Wilma kommt in den Genuss seiner intensiven Förderung. Obwohl die Familie wenig Geld besaß, erhält sie bei einem der angesehensten Geigenvirtuosen Wiens, Leopold Jansa, Unterricht. Diese Förderung wurde den Söhnen Josef Nerudas nicht zuteil. Diese wurden zum überwiegenden Teil von ihrem Vater unterrichtet. Damit bildete Josef Neruda eine Ausnahme in der damaligen Gesellschaft. Üblich war es, den Söhnen eine gute Ausbildung angedeihen zu lassen, da sie später eine Familie zu ernähren hatten. Für Mädchen reichte es, ein wenig Klavier zu spielen und zu singen, um so auf dem Heiratsmarkt ihre Chancen zu verbessern. Die Ausbildung der Mädchen war nicht dazu gedacht, damit eine Familie zu ernähren. Als Beispiel sei hier das Geschwisterpaar Fanny und Felix Mendelssohn genannt. Wie ihr Bruder erhielt Fanny zunächst umfangreichen Unterricht in Musiktheorie und Komposition. Doch schließlich verbot der Vater ihr die weitere Ausbildung in diesen Fächern mit der Begründung, dass die Musik für Felix eventuell Beruf werden könne, für sie aber nur zur Zierde geeignet sei. Stattdessen sollte sie sich Handarbeiten und der Haushaltsführung widmen.

Ein Gesichtspunkt Josef Nerudas, seiner Tochter Wilma eine hervorragende Ausbildung zuteilwerden zu lassen, war zweifelsfrei seine Feststellung ihrer Hochbegabung. Schließlich ließ sich mit einem Wunderkind auch gut Geld verdienen. In den Jahren der Kindheit unternahm der Vater mit seinen Kindern zahlreiche Reisen. Von den erzielten Einnahmen lebte in dieser Zeit die ganze Familie.

Als die Kinder die Pubertät überschritten hatten, reisten Wilma, Marie und Franz allein, ohne den Vater. Für die Jugendlichen war es ganz selbstverständlich zu reisen und zu konzertieren. Für viele Mädchen, die als Wunderkinder eine Karriere machten, brach diese mit der Pubertät ab. Manche Eltern befürchteten, dass ihre Tochter eventuell keinen Ehemann bekommen könnte, wenn sie weiter ständig auf Reisen wäre, wie es bei Nannerl Mozart der Fall war. Eine junge Frau, die sich relativ ungezwungen bewegte, galt in der damaligen Zeit eher als anrüchig. Dieses Vorurteil schien bei den Nerudas nicht zu herrschen. Es könnte aber auch sein, dass die finanziellen Schwierigkeiten es nicht erlaubten, auf solche Vorurteile Rück-

Abb. 53 Wilma Neruda, Fotografie

sicht zu nehmen. Wie dem auch sei, die Zuneigung des Vaters zu seinen Kindern vermittelt sich glaubhaft. So schreibt er z.B. an Franz Neruda:

Brünn 18 May 1863
Mein lieber Franz!
Deinen lieben Brief haben wir erhalten, und es war uns eine große Freude daraus zu ersehen, dass Ihr geliebten Kinder wohl und gesund seyd, auch wir sind es Gott sey Lob und dank! Wir freuen uns sehr, dass die Zeit mit schnellen Schritten heran naht, wo wir Euch in Brünn erwarten können. Und wie die Zeit und Wetter nun halb so in den Gegenden in denen Ihr nicht wie bey und Brünn ist, so glaube ich dass Ihr geliebten Kinder Euch einfach beeilen werdet nach Brünn zu uns zu kommen um sich auszuruhen, und uns, nach langer Abwesenheit mit Eurer Gegenwart erfreuen. Bey uns hier in Brünn ist jetzt schon eine afrikanische Hitze, Menschen, Bäume, Pflanzen und die ganze Erde schmachtet nach einem abkühlenden Regen und es will keiner kommen. Deshalb glaube ich auch dass es schwer ist bey solchem Wetter das Publikum in den Koncert Saal zu locken und wenn man auf das Vergnüglichste im

Stande zu bithen hat, und solltet ihr vor wenig Publikum spielen, wie die Mariele zum Beyspiel letzthin geschrieben, – so werdet Ihr Euch gewiß nicht mehr lange aufhalten.[3]

Auch als die Kinder aus dem Haus waren, pflegte die Familie untereinander einen innigen Kontakt. Dies ist durch Briefe des Vaters Josef Neruda an Franz Neruda belegt. Darin wurde u.a. eine Heimreise der Eltern aus Dänemark nach einem Besuch bei Franz beschrieben. Ein anderer Brief beschreibt eine Reise nach Schweden zu Wilma Neruda.[4]

Als sie erwachsen waren, kamen den Kindern die gute Ausbildung und die gesammelten Erfahrungen auf den Bühnen der Welt selber zugute. Für Wilma Neruda war der Erfolg nicht nur an die Kindheit gebunden, denn sie erlangte Ruhm und Ehre als erwachsene Geigerin in ganz Europa und schließlich der ganzen Welt.

Leider sind keine Briefe Josef Nerudas an seine Tochter Wilma erhalten, aber durch die Art des Schreibens an den Sohn Franz ist anzunehmen, dass es für ihn selbstverständlich war, dass seine Tochter nach ihrer Heirat weiter konzertierte. Vermutlich war er stolz auf sie.[5]

Der Bruder Franz wurde ein angesehener Cellist in Kopenhagen, der maßgeblich das Musikleben Kopenhagens beeinflusste. Marie konzertierte nach der Eheschließung nicht mehr regelmäßig, arbeitete aber nach dem Tod ihres Ehemannes wieder als Violinpädagogin. Die Schwester Amalie blieb in Brünn und wirkte dort als Pianistin und Pädagogin. Zu ihren berühmtesten Schülern zählte Leos Janaček. Die jüngste Schwester Olga, die Klavierunterricht bei Clara Schumann genoss, wirkte später in erster Linie als Pädagogin.

---

[3] Kopenhagen MM, FNP Kassette 1 / 2. Brief Josef Neruda an Franz Neruda, Brünn 18.5.1863.

[4] Vgl. Kopenhagen MM, FNP Kassette 1 / 2: Briefe Josef Neruda an Franz Neruda, Stockholm 4.8. o.J., Brünn 28.9. o.J.

[5] Vgl. Kopenhagen MM, FNP Kassette 1 / 2: Briefe Josef Neruda an Franz Neruda: In den Briefen Josef Nerudas an Franz Neruda wird wie selbstverständlich über das Konzertieren Wilma Nerudas geschrieben.

2. WILMA NERUDA ALS EHEFRAU UND MUTTER

2.1 Ehe mit Luvig Norman

Die Gesellschaft im 19. Jahrhundert beraubte Frauen mit der Heirat großer Teile ihrer Eigenständigkeit – was sich auch in der Gesetzgebung widerspiegelt. Freiräume zu nutzen, die das Gesetz bot, bedurfte großer Anstrengungen und starken Durchsetzungsvermögens seitens der Frau. Sich den vorgeschriebenen gesellschaftlichen Normen entgegenzustellen und einen eigenen Weg mit freier Berufsausübung zu gehen, war gesellschaftlich fast undenkbar. Ein Beispiel ist die Geigerin Teresa Milanollo, die in den 1840er Jahren mit ihrer jüngeren Schwester Marie als Wunderkinder eine solche Euphorie auslöste, dass man sogar von einer „Milanollomanie" sprach. Im Anschluss an ihre Verehelichung 1857 mit Théodore Parmentier beendete Teresa Milanollo ihre Bühnenkarriere, um „für immer ins Privatleben zurückzutreten und, die schöne Aufgabe des Weibes erfüllend, an der Seite eines würdigen Gatten im häuslichen Kreise zu walten".[6] Auch Jenny Lind trat nach ihrer Verehelichung mit dem Komponisten Otto Goldschmidt[7] nur noch selten auf, und wenn, dann nur in Wohltätigkeitskonzerten.

Zum Zeitpunkt ihrer Eheschließung war Wilma Neruda eine in ganz Europa angesehene Musikerin. Es ist kaum vorstellbar, dass sie sich ein Leben, beschränkt auf die häuslichen Pflichten, erträumte. Ihren Weg zu gehen, als eine weiterhin auf den Bühnen der Welt anerkannte Virtuosin, zeigt die Stärke ihrer Persönlichkeit. Auch für sie wird die Umsetzung ihrer Träume nicht immer leicht gewesen sein. Dass es möglich war, zeigt ihre Lebensgeschichte.

Am 27. Januar 1864 heiratet die Künstlerin den schwedischen Pianisten und Komponisten Ludvig Norman. Ludvig Norman wurde am 28. August 1831 in Stockholm als Sohn des Buchhändlers Johan Norman[8] und seiner Ehefrau Amalie Fredrica Engström[9] geboren. Von 1848 bis 1852 besuchte er das Konservatorium in Leipzig und wurde dort ein großer Anhänger der romantischen Musik Robert Schumanns. Seit den 1850er Jahren trat er auch regelmäßig als Pianist auf. Nach seinem Studium

---

[6] Théodore Parmentier (1821-1910), französischer General und Mitglied des Komitees für Frankreichs militärische Befestigungen in Paris.
Vgl. Wasielewski, Wilhelm: *Die Violine und ihre Meister*, 2. Aufl., Bd. II, Egweil 1883, S. 547. Zit. nach Hoffmann: Instrument und Körper, S. 319. Vgl. Kapitel: Beruf Geigerin.

[7] Otto Goldschmidt (1829-1907), deutscher Pianist, Komponist.

[8] Johan Norman (1794-1840), Buchhändler. Vgl. Karle: Ludvig Norman, S. 80.

[9] Amalie Fredrica Engström (1804-1867). Vgl. Karle: Ludvig Norman, S. 90.

ging Ludvig Norman zurück nach Stockholm. Zusammen mit Albert Rubenson und Frans Hedberg[10] gab er die Zeitung *Tidning för Theater och Musik* heraus, in der er sich als Musikschriftsteller betätigte.[11] 1860 war er maßgebend an der Gründung des Vereins *Nya harmoniska sällskapet* beteiligt, dessen Leitung er auch inne hatte. Diese Vereinigung förderte insbesondere die Vokalmusik von Musikern und Liebhabern. Als Norman 1861 die Stelle des Hofkapellmeisters des Königlichen Theaters antrat, nutzte er die Möglichkeiten, das Musikleben Stockholms in größerem Umfang zu erweitern. Unter seiner Leitung kamen zahlreiche Opern auch ausländischer Komponisten erstmals in Schweden auf die Bühne.

Wilma Neruda und ihre Geschwister Marie und Franz Neruda lernten den Pianisten während ihrer Jugendtourneen in Skandinavien Anfang der 1860er Jahre kennen. Drei Jahre konzertierten die Geschwister fast ausschließlich im Norden Europas und hielten sich von Oktober bis Mai dort zu diesem Zwecke auf. Durch das gemeinsame Musizieren mit Ludvig Norman entwickelte sich in jener Zeit eine tiefe Zuneigung zwischen Wilma Neruda und Ludvig Norman. Es soll Wilma Neruda gewesen sein, die den ersten Schritt tat, sich dem zurückhaltenden Kapellmeister näherte und ihm schließlich auch einen Heiratsantrag machte.[12]

Die unterschiedlichen Religionen – die Nerudas waren katholisch und Ludvig Norman evangelisch – bereiteten 1864 in Österreich keine Schwierigkeiten. Daher behielten beide Ehepartner offiziell ihre Konfession.[13]

Wilma Neruda verlegt nun ihren Lebensmittelpunkt nach Schweden. Vorerst nimmt sie den Nachnamen ihres Ehemanns an und konzertiert auch unter diesem Namen in Skandinavien.[14]

---

[10] Frans Hedberg (1828-1908), schwedischer Schriftsteller.
[11] Vgl. Sanner, Lars Erik: Artikel „Norman, Fredrik Vilhelm Ludvig", in: MGG, Bd. 9, Kassel 1961, Spalte 1572-1574.
[12] Vgl. Karle: Ludvig Norman, S. 76.
[13] Lt. Toleranzpatent von 1781 und Protestantengesetz von 1861 war eine Heirat zwischen Katholiken und Nichtkatholken in Österreich möglich. Die Hochzeit musste allerdings in einer katholischen Kirche stattfinden. Dies war bei Wilma Neruda der Fall. Die Trauung fand in der katholischen Kirche St. Thomas in Brünn statt. Die Informationen erhielt ich von Michaela Kořistová, Historikerin aus Brünn.
Lt. Anfrage in Stockholms stadarkiv Sig. Abtg. 9, Nr. 1073 war Ludvig Norman und später die Söhne Ludvig und Waldemar bei der evangelischen Kirche eingetragen und Wilma Neruda in Stockholm als Mitglied der katholischen Gemeinde St. Eugenia.
[14] Vgl. Stockholm MM, Nachlass Wilma Neruda: Sammlung Programmzettel. Vgl. Karle: Ludvig Norman, S. 156: Vereinzelt erschien auch in Rezensionen der Name Wilhelmine Neruda.

Abb. 54 Ludvig Norman, Fotografie

Nach dem Code Napoléon, der in ganz Europa im 19. Jahrhundert die Gesetzgebung beeinflusste[15], war es allgemein üblich, dass die Frauen mit der Heirat quasi unter Vormundschaft ihres Ehemannes gestellt wurden. Dies bedeutete, dass der Gatte den Wohnsitz der Familie bestimmte und über das Vermögen seiner Angetrauten verfügen konnte. Selbst ein eigenes Konto zu eröffnen, bedurfte der Einwilligung des Ehemannes, und selbst wenn sie diese erhielt, konnte sich der Gatte nach seinem eigenen Gutdünken daran bedienen. Verheiratete Frauen benötigten, wenn sie einer bezahlten Arbeit nachgehen wollten, das Einverständnis ihres Ehegatten.

Zwar war die *cura sexus*[16] in Schweden 1863[17] abgeschafft, doch galt auch hier, wie in vielen Teilen Deutschlands, die *cura maritalis*. Dagegen standen in Österreich,

---

[15] Bonnie S. Anderson / Judith P. Zinsser: *Eine eigene Geschichte. Frauen in Europa*, Zürich 1993, S. 182 f.
[16] *Cura sexus*: beinhaltet die Geschlechtsvormundschaft aller Frauen, auch der ledigen; dagegen *cura maritalis*: Ehefrauen stehen unter der Vertretungsmacht ihrer Ehegatten.
[17] Gerhard, Ute (Hg.): *Frauen in der Geschichte des Rechts*, München 1997, S. 446.

wozu damals auch Mähren gehörte, die verheirateten Frauen bereits 1815[18] nur noch subsidiär unter der Vertretungsmacht ihres Mannes, besaßen daher mehr Handlungsfreiräume. Maßgebend war in der Regel aber der territoriale Aufenthalt der Eheleute.[19] Allerdings gab es trotz restriktiver Gesetze immer auch individuelle Abmachungen zwischen Eheleuten, die die Wirklichkeit ganz unterschiedlich ausfallen ließen. Für Frauen bestand zudem immer die Möglichkeit, ihr Vermögen vor der Heirat durch Eheverträge zu schützen. Es ist allerdings nicht bekannt, ob Wilma Neruda dies getan hatte. Aus Briefen ist jedoch ersichtlich, dass die Virtuosin über ihr eigenes Geld verfügte. So beabsichtigte sie beispielsweise, ihrem Bruder Franz Neruda ein sehr gutes Cello zu schenken.[20] Denkbar ist es auch, dass der Vater die Geigerin darin unterstützte, ihrem Wunsch nach Freiheit und Ausübung ihres Berufes nachzugehen.

Die ersten Ehejahre scheinen glücklich zu verlaufen. Wie im Kapitel II. 3 beschrieben, konzertiert Wilma Neruda nach der Eheschließung weiter, auch mit ihrem Ehegatten gemeinsam. Dies ist nicht ungewöhnlich. Während für die meisten bürgerlichen Frauen mit der Eheschließung ihre Berufstätigkeit beendet ist, findet man in Ehen zwischen Musikern häufig Gatten, die gemeinsam mit ihren Ehefrauen auftreten wie z.B. Louis Spohr mit seiner Ehefrau Dorette Scheidler[21], Edvard Grieg mit seiner Gattin Nina Hagerup[22] und Joseph Joachim mit seiner Ehefrau Amalie Schneeweiß[23].

Nachdem sich die gemeinsame Kammermusikreihe der Normans auflöst, trennen sich musikalisch die Wege des Ehepaares. Wilma Neruda konzertiert von nun an wieder vermehrt solistisch und vor allem außerhalb Skandinaviens. Eine alleinige Karriere als Solistin anzustreben, war in der damaligen Zeit in der bürgerlichen Gesellschaft auch für verheiratete Künstlerinnen eher eine Ausnahme.[24] In

---

[18] ebd.: S. 435: eingeschränkte *cura maritalis* – verheiratete Frauen waren handlungs- und prozessfähig.
[19] Hinweis von Steffen Wolters, Richter am Landgericht Hannover.
[20] Kopenhagen MM, FNP Kassette 1 / 2: Brief Josef Neruda an Franz Neruda, Stockholm 4.8.o.J. Im gleichen Brief schrieb der Vater Franz Neruda, dass ihm seine Schwester auch die Überfahrt nach Schweden bezahlen würde, wenn er nach Schweden kommen würde.
[21] Dorette Scheidler verh. Spohr (1787-1834), deutsche Harfenistin und Pianistin.
[22] Nina Hagerup Grieg (1845-1935), norwegische Sopranistin.
[23] Amalie Schneeweiß verh. Joachim (1839-1899), österreichische Altistin.
[24] Eine seltene Ausnahmeerscheinung bildete die Ehe von Pauline Viardot-Garcia (1821-1910, französische Sängerin, Komponistin und Kulturvermittlerin). Ihr Ehemann Louis Viardot kündigte gar seine Stelle als Theaterdirektor und unterstützte seine Frau bei ihrer Karriere.

2. Wilma Neruda als Ehefrau und Mutter

den Fällen war meistens der Ehemann durch Krankheit nicht in der Lage, die Familie zu ernähren, wie es beispielsweise bei der Familie Schumann oder bei Maria Malibran[25] der Fall war.

Auch durch die Geburt zweier Kinder lässt sich Wilma Neruda nicht ans Haus fesseln. Es liegt nahe, dass die Kinder in der Obhut des Vaters bzw. einer Kinderfrau belassen oder von der Schwester Marie versorgt wurden, die inzwischen verheiratet war und nicht mehr konzertierte. Kinder nicht selbst zu betreuen, war ungewöhnlich für die damalige Zeit, denn in der bürgerlichen Gesellschaft des 19. Jahrhunderts war die Kindererziehung Sache der Mutter. Ebenso wie Clara Schumann setzte Wilma Neruda sich über solche Konventionen hinweg.

Getadelt wurde sie hierfür in der Öffentlichkeit nicht, jedenfalls finden sich in den Rezensionen keine kritischen Äußerungen über ihr nicht adäquates bürgerliches Rollenverhalten. Wilma Neruda hatte ihre Konzerttournee nicht nur aus finanziellen Gründen unternommen, denn Ludvig Norman hatte seit 1861 das Amt des Hofkapellmeisters am Königlichen Theater inne und war somit in der Lage, die Familie zu ernähren. Offensichtlich gab sie aus einem inneren Bedürfnis heraus Konzerte und setzte aktiv ihre Karriere als Geigenvirtuosin fort. Dies bedeutete allerdings nicht, dass sie ohne Rücksichten nur ihre Karriere im Blick hatte. So sagte sie wegen des Geburtstages eines ihrer Söhne auch mal ein Konzert ab[26] – in Biografien männlicher Virtuosen lässt sich auf solche Art Rücksichtnahme kein Hinweis finden.

Wie beschrieben, reiste die Geigerin im Herbst 1867 zunächst nach Deutschland. Vermutlich weilte sie während der Weihnachtsfeiertage in Brünn,[27] und es ist naheliegend, dass auch Ludvig Norman mit den Kindern die Zeit bei den Eltern und Geschwistern Wilma Nerudas verbrachte.

Wilma Neruda setzt die Reise ohne ihren Ehemann fort und reist zu Konzerten nach Frankreich und Holland. Außerhalb Skandinaviens wird sie stets, anknüpfend an ihre früheren Erfolge als Wunderkind und junge Frau, auf den Programmzetteln und in Rezensionen „Wilma Norman-Neruda" genannt. Mit diesem Namen unter-

---

[25] Maria Garcia verh. Malibran (1808-1836), französische Opernsängerin und Komponistin. Sie war verheiratet mit dem Bankier François Eugène Malibran, der wenige Wochen nach ihrer Heirat bankrott machte. Daraufhin musste sie ihn mit ihren Auftritten unterstützen.
[26] Vgl. Karle: Ludvig Norman, S. 160: Brief Ludvig Norman an Jacob Axel Josephson, Stockholm 9.11.1868.
[27] Vgl. Kyas: Rodina Nerudů, S. 234f: Am 19. / 21. 12. 1867 / 12.1. und 19.1.1868 konzertierte Wilma Neruda nachweislich in Brünn.

Abb. 55 Waldemar und Ludvig Norman-Neruda, ca. 1868, Fotografie

schreibt sie auch. Ihre Söhne erhalten später ebenfalls den Doppelnamen Norman-Neruda.[28]

Die sehr erfolgreiche Tournee Wilma Nerudas im Frühjahr 1869 über Deutschland und Frankreich nach England, wo sie in London ihren bis dahin größten Erfolg erlebt, verändert ihr Leben von Grund auf. Henri Vieuxtemps und auch Joseph Joachim überzeugen die Virtuosin nach ihrem überragenden Erfolg, weiterhin in London zu konzertieren.[29]

Im Anschluss an ihre Konzerte in England reist die Virtuosin nach Wiesbaden und Baden-Baden.[30] Ludvig Norman kam von Leipzig nach Wiesbaden, um dann gemeinsam mit seiner Frau nach Stockholm zu reisen.[31]

---

[28] Vgl. Bergen OB: Sig. FNWN I 001: Brief Waldemar Norman-Neruda an Edvard Grieg, London 23.1.1896. Waldemar Norman-Neruda unterschrieb den Brief mit diesem Namen. Der Sohn Ludvig Norman-Neruda veröffentlichte unter diesem Namen seine Publikationen über den Alpinen Sport.
[29] Vgl. Interview Wilma Neruda, S. 171.
[30] Vgl. Signale 27. Jg., Nr. 38, 3.6.1869, S. 599.
[31] Vgl. Signale 27. Jg., Nr. 41, 24.6.1869, S. 651.

2. Wilma Neruda als Ehefrau und Mutter

Die Virtuosin verbringt den Sommer zur Erholung in Schweden in ihrem Landhaus und reist im Herbst 1869 erneut nach England, um ihre Karriere dort fortzusetzen. Im Dezember des gleichen Jahres besucht Ludvig Norman die Virtuosin.[32] Vielleicht um die Geigerin umzustimmen, nach Schweden zurückzukommen? Wie dem auch sei – Tatsache ist, Wilma Neruda bleibt in England. Aus den Briefen Wilma Nerudas ist nicht ersichtlich, ob sie nur wegen der Karriere ihren Ehemann verließ. Ludvig Norman hatte, wie bekannt ist, Depressionen und vermutlich das sogenannte Tourette-Syndrom[33]. Eventuell trugen auch die seelischen Unausgeglichenheiten ihres Ehemannes dazu bei, dass die Geigerin das freie Leben einer anerkannten reisenden Virtuosin vorzog.

Für einen möglicherweise unausgeglichenen Charakter Ludvig Normans spricht ein Brief des Komponisten an Franz Neruda. Hier werden in Ansätzen Probleme mit der Schwester der Künstlerin, Marie, deutlich.

> Lieber Franz,
> [...] Zwischen uns war ja nie Grob oder Missverstand, und ich achte Dich ja hoch sowohl als Künstler wie als Mensch dass ich dies auf Dir allerdings jetzt einfacher Weise eine Dedication anstreben wollte. – Auch wollte ich Dich mit einer Bitte belästigen. Beim Revidieren meiner Compositionen vermisse ich die Partiten zu zwei Hefte Violinostücke betitelt ‚Aus dem Leben', und ich erinnere mich dunkel dass Madame Marie Arlberg dieselben vor langer Zeit geliehen hat. Wie Du natürlich weißt ist es mir nicht mehr gestattet mich persönlich an Madame A. zu wenden, deshalb bitte ich Dich, lieber Franz, anzufragen wo sich diese Stücke befinden, damit ich sie zurückbekomme, so es mir <u>deswegen</u> lieb wäre, weil mehrere von diesen Stücken nicht in einer zweiten Abschrift existieren. – Schließlich wünsche ich Dir alles Gute und das Glück sowohl im Leben so wie in der Kunst welches Du ja gut verdienst, und bei allem dass Du Deine Mutter, Wilhelmine, Olga, Deine Frau und meine süssen Kinder grüssen wolltest, zeichne ich mit Hochachtung
> Dein herzl. ergebener Ludvig Norman[34]

---

[32] Vgl. AB 31.12.1869, Brief Ludvig Norman an Jacob Axel Josephson, Stockholm 8.12.1870, zit. nach: Karle: Ludvig Norman, S. 162 / 163. Ludvig Norman arbeitete in der Zeit unkonzentrierter als üblich. So verlegte er seine Noten, hielt Probenzeiten nicht ein und es musste gar ein Konzert der Königlichen Hofkapelle verschoben werden.

[33] Vgl. Löndahl, Tomas: Makten att begära och tvånget att försaka: Tourettesyndromets betydelse för Ludvig Normans liv och verk, in: *Svensk tidskrift för musikforskning*, 2003 (85), S. 45-57.

[34] Kopenhagen MM, FNP Kassette 1 / 2: Brief Ludvig Norman an Franz Neruda, Stockholm 18.6.1875.

Leider sind keine Details über die Vorfälle bekannt, die es ihm nicht mehr erlaubten, sich an seine Schwägerin zu wenden. Zumindest soll es auch zwischen Ludvig Norman und Fritz Arlberg immer wieder zu Spannungen während gemeinsamer Arbeiten gekommen sein.[35]

In den Biografien über Ludvig Norman heißt es, dass die Ehe der Normans mit Beginn der regelmäßigen Konzerttätigkeit Wilma Nerudas in England beendet war. Offiziell gerichtlich geschieden wurde die Ehe allerdings nicht.[36] Scheidungen waren in der Mitte des 19. Jahrhunderts rechtlich zwar möglich, allerdings erlaubte das katholische Kirchenrecht keine Wiederverheiratung der Ehegatten.[37] Vermutlich ließ sich Wilma Neruda wegen ihrer Zugehörigkeit zum katholischen Glauben nicht scheiden. Aufgewachsen als Tochter eines Domorganisten, wird die Religion eine zentrale Stellung in der Kindheit mit eingenommen haben. Allerdings war ihre Haltung in dieser Sache durchaus widersprüchlich, denn allein dadurch, dass sie ihren Mann de facto verließ, hat sie sich nicht konform verhalten und sich über die starren Regeln der katholischen Kirche hinweggesetzt. Nachdem sich die Geigerin von ihrem Ehemann getrennt hatte, konzertierte sie bis zu seinem Tod nicht mehr in Stockholm und Umgebung.

Vermutlich blieben die Kinder zunächst noch in Stockholm, denn anfangs hatte die Virtuosin, bedingt durch ihre vielen Reisen, keine Wohnung in London. Der Zeitpunkt der Übersiedlung in die englische Hauptstadt kann nur vermutet werden. Möglicherweise verbrachte die Geigerin die Sommer 1870 und 1871 noch in Schweden und nahm erst danach ihren festen Wohnsitz in der Musikmetropole.[38]

---

[35] Vgl. Karle: Ludvig Norman, S. 161. Fritz Arlberg wirkte nicht nur als Sänger, sondern auch als Regisseur. In dieser Funktion arbeitete er mit Ludvig Norman zusammen. Genaue Vorfälle während der gemeinsamen Arbeit, die auf einen Eklat schließen lassen, werden bei Karle nicht beschrieben.

[36] Lt. Aussage des Stockholmer Stadtarchivs findet sich im Scheidungsregister des Radhauses kein Beleg über eine Scheidung der Eheleute. In einem Census Papier 1881 Sig.: Abtg. 9, Nr. 1073 war die ganze Familie offiziell noch in Stockholm gemeldet.

[37] Vgl. Berg, Bd. IV, S. 92. In großen Teilen Deutschlands galt bis 1875 folgende Regelung: „Die Ehe war kein kirchliches Sakrament, darum auch nicht der kirchlichen Jurisdiktion unterworfen; sie bedurfte aber zu ihrer Anerkennung der ‚priesterlichen Trauung.'"

[38] Für eine Übersiedlung Wilma Nerudas nach 1869 in die englische Hauptstadt spricht ein Brief der Geigerin an Eugenie: „Ich möchte Sie so gerne sehen bevor ich Stockholm verlasse – ich reise nächsten Montag – ich hätte eine Bitte an Sie, dass heißt den Wunsch dass Sie meinen beiden Kindern Clavir Unterricht 2 mal in der Woche ertheilen möchten. Ich weiss dass Sie viel zu thun haben deshalb hatten die Kinder vorigen Winter eine andere Lehrerin aber diesen Winter würden Sie mich wirklich sehr verbinden wenn Sie

2. Wilma Neruda als Ehefrau und Mutter

Inzwischen hatte die Geigerin durch das regelmäßige Konzertieren in den *Monday* und *Saturday Popular Concerts* eine gewisse Stabilität in ihr Leben gebracht. Daher ist zu vermuten, dass sie nun die Kinder nach England mitnahm.[39] Zeitweise wohnten Ludvig und Waldemar Norman-Neruda auch bei der Großmutter in Brünn[40] und besuchten dort die Schule. Den Sommer, wenn in London und in anderen Metropolen die Konzertsaison beendet war, verbrachte Wilma Neruda ebenfalls oft in Brünn, solange ihre Konzertverpflichtungen es erlaubten.[41] Bedingt durch ihre vielen Reisen als Wunderkind, wird sie kaum eine Schule besucht haben, doch für ihre Kinder war Wilma Neruda bemüht, ihnen die möglichst beste Ausbildung zuteilwerden zu lassen. Aus diesem Grund lässt sie sich von Joseph Joachim beraten:

> Brünn, 8 Huttergasse 8. Sep. 1880
> Hochverehrter Freund
> Verzeihen Sie mir daß ich Sie mit diesen Zeilen – mit einer großen Bitte belästige. Ich wünsche einen meiner Söhne nach Schulpforta zu geben und da ich weiß daß Ihre Söhne dort sind, so können Sie mir die beste Auskunft über Aufnahme etz. geben und zu gegebener Zeit mir das Programm schicken zu lassen. Ich weiß daß es keine bessere Schule in Deutschland gibt als Ihre und es ist mein höchster Wunsch meinen jüngsten 14-jährigen Sohn dort aufgenommen zu sehen. Mein Sohn ist mit dem Untergymnasium fertig welches er hier besuchte. Aber ich glaube daß die Studien gleichwohl verschieden sind und deshalb bitte ich das Programm baldigst zu schicken – im Falle Sie mir nicht zürnen daß ich Sie verehrter Meister mit einer solchen Bitte belästige. Auch über die Mittel und Wege in Schulpforta aufgenommen zu werden,

---

es thun wollten." Quelle: *Musik- och teaterbiblioteket Stockholm*, Sig. Gü1:18: Brief Wilma Neruda an Eugenie, [Stockholm] o.D.
Im Studienjahr 1870 war Wilma Neruda noch als Dozentin an der Musikalischen Akademie Stockholm registriert. Danach nicht mehr. Vgl. Nyström, Pia / Elmquist, Anne Marie (Hg.): *Kungliga Musikaliska Akademien, Matrikel 1771-1995*, 2. verb. u. erw. Aufl., Stockholm 1996.

[39] Vgl. Kopenhagen MM, FNP Kassette 1 / 2: Brief Josef Neruda an Franz Neruda, Brünn 30.11.1872: Josef Neruda beschreibt, dass Wilma Neruda mit den Kindern von Brünn nach London abgereist war.
Vgl. Karle: Ludvig Norman, S. 162. Danach nahm Wilma Neruda die Kinder mit nach London.

[40] Vgl. Kopenhagen MM, FNP Kassette 1 / 3: Brief Wilma Neruda an Franz Neruda, London 13. Februar 1876: In diesem Brief lässt sie ihre Kinder grüßen und fragt, ob die Mutter die Checks über 6 bzw. 20 Pfund erhalten hätte.

[41] Vgl. Kopenhagen MM, FNP Kassette 1 / 3: Briefe Wilma Neruda an Franz Neruda.

bitte ich um Auskunft – und um Ihre Fürsprache. Von Herzen wünschen daß es Ihnen wohl geht und daß Sie mir verzeihen werden bin ich wie immer Ihre Verehrerin und Bewunderin
Wilma Norman Neruda[42]

Ob Waldemar Norman Neruda wirklich später nach Schulpforta ging, ist ungewiss. Bei der Wahl der Schule für seine Söhne wollte Ludvig Norman mitbestimmen. Dies geht aus einem Brief Wilma Nerudas an ihren Bruder Franz hervor:

> Norman ist eine Woche hier gewesen und wieder nach Stockholm gereist. Er soll es zu heiß gefunden haben und auch das war der Grund seinen Aufenthalt so kurz wie möglich zu machen. Er ließ einen Brief hier für mich worin er mir unter anderem schreibt daß er nächstens seinen Wunsch über die Wahl einer Schule für die Kinder, mir mittheilen wird.[43]

Das Mitspracherecht über den Aufenthalt und den Besuch der Schule der gemeinsamen Kinder stand dem Vater nach damaligem Recht zu. Inwieweit Wilma Neruda darauf einging, ist nicht bekannt. Aus ihrem oben zitierten Schreiben an Joseph Joachim wird zumindest deutlich, dass sie hinsichtlich des Schulbesuches ihres Sohnes Waldemar ihre ganz eigenen Vorstellungen hatte.

In den Jahren 1876/1877 hielt sich Wilma Neruda regelmäßig zu Kuren in Italien auf. Die Beschreibungen aus ihren Briefen an den Bruder Franz Neruda lassen auf Tuberkulose schließen. Bis auf ein belegtes Konzert in Manchester am 23.11.1876 schien sie in der Zeit nicht in England konzertiert zu haben. Der Arzt hatte ihr angeraten, nicht im Winter nach London zu gehen. Auch ihre Wohnung in England hatte sie gekündigt. Die Zeit der Krankheit bzw. Genesung war eine Zeit für Wilma Neruda, die sie intensiv mit ihren Kindern verbringen konnte. Die Kinder begleiteten sie nach Italien, und auch ihre Schwestern und die Mutter waren zeitweilig mit dort. So beschrieb die Künstlerin in einem Brief an Franz Neruda, dass sie seit Jahren das erste Mal mit ihren Kinder und der Schwester Olga ihren Geburtstag feiern konnte und wie sie dieses Fest genoss.

Die Trennung von Wilma Neruda hat Ludvig Norman zunächst nicht gut verkraftet, und es fiel ihm schwer, weiterhin zu unterrichten.[44] Doch nahm er seine

---

[42] Berlin SIM, Doc. Orig. Wilma Norman-Neruda 1, SM 12/30: Brief Wilma Neruda an Joseph Joachim, Brünn 8.9.1880. Die Schule *Schulpforta* befindet sich in Bad Kösen, heute Sachsen-Anhalt.
[43] Kopenhagen MM, FNP Kassette 1 / 3: Briefe Wilma Neruda an Franz Neruda, Brünn 16.7.1877.
[44] Vgl. Karle: Ludvig Norman, S. 162.

2. Wilma Neruda als Ehefrau und Mutter

Abb. 56 Wilma Neruda mit ihren Söhnen Waldemar und Ludvig, ca. 1876, Fotografie.

Tätigkeit als Dozent für Klavier und Komposition am Konservatorium nach einiger Zeit wieder auf und hatte von 1872 bis 1874 die Leitung der Königlichen Musikakademie inne.[45] In dieser Funktion setzte er sich besonders für vorwärtsstrebende Musikerinnen, speziell Geigerinnen, ein, als hoffte er auf eine schwedische Wilma Neruda.[46]

1878 legte er sein Amt als Hofkapellmeister am Königlichen Theater nieder und gründete die Abonnementkonzertreihe mit der Hofkapelle. Diese Konzerte bildeten die Grundlage für die heutige Konzertvereinigung.

Seine Kompositionen bewegen sich im Geiste Mendelssohns und Gades, wobei sie in einigen melodischen Passagen auch an Schumann erinnern.[47] Neben einigen Vokalkompositionen schuf er im Kammermusikbereich zahlreiche Werke für Streichensemble mit und ohne Klavier. Von seinen sinfonischen Werken ist besonders seine 1881 komponierte 3. Sinfonie in d-Moll hervorzuheben[48]. Aufgrund seiner

---

[45] Vgl. Sanner: Ludvig Norman, Spalte 1573.
[46] Vgl. Karle: Ludvig Norman, S.192, 206.
[47] Vgl. Sanner: Ludvig Norman, Spalte 1573.
[48] Vgl. *Svensk Biografiskt Lexikon*, Bd. 27, S. 580 f, Stockholm 1990-1991.

Anerkennung als Komponist erhielt er ab 1882 ein staatliches Kompositionsstipendium.

Die Nachricht von seinem Tod am 28.3.1885 kam nicht unerwartet. Er litt an Herzverfettung, Wasseransammlung im Körper und hatte seit ca. 10 Jahren ein krankes Bein. Ursachen für diese Krankheiten waren eventuell seine Alkoholsucht, die bis 1882 nicht bekannt war. Allerdings hatte er diese Sucht so weit unter Kontrolle, dass er noch in der Lage war, gute Konzerte zu dirigieren. An seinem Todestag waren seine beiden Söhne und sein Schwager Franz Neruda anwesend. Wilma Neruda reiste am 4.4.1885, dem Tag der Beerdigung, morgens mit dem Zug in Stockholm an.[49]

2.2 Ehe mit Charles Hallé

Trotz der fest in den Köpfen der Bevölkerung verankerten Maßstäbe der Polarisierung der Geschlechter kamen durch die Frauenbewegung Ende des 19. Jahrhunderts neue Gedanken über eine Partnerschaft von Eheleuten auf. Die Frauenrechtlerinnen traten für eine Beziehung ein, in der beide Partner als zwei selbständige Persönlichkeiten miteinander verbunden sind. Ferner wurde die sittliche Selbständigkeit beider Partner gefordert, nach derer es der Frau nicht möglich sei, sich einem fremden Willen unterzuordnen. Die Ehe müsse sich auf die Kameradschaft der Gatten stützen und nicht auf die Unterordnung der Frau.[50]

In diesem Sinn kann auch die Ehe Wilma Nerudas mit Charles Hallé gesehen werden. Diese Verbindung wurde vor einem ganz anderen Hintergrund geschlossen als jene mit Ludvig Norman. Beide Ehepartner waren unabhängige, in der Musikwelt etablierte Künstler. Ihre seit Jahren gemeinsame Arbeit war durch gegenseitige Inspirationen geprägt. Das Thema Kinder stand nicht mehr zur Debatte, da beide reife Persönlichkeiten waren und jeweils aus ihrer ersten Ehe schon Kinder hatten.[51]

---

[49] Karle: Ludvig Norman, S. 242 f.

[50] Marianne Weber: Eheideal und Eherecht, 1914 aus: dies.: Frauenfragen und Frauengedanken. Gesammelte Aufsätze, Tübingen 1919. Zit. nach: Anne-Charlott Trepp: Diskurswandel und soziale Praxis. Zur These von der Polarisierung der Geschlechter seit dem 18. Jahrhundert, S. 7, in: *Geschlechterpolaritäten in der Musikgeschichte des 18. bis 20. Jahrhunderts*, hg. von Rebecca Grotjahn und Freia Hoffmann, Herbolzheim 2002, S. 7-18.

[51] Vgl. Kersting: Carl Halle, S. 44. Charles Hallé war seit 1866 verwitwet und lebte mit seinen 9 Kindern in Manchester.

2. Wilma Neruda als Ehefrau und Mutter

Abb. 57 Charles Hallé, ca. 1890, Fotografie

Von Beginn ihrer beruflichen Zusammenarbeit an standen sich Wilma Neruda und Charles Hallé auch menschlich nahe. Ein Gedicht Hallés vom Februar 1870 an die Geigerin zeigt seine offensichtliche Zuneigung zu ihr:

Hast Du noch die Pantomime
aus Edina nicht vergessen
Vilma Norman Neruda
Reverge Reverge Reverge Ha ha!

Der große Pianisten Teufel
mit dem langen blonden Haar'
muß zum 12ten Februar
bringen seine schwarze Schar
Reverge Reverge Reverge Ha Ha!
Vilma Normen Neruda!

> Aus dem ‚heitren' Manchester
> kommt der Maitre aller Maitre
> mit der ‚bank' & der Schwester
> und dem kleinen Struwel Peter
> Reverge Reverge Reverge Ha ha!
> V – N —- Neruda!
>
> Doch bis Vilma singet wieder
> Ihre schönen Geigen Lieder
> Schlage ich von Sehnsucht voll
> meine müden Augen nieder.[52]

Vermutlich unternahmen beide Künstler gemeinsam 1870 eine Urlaubsreise nach Italien. Als die Geigerin 1877 zur Kur in Italien weilte, besuchte Hallé sie, der mit seinen Kindern ebenfalls dorthin gereist war.[53] Zu ihren Söhnen pflegte er ein gutes Verhältnis, wie ein Brief an ihren Sohn Ludvig zeigt.

> Hagen, 27. Aug. 81
> Mein lieber Herr Lully,
> Leider wird es mir unmöglich meine Absicht, Sie in Antwerpen aufzusuchen, diesmal auszuführen. Dringende Geschäfte rufen mich schneller nach England zurück als ich erwartete und zwingen mich zu einem Umweg über Paris, der mir, besonders da ich schon Montag Hagen verlassen werde, doch nicht Zeit läßt auch Antwerpen zu bereisen. Aufgeschoben ist aber nicht aufgehoben, u. ich werde die erste Gelegenheit wahrmachen mich von Ihrer Thätigkeit u. Ihren Fortschritten an Ort u. Stelle überzeugen zu können.
> Von Brünn lauten die Nachrichten, wie leider zu erwarten ist immer betrübender u. fürchte ich stets, daß Ihre liebe Frau Mutter sich zu sehr anstrengt; empfehlen Sie ihr die Sorge für ihre eigene Gesundheit so oft Sie nur können; ich bin überzeugt es wird guten Einfluß haben.
> Mit der Bitte, mich Herr Heymann unbekannter Weise empfehlen zu wollen u. die herzlichsten Grüße von meiner Mutter u. Schwester bleibe ich ganz der Ihrige
> C. Halle[54]

Regelmäßig besuchte Charles Hallé seinen Heimatort Hagen. Dort lebten die Mutter und eine Schwester des Pianisten. Seit 1878 begleitete Wilma Neruda den Pianisten

---

[52] Stockholm MM Nachlass Wilma Neruda.
[53] Vgl. Kopenhagen MM, FNP Kassette 1 / 3: Brief Wilma Neruda an Franz Neruda, Sestri Levante 30.3.1877.
[54] BSB München. Nerudaiana.

dorthin. Obwohl beide Künstler dort auch konzertierten, mutet dem Aufenthalt in der Stadt doch sehr viel Privates an, was das Hagener Publikum zu allerlei Mutmaßungen inspirierte.[55]

Als Ludwig Norman 1885 starb, war es eine Frage der Zeit, dass beide Künstler ihre gemeinsame Verbindung vor dem Gesetz bestätigen würden. Alle Freunde warteten quasi darauf, wobei Gerüchten zufolge schon 1885 die Heirat in einigen Zeitungen angekündigt war.[56] Im Frühjahr 1888 schließlich gab Charles Hallé seine Verlobung mit Wilma Neruda bekannt. Bei dem Privatdinner anlässlich der Feier am 28. Mai des gleichen Jahres nahmen u.a. Prinzessin Alexandra, Clara Schumann, Joseph Joachim, Alfredo Piatti sowie Olga und Franz Neruda teil.[57]

Im Juni wurde Hallé von der Queen für seine Verdienste um das englische Musikleben in den Adelsstand erhoben.[58] Einen Monat später, am 26. Juli 1888 heiratete das Künstlerpaar in England. Nach der Heirat besuchte es eine Schwester Wilma Nerudas in Gleichenberg und fuhr nach Aufenthalten in Wien, Hagen und Frankreich, die mit Verwandtenbesuchen verknüpft waren, nach London zurück.[59] Die Hochzeitsreise holte das Paar im Frühjahr 1889 nach Italien nach.[60] Sie führte die Künstler zu Besichtigungen nach Rom, Neapel und Pompeij. Der Höhepunkt scheint eine Hohe Messe im St. Peters Dom und eine private Papstmesse im *Salle du Consistoire* im Vatikan gewesen zu sein.[61]

Welche Verehrung Charles Hallé für Wilma Neruda empfand, ist aus einem Brief, den er an Edward J. Broadfield[62] schrieb, zu erkennen:

> The unbounded admiration which I have felt for so many years for this lady, who is my wife now, made the idea that perhaps some time or other our paths might run in different directions perfectly unbearable to me; all my artistic aspirations have centered so long in her that my life would have been a blank without her …[63]

---

[55] Vgl. Bernhard Schneeberger: Unstreitig unter den Virtuosinnen die größte. Erinnerungen an Wilma Neruda, ihre Beziehung zu Charles Hallé und Hagen, S. 15, in: *Hagener Impuls*, Bd. 13, (1995), S. 13-16.
[56] Vgl. SMT 1.9.1885.
[57] Beale: Charles Hallé, S. 182.
[58] Kersting: Carl Halle, S. 57.
[59] Bealy: Charles Hallé, S. 184.
[60] Kersting: Carl Halle, S. 57 f.
[61] Bealy: Charles Hallé, S. 184.
[62] Edward J. Broadfield (1831-1913): Nach dem Tod von Charles Hallé Chef der Hallé Concerts Society.
[63] Beale: Charles Hallé, S. 184.

Charles Hallé profitierte von ihrem Ruhm und ihrer Ausstrahlung als Künstlerin, und sie gab ihm geistige Anregung für neue Ideen. Für Wilma Neruda bedeutete der Adelstitel ihres Mannes einen sozialen Aufstieg. Von nun an nannte sie sich „Lady Hallé".[64]

Beide Partner blieben nach der Heirat eigenständige Persönlichkeiten, die auch unabhängig voneinander ihre Karrieren weiterhin verfolgten. So konzertierte Wilma Neruda weiterhin auch außerhalb Englands. Belegt sind beispielsweise Tourneen nach Österreich 1880 sowie nach Dänemark und Schweden im Jahr 1891.[65]

Charles Hallé lebte zeitweise in Manchester, da er weiterhin stark in das Musikleben dieser Stadt eingebunden war. Die Konzerttätigkeiten Wilma Nerudas konzentrierten sich hauptsächlich auf London. Vorerst war der gemeinsame Wohnsitz in London das Haus 20, Linden Gardens, Bayswater. Später zogen die Hallés in das Haus 19, Holland Park.[66]

Auch finanziell schienen beide Partner eigenständig zu bleiben,[67] so dass sich insgesamt betrachtet das Bild einer auch nach heutigen Maßstäben modernen Ehe ergibt.

Trotz aller Eigenständigkeit der Geigerin war Wilma Neruda den Konventionen des 19. Jahrhunderts verhaftet. Aus Briefen Marie Fillungers, der mitreisenden Sängerin auf der Australientournee 1891, ist zu ersehen, dass Charles Hallé etwaige Probleme während der Tournee zu regeln hatte. Als beispielsweise eine schlechte Sängerin für die Tournee verpflichtet wurde und auch das Management zu wünschen übrig ließ, forderte Wilma Neruda ihren Mann auf, aktiv zu werden: „sie [Wilma Neruda] hat ihn ganz genügend bearbeitet, aber es kam zu keiner That von seiner Seite und es ist ein wahres Wunder daß wir das Gesinde doch noch losgeworden sind."[68]

Eine in geschäftlichen Dingen resolute Frau wie Wilma Neruda, die für ihre Rechte einsteht, ordnet sich bei der Beilegung von Konflikten Konventionen unter. In diesem Fall überlässt sie ihrem Ehemann die Verhandlungen. Sie schimpft zwar und stachelt ihn zum Handeln an, aber schickt ihn schließlich vor, etwas zu tun,

---

[64] Auf den Programmzetteln stand ergänzend in Klammern ebenfalls der Name *Wilma Norman-Neruda*.
[65] Vgl. Kapitel 4. Aufbau eines Profils. England 1869-1900, 4.5 ... und weiter reisend.
[66] Die Adressen sind ersichtlich aus der Korrespondenz Wilma Nerudas bzw. Charles Hallés.
[67] Vgl. Wilma Neruda: Tagebuch Südafrika, S. 50: „Das Honorar war aber sehr anständig – besonders da Carl durchaus wollte, ich solle alles haben."
[68] Wien ÖNB, Sig. 980/18-7: Brief Marie Fillunger an Eugenie Schumann, Adelaide 18.7.1891, zit. nach: Rieger: Mit 1000 Küssen, S. 310.

Abb. 58 London Holland Haus Nr. 19, Fotografie

wozu er, bedingt durch sein Alter, vielleicht kräftemäßig nicht in der Lage war. Marie Fillunger beobachtete auf der Reise: „Mir thut die Frau oft leid, denn sie hat noch gehörige Lebenskräfte und reibt sich auf darin. Wenn er nur seine Patience-Karten hat! (noch ein Kerl dabei!)"[69]

Allerdings begleitete Hallé während der Tournee nicht nur Wilma Neruda, sondern auch Marie Fillunger. Außerdem spielte er in jedem Konzert mehrere Solostücke. Mit den dazukommenden Encores hatte er bis zu 12 Auftritte an einem Abend.[70] Möglicherweise waren seine Kräfte durch den enormen Arbeitsaufwand erschöpft, und es war ihm nicht möglich, zusätzlich Konflikte auszutragen.

---

[69] Wien ÖNB, Sig. 980/19-3, Brief Marie Fillunger an Eugenie Schumann, Adelaide 18.7.1891, zit. nach: Rieger: Mit 1000 Küssen, S. 312.

[70] Wien ÖNB, Sig. 980/ 19-7: Brief Marie Fillunger an Eugenie Schumann, Melbourne 9.8.1891, zit. nach: Rieger: Mit 1000 Küssen, S. 314. Marie Fillunger befürchtete gegen Ende der Tournee, Sir Charles würde die Strapazen nicht länger aushalten, wenn sie nicht bald zu Ende gehe.

3. BERUF GEIGERIN

3.1 Berufschancen in vorurteilsvoller Zeit

Das sich im Bürgertum während des 19. Jahrhunderts immer mehr durchsetzende Frauenbild schloss eine Berufstätigkeit weitgehend aus und wies Frauen eine Tätigkeit im familiären Raum zu. Mit dieser Arbeitsteilung der Geschlechter schufen die Männer den moralischen Vorwand, um weibliche Konkurrenz aus dem bezahlten öffentlichen Arbeitsmarkt zu verdrängen.

Weiblichen Kindern stand teilweise, wenn sie aus begütertem Elternhaus stammten, eine allgemeine Bildung zu, die allerdings nur für repräsentative Zwecke und zur Erziehung der späteren eigenen Kinder ausreichend zu sein hatte. Für eine professionelle Berufsausübung der Frauen und Mädchen war sie nicht gedacht.[71] Das musikalische Erziehungskonzept im 19. Jahrhundert sah daher, wie in anderen Unterrichtsfächern, im Fach Musik nur rudimentäre Kenntnisse vor. Als geeignete Instrumente bzw. musikalische Betätigungsfelder für Mädchen galten in erster Linie Klavier, Gesang, Harfe und Gitarre. Trotzdem gab es Frauen, die sich mehr als nur Grundkenntnisse auf dem Instrument aneigneten und sich als Musikerin, entgegen den Konventionen, ein von Verwandten unabhängiges Leben schufen. Zwar setzten sich in der Gesellschaft Pianistinnen immer mehr durch und überzeugten von ihrem Spiel, und auch reisende Gesangsvirtuosinnen waren aus dem Konzertleben nicht mehr wegzudenken, aber eine solistische Karriere als Geigenvirtuosin war in der damaligen Zeit etwas Neues.[72] Streich- und Blasinstrumente galten in jener Zeit als „männlich". Dass Wilma Neruda Geige spielte, war etwas Besonderes; denn auch die Geige galt im 19. Jahrhundert als ein für Frauen unpassendes Instrument. Außer Teresa Milanollo und Camilla Urso gab es Mitte des 19. Jahrhunderts keine Frauen, die solche Berühmtheit mit der Geige über ihre Phase als Wunderkind hinaus erlangten.

Um die Wende zum 19. Jahrhundert findet man in Deutschland noch einige Geigerinnen wie Regina Strinasacchi-Schlick[73], Elisabeth Mayer-Minelli-Filipo-

---

[71] Borchard: Reisende Musikerinnen, S. 173 ff.
[72] Teresa Milanollo konzertierte zwar längere Zeit auch als Erwachsene. Ihre Karriere endete aber mit ihrer Hochzeit 1857 mit Théodore Parmentier. Vgl. Kontexte Kapitel 1.2.1. – Lediglich Camila Urso lebte in den USA als solistische Geigenvirtuosin.
[73] Regina Strinasacchi-Schlick (1761-1839), italienische Geigerin.

wicz[74] und Caroline Schleicher-Krähmer.[75] Zwar entsprach auch in dieser Zeit eine Geige spielende Frau nicht dem Maßstab der bürgerlichen Gesellschaft, doch räumte das Musikleben den Frauen noch genügend Freiraum dafür ein. Auch in seinen Anstandsregeln war das Bürgertum noch flexibler, aber je mehr es sich etablierte und an Macht gewann, desto starrer gab es strenge Moral- und Anstandsregeln vor. In diesem Zuge wurde die Geige immer mehr zu einem für Frauen nicht angemessenen Instrument.

Erst Mitte des 19. Jahrhunderts zeigten die Geschwister Milanollo mit ihrem hervorragenden Spiel, dass die Geige auch für Frauen langsam akzeptiert wurde. Eduard Hanslick behauptete 1858 sogar, sie wäre ein „echt weibliches" Instrument. Anlässlich einer Reihe von Konzerten der italienischen Schwestern Caroline und Virginia Ferni[76] im *Theater an der Wien* schrieb er:

> Erst seit den Milanollo's hat man sich neuerdings in Deutschland daran gewöhnt, die Violine in Frauenhänden zu sehen, und doch könnte man dies Instrument, übereinstimmend mit der deutschen Benennung desselben, ein echt weibliches heißen. Der Maler wird uns gern beistimmen, in dankbarer Erinnerung an die vielen allerliebsten Geigenspielerinnen auf alten Bildern, und ebenso gern wird der Musiker dem geistreichen Berlioz recht geben, wenn dieser in der Geige, die eigentliche Frauenstimme des Orchesters' feiert.[77]

Im Folgenden kommt in seinen Ausführungen jedoch wieder das Vorurteil gegenüber den Geschwistern Ferni bezüglich ihres Geschlechtes – und hier noch verstärkt ihrer Herkunft – zum Tragen:

> Von jenen schwer zu definierenden kleinen musikalischen Schwachheiten, auf welche wir bei den Schwestern Ferni aus dem doppelten Grunde ihres Geschlechts und ihrer Nationalität gefasst waren, haben wir nur sehr wenige (z.B. in dem nachdrücklichen Zerpflücken der Melodienschlüsse) gefunden.[78]

Für Mädchen war es noch jederzeit möglich, mit der Violine in der Öffentlichkeit aufzutreten, ohne dem Spott des Publikums ausgesetzt zu sein. Doch für eine erwachsene Frau schien eine Karriere als Geigenvirtuosin so gut wie ausgeschlossen:

---

[74] Elisabeth Mayer-Minelli-Filipowicz (1789?-1841), deutsche Geigerin.
[75] Caroline Schleicher-Krähmer (1794-1839), deutsche Geigerin. Vgl. Hoffmann: Instrument und Körper, S. 183.
[76] Caroline (1839-1926) und Virginia Ferni (1837-1926), italienische Geigerinnen.
[77] Hanslick: Aus dem Concert-Saal, S. 174.
[78] ebd. S. 175.

> Wilhelmine Neruda ist eine geniale Erscheinung [...] Es offenbart sich in dem Kinde eine Fülle kecken Humors, eine Freiheit und Selbständigkeit des Vortrags, eine Beseeltheit des Tones, eine unbewußte, weit den Jahren vorausgeeilte, wirklich künstlerische Auffassung – Zeugniß für Genialität – dass sich das Außerordentlichste erwarten lässt und nur zu beklagen bleibt, dass wir ein Mädchen vor uns haben, deren Wirksamkeit auf diesem Gebiete nach wenigen Jahren als geschlossen wird angesehen werden müssen.[79]

Es ist nicht bekannt, wie viele Mädchen tatsächlich das Violinspiel erlernten. Da sie Anfang bis Mitte des 19. Jahrhunderts kaum Zugang zu den Konservatorien bekamen, erhielten die meisten Kinder musikalischen Privatunterricht. Über diesen Unterricht, der nicht an einer Institution stattfand, gibt es keine schriftlichen Unterlagen.

Für Wunderkinder an sich und speziell für Mädchen, die ein nonkonformes Instrument spielten, war die Pubertät eine kritische Phase ihrer Karriere. Wenn das Kindliche keine Sensation mehr war, mussten die jungen Virtuosinnen durch Leistung überzeugen. Wilma Neruda und ihre Geschwister vermochten – wie bekannt – durch ihr Spiel zu überzeugen, und daher konzertierten sie als Trio auch nach ihrer Pubertät weiter. Für Wilma Neruda bestand – aufgrund ihrer herausragenden Begabung – überdies in der Übergangszeit zur Erwachsenen immer die Möglichkeit, sich an einem Konzertabend solistisch zu präsentieren.

Die beruflichen Perspektiven für die drei Geschwister waren daher zu diesem Zeitpunkt unterschiedlich. Nüchtern schreibt Franz Neruda in einem Brief an seinen Freund Eduard d'Aubert:

> Norman kommt morgen oder übermorgen. Hochzeit wird Mitte August sein. Ich gehe von November an wahrscheinlich doch nach Copenhagen, da ich eine Stelle im Theater übernehme und die Stelle eines 1ten Cellisten beim Musikverein bekommen soll. Marie bleibt kommenden Winter in Brünn! – [80]

Welch unterschiedliche Zukunftsaussichten tun sich den Geschwistern auf! Während dem Bruder Franz eine Stelle in einem Berufsorchester angeboten wurde, sollte die Schwester Marie nach Auflösung des Familienquartettes vorerst im Hause der Eltern wohnen. Auch wenn Frauen solistisch mit Orchester auftreten konnten, so blieb ihnen doch verwehrt, eine Stelle als Mitglied eines renommierten Orchesters anzunehmen.

---

[79] *Berliner Musikzeitung*, 1848, S. 104; zit. nach Hoffmann: Instrument und Körper, S. 86.
[80] Stockholm NYC: Brief Franz Neruda an Eduard d'Aubert, Brünn 14.7.1863.

3. Beruf Geigerin

War es schon eine Besonderheit, als hochbegabte junge Virtuosin mit der Geige eine Karriere zu bestreiten, gab es in den deutschsprachigen Ländern so gut wie keine Chance, Mitglied in einem anerkannten großen Ensemble zu werden. Das sinfonische, ausschließlich aus Männern bestehende Orchester etablierte sich über Jahrhunderte durch alte Traditionen und war Unterscheidungsmerkmal und Statussymbol[81] gegenüber Orchestern, die eher unterhaltsame Musik spielten. Musikalisch begabten Frauen blieb oft, nicht zuletzt aus wirtschaftlichen Gründen, keine andere Möglichkeit, als in Damenorchestern zu spielen.[82] Diese Frauenorchester und Damenkapellen, wie beispielsweise das Damenorchester der Frau Amann-Weinlich, das erfolgreiche Tourneen in Russland und Amerika bestritt[83], standen jedoch am Rande der Gesellschaft. Oft waren sie Zielscheibe von Karikaturisten und ernteten Spott, da sie außerhalb der Norm standen und nicht dem damals vorgegebenen Klischee entsprachen.

Ganz anders war es in Schweden. Hier herrschte Mitte des 19. Jahrhunderts eine recht fortschrittliche Meinung. Als die Geschwister Neruda Anfang der 1860er Jahre in Skandinavien konzertierten, begeisterten sie das Publikum, und in der Presse war zu lesen:

> Für uns aber, die schon immer der Überzeugung waren, […] nämlich, dass was ein Mann vollbringt, auch eine Frau vollbringen kann, – für uns ist Wilhelmina Neruda ein Talent der höheren Ordnung […] Man hoffte eine Zeit lang, dass die so gefeierten Geschwister in unserem Land blieben. […] Solche Streicher, das wäre etwas, was unsere Herren Geiger bräuchten. Man sah die beiden Schwestern bereits an der Seite der Männer im Orchester, natürlich in der ersten Stimme. Der Mann könnte froh sein, wenn er im Alt verbleiben durfte. Man erträumte sich sogar Wilhelmine auf dem Stuhl des Kapellmeisters, den Dirigentenstab in ihrer weißen Hand.[84]

---

[81] Vgl. Hoffmann: Instrument und Körper, S. 184 f.
[82] Vgl. Schwab: Das Konzert, S. 158.
[83] War das Orchester zunächst als Streichorchester konzipiert, weitete es sich nach den erfolgreichen Tourneen in Russland und Amerika zum Sinfonieorchester aus, wobei bei einzelnen Blasinstrumenten einige Mitglieder des Knabenmusikcorps aushalfen. In dieser Formation feierten die Kapelle auch in Wien 1873 große Triumphe. Das Repertoire dieses Orchesters beschränkte sich eher auf unterhaltende Stücke, wie z.B. Ouvertüren von Suppé, Herold u.a. Künstlerisches Vorbild war die Straußsche Kapelle.
[84] Stockholm MM, Nachlass Wilma Neruda: Sammlung Rezensionen: Illustrerad Tidning 22.3.1862: „For oss deremot, som alltid varit af den tanken […] att hvad en man gör, det kan en qvinna göra efter, – för oss är Wilhelmina Neruda väl en talang of högre ordning. […] Man hoppades en tid att de så firade systrarne skulle stanna qvar i vart land. […] Sådana stråkar, det vore något hvad våre herrar fiolspelare just kunde behöfva. Man såg

Wie geradezu avantgardistisch eine solche Position und die in ihr liegende Vision zu dieser Zeit für den deutschen Kulturraum war, zeigt ein Zitat aus einem 20 Jahre später an Joachim geschriebenen Brief von Ernst Rudorff[85]:

> Lieber Joachim!
> Nicht aus persönlichem Ärger über den neulichen unangenehmen Vorfall in unserem Concert, wohl aber äußerlich dadurch aufs Neue angeregt, möchte ich dich bitten, die Frage ernstlich in Erwägung zu ziehen, ob es richtig ist, dass wir Damen in Orchesterstunden und Aufführungen mitwirken lassen. Für die Leistungen des Orchesters selbst kommt nichts dabei heraus; ja ich habe mich bei den letzten Proben mehr und mehr überzeugt, dass das schwächliche, unsichere Mitspielen der jungen Mädchen nicht nur nichts nützt, sondern im Gegentheil den Klang verschwommen und unsauber macht. [...] Das Hineinpfuschen der Frauen in alle möglichen Gebiete, in die sie nicht hineingehören, ist schon genug an der Tagesordnung; die Musik haben sie schon fast in allen Theilen in Beschlag genommen, man sollte wenigstens Sorge tragen, dass nicht auch in Zukunft unsere Orchester gar aus Männern und Weibern zusammengesetzt werden. [...] Also ich beantrage, dass wir mit dem neuen Jahr, das einen guten Anfang abgiebt, dem Mitspielen der Damen in Orchesterstunden und Aufführungen ein für alle Mal ein Ende bereiten. [...]
> Mir herzlichem Gruß
> Dein E. Rudorff[86]

Noch 1881 vertritt er die Meinung, dass Frauen selbst in Hochschulorchestern nicht mitspielen sollten, da der Orchesterklang dadurch „verschwommen" werden würde. Er will sogar noch weiter gehen und Frauen sogar von den Proben ausschließen. Selbst Zuhören in den Orchesterstunden soll ihnen verwehrt bleiben. Rudorff sieht Frauen nicht als ernsthafte Musikerinnen an – im Gegenteil glaubt er, sie würden „den letzten Rest von Haltung und künstlerischem Ernst auch aus den öffentlichen Vorführungen der reinen Instrumentalmusik" vertreiben. Daher sollten sie seiner Ansicht nach in jeder Form ausgeschlossen werden, und selbst eine Ausbildung sollte ihnen verwehrt bleiben.

---

de begge systrarne redan i orkestern vid sina männers sida och vid första stämman, det förstae. Mannen fick vara glad om han fick stanna vid alten. Man drömdde sig till ocj med Wilhelmina på sjelfva kapellmästarens stol med kommandopinnen i sin hvita hand."

[85] Ernst Rudorff (1840-1916), deutscher Pianist, Schüler von Clara Schumann, Leiter der Klavierklasse an der von Joseph Joachim 1869 gegründeten Musikhochschule in Berlin.

[86] Joachim, Johannes/ Moser, Andreas (Hg.): *Briefe von und an Joseph Joachim*. Bd. 3, 1869-1907, Berlin 1913, S. 230. Brief von Ernst Rudorff an Joseph Joachim, Lichterfelde 18.12.1881.

3. Beruf Geigerin

Erfreulicherweise hielt sich Joseph Joachim nicht an Rudorffs Empfehlungen und Wünsche, denn er zählte sehr viele begabte Geigerinnen zu seinen Schülerinnen wie beispielsweise Gabriele Wietrowetz, Marie Soldat-Röger und die Amerikanerin Maud Powell, für die er sich stets einsetzte. Natürlich spielten sie auch in seinem Hochschulorchester weiterhin mit.[87]

Allerdings gab es auch im deutschsprachigen Raum liberalere, zumindest ambigue Einstellungen zum Thema musizierende Frauen. So vertrat Eduard Hanslick einerseits in der o.g. Zeitungskritik die Auffassung, dass „gewisse musikalische Schwächen" auch per se dem weiblichen Geschlecht zuzuschreiben seien. Andererseits war er der Meinung, Frauen vom Orchesterspiel auszuschließen, sei „grausam". Entsprechend erläuterte er in einer Kritik aus dem Jahr 1883, dass er Geige spielende Frauen allenfalls für musikalische Leichtgewichte halte:

> Sicherlich erklärt sich der maßlose Zuwachs an Clavier-Virtuosinnen weniger aus einer plötzlichen epidemischen Musikleidenschaft, als aus socialen Momenten. Auch hier regt sich das allerwärts thätige Bestreben der Frauenwelt, sich neue Erwerbszweige zu schaffen. Nicht künstlerischer Ehrgeiz, die bittere Noth des Lebens drängt sie zur Concurrenz mit den Männern auch im Virtuosenthum. Und hier wünschen wir dem musikalischen Talent der Frauen einen neuen vortheilhaften Seitenweg eröffnet zu sehen: Die Mitwirkung im Orchester. […] Warum nicht die Geige und manches andere leichtgewichtige Instrument? Lehrt nicht die täglich wachsende Erfahrung, dass Frauen und Mädchen, die sich überhaupt ernsthaft einem selbständigen Beruf widmen, ihn pflichtgetreu, ruhig und unverdrossen erfüllen, obendrein mit bescheideneren Ansprüchen? Die Furcht, sie würden die Oberherrschaft im Orchester an sich reißen, ist kindisch; es werden verhältnißmäßig immer nur wenige sich finden, die hier mit Männern in die Schranken treten können. Diesen Wenigen sollte es aber nicht principiell verwehrt sein. […] Ist es nicht eine Art Grausamkeit, eine talentvolle junge Geigerin durch mehrere Jahre im Conservatorium festzuhalten, um ihr dann beim Austritt alle Orchester zu versperren und damit die Möglichkeit, sich durch ihre Kunst selbständig zu erhalten? Denn die Zahl jener, die sich zu großen Virtuosinnen aufschwingen, ist sehr klein; eine Wilhelmine Neruda oder Theresa Tua sind seltene Ausnahmen. Unsere Hoftheater brauchen keineswegs den Anfang machen mit der Zulassung tüchtiger Orchesterspielerinnen; aber die kleinen Bühnen sollten es, bei denen im eigentlichsten Sinne oft Noth an Mann ist. Es ist ein furchtbares, social wichtiges Thema,

---

[87] Im Festkonzert anlässlich des 60jährigen Künstlerjubiläums Joseph Joachims spielten ausschließlich seine Schülerinnen und Schüler im Orchester. Vgl. Borchard: Stimme und Geige, S. 309.

was wir hier gestreift haben – nur gestreift, nicht ausgeführt. Möge wenigstens die Anregung nicht ganz verloren gehen!88

Der allgemeine Ausschluss von Frauen vom Orchesterspiel war Wilma Neruda bekannt, denn auf ihrer Tournee durch Südafrika schrieb sie 1895 mit Bewunderung in ihr Tagebuch, dass im Orchester von Johannesburg sechs bis acht Damen mitspielten.89

Welche Berufsmöglichkeiten blieben also für Geigerinnen Mitte des 19. Jahrhunderts? Für Violinistinnen aus Musikerfamilien bestand die Chance, im Familienensemble mitzuspielen. Auch als Pädagogin wirksam zu sein, setzte sich immer mehr durch. Eine solistische Karriere als Geigenvirtuosin anzustreben, galt hingegen als der schwierigste Weg in die künstlerische Unabhängigkeit und war nur äußerst begabten Musikerinnen vorbehalten. Gesellschaftlich gesehen öffneten sich dem Bruder Franz Neruda die besseren Möglichkeiten, von seiner Kunst zu leben, als seinen Schwestern.

Dass es für Frauen nicht alltäglich war, Violine zu spielen, erfuhr auch Wilma Neruda. In England wurde sie anfangs als eine seltsame Erscheinung angesehen. Jahrzehnte später beschreibt die Virtuosin in einem Interview, wie das englische Publikum bei ihren ersten Auftritten reagierte:

> When I first came to London, […] I was surprised to find that it was thought almost improper, certainly unladylike, for a woman to play on the violin. In Germany the thing was quite common and excited no comment. I could not understand it seemed so absurd – why people thought so differently here. Whenever in society I hear a young lady tuning a violin I think of my first concert and the reproachful curiosity with which the people at first regarded my playing. For a long time at every fresh town I played I could not help noticing the strange, curious looks of many in the audience. But of course everything is different now, and I dare say more ladies now play the violin in England than in Germany. ‚For the matter of that,' added Lady Hallé mischievously, ‚I believe we fiddlers are all better thought of.'90

Neben ihrer solistischen Tätigkeit tat sich in England noch ein ganz anderer Bereich für Wilma Neruda auf: die Kammermusik. Hier wurde sie die erste Violinistin eines ansonsten aus Männern bestehenden Quartetts. Im Ensemble des

---

88 Hanslick, Eduard: *Concerte, Componisten und Virtuosen der letzten fünfzehn Jahre 1870-1885*, Berlin 1886, S. 392 f.
89 Vgl. Wilma Neruda: Tagebuch Südafrika, S. 71.
90 Interview Wilma Neruda, S. 171.

Abb. 59 Wilma Neruda als Primaria der Monday Popular Concerts, ca. 1872, mit Louis Ries (2. Violine), Ludwig Strauss (Viola) und Alfredo Piatti (Violoncello), Lithografie von Daniel Frederick Wentworth

englischen *Joachim Quartetts* übernahm sie im Wechsel mit dem Geiger die Position der Primaria.

Selbst im sonst für Frauen unzugänglichen Orchesterspiel bildete Wilma Neruda eine Ausnahme von der Regel: Bei besonderen Gelegenheiten leitete sie als Konzertmeisterin unter dem Dirigenten Charles Hallé das Orchester in Manchester.[91]

---

[91] Beale: Charles Hallé, S. 172: „He [Charles Hallé] presented a special concert on 14 November with Wilma Norman-Neruda as guest leader of the orchestra, and it seems it was almost as a gesture of defiance that on 28 January 1884, he conducted an orchestra of 120 in Berlioz Symphonie Fantastique."

3.2 Vorbilder und Mentoren

Auf dem Karriereweg werden Künstler oft von Vorbildern und Mentoren geleitet. Naheliegend wäre es für Wilma Neruda gewesen, sich die Geschwister Milanollo als Vorbild zu nehmen. Als Wunderkind wurde sie auch oft mit den Milanollos verglichen:

> In Wilhelmine Neruda scheint sich jene Begabung zu reproduzieren, welche in zwei anderen, wunderartig für die Kunst geschaffenen Mädchen auch jetzt noch, wo sie schon längst die Schranken des ‚Wunderkindlichen'; überschritten haben, magisch auf die Zuhörer wirkt.[92]

Wie selbstverständlich dieser Vergleich immer wieder herangezogen wurde, zeigt sich auch darin, dass selbst Eduard Hanslick beide Geschwisterpaare miteinander verglich.[93] Ob es sich bei den beiden Italienerinnen für Wilma Neruda tatsächlich um Vorbilder handelte, ist jedoch aus den vorhandenen Quellen nicht ersichtlich.

Als erster Mentor Wilma Nerudas ist ihr Vater anzusehen. Er hat sie von klein auf unterstützt, ja sogar seine feste Stelle aufgegeben, um ihr eine gute umfangreiche Musikausbildung zu bieten. Ein wichtiger Mentor war Leopold Jansa. Er verzichtete auf einen Teil seines Lehrerhonorars, nachdem er ihre hohe Begabung erkannt hatte. Als anerkannter Violinist und Professor des Konservatoriums besaß er großen Einfluss auf das Musikleben Wiens und protegierte die junge Künstlerin, indem er sie in seinen Konzerten auftreten ließ.

Ende der 1860er Jahre hatte Wilma Neruda in großen Teilen Europas erfolgreich konzertiert und das Publikum begeistert. In London war sie aber seit 20 Jahren, also seit ihren „Wunderkind-Zeiten" nicht wieder aufgetreten. Scheinbar war das Vorurteil gegenüber Geige spielenden Frauen dort noch tiefer verwurzelt als auf dem Kontinent. Um überhaupt eine Chance zu bekommen, gehört zu werden, benötigte Wilma Neruda einen Unterstützer. Sie fand ihn in dem Geiger Henri Vieuxtemps.[94] Er tauschte mit ihr ein Konzert in London bei der *Philharmonic Society*, damit sie die Gelegenheit bekam, dort noch vor der Konzertpause auftreten zu

---

[92] *Humorist* 10. Jg., Nr. 311, 29.12.1846, S. 1255, Vgl. auch Kapitel Wunderkinder.
[93] Eduard Hanslick: *Geschichte des Concertwesens in Wien*, Wien 1869, S. 19.
[94] Es ist anzunehmen, dass er die Künstlerin schon in Petersburg Anfang der 1850er Jahre spielen hörte. In dieser Zeit wirkte er als Hofmusiker des Zaren Nikolaus I. und als Solist am Kaiserlichen Theater zu St. Petersburg. Beide Künstler trafen sich auf ihren Tourneen immer wieder und neben gemeinsamem Musizieren herrschte ein reger brieflicher Austausch zwischen ihnen.

Abb. 60 Wilma Neruda, ca. 1872, Fotografie von Barrand Liverpool

können. Durch dieses generöse Angebot Vieuxtemps' erhielt die Geigerin die Möglichkeit, im fünften Konzert der *Philharmonic Society* am 17. Mai 1869 ihr Können zu zeigen:

> As I have said, I should not have come but for the persuasion of Vieuxtemps, who was one of my best friends. It was in April when I came, and on presenting my letter of introduction to Chappell's, I found that the season was nearly over, and that for the few remaining concerts all arrangements had been made. The Philharmonic Society were giving some later concerts, however, and offered me an engagement. But the earliest date they could give me was in July, and as a fee of only five guineas was to be paid I could not wait so long for a single appearance. I returned to Paris, much to the disappointment of Vieuxtemps, who, referring to English prejudices, said I had but to get a hearing, and all would be well. With great generosity he then arranged an exchange of dates, be giving me one early in May, upon which he was to have appeared at the Philharmonic Concerts, and taking the later one offered to me instead. The Society asked me to play Mendelssohn's concerto, but my piece I

was naturally anxious to choose from Vieuxtemps in recognition of his kindness.[95] Although people stared at first, surprised at seeing a lady violinist, my reception was so kind that the Society asked me to play at another concert in the series, for which they managed to find a vacancy.[96]

Das in dem Interview angesprochene Konzert war das siebente der Saison im Juni 1869.[97] Bei dieser Gelegenheit spielte sie das siebente Konzert für Violine und Orchester in a-Moll von Pierre Rode[98]. Das damals eigentlich gewünschte Violinkonzert von Felix Mendelssohn Bartholdy e-Moll spielte die Virtuosin erst ein Jahr später am 16. März 1870 in der Society.

Das großzügige Angebot Vieuxtemps', die Konzerte zu tauschen, hatte enorme Auswirkungen auf die weitere Karriere Wilma Nerudas. Aufgrund ihres Triumphes in der Society wurden ihr zahlreiche Möglichkeiten geboten, anschließend in England zu konzertieren. Letztendlich erhielt sie die Möglichkeit, als Primaria bei den *Monday Popular Concerts* zu wirken. In dieser Konzertreihe wurde sie eine feste Größe und prägte die Konzertreihe bis zum Ende ihres Bestehens 1898 mit.

3.3 Schrittmacherin und Vorbild Wilma Neruda

Durch die überragenden Leistungen Wilma Nerudas bauten sich die Vorurteile gegenüber Geige spielenden Frauen in England langsam ab. Sie wurde Vorbild für nachfolgende Generationen. In den 1870er Jahren stieg der zahlenmäßige Anteil von Geigerinnen, und ab Mitte der 1880er Jahre findet man auf den internatio-

---

[95] Wilma Neruda spielte *Adagio* und *Rondo* aus dem Violinkonzert Nr. 1 E-Dur, op. 10 von Henri Vieuxtemps.
[96] Interview Wilma Neruda, S. 172. Möglicherweise hatte die Society aufgrund der Vorurteile gegenüber Geige spielenden Frauen Wilma Neruda dieses schlechte Angebot absichtlich offeriert, da sie befürchtete, das Publikum würde eine Geigerin nicht in der regulären Konzertperiode akzeptieren. Vieuxtemps zumindest spielte nicht erst im Juli, an dem der Virtuosin angebotenen Termin, sondern zwei Wochen nach ihr dort. (Henri Vieuxtemps spielte: Felix Mendelssohn Bartholdy: Violinkonzert e-Moll op.64. Vgl. Myles Birket Foster: *The History of the Philharmonic Society of London 1813-1912*, London 1912). Die Hochachtung Vieuxtemps gegenüber der Geigerin drückt er u.a. in dem ihr gewidmeten kurz vor seinem Tod komponierten 6. Violinkonzert G-Dur aus.
[97] Signale 27. Jg., Nr. 42, 1.7.1869, S. 661.
[98] Pierre Rode (1774-1830), französischer Violinist, Komponist.

nalen Bühnen Violinistinnen[99] wie Maud Powell, Teresina Tua[100], Camilla Urso, die zahlreichen schon genannten Schülerinnen Joachims, die Engländerin Emily Shinner[101], die Schwedin Amanda Maier[102] und die Dänin Frida Scotta[103]. Die irische Geigerin Maud MacCarthy[104] und Marie Hall[105] bildeten schon die folgende Generation Violinistinnen. Sie alle gehörten zur Elite der Geige spielenden Künstlerinnen.

Auch an den Hochschulen änderten sich die Einstellungen gegenüber Frauen. Die *Royal Academy of Music*, Englands herausragendstes Musikinstitut, immatrikulierte 1872 die erste weibliche Studentin für das Instrument Violine.[106] Gut 30 Jahre später gab es dort 72 Studentinnen im Fach Violine, während das *Royal College of Music* bereits 88 Geigerinnen zählte und die *Guildhall School of Music*[107] mehr als 230.[108]

Joseph Joachim, der noch zu Beginn seiner Hochschulleitung junge Frauen für das Fach Violine ablehnte[109], änderte seine Meinung. Seine Vorbehalte gegenüber Geigerinnen schwanden, und ab 1877 zählten viele Frauen mit zu seinen Schülerinnen.

Durch den allmählich wirksam werdenden Einfluss der Frauenbewegung Ende des 19. Jahrhunderts veränderte sich die Gesellschaft. Frauen drangen langsam in von Männern beanspruchte Bereiche vor. Möglicherweise ist auch die Akzeptanz für Geige spielende Frauen von der aufkeimenden Frauenbewegung beeinflusst.[110] Dies bedeutet allerdings nicht, dass diese Künstlerinnen automatisch Feministinnen waren. Wilma Neruda beispielsweise bezeichnete sich nie als solche. Das Wahlrecht

---

[99] Es handelt sich bei der Aufzählung der Geigerinnen nur um eine kleine Auswahl. Diese besitzt nicht den Anspruch auf Vollständigkeit.
[100] Teresina Tua (1867-1955), italienische Geigerin.
[101] Emily Shinner (1862-1901), englische Geigerin.
[102] Amanda Maier (1853-1894), schwedische Geigerin, Gattin von Julius Röntgen (1855-1932).
[103] Frida Scotta (1871-1948), dänische Geigerin auch Frida Schytte genannt, spätere Gattin des deutschen Malers Friedrich August von Kaulbach (1850-1920).
[104] Maud MacCarthy (1884-1967), irische Geigerin.
[105] Marie Hall (1884-1956), englische Geigerin.
[106] Gillett, Paula: *Musical Woman in England, 1870-1914. Encroching on all man's privileges*, New York 2000, S. 79 f.
[107] *Guildhall School of Music:* Konservatorium in London, gegründet 1880.
[108] Vgl. Scholes, Percy A.: *The Mirror of Music 1844-1944*, Bd. 1, S. 343.
[109] Vgl. Borchard: Stimme und Geige, S. 298.
[110] Vgl. Gillett: Musical Woman in England, S. 79.

für Frauen interessierte sie nicht sonderlich,[111] aber allein durch ihr Handeln wurde sie die Instanz einer emanzipierten Frau. Durch ihre Präsenz als Primaria in den Popular Concerts in London nahm sie großen Einfluss auf den Musikgeschmack und das musikalische Handeln des Publikums. In den Pops-Konzerten wurde auf hohem Niveau Kammermusik gespielt. Bedingt durch die niedrigen Eintrittspreise waren diese Konzerte einer großen Zuhörerschaft zugänglich. Die Zuschauer versuchten, die Musik zu Hause nachzuspielen. So wurde das Publikum inspiriert, immer mehr Kammermusik zu spielen. Vorerst gedacht für die häusliche Kammermusik, erlernten immer mehr Frauen das Geigenspiel, so dass Wilma Neruda de facto zur Anerkennung weiblicher Quartettspielerinnen beigetragen hat.[112]

Exkurs: Entstehung von Frauenensembles Ende des 19. Jahrhunderts
In der Folgezeit gründeten sich jedenfalls eine Reihe anerkannter reiner Frauenensembles, die auf hohem Niveau professionell Kammermusik spielten. 1887 konstituierte die englische Geigerin Emily Shinner, ebenfalls eine Schülerin Joseph Joachims, das erste Frauenquartett Englands.[113] Königin Victoria hörte dieses Quartett sehr gern, und als Emily Shinner 1889 heiratete, bekam sie von der Queen ein Diamantarmband als Zeichen ihrer Hochachtung geschenkt.

Im gleichen Jahr wie in England rief Marie Soldat in Berlin ihr erstes Frauenquartett ins Leben.[114] Die Künstlerinnen konzertierten in Berlin, Frankfurt, Coburg und Nürnberg. Nach einigen Jahren künstlerischer Pause – Marie Soldat heiratete 1889 und wurde Mutter eines Sohnes – gründete sie in Wien 1895 wiederum ein Streichquartett, dessen Mitglieder aus Frauen bestanden.[115] Das Quartett ent-

---

[111] Vgl. Interview Wilma Neruda, S. 174.
[112] Vgl. Gillett: Musical Woman in England, S. 99.
[113] Vgl. ebd. S. 103. Die anderen Mitglieder des Quartettes waren: Lucy Riley (2. Violine), Cecilia Gates (Viola), Florence Hemmings (Violoncello), Vgl. Prante, Inka: *Die Schülerinnen Joseph Joachims.* Wissenschaftliche Hausarbeit zur ersten Staatsprüfung für das Amt des Lehrers, Berlin. Unveröffentlichtes Typoskript. 1999.
Lt. Scholes: The Mirror of Music, Bd. 1, S. 343 bestand das Quartett bis 1897.
[114] Vgl. Kühnen, Barbara: Marie Soldat-Roeger (1863-1955), S. 45, in: *Die Geige war ihr Leben. Drei Geigerinnen im Porträt*, hg. von Kay Dreyfuß / Margarethe Engelhardt-Krajanek / Barbara Kühnen, Strasshof 1995, S. 13-98. (Schriftenreihe Frauentöne Bd. 4) Die übrigen Mitglieder des Quartettes waren: Mary Schumann (2. Violine), Gabriele Roy (Viola), Lucy Herbert Campbell (Cello).
[115] Vgl. Kühnen: Marie Soldat, S. 59: Die Mitglieder waren Elly Finger-Bailletti (2.Violine), Natalie Lechner-Bauer (1858-1921) (Viola), Lucy Herbert Campbell (Cello).

wickelte sich zu einem der professionellsten Ensembles dieser Besetzung in Wien. Die Berliner Zeitung schrieb sogar, dem „Viermänner-Frack im Conzertsaal" drohe „eine gefährliche Conkurrenz in der weiblichen Quartettrobe".[116] Seine Berühmtheit erlangte das Quartett in allen großen Städten Europas. Die anfängliche Sensationslust des Publikums, ein nur aus Frauen bestehendes Ensemble zu goutieren, wich aufgrund der Professionalität der Künstlerinnen immer mehr der Bewunderung der Zuhörer.

Kammermusikformationen aus Frauen bildeten sich auch in anderen Ländern. Beispielsweise konzertierte im Februar 1880 in Frankreich das Quartett Sainte-Cécile, dessen Mitglieder Mlle. Marie Tayau, Méria Mussa, Jeanne Franko und Marie Galatzin waren. Am Klavier wurden sie von Laura Donne begleitet.[117]

In Amerika[118] gründeten Schülerinnen von Julius Eichberg[119] schon 1878 das Eichberg Quartett. Unter ihren ersten Auftritten 1879 war ein Konzert beim *Worcester Massachusetts Festival*. Der Erfolg war so groß, dass sie dort auch im folgenden Jahr wieder eingeladen wurden. Konzerte gaben sie ferner in New York und Philadelphia und erhielten auch dort sehr gute Kritiken. Das Quartett befand sich den Kritikern zufolge auf dem künstlerischen Stand des Kneisel Quartettes[120] und bestand bis in die 1890er Jahre.

Anfang des neuen Jahrhunderts gründete Olive Mead[121] das nach ihr benannte Streichquartett. Das Quartett gab drei Konzerte pro Saison in New York und bestand bis 1917, als sich Olive Mead von der Bühne zurückzog. Das Ensemble war vor allem im Osten der USA erfolgreich.

Auch Maud Powell organisierte zwei Quartette. Das 1891 formierte Quartett bestand nur aus Frauen[122]; 1894 gründete sie ein neues Ensemble, in dem sie als

---

[116] Vgl. *Berliner Zeitung*, 18.1.1896; zit. nach Kühnen: Marie Soldat, S. 59.
[117] Vgl. Signale 38. Jg., Nr. 12, Februar 1880, S. 195.
[118] Die Informationen über die amerikanischen Streichquartette stammen von Karen A. Shaffer, die mir freundlicherweise Stephen Sensbach überließ.
[119] Julius Eichberg (1824-1893), deutsch amerikanischer Geiger und Komponist (Operetten, Musicals), Eichberg wurde 1868 erster Direktor des Bostoner Konservatoriums.
[120] Kneisel Quartett: berühmtes Streichquartett in Boston. Es existierte von 1885-1917 und wurde benannt nach dem Primarius Ernst Kneisel, der das Quartett gründete.
[121] Olive Mead (1874-1946), amerikanische Geigerin. Die Mitglieder des Streichquartettes waren bei der Gründung 1902 Vera Fonaroff (später Elizabeth Houghton), Gladys North und Lillian Littehales.
[122] Die Namen der Quartettmitglieder sind nicht bekannt.

Primaria mit drei Männern spielte.[123] Mit diesem Ensemble tourte sie bis ca. 1898 durch Amerika. Danach ging sie nach Europa und setzte ihre Karriere als Solistin erfolgreich fort. Und was Skandinavien angeht, ist beispielsweise das aus Frauen bestehende Klaviertrio mit Hilma Lindberg[124], Hilma Åberg[125] und Valborg Lagerwall[126] zu nennen, das von 1881-1883 in der Öffentlichkeit präsent war.[127]

Nicht nur im Bereich der Kammermusik setzten sich reine Frauenensembles, die auf höchstem Niveau anerkannt musizierten, durch. 1882 gründete und leitete Lady Radnor[128] das erste etablierte Frauenstreichorchester in England.[129] Bekannt ist, dass es vor dem Publikum der Society spielte und 850 Pfund einnahm, die dem *Royal College of Music* zugute kamen.[130] Nach Angaben der *Musical Times* bestand das Orchester mindestens bis 1894. In diesem Jahr erschien eine Rezension in der bekannten Musikzeitschrift, in der den Lesern versichert wurde, dass das Orchester einen professionellen Standard besitze und von der außergewöhnlichen Dirigentin Lady Radnor dirigiert werde. Das Orchester bestand zu der Zeit aus 72 Streicherinnen. In diesem Jahr wurde die von Hubert H. Parry[131] zu Ehren der exzellenten Dirigentin komponierte *Lady Radnor's Suite* von dem Orchester uraufgeführt.

Im Orchester des *Crystal Palace* stieg im Laufe der Jahre der Anteil von Streicherinnen anlässlich von Konzerten zum Händel Festival enorm. Waren 1891 nur acht Frauen an den Aufführungen beteiligt, so waren es 1900 schon 68, einschließlich zweier Klarinettistinnen.[132]

Während des Ersten Weltkrieges stellte Henry Wood, der zu der Zeit das *Queen's Hall Orchestra* leitete, mehrere Frauen als Geigerinnen und Bratschistinnen in seinem Ensemble ein. Von der Zeit an spielten Musikerinnen immer in seinem Orchester mit, die er als Künstlerinnen sehr hoch schätzte.

---

[123] Vgl. Shaffer: Maud Powell, S. 143. Die übrigen Mitglieder des Quartettes waren: Josef Kovarik (2.Violine), Franz Kaltenborn (Viola) und Paul Miersch (Violoncello).
[124] Hilma Lindberg (1856-1921), schwedische Pianistin.
[125] Hilma Aberg (1854-1927), schwedische Violinistin.
[126] Valborg Lagerwall (1851-1940), schwedische Violoncellistin.
[127] Karle: Ludvig Norman, S. 404 / 405.
[128] Lady Radnor (Viscontess Folkestone) (1846-1929), englische Dirigentin.
[129] Vgl. Scholes: The Mirror of Music, Bd. 2, S. 731.
[130] Vgl. ebd. S. 731 f.
[131] Vgl. Hubert H. Parry (1848-1918), englischer Komponist.
[132] Vgl. Scholes: The Mirror of Music, Bd. 2, S. 732 f.

Nicht nur in England, sondern in ganz Europa schwanden allmählich die Vorurteile gegenüber Berufsmusikerinnen. Beispielsweise stellte das Opernorchester in Amsterdam 1895 zwei Geigerinnen ein, und Epanina Rieschi, eine Schülerin des Konservatoriums in Neapel, wurde Dirigentin des Manzoni-Theaters in Verona.[133]
Es bleibt allerdings zu konstatieren, dass zwar einzelne Frauen eine Stelle in einem anerkannten Orchester bekamen. Dennoch handelte es sich bei diesen Musikerinnen bis zum Ende des 19. Jahrhunderts um Einzelfälle. Das Gros der begabten Geigerinnen, denen eine solistische Karriere versagt blieb, musste sich bis Mitte des 20. Jahrhunderts als Pädagogin bzw. in den wenig anerkannten Damenkapellen betätigen.

3.4 Wilma Neruda – ein weiblicher Virtuose

> Virtuose sollte nach dem Wortsinne derjenige sein, der voll von Männlichkeit und Mannestugend ist. Daß wir es in der Musik schon längst auch mit weiblichen Virtuosen zu tun haben, widerspricht nur formal dem Wortsinn. Indessen braucht die Anwendung des Virtuosen-Begriffs auf das weibliche Geschlecht kein irregeleitetes Fräulein dahin zu bringen, sich als eine Art von Mann-Weib der Virtuosität aufzuspielen. Die richtigen weiblichen Virtuosen sollten gerade weiblicher Tugend in ihrer Kunst so voll sein, wie diejenigen vom anderen Geschlecht der männlichen.[134]

Mit anderen Worten, die bürgerliche Gesellschaft erwartete von den Künstlern geschlechtsspezifisches Auftreten, wobei dieser Appell in erster Linie an das weibliche Geschlecht gerichtet war. Dies bedeutete für viele Künstlerinnen oft die Gratwanderung, Geschlechtsdarstellung und Berufsrolle in Deckung zu bringen.
Der Virtuose stand im 19. Jahrhundert für eine besondere Art Künstlertyp. Als Verführer des Publikums setzte er es mit rasanten Läufen oder hohlem Geklimper in Erstaunen. Die brillante Technik diente dem Selbstzweck des Repräsentanten auf der Bühne. Virtuosen komponierten in der Regel auf Effekt ausgerichtete Werke, mit denen sie das Publikum in eigenen Konzerten zu Begeisterungsstürmen antrieben.
In der Hochzeit des Virtuosentums war die Selbstdarstellung der Virtuosen gepaart mit großen Inszenierungen der Künstlerpersönlichkeit. Große Darstellungs-Gesten entlasteten das Gehör und ließen das Auge als zweites musikalisches Wahrnehmungsorgan an der künstlerischen Darbietung teilnehmen.[135]

---

[133] Vgl. NMP 4. Jg., Nr. 39, 20.9.1895, S. 6.
[134] Signale 65. Jg, Nr. 63, 19.11.1907, Berlin 17. November, Virtuosenkonzerte.
[135] Vgl. Hügel: Handbuch populäre Kultur. Virtuose, S. 491.

Die Selbstdarstellung eines Künstlers gehört unbedingt zu seiner Imageproduktion und war Teil seiner Performance – besonders deutlich bei Niccolò Paganini zu sehen. In teuflisch dämonischer Art, wie es hieß, und mit perfekter Technik auf der Geige versetzte er sein Publikum in Ekstase. Dabei konnte ihm eine erotische Ausstrahlung nicht abgesprochen werden.[136]

Eine solche exaltierte Art, wie sie Paganini vorzeigte, passte nicht zum Image einer Geigerin. Penetrante Zurschaustellungen der eigenen Fähigkeiten gehörten sich nicht für eine Frau.[137] Und auch Franz Liszt, der andere große Virtuose des 19. Jahrhunderts, gab kein Vorbild für die Musikerinnen; denn er stellte in seinem Virtuosenspiel seine männliche Kraft zum Erstaunen des Publikums aus. Auch dies war Frauen verwehrt. Von ihnen wurde, außer hervorragender Leistung auf dem Instrument, weibliche Zierde verlangt. Eine öffentlich auftretende Geigerin musste feminine Eigenschaften wie Seele, Leidenschaft und Keuschheit verkörpern und durfte keinesfalls den Anschein einer männlichen Ausstrahlung erwecken. So blieb Frauen hinsichtlich ihrer Darstellungsweise auf der Bühne nur ein schmaler Grat, um den geltenden Konventionen zu entsprechen.

Wilma Neruda gelang dies, wie Henri Vieuxtemps beschrieb. Er hielt die Geigerin für das Ideal einer Violinistin: „Nie habe ich [jemanden] mit soviel Seele, Leidenschaft und Keuschheit geigen gehört; sie ist zugleich klassisch und poetisch und besitzt alle großen Künstlereigenschaften."[138] Und auch Eduard Hanslick lobte die „Reinheit und Süßigkeit des Tones, [die] Innigkeit der Empfindung bei makelloser, niemals aufdringlicher Bravour"[139] im Spiel Wilma Nerudas. Wilhelm J. Wasielewski beschrieb ihre Spielweise als die „Grenzen des maßvollen nicht überschreitende Vortragsweise. Der Grundzug ihres Spiels ist eine glückliche Mischung von weiblicher Anmut und männlicher Energie."[140] Der Musikforscher Alfred Einstein[141]

---

[136] Vgl. Hoffmann: Instrument und Körper, S. 324.

[137] Vgl. Rieger, Eva: Vom „genuin Weiblichen" zur „Geschlechter-Differenz". Methodische Probleme der Frauen- und Geschlechterforschung am Beispiel Clara Schumann, S. 213 f. In: Ackermann: Clara Schumann, S. 205-216.

[138] Henri Vieuxtemps 1880 an seinen Biografen G.Th. Radoux. Vgl. vollständiges Zitat in Kapitel Gender 1.5. „Geigenfee" – „Violinmeisterin".

[139] Eduard Hanslick: *Concerte, Componisten und Vituosen der letzten fünfzehn Jahre. 1870-1885. Kritiken*, Berlin 1886, S. 288. Wahrscheinlich handelt es sich um eine Kritik von dem Konzert am 15.11.1880

[140] Wasielewski, Wilhelm Jos.: *Die Violine und ihre Meister*, Teil 2, Leipzig 1927, Neudruck Egweil 1968, S. 533.

[141] Alfred Einstein (1886-1952), Musikforscher.

Abb. 61 Wilma Neruda, ca. 1885, Fotografie

dagegen charakterisierte Wilma Neruda als eine „Geigerin größten, beinahe männlichen Formats"[142]. Bei diesem Ausspruch war die Erwähnung des männlichen Formats jedoch im positiven Sinne beschrieben und kennzeichnete die gegensätzlichen Anforderungen – energievoll in männlicher Manier zu spielen und gleichzeitig eine weibliche Ausstrahlung zu besitzen –, die Künstlerinnen zu leisten hatten.

Die erotische Ausstrahlung von Künstlern, wie sie Liszt und Paganini zugesprochen wurden, erhöhte die Faszination von Virtuosen und steigerte ihren künstlerischen Triumph. Zahlreiche Anekdoten über Liebesaffären Paganinis – in späteren Jahren sorgte er sogar selber für derartige Gerüchte, aus denen er stets als Held hervorging – kursierten in der Gesellschaft. Eine solche Verbindung von Künstlertum und Erotik stieß bei Frauen zuweilen, z.B. bei Clara Schumann, auf Ableh-

---

[142] Bernhard Schneeberger: Unstreitig unter den Virtuosinnen die größte. Erinnerungen an Wilma Neruda, ihre Beziehung zu Charles Hallé und Hagen. In: *Hagener Impuls*, Bd. 13 (1995), S. 13-16.

nung.¹⁴³ Allerdings kann ein solches Urteil vielleicht Reflexion der eigenen Position sein, da sie als Frau, zumal als Instrumentalvirtuosin, schon allein durch ihre Bühnenpräsenz am Rande der bürgerlichen Gesellschaft stand und so stets in Gefahr war, ins Zwielicht zu geraten. Denn anders als hoch bezahlte Bühnenkünstlerinnen wie Sängerinnen und Schauspielerinnen konnten sich Instrumentalvirtuosinnen ein erotisch besetztes Image nicht leisten. Schnell wäre der Ruf einer ernsthaften Künstlerin ruiniert gewesen.

Gefeierte Sängerinnen hingegen konnten sich Skandale leisten, und auch in Bezug auf ihre Kleidung genossen sie größeren Freiraum. Instrumentalsolistinnen aber waren enger an die bürgerlichen Konventionen gebunden. Ein passendes Image zu finden, schränkte sie daher ein. Clara Schumann, die Gefallsucht verabscheute, entschied sich für das Witwenklischee. Um ihre Ernsthaftigkeit als Künstlerin und ihre enge Verbundenheit zu Robert Schumann zu verdeutlichen, ließ sie sich nach seinem Tod stets als Witwe mit hochgeschlossenem schwarzem Kleid fotografieren. Der Witwenschleier fehlte auf keinem ihrer offiziellen späteren Fotos.¹⁴⁴ Meist fügte sie den Bildern Notenzitate aus Robert Schumanns Werken hinzu.

Wilma Neruda dagegen entschloss sich für eine offenere weibliche Ausstrahlung, legte aber ersichtlichen Wert darauf, immer die Konventionen einzuhalten. Bei ihren Bühnenauftritten nutzte sie, wenn auch in begrenztem Maße, ihre feminine Aura als Imagefaktor. Wie aus der nachstehenden Beschreibung der Zeitung *Morgenbladet* hervorgeht, verstand sie es, sich als Dienerin der Musik darzustellen, ohne dabei die Klaviatur des weiblichen Auftretens zu vernachlässigen:

> Von dem Moment an, [...] als diese große elegante Frau mit den intelligenten Gesichtszügen und ihrem edlen Instrument in der Hand auf die Bühne trat, von dem Moment an, als die ersten wunderschönen vollen und majestätischen Töne mit eindrucksvoller Kraft in den Saal drangen, bis zu dem Moment, als die Tür sich zum letzten Mal hinter dieser großen Künstlerin schloss, beherrschte sie wie eine Königin unsere Sinne.¹⁴⁵

---

[143] Clara Schumann beispielsweise äußerte sich über Franz Liszts Auftreten wie folgt: „[Es] mischte sich in sein geistvolles anmutiges Wesen so viel Koketterie, dass es mir oft widerwärtig war." Zit. nach Eva Rieger: Vom „genuin Weiblichen" zur „Geschlechter-Differenz". Methodologische Probleme der Frauen- und Geschlechterforschung am Beispiel Clara Schumann, S. 216. In: Ackermann: Clara Schumann.

[144] Busch-Salmen, Gabriele: Die Bildnisse der Clara Schumann im Kontext zu Künstlerinnenporträts des 19. Jahrhunderts. S. 123 f. In: Ackermann: Clara Schumann, S. 93-128.

[145] Stockholm MM Nachlass Wilma Neruda: Zeitungssammlung: SMT 1.4.1886, S. 56: „Ända ifrån det ögonblick [...] då den höga, ståtliga gestalten med de snillrika dragen

Abb. 62 Wilma Neruda, Fotografie

Das musikalische Können war bei Wilma Neruda gepaart mit ästhetischem Erscheinen. Der Rezension zufolge hat die Geigerin ihren Auftritt im Stil einer Bühneninszenierung vorbereitet. Ähnlich einer Diva, mit einem Hauch von Extravaganz und unwiderstehlichem Charme verführte sie das Publikum, das „*den wunderschönen und majestätischen Tönen*" lauschte. Hier verknüpfte sich die Magie der Zurschaustellung mit dem Können und der Macht einer begnadeten Geigerin. Daher verwundert es nicht, dass das schwedische Publikum und die Rezensenten Wilma Neruda wie eine Königin verehrten – die Königin der Violinen. Doch bejubelten sie nicht nur ihr Charisma auf dem Podium, sondern ebenfalls die Seele ihres Spiels:

> Das, was sie [Frau Neruda] auszeichnet ist die musikalische Deklamation in ihrem Vortrag. Die Seele und Nuancen in jeder Phrase und jedem Ton führen dazu, dass man sofort von ihrer Musik wie gefesselt ist. Bereits wenn Wilhelmina Neruda die

---

> trädde in pa scenen med sitt tjusningsvapen i handen, ifrån det ögenblick, då de första underbart fylliga och majestätiska tonerna strömmade ut i salongen med en sällsam kraft, och intill dess dörrarne sista gången stängdes efter den stora konstnärinnan, beherskade honsom en drottning alla de närvarandes sinnen."

Abb. 63 Wilma Neruda, ca. 1886, Fotografie

Bühne betritt imponiert sie unmittelbar durch ihre stattliche Figur und ihr außergewöhnliches Aussehen. Wenn sie zu spielen beginnt, beeindruckt sie durch ihre noble Haltung und ihre elegante Strichführung, die für den Ausdruck und die Gewandtheit der Geigerin sprechen und mit der Wilhelmina Neruda ihre große Meisterschaft erreichte. Sie befindet sich auf dem Höhepunkt ihrer Kunst und das schon seit Jahren.[146]

Möglicherweise hat sie auf den Reisen nach Australien ihr etwas divenhaftes Auftreten vermehrt zur Schau gestellt. Auch was ihr Auftreten außerhalb der Bühne

---

[146] SMT 11. Jg., Nr. 18, 15.11.1891, S. 137: „Utmärkande för henne är också den, så att säga, musikalska deklamationen i föredraget, den själ och det skiftande uttryck hon inlägger i hvarje fras, i hvarje ton och som gör att man känner sig i hvarje ögonblick fängslad af hennes föredrag. Redan vid sitt blotta framträdande på konsertestraden imponerar Wilhelmina Neruda med sin ståtliga figur och sitt genialiska utseende likasom, då hon börjar spela, genom nobel hållning och elegant stråkföring. Hvad denna senare beträffar, så vigtig för uttrycket och ledigheten i violinspelet, har Wilhelmina Neruda uppnått ett stort mästerkap. Hon står nu på höjden af sin konst och har gjort det länge."

betraf, stand sie insofern der großen Diva Sarah Bernhardt nur wenig nach. Die Mitreisende Sängerin Marie Fillunger bemerkte diesbezüglich: „Hallés machen alles im großen Stile. Sie haben Equipage den ganzen Tag und fahren überall herum"[147], und über das Auftreten Wilma Nerudas während der Konzerte zog die Sängerin den Vergleich mit der großen Schauspielerin direkt heran: „Lady Hallé macht Toilette wie die Sarah Bernard und meine sechs Kleidchen werden gut erdrückt werden von ihren Kostbarkeiten und Juwelen, sie hatte gestern 10 Diamantbroschen angesteckt."[148]

Im Laufe des 19. Jahrhunderts änderte sich der Künstlerbegriff. Technische Souveränität verlor das Image, nur „hohles Geklingel" zu sein, sondern wurde als Voraussetzung und Grundlage für hervorragendes Instrumentalspiel angesehen. Die Interpretation und das Durchdringen eines Werkes mit dem Geist des Künstlers brachte letztendlich das Werk zur hohen Kunst. Nach Wilhelm von Wasielewski galt Joseph Joachim als Überwinder eines als überholt geltenden Virtuosenideals.[149] Niemals habe er nur sein „Ich" zur Schau gestellt oder mit Äußerlichkeiten kokettiert, sondern sah sich als Diener der Kunst. Diese ernsthafte „männliche" Haltung zum Kunstwerk war nicht an das biologische Geschlecht gebunden. Clara Schumann beispielsweise wurde die Fähigkeit der wahren Interpretation ebenfalls zugesprochen.

Eine solche Interpretation verlangte die Unterordnung des Interpreten unter die Musik. Diese durfte nicht der Selbstdarstellung des Künstlers dienen, sondern nur der Darbietung des Werkes. Dies gab wiederum Frauen eine Chance, als Künstlerin zu wirken. Nicht nur Clara Schumann ist eine Vertreterin dieser neuen künstlerischen Ausrichtung in der Musik, auch Wilma Neruda kann als solche gelten. Wie Joseph Joachim vertrat die Geigerin den neuen Kunststil. Häufige Vergleiche der beiden Künstler lassen auf diese gemeinsame Interpretationsweise schließen. Beispielsweise benannte Hans von Bülow Wilma Neruda als „einzigen Rivalen" Joachims. In seinem Artikel *Die Geigenfee*[150] spricht er von der „innigsten Vertiefung

---

[147] Wien ÖNB, Sign. 980/18-1, Brief Marie Fillunger an Eugenie Schumann, Melbourne 1.6.1891, zit. nach: Rieger: Mit 1000 Küssen, S. 308.

[148] Wien ÖNB, Sign. 980/18-2, Brief Marie Fillunger an Eugenie Schumann, Melbourne 2.6.1891, zit. nach Rieger: Mit 1000 Küssen, S. 308.

[149] Borchard, Beatrix: Der Virtuose – ein „weiblicher" Künstlertypus? S. 68 f. In: *Musikalische Virtuosität*, hg. von Heinz von Loesch / Ulrich Mahler / Peter Rummenhöller, Mainz 2004, S. 63-76.

[150] Signale 37. Jg., Nr. 16, Februar 1880, S. 243 f.; Vgl. Kapitel Aufbau eines Profils. England 1869-1900.

an das Kunstwerk" und von „Hingebung an das Objekt", wodurch er Wilma Neruda mit dem Interpretationsstil Joachims vergleicht. „Darin", schreibt von Bülow, sei sie „so einzig wie er". Wilma Neruda wurde mit ihren Interpretationen der Werke auf die Ebene von Joseph Joachim gestellt, als Interpretin im Sinne der Musik. Wie er König genannt wurde, so wurde sie als Königin bezeichnet.[151]

Nach einem Konzert im Leipziger Gewandhaus 1862 bemerkte der Kritiker:

> Fräulein Wilhelmine Neruda hat uns durch den Vortrag des Mendelssohnschen Violin-Concerts auf das Angenehmste überrascht und uns das größte Interesse für ihr hervorragendes Talent eingeflößt; nicht nur, daß sie sich als Geigerin von einer den hochfliegenden Ansprüchen unserer Zeit vollständig entsprechenden Fertigkeit gab, sie wußte auch dem Geistigen der unterstellten Aufgabe auf's Richtigste und Beste gerecht zu werden, und der Ton, dem sie ihrem Instrumente entlockte, war von süßestem Wohllaut und drang sympathisch zum Herzen.[152]

Nicht auf oberflächliche Virtuosität und sentimentale Kantilenen legte sie den Schwerpunkt ihres Spiels, sondern auf die geistige Durchdringung bei der Interpretation des Werkes. Darin entsprach sie offensichtlich den Ansprüchen der damaligen Zeit. Durch diese geistige Haltung zur Komposition orientierte sich Wilma Neruda an den neuen Maßstäben der Interpretationskunst. Mit dem Typ des Interpreten wandelte sich die Selbstdarstellung des Künstlers. Das drückte sich auch in der Kleidung aus. Da Joachim nicht sein *Ich* zur Schau stellte, nahm er auch sein Äußeres zurück. Auf den Podien trat er im neutralen schwarzen Anzug, Gehrock oder Frack auf.

War es bis zum 19. Jahrhundert noch üblich, dass auch Männer sich in Spitze, Samt und Seide hüllten, trat mit der Verfestigung der Unterschiede der Geschlechter auch in Modebereichen eine stärkere Polarisierung ein.[153] Mode und sich zu schmücken wurde nun eine Domäne der Frauen. Allerdings bedeutete auch dies immer eine Gratwanderung zwischen Anstößigkeit und Aufmerksamkeit. Wilma Neruda nutzte die ihr gebotenen Zugeständnisse an das Äußere. Dies gab ihr im gewissen Rahmen die Möglichkeit, auch als ernsthafte Interpretin durch ihr Äußeres die Aufmerksamkeit des Publikums auf sich zu ziehen. Die Gratwanderung als Virtuosin und als Interpretin ist Wilma Neruda offensichtlich gelungen, wie ihr Erfolg bei den Musikkritikern und der Gesellschaft zeigen.

---

[151] Vgl. Kapitel 4.2 Feste Größe im englischen Musikleben.
[152] Signale 20. Jg., Nr. 44, 30.10.1862, S. 587.
[153] Anderson, Bonnie S. / Zinsser, Judith P. (Hg.): *Eine eigene Geschichte. Frauen in Europa. Vom Absolutismus zur Gegenwart*, Zürich 1993, S. 177 f.

4. FRAUEN UND REISEN

Seit Jahrhunderten war es für Künstler üblich zu reisen. Die vielfältigen elektronischen Medien, wie beispielsweise Rundfunk, Fernsehen und Compact Discs, die heute zur Verbreitung von Kompositionen beitragen, aber auch der Unterhaltung der Zuhörerinnen und Zuhörer dienen, gab es im 19. Jahrhundert nicht. Reisende Virtuosen brachten dem Publikum Musikwerke nahe und leisteten einen Beitrag zum internationalen Kulturaustausch. Die Tourneen dienten auch der Weiterbildung der Musikerinnen und Musiker. Die Virtuosen erlangten durch ihre Reisen einen internationalen Ruf, und je bekannter eine Künstlerin war, desto höhere Einnahmen konnte sie in der Regel verbuchen. Für Virtuosinnen ohne feste Anstellung, wozu die meisten Musikerinnen zählten, bildeten Tourneen oft die einzige Einnahmequelle. Die großen Musikzentren wie London, Paris, Wien und Leipzig waren daher Anziehungspunkt vieler Virtuosen.

Auch Wilma Neruda hatte einen großen Teil ihres internationalen Ruhmes durch ihre ausgedehnte Reisetätigkeit erlangt. Von frühester Jugend bis zu ihrem Tod führte sie das Leben einer reisenden Virtuosin. Man kann sagen: Zu reisen war Teil ihres Lebenselixiers. Da die Biografie in Teil I weitgehend anhand der Tourneen Wilma Nerudas aufgearbeitet wurde, werden in diesem Kapitel explizit nur einige Genderaspekte des Reisens aufgezeigt.

4.1 Wunderkind

Schon kurz nach ihrem Debüt im Dezember 1846 in Wien führten ausgedehnte Konzerttourneen Wilma Neruda durch ganz Europa. Zu der Zeit zählte sie gerade einmal acht Jahre. Bis auf die Pausen in den konzertfreien Sommermonaten führte sie schon in frühen Jahren gemeinsam mit ihren Geschwistern das Leben eines reisenden, berühmten Wunderkindes.

Das Reisen war mit heute nicht zu vergleichen und meist sehr beschwerlich.[154] Allein für die weiten Entfernungen in oft zugigen Waggons mussten sich die Passagiere in Geduld üben. Eisenbahnfahrten speziell in Russland dauerten oft Tage. Von Charkow nach Moskau benötigte der Zug 27 Stunden, von Kiew nach Moskau 41 und von Odessa nach Moskau 64 Stunden.[155] Doch das Schienennetz erreichte

---

[154] Vgl. Hoffmann: Instrument und Körper, S. 288 f.
[155] Vgl. Gewande, Wolf-Dieter: *Hans von Bülow. Eine biographisch-dokumentarische Würdigung aus Anlass seines 175. Geburtstages.* Lilienthal 2004, S. 117 (Veröffentlichungen des Archivs *Deutsche Musikpflege* e. V., Band 8, hg. von Oliver Rosteck).

nicht alle Winkel der Länder. Wenn es möglich war, reisten die Nerudas daher per Schiff[156]. Nicht alle Orte ließen sich mit der Bahn oder auf dem Wasserwege erreichen. Ging es an entlegene Orte, so mussten Wege noch mit der Kutsche zurückgelegt werden. Im weiten Russland waren die Straßen teilweise unbefestigt und im Winter, der Hauptreisezeit für Virtuosen, kaum passierbar. Dann blieb den Nerudas nichts anderes übrig, als im Schlitten zum nächsten Konzertort zu fahren.

> Die Verhältnisse waren damals primitiv, die Reisen unternahmen sie per Schlitten, oft mit sechs Pferden davor, manchmal 14-15 Stunden in einem Zug, um danach, wenn sie steifgefroren zu ihren dürftigen Unterkünften gelangten, knapp aufgetaut reinmarschierten und für das Publikum spielten.[157]

Welch ungeheure Strapazen mussten die Kinder in Kauf nehmen. Doch nicht nur in den Kutschen, sondern auch in den Eisenbahnwagen litten die Geschwister Neruda im Winter beispielsweise unter großer Kälte. Trotzdem wurde von ihnen, wie von allen Virtuosen, immer künstlerische Höchstleistung erwartet, unabhängig von den mehr oder weniger schlechten äußeren Bedingungen.

Untergebracht waren sie oft in primitiven und zugigen Unterkünften; das zehrte an den Kräften der Geschwister. Nicht selten zogen sie sich daher Krankheiten zu. Der Bruder Viktor starb während einer Tournee nach Russland an Tuberkulose. Vermutlich begann auch bei Wilma Neruda die Tuberkulose während der entbehrungsreichen Zeit als Wunderkind.

Existenzielle Probleme traten bei politischen Unruhen auf, wie sie 1848 in ganz Europa stattfanden. An ein regelmäßiges Konzertleben war in dieser Zeit überhaupt nicht zu denken; die Nerudas mussten sogar aus Paris flüchten, um nicht in den Strudel der revolutionären Ereignisse zu geraten.[158]

In dieser gefährlichen Zeit standen Wilma Neruda und ihre Geschwister unter der Obhut ihres Vaters. Er schützte die Kinder vor Unannehmlichkeiten. Außerdem organisierte er in jener Zeit die Konzerte und legte die Route fest, die sich aus den Angeboten ergaben.

---

[156] Vgl. *Петербургские Городские Известия. Северная Пчела* (Peterburgskije Gorodskije Iswestija. Ševernaja Pčela) 24.10.51. Josef Neruda reiste mit seinen Töchtern 1851 mit dem Dampfer über Stettin nach Petersburg. Vgl. Kapitel Wunderkinder.
[157] *Dagens Nyheter og Dagbladet*, Beilage, Nr. 154, 15.3.1925, S. 6: „Primitive var Forholdene den Gang, Rejserne foretog de pr. Slæde, ofte med 6 Heste for, undertiden 14-15 Timer i Træk, for derefter, naar de stivfrosne kom til de tarvelige Gæstgivergaarde, knapt optøde at vandre ind og spille for Publikum."
[158] Vgl. *Московские ведомости* (Moskowskije Wedomosti) Nr. 28, 4.3.1852, S. 258.

4. FRAUEN UND REISEN

Einen Einblick über die Gefahren und Abenteuer der Reisen geben die Memoiren:

> Sie [die Familie Neruda] unternahmen Konzertreisen nach Polen und Russland. Die Reisen waren sicherlich interessant aber natürlich auch sehr anstrengend. Oft mussten sie draußen übernachten. Der Vater hatte dann eine Pistole in seiner Hand. Man konnte ja nicht wissen, ob Kriminelle in der Nähe waren. Eine Nacht, als er Wache halten sollte, schlief er ein und die Kinder lachten viel darüber als sie ihn am nächsten Morgen entdeckten....[159]

4.2 Jugendtourneen

Im jungen Erwachsenenalter trat Wilma Neruda die Tourneen gemeinsam mit ihrem Bruder Franz und der Schwester Marie an. In einer verklärten Darstellung – anlässlich des zehnten Todestages von Franz Neruda – beschreibt der Rezensent der Zeitung *Dagens Nyheter* Godfred Skjerne diese Tatsache wie folgt:

> Als der Vater nun sah, wie wunderschön die drei Geschwister zusammenarbeiteten und wie Franz wie ein Vater und Ritter für seine Geschwister auftrat, gab er das Reisen mit ihnen auf und legte diese mächtige Verantwortung in die Hände des nur 18-jährigen Mannes, und wie er dieses Amt ausführte und was für einen enormen Erfolg sie hatten, erkannte man, wenn man einmal mit einer der zwei Schwestern sprach oder indem man eine der Seiten in den genau geführten Rechenschaftsbüchern[160] sich anschaute.[161]

Nach diesem Artikel überträgt der Vater die Verantwortung der Konzertorganisation auf den Sohn Franz und nicht auf dessen fünf Jahre ältere Tochter Wilma, obwohl sie die berühmtere der Geschwister war. Franz war ein Mann, wenn auch

---

[159] MFN „Concerterandet fortsatte, bl.a i Ryssland (även Polen). De ryska resorna voro nog så interessanta men hur besvärliga! Ofta nog finge de övernatta i den stora resvagnen i afvaktan på nya hästar. Då fick fadern ligga med pistolen i hand. Man kunde ju ej veta vilka banditer som omgivit dem. En natt berättas det, somnade han ifrån sin vakt. Vad barnen då skrattade åt honom på morgonen."

[160] Es handelt sich um das in Abb. 19 dargestellte Rechenschaftsbuch.

[161] *Dagens Nyheter og Dagbladet*, Beilage 15.3.1925, Nr. 154, S. 6 „Da Faderren nu saa, hvor vidunderligt de tre Søskende arbejdede sammen, og hvorledes Franz var som en Fader og Ridder for sine Søskende, opgav han at rejse med dem mere og lagde hele dette mægtige Ansvar i den da kun 18-aarige unge Mands Haand, og hvorledas han røgtede dette Hverv, og hvor enorm en Succes de havde, behøver man kun at have talt een Gang med en af de to Søstre om eller at se en af Siderne i de nøjagtigt førte Regnskabsbøger."

erst 18 Jahre alt. Waren Wilma und ihre Schwester Marie auch den Wunderkinderschuhen entwachsen, so sollten sie weiterhin unter der Obhut eines Mannes konzertieren – so zumindest nach Aussage Skjernes. Er präsentierte mit seinem Artikel die allgemeinen Anschauungen der bürgerlichen Gesellschaft. Allerdings gibt es keine offiziellen Belege, dass der Vater wirklich die Verantwortung für die Reisen auf Franz Neruda übertrug. Briefe belegen zumindest, dass Wilma Neruda aktiv an der Gestaltung der Tourneen und Programme[162] mitwirkte und ihre Interessen bekundete.[163] Das entsprach nicht dem bürgerlichen Frauenbild, ist aber bei Künstlerinnen nicht selten.

4.3 Allein auf sich gestellt

Wie ihre männlichen Kollegen reisten auch Virtuosinnen mit dem Ziel, eine internationale Karriere zu erlangen und nicht zuletzt, um reichlich Geld zu verdienen. Ihre Tourneen organisierten die Künstlerinnen nach den gleichen Kriterien wie ihre männlichen Kollegen.[164] Doch der Unterschied war, dass Frauen aufgrund der bürgerlichen Konventionen in ihrer Bewegungsfreiheit weitgehend eingeschränkt wurden. Dabei spielte das Reise- und Herkunftsland der Virtuosin eine große Rolle. In Deutschland gebot der Anstand den Frauen beispielsweise, nicht allein auf die Straße zu gehen oder gar allein ein Lokal aufzusuchen.

---

[162] Kopenhagen MM, FNP Kassette 1 / 3: Brief Christina Nilsson (1843-1821), schwedische Sängerin, an Wilma Neruda, London 22.6.o.J.
In der Korrespondenz mit der Sängerin Christine Nilsson besprechen beide Künstlerinnen das Repertoire für das gemeinsame Konzert: „Teure Madame, Wären Sie so gut mitzuteilen an Herrn Sarret. 36 Taristock Place den Titel der Stücke (2), die Sie beim Wohltätigkeitskonzert am 1. Juli spielen wollen.
Herr Benedict hat uns von einem charmanten Trio berichtet, das Sie mit Herrn und Fräulein Neruda darbieten wollen. Ihm wäre es angenehm, es bei diesem Konzert hören zu lassen. Ich denke, es wäre von großer Wirkung und würde mir höchstes Vergnügen bereiten. In diesem Fall müssten Sie mir nur ein Solo bestimmen.
Tausend Dank im Voraus, wie immer Sie sich auch entscheiden, und mögen Sie meiner herzlichsten Gefühle gewiss sein. Christine Nilsson
Montag 22. Juni
P.S. Ich möchte gern das Ave Maria singen mit Ihrer Violin-Begleitung."
[163] Vgl. Kapitel Gender 1.6 Die Geschäftsfreu Wilma Neruda, Vgl. Universitätsbibliothek Leipzig, Sondersammlungen, Kurt-Taut-Slg.: Brief Wilma Neruda an Herrn Direktor in Prag, Leipzig 22.10.1862.
[164] Vgl. Borchard: Die Regel und die Ausnahmen. S. 174 ff.

Abb. 64 Wilma Neruda, Fotografie

Trotzdem gab es auch in dieser Zeit neben Gesangsvirtuosinnen reisende Instrumentalistinnen wie Wilma Neruda und Clara Schumann. Selbst gegenüber diesen Künstlerinnen hielt sich jedoch das moralisch verbrämte Vorurteil, eine allein reisende Frau gefährde ihren „guten Ruf". Und dies war für eine solide Musikerkarriere ein schwerwiegender Vorwurf: Um ihm entgegenzutreten, reisten weibliche Virtuosinnen möglichst mit dem Ehemann. War dies nicht möglich, galt es, eine Reisebegleiterin zu organisieren. Als solche fungierten sogenannte „gemietete Mütter"[165] oder Gesellschaftsdamen[166]. Eine Begleitung brachte aber doppelte Kosten für die Reise und Unterkunft mit sich. Überdies wurden reisende Frauen auch sonst beim Reisen schlechter behandelt als Männer. Häufig erhielten sie in Gasthöfen schlechtere und teurere Zimmer. Clara Schumann bevorzugte daher private Unterkünfte bei Bekannten oder Verwandten.[167]

Von Wilma Neruda ist nicht bekannt, dass sie bei Bekannten wohnte. Ihre Briefe nennen auf den Reisen in der Regel nur Hotels als Unterkunft. Vermutlich unternahm die Geigerin ihre Tourneen Ende der 1860er Jahre nicht mit ihrem Ehemann. Sein Name erschien auf keinem der Programme, obwohl er als ihr Begleiter infrage käme. Dies war – wie gesagt – sehr ungewöhnlich für die damalige Zeit, denn die meisten Musikerinnen reisten nach ihrer Eheschließung mit ihren Gatten. Wahrscheinlich fungierte die Schwester Marie zunächst als Reisebegleiterin. Mit ihr trat Wilma Neruda auch gelegentlich zusammen auf.

Nach der Heirat der Schwester Marie mit dem Bariton Fritz Arlberg begleitete zunächst die Schwester Eugenie die Geigerin. Später reiste Wilma Neruda häufig mit dem von ihr favorisierten Pianisten Charles Hallé. Nach der Eheschließung der beiden Künstler führten sie gemeinsame Konzertreisen zu fernen Kontinenten wie Australien und Südafrika durch. Nach Charles Hallés Tod im Jahre 1895 reiste die Virtuosin weiterhin auch außerhalb Europas. Es ist nicht bekannt, ob sie mit einer Begleiterin ihre Touren unternahm. Vermutlich hatte sie, wie auf den Reisen nach Australien und Südafrika, zumindest eine Bedienstete dabei.

---

[165] Vgl. Signale 20. Jg., Nr. 38, 7.8.1862, S. 380.
[166] Frauen brauchten eine Gesellschafterin, da es nicht schicklich war, allein zu reisen. Während sich Clara Schumann 1855 auf eine Reise nach Wien vorbereitete, schrieb sie am 21. November gleichen Jahres an Emilie List: „[S]olltest Du nicht in Wien bei mir sein können, so, bitte, schreibe mal Elisen [Emilies Schwester], ob sie vielleicht eine Dame in Wien kennt, die sich entschlösse bei mir 4-5 Wochen zuzubringen, denn dann brächte ich keine Gesellschafterin von hier mit, und sparte die große Reise […]", Wendler: Clara Schumann, S. 315.
[167] Vgl. Borchard: Reisende Musikerinnen: In England wohnte die Pianistin beispielsweise während ihrer Konzertaufenthalte bei den Geschwistern Burnand, die die Künstlerin verehrten.

5. „GEIGENFEE" – „VIOLINMEISTERIN"

Die Theorie von der Polarisierung der Geschlechter war im 19. Jahrhundert fest in den Köpfen der Menschen manifestiert. Bezogen sich die Diskurse im 18. Jahrhundert noch vorwiegend auf die Geschlechtsunterschiede, bestimmten später mehr die angeblichen Geschlechtscharaktere das Bild.[168] Nach dieser Auffassung werden dem Mann vorwiegend rationale und aktive Eigenschaften und – dichotomisch dazu – Frauen emotionale und passive zugesprochen. Als weiblich gelten danach Attribute wie lieblich, anmutig, gesanglich, weich, während dagegen das Männliche mit Eigenschaften wie kräftig, rege, heroisch, reif und Spannung erzeugend verbunden ist.[169] Diese unterschiedlichen Bezüge schlagen sich auch in den Rezensionen der Musikzeitschriften nieder. So werden für die gleichen oder ähnlich hervorragenden Leistungen von Musikerinnen oft andere Sprachtopoi benutzt als für ihre männlichen Kollegen. Diese weisen eindeutig auf das Geschlecht und den damit zugeschriebenen Charakter hin. Werden männliche Virtuosen wie beispielsweise Niccòlo Paganini als „Teufelsgeiger" oder Franz Liszt als „Hexenmeister"[170] bezeichnet, nannte Hans von Bülow Wilma Neruda „Geigenfee"[171]. Die männlichen Bezeichnungen ergeben eher ein archaisch-dämonisch männliches Bild, während der Ausdruck Fee eine sanfte, verschleiert-irrationale Assoziation imaginiert.

Auch der Geiger Henri Vieuxtemps greift 1880 in einem Brief an seinen Freund und Biografen G. Th. Radoux die Bezeichnung Bülows auf:

> Ihr Urteil über Frl. Tayau [ehemals gefeierte Geigerin] ist durchaus richtig, nur gibt sie sich beim Spiel manchmal zu männlich. Sie bleibt mir nicht Weib genug wie z.B. Frau Norman-Neruda, die ich für das Ideal einer Violinistin halte. Nie habe ich mit soviel Seele, Leidenschaft und Keuschheit geigen gehört; sie ist zugleich klassisch und

---

[168] Trepp, Anne-Charlott: Diskurswandel und soziale Praxis. Zur These von der Polarisierung der Geschlechter seit dem 18. Jahrhundert, S. 9f, in: *Geschlechterpolaritäten in der Musikgeschichte des 18. bis 20. Jahrhunderts*, hg. von Rebecca Grotjahn und Freia Hoffmann, Herbolzheim 2002, S. 7-17.
Demnach bezogen sich Geschlechtsunterschiede auf die sozialen Rollen von Frau und Mann im sozialen Beziehungsgeflecht. Dagegen bezeichnen Geschlechtscharaktere die von der Natur aus gegebenen Eigenschaften der unterschiedlichen Geschlechter.
[169] Vgl. Rieger, Eva: *Frau, Musik und Männerherrschaft*, Kassel 1988, S. 128.
[170] Vgl. Schwab: Formen der Virtuosenverehrung, S. 642.
[171] Vgl. Signale 37. Jg., Nr. 16, Februar 1880. Jenny Lind wurde gar als mildtätiger Engel bezeichnet.

poetisch und besitzt alle großen Künstlereigenschaften. Sie bedauern, daß ihr Ton nicht größer ist? Aber wenn [es] anders wäre [dann wäre] sie ja nicht mehr sie selbst, die geborene Geigenfee.

Bezeichnend bei der Aussage Vieuxtemps' ist, dass er von einem „sich männlich geben beim Geige spielen" spricht, ohne das damit Gemeinte näher zu benennen. Vermutlich lehnte er sich an die damals üblichen Klischees an, die in der Gesellschaft tief verwurzelt waren – es bedurfte daher keiner weiteren Worte. Man kann aus seiner Aussage schließen, dass es seiner Meinung nach ein männliches und ein weibliches Instrumentenspiel gab und dieses sich durch dem Geschlecht zugeordnete Eigenschaften auszeichnet. So wird das Spiel Wilma Nerudas charakterisiert durch „höchste Reinheit, zierliche Abrundung und freundliche Anmuth"[172]. Und ein Kritiker der Signale lobt „die brillante Geschicklichkeit dieser Künstlerin, der klare und gesangliche Ton ihres Spiels mit dem leisesten Piano, die Grazie und Sicherheit ihrer Bewegungen zu schöner Geltung [bringen]".[173]

Genderspezifische Charaktere benutzt auch ein Rezensent beim Vergleich von Wilma Neruda mit der Amerikanerin Maud Powell:

> She [Maud Powell] impresses us by sheer muscular strength, by immense forcefulness, and by a tremendous self-assurance. Lady Hallé has strength, but it is veiled by the wonderful velvet quality of her tone, as it were sheathed in a womanliness of feeling and of soft expressiveness.[174]

In diesem Fall wird das unterschiedliche Spiel der Frauen mit sehr entgegengesetzten Eigenschaften beschrieben. Bemerkenswert ist die hier genannte „muscular strength" Maud Powells in der Art ihres Vortrages.

Im Gegensatz zu der als eindeutig weiblich konnotierten Bezeichnung „Geigenfee" gab es für Wilma Neruda auch die Bezeichnungen „Zauberin der Geige"[175] oder das geschlechtsneutralere „Violinmeisterin"[176]. Insbesondere der Ausdruck „Violinmeisterin" deutet auf eine gleichberechtigte Hochachtung im Vergleich mit männlichen Kollegen hin, was für das 19. Jahrhundert als äußerst positiv zu beurteilen ist. Bei solchen vergleichsweise geschlechtsneutralen Beschreibungen blieb es jedoch nicht. Vielmehr war die von Hans von Bülow positiv gemeinte Bezeichnung „Geigenfee" anscheinend derart prägend für nachfolgende Gene-

---

[172] Signale 32. Jg., Nr. 46, Okt. 1874, S. 728.
[173] NZfM 40. Jg., Nr. 25, 13.6.1873, S. 260. Rezension des Hallé-Konzertes vom 6.11.1872.
[174] NYT 11.12.1898, S. 6: American Musicians in London.
[175] Vgl. Signale 33. Jg., Nr. 9, Februar 1875, S. 139.
[176] Vgl. Signale 38. Jg., Nr. 20, 1880, S. 314.

Abb. 65 Wilma Neruda, Fotografie E. Holenberg Kopenhagen

rationen, dass Geige spielende Frauen später oft pauschal als „Geigenfeen" bezeichnet wurden.[177]

Ausnahmen von genderbestimmter Charakterisierung gab es im 19. Jahrhundert nur für Kinder, denn diese hielt man für asexuell. Daher waren die Beschreibungen für ihre überragenden künstlerischen Leistungen häufig geschlechtsneutral. So bezeichnete der Rezensent der Zeitschrift *Moravia* Wilma Neruda als „ein Blitzkind und Wettermädchen", und später schreibt er im Text, dass die Geigerin ihm sogar „wie ein dämonisches Wesen trotz Paganini in ihrer Art" vorkam.[178] Während für Kinder die Bezeichnung „dämonisches Wesen" eine Beschreibung für das Unfassbare ihrer Spielkunst darstellt, wäre diese Bezeichnung für eine Frau im 19. Jahrhundert weniger schmeichelhaft gewesen.

---

[177] Vgl. Signale 49. Jg., Nr. 14, Februar 1891, S. 210. Beim Rückblick auf das Jahr 1890 bezeichnete der Rezensent der Zeitschrift Signale die Geige spielenden Frauen pauschal als „Geigenfeen".
[178] *Moravia* Nr. 126, 21.10.1847, S. 503.

Für das Wunderkind Wilma Neruda gab es aber auch schon eindeutig auf das Geschlecht bezogene Rezensionen:

> Es gibt nichts Anmuthigeres, nichts Lieblicheres, als ein singend Kind … Die Stimmorgane des Kindes sind jedoch noch nicht so ausgebildet, um den Gefühlen, welche indem selben liegen, ein ganz getreuer Dolmetsch zu sein; aber in der Violine, da liegt der süße Gesang, kann ihn eine kindische Hand losbinden von den Saiten, so ist der Reiz unnennbar, ist es aber noch dazu ein Mädchen, welchem der Himmel dieses herrliche Geschenk verliehen, so wird solch Spiel' noch weit süßer; eine Blume, aus welcher Klänge aufsteigen, erscheint uns dann das Kind, und dessen zarte Finger Blütenstengel, durch welche die Saiten ihre Töne aushauchen![179]

Ganz deutlich ist hier das übernatürlich Himmlische beschrieben, dass der Kritiker stark mit dem Spiel eines Mädchens verbunden sah. Auf Wilma Neruda – und das hebt sie besonders hervor – wurden aber schon früh nicht nur weibliche, sondern auch männliche Charakteristika angewendet, um ihr Spiel zu beschreiben. In einem Brief beschrieb William Bartholomew einem Freund über Wilma Neruda bzw. ihr erstes Konzert 1849 in der *Philharmonic Society* nicht nur das „funkelnde Stakkato" ihrer Bogenhand, sondern bewunderte gleichfalls die Schönheit und die biegsame Grazie ihres Handgelenks.[180] Ähnliches ist bei einem Knaben kaum denkbar. Allerdings bezeugen eine Reihe von Kritiken schon im kindlichen Alter Wilma Nerudas, dass gerade ihre Bogenhand nicht wegen ihrer Schönheit, sondern wegen ihres „kräftigen männlichen" Tons bewundert wurde.[181] Die *Allgemeine Musikalische Zeitung* schreibt über die Geigerin, sie sei als „weibliches Kind ein halbes Wunder und führt einen gar mächtigen Bogen",[182] und schon 1847 rühmte man „die weit über ihren Jahren stehende Auffassung, die vollendete Form des Vortrages, die Reinheit der Intonation überhaupt und den feinen kräftigen Ton, den sie der kleinen Dreiviertelgeige entlockte".[183] Und 1851 in Königsberg „fesselte die jüngere, Wilhelmine, durch ihr Violinspiel, – zu dem mancher gepriesene männliche Virtuose nicht hinan reicht; der volle Ton ist bei solcher Jugend wunderbar zu nennen".[184]

---

[179] *Humorist*, 10. Jg., Nr. 311, 29.12.1846, S. 1255. Rezension eines Konzertes Wilma Nerudas in Wien. Diese Äußerungen erinnern stark an die Schwestern Milanollo, die als *überirdische Erscheinung* bzw. *Wesen höherer Art* beschrieben wurden und mit diesem Image ihre Karriere forcierten. Vgl. Hoffmann: Instrument und Körper, S. 320.

[180] Vgl. Scholes: The Mirror of Music, Bd. 2, S. 834 f.

[181] Signale 38.Jg., Nr. 65, 1880, S. 1031.

[182] AMZ, Februar 1847.

[183] Signale 38. Jg. Nr. 69, 1880, S. 1093.

[184] NZfM 34. Bd., Nr. 7, 14.2.1851, S. 64.

Auch bei der Erwachsenen wurde stets ihre kräftige Bogenführung betont. 1868 während ihres Triumphzuges durch Westeuropa bezauberte ihr *magischer Bogen* förmlich das Publikum.[185] Nach dem Tod Wilma Nerudas 1911 wird in einem Nachruf des *Dalibor* ebenfalls ihre Bogenführung besonders hervorgehoben:

> Es geht ihr darum ihr ehrliches inniges Gefühl allen Zuhörern zu vermitteln, einen tiefen Eindruck der musikalischen Schönheit den Menschen nahe zu bringen. Deshalb erweckt ihr Spiel manchmal einen männlichen Charakter besonders ihre Bogenführung ist außerordentlich energisch – energisch fest und nachdrücklich.[186]

Die gleichzeitige Nennung von weiblich und männlich zugeordneten Eigenschaften findet sich häufig bei Geigerinnen. So beschreibt der Rezensent der *Svensk Musik Tidning* die Polarität ihres Spiels: „Sie vereint auf eine ungewöhnliche Art und Weise das Feuer und die Geschicklichkeit einer Frau mit einer fast männlichen Kraft und Intelligenz."[187]

Die lobende Erwähnung von männlicher Kraft und Intelligenz im Geigenspiel Wilma Nerudas wertete ihr Spiel auf. Hans von Bülow erkannte Wilma Neruda sogar „Genie, also Talent in höchster Potenz"[188] zu. Allerdings galt laut Bülow die Einschränkung, dass das Wort „Genie" nur für die „eigentliche schöpferische Leistung", worunter er das Komponieren zählte, verwandt werden dürfe. Ein „produktives Genie", gekoppelt an schöpferische Leistung, sprach Bülow den Frauen dagegen absolut ab. Der Begriff „Schöpfer" galt seiner Meinung nach für Frauen nicht. Als Femininum des Begriffes spricht er vom „rezeptiven Genie", und dieses gestand er Wilma Neruda zu. Auch wenn diese Deutung des Geniebegriffes heute nicht mehr gültig ist, muss man doch wahrnehmen, dass Bülows Wilma Neruda damit ein außerordentlich großes Kompliment gemacht hat.

Bei den Rezensionen über Wilma Neruda als erwachsene Geigerin gab es also eine große Bandbreite an Aussagen, die das Weibliche wie Männliche ihres Spiels hervorhoben oder gar beides miteinander verbanden. Historisch betrachtet kann man in dieser zweifachen Genderzuschreibung den Versuch der Zeitgenossen sehen, die Genialität der Interpretin zu vermitteln.

Das spricht, trotz der Vagheit dieser Genderbezüge, dafür, dass bei ihr ein breites Spektrum ihrer Interpretationsmöglichkeiten wahrgenommen wurde.

---

[185] Signale 26. Jg., Nr. 21, 27.3.1868, S. 385.
[186] Dalibor Jg. 33 1911, S. 251.
[187] Stockholm MM, Nachlass Wilma Neruda: Zeitungssammlung: SMT 16.4.1911: „Dessutom förenade hon i süllsynt grad kvinnans eld och finkensligher med en nästan manlig kraft och intelligens."
[188] Signale Jg. 38, Nr. 16, Februar 1880, S. 243.

6. GESCHÄFTSFRAU WILMA NERUDA

Um sich als Virtuosin von ihrer Kunst zu ernähren, genügte es nicht, auf dem Instrument hervorragende Leistungen zu zeigen. Ein gewisses Gefühl für das angemessene Honorar der präsentierten Leistung war auch unabdingbar. Mitte des 19. Jahrhunderts lag das Geschäftliche meist noch in den Händen der Künstler. Agenturen existierten auf dem Kontinent in dieser Zeit noch kaum. Es bestand natürlich die Möglichkeit, die geschäftlichen Belange von einer dafür angestellten oder verwandten Person – häufig waren das bei weiblichen Virtuosen die Väter oder Ehegatten – ausführen zu lassen. Dies bedeutete aber in gewisser Weise, sich in eine Abhängigkeit zu begeben.

Als Clara Schumann sich von ihrem Vater löste, organisierte sie ihre Konzerte allein und handelte auch ihre Honorare aus. Die Quellenlage bei Wilma Neruda ist – wie erwähnt – nicht so gut wie bei der Pianistin. Anhand der vorhandenen Briefe und ihres starken Charakters kann aber vermutet werden, dass sie für ihre geschäftlichen Belange selber eintrat. Die Künstlerin reiste nicht nur allein, sondern sorgte sich auch selbst um ihre Honorare. Ein Brief belegt, dass die Virtuosin sich bereits in jungen Jahren ihres künstlerischen Wertes bewusst und eine tüchtige Geschäftsfrau war. Präzise äußerte sie ihre Bedingungen: „Wir sind einverstanden im böhmischen Theater zu spielen. Unsere Bedingungen sind: Die Hälfte der Einnahmen nach Abzug der Theaterkosten oder den Dritten Theil der reinen Einnahmen. Ich bitte mir sogleich Abschrift zu geben – nach Brünn."[189] Dies sind die klaren Worte einer 24-jährigen anerkannten Künstlerin.

Für die Zeit ihrer Tourneen in den 1860er Jahren sind keine Geschäftsbriefe vorhanden – aber wer sollte ihre Honorare ausgehandelt haben, wenn nicht sie selbst? Der Ehemann Ludvig Norman reiste nicht mit ihr und viele Konzerte ergaben sich erst vor Ort.

Von den großartigen Erfolgen in Frankreich und Belgien angespornt, wollte sie ihren Ruhm auch in England bestärkt sehen. Gerade London lockte mit seinen zahlreichen Konzertangeboten, die einen beträchtlichen Gewinn versprachen. Im Frühjahr 1869 reist die Geigerin in diese Musikmetropole. Doch die Enttäuschung ist groß. Trotz eines Empfehlungsschreibens wird ihr ein erstes Konzert nur zu sehr schlechten Konditionen angeboten. Ihres künstlerischen Wertes bewusst, lehnt

---

[189] Leipzig UB, Sondersammlungen: Kurt-Taut-Slg: Brief Wilma Neruda an den Herrn Direktor, Leipzig 22.10.1862.

Wilma Neruda dieses Angebot ab und beschreibt ihre finanziellen Forderungen gegenüber der *Philharmonic Society* wie folgt:

> Ich muss mich in meinem Brief falsch ausgedrückt haben – und ich bin sehr erstaunt, dass ich Ihnen geschrieben habe, dass ich in dem Konzert von Mr. Berger lieber umsonst spiele – ich wollte nämlich sagen, dass ich lieber in der Philharmonie umsonst spiele, als 5 Guineas zu akzeptieren. […] Ich werde in dem Konzert von M. Berger[190] für die Summe von 15 Guineas spielen.[191]

Seit Mitte der 1850er Jahre gab es in England viele Agenturen, die die geschäftlichen Angelegenheiten für die Künstler regelten. Das erleichterte vielen Künstlern ihre Engagements: Sie mussten sich nicht mehr mit vielen organisatorischen Problemen belasten und machten auch bezüglich ihrer Gage positive Erfahrungen. 1856, als Clara Schumann schon berühmt war, erhielt sie trotzdem bei ihrem ersten Konzert in der Society nur ein Honorar von 10 Guineas. Schließlich ließ sie ihre Konzertauftritte von dem Manager Chappell organisieren. Dieser erhöhte ihre Bedingungen auf 25 Guineen. Die Künstlerin musste Chappell allerdings versprechen, in keinem Konzert für weniger Geld zu spielen.[192]

Wie Clara Schumann ließ sich auch Wilma Neruda in England von Chappell managen. Vermutlich organisierte sie aber weiterhin die Tourneen nebst der zu bezahlenden Honoraren für die Konzerte außerhalb Englands selber.[193]

Zu Beginn ihrer Karriere in England akzeptierte die Geigerin noch Honorare von einem Betrag unter 20 Guineen.[194] Die Gage steigerte sich parallel zu ihren

---

[190] Francesco Berger (1834-1933), englischer Pianist, Komponist. Er war 1884-1911 Sekretär der *Royal Philharmonic Society* London.

[191] London BL, Sign. MS 347 BL 76: Brief Wilma Neruda an Unbekannten, London 17.5.1869:
„Je dois m'avoir mal exprimé dans ma lettre – et je suis fort Étonné que je vous ai Écris [sic] que je prefere [sic] de jouer au Concert de Mr Berger pour rien – C'est que j'ai voulu dire que je préfère de jouer à la Philharmonie pour rien que d'accepter 5 Guinées. […] Je jouerais dans le Concert de M. Berger pour la somme de quinze Guinées."

[192] Vgl. Ehrlich: First Philharmonic, S. 129.

[193] Vgl. Berlin SBPK, Sign. Mus. Nachl. F. Busoni B II, 3315-3321: Briefe Wilma Neruda an Feruccio Busoni. Die Korrespondenz beinhaltet Besprechungen bezüglich einer gemeinsam geplanten Tournee nach Schweden.

[194] Ehrlich: First Philharmonic, S. 129: "His [Stockhausens] terms were 20 Guineas, or 40 if there was to be a public rehearsal. In the same year Sivori refused to play for less than 20 guineas, so it was decided to ask Joachim and, failing him, Wilhelmina Neruda." (4.2.1871)

Abb. 66 Wilma Neruda, Fotografie

Erfolgen um mehr als 100%, denn auf dem Gipfel ihres Ruhmes verlangte die Künstlerin bis zu 40 Guineen für ein Konzert.[195]

Das in England so vielfältige Konzertleben bot für Musiker die Möglichkeit, sogar mehrere Konzerte an einem Tag zu bestreiten. In einem Brief an Frau Moscheles schildert Wilma Neruda, dass sie in drei Tagen fünf Konzerte nebst Proben gab.[196] Dieses große Engagement hatte allerdings zur Folge, dass das Privatleben darunter litt. So musste Wilma Neruda oft aufgrund Zeitmangels Einladungen bei Freunden absagen. Nicht nur ihre Freunde bat Wilma Neruda, Rücksicht auf ihre

---

[195] Vgl. London RAM, Sig. 2006.148: Brief Wilma Neruda an Julius Benedict, London o.J. Der finanzielle Gegenwert ihres musikalischen Könnens war bereits in früheren Jahren anerkannt. Für einen Auftritt mit ihrer Schwester wurden ihr von Julius Stockhausen 50 Gulden angeboten und für ein folgendes Konzert sogar das Doppelte. Vgl. Kopenhagen MM, FNP Kassette 1 / 3: Brief Julius Stockhausen an Wilma Neruda, o. O., o.J
[196] Vgl. London RAM, Sig. 2006.150: Brief Wilma Neruda an Frau Moscheles, o.O., 1.7., o.J.

vielfältige Konzerttätigkeiten zu nehmen, sondern auch die Konzertveranstalter: "I must ask you to put my piece in the first part of the Program as I have an other engagement afterwards."[197]

Ein weiterer Brief an die *Philharmonic Society* bestätigt die Geschäftstüchtigkeit der Geigerin:

> Dear Mr. Berger,
> I received your very charming letter. If you wish it I am quite willing to play Mendelssohn's Concert.
> About the terms, I would say that, although it is a great honour to play at the Philharmonic Concerts, I cannot make such a reduction of my usual terms, and hope you will arrange that I receive 25 Guineas.
> I shall not been in town for Wednesday rehearsal – so must rehearsal in Thursday.
> Yours very sincerely
> Wilma Hallé[198]

Anhand der erhaltenen Briefe Wilma Nerudas an die *Philharmonic Society* scheint sie ab 1900, als sie ihren Wohnsitz nach Berlin verlegte, für ihre geschäftlichen Belange auch in England wieder selbst einzutreten. So kam es vor, dass es ihr aus finanziellen Gründen geboten erschien, ein Konzertangebot für nur ein Konzert auszuschlagen, da die Kosten für die Reise von den Einnahmen nicht gedeckt worden wären. In einem Brief an Francesco Berger macht die Künstlerin dies deutlich.

> I said in may last letter to you that I am not yet certain to be in England next May. I could not promise to come for the Concert on May 30th if I can not yet 2 or 3 more engagements (with my terms) in the same week – or week before the Philharmonics Concert. If you will have my name in the Prospects under this circumstance you may have it printed.[199]

Doch schien der *Philharmonic Society* dies zu missfallen, wie aus einem Antwortbrief Wilma Nerudas an Francesco Berger zu entnehmen ist. Mit Empörung beantwortete sie den Brief:

---

[197] London BL, Sign. RPS MS 347 f. 79: Brief Wilma Neruda vermutlich an Stanley Lucas, London 8.6.1880.

[198] London BL, Sign. RPS MS 347 f. 89: Brief Wilma Neruda an Francesco Berger, Kensington 2.5.o.J.

[199] London BL, Sig. RPS MS 347 f. 94: Brief Wilma Neruda an Francesco Berger, Manchester 3.12.1906.

> I am astonished to hear from Vert[200] that you object to my accepting an engagement on May 30, Afternoon, because I am to play in the evening at the Philharmonic! Had the Phil. Society offered me my full terms, I could understand this. But you have asked me repeatedly to do the Society the great favour to reduce my terms – to play for a nominal fee! You wrote at least 5 letters about this and you asked me to let you have at least my name to be printed in your prospectus. You know from the first that I would be unable to go to London to play for what the Society offered me. And mad you object to my accepting the Symphony engagements. – I must ask you to explain to me what you mean by this.[201]

Dass Wilma Neruda sehr wohl bereit war, Konzerte abzusagen, wenn die finanziellen Bedingungen ihren geschäftlichen Interessen entgegenstanden, ist nach der vorstehenden Korrespondenz anzunehmen. Vermutlich ebenfalls aus finanziellen Gründen sagte sie ein einzelnes Konzert zugunsten einer Reihe Konzerte ab, das eigentlich im Herbst 1869 im Leipziger Gewandhaus geplant war, als sich zum gleichen Zeitpunkt mehrere lukrative Konzerte in England ergaben.[202]

Bei Problemen mit der Finanzierung konnte Wilma Neruda sehr rigoros sein. Ein Brief Ferdinand Hillers an die Künstlerin ist überliefert. In diesem schildert er die konfusen Zufälle, die zu einer Verzögerung der Zahlung des Honorars an die Künstlerin führten:

> Sehr leid thut mir, verehrte Frau, daß wir Sie nicht sehen u. hören sollen – Jeder frug mich dieser Tage danach. Aber unbegreiflich ist mir Ihre Anklage – halten Sie mich denn sporadisch verrückt? Sie schrieben mir, in einer halben Stunde müßten Sie abreisen, hätten noch kein Honorar, wünschten es aber wegen des deutschen Geldes! Ich war außer mir über die Nachläßigkeit, expedire unsere Köchin zu einem Vorstandsmitglied, das die Finanzen, oder wenigstens die Auszahlungen besorgt – sie kommt keuchend zurück, schon gestern Mittag sei die Ordre und das Geld gegeben worden – was ich nur in d. Aufregung schrieb, war vielleicht nicht richtig stylisirt – es

---

[200] Nathaniel Vert, Manager der Konzertreihe von Hans Richter.
[201] London BL, Sign. RPS MS 347 f. 96, Brief Wilma Neruda an Francesco Berger, Berlin 16. April.
Lt. Foster, Myles Birket: *The History of the Philharmonic Society of London 1813-1912*, London 1912. Das Konzert am 30.5.1907 fand unter der Leitung Dr. Frederic H. Cowen mit der *Philharmonic Society* in London statt.
[202] Vgl. Signale 27 Jg., Nr. 48, 21.9.1869, S. 759: Ankündigung Wilma Neruda für den 7.10.1869 im Gewandhauskonzert.
Signale 27.Jg., Nr. 50, 4.10.1869, S. 794: Ankündigung: Wilma Neruda ist am 7.10.1869 verhindert und wird nicht spielen.

sollte aber nie heißen, welch <u>bessere Gattung v. Reisegeld</u> können Sie verlangen als Richtschnur? Schließlich stellte sich heraus daß die Zofe an dem ganzen Durcheinander schuld war, denn sie hatte ‚unsern Fritz' am Montag fortgeschickt, mit d. Befehl sich nicht früher als Dienstag <u>um 9 Uhr</u> einzustellen. Das hätte sie Ihnen allerdings anvertrauen können! Aber mir vertrauen Sie, bitte ich, ein andermal <u>mehr</u> und mit vollster Zuversicht – Sie werden nie hintergangen werden."[203]

Es bleibt unklar, ob Wilma Neruda hier mit ihrem Misstrauen in Bezug auf ihr ausstehendes Honorar übertrieben hatte. Wie auch immer: Dank ihres sehr guten Geschäftssinnes ging es Wilma Neruda als erwachsene Virtuosin finanziell ein Leben lang gut, was im gewissen Sinn mit zu ihrem Image gehörte: „Lady Hallé ist eine vermögende Dame und bekommt nach wie vor ein hohes Honorar, wenn sie öffentlich auftritt."[204]

7. ÄLTER WERDEN ALS KÜNSTLERIN

Das Alter bzw. älter werden ist allgemein problematisch; für Virtuosen aber bringt das Älterwerden die Furcht mit sich, dass eventuell eintretende Gebrechen ein Ende der Karriere zur Folge haben. So schreibt beispielsweise Clara Schumann schon im Alter von 40 Jahren in ihr Tagebuch: „Wie unsäglich unglücklich würde es mich machen, nicht mehr in voller Kraft künstlerisch wirken zu können. Darum nur ja nicht alt werden!"[205]

Diese Furcht Clara Schumanns ist verständlich, denn letztendlich lebt jede Künstlerin und jeder Künstler für seine Kunst. Ein vorzeitiges Aufgeben derselben bedeutet nicht nur den finanziellen Ruin, sondern auch ein Verlust der künstlerischen Identität. Vielfach ist die Kunst ein Teil der Persönlichkeit und wird benötigt „wie die Luft zum atmen".[206]

Mit fast 70 Jahren beschrieb Clara Schumann der Freundin Rosalie Leser ihre Empfindungen: „Ich fühle mich, wenn ich da am Klavier sitze, wieder wie in meinen jungen Jahren, nur zieht ein leises Gefühl von Wehmut durch mein Innerstes!

---

[203] BSB München. Nerudaiana: Brief Ferdinand Hiller an Wilma Neruda, Cöln 2.4.1880.
[204] AB 3.12.1895, S. 212: „Lady Hallé år naturligtvis en förmögen dam och ätajutar fortfarande ett högt honorar, då hon uppträder offentligt."
[205] Borchard: Clara Schumann. S. 274 f. Die Eintragung in das Tagebuch erfolgte am 5.2.1860.
[206] Borchard: Clara Schumann, S. 274 f.

Ach, wie schwer ist es, Abschied zu nehmen für immer!"[207] Am gleichen Tag vertraute sie ihrem Tagebuch die „sonderbaren Zustände" ihrer Seele vor einem Konzert an: „Die Kämpfe sind aufreibend, und ich nahm mir vor, dass dieses das letzte große Konzert gewesen sein soll, in welchem ich auftrete – aber das Herz blutet mir, denke ich, dass es wirklich das letzte gewesen!"

Ähnliche Äußerungen sind von Wilma Neruda nicht bekannt. Dies mag an der diesbezüglich unergiebigen Quellenlage liegen. Allerdings steht dagegen, dass Wilma Neruda bis ins hohe Alter erfolgreich Konzerte gab. Während Clara Schumann sich gezwungen sah, aufgrund rheumatischer Erkrankungen und Arthritis in den Fingern, mit 59 Jahren nur noch ein Konzert in der Woche zu geben[208], war es in der gleichen Lebensphase Wilma Neruda noch möglich, regelmäßig in den *Monday Popular Concerts* zu spielen.

Das Spiel Wilma Nerudas fand in der Presse und bei den Zuhörern, auch nachdem sie weit über 60 Jahre alt war, noch immer große Anerkennung. Doch es gab vereinzelt kritische Stimmen. Über ein Konzert in Durham 1904 schrieb der Rezensent: „Lady Hallé hatte nicht mehr so viel Feuer wie früher, spielte aber sehr charmant Friedrich Rusts d-moll Suite."[209]

Obwohl ihre Amerikatournee ein voller Erfolg war, sprach auch dort ein Kritiker in einer Kolumne von der angeblich „nachlassenden Kraft" im Vergleich zu ihrer Energie von vor 20 Jahren[210]. Ihre Technik, schrieb er, ließe nichts zu wünschen übrig, und auch die Intonation sei noch immer sehr gut, aber trotzdem soll der Darbietung des Bruch'schen Violinkonzertes in g-Moll das „temperament and the fire of youth"[211] gefehlt haben. Es ist natürlich nicht auszuschließen, dass Wilma Neruda im fortgeschritteneren Alter nicht mehr so viel Feuer besaß wie in ihrer Jugend. Der Grund für die genannte Kritik des Rezensenten könnte aber auch darin zu suchen sein, dass sich ihr Stil im Alter gewandelt hatte – oder der Rezensent hatte schlicht andere Erwartungen an das Konzert, die die Künstlerin nicht erfüllte.

Mit dem Problem der nachlassenden Kraft in fortgeschrittenen Lebensjahren stand die Künstlerin natürlich nicht allein da. Auch Amalie Joachim wurden auf

---

[207] Borchard: Clara Schumann, S. 279. Den Brief schrieb Clara Schumann am 8.11.1890.
[208] Vgl. Reich, Nancy B.: *Clara Schumann. Romantik als Schicksal*, Reinbek bei Hamburg, 1991, S. 238.
[209] SMT 8.6.1904, S. 84: „Lady Hallé, om ej med samma briljanta glöd som fordom, spelade likväl charmant Friedrich Rusts D moll-Suite,"
[210] *Musical America*, April 1899: *Lady Hallé's Enviable Career*, Zeitungsausschnitt, erhalten von Karen Shaffer.
[211] ebd.

ihrer Amerikatournee „stimmliche Schwächen" und „nachlassende Kraft" bescheinigt,[212] und der Rezensent der *New York Times* bedauerte bei beiden Künstlerinnen, dass sie nicht früher in die Staaten gekommen seien, als sie sich noch auf dem Höhepunkt ihrer Kraft befunden hätten.[213]

Noch gravierendere Probleme hatte Hans von Bülow. War bei beiden Virtuosinnen in Konzertkritiken „nur" vom Nachlassen ihrer Kräfte die Rede, so hatte von Bülow auf seiner Amerikatournee 1889 offensichtlich massive gesundheitliche Probleme. Aufgrund von Erkrankungen litt er unter Gedächtnislücken. Öfter verlor er den Faden und musste dann improvisieren. Zeitweise versagten während der Konzerte seine Finger, so dass ganze Phrasen missglückten.[214]

Krankheiten wie sie Hans von Bülow ereilten, hatte Wilma Neruda nicht. Im Gegensatz zu ihm wurde gerade ihr hohes Niveau der Technik, sowohl der rechten als auch der linken Hand, bis ins hohe Alter stets gelobt.

Auffallend ist jedoch, dass die Kritiken der amerikanischen Rezensenten sowohl Wilma Neruda als auch Hans von Bülow gegenüber kritischer als die deutschen ausfielen. So erhielt Hans von Bülow nach seinem Debakel in den USA wieder gute Kritiken in Deutschland. Sicher hatte er sich zu Hause von seiner Krankheit erholt, aber ob er seine alte Form wiedererlangte, ist fraglich.

Hatte Wilma Neruda über keine gesundheitlichen Probleme zu klagen, die ihre Spielweise negativ beeinflussten, so zeichnete sich trotzdem ein allmähliches Nachlassen ihrer Popularität in England und hier speziell in der *Royal Philharmonic Society* ab.

Noch im Jahr 1900 wurde das Erscheinen Wilma Nerudas in London freudig begrüßt. Doch mit der Zeit erstrahlten immer neue junge Sterne am Virtuosenhimmel, und die Anerkennung ihrer hervorragenden Leistung ließ mit den Jahren in dieser Musikmetropole nach. Dies ist beispielsweise an der Höhe der Gage zu erkennen. Bei der *Philharmonic Society* bekamen jüngere Virtuosen nun häufig ein höheres Honorar als Wilma Neruda. Als die Society sich bei ihr jedoch über ihre sogenannte Armut beklagte, schrieb die Künstlerin folgende kritische Zeilen an den Agenten Francesco Berger:

I am grieved to hear that such a Society as the Philharmonic should be in want of help from artists – or anyone. But if you want help, why don't you ask the young stars

---

[212] Borchard: Stimme und Geige, S. 449 f.
[213] Vgl. NYT 6.4.1899.
[214] Vgl. Haas: Hans von Bülow, S. 106 f.

all of whom you had these last few years! Surely, if you offered Kubelik the same fees as you offer me, 20 Guineas, you would have a very good profit.[215]

Wie man diesen Zeilen ebenfalls entnehmen kann, sah sich Wilma Neruda nun der Konkurrenz junger unverbrauchter Virtuosen ausgesetzt. In einem Fall stand sie in Konkurrenz zu dem jungen Pianisten Sapellnikoff[216]. Obwohl ihr Vortrag des Mendelssohn Violinkonzertes in der Saison 1901 brillanter war und sie unter den Zuhörern viele Anhänger hatte, erhielt er für sein Spiel des Tschaikowski Klavierkonzertes 50 Pfund und eine Goldmedaille.[217]

Die Rezensenten schienen allerdings geteilter Ansicht zu sein. Beispielsweise schrieb 1908 der Rezensent der *Times*, dass Wilma Neruda mit ihrer alten Magie und der Kombination von Kraft und Feingefühl, die für sie charakteristisch waren, spielte.[218]

> Lady Hallé is equally great as solist or quartet player and worthy to stand by the side of any other player. In spite of the enormous number of Lady violinists who have appeared in the last few years, none has attained the same high level as that reached long ago by Lady Hallé.[219]

Wilma Neruda, so kann man dieser Kritik entnehmen, musste auch im fortgeschrittenen Alter die Konkurrenz jüngerer Geigerinnen nicht fürchten, da niemand dasselbe hohe Niveau wie sie erreichte habe.

Alter und Krankheiten werden bei männlichen und weiblichen Virtuosen unterschiedlich bewertet. Gewöhnlich begannen die Alterungsprozesse vor über 100 Jahren früher als in unserer heutigen Zeit. Wie oben erwähnt, wurde von Kritikern bei Amalie Joachim mit Mitte 40 von einer Ermüdung ihrer Stimme gesprochen.[220]

Daher ist es bemerkenswert, dass Wilma Neruda bei ihrem Gastspiel in Schweden 1890, also mit 52 Jahren, als „noch ganz jugendlich" bezeichnet und gesagt wird, die „Jahre haben keine Einwirkung auf ihr Spiel".[221]

---

[215] London BL, Sign. RPS MS 347 f. 92: Brief von Wilma Neruda an Francesco Berger, Manchester 26.11.1906.
[216] Wassily Sapellnikoff (1867-1941), russischer Pianist.
[217] Vgl. Ehrlich: First Philharmonic, S. 171.
[218] Vgl. *Times* 38/568, 13.2.1908, S. 10: Rezension über ein Konzert mit Francis Tovey in der Chelsea Town-Hall am 12.2.1908.
[219] Ehrlich: First Philharmonic, S. 107.
[220] Vgl. Borchard: Stimme und Geige, S. 450 f.
[221] Stockholm MM, Nachlass Wilma Neruda: Zeitungssammlung: SMT 1.6.1890, S. 86.

Nach einem Konzert Wilma Nerudas im November 1910 in Berlin bezeichnete der Rezensent der *New York Times* sie gar als „a very old Lady". Diese Art Bezeichnungen findet man für ältere männliche Künstler nicht.²²² Eine ähnliche altersmäßige Einordnung der Künstlerin stammt von Ernst von Dohnányi. Auch wenn er im Interview mit großer Hochachtung von Wilma Neruda sprach, so bezeichnete er sie als „bejahrte Dame".²²³ Über Joseph Joachims Alter sprach von Dohnányi bezeichnenderweise nicht, obwohl dieser sieben Jahre älter war als seine Kollegin und seit Jahren Arthrose hatte, worunter die Intonation seines Spiels erheblich litt.²²⁴

Letztendlich hatte die Geigerin bis kurz vor ihrem Tod konzertiert. Selbst als die Künstlerin fast 70 Jahre zählte, begeisterte sie mit Aufführungen von

---

²²² NYT 15.1.1911 „News of the Music World".
²²³ British Library, Dohnány Collection Vol XVIII – Add. MS 50,807 A.
Anlässlich seines 80. Geburtstages wurde Ernst von Dohnány vom RIAS gebeten, einige Worte für diesen Sender zu sprechen. Die schriftlichen Aufzeichnungen dieses Interviews in Dohnánys eigener Handschrift befinden sich in der British Library. Hier ein Auszug der Rede:
„Intimer waren meine Beziehungen zu Joseph Joachim, der zwei Jahre älter als Brahms war. Joachim lernte ich in England kennen. Im Sommer der Jahre 1901, – 2 und 3 spielte ich Sonaten mit ihm im Hause Victor von Millen zu Aichholz in Gmunden (Salzkammergut) wo Joachim als Gast der Exkönigin von Hannover alljährig zwei Wochen verbrachte. Dieses Musizieren war wohl der Anlass, dass Joachim mich 1905 als Prof. für Klavier an die Berliner Kgl. Hochschule für Musik berief. Ich hatte Gelegenheit an 3 Bonner Musikfesten mit Joachim-Sonaten und Kammermusik zu spielen; an einem spielte ich unter seiner Direction das Schumannsche Klavierkonzert. In Berlin war ich häufig Gast in seinem Hause und natürlich – hatte ich mit ihm als meinen Vorgesetzten auch amtlich zu tun. Ich profitierte viel von seinem Beethovenspiel, – ich hörte auch Beethovens sämtliche Quartette von ihm und seinen Quartettgenossen vorgetragen – und da er Brahmsens intimer Freund war, bekam ich durch ihn die Tradition für die Wiedergabe Brahmsischer Werke.
Eine sehr bedeutende Geigerin war <u>Lady Hallé</u> (geb. Neruda). Mit ihr spielte ich Sonaten in London und in vielen Orten Dänemarks. Sie war damals bereits eine bejahrte Dame, doch war ihr Spiel fast jugendlich temperamentvoll, kräftig, rhytmisch und sehr sauber."
²²⁴ Borchard: Stimme und Geige, S. 450 f und S. 579. Bereits im Alter von 57 Jahren begannen die ersten Anzeichen von Gicht in den Fingern des Geigers. Wenn auch Carl Flesch in seinen Erinnerungen eines Geigers das Spiel Joachims „infolge der Abwesenheit jeder Art von Vibrato einen Anstrich von Greisenhaftigkeit" attestierte. In den offiziellen Rezensionen der Zeitungen war davon nichts zu lesen.

Brahms'schen Sonaten noch das Publikum. Über das Konzert vom 12. Februar 1908 in der *Chelsea Town-Hall* berichtete der Rezensent der *Times*:

> The sonatas were Brahms's in D minor and the ‚Kreutzer'; and in both of them Lady Hallé played with all her old magic and with the combination of strength and delicacy that has always been characteristic of her. Particularly admirable was the virility which she put into the last movement of the D minor sonata, and in the ‚Kreutzer' all the turns and embroideries were given with rare grace and sense of duration.[225]

---

[225] *Times* Nr. 38/568, 13.2.1908, S. 10.
Es handelt sich dabei um die Sonate für Klavier und Violine Nr. 3 d-Moll op. 108 von Johannes Brahms und die Sonate A-Dur op. 47 von Ludwig van Beethoven. In diesem Konzert konzertierte Wilma Neruda gemeinsam mit Francis Tovey.

IV. REPERTOIRE

1. PROGRAMMGESTALTUNG IM 19. JAHRHUNDERT

Mitte des 19. Jahrhunderts wurden an einem Konzertabend neben Instrumentalsoli, Duetten und Kammermusik immer auch einige Gesangsnummern präsentiert. Die Reihenfolge der Stücke wurde vom Musikdirektor bestimmt.[1] In sinfonischen Konzerten war es allgemein üblich, dass neben einer Sinfonie oder einem Instrumentalkonzert noch eine vom Klavier begleitete Sonate oder eine Folge von virtuosen Soloeinlagen mit Improvisationen das Programm ergänzten. Es war Clara Schumann, die diese Konventionen durchbrach und Wert auf stilvolle Programmgestaltung und seriöse Musik legte, deren Zusammenstellung sich begründen ließ.[2] Ab Mitte des 19. Jahrhunderts etablierte sie Programmfolgen, die bis in unsere Zeit gebräuchlich sind. Rein solistische Darbietungen findet man in der Regel heute nur noch in Recitals oder als Zugaben in Orchesterkonzerten. Doch diese Entwicklung brauchte Zeit, und lange Zeit herrschten mehrere Programmformen parallel in den Konzerthäusern.

In den Anfängen des Konzertlebens war es Usus, stets möglichst neu komponierte Werke darzubieten.[3] Das änderte sich Mitte des 19. Jahrhunderts. Waren bis dahin historische Konzerte eher die Ausnahme, bevorzugte das bürgerliche Publikum zunehmend das Repertoire verstorbener Meister wie Bach, Beethoven, Haydn, Mozart und Mendelssohn. Das bedeutete zugleich, dass Aufführungen zeitgenössischer Komponisten in den Hintergrund traten. Entsprechend entwickelten sich die Programme zunehmend dahingehend, dass aktuelle Musik nur noch für eine Geschmackselite, die sich ihr gegenüber aufgeschlossen zeigte, gespielt wurde. Parallel dazu veränderte sich das Repertoire der Musiker ab Mitte des 19. Jahrhunderts.

Um 1840 wurden von Franz Liszt und Clara Schumann die sogenannten Recitals eingeführt, d.h. einen Abend lang erklang die Musik eines Soloinstrumentes. Allerdings war diese Art Konzert eher etablierten Virtuosen vorbehalten, denn der Publikumsgeschmack ging in jener Zeit noch dahin, mehrere Künstler an einem Abend hören zu wollen[4]. Recitals waren daher riskant, und nur die berühmtesten

---

[1] Schwab: Das Konzert, S. 14.
[2] Siegfried Mauser: Klavier und Kammermusik, in: Danuser (Hg.): *Musikalische Interpretation*, Laaber 1997, S. 397.
[3] Vgl. Schwab: Das Konzert, S. 18 f.
[4] Vgl. Bär, Ute: Zur gemeinsamen Konzerttätigkeit Clara Schumann und Joseph Joachims, S. 51, in: Ackerman (Hg.): Clara Schumann, S. 34-57.

Instrumentalistinnen und Instrumentalisten konnten sich sicher sein, mit dieser Art Programm den Konzertsaal zu füllen.

Wunderkinder, die am Beginn ihrer Karriere standen, traten daher in der Regel in gemischten Programmen auf. Sie waren auf die Mitwirkung etablierter Solistinnen und Solisten angewiesen, um überhaupt erst berühmt zu werden. So auch Wilma Neruda, die am Anfang ihrer Karriere beispielsweise mit Jenny Lind in Wien mehrmals auftreten konnte.

2. PROGRAMME DES WUNDERKINDES. 1846-1856

In den 1840er Jahren zogen Virtuosenkonzerte mit spezifischen Kompositionen das Publikum an. Die Virtuosen verführten ihr Publikum mit Programmen, die in erster Linie dazu da waren, rasante Technik zur Schau zu stellen. Eine Vielzahl virtuoser Werke entstand, bei denen explizit die scheinbar leicht überwundenen Schwierigkeiten vorgeführt werden konnten. Eingeführt durch Paganini, zeigen Violinvirtuosen neue Techniken, wie das Spiel von natürlichen und künstlichen Flageolettönen, das gleichzeitige Greifen und Pizzicato mit der linken Hand, Skalenläufe in Terzen, Sexten, Oktaven oder gar Dezimen, die das Publikum in immer neues Erstaunen oder gar Erschauern versetzten. Es entstanden ganze Kompositionen auf nur einer Saite und sogar col legno Akzente in einzelnen Passagen.[5] Wollten Wunderkinder diesem Wettbewerb der Technik standhalten, mussten auch sie sich dieses Repertoire aneignen und entsprechend präsentieren.

Zu Beginn ihrer Karriere wurde Wilma Neruda von ihrer Schwester Amalie am Klavier begleitet. Demzufolge enthielt das Repertoire ausschließlich Stücke für Violine allein oder mit Begleitung des Piano. Vermutlich trug der Vater Josef Neruda die Verantwortung für die Wahl des Repertoires. Dem Zeitgeist entsprechend, wählte der Vater der Wunderkinder vor allem virtuose Stücke, die das nach Unterhaltung strebende Publikum zu hören wünschte. Das war nichts Außergewöhnliches; auch Clara Schumann orientierte sich zu Beginn ihrer Karriere am Publikumsgeschmack.[6]

---

[5] Vgl. Dieter Gutknecht: Zur geschichtlichen Entwicklung der „Geigen-Virtuosität" bis einschließlich Henryk Wieniawski, S. 43, in: *Henryk Wieniawski. Composer and Virtuose in The Musical Culture of The XIX and XX Centuries*, hg. von Maciej Jabłoński und Danuta Jasińska, Poznan 2001, S. 35-48.

[6] Vgl. Borchard: Reisende Musikerinnen, S. 195.

2. Programme des Wunderkindes. 1846-1856

So bezauberte das Wunderkind Wilma Neruda ihre Zuschauer mit Werken wie *Souvenir de Bellini, Fantasie brillante für Violine* von Joseph Artot[7], *Souvenir d'Amérique, sur Yankee Doodle op. 17, Air varié* op. 6 und *Fantaisie-Caprice op. 11* von Henri Vieuxtemps, *Rondo für Violine* von Charles de Bériot und Kompositionen von Heinrich Wilhelm Ernst wie der *Elégie sur la mort d'un objet chéri, op. 10* und *Le Carnaval de Venise op. 18*. Eduard Hanslick, der die Virtuosität Wilma Nerudas rühmte und ihr eine glänzende Zukunft prophezeite, bemerkte allerdings über das Programm eines Wiener Konzertes:

> Sie spielte eine schaale Virtuosen-Phantasie von Alard, die Primstimme in einem ebenso schaalen Trio von Zäch, endlich den ‚Carneval von Venedig'. Da mir der Componist des letzteren Stückes, Ernst, vor einigen Jahren versicherte, der ‚Carneval' sei ihm selbst schon unleidlich, so wird man es mir wohl erlauben, dasselbe zu bekennen.[8]

Diese Meinung Hanslicks lässt erkennen, dass Mitte des 19. Jahrhunderts Virtuosenkonzerte zwar beim Publikum noch im Trend waren, einige Rezensenten ihrer aber langsam überdrüssig wurden. Selbst Ole Bull, der einst gerühmt wurde für seinen Vortrag der nordischen Idylle und elegischen Schmerzensmelodien, wurde 1851 auf seiner Konzerttournee durch den Norden Deutschlands stark kritisiert.[9] Für ihn hatte die Wahl seiner Stücke zur Folge, dass nach dem ersten Konzert die übrigen Veranstaltungen in Elbig kaum noch besucht wurden.

Doch diese Art Kritik blieb bei Wilma Neruda die Ausnahme. In Königsberg beispielsweise fesselte sie mit ihrem vollen Ton das Publikum. Hinzu kam, dass sich bald der Bruder Viktor mit dem Cello zu den Schwestern gesellte. Infolgedessen war es möglich, das Repertoire zu erweitern und zu verändern. Nun konnten Klaviertrios in die Programme integriert werden, wie z.B. eines von Charles de Bériot, Ludwig van Beethoven und das *Capriccio Les Arpéges op. 15* von Henri Vieuxtemps. Das Klaviertrio von Beethoven erklang beispielsweise 1848 in Berlin zweimal in Zusammenhang mit der Pausenmusik im *Königstädtischen Theater*.[10]

---

[7] Joseph Artot (1815-1845), belgischer Violinist, Komponist.

[8] Eduard Hanslick: Aus dem Concert-Saal, S. 19.

[9] NZfM 34. Bd., Nr. 20, 16.5.1851, S. 210; „Leider verflachen seine Programme immer mehr, so dass man sich zuletzt die paar seelenvollen Züge mit Mühe aus dem Schwulste von Virtuosenkunststücken ohne Sinn und Verstand, heraussuchen musste. Schade um den inneren Theil dieses wunderbaren Künstlers!"

[10] Es ist nicht bekannt, um welches Klaviertrio von de Bériot und von Beethoven es sich handelte.

Im Bereich der Solokonzert-Literatur wählte Wilma Neruda zu Beginn ihrer Karriere ein Konzert von Charles de Bériot. Noch 1849, bei ihrem ersten Auftritt in der *Philharmonic Society*, überzeugte sie das Publikum mit diesem Konzert.[11]

3. PROGRAMME DER JUNGEN KÜNSTLERIN. 1856-1869

Einige Jahre nach dem Tod des Bruders Viktor trat Franz Neruda als Cellist in das Familienensemble ein. Gleichzeitig entschloss sich Josef Neruda, den Bratschenpart zu übernehmen. Von nun an gehörten zu den noch immer gemischten Programmen vermehrt Streichquartette von Joseph Haydn, Wolfgang Amadeus Mozart, Ludwig van Beethoven und Felix Mendelssohn Bartholdy.

Im Vergleich zu anderen Formationen, die sich sporadisch zusammenfanden, hatte das Familienensemble den Vorteil, dass sie zusammen reisten und probten. Daher waren sie gut aufeinander eingestimmt. Durch das perfekte Zusammenspiel hoben sich die Künstler von anderen Ensembles weitgehend ab. Und so ist es nicht verwunderlich, dass die Kritiker aufgrund dieser Ausführungen der Stücke voll des Lobes waren: „Sie spielen Duette, Trios und Quartette mit einer unglaublichen Übereinstimmung, sauberem Spiel und einem Verständnis für klassische Musik, dass man sich eine bessere Ausführung nicht denken kann."[12] Auch die Zeitschrift Dalibor schloss sich diesem Urteil an und lobte das hervorragende Zusammenspiel „wo es schien, als würde die Musik aus einer Seele kommen".[13]

Besonders häufig spielten die Geschwister das Streichquartett Nr. 1 Es-Dur op. 12 von Felix Mendelssohn Bartholdy. Der zweite Satz, die *Canzonetta*, entzückte

---

[11] Anhand der Quellen ist nicht zu ermitteln, um welches Violinkonzert von Charles de Bériot es sich handelt. In verschiedenen Rezensionen wird entweder das fünfte Konzert benannt oder das Violinkonkonzert D-Dur. Sowohl das erste als auch das fünfte Violinkonzert stehen in dieser Tonart. *Humorist* 10. Jg., Nr. 311, 29.12.1846, S. 1255: Hier wird das Konzert von Charles de Bériot in D-Dur erwähnt. WAMZ 7. Jg., Nr. 94, 7.8.1847, S. 377: Hier ist von dem 5. Violinkonzert von Charles de Bériot die Rede.

[12] *Musikalnij Iswestia Charkow*: 28.4.1860 Nr. 45. „Они используют дуэты, трио и квартеты с таким удивительным согласием, с такою чистотою игры и с пониманием классической музыки, что лучшего исполнения кажется и желать невозможно."

[13] Dalibor 4. Jg., Nr. 2, 10.1.1861, S. 28: „kde se nám zdálo, jakoby hudba ta plynula z jedné duše."

das Publikum so sehr, dass er nachweislich sowohl in Odessa[14], Kopenhagen[15] als auch in Brünn wiederholt werden musste.[16]

> Man muß aber gestehen, daß in der Exekutierung dieses Satzes die Künstler kaum einen Rivalen zu scheuen haben. Um den Wünschen des Publikums nachzukommen, wurden nebst den Quartetts auch noch ein Duett nach Motiven von Meyerbeers Hugenotten zur Aufführung gebracht in welch insbesondern Frl. Wilma und Herr Franz Neruda die virtuose Behandlung ihrer Instrumente zu zeigen Gelegenheit hatten.[17]

Diese Rezension des Kritikers Wenzel lässt erahnen, dass die Zuschauer auch in den 1860er Jahren nach reinen virtuosen Stücken verlangten. Dem beugten sich die Nerudas, denn schließlich regierte das Gesetz des Marktes. Von den jungen Virtuosen wurde erwartet, dass sie das Publikum unterhalten, und diesen Ansprüchen hatten sich die Nerudas zu unterstellen.

Clara Schumann dagegen fügte sich diesen Erwartungen selten. Dabei musste sie teils unangenehme Erfahrungen machen. Nach ihrer Eheschließung spielte sie vermehrt Werke von Robert Schumann, die zu der Zeit noch wenig bekannt waren. Obwohl die Pianistin als Künstlerin schon mehr als respektiert war, spielte sie beispielsweise in Wien 1847 vor fast leerem Konzertsaal.[18] Das zweite Konzert mit Werken Robert Schumanns deckte nicht einmal die Unkosten. Erst im vierten Konzert, in dem Jenny Lind als Sängerin anwesend war, führte das Konzert zu dem erwünschten Erfolg für Clara Schumann.[19]

> Man machte mir den Vorwurf, ich spiele zu gute Sachen, die verstünde das Publikum nicht. Mir war dieser Vorwurf lieber als ein umgekehrter. Ich merkte aber gar bald, dass ich nicht nach Wien passe, und die Lust, hierzubleiben, verging mir ganz, noch

---

[14] Vgl. *Одесские Вестник (Odesskije Westnik)* Nr. 45, 24.4.1860.
[15] Vgl. *Berlingske Tidning* Nr. 98, 28.4.1862 .
[16] Vojtěch Kyas: Rodina Nerudů, S. 232.
[17] ebd. S. 232: Das Konzert fand am 25.11.1860 in Brünn in der Redoute statt. Außer den genannten Werken standen noch auf dem Programm: Ludwig van Beethoven: Streichquartett F-Dur op. 59 – Napoléon-Henri Reber: *Berceuse* für 2 Violinen und Violoncello. Napoléon-Henri Reber (1807-1880), französischer Komponist.
[18] Vgl. La Grange, Henry-Louis de: *Wien. Eine Musikgeschichte*, Frankfurt/Main 1997, S. 207: Am 1.1.1847 standen von Robert Schumann folgende Werke auf dem Programm: 1. Sinfonie B-Dur op. 38 und das Klavierkonzert a-moll op. 54. Als Solistin am Klavier spielte Clara Schumann.
[19] Vgl. NZfM 26. Bd., Nr. 7, 22.1.1847, S. 28.

viel weniger kann sich Robert hier auf die Länge gefallen. Die Mittel zu dem Besten sind hier, doch der gute Sinn fehlt – die Italiener verderben das Publikum.[20]

Neben speziellen Virtuosenstücken standen in der damaligen Zeit Variationen zu aktuellen Opern und Arrangements zu verschiedenen populären Stücken im Trend.[21] Diesem Wunsch des Publikums trugen auch die Geschwister Neruda Rechnung. In Brünn erklangen beispielsweise die Bearbeitungen von Beethovens *Adelaide*[22] arrangiert für zwei Violinen und Violoncello von Ludwig Maurer[23] und Schumanns *Sheherazade* und *Träumerei*, arrangiert von Franz Neruda in der gleichen Streicherbesetzung. Letztere Arrangements waren beim Publikum überaus beliebt, so dass sie in Brünn allein fünf Mal aufgeführt wurden.[24]

Die Zuschauer in Dänemark bevorzugten neben Variationen von Opernarien Bearbeitungen nordischer Volkslieder für verschiedene Instrumentalgruppen.[25] Ludvig Norman, der zeitweise die Geschwister auf ihrer Tournee begleitete, arrangierte speziell für das Nerudatrio die Lieder *Du gamla, du friska, du fjällhöga Nord*, *Och mins du hvad du lofvade* und *Mandom, med og morke män* mit denen sie im Folketheatret Kopenhagen Furore machten.[26]

In Stockholm dagegen gestalteten die Geschwister bereits 1861 gemeinsam mit Kollegen der Hofkapelle reine Quartettabende.[27] Daran anknüpfend gründete Wilma Neruda nach ihrer Eheschließung mit Ludvig Norman 1865 in der schwedischen Hauptstadt eine Kammermusikreihe. Gemeinsam mit der Schwester Marie Neruda und Kollegen der Hofkapelle gestaltete sie hier reine Kammermusikprogramme in den Besetzungen Trio, Quartett und Quintett. Das Neue und Fortschrittliche an dieser Konzertfolge war, dass sie keine Gesangstitel enthielt.

Neben Werken von Beethoven, Cherubini, Mozart und Haydn erklangen Kompositionen von Mendelssohn, Lindblad und Schumann. Werke von Franz Schubert hatte die Künstlerin bisher nicht gespielt. Erst in der neu initiierten Kammer-

---

[20] ebd. S. 207.
[21] Vgl. Siegfried Mauser: Klavier- und Kammermusik, S. 398.
[22] Vgl. Kyas: Rodina Nerudů. 25. Jg., Nr. 8, 1993, S. 233, Konzert vom 22.11.1863.
[23] Ludwig Maurer (1789–1878), deutsch russischer Komponist.
[24] Vgl. Kyas: Rodina Nerudů. 25. Jg., Nr. 8, 1993, S. 231, Konzert vom 13.11.1859.
[25] Vgl. Heinrich Schwab: Kopenhagen als Reiseziel, S. 152.
[26] Vgl. *Berlingske Tidende* Nr. 73, 27.3.1862; Nr. 75, 29.3.1862; Nr. 86, 11.4.1862.
[27] Vgl. Stockholm MM, Nachlass Wilma Neruda, Sammlung Programmzettel: Am 19.12.1861 standen auf dem Programm: Mendelssohn Bartholdy: Quartett Es-Dur op. 12 – Wolfgang Amadeus Mozart: Quartett in B-Dur – Ludwig van Beethoven: Quartett F-Dur op. 59 Nr. 1. Das Konzert fand im D*e la Croix's Salon*g statt.

musikreihe im Jahr 1866 stand nun das Streichquartett d-Moll D 810 *Der Tod und das Mädchen* auf dem Programm.

Neben einer Vielzahl von virtuosen Stücken und Sonaten hatte sich in den Jahren das Solokonzertrepertoire Wilma Nerudas ebenfalls erweitert. Zu den Violinkonzerten ihres Repertoires zählten nun in erster Linie das Violinkonzert e-Moll op. 64 von Felix Mendelssohn Bartholdy und jenes in D-Dur op. 61 von Ludwig van Beethoven. Daneben spielte sie sehr häufig das Violinkonzert Nr. 8 a-Moll op. 47 *In modo d'una scena cantata* von Louis Spohr und das erste Violinkonzert E-Dur op. 10 von Henri Vieuxtemps.

4. ETABLIERTE KÜNSTLERIN. 1869-1911

Wie beschrieben konzertierte Wilma Neruda ab 1869 vorwiegend in England. Das die Konzertkultur tragende Publikum war breiter und vermögender als in großen Teilen des Kontinents. Genügend gut zahlende Zuschauer ermöglichten eine große Anzahl von Konzerten mit unterschiedlichen Programmen. Für die Instrumentalistinnen und Instrumentalisten bedeutete das, ein entsprechend vielseitiges Repertoire zu pflegen.

Wilma Neruda leitete ab November 1869 als Primaria regelmäßig die *Monday Popular Concerts* und wurde zu einer Institution dieser Konzertreihe. Diese Konzerte waren für ein breites Publikum gedacht und präsentierten daher weiterhin Mischprogramme, waren aber keine reinen Virtuosenkonzerte. Im Gegenteil: Den Interessenten sollte ein musikalisch ernsthaftes Repertoire vermittelt werden.

Ein weiteres Standbein hatte Wilma Neruda in Manchester. Hier spielte die Geigerin regelmäßig als Solistin in den Hallé-Konzerten.[28] Diese Konzerttätigkeiten bedeuteten für die Geigerin, ein vielseitiges Repertoire sowohl im solistischen als auch kammermusikalischen Bereich zu präsentieren, um auf dem Markt Bestand zu haben.

4.1 Solorepertoire

4.1.1 *Konzerte*

Ihr erneutes Debüt in England gab Wilma Neruda, wie bereits erwähnt, im Mai 1869 mit dem *Adagio und Rondo* aus dem ersten Violinkonzert E-Dur op. 10 ihres

---

[28] Die Programmlisten der Hallé-Konzerte sind fast vollständig erhalten. Daher werden sie für die Betrachtung des Solorepertoires in erster Linie herangezogen.

Mentors Henri Vieuxtemps. Doch nicht nur Vieuxtemps überzeugte die Geigerin, England als ihren Konzertmittelpunkt zu wählen. Laut Aussage der Künstlerin bestärkte auch Joseph Joachim sie in diesem Schritt.[29] Inwieweit der Geiger Wilma Neruda bei der Wahl ihres Repertoires beeinflusste, sei dahingestellt.

Seit Jahren konzertierte Joseph Joachim als Primarius in den *Monday Popular Concerts*, und eine seiner häufigsten Begleiterinnen auf dem Klavier war keine Geringere als Clara Schumann. Der Geiger sah sich in der Funktion als Vertreter der deutschen Kunstmusik und besonders in England sozusagen als „Reisender Botschafter" derselben.[30]

In seinem Solorepertoire nimmt das Violinkonzert D-Dur op. 61 von Beethoven eine besondere Stellung ein. Dieses Konzert, das lange Zeit von den Kritikern als im „Zusammenhang oft ganz zerrissen"[31] schien, hatte Joachim 1844 als Dreizehnjähriger unter der Leitung von Felix Mendelssohn Bartholdy in London in der *Philharmonic Society* erstmalig dem Publikum verständlich gemacht. Sein Erfolg mit diesem Konzert war enorm. Von nun an war das Violinkonzert D-Dur op. 61 von Beethoven stets mit dem Namen Joseph Joachims verbunden.

Beethovens Violinkonzert zählte ebenfalls zum Kernrepertoire Wilma Nerudas. Das Violinkonzert e-Moll op. 64 von Felix Mendelssohn Bartholdy trug sie aber ebenso oft vor, denn für sie gab es bei diesen beiden Konzerten keine Präferenz. Wie sehr die Geigerin ihre Zuhörer mit der Interpretation dieser Konzerte begeisterte, belegt eine Rezension anlässlich eines Vortrages in Wien:

> Frau Neruda hat mit ihrem jüngsten Vortrage des Mendels'sohnschen Concertes wie uns dünkt, ihre frühere Leistung noch entschieden übertroffen. Selten haben wir so glockenreinen, silberhellen Ton, so leicht hingehauchte Bravour und so fein abgestuften Vortrag gehört. Welcher Hochgenuß, dachten wir, für Jemanden der das Mendels'sohnsche Violin-Concert mehrere Jahre lang nicht gehört hätte! Und das Beethoven'sche auch! Man weiß aber, wie viele Violinvirtuosen jahraus jahrein Wien besuchen und wie wenige davon jene beiden Concerte n i c h t spielen.[32]

---

[29] Interview Wilma Neruda, S. 171.
[30] Borchard: Stimme und Geige, S. 517.
[31] Joachim, Joseph: *Sechzehn Meisterwerke der Violinliteratur bezeichnet und mit Kadenzen versehen von Joseph Joachim, Violinschule*, Bd. 3, Berlin 1905. Vgl. auch: Borchard: Stimme und Geige, S. 509.
[32] Neue Freie Presse Nr. 5964, 6.4.1881, S. 2.

Nicht nur während ihrer Tournee in Wien, auch in Stockholm spielte sie beide Konzerte.[33] Die Geigerin galt jedoch nicht wie Joachim explizit als *die Beethoven-Interpretin*, obwohl sie augenscheinlich ein besonderes Interesse an dem Komponisten hatte, denn sie spielte sein Tripelkonzert für Klavier, Violine und Violoncello C-Dur op. 56 mit Orchesterbegleitung allein in den Hallé-Konzerten sieben Mal. Auch die beiden Romanzen in G-Dur op. 40 und F-Dur op. 50 mit Orchesterbegleitung von Beethoven erfreuten sich bei Wilma Neruda größter Beliebtheit und das nicht erst seit ihres Debüts in England 1869. In Stockholm kam die Romanze in F-Dur beispielsweise im Februar 1867[34] zum Vortrag, und auch in Manchester spielte die Geigerin dieses Werk neun Mal. Da es bei Kammermusikabenden gebräuchlich war, Romanzen mit Klavierbegleitung vorzutragen, erklang sie ebenfalls unzählige Male in den *Monday Pops Concerts*. Die Romanze in G-Dur stand dagegen in Manchester nur drei Mal auf dem Programm und kam in den Pops-Konzerten ebenfalls bedeutend seltener zur Aufführung.

Weiterhin ist zu erwähnen, dass das achte Violinkonzert a-Moll op. 47 Spohrs – die Gesangsszenen – von Wilma Neruda gleichermaßen geschätzt wurde wie die bereits oben aufgeführten Violinkonzerte. Neben dem 8. brachte sie von dem Komponisten die Violinkonzerte Nr. 7 e-Moll op. 38, Nr. 9 in d-Moll op. 55 und Nr. 12 in A-Dur op. 79 zur Aufführung. Daneben erklangen die *Concertanten* für zwei Violinen und Orchester Nr. 1 A-Dur op. 48 und Nr. 2 h-Moll op. 88 von Spohr häufig in den Manchesterkonzerten, wobei sie Letzteres gemeinsam mit Joachim in der Stadt dreimal gemeinsam aufführte.

Sicherlich zum Andenken an ihren Mentor Henri Vieuxtemps führte Wilma Neruda dessen Violinkonzert Nr. 1 E-Dur op. 10 weiterhin in ihrem Repertoire. Allein in der *Philharmonic Society* erklang es drei Mal und in den Hallé-Konzerten fünf Mal. Verschiedentlich spielte sie allerdings nur das *Adagio und Rondo* aus diesem Konzert. Das ihr von dem Komponisten gewidmete[35] Violinkonzert G-Dur Nr. 6 brachte sie am 2. Februar 1882 in Manchester zur Aufführung, spielte es danach aber kaum noch. Dieses Konzert wurde auch von anderen zeitgenössischen Geigern vernachlässigt.

---

[33] Vgl. SMT 15. Jg, Nr. 7, 2.4.1895; SMT 20. Jg., Nr. 2, 15.1.1900. Als Beispiele stehen die Tourneen 1895 und 1900 nach Stockholm.

[34] Vgl. Stockholm MM, Nachlass Wilma Neruda: Zeitungssammlung: NIT 23.2.1867.

[35] Vgl. BSB München, Nerudaiana: Brief der Tochter Vieuxtemps', Frau Landowska, an Wilma Neruda, Mustapha Interieure 28.6.1881.

Abb. 67 Wilma Neruda, Fotografie Elliott & Frey London

In dieser Zeit war es keineswegs selten, an einem Abend zwei Violinkonzerte zu bestreiten.[36] Beispielsweise brillierte sie in Stockholm am 20. April 1886 in der Königlichen Musikakademie mit dem Violinkonzert Nr. 12 A-Dur op. 79 von Louis Spohr und dem Violinkonzert Nr. 1 E-Dur op. 10 von Vieuxtemps. Einige Jahre später kombinierte die Geigerin in der Königlichen Oper der schwedischen Hauptstadt die Violinkonzerte Nr. 8 a-Moll op. 47 *Die Gesangsszenen* mit dem Violinkonzert e-Moll op. 64 von Mendelssohn,[37] ein musikalischer Kraftakt sondergleichen.

Das Violinkonzert D-Dur von Brahms führte Wilma Neruda in den Hallé-Konzerten nur ein Mal auf (20 Jahre nach der Komposition dieses Werkes). 1906 spielte sie dieses Werk zumindest noch einmal mit großem Erfolg: „Lady Hallé played with that exquisite refinement and unfailing accuracy which always characterise

---

[36] Vgl. Weiß, Günter: *Der große Geiger Henri Marteau*, Tutzing 2002, S. 118.
Marteau spielte gar 1910 in Kopenhagen noch zwei Violinkonzerte an einem Abend.
[37] Vgl. Stockholm MM, Nachlass Wilma Neruda: Sammlung Programmzettel, 20.4.1886 sowie einer o.D.

her performances, and was received with the enthusiasm which must ever greet in this city."[38]

Trotz der vergleichsweise geringen Aufführungszahl des Violinkonzertes op. 77 zählen die Werke Johannes Brahms' zum Kernrepertoire Wilma Nerudas. Das lässt sich an ihrer Begeisterung für das Doppelkonzert für Violine, Cello und Orchester a-Moll op. 102, das sie allein in Manchester drei Mal spielte, zeigen.

Unterschied sich die Aufführungspraxis von Wilma Neruda und Joseph Joachim bei den Violinkonzerten Beethovens oder Brahms kaum, so waren die Meisterin und der Meister bezüglich des Violinkonzertes a-Moll op. 53 von Antonín Dvořák unterschiedlicher Meinung. Obwohl Joachim aktiv an der Gestaltung dieses Werkes mitwirkte, führte er die endgültige Fassung niemals öffentlich auf. Wilma Neruda dagegen spielte das Konzert mehrere Male in Manchester. Lässt sich vielleicht das Interesse an diesem Konzert auch als Sympathiebeweis für ihren Landsmann Dvořák deuten? Zumal die Geigerin seine *Romantischen Stücke* op. 75 bei vielen Gelegenheiten, nicht nur in den Hallé-Konzerten, sondern auch vielfach in Kopenhagen und Stockholm, präsentierte. Die Vorliebe für Dvořák zeigt auf, dass Wilma Neruda sich nicht wie Joseph Joachim in erster Linie als „Botschafter in deutscher Kulturmission"[3] sah. Ihr Repertoire war breiter gefächert und enthielt entschieden mehr Werke von Komponisten außerhalb des deutschen Sprachraumes.

Allerdings taucht das Violinkonzert D-Dur op. 35 von Peter Tschaikowski auch bei Wilma Neruda nicht im Repertoire auf. Möglicherweise lag dies an der negativen Kritik Eduard Hanslicks anlässlich der Aufführung des Violinkonzertes in Wien 1881. In seiner Rezension äußerte er sich „ob es auch Musikstücke geben könne, die man stinken hört"[40], ein Urteil, das mehr als vernichtend war.

Die Violinkonzerte von Wolfgang Amadeus Mozart erfreuten sich im 19. Jahrhundert noch nicht so großer Beliebtheit. Joachim spielte die Werke selten und auch bei Wilma Neruda findet man außer dem Violinkonzert Nr. 6 in Es-Dur KV 268[41] keines in ihrem Repertoire. Lediglich die Konzertante Sinfonie für Violine

---

[38] MT 39. Bd., 1.2.1899, S. 116. Wilma Neruda spielte das Violinkonzert von Brahms am 17.11.1906 in der *Queen's Hall* in London unter Henry Wood (1869-1944, britischer Dirigent – Gründer der *Promenade Concerts*, kurz Proms genannt) in London. Vgl. Stockholm MM, Nachlass Wilma Neruda, Sammlung Programmzettel.

[39] Vgl. Beatrix Borchard: Stimme und Geige, S. 503.

[40] Hanslick, Eduard: *Concerte, Componisten der letzten fünfzehn Jahre 1870-1885. Kritiken*, 4. Aufl., Berlin 1896.

[41] Vgl. Dr. Ludwig Ritter von Köchel: *Chronologisches-Thematisches Verzeichnis sämtlicher Tonwerke Wolfgang Amadeus Mozart*, 3. Auflage Leipzig 1937, S. 435. Es stellte sich heraus, dass man

und Viola Es-Dur KV 364 von Mozart führte die Geigerin in ihrem Repertoire, sowie ein Adagio in E-Dur KV 261, das er ursprünglich als langsamen Satz für ein Violinkonzert gedacht hatte.

Große Beachtung fand dagegen das Doppelkonzert für zwei Violinen d-Moll BWV 1043 von Johann Sebastian Bach bei Wilma Neruda und Joseph Joachim. Sie brachten es sowohl gemeinsam als auch jeder allein zur Aufführung.[42]

> At his eighteenth Concert Sir Charles Hallé was very beautiful, enabling us to enjoy as perfect a rendering, by Lady Hallé and Dr. Joachim, of Bach's Concerto in D minor, for two violins, as we are likely ever to hear, and a charmingly finished interpretation of Spohr's Concertante Duet in B minor (Op. 83), in which the players seemed excited to most generous emulation.[43]

Es kann sogar gesagt werden, dass Joachim ab 1869 in England fast ausschließlich Wilma Neruda als seine Violinpartnerin in diesem Doppelkonzert wählte. Wie wichtig Wilma Neruda ihrerseits die künstlerische Zusammenarbeit mit Joseph Joachim war, beschreibt ein Brief der Künstlerin an den Hofkapellmeister Berger[44]. In diesem Brief ist die Geigerin zu Zugeständnissen bei der Gage bereit, da ihr die Zusammenarbeit mit Joachim wichtiger schien als ihre üblichen Honorarforderungen.

Ihre Verehrung für Bach drückten beide Künstler zudem aus, indem sie 1874 dem Fonds für die Errichtung eines Bach-Denkmales in Eisenach die Einnahmen eines Sonderkonzertes in Manchester stifteten.[45]

Die Vorliebe für das Violinkonzert Nr. 22 a-Moll von Giovanni Battista Viotti[46] teilten die Geigerin und der Geiger ebenfalls. Ihre Verbundenheit mit diesem Werk

---

irrtümlich annahm, das Werk sei von Mozart, was aber inzwischen als Fehler eingeräumt wurde. Das Konzert enthält zahlreiche Ungeschicklichkeiten. Außerdem unterscheidet sich die Instrumentierung in der Begleitung sehr von den übrigen Violinkonzerten und enthält im höchsten Maße technische Schwierigkeiten für das Soloinstrument, die die der übrigen Konzerte wesentlich übersteigen.

[42] Allein in den Hallé-Konzerten erklang das Werk, gespielt von den beiden Instrumentalisten, mindestens sechs Mal. In diesem Zusammenhang kamen auch die Doppelkonzerte von Louis Spohr b-Moll op. 83 und A-Dur op. 48 des Öfteren mit großem Erfolg zur Aufführung.

[43] MT 31. Bd., 1.4.1890, S. 228.

[44] Vgl. Berlin SBPK, Brief Wilma Neruda an Kapellmeister Wilhelm Berger, Berlin 3.7.1904.

[45] Robert Beale: Charles Hallé, S. 156: In dem Konzert erklang wiederum das Doppelkonzert d-moll für zwei Violinen und Orchester BWV 1043 von Johann Sebastian Bach.

[46] Giovanni Battista Viotti (1755-1824), italienischer Geiger, Komponist.

stellt sich besonders in dem Konzert am 10. Februar 1887 in Berlin dar. Hier trug Wilma Neruda dieses Violinkonzert vor, und Joseph Joachim stand am Dirigentenpult.

Selbst über den Tod hinaus verband beide Künstler dieses Violinkonzert. Kurz nach dem Tod Joachims spielte die Geigerin in Verehrung an den Freund und Kollegen dieses Konzert am 21. November 1907 in Manchester. Weiterhin trug sie in diesem Konzert das von ihm komponierte *Notturno* A-Dur op. 12 vor, begleitet von dem Hallé-Orchester. Dieses Werk wiederholte die Virtuosin in dem Joachim Memorialkonzert am 23. Januar 1908 in London, wo sie außerdem den langsamen Satz aus dem Violinkonzert Nr. 3 G-Dur des Verstorbenen präsentierte.[47]

4.1.2 *Sonaten*
Ein wesentlicher Unterschied zwischen Wilma Neruda und Joseph Joachim ist bei der Interpretation der *Chaconne* aus der zweiten Partita d-Moll BWV 1004 von Johann Sebastian Bach zu verzeichnen. Während Joachim diesen Satz der Solosonate für Violine stets allein aufführte, spielte Wilma Neruda lange Zeit die *Chaconne* in der Bearbeitung von Mendelssohn oder Schumann mit Klavierbegleitung. Erst ab Mitte der 1890er Jahre entschloss sich die Geigerin, dieses Werk im Original als Solowerk aufzuführen, aber bemerkenswerterweise nur in Skandinavien. Vermutlich waren die *Chaconne* und ihre Interpretation in England zu sehr mit dem Namen Joachim verbunden.

Das lässt aber nicht darauf schließen, dass Neruda Solosonaten Bachs nicht schätzte. So spielte sie aus seiner Partita Nr. 3 E-Dur BWV 1006 regelmäßig die Sätze *Preludium*, *Menuett* und *Gavotte* als Solowerke. Aus der ersten Partita g-Moll BWV 1001 führte sie *Presto* und *Fuge* häufig auf. Dass die Virtuosin nicht die gesamte Sonate spielte, ist nicht verwunderlich, denn bis zum Ende des 19. Jahrhunderts war es üblich, nur Teile aus den Bach-Partiten vorzutragen.[48]

Von den barocken Meistern findet man weiterhin Georg Friedrich Händel mit seiner D-Dur-Sonate auf den Programmzetteln der Geigerin.

Die Auswertung der gespielten Sonaten zeigt, dass die Werke des Komponisten Ludwig van Beethoven zahlenmäßig im Repertoire der Geigerin dominierten. Bei Weitem am häufigsten stand dabei die Kreutzer-Sonate A-Dur op. 47 auf den Programmen, die sie ein Leben lang kontinuierlich vortrug. Das verwundert nicht, denn diese Sonate zählt zu den publikumswirksamsten Stücken des Komponisten.

---
[47] Vgl. Heise, Wilma Neruda, Hannover 2011, S. 63.
[48] Vgl. Weiß, Günter: *Henri Marteau*, Tutzing 2002, S. 108.

Abb. 68 Wilma Neruda, ca. 1881, Fotografie Elliott & Frey London

Allein während der ersten umfangreichen Tournee Wilma Nerudas im Herbst 1869 stand diese Sonate bei 14 Konzerten zwölf Mal auf dem Programm.

Werken zeitgenössischer Komponisten stand die Virtuosin aufgeschlossen gegenüber. Durch ihren Vortrag wurden viele überhaupt erst bekannt. Beispielsweise spielte die Künstlerin gemeinsam mit Edvard Grieg seine drei Sonaten für Violine und Klavier im Januar 1900 an einem Abend im Konzert in Kopenhagen. Das war ein Wagnis auch für Grieg, da reine Sonatenabende in jener Zeit nicht immer den Geschmack des Publikums trafen. In einem Brief an die Verleger der Edition Peters äußerte er sich daher: „Ich bin gespannt, ob das Publikum anbeißt! Denn es lässt sich nicht leugnen, dass die Sache ein Experiment ist."[49] Für die Virtuosin und den Komponisten wurde das Konzert erfreulicherweise ein großer Erfolg. Die Künstler wurden zehn Mal auf die Bühne gerufen.

Die Sonaten von Johannes Brahms führte Wilma Neruda ebenfalls in ihrem Repertoire, wobei sie dessen Sonate Nr. 1 G-Dur op. 78 für Klavier und Violine

---

[49] Edvard Grieg: *Briefe an die Verleger der Edition Peters 1866-1907,* Leipzig 1932, hg. von Elsa von Zschinsky-Troxler, S. 77 f.

4. Etablierte Künstlerin. 1869-1911

gemeinsam mit Hans von Bülow zum ersten Mal in England zur Aufführung brachte.[50] Die Sonate d-Moll op. 108 für Klavier und Violine spielte sie ebenfalls zeitnah nach ihrer Uraufführung am 24. Mai 1889 in den Pops-Konzerten. Nicht nur in England sorgte die Künstlerin für die Bekanntmachung der Brahms'schen Werke, sondern auch in Skandinavien. Hier bevorzugte die Virtuosen seine dritte Sonate d-Moll op. 108 für Klavier und Violine.

Anfang des 20. Jahrhunderts konzertierte Wilma Neruda regelmäßig mit dem Pianisten Francis Tovey. In den von ihm organisierten Recitals kamen natürlich auch die Werke Toveys zur Aufführung. So spielte Wilma Neruda am 28. Januar 1908 gemeinsam mit dem Komponisten seine Violinsonate F-Dur op. 7 in einem gemeinsamen Konzert.[51] Über das Konzert am 20.1.1909 war in der *Times* folgende Rezension über den Auftritt Wilma Nerudas zu lesen:

> The beautifully artistic qualities of Lady Hallé's playing were most enjoyable in her performance of a sonata in D minor by Domenico Scarlatti, and especially in the delicate Giga, its third movement. Mr. Tovey's sonata in F, Op. 7, ended the concert, and the graceful outline of the first movement, the rich melody of the andante and the tender Menuetto, which are ist chief features of distinction, were fully expressed by the playing of Lady Hallé and the composer.[52]

Reges Interesse bekundete die Geigerin auch an der zweiten Sonate für Violine und Klavier in e-Moll op. 36 von Ferruccio Busoni,[53] die sie mehrere Male in Manchester spielte. In dieser Sonate wird teilweise kompositorisch ein neuer Weg beschritten, durch den die klassische Mehrsätzigkeit verwischt erscheint. Für den Komponisten Busoni war das der Beginn eines neuen eigenen Kompositionsstils. Das Interesse an dieser Sonate zeigt die 70-jährige Geigerin als eine moderne, aufgeschlossene Künstlerin.

---

[50] Vgl. May: *Johannes Brahms*, S. 162. Die englische Erstaufführung fand in dem Monday Pops Concert am 2.2.1880 statt.
[51] Vgl. *Times* Nr. 38/548, 21.1.1908, S. 1.
[52] *Times* Nr. 38/581, 21.1.1909, S. 10.
[53] Vgl. Berlin SBPK: Sign. Mus. Nachl. F. Busoni B II, 3315: Brief Wilma Neruda an Ferruccio Busoni, Manchester 23.10.1901: Hierin schreibt Wilma Neruda, dass sie die zweite Sonate Busonis in Manchester mehrere Male gespielt hatte und sich wünschte, dieses Werk mit dem Komponisten aufzuführen. Eine gemeinsam beabsichtigte Tournee nach Skandinavien kam aus terminlichen Schwierigkeiten nicht zustande. Ob der Wunsch der Künstlerin dennoch in Erfüllung ging, ist bisher nicht bekannt.

4.1.3 Virtuosenwerke

Die Tradition der improvisierenden Virtuosenkonzerte neigte sich ab Mitte des 19. Jahrhunderts dem Ende zu. Ab den 1860er Jahren etablierte sich zudem ein neuer Typ romantischer Virtuosen, zu deren Vertretern beispielsweise Anton Rubinstein, Jan Paderewski und Henryk Wieniawski zählten.[54] Bei ihnen standen „Schönheit und Größe des Tones" vor einer „glänzenden Technik"[55] oder anders ausgedrückt: Das gesangliche Geigenspiel auf einem hohen Stand der Technik lag nun im Trend der Virtuosen. Dies ging einher mit Entwicklungen und Neuerungen im Geigenbau. Entsprechend entstand eine neue Art virtuoser Werke.

Hervorzuheben sind die Kompositionen Wieniawskis, die sich primär durch musikalischen Ausdruck auszeichnen, wobei virtuose Passagen eher nur als Überleitungsfiguren einzelner Cantilenen erscheinen. Wilma Neruda führte von ihm die Werke *Polonaise brillante A-Dur op. 21*, *Legende op. 17* und verschiedene Mazurken im Repertoire, die häufig auch als Zugaben der Künstlerin erklangen.

Neben Stücken der neuen Generation kamen auch Werke früherer Tonsetzer zur Aufführung. Wie viele Virtuosen jener Zeit spielte auch Wilma Neruda z.B. die Teufelstriller-Sonate g-Moll von Giuseppe Tartini[56] bei vielen Gelegenheiten.

Beliebt bei der Geigerin war außerdem *Introduction et Rondo capriccioso op. 28* von Camille Saint-Saëns.

4.2 Kammermusik

Wie bereits beschrieben, wechselten sich Wilma Neruda und Joseph Joachim in der Führung der Kammermusikgruppen der *Monday Popular Concerts* London ab. Es ist anzunehmen, dass sich die Künstlerin und der Künstler in dieser Konzertreihe bei der Wahl einiger Stücke absprachen, um dem Publikum ein möglichst abwechslungsreiches Repertoire bieten zu können.

Bei den Kammermusikkonzerten Joseph Joachims muss man unterscheiden zwischen denen in Berlin und seiner Mitwirkung in London bei den *Popular Concerts*. In Berlin beschränkte sich der Geiger in erster Linie auf die Etablierung von

---

[54] Vgl. Mauser, Siegfried: Klavier und Kammermusik, S. 397.
[55] Vgl. Gutknecht, Dieter: Zur geschichtlichen Entwicklung der „Geigen-Virtuosität" bis einschließlich Henryk Wieniawski, S. 44f, in: *Henryk Wieniawski. Composer and Virtuose in The Musical Culture of The XIX and XX Centuries*, hg. von Maciej Jabłoński und Danuta Jasińska, Poznan 2001, S. 35-48.
[56] Giuseppe Tartini (1692-1770), italienischer Geiger, Komponist.

Streichquartettabenden.⁵⁷ In Ausnahmefällen wurde die Streichergruppe zum Quintett oder Sextett erweitert. Der Künstler war bemüht, durch seine Programme einen kammermusikalischen Kanon zu etablieren. Dieser Kanon sollte die gesamte Streichquartettliteratur umfassen, also Haydn, Mozart, Mendelssohn, Schubert, Schumann und Brahms. Im Zentrum seines Interesses standen jedoch die Werke von Ludwig van Beethoven. Seit 1881 veranstaltete er in Abständen von zwei Jahren regelmäßig reine Beethovenabende⁵⁸. In diesem Zusammenhang setzte er sich besonders für die späten Streichquartette des Komponisten ein. Diese wurden oft allgemein für unverständlich gehalten und erklangen in jener Zeit daher seltener. Um sie bekannt zu machen, reiste Joseph Joachim mit diesen Quartetten durch ganz Europa. Schon immer gab es einen Kreis von Bewunderern dieser Quartette, und nicht zuletzt durch die Reisetätigkeit des Geigers nahm dieser stetig zu. Der Name Joseph Joachims war daher häufig in der Literatur mit den späten Streichquartetten Beethovens verbunden.

Dagegen findet man im Repertoire Wilma Nerudas mit Ausnahme des Es-Dur Streichquartetts op. 135 diese Werke kaum.

Der Unterschied zu den Berliner Konzerten Joachims bestand in erster Linie darin, dass es sich bei dem *Monday Popular Concerts* – wie schon beschrieben – um gemischte Programme und nicht um reine Quartettabende handelte. Gemischt bedeutete nicht nur, dass sie mindestens zwei Gesangsnummern enthielten, sondern sich Solosonaten, Trios und Werke größer besetzter Kammerensembles abwechselten und dass neben dem Klavier auch z. T. Bläser an den Konzerten beteiligt waren.

In dem Zusammenhang erklangen hier in der gemischten Besetzung aus Streichern und Bläsern das Septett Es-Dur op. 20 von Ludwig van Beethoven und von Franz Schubert das Oktett F-Dur D 803 sehr häufig. Beide Werke wurden in der Regel von Wilma Neruda angeführt. Joseph Joachim spielte dagegen diese Werke selten in London.

Zwar veranstaltete Joachim in der englischen Hauptstadt ebenfalls reine Beethovenabende, doch blieben diese die Ausnahme.⁵⁹ So auch Wilma Neruda: Gemeinsam mit Charles Hallé eröffnete sie die Spielzeit der *Monday Popular Concerts*

---

⁵⁷ Vgl. Borchard: Stimme und Geige, S. 532 ff.
⁵⁸ Vgl. ebd. S. 533.
⁵⁹ Vgl. *Times* 26/ 713, 1.4.1870, S. 1: Am 2. April 1870 standen folgende Werke Ludwig van Beethovens auf dem Programm: Streichquintett C-Dur op. 29 – Klavier-Trio D-Dur op. 70 – Romanze G-Dur op. 40 für Violine begleitet auf dem Klavier – Sonate E-Dur op. 109 für Klavier.

am 14. November 1870 mit einer Serie von drei reinen Beethovenabenden. In diesem Zusammenhang kamen im ersten Konzert das Streichquartett op. 18 Nr. 2, die Klaviersonate Es-Dur op. 7 und die Violoncellosonate F-Dur op. 5 Nr. 1 zur Aufführung. Wilma Neruda führte das Streichquartett an, und ihre Mitspieler waren die Herren Louis Ries, John Baptiste Zerbini und Alfredo Piatti. Die Klaviersonate wurde von Charles Hallé präsentiert. Außerdem sang Clara Doria[60] die zwei Lieder: *Busslied* und *Kennst Du das Land*.[61]

Die alleinige Fokussierung auf den Komponisten Beethoven stellte in den Pops-Konzerten eher eine Ausnahme dar und lässt sich mit den Ehrungen Beethovens zu seinem 100. Geburtstag erklären.

Insgesamt lässt sich unter den ausgewerteten Programmen eine Tendenz zu Beethoven als den bevorzugten Komponisten für die Kammermusikprogramme Wilma Nerudas erkennen; und dies gilt für die verschiedensten Besetzungen.[62] Gerade die Mittleren Streichquartette zählten zu den Präferenzen der Geigerin. So erklangen das *Harfenquartett* Es-Dur op. 74 und die *Rasumowsky-Quartette* C-Dur op. 59 Nr. 3, F-Dur op. 59 Nr. 1 und das *Quartetto seriosa* f-Moll op. 95 sehr häufig. Außerdem bevorzugte die Geigerin von den früheren Quartetten das in D-Dur op. 18 Nr. 3.

In der Besetzung Klaviertrio nahm das Erzherzogtrio B-Dur op. 97 einen führenden Platz ein, wobei das Klaviertrio Es-Dur op. 70 Nr. 2 und D-Dur op. 70 Nr. 1 und von den früheren Klaviertrios c-Moll op. 1 Nr. 3 ebenfalls regelmäßig zur Aufführung kamen.

Bei den Streichtrios gab die Geigerin der Serenade op. 8 und dem G-Dur Streichtrio op. 9 Nr. 1 den Vorzug. Die Streichquintette standen ebenfalls auf den

---

[60] Clara Doria eigentlich Clara Kathleen Rogers (1844-1931), englische Sängerin, Tochter des Komponisten John Barnett (1802-1890).
[61] Vgl. *Musikalisches Wochenblatt* Nr. 49, 2.12.1870, S. 779.
Vgl. *Musikalisches Wochenblatt* Nr. 50, 9.12.1870, S. 795: Im zweiten Konzert der Saison wurden die Streichquartette D-Dur op. 18 Nr. 3 und c-moll op. 18 Nr. 4, ebenfalls von der Geigerin angeführt. Außerdem erklang die Klaviersonate D-Dur op. 10, dargeboten von Charles Hallé. Das dritte Beethovenkonzert enthielt die Werke: Streichquartett A-Dur op. 18 Nr. 5 und B-Dur op. 18 Nr. 6. Weiterhin die Klaviersonate F-Dur op. 24, gespielt von Arabella Goddard und die Sonate für Klavier und Violine op. 23, gespielt von Wilma Neruda und Arabella Goddard.
[62] Für ihre besondere Vorliebe gegenüber Werken von Ludwig van Beethoven spricht auch ein Konzert am 20.4.1895 in Kopenhagen, dass sie dem Komponisten widmete. Vgl. SMT, Mai 1895 aus der Zeitschriftensammlung Wilma Neruda, Stockholm MM.

Programmen der Künstlerin, jedoch bevorzugte Joachim diese weit mehr. Als Favorit des Geigers wäre an dieser Stelle das Streichquintett C-Dur op. 29 zu nennen.

Neben der Kammermusik Beethovens spielte Wilma Neruda oft die Streichquartette Franz Schuberts. Mit großem Abstand am häufigsten erklang das a-Moll Quartett op. 29 *Rosamunde* des Komponisten. Scheinbar erfreute sich dieses Quartett beim Publikum besonderer Beliebtheit, denn es wurde sowohl am 24.1.1870 als auch am 11.3.1871 auf Wunsch wiederholt.[63] Joseph Joachim hingegen spielte in London wie in Berlin regelmäßig das Streichquartett d-Moll posth. *Der Tod und das Mädchen*. Dieses Streichquartett war ebenfalls sehr beliebt beim Publikum.[64]

Die Aufteilung der bei den Zuhörern beliebten Streichquartette spricht für die oben erwähnte Absprache der Geigerin und des Geigers untereinander.

Joseph Haydn, der *Vater der Streichquartette*, läutete mit seinen 1781 geschaffenen[65] op. 33 eine neue Epoche dieser Gattung ein. Sie und die folgenden Kompositionen dieser Art wurden zum Zentrum der klassischen Quartette Haydns. Wolfgang Amadeus Mozart reagierte schöpferisch auf diese Werke und komponierte in den Jahren 1782-85 ebenfalls sechs Quartette, die er Haydn widmete.[66] Von den bahnbrechenden Werken Haydns spielte Wilma Neruda sehr oft das sogenannte *Vogelquartett* C-Dur op. 33 Nr. 3. Außerdem führte sie von dem Komponisten das in Es-Dur op. 71 Nr. 3 und d-Moll op. 76 Nr. 2 in ihrem Kernrepertoire.

Eines der auf Haydns Einfluss zurückzuführenden Streichquartette Mozarts, das in d-Moll KV 421, spielte die Künstlerin regelmäßig, obwohl ihr einer Tagebuchnotiz[67] zufolge Quartette Mozarts nicht zusagten. Vermutlich bezog sich die Aussage der Geigerin nur auf diese Gattung, denn das Streichquintett g-Moll KV 516 erklang beispielsweise unter der Führung der Künstlerin sehr oft in London.

Am 17. Januar 1883[68] gab sie gar einen Abend nur mit Werken Mozarts. Anlass war der Geburtstag des Komponisten. Bei dieser Gelegenheit brachte sie das Klari-

---

[63] Vgl. *Times* 26/ 654, 22.1.1870, S. 1 und *Times* 27/ 004, 7.3.1871, S. 1. In der Ankündigung der Programme der *Monday Popular Concerts* befindet sich der Zusatz: „by desire".

[64] Vgl. *Times* 26/ 995, 24.2.1871 S. 1. Auch hier steht der Zusatz *by desire*. Daher wurde das Streichquartett lt. Ankündigung am 27.2.1871 wiederholt.

[65] Vgl. Finscher, Ludwig: *Studien zur Geschichte des Streichquartetts I. Die Entstehung des klassischen Streichquartetts. Von den Vorformen zur Grundlegung durch Joseph Haydn*, Kassel u.a. 1974, S. 238-270.

[66] Werner-Jensen, Arnold (Hg.): *Reclams Kammermusikführer*, Stuttgart 1997, S. 289.

[67] Wilma Neruda: Tagebuch der zweiten Australienreise, 1891, Man., S. 36, Wilma Neruda: „Quartette von Mozart finde ich schrecklich langweilig."

[68] Vgl. *Times* Nr. 30/726, 25.1.1883.

netten Quintett A-Dur KV 581, das schon genannte Streichquartett d-Moll KV 421 und die Sonate für Klavier und Violine D-Dur KV 306 zur Aufführung.

Wie bei den Solokonzerten zeigte sich Wilma Neruda auch im Bereich der Kammermusik offen für neue Entdeckungen. So beschreibt ein Antwortbrief der Geigerin ihre Neugier nach den Quartetten Cherubinis:

> Sie können, geehrter Herr, wohl begreifen wie unendlich es mich freuen wird die neuen Quartette Cherubinis kennen zu lernen und sie sobald wie möglich öffentlich aufzuführen. Mit Ungeduld warte ich auf die Sendung der Musik, Ihnen nochmals herzlich dankend für Ihre Briefe bin ich geehrter Herr Ihre Norman Neruda.[69]

Und folglich führte sie diese Quartette in den Pops-Konzerten dann auch auf. Doch das waren nicht die einzigen Neuheiten der Programme. Von Louis Spohr führte Wilma Neruda das Streichquartett A-Dur op. 93 am 2.12.1878 das erste Mal in den Pops-Konzerten ein. Anzunehmen ist, dass es ein Erfolg war, denn es erklang bis 1895 weiterhin in dieser Konzertreihe. Die Aussage des Kritikers des *Musical Observers* stimmt somit nur bedingt:

> The period from 1870 to 1890 was one of special interest in the history of music in London. It was during those years that, through Joachim's influence, the works of Schumann and Brahms were introduced, and played until the public began to perceive their merits; and then they finally became establishes favourites. In proportion as these two composers were winning favour, Mendelssohn and Spohr, then popular, fell more or less into the shade. Madame Neruda […] took an active part in this great revolution.[70]

Die Programmauswertung der *Monday Popular Concerts* zeigt, dass Joseph Joachim Louis Spohr im Bereich der Kammermusik tatsächlich nicht berücksichtigte. Wie oben beschrieben, führte Wilma Neruda den Komponisten aber noch im Repertoire, nur im Vergleich zu Schumann erklang die Kammermusik Spohrs verhältnismäßig selten.

---

[69] Berlin SBPK: Brief Wilma Neruda an geehrten Herrn, Southport 28.9.1888.

[70] Zeitungssammlung Karen Shaffer: *The Musical Observer* – New York: Death of a Famous Lady Violinist – Mme. Norman-Neruda (Lady Hallé).

Was Felix Mendelssohn Bartholdy angeht, so trifft die Aussage des Kritikers dagegen nicht zu. Beispielsweise führte Wilma Neruda das Streichquartett Es-Dur posth. von Felix Mendelssohn Bartholdy in den Monday Pops Concerts am 5.1.1880 zum ersten Mal dort überhaupt ein. (Vgl. MT 21. Jg., 1.2.1880, S. 69.) Das Quartett Es-Dur Nr. 1 op. 12 des Komponisten spielte sie jedoch, wie Joachim, weiterhin häufig. Außerdem gehörten das Streichquintett B-Dur op. 87 posth. und das Klaviertrio Nr. 2 c-Moll op. 66, neben dem Quartett D-Dur op. 44 Nr. 1, e-Moll op. 44 Nr. 2 und Es-Dur op. 44 Nr. 3, einschließlich des Klaviertrios d-Moll op. 49 zum Kernrepertoire der Virtuosin.

4. Etablierte Künstlerin. 1869-1911

Bestätigt wird die Darlegung des Kritikers der amerikanischen Zeitung aber, was die Aufführung der Werke Robert Schumanns betrifft. Unter den Romantikern nahmen seine Kompositionen einen bedeutenden Platz im Repertoire Wilma Nerudas ein. Von den am meisten gespielten Stücken sind das Streichquartett a-Moll op. 41 Nr. 1, das Klavierquintettes Es-Dur op. 44, das Klavierquartett Es-Dur op. 44 und das Klaviertrio d-Moll op. 63 hervorzuheben.

Der Wandel von zeitgenössischen zu historischen Konzerten hatte sich bis 1870 so verfestigt, dass er bei den Kritikern als Rückschritt empfunden wurde. So schrieb etwa Franz Hüfner 1870 im *Musikalischen Wochenblatt*:

> Das völlige Ignoriren aller mitlebenden Componisten [ist] geradezu unverzeihlich zu nennen. […] Wenn sie nach den Gründen dieser bedauerlichen Rückschrittstendenz, wie sie sich in diesen Concerten und in dem ganzen Londoner Musiktreiben nur zu häufig zeigt, fragen, so liessen sich die verschiedenartigsten anführen. Als Hauptursache möchte man die Aengstlichkeit der Concertdirectionen einem wie es heisst hyperconservativen Kunstgeschmack des Publikums gegenüber ansehen, eine Aengstlichkeit, die durch die hervorragendsten Pressorgane aufs schmählichste bestärkt wird.[71]

Weiter heißt es in dem Bericht, dass nicht das gesamte englische Publikum so rückschrittlich sei und dass es bei den ungarischen Tänzen von Brahms, gespielt von Clara Schumann, ein da capo verlangte. Langsam begannen sich in der Tat Änderungen zu vollziehen. So wurden dem englischen Publikum Mitte der 1870er Jahre gleich mehrere Werke von Johannes Brahms präsentiert. Das Klavierquartett Nr. 1 g-Moll op. 25 erklang am 26.1.1874 unter der Führung Wilma Nerudas mit Charles Hallé, Ludwig Strauss und Alfredo Piatti und ein Jahr später am 27.2.1875 das Klavierquintett f-Moll op. 34 unter der Leitung von Joachim das erste Mal in den Londoner Konzerten.[72] Fast eine Dekade später führten beide Künstler weitere Werke von Brahms in England ein. So erklang unter der Leitung von Joachim 1883 das Streichquintett F-Dur op. 83 und mit Wilma Neruda als Primaria am 7.12.1885 das Streichquartett in c-Moll op. 51 Nr. 1 mit Ries, Strauss und Piatti in den *Monday Popular Concerts* das erste Mal.[73] Die Geigerin war überhaupt eine der Ersten, die das Klaviertrio C-Dur op. 87 darboten.[74]

---

[71] *Musikalisches Wochenblatt* Nr. 24, 16.6.1870, S. 375. Bericht von Franz Hüfner.
[72] May: Johannes Brahms, S. 162.
[73] Vgl. ebd. S. 162.
[74] Vgl. ebd. S. 162 unter den ersten Aufführungen des Trios C-Dur op. 87 waren: UA 29.12.1882 in Frankfurt von Brahms, Heermann, Müller; 17.1.1883 Berlin: Barth, de Ahna, Hausmann; 22.1.1883 London Hallé, Wilma Neruda, Piatti.

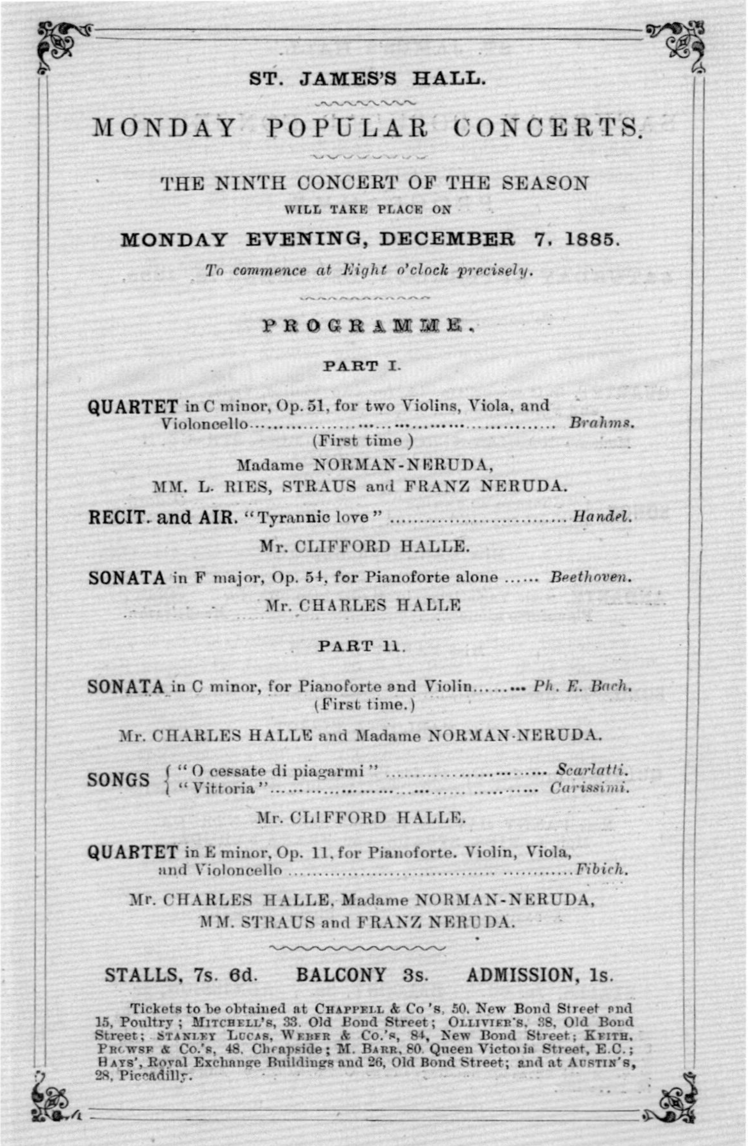

ST. JAMES'S HALL.

MONDAY POPULAR CONCERTS.

THE NINTH CONCERT OF THE SEASON
WILL TAKE PLACE ON

MONDAY EVENING, DECEMBER 7. 1885.

To commence at Eight o'clock precisely.

PROGRAMME.

PART I.

QUARTET in C minor, Op. 51, for two Violins, Viola, and Violoncello .... *Brahms.*
(First time.)
Madame NORMAN-NERUDA,
MM. L. RIES, STRAUS and FRANZ NERUDA.

RECIT. and AIR. "Tyrannic love" .... *Handel.*
Mr. CLIFFORD HALLE.

SONATA in F major, Op. 54, for Pianoforte alone .... *Beethoven.*
Mr. CHARLES HALLE

PART II.

SONATA in C minor, for Pianoforte and Violin......... *Ph. E. Bach.*
(First time.)
Mr. CHARLES HALLE and Madame NORMAN-NERUDA.

SONGS { "O cessate di piagarmi" .... *Scarlatti.*
{ "Vittoria" .... *Carissimi.*
Mr. CLIFFORD HALLE.

QUARTET in E minor, Op. 11, for Pianoforte. Violin, Viola, and Violoncello .... *Fibich.*
Mr. CHARLES HALLE, Madame NORMAN-NERUDA,
MM. STRAUS and FRANZ NERUDA.

STALLS, 7s. 6d.   BALCONY 3s.   ADMISSION, 1s.

Tickets to be obtained at CHAPPELL & Co.'s, 50, New Bond Street and 15, Poultry; MITCHELL'S, 33. Old Bond Street; OLLIVIER'S. 38, Old Bond Street; STANLEY LUCAS, WEBER & Co.'s, 84, New Bond Street; KEITH, PROWSE & Co.'s, 48. Cheapside; M. BARR, 80. Queen Victoria Street, E.C.; HAYS', Royal Exchange Buildings and 26, Old Bond Street; and at AUSTIN'S, 28, Piccadilly.

Abb. 69 Programmzettel Monday Popular Concerts London, 7. Dezember 1885

4. ETABLIERTE KÜNSTLERIN. 1869-1911

Wilma Neruda bevorzugte von den Kompositionen Brahms' das Sextett G-Dur op. 36 gefolgt von dem Klavierquartett g-Moll op. 25, Klarinettenquintett b-Moll op 115 und den Klaviertrios c-Moll op. 101 und Es-Dur op. 40 mit Horn. Joseph Joachim dagegen brachte das Sextett B-Dur op. 18 neben dem Streichquintett G-Dur op. 111 sehr oft zur Aufführung. Auch hier liegt die Vermutung nahe, dass beide Künstler sich in ihrer Programmwahl absprachen.[75]

Hatte Joachim das Violinkonzert Dvořáks nicht öffentlich gespielt, so wundert es nicht, dass auch im Kammermusikrepertoire der beiden Geigenvirtuosen Unterschiede festzustellen sind. Wilma Neruda spielte die Musik des Böhmen sehr häufig, besonders das Klavierquintett A-Dur op. 81, das Streichquartett Es-Dur op. 51, das Klaviertrio f-Moll op. 65 und das Klavierquartett D-Dur op. 23, das sie am 20.11.1882 den Londonern überhaupt zum ersten Mal vorstellte. In den Londoner Programmen Joseph Joachims findet man Kammermusik Dvořáks dagegen kaum. Ähnlich verhält es sich bei der Aufführung von Werken Bedřich Smetanas[76]. Sein Streichquartett Nr. 1 e-Moll *Aus meinem Leben* spielte Wilma Neruda am 3. Dezember 1894 als Erstaufführung der *Monday Popular Concerts*. Allerdings ist Smetana eher als Verfasser der *Moldau* bekannt und weniger als Komponist von Kammermusik, eventuell spielte Joachim seine Streichquartette daher nicht. Diese Quasiausgrenzung der böhmischen Tonsetzer kann vielleicht damit gedeutet werden, dass Joachim in erster Linie die Verbreitung und Bekanntmachung deutscher Musik zum Ziel hatte.

Die Bestätigung dieser Annahme findet sich auch bei den Werken Anton Rubinsteins. Während Joachim diesen Komponisten wenig zur Aufführung brachte, spielte Wilma Neruda beispielsweise die Klaviertrios g-Moll op. 15 und B-Dur op. 52 häufig in den Pops-Konzerten, nebst seines Streichquartettes F-Dur op. 17 Nr. 3.

Für ihre Offenheit gegenüber Novitäten spricht auch, dass sie eine Reihe von Stücken zeitgenössischer Komponisten zur Aufführung brachte. Mit ihrer exzellen-

---

[75] Trotz der Kritik Franz Hüfners schien dem Londoner Publikum Brahms nicht so unverständlich zu sein, da einzelne Werke auf Wunsch sogar innerhalb einer Saison wiederholt wurden.
Vgl. Signale 40. Jg., Nr. 29, 1883, S. 454. Das Streich-Sextett G-Dur op. 36 von Johannes Brahms wurde beispielsweise zwei Mal unter der Leitung von Wilma Neruda 1883 gespielt, und Joseph Joachim wiederholte in der gleichen Saison das Streichquintett G-Dur op. 111 in den Pops-Konzerten.
MT 39. Bd., 1.2.1899, S. 97. Das Klarinettenquintett b-moll op. 115 wurde unter der Leitung Wilma Nerudas 1899 in den *Saturday Popular Concerts* zwei Mal mit dem deutschen Klarinettisten Richard Mühlfeld (1856-1907) aufgeführt.

[76] Bedřich Smetana (1824-1884), tschechischer Komponist.

ten Darstellung der Werke zeitgenössischer Komponisten förderte sie diese unmittelbar. Eine Anzahl heute selten gespielter Werke erklang unter Führung der Geigerin überhaupt das erste Mal in den *Monday Pops Concerts*. Dazu zählen: das Klavier-Trio g-Moll op. 1 von Hans Bronsart von Schellendorf[77], das Klavierquartett E-Dur von Zdeněk Fibich[78], das Klavierquintett B-Dur op. 30 von Karl Goldmark[79], das Klavierquintett c-Moll op. 76 von Friedrich Kiel[80] und das Klavierquartett g-Moll von Hubert Parry.

Anhand der Aufzählung wird die Bereitschaft der Virtuosin, sich auf die verschiedenen Stile der Komponisten einzulassen, deutlich. Ebenso schildern sie die Neugier der Künstlerin und ihr Bestreben, dem Londoner Publikum Novitäten zu präsentieren.

In einem Interview befragt, welche Komponisten Wilma Neruda vorzöge, antwortete die Künstlerin:

> I don't know that I have any. Among the moderns I am very fond of Dvořák, Schumann, Rubinstein, and Brahms. But in my time I have had to play almost everything. You cannot always pick your pieces. I some towns it is necessary that the programme should be popular. [81]

---

[77] Hans Bronsart von Schellendorf (1830-1913), deutscher Komponist. Erstaufführung des Klavier-Trios g-Moll op. 1 in den Pops-Konzerten London: 18.11.1878.
[78] Zdeněk Fibich (1850-1900), tschechischer Komponist. Erstaufführung des Klavierquartetts E-Dur in den Pops-Konzerten London 1883.
[79] Karl Goldmark (1830-1915), österreichisch-ungarischer Komponist und Geiger. Erstaufführung des Klavierquintetts B-Dur op. 30 in den Pops-Konzerten London: 20.11.1893.
[80] Friedrich Kiel (1821-1885), deutscher Komponist. Erstaufführung des Klavierquintetts c-Moll op. 76 in den Pops-Konzerten London: 14.12.1895.
[81] Interview Wilma Neruda, S. 173.

ANHANG

TAUSEND ZULUS TANZEN ZU EHREN DER VIRTUOSIN

Zur Einführung in das Reisetagebuch der Südafrikatournee 1895

Die Tournee durch Südafrika war für die Virtuosin eine berufliche wie menschliche Herausforderung. Neben dem musikalischen Neuland erwartet die Geigerin auf dem schwarzen Kontinent eine fremde Kultur. Verständlich ist es daher, dass der Schwerpunkt ihrer Niederschriften nicht wie bei der Australientournee auf der Beschreibung der Konzerte lag, sondern auf der fremden exotischen Welt und ihren Menschen. Gleichzeitig bietet das Diarium einen Einblick in verschiedene Interessen der Künstlerin, die über Musik hinausgehen, und vermittelt so einen Eindruck von ihrer Persönlichkeit.

Aus den Erzählungen der Geigerin erfährt man, wie anstrengend die Tourneen innerhalb von Südafrika vor über 100 Jahren waren. Neben ausgedehnten Ausflügen reiste die Künstlerin zu 20 Konzerten in 10 Orte. Die mehrfach erwähnte Müdigkeit der Geigerin und ihr Wunsch, sich vor einem Konzert etwas auszuruhen, sind nicht verwunderlich angesichts der hohen physischen Belastung. Oftmals beginnt die Reise direkt nach einem Konzert, oder das Ehepaar traf am Nachmittag am Konzertort ein und musste bereits am gleichen Abend wieder spielen. Auch nach sehr anstrengenden Ausflügen stand die Geigerin abends auf der Bühne und bezauberte das Publikum.

Woran Wilma aktiv beteiligt war, ihre Konzerte, die anschließenden Ehrungen und die Ausflüge, schildert sie aus der Perspektive einer Beobachterin, die auf eine fremde Welt schaut. Diese Schilderungen sind bemerkenswert lebendig, führen uns unmittelbar in das am Ende des 19. Jahrhunderts noch wenig kultivierte Land. Die Fakten, die ihr von dort lebenden Weißen erzählt werden, gibt Wilma Neruda neutral wieder, enthält sich jeder Wertung und belässt es sprachlich bei knappen Mitteilungen.

Vergleichend mit Australien empfand sie das europäisch geprägte Musikleben in Südafrika noch weniger ausgebildet. In einigen Städten wie Pietermaritzburg, Durban und Port Elizabeth gab es bereits Town Halls mit guten Konzertsälen und einer Orgel. Die konzertinteressierte Bevölkerung hatte aber wenig Gelegenheit, Musik von guten Instrumentalistinnen und Instrumentalisten kennen zu lernen. Daher ist es nicht verwunderlich, dass der Musikgeschmack eher provinziell war. Auch hohe Politiker waren kein musikkulturelles Vorbild und zeigten wenig Interesse. So erwähnt Wilma Neruda, dass Präsident Kruger lieber heulende Schakale hörte als die Sängerin Antoinette Trebelli und Hely Robinson es vorzog, Partys zu feiern, als einem Konzert Wilma Nerudas zu lauschen.

Doch wie beliebt Wilma Neruda beim Publikum war, zeigt sich daran, dass trotz Regens und anderer widriger Umstände die Konzerte stets ausverkauft waren. Selbst der „hässliche" Saal des Wanderer Clubs in Johannesburg, der 3000 Personen fasste, war bis auf den letzten Platz belegt. Wie die Geigerin beobachtete, bewirkten ihre Interpretationen eine Entwicklung des Musikgeschmacks unter den Zuschauern, was die Werke Beethovens betraf. War der Applaus nach dem Erklingen seiner Stücke anfangs noch verhalten, so schien es im Laufe der Tournee, dass der Komponist dem Publikum immer verständlicher wurde und damit der Beifall zunahm.

Hat man aufgrund der Tagebücher über die Australientourneen noch eher den Eindruck, dass der Schwerpunkt der Beschreibungen auf äußerlichen Ehrungen der Diva liegt – beispielsweise beschrieb sie eindrucksvoll, wie sie zu ihrem nächsten Auftritt über Rosen und Kamelien schreitet (S. 139) – werden ihre Ehrungen nach den Konzerten in Südafrika kürzer abgehandelt. Natürlich genoss die Virtuosin auch in Südafrika ihren Triumph, denn schließlich war der Teil ihres Lebens, aber die Bewunderung der Musikliebhaber empfindet sie offensichtlich als nicht mehr so wichtig wie früher.

Die gesellschaftlichen Ehrungen, die ihr und Charles Hallé außerhalb des Konzertsaales entgegengebracht wurden, scheinen hingegen für Wilma Neruda immer noch von sehr großer Bedeutung zu sein. Dafür spricht, dass sie im Tagebuch ausführlich und häufig beschrieben werden.

Die im Vereinigten Königreich bedeutenden Menschen aus Politik, Wirtschaft und Kultur bilden eine Art Netzwerk. Lady Hallé gehörte aufgrund ihrer musikalischen Leistungen dazu. Die Kapkolonie war eng mit Großbritannien verbunden, und es ist daher nicht verwunderlich, dass die Geigerin für ihre musikalischen Leistungen in der Kolonie, aber auch, weil sie zur höheren Gesellschaftsschicht in England gehörte, ausgezeichnet wurde. Bei den für das Künstlerpaar Hallé organisierten Meetings trafen sie einflussreiche Bürger Südafrikas und teilweise sogar Bekannte aus England.

Neben Darstellungen des öffentlichen Lebens gibt es im Tagebuch Äußerungen privater Natur. Beispielsweise beschreibt Wilma Neruda den Abschied von ihrer Familie zum Beginn der Tournee. Dabei wird deutlich, wie sehr die weltreisende Künstlerin sich mit ihren Verwandten verbunden fühlte.

Weiterhin zeigt sie sich von ihrer privaten Seite beim Einkauf von Souvenirs, wie beispielsweise Zuluschildern. Hier unterscheidet sie sich nicht von anderen Touristen. Wirkliche Intimitäten erfährt man aus dem Tagebuch aber nicht. Ihr mitreisender Ehemann Charles Hallé wird selten erwähnt, jedoch zeigt die Geigerin anlässlich ihres Hochzeitstages an, wie sehr sie ihn verehrt. Für die Modernität und Kameradschaftlichkeit der Ehe spricht, dass das Ehepaar auf der Reise offenbar getrennte Kasse führte.

Schon die Anreise von England nach Südafrika war damals mit vielfältigen Schwierigkeiten verbunden, zumal für eine Geigenvirtuosin. Sie kann es sich nicht leisten, 16 Tage nicht zu üben. Während einer solch langen Zeit lässt die Gelenkigkeit der Finger nach, wenn es keine Gelegenheit zum Training gibt. Doch Kapitän Robinson von der Tantallon Castle liebte die Musik und verehrte die Geigerin. Daher erlaubte er ihr in seiner Kabine zu üben, wann immer sie mochte. Das war eine Erleichterung für Wilma Neruda, die sie gern annahm. Bedingt durch Wetterwechsel konnten auch Probleme mit den Instrumenten auftreten. Die Saiten der Streichinstrumente waren vor 100 Jahren anfälliger, da sie aus reinem Darm bestanden und sich bei Temperaturunterschieden und Feuchtigkeit leicht verstimmten oder gar „pfiffen", d.h. leicht quietschten.

Doch die Überfahrt bot auch angenehme Seiten. Für eine Reisende höheren Standes, wie Lady Hallé es war, stand nahezu jeglicher Komfort zur Verfügung. Wilma Neruda besaß die Möglichkeit, die Überfahrt in der ersten Klasse mit Suite und eigenem Bad zu genießen. Außerdem wurde die Geigerin von ihrer Bediensteten Augusta begleitet, die ihr jeden möglichen privaten Service bot.

Auf den Schiffen wurden zur Zerstreuung der Passagiere die verschiedenen Events wie Sport, Bälle und Konzerte angeboten. Wilma Neruda bemerkte, dass die Mitreisenden der 3. Klasse sich zwar an den Sportveranstaltungen, nicht aber an den Bällen beteiligten. Ihre Begründung, dass diese Passagiere wohl keine schwarzen Röcke oder Fräcke besäßen bzw. diese nicht anziehen wollten, überrascht uns heute, für das 19. Jahrhundert trifft sie sicherlich zu.

Wenn die Virtuosin auch nicht zu den profilierten Tänzerinnen gehörte, so genoss sie es doch, dass der Kapitän nur mit ihr den Barendance tanzte. Tagsüber genoss die Geigerin lesend an Deck in einem Sessel sitzend die Überfahrt oder spielte Karten mit der Altistin Marie Fillunger und ihrem Ehemann Charles Hallé.

Eine Schiffsreise brachte auch Gefahren mit sich. Die Bay of Biscay schien wegen der häufig vorkommenden Stürme gefährlich zu gelten. Daher ängstigte sich die Geigerin vor dieser Bucht. Ihre Befürchtungen trafen jedoch nicht ein, waren aber nicht unbegründet, denn auf der Rückfahrt nach England stürmte es gewaltig, und einigen Passagieren erging es nicht gut. Wilma Neruda hatte allerdings das Glück, nicht seekrank zu werden.

Gestalteten sich die Schiffsreisen trotz allem eher als angenehm, so waren es die Fahrten an Land in Südafrika umso weniger, obwohl das Ehepaar nicht nur auf dem Schiff, sondern wenn möglich auch mit dem Zug im extra für sie reservierten Wagen bzw. Schlafwagen erster Klasse reiste und beim Frühstück sogar von „Coolis" bedient wurde. Zwischen Kimberley und Cape Town dauerte die Eisenbahnfahrt zwei Nächte und einen Tag. In diesem Fall nahmen die Reisenden das Essen mit, da es auf den Stationen nicht angemessen schien. Oftmals wurde das Ziel erst nachts erreicht.

Die Reisen waren nicht immer komfortabel. Das Schienennetz war nicht vollständig ausgebaut, und die Züge erreichten nicht alle großen Städte Südafrikas. In Standerton, der letzten Eisenbahnstation vor Johannesburg, hieß es für die Passagiere umzusteigen in einen Coach, der von zehn Pferden den Berg hinaufgezogen wurde. Noch strapaziöser war die mehrtägige Reise von Grahamstown nach King Williams Town in zweirädrigen Carts auf sehr staubigen Wegen. Die Sorge der Geigerin vor der nächsten Fahrt drückte sich in Schlaflosigkeit aus. Die Umstände der Tour brachten es mit sich, dass die Reisenden bis zu acht Stunden nichts gegessen hatten, was die Anstrengungen verschärfte.

Wie groß die Strapazen waren, erfährt man, wenn Wilma Neruda beschreibt, dass die Reisenden bei der Erreichung ihrer Ziele teilweise durch Flüsse getragen werden mussten. Dieser Transport bedeutete je nach Jahreszeit ein nicht ungefährliches Erlebnis. Auch das Einchecken von der Steamlaunch auf die Athenian barg Gefahren in sich, die wir uns heute kaum vorstellen können. Es zeigt den Mut und die Bereitschaft der Künstlerin, sich auf diese Abenteuer einzulassen.

Als außergewöhnliches Ereignis wird von der Geigerin der Ausflug auf Madeira mit seinem gefährlichen Aufstieg zur Kirche Nossa Senhora do Monte geschildert. Hier wird auch ihr Mitgefühl mit den gequälten und geschlagenen Tieren deutlich, das bei ihr sogar körperliches Unbehagen erzeugte. Wie bei manch anderer Gelegenheit zeigt sich Wilma Neruda während der gefährlichen Korbschlittenfahrt überraschend mutig und unerschrocken.

Die Virtuosin reiste nicht nur wenn möglich erstklassig, sondern bevorzugte verständlicherweise ebenso noble Unterkünfte mit schönen Zimmern, privatem Sitting Room und separater Servierung der Mahlzeiten. Ein Hotel in Bloemfontain, das diesen Service nicht bieten wollte, wurde von der Geigerin prompt mit der Bemerkung disqualifiziert: „Natürlich konnten wir nicht in einem solchen Hotel wohnen." Im Allgemeinen war der Service der Hotels in Südafrika für Wilma Neruda und ihren Mann jedoch exquisit. Das Personal dekorierte ihre Zimmer fantasievoll und selbst auf entlegenen Stationen wie Breakfast Vlei wurde die Virtuosin aufs Angenehmste verwöhnt.

Waren die äußeren Bedingungen des Reisens weniger strapaziös, genoss die Geigerin die Fahrten und schilderte in ihrem Tagebuch ausführlich die Flora und

Fauna des Landes. Speziell Pflanzen schienen die Virtuosin besonders zu interessieren. Wann immer es die Zeit zuließ, unternahm sie einen Ausflug in den Botanischen Garten der Städte. Dabei zeigten sich ihre umfangreichen Kenntnisse der Botanik. Die Beschreibungen der Pflanzen sind so detailliert, dass die brasilianische Pflanze, deren Namen die Geigerin nicht kannte, von einer Biologin leicht als Großblütige Pfeifenblume definiert werden kann.

Ganz Touristin scheint Wilma Neruda zu sein, wenn sie Landschaften beschreibt: „Der Ausblick vom Plateau wo die Kirche steht […] Nossa Senhora do Monte […] ist gottvoll. Es ist ein Anblick nicht zu vergessen – die Stadt lag tief unten, terrassenförmig, von blühenden Gärten umgeben – und ganz tief das blaue Meer!"

Und über den Tafelberg bei Cape Town steht in ihrem Tagebuch. „Table Mountain sieht ganz sonderbar aus – der lange ganz flache Berg sieht wirklich aus wie ein unendlich riesengroßer Tisch. Oft gehen die Wolken ganz tief herab – dann heißt es der Table Mountain hätte ein Tischtuch." Ob eine solche geradezu „schwärmerische" Schilderung ihr persönlicher Ausdruck ist oder nur eine Gewohnheit der Zeit widerspiegelt, ist hier nicht entscheidend.

Für Architektur und technische Details interessierte sich die Virtuosin weniger. Außer der Geschwindigkeit des Schiffes erfahren wir keine technischen Einzelheiten. Dagegen schien Geografie eher zu ihren Neigungen zu gehören, denn beispielsweise werden in der Ferne liegende Inseln von Wilma Neruda stets erwähnt.

Zu den vielen Erlebnissen gesellschaftlicher und abenteuerlicher Art in Südafrika gehörte ein Besuch des Observatoriums in Cape Town bei dem Astronom Dr. Gill. Durch ihre Beschreibungen dieses Erlebnisses bekommt man eine Idee, wie im 19. Jahrhundert in der Astronomie gearbeitet wurde. Zugleich zeigt diese Episode das vielseitige Interesse der Geigerin, hier für die Naturwissenschaften. Der Blick durch eines der größten Fernrohre auf den südlichen Sternenhimmel lässt Wilma Neruda diesen in seiner Größe und Unendlichkeit erblicken. Angesichts der vielen gesichteten Sterne bemerkt sie in alltagsphilosophischer Weise: „Wie klein sich der Mensch dabei – und wie unbedeutend – fühlt!!"

Einen großen Raum im Diarium Wilma Nerudas nehmen die Erzählungen und die Sicht der Künstlerin auf die fremd ausschauenden Menschen und ihr Handeln in dieser für sie so exotischen Welt ein. Dabei liegt der Tenor des Tagebuches auf der Beschreibung, weniger auf einer Kommentierung oder Reflexion des Gesehenen. Seien es die Bauern, die mit von Ochsen gezogenen Carts zum Markt eilen, oder die Knaben an Bord des Schiffes in Madeira, die für einen Penny ins Wasser springen und diesen tauchend vom Meeresboden holen. Warum die Jungen dies taten, darüber schreibt sie nicht. Damit ist die Geigerin ein Kind ihrer Zeit, denn in anderen Reisetagebüchern findet man über dieses Schauspiel ebenfalls weder

Erklärungen noch Kritik der angetroffenen Zustände.[1] Geleitet von den Moralvorstellungen des 19. Jahrhunderts, ereiferte sich die Künstlerin stattdessen über die fast unbekleideten dunklen Männer.

Besonders interessant für die Geigerin waren die Zulus. Ihre detaillierte Beschreibung deutet darauf hin, dass Wilma Neruda noch nie Schwarze gesehen hatte. Im Tagebuch der Australienreise erwähnt sie zwar, dass sie Araber und Somalier gesehen hat, aber ob mit Somalier wirklich schwarze Menschen gemeint sind?[2] Wie exotisch sie die Anwesenheit der Zulus empfand, wird in folgendem Zitat deutlich: „Ganz eigenthümlich ist es sie auf den Wegen zu sehen, meißt hohe, schön gewachsene Gestalten mit schönen Beinen und Armen." An anderer Stelle heißt es: „Auch sahen wir schon in Port Elizabeth sehr viele Kaffers." Explizit rassistische Bemerkungen gibt es in ihrem Tagebuch nicht. Vielmehr klingen die Beschreibungen der Schwarzen eher neutral: „Die Zulus sind sehr schwarz, haben wolliges, winzig gelocktes Haar – vorstehendes Kinn, dunkle vorstehende Unterlippe" und sogar bewundernd: „Sie sind gut gebaut." Selbst für die Kraals, die sie besuchte, die Ernährung und die Kleidung der Zulus interessierte sich die Virtuosin:

> Mit Ausnahme eines großen Kerls, trugen sie überall gelbbraune Decken, wie Togas umgeworfen die Frauen noch ebensolche Röcke von derselben Farbe denselben Stoff. Die Kinder haben fast alle schwarze Streifen über den Füßen eingemalt. Auf dem Kopfe tragen sie bunte, gewöhnlich rothe Tücher wie Turbans geschlungen.

Dass die Distanz zu diesen Menschen bis in den sprachlichen Ausdruck spürbar bleibt, darf nicht verwundern. Aber: Obwohl sie die Schwarzen stellenweise wie Dinge anspricht („Sie werden als Diener, und Gärtner, Kutscher, Arbeiter verwendet."), wahrt sie an anderer Stelle auch Distanz zu pauschalen Vorurteilen, die über die Schwarzen gefällt werden; etwa: „Auch in den Hotels sind sie zur Bedienung wenn auch die weißen Dienstleute die wichtigeren sind. Die Kaffers sollen sehr faul im allgemeinen sein." Dabei gibt Wilma Neruda deutlich wieder, dass dies nicht unbedingt ihre Meinung, sondern die der weißen Ansässigen ist; denn sie scheint durch das Wort „sollen" infrage gestellt.

Eine Berufsgruppe erzeugte das besondere Interesse der Geigerin – die „Natal Zulu Polizei", die weder Strümpfe noch Stiefel trug. Auch bei der Schilderung der Polizei wählt sie die neutrale Wiedergabe des Gesehenen und erzählt mit distanziertem Erstaunen.

---

[1] Vgl. Tagebuch von David S. Salmond: *Diary of a Trip to South Africa on R.m.s. Tantallon Castle*, Publ. Brodie Salmond 1899.

[2] Tagebuch Wilma Neruda 1. Australienreise, S. 26. Hier beschreibt sie Araber und Somalier.

Ähnlich macht Wilma Neruda die Vorgehensweise der Kirche bei der Missionierung der Schwarzen sichtbar, ohne sie aber kritisch zu werten. Allerdings mokiert sie sich ironisch und spricht von den Zulus, die „zu Christen gemacht wurden. Gewöhnlich wurden sie ‚bekehrt' wenn sie ein Verbrechen begangen haben und bestraft werden sollen. Da gehen sie zum Christentum über und sind von der Strafe befreit." Die Anführungsstriche bei dem Wort „bekehrt" zeigen ihr mit Ironie durchmischtes Erstaunen.

Wie sehr Wilma Neruda religiös war, ist nach dem Tagebuch nicht einfach festzustellen. Zwar nimmt sie auf den Schiffen auf Bitten der Priester an den Messen teil, doch Hinweise auf weitere Kirchenbesuche im Land finden sich im Tagebuch nicht.

Während ihrer Reisen kam Wilma Neruda auch zu den Gold- und Diamantminen Südafrikas. Von Johannesburg und seinen wirtschaftlichen Möglichkeiten zeigt sie sich so fasziniert, dass sie sogar die Bedeutung der Musik für die dort Arbeitenden infrage stellt: „Johannisburg scheint mir die Stadt in der Welt zu sein wo alles nur nach Gewinn trachtet, Vermögen macht und Vermögen verliert – heut arm und morgen Millionär ist! Daß man da überhaupt an Musik denkt begreife ich nicht und ich bewundere die Leute!" Sie nimmt auch wahr, dass der Reichtum, der in Johannesburg sichtbar ist, die Menschen, die in kaum acht Jahren eine Stadt von einem Zeltlager in eine aufstrebende Metropole entwickelt haben, auf ihre Leistung stolz gemacht hat.

Faszinierender als die Goldmine (solche kennt sie schon aus Australien) waren für die Geigerin die Diamantminen in Kimberley. Sie stellt in der Schilderung der Arbeitsprozesse das sich in ihnen abbildende soziale Gefälle sichtbar heraus. Während die weißen Arbeiter die größten und die schwarzen Arbeiter die kleineren Steine bergen, müssen die schwarzen Gefangenen die allerkleinsten Diamanten aussortieren.

Verstärkt kommen noch die rassischen Unterschiede in den Blick, wenn sie die sozialen Einrichtungen für die Minenarbeiter beschreibt. Cecil Rhodes, der Vorsitzende der Minengesellschaft De Beers, schien gegenüber den weißen Angestellten sozial eingestellt zu sein. In der Nähe der Minen ließ er für die englischen und holländischen Arbeiter und ihre Familien Dörfer bauen, die nach damaligen Ansprüchen, laut Wilma Neruda, komfortabel zu nennen waren. Auf sein Anraten wurden Wasserleitungen gelegt, eine Schule, ein Gymnasium, eine Bibliothek und eine Kirche gebaut. Sogar ein Kricketfeld gab es. Die gepflegten Außenanlagen mit schönen Allen, Obstbäumen und Weinanbau lassen die Anwohner sich wohl fühlen. Auch soll die Bezahlung der Arbeiter sehr gut sein. Ganz gegensätzlich dazu erscheint das Lager der schwarzen Arbeiter. Durch die bildhafte Beschreibung dieser Compounds lässt sich nachvollziehen, wie die Zulus dort lebten. Wenn auch auf freiwilliger Basis, so waren sie doch dort eingesperrt. Wie aus dem Tagebuch zu erfahren ist, gab es in diesem Lager alles Nötige für das Leben. Möglicherweise war dies mehr, als worüber die Schwarzen in der Freiheit verfügten, beispielsweise ein Krankenhaus und Bäder. Hautnah wurde die Künstlerin mit den Freizeitbeschäftigungen der Zulus konfrontiert, wie Kartenspielen und das „Zwicken, Kneifen, Schlagen" ihrer Musikinstrumente, wozu gesungen und getanzt wurde. Selbst aufgrund der Tatsache, dass die Zulus eingezäunt lebten, schienen sie vergnüglich. Für Wilma Neruda, eine gut situierte Europäerin, war das Lager der Zulus „fast das merkwürdigste was wir in Afrika gesehen haben". Was aber so merkwürdig war – das wird nicht so recht klar. Sie bleibt auch bei dieser Schilderung in ihrer neutralen Beobachterrolle. Das Fremde, die fremden Sitten werden als solche festgehalten, aber nicht bewertet. So auch, wenn Wilma Neruda das Leben der schwarzen Männer außerhalb der Minen in Freiheit schildert und erklärt, dass sie sich mehrere Zuluweiber zum Arbeiten kaufen. Wie eine neutrale Anthropologin gibt sie keine geschlechtsspezifische Kritik ab. Dass es sich um Frauen handelte, die von Männern gekauft wurden, um zu arbeiten, scheint sie bei diesen afrikanischen Frauen nicht weiter zu stören. Empathie empfindet sie hingegen für die Frauen auf Madeira, die dem europäischen Kulturkreis auch näher stehen. „Ich kaufte eine sehr schöne Stickerei für einen Rock, die wundervoll gearbeitet ist und viele Monate müssen die armen Hände einer Frau sich damit geplagt haben."

Einen Höhepunkt der Reise bildete ein Schauspiel der Zulus zu Ehren der großen Geigerin. Auf dem Palo Ground waren Tausend Zulus versammelt und führten ihre Tänze und Gesänge vor den Künstlern auf. Dies empfindet die Geigerin „ungeheuer interessant und ein ganz unvergeßliches Schauspiel. Leider durften sie nicht in ihren echten Costümen Kopffederschmuck, Moocha, Schild und Assegai sein. Es muß unbeschreiblich wild und großartig sein wenn sie, so geschmückt, die Kriegsgesänge singen und dazu tanzen." Der Häuptling der Zulus machte am Schluss der Vorführung Wilma Neruda seine Aufwartung und die Geigerin resümiert:

> Diese Vorstellung, Tanz und Gesang war riesig interessant und man konnte gut verstehen wie schrecklich wild, barbarisch und unmenschlich diese Leute in ihrem Ganzen mit ihren Feinden sein müssen. Mich interessirt es jetzt viel mehr alle afrikanischen Geschichten zu lesen als vorher.

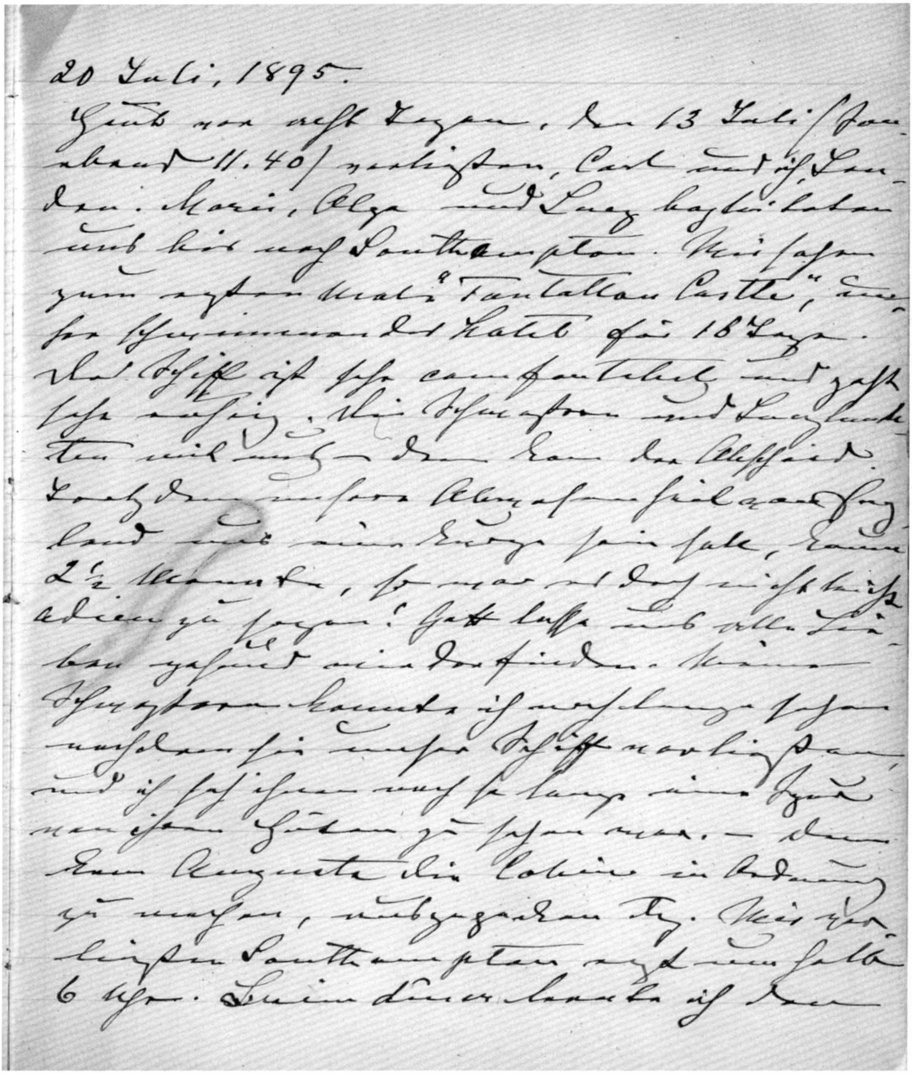

Abb. 70 Tagebuch Südafrika, Seite 1, Stockholm

REISETAGEBUCH DER SÜDAFRIKATOURNEE

Seite 1
20. Juli 1895
Gut vor acht Tagen, den 13. Juli (Sonnabend 11.40) verließen Carl und ich London. Marie, Olga und Lucy begleiteten uns hier nach Southampton. Wir sahen zum ersten Male „Tantallon Castle"[1], unser schwimmendes Hotel für 16 Tage. Das Schiff ist sehr comfortabel und geht sehr ruhig. Die Schwestern und Lucy beteten mit uns – dann kam der Abschied. Trotzdem unsere Abwesenheit von England nur eine kurze sein sollte, kaum 2 ½ Monate, so war es doch nicht leicht Adieu zu sagen! Gott lasse uns alle Lieben gesund wieder finden. Meine Schwestern konnte ich noch lange sehen nachdem sie unser Schiff verließen, und ich sah ihnen nach so lange eine Spur von ihren Hüten zu sehen war. – Dann kam Augusta die Cabine in Ordnung zu machen, auszupacken etc. Wir verließen Southampton erst um halb 6 Uhr. Beim diner lernte ich den

Seite 2
Capitain kennen (ich wurde ihm vorher nur flüchtig vorgestellt) und er gefiel mir gleich sehr gut – sehr unterhaltend und aufmerksam ist er. Ich spiele in seiner Cabine so oft ich Lust habe – er gab mir die Erlaubnis dazu. Seine Cabine ist ruhig gelegen daß fast Niemand mich hören kann – ausgenommen der wachhabende Offizier. Auf diese Art werden meine Finger nicht gar zu steiff werden. Nach dem diner ging ich gleich schlafen – ich war fürchtbar müde. Die letzten Wochen in London hatten mich gar zu sehr angestrengt. Ich konnte kaum zu Ende kommen mit allem was ich vor unserer Abreise zu thun hatte. Auch hat Waldemars[2] Hochzeit, am 6. Juli, noch dazu beigetragen mir die kurz gemessene Zeit sehr knapp zu machen – besonders dadurch daß ich mit Marie[3] einen ganzen Tag – den 8ten, bei ihr mit May[4] auf dem Fluße zubrachte. Den 9ten konnte ich nicht mehr viel thun da ich Abends bei Miss Fleetwood

---

[1] Tantallon Castle (2): Steel screw steamer, Builder: Fairfield S.B. & E. Co. Ltd, Glasgow, Tonnage: 5.636 gross 3,048 net. Dimension: 440.3 x 50.5 x 23.9 feet. Engines Quadruple expansion by builder 1,129 h.p. 8,000 i.h.p.16 knots. Trials: 17.3 knots. Passengers: 150 first, 100 second, 80 third, Quelle: Peter Newall: Union-Castle Line. A fleet history, London 1999.
[2] Waldemar Norman Neruda. Im Folgenden werden nur die Verwandtschaftsverhältnisse zu Wilma Neruda aufgezeigt. Die Lebensdaten sind im Kapitel 1 nachzuschlagen.
[3] Marie Neruda.
[4] May Norman-Neruda geb. Peyton – Ehefrau von Ludvig Norman-Neruda.

Seite 3
Wilson[5] zu spielen hatte. Erst Mittwoch den 10ten packten Cilli[6] und ich für mich und Carl[7] und Donnerstag um 11 a.m. wurden die Sachen geholt. Auch dann noch hatte ich unzählige Dinge zu thun, zu besorgen. Mittwoch kam meine alte Augusta aus Flerung an. Es war mir ein Trost <u>sie</u> mit uns haben zu können. Die erste Nacht schlief ich gleich sehr gut – das Schiff ging so ruhig – und ich konnte mich kaum entschließen um halb 12 aufzustehen, mein Bad zu nehmen und mich zum luncheon fertig zu machen. Um 6 Uhr früh fuhren wir in die Bay of Biscay ein – vor der ich so Angst hatte! Es blieb aber ebenso ruhig als vorher – schaukelte fast gar nicht und ich war sehr froh daß meine Angst diesmal unbegründet war. Wie die Bay sich auf unserer Rückfahrt benehmen wird kann natürlich nicht errathen werden. Wir machten die Fahrt durch die Bay in 24 Stunden – andere, langsamere Schiffe brauchen 36 Stunden. Tantallon

Seite 4
Castle macht täglich gegen 400 Meilen. Montag vor 6 Uhr hatten wir die Bay hinter uns. Sonderbar daß dennoch sehr viele Passagiere krank waren – ich glaube der Gedanke daß sie in der Bay of Biscay sind – macht sie krank. Montag und Dienstag ging alles sehr gut – es war sehr angenehm auf dem Deck stundenlang in einem Sessel zu liegen und zu lesen – und schlafen! Mittwoch den 17ten gegen 4 Uhr früh war Tantallon Castle vor Madeira angelangt. Die Insel sieht reizend aus. Gleich war das Schiff von kleinen Booten belagert, die sich immer noch vermehrten je später es wurde. Dann waren eine Menge von Knaben und Männern die für einen Penny, den man ins Wasser warf, untertauchten und ihn holten. Für einen Schilling sprangen sie vom obersten Deck, schwammen unter dem Schiff auf die andere Seite. In Aden hat mich das viel mehr amüsirt – ich amüsirte mich dennoch über die unbekleideten, fast schwarzen, nur mit einem rothen

Seite 5
Stück Stoff umgürteten Jungens, die unaufhörlich schrien „here a dive, here a dive" gar sehr. Aber die durchaus nicht schönen garstigen Fischerknaben und Jünglinge (als einziges Kleidungsstück lange weiße Hosen) – langweilten mich sehr. Wir fuhren ans Land mit Frl. Fillunger und Augusta, wurden sofort von einer Menge

---
[5] Frances Fleetwood Wilson (1850-1919).
[6] Cilli, eine Bedienstete.
[7] Charles Hallé – Karl Halle.

Männer umringt, und zu den bereitstehenden Wagen[8] – eigentlich Schlitten – denn Räder hatten sie nicht – die mit zwei kleinen Ochsen – Bullocks – bespannt waren, geführt. Wir sollten zum Kloster hinauf. Es ging immer steil aufwärts – die Bullocks wurden mit langen Stöcken geschlagen, angeschrin und mit den auf der Spitze des Stockes befindlichen Eisenspitzen, gestochen! Auf ziemlicher Höhe schon wurden noch 2 Ochsen angespannt, denn jetzt erst ging es steil aufwärts. Ich war fast krank vor Ekel, den mir die barbarischen Treiber einflößten und ich durfte nicht meine Augen aufschlagen damit ich die Grausamkeit der Barbaren nicht mit anschauen mußte. So

Seite 6
ging es wohl eine Stunde fast immer aufwärts zwischen Mauern die Gärten begränzten. Auf den Mauern sahen wir die schönsten Blumen herüberhängen – Wälder von blauen Hortensien, meistens Rosen, Victoria nebst einer Menge wunderbarer, mir unbekannter Blumen. Dattelpalmen mit Früchten, Feigenbäume, Weintrauben – Pergolen mit herabhängenden, schon sehr großen Trauben. Dies Alles ging rasch an uns vorbei. Es geht eine Zahnradbahn[9] bis zum Kloster hinauf, und mit dieser hätten wir gehen sollen, wären wir nicht von den ekelhaften Kerlen sozusagen aufgegriffen worden um mit ihrem Bullockschlitten zu fahren. Ich dankte Gott, der armen blutig gestochenen Tiere wegen als wir endlich oben anlangten. Der Ausblick vom Plateau wo die Kirche steht [die mit dem Kloster][10] Nossa Senhora do Monte[11] [in Verbindung steht][12], ist gottvoll. Es ist ein Anblick nicht zu vergessen – die Stadt lag tief unten, terrassenförmig, von blühenden Gärten umgeben – und ganz tief das blaue

Seite 7
Meer! Gern wäre ich noch lange in Betrachtung dieser Herrlichkeit geblieben – aber wir mußten an den Rückweg denken. Schon waren viele der Mitreisenden in ganz niedrigen, auf langen Hölzern ruhenden Körben gestiegen, die an beiden Seiten ein dicker Strick umgiebt, den zwei Männer halten, leiten und in schwindelnder Schnelligkeit geht es dann auf diesen Schlitten herab. Ich fuhr mit Carl in

---

[8] Bullocksschlitten auf Madeira – Korbschlitten od. Toboggan Schlitten bzw. Cesto.
[9] Die Zahnradbahn existierte von 1893 bis 1943.
[10] Worte in eckiger Klammer von Wilma Neruda durchgestrichen.
[11] Monte: 600-800m über dem Meeresspiegel oberhalb von Funchal, der Inselhauptstadt.
[12] Worte in eckiger Klammer von Wilma Neruda durchgestrichen.

einem dieser Korbschlitten mit nur einem Manne, der jedenfalls der Hauptmann dieser Kerle war. Der Weg geht nicht gerade, und oft kommt eine Wendung der Straße ganz plötzlich und sieht so gefährlich aus daß man nicht begreifen kann wie der Mann es vermeiden kann den Schlitten von der vorstehenden Gartenmauer fern zu halten. Trotz der furchtbar gefährlich aussehenden Fahrt, mußte ich die ganze Zeit laut lachen – es amüsirte mich riesig. Die Geschicklichkeit des Mannes der unsren Korb ganz allein leitete war ungeheuer groß. Frl. Fillunger sagte uns später (sie fuhr gleich hinter uns) daß ihre 2 Kerle

Seite 8
plötzlich bemerkten daß unser Mann den Strick nachschleifte und einen Fuß darin verwickelt hatte. Sie riefen und schrien bis endlich unser Mann sah in welcher Gefahr wir waren, und mit unglaublicher Geschicklichkeit aus der sich bildenden Schlinge heraus sprang. Hätte er sich nicht befreien können so hätten wir bei der nächsten Wendung der Straße an der Gartenmauer zerschellt werden müssen. Es ist unglaublich wie gefährlich es werden kann so herab zu rasen! Froh waren wir doch als wir unten waren und wieder auf unser Schiff zurück fuhren. Man sagt aber daß sehr selten ein Unglück auf der grausigen Fahrt geschieht – alle 10 Jahre passiert mal etwas – aber dann ist es sehr ernst. Frauen sehen wir fast gar keine – es scheint daß die zum arbeiten allein da sind. Ich kaufte eine sehr schöne Stickerei für einen Rock, die wundervoll gearbeitet ist und viele Monate müssen die armen Hände einer Frau sich damit geplagt haben. Ich gab £ 2,50 dafür.

Seite 9
Um halb 11 Uhr ging es weiter. Der Capitain schickte mir in die Cabine zwei große Körbe gefüllt mit Blumen und Früchten. So viele Feigen, die ganz wundervoll schmeckten. Ich habe kaum jemals so viele gegessen wie in den 3 folgenden Tagen. Denn auch auf den luncheon und dinner tables waren sie en massse. Es wurde ziemlich warm und trüb – auch regnete es. Heut, den 20ten hatten wir wirklich tropische Regengüsse, die ziemlich lange anhielten. Die Luft ist deshalb sehr feucht und man fühlt die Feuchtigkeit die Kleider durchdringen.
    Sonntag 21. Juli: Gestern Abend hatten wir ein kleines entertainment – ein Komiker dessen Namen ich nicht weiß weil ich ihn nicht verstand, unterhielt uns eine halbe Stunde. Amüsirt hat er mich nur sehr mittelmäßig. Ich höre er geht nach S. Africa mit einer Truppe von Musichale singers – auch die bekannte Marie Luflers ist mit. Ihr Mann reist mit ihr. – Auf dem Tantallon Castle haben wir auch eine Musikbande, die gar nicht so schlecht ist. Es waren schon 2 dances.

Seite 10
Von Madeira schrieb ich 7 Briefe an Lully, Wally, Marie, Olga, Anna Hallé, Lucy und Hjalmar[13]. Gott weiß wann die Briefe ihren Adressaten ausgehändigt werden. Heut sollen Wally und May in Malaga, bei Lully und May ankommen. Ach! wie gern wäre ich dort mit Carl und den anderen Lieben. –
 Ich war beim Gottesdienst diesen Morgen. Der Capitain ließt die lessons etz. ganz im Tone des traditionellen Parson – meistens wimerlich singend und – mir ganz unausstehlich. So gerne ich ihn sonst habe, so unausstehlich war er mir heute früh beim Gottesdienst. Es regnet und ist sehr umzogen – es soll jetzt die Regensaison sein.
 26. Juli – unser Hochzeitstag!
 Es blieb sehr warm, obgleich meist trübe, bis gestern – heut ist es bedeutend kühler. Es waren an drei Tagen allerhand Sports woran sich alle Passagiere, und die der dritten Classe beteiligen konnten! Ich sah bisweilen zu – aber zog es vor in meinem Sessel zu liegen und zu lesen. Fast

Seite 11
jeden Nachmittag übte ich in der Cabine des Capitain. Die Saiten pfiffen ganz schrecklich mehrere Tage lang als es heiß und regnerisch war, so daß es eine wahre Qual war zu spielen. Mittwoch den 24ten war Ball auf dem oberen Deck – auch dazu waren alle Passagiere, die Abendkleider besaßen, eingeladen – es soll aber niemand aus der 3ten Classe dagewesen sein – wahrscheinlich fehlten die schwarzen Röcke und Fracks, oder wollten sie nicht benuzen. Ich tanzte mit dem Capitain den Bare dance – er bat mich so sehr darum, daß ich es endlich that. Er hat nur mit mir getanzt. Erfrischungen waren reichlich und sehr gut. Den 25. – gestern, war Concert wozu Programme auf dem Schiffe gedruckt wurden. Es ist eine Druckerei hier – jeden Tag werden die Menüs gedruckt – auch die Tagesordnungen etz. Carl und ich spielten jeder 2 mal. Frl. Fillunger sang, und ein junger Tenorist der auch an unsern Concerten auf der afrikanischen Tour mitsingen soll. Jeder von uns gab etwas

Seite 12
zu. Die Leute waren alle comfortabel gelaunt – die Tische und Stühle wurden aus dem Speisesaal fortgenommen – eine kolossale Arbeit für die Stewards – und dann

---

[13] Lully und Wally – die Söhne Ludvig und Waldemar Norman-Neruda.
 Marie Arlberg und Olga Neruda – zwei Schwestern Wilma Nerudas.
 Anna Hallé (1830-1901), eine Schwester von Charles Hallé.
 Hjalmar Arlberg – ein Neffe Wilma Nerudas, Sohn der Schwester Marie Arlberg.

Abb. 71 Music room 1, Zeichnung von Joseph Pennell

die Stühle in Reihen gestellt so daß über 200 Sitze waren, und wir in der Mitte sehr guten Raum zum Spielen hatten. Die Zuschauer wollten gar nicht fortgehen als es zu Ende war und eine kühnere Dame sagte schüchtern zu Hallé er möchte doch noch die „Moonshine Sonata" spielen. Dies fand großen Anklang, so daß er es wirklich that. Nachher hielt der Capitain eine ungeheuer schmeichelhafte Rede, sagte unter Anderem daß dieses sein Tag war in seinem Sailor Leben; daß er in den 37 Jahren die er auf den Meeren zubrachte, nie einen solchen, so ganz unvergeßlichen Tag erlebt habe – etz. – etz. Dann wurden „Cheers" für uns proponirt – und endlich begab man sich zur Ruhe. Wir aber hatten mit dem Capitain noch [Caramelcups] und Sandwiches und es war halb 12 als ich zu Bette ging. Heut ist also unser siebenter Hochzeitsjahrestag!

Abb. 72 Music room 2, Zeichnung von Joseph Pennell

Seite 13
Gott erhalte meinen guten lieben Carl gesund! – Ich wurde gebeten die Preise für die Sports zu verteilen – was ich dann – widerstrebend – that. Schließlich wurde ich wieder viel gecheert[14]. Es ist sehr windig – das Schiff schaukelt bisweilen – aber nur sehr wenig. Wir sollen erst Dienstag früh in Cape Town ankommen – wir hatten in den letzten Tagen Wind und Wellen gegen uns und deshalb machten wir nicht so viele Meilen täglich als wir sollten. Wir könnten Montag sehr spät in der Nacht dort sein, aber es soll schwer zu landen sein, deshalb werden wir langsam fahren um erst Dienstag früh anzukommen. Nur Dienstag Abend ist unser erstes

---

[14] Gecheert – umjubelt.

Concert! Ich denke mir daß es nicht ganz leicht sein wird auf <u>festem</u> Lande zu spielen! Jedenfalls werden wir das Gefühl der Bewegungen des Schiffes, so wie das Brausen des Meeres, nicht so bald los werden können.

27. Juli: Heut sind es 14 Tage daß wir London verlassen haben. Ach! Ich sehne mich schrecklich

Seite 14
nach Nachrichten – werde aber noch sehr lange warten müssen – gewiß noch andere 14 Tage, bevor ich Briefe haben kann. Es wurde wieder getanzt auf dem Deck. Wir spielten mit Fillu wie jeden Abend Karten. <u>Samstag 28. Juli.</u> Wohnte dem Gottesdienst bei. Es ist bedeutend kühler geworden und ziemlich windig. Morgen ist unser letzter Tag auf dem Schiff, wir sollen in der Nacht auf Dienstag in Cape Town[15] ankommen. Es thut uns leid das Schiff zu verlassen – alles war angenehm, der Capitain sehr liebenswürdig gegen uns – er zeichnete uns vor allen Anderen aus. Er schenkte mir Bücher da ich ihm sagte ich hatte ihn bitten wollen mir ein Werk zu leihen das mich interessirte. Natürlich tauschten wir Photos mit ihm. Er gab mir den Abend als wir spielten, einen Fächer auf dessen Rückseite er ein Gedicht für mich schrieb. Die Bedienung auf dem Schiff ist ganz vorzüglich – das Essen sehr gut – Alles ist so wie man es nur wünschen kann.

<u>30. Juli. Cape Town.</u> Es ist kaum glaublich daß wir <u>hier</u> sind! Die Stadt liegt sehr schön zwischen Table Moun –

Seite 15
tain und Lyons Head[16]. Table M.[ountain][17] sieht ganz sonderbar aus – der lange ganz flache Berg sieht wirklich aus wie ein unendlich riesengroßer Tisch. Oft gehen die Wolken ganz tief herab – dann heißt es der Table Mountain hätte ein Tischtuch. An der Stadt selbst ist nicht viel – die Laden sind ziemlich groß und zahlreich, und die Sachen bei weitem nicht so theuer wie in Australien. Wir haben ganz gute Zimmer, mit privater Sitting Room, im neuen Grand Hotel. Die Tochter der Wirtin gab mir beim Eintritt ins Haus ein wunderschönes Bouquet von wilden Blumen. Ganz wunderbare Blumen, riesige Erikas, Anemonen etz. etz. Der Salon war ein Meer von Calas Rosen Lilien. Solche Quantitäten sah ich noch nie. Im Laufe des

---

[15] Cape Town: Kapstadt: Provinz West-Kap, 12 m ü. d. M., Entfernung: Port Elizabeth 770 km, Kimberley 960 km, Johannesburg 1400 km, Durban 1750 km.
[16] Lion's Head: Höhe: 669 m, im Westen getrennt durch eine breite Senke gegenüber des Tafelberges.
[17] Table Mountain: Tafelberg, Höhe: 1087 m, Gesamtfläche ca. 6500 ha.

Tages (wir waren um 9 Uhr im Hotel) hatte ich eine Masse Blumen erhalten, Körbe mit Camelien, andere mit den schönsten Veilchen, Lilien, Erikas und tutti quanti. Der Salon war überall mit den schönsten Blumen. Und doch heißt es es sei die Saison der Blumen und der Früchte längst vorbei. Sehr leid that

Seite 16
es mir daß wir keine Trauben essen werden, denn die Cape Trauben sollen riesig groß und gut sein! Nachmittag machten wir eine lange Spazierfahrt „Kloof driver"[18] – zwischen dem Table Mountain und Lyon's Head entlang und von der See zurück. Dies war einer der allerschönsten Wege die ich je sah. Die Vegetation, trotz hiesiger Widrigkeit, ist herrlich. Pinienwälder sind eigentümlich, eigentlich sind es <u>Schirm</u> Pinien – Die Kronen sind flach und darunter ist nur das kahle Geäste zu sehen. Oft ließen wir halten um merkwürdige Blumen näher zu besehen – am liebsten waren Frl. Fill.[19] und ich umher gestiegen um alles genau zu untersuchen. Am Rande des Meeres war der Weg herrlich – die See war sehr bewegt und die Wellen brachen sich mit riesiger Wucht an den zerklüfteten Felsen die in unendlicher Anzahl aus dem Sande des Strandes emporsteigen. Wir konnten dieses Anblickes gar nicht genug kriegen – und schließlich rissen wir uns mit Gewalt davon um

Seite 17
nach Hause zu fahren. Es war über 5 ¼, die Sonne schon verschwunden und plötzlich die Luft sehr kalt. <u>Den 31. Juli</u> war das <u>erste Concert</u>. Das Theater wo das Concert war ist hübsch, und es klingt sehr gut. Es war voll – aber dennoch nicht so voll wie ich es erwartete. Dafür war aber der Enthusiasmus ungeheuer groß. Ich kann aber natürlich nicht sagen daß das Publikum wirklichen Genuß an den Beethovenschen Sonaten, davon es <u>zwei</u> zu hören bekam, hatte. Es ist auch nicht zu erwarten da bis jetzt <u>fast nie</u> gute Concerte hier gegeben worden sind – besonders von Instrumentalsolisten nicht. Viele der auf der Tantallon Castle Mitreisenden waren im Concert – unser Capitain Robinson[20] natürlich auch, und <u>er</u> hat das Concert wirklich genossen denn er <u>fühlt</u> gute schöne Musik für sich zu verstehen. Nach meinem ersten Solo wurde mir vom hiesigen Quartettverein ein großer

---

[18] Kloof driver: „Kloof" – Dutch für engl. „cleft" – Spalte, Einschnitt: s. C.E. Hallé / Marie Hallé (Hg.): *Life and Letters of Sir Charles Hallé*, London 1896, S. 396.
[19] Frl. Fill.: Es handelt sich um die mitreisende Sängerin Marie Fillunger.
[20] Kapitän J.C. Robinson von Tantallon Castle, Lloyd's Register, 1895.

Blumenkorb überreicht, mit den Karten der Ausführenden. Den 1. Aug. war das 2te Concert in Cape Town. Dieses war ganz voll und das Publikum wonniglich

Seite 18
noch demonstrativer als im Ersten. Damit konnten wir ganz zufrieden mit unserer Aufnahme sein. Vom Gouverneur haben wir nichts gehört – ausgenommen daß er Dinner Parties an beiden Abenden gab, und daß er Musik haßt, ausgenommen Musik habe Gesang. Ich dankte Gott daß dem guten Sir Hercules Robinson[21] die Qual des Zuhörens unserer Concerte erspart bliebe.

Vormittag war ich mit Frl. Fill. im Bothanischen Garten, der Manches Interessante bietet, aber in der Winterzeit nicht schön sein kann. Eine lange Hecke von wilden, ungeheuer großen dunkelrothen Rosen, mit hunderten blühenden Blumen und tausenden Knospen, war ein reizender Anblick. Den 2. Aug. um halb 10 waren wir wieder auf dem Tantallon Castle, der unsertwegen nicht gestern, wie er sollte, sondern erst heute ging um uns morgen in Port Elizabeth abzuliefern. Die Küste entlang ist es sehr interessant. Das Schiff muß zuweilen meilenweit in See gehen um Felsen die man

Seite 19
gar nicht sieht auszuweichen. Um 1 Uhr passirten wir the Cape of Good Hope. Nie im Leben hätte ich geglaubt das Cape der Guten Hoffnung in Wirklichkeit zu sehen! Wir, Carl und ich, waren beim Capitaine auf der Commando Brücke, und da man uns vom Cape „flashes" schickte (ein Spiegel wird so gedreht daß die Sonnenstrahlen daraufffallen) so grüßte der Capitain auf dieselbe Weise. Dann wurden vom Leuchtturm aus Grüße mit Flaggen geschickt – für die von unserem Schiffe wieder gedankt wurde, ebenfalls mit Flaggen. Der Capitain behauptete daß diese Grüße nur uns galten, daß man ihm von dort noch nie Grüße irgend welcher Art geschickt hätte. Sie sollen dort jeden Tag die Zeitungen haben und daher wussten sie daß wir mit dem Tantallon Castle fahren würden. Nach dem luncheon schlief ich ein wenig – ich war sehr müde. Später war ich auf dem Deck, blieb aber nicht sehr lange da der Wind recht kalt wehte. Nach dem diner spielten wir bis 10 Uhr Whist.

Seite 20
Sehr interessant ist es daß auf unserem Schiff eine Druckerei ist und für jede Malzeit, Frühstück, luncheon und dinner, die Menüs speziell gedruckt werden. Das

---
[21] Sir Hercules Robinson (1824-1897), British Colonial Administrator.

Programm für den Abend als wir spielten wurde auch gedruckt – ebenso die Tanzordnung für den großen Dance.

Den 3. Aug. kamen wir bei heftigem Wind und Regenschauer, in Port Elizabeth[22] an. Wir mussten nun wirklich unser Schiff verlassen – unserem guten freundlichen Capitain Adieu sagen! Das Schiff konnte nicht in den Hafen hinein – ich glaube alle Schiffe müssen draußen bleiben – und wir wurden mit einer für uns geschickten Steam launch geholt. Ein kleines Mädchen mit einem großen Bouquet kam von Bord unseres Schiffes, und nachher stiegen wir mit einigen Schwierigkeiten auf das kleine Boot. Die See ging hoch und wir fuhren nur mit halber Kraft damit die Wellen nicht zu sehr ihr Spiel mit uns treiben sollten. Auf der Landungsbrücke wurden wir vom Mayor und vielen Menschen empfangen,

Seite 21
des schlechten Wetters halber wurde der Empfang so kurz wie möglich gemacht, und wir fuhren ins Grand Hotel. Es war gegen 3 Uhr als wir ans Land gingen. Unsere Zimmer waren vis-a-vis vom Hotel, in der Dependance – und ganz comfortabel, besonders mein Schlafzimmer – daß eine sehr große Veranda mit Aussicht aufs Meer hatte. Plötzlich wurde es ganz still und warm, der Regen hörte auf und ich konnte noch auf der Veranda sitzen. Das Essen in dem Hotel ist sehr gut – die Wirtin ist eine Deutsche, sehr tüchtige Frau, der Wirt Engländer. Noch am selben Nachmittag kam Herr Ernst Goldtschmidt den ich und besonders Hallé, seit langen Jahren in Bradford kannten und der seit 7-8 Jahren in Port Elizabeth Partner eines sehr großen Import und Export Geschäftes ist. G. lud uns für Montag zum dinner ein, was wir annahmen. Das Concert fand in der sehr schönen

Seite 22
Town Hall statt – der Saal ist sehr gut für Musik. Das Publikum war wieder sehr demonstrativ – sehr lärmend. Nach meinem ersten Solo überreichte mir ein kleines Mädchen, im Namen einer Mädchenschule, einen großen Korb ganz mit großen Veilchenbouquetes gefüllt. Wir hatten in unserem Sittingroom Massen von Veilchen. Ich bin ganz entzückt so viele Veilchen zu sehen.

Dienstag den 4. Aug. Das Wetter war herrlich, sonnig und warm wie einer der schönsten Sonnentage bei uns. Ich frühstückte auf der Veranda, schrieb, las – dann plauderten wir bis zum Luncheon. Nachher setzten wir uns an einen schönen Aussichtspunkt nieder und hatten den Blick auf das weite blaue Meer – es sah ganz

---

[22] Port Elizabeth: 60 m ü. d. M. Die Stadt liegt am Indischen Ozean an der Algoa Bay, 770 Kilometer östlich von Kapstadt.

italienisch aus! Auch sahen wir unser Tantallon Castle vor Anker liegen in seiner majestetischen Ruhe. Unser dinner bei Mr. Goldschmidt, der Junggeselle ist, war

Seite 23
sehr angenehm. Außer uns und Miss Fille waren nur noch Goldschmidts Partner und dessen junge sehr hübsche Frau. Später kam ein Klavierspieler der hier mit seiner blinden Frau nebst 3-4 Kindern, lebt. Es ist ein Engländer. Er spielte etwas – aber nicht genug um hören zu können, was er eigentlich kann. Seine Frau ist Sängerin – soll sehr kritisch sein aber selbst wenig leisten. Dies ist wohl der Grund weshalb sie so kritisch ist. –

Montag den 5. Aug. war das 2. Concert. Es war sehr voll und man war so ungeheuer lebhaft wie nur möglich. Vormittag holte uns, Fill und mich, Mrs. Mosenthal, die hübsche junge Frau, und wir fuhren mit ihr nach dem Bothanischen Garten der nicht besonders viel Interessantes bietet. Eine Blume sah ich dort – es soll eine brasilianische sein und zum ersten Mal hier blühen – die mich interessirte. Sie ist so riesig groß daß sie

Seite 24
einen großen Männerkopf als Mütze dienen könnte – da sie aber sehr übel riecht, so wäre das sehr unangenehm. Sie hat eine graugrüne helle Farbe, mit Amarantfarbigen Tupfen und Tüpfchen, und in der Mitte hat sie nur die dunkle Farbe die wie Sammt aussieht. An dem einen Ende (sie ist länglich viereckig) läuft sie spitz zu und endigt in einer Art Quaste oder Schnur.[23] Den Namen dieser merkwürdigen Blume habe ich nicht verstehen können. Nachher nahm uns Frau Mosenthal ins Comptoir und Herr Goldschmidt und ihr Mann führten uns in das Haus wo in einem Riesensaal nur Straußfedern waren. Hier in der Umgebung und noch sehr weit hinauf bis Grahamstown[24] etz. sind unendliche viele Ostrich Farms[25] und die Federn werden in riesigen Massen verschickt. Herr Goldschmidt schickt mir Federn

Seite 25
für einen weißen Fächer und Boa. Natürlich wurden sie mit großer Genauigkeit für mich gewählt und mir geschenkt. Sie sollen mich in Cape Town bei unserer Rückkehr treffen. Den 6ten reisten wir um 2 Uhr Nachmittag nach Grahamstown.

---

[23] Es handelt sich um die Großblütige Pfeifenblume (Aristolochia grandiflora Sw.).
[24] Grahamstown: Provinz Ostkap, 540 m ü. d. M. Entfernungen: ca. 60 km vor der Küste des Indischen Ozeans, Port Elizabeth 130 km, East London 160 km.
[25] Ostrich Farms – Straußenfarmen.

Der Zug führte durch interessante Gegenden und wir sahen zu beiden Seiten zahlreiche Strauße – die nur durch Drahtumfassung von der Eisenbahn getrennt waren. Es sieht ganz wunderbar mit diesen Riesen Vögel in solchen Quantitäten zu begegnen. Auch sahen wir schon in Port Elizabeth sehr viele Kaffers[26]. Sie sind sehr schwarz, haben wolliges, winzig gelocktes Haar – vorstehendes Kinn, dunkle vorstehende Unterlippe und sind gut gebaut. Sie werden als Diener, und Gärtner, Kutscher, Arbeiter verwendet. Auch in den Hotels sind sie zur Bedienung wenn auch die weißen

Seite 26
Dienstleute die wichtigeren sind. Die Kaffers sollen sehr faul im allgemeinen sein. In Grahamstown kamen wir eine halbe Stunde zu spät an – gegen 6 Uhr – und wurden vom Mayor und Ev Mayor mit ihren Töchtern die Blumensträuße brachten, empfangen. Das Hotel, von Deutschen bewirtschaftet, war sehr schlecht. Glücklicherweise bleiben wir nur die eine Nacht dort. Das Concert fing um halb 9 Uhr an – war wie die anderen – voll und das Publikum lärmend. Encores sind ebenfalls verlangt worden. Den 7ten früh sahen wir die Farmers zu Markte kommen mit Carts von einem Team Ochsen – (16) – gezogen. Das sieht sehr merkwürdig aus. Sie müssen so viele Ochsen vorspannen weil gar keine Straßen zu den Farmers gehen und sie über Stock und Stein

Seite 27
auf den unweglichsten Wegen fahren müssen. Auch sahen wir nebst Kühenkälbern, Schafe, Strauße zu Markt bringen – ebenso getrieben wie die anderen Tiere. Um halb 12 Uhr fahren wir fort – und zwar nicht wie man uns in Port Elizabeth sagte, mit einem Landauer[27] – sondern mit einem Cart wie die Post hier geht. Diese Cart zu beschreiben ist nicht leicht – es ist ein Karren auf nur 2 vorderen Rädern, zwischen Leder übergezogen; nicht zu harte Bänke für je 3 Personen. Hinten ist das Gepäck aufgeladen – angespannt sind 6 Pferde. Ich saß zwischen Halle und Miss Fill – auf der Bank vor uns Augusta zwischen Mr. Habeck (Braedwoods Mann)[28] und dem Kutscher. Zuerst hatten wir den Eigenthümer des

---

[26] Kaffers – herablassende Bezeichnung der europäischen Kolonialisten und Einwanderer Südafrikas für die dort lebenden Xhosa, später wurde der Begriff ausgeweitet auf weitere bantusprachige Völker.

[27] Landauer – vierrädrige Kutsche mit vier Sitzen, das Verdeck ist geteilt und lässt sich nach beiden Seiten öffnen.

[28] Klammer von Wilma Neruda gesetzt.

Fahrzeugs und der Pferde (der auch die Postpferde stellt) als Kutscher, und später Kaffers. Es war furchtbar windig und staubte fürchterlich – aber man hatte uns versichert außer

Seite 28
der Stadt würde es nicht staubig sein. Aber du lieber Gott! Solchen entsetzlichen Staub eingeschluckt habe ich im Leben nicht. Und es ging drauflos über Stock und Stein – wir sprangen nur immer so in die Höhe! Einem großen Stein auszuweichen fällt dem Kutscher nicht ein – also darüber hinweg. Es war wirklich die allerschlimmste Fahrt die wir je machten. Zuerst lachte ich sehr darüber – aber dann, besonders als der gelbe Staub uns dicht einhüllte so daß wir die Pferde nicht sehen konnten, da verging mir das Lachen – besonders da ich Angst noch bekam. Die arme Fill hatte schon Morgens Kopfschmerzen – und die hat dann schrecklich gelitten. Ich saß mit dem Taschentuch vor Nase und Mund um nicht gar so viel Staub einzuschlucken. Nachdem wir bis halb 3 gefahren sind, wurden Pferde gewechselt. Wir mussten aussteigen da die Karre ohne Pferde nicht aufrecht stehen kann. Wir saßen bei dem Wirtshaus, tranken etwas Sodawasser – aber trotzdem wir Luncheon und Wein mit hatten, hatten wir keine Courage

Seite 29
zu essen – wir waren gar zu schrecklich maltretiert worden! Der arme Carl war ganz unglücklich meinethalben. Er behauptete er hätte blaue und schwarze Flecken an der linken Seite da er immer an die Seite des Wagens rangeworfen wurde sobald wir alle in die Höhe flogen und wieder herabgeschleudert wurden. Die Post, ein entsetzlicher Cart wie der unsrige, mit den Briefsäcken und 8 Herren, worunter der Mr. Dyer war, der uns in der liebenswürdigsten Weise sein Haus in King William's Town[29] angeboten hatte, stellten sich uns vor. Er bedauerte sehr daß er sofort wie die anderen Herren, zu einer Sitzung in King, die nicht aufgeschoben werden konnte, gehen müssten und unserem Concert nicht beiwohnen konnte. Nachher, als unsere Pferde (6 elende übermüde Pferde die der Kutscher zu meinem Schmerz immer peitschte) vorgespannt waren ging es weiter, und nach mehr als zwei Stunden hatten wir die 10 Meilen bis Breakfast Vlei[30] gemacht – zu unserer großen Erleichterung. Die 10 Meilen waren noch

---

[29] King Williams Town: Provinz Ost-Kap, 533 ü.d.M., Entfernungen: East London 60 km, Grahamstown 120 km.
[30] Breakfast Vlei: kleiner Ort 36 Meilen von Grahamstown entfernt. Das entspricht bei einer englischen Meile von 1,6 km ca. 59 km.

Seite 30
schlechter als die vorhergehenden 26! Das Land muß, wenn nicht alles so verbrannt und verdorrt ist, sehr schön – die Vegetation herrlich sein. Riesen Cactusse die wahre Bäume sind, sieht man in Unmassen so wie wilde Geranien, Lilien, Bottlebrush und hundert andere deren Namen ich gar nicht kenne. Auch viele verschiedene buntschimmernde Vögel sahen wir. Was interessant ist, daß sind die Kaffern Kraals[31] davon es den ganzen Weg entlang bis King[32], gab. Ganz eigenthümlich ist es sie auf den Wegen zu sehen, meißt hohe, schön gewachsene Gestalten mit schönen Beinen und Armen. Mit Ausnahme eines großen Kerls, trugen sie überall gelbbraune Decken, wie Togas umgeworfen die Frauen noch ebensolche Röcke von derselben Farbe denselben Stoff. Die Kinder haben fast alle schwarze Streifen über den Füßen eingemalt. Auf dem Kopfe tragen sie bunte, gewöhnlich rothe Tücher wie Turbans geschlungen. Diese sind keine Christen – nur die bunt gekleideten sind zu Christen gemacht worden. Gewöhnlich wurden sie „bekehrt" wenn sie ein Verbrechen begangen haben und

Seite 31
bestraft werden sollen. Da gehen sie zum Christentum über und sind von der Strafe befreit. –

Wir sahen so viele Strandvögel, sogar auf dem Wege wo wir fuhren. Es war so schade daß es so lange nicht regnete denn nur die Trockenheit wegen sollen wir auf dem Wege zu Breakfast Vlei keine Baboons[33] gesehen haben! Es hat mich nicht so ungeheuer interessirt sie hier frei, zu sehen. Endlich kamen wir in Breakfast Vlei an und fanden ein recht anständiges Wirtshaus, sogar 5 Zimmer nebst Eßzimmer fanden wir für uns vorbereitet. Da wir von 9 Uhr bis 5 ½ Uhr nichts gegeßen, und eine solch große Strapaze überstanden hatten, waren wir sehr froh daß wir unser Essen bekamen, daß gar nicht zu schlecht war, besonders da wir das frisch gebratene Huhn, Zunge und Eier, das für andere bestimmt war, zu Hilfe zogen. Dazu brachte die gute Augusta frischen Caffee den sie vom Tantallon Castle, vom Board Steward sich erbeten hatte. Gestärkt und in besserer Laune spielten wir dann Karten bis nach 9 Uhr. Unterdessen hatte Augusta für uns

---
[31] Kraal – Bezeichnung für ein Runddorf aus mehreren Hütten bestehend.
[32] Gemeint ist King Williams Town.
[33] Baboons – Paviane.

Seite 32
alles so gemütlich wie möglich gemacht und wir brachten die Nacht sehr comfortabel zu obgleich ich fast gar nicht schlief. Der Gedanke daß wir noch einen Tag wie den gestrigen durchmachen müssten, verhinderte mich beinahe zu schlafen. Augusta hatte mein Bad in Ordnung – was nach dem Staub herrlich war – und nachdem ich mich langsam angekleidet hatte, frühstückten wir und fuhren den 8ten nach King. Der Weg war anfangs nicht so schlecht und die Pferde besser und wurden nicht geschlagen! Bald hörte das Gebüsch auf und wir fuhren Berg auf, Berg ab, auf Weiden und Felder – zwischen diesen durchgeht die Straße – auch sahen wir Tausende von Kühen, Schafen, Rinder, Pferde, weiden. Die Kaffer Kraals waren sehr zahlreich. Es wird sehr viel Mais angebaut, die Hauptnahrung der Kaffers. Auf einer Uitspan[34] wo wir wieder den Karren verlassen mußten, genossen wir der Reste unseres Huhnes etc. und tranken Johannisbeeren. Ganz in der Nähe saßen

Seite 33
viele Kaffers und sahen uns zu. Sie kommen einem nie nah, betteln nie und sind sehr zurückgezogen. Wir ließen ein großes Papier mit gebuttertem Brod zurück und da kamen einige und frugen, ob sie es nehmen durften. Ob es ihnen geschmeckt hat weiß ich nicht. Die Weiber rauchen wie die Männer, aus Holzpfeifen. Sie sollen alle sehr weiche Hände und Haut haben – darauf halten sie viel – sogar die Arbeiter, Handlanger sollen feine Hände haben – sie reiben sie mit Fett, auch die Gesichter, und um sie vor der Luft oder der Sonne zu schützen, sollen sie sich mit Ocker, die braune Farbe, einreiben. Wir sahen auch viele mit solchen eingeriebenen Gesichtern – sie sahen aus als trugen sie Leder. Die Weiber tragen die Kinder in einem Bündel um die Taille gebunden und zuweilen sieht man die kleinen schwarzwollenden Köpfchen heraushängen – gewöhnlich gar nichts. Wir sahen auch viele Weiber – in der Mitte des Tages wo es sehr heiß war, die nicht die Tücher umgeschlungen

Seite 34
hatten, sondern ein faltiges Stück Stoff derselben Art und Farbe, unter den Schultern und über der Brust festgebunden, bis zur Taille herabhängend, so daß die Schultern und Arme ganz nackt blieben, und gewöhnlich sehr schön geformt, mit kleinen Knöcheln an den Händen, die schmal und lang sind, waren.

---

[34] Uitspan – Ausspannstation zum Wechsel der Pferde.

Auf einer Uitspan gingen wir in eine Kaffern Hütte die aus Lehm, um ein rundes Gestell von jungen Bäumchen, gemacht sind. Das Dach ist domartig, ein wenig überragend. Es war nichts darin als eine Art Gestell, Bett oder Tisch – und einige Stücke Zeug, wahrscheinlich Kleider, hingen auf der anderen Seite. Als Fenster haben sie unter dem Dach ein winziges Loch – aber große Thore. – Wasser giebt es sehr wenig – aber wo ein solches war sah man die Weiber beschäftigt mit Waschen von Kleidungsstücken. Wir mußten durch einen Fluß fahren. Zum Glück hatte es sehr lange nicht geregnet – aber es war noch immer genug, sehr erfrischendes Wasser da. Man hatte zuweilen 8 Tage warten müssen bevor man durch den

Seite 35
Fluß <u>getragen</u> werden kann – was höchst unangenehm sein muß. Keiskamma[35] heißt er. Acht Meilen vor King, nachdem wir schon ganz sprachlos vor Staub und Ermüdung waren, sahen wir 2 Wagen halten und 2 Herren auf den Wagen stehen, die unserem Kutscher winkten. Es war der Mayor von King William's Town, der andere Mr. Lehmann[36] der deutsche Consul. Sie begrüßten uns sehr liebenswürdig und baten Hallé und mich mit ihnen in ihrem Wagen nach der Stadt zu fahren. Als ich ausstieg war ich bis über die Knöchel im Staub! Ich fuhr mit Mr. Lehmann und seiner Schwiegermutter Mrs. Sutherland. Diese letzten 8 Meilen sollen noch schlechter wie der übrige Weg gewesen sein. Miss Fillu und Augusta waren noch ganz zerrüttelt davon. Ich fand die beiden Leute sehr angenehm und nett, obgleich ich so müde war daß ich lieber kein Wort gesprochen hätte. Wir sahen ganz unreputirlich aus – vom Staub überdeckt – doch fast ebenso braun

Seite 36
wie ein Kaffer! Ich hatte den Tag vorher einen kleinen schwarzen Hut mit Rosen getragen. Da der Wind sehr stark war, rutschte mein Hut trotz der 2 Nadeln und Schleier sehr viel, bald rechts, bald links – so daß die Kopfhaut mir wehthat. Deshalb nahm ich Carls Dampfschiffermütze, da ich keinen anderen Hut noch Mütze hatte, und behielt sie für den ganzen Tag auf, was sehr comfortabel aber wenig kleidsam war. Wie dankten wir Gott als wir bei hereinbrechen der Nacht in der Stadt, vor dem sehr hübschen im Garten liegenden Hause des Mr. Dyer hielten und nachdem wir uns unseren uns erwartenden Freunden empfohlen hatten, eintreten konnten. Eine bekannte Dame Mr. Dyers, empfing uns im Hause, uns gleich ihren Garten und die Zimmer zeigend, die alle Parterre sind. Sie ging dann gleich

---

[35] Keiskamma River.
[36] Friedrich Carl Lehmann (1850-1903), deutscher Konsul.

um uns vor dem dinner Zeit zu geben uns rein zu machen. Nie bedurften wir des Reinemachens mehr als jetzt! – Glücklicherweise hatte

Seite 37
ich Zeit mich auf das gründlichste des Staubes zu entledigen – und freute mich als mein Kopf wieder frisch gewaschen getrocknet und frisirt war! Als ich fertig war und mich ganz rein und frisch fühlte, war auch das dinner fertig und Miss Fillu, die ebenfalls hier wohnt, Carl und ich, hatten es sehr gemütlich beim guten dinner mit Champagner. Nachher spielten wir Karten eine Stunde – und noch bevor wir zu Bette gingen, habe ich Carls Kopf mit Seife Wasser und Eau de Cologne gewaschen. Freitag 9ten. Es war herrliches Wetter – so warm wie bei uns im Hochsommer. Wir saßen bis zur luncheon Zeit auf der Veranda – ich schrieb – auch Carl – denn Morgen sollen unsere Briefe Abends in East London[37] fertig sein um Sonntag mit dem Mail Steamer abzugehen. Es war wunderschön so ruhig sein zu können nach den schrecklich anstrengenden 2 Tagen! Ich fühlte mich noch sehr müde da ich schlecht schlief. Wir luncheten bei

Seite 38
Mr. Lehmann der uns mit seinem Wagen holen ließ. Abends war das <u>Concert</u> in <u>King…</u> – wieder sehr voll und das Publikum wie überall lebhaft, und man ruhte nicht bis daß wir Jeder ein Encore spielten. Es that uns leid das gemüthliche Haus Mr. Dyer's zu verlassen – so angenehm werden wir es nicht wieder auf dieser Tour haben.

Den 10ten (Samstag) fuhren wir um 2 Uhr mit Eisenbahn nach East London, wo wir die Nacht bleiben sollten und das Hotel gar nicht schlecht ist. Abends hörten wir noch daß unser Schiff "Athenian"[38] nicht Sonntag früh ab gehen würde, sondern auf Montag früh halb 10 sollten wir mit der Steamlaunch zum Schiffe befördert werden. Wir arrangirten deshalb eine mehrstündige Fahrt auf dem sehr schön sein sollenden Bufallo River zu machen. Leider wurde Sonntag nichts daraus, denn es stürmte ganz gewaltig – es war glühend heiß und der Staub war so schrecklich daß wir alle Fenster geschloßen haben

---

[37] East London: Provinz: Ost-Kap, 36 m ü.d.M., an der Mündung des Buffalo River in den Indischen Ozean gelegen, Entfernungen: Port Elizabeth: 310 km, Bloemfontain 585 km, Johannesburg 990 km.

[38] Athenian: Iron screw steamer (Union 1882-1897), O.N. 82425, Builders: Aitken & Mansel, Whiteinch (yard no: 110), Tonnage: 3,877 gross 2,493 net, Dimensions: 365 x 45,8 x 29 feet, Engines: 2-cyl. compound by j. & j. Thomson, Glasgow 600 h.p. 4,000 i.h.p. 13 knots, Passengers: 150 first, 90 second, 130 third.

Seite 39
mußten. Es war zum ersticken! Gegen Abend wurde es besser und kühler – aber der Wind hatte sich gewendet und kam nicht mehr vom Lande sondern vom Meer. Ich konnte das brausen hören obgleich die See sehr weit ab von unserem Hotel war.

Montag den 12ten um halb 10 Vormittag waren wir eben im Begriffe von unserem Wirth Mr. Deal (aus Manchester) zur Steamlaunch gefahren zu werden, als wir vom Union Office hörten daß der „Black ball" aufgegangen sei, dies bedeute, daß es keine Möglichkeit sei die Bar zu überschreiten. Die See war so furchtbar wild und der Damm von Thurmhohen aufspringenden Schaum jeden Augenblick übergoßen. Da sei es unmöglich herauszufahren. Dann hieß es um 11 Uhr könnten wir fahren – aber bald nachher erfuhren wir daß wir nicht vor 2 Uhr abfahren können werden. Nach einer ziemlich langen Spazierfahrt kamen wir wieder

Seite 40
ins Hotel zurück – lasen Zeitungen – spielten Karten – lunchten und endlich fuhren wir zur Launch. Da mußten wir fast eine ganze Stunde lang auf 6, aus Cape Town kommende Passagiere warten, was nicht dazu beitrug uns unsere gute Laune zu erhalten. Endlich ging es ab. Wir 3 saßen neben dem Steuerruder auf geschützten Plätzen – die Damen mußten in die Cabinen – und nun ging es los, in die grausigen Wellen hinein. Diese Fahrt nahm nicht weniger als drei viertel Stunden, denn es dauerte lange bevor wir am „Athenian" fest gemacht waren. Aber es war grausig durch die uns entgegenkommenden Wellen durchzufahren, eigentlich sie über unser kleines Boot überstürzen zu sehen. Die Bar war wirklich fürchterlich zu sehen, so geschaukelt wurde ich noch nie – aber ich machte mir gar nichts daraus – ich hatte nicht das Gefühl von einer Gefahr. Nächsten Tag aber hörte ich daß diese Bar schon sehr viele Opfer gefordert hätte! –

Seite 41
Als wir endlich anlegen konnten, wurden wir, Carl, ich, Augusta, mittels eines großen Korbes auf das Schiff aufgezogen. Das war wieder eine neue Erfahrung! Es geht sehr rasch aber zweimal glitt ein Strick vom anderen beim Aufwinden so daß man das Gefühl hatte es ginge anstatt aufs Schiff, ins Meer – aber bevor wir denken konnten, wurde die Thür aufgemacht – wir waren auf dem „Athenian"! So wurden alle Passagiere aufgehißt – das Gepäck in anderen Körben. Wir bekamen eine große Cabine die ganz comfortabel war. Dieses Schiff fuhr denselben Tag wie wir von Southampton ab – aber da es kein Mailboot ist, so ging es so langsam, und

konnte uns mitnehmen. Es ging aber erst heut (13) früh 9 ½ Uhr ab – wir rollten die ganze Nacht ganz schauerlich da das Schiff so leicht geworden ist durch Abladung der Cargo. Wir schliefen aber doch recht gut – und ich stand sehr früh auf. Das Wetter ist ganz herrlich – sehr warm

Seite 42
und angenehm. Ich las Vormittag und schrieb Nachmittag. Aber welcher Unterschied mit unserem Tantallon Castle und dem Athenian. Essen, Räumlichkeiten – alles läßt zu wünschen übrig. Glücklicherweise sind wir Morgen früh in Durban[39]. Man fährt immer der Küste entlang – 2 bis 3 Meilen entfernt. Es sieht überall vertrocknet und verbrannt aus. Ich muß noch nachträglich sagen daß wir Tantallon Castle von East London, ganz nahe der Athenian sahen, und daß Mr. Caccidy, der I. Lieutnant und Andere uns sahen und erkannten. Mr. Caccidy lief zum Capitain der rasch kam und uns noch winkte. Nachher so sandte er uns „flashes" durch die auf den Spiegel fallenden Sonnenstrahlen und zog Flaggen-„Grüße" auf. Ich freute mich sehr sie noch gesehen zu haben, und schrieb dann einige Worte dem guten Capitain Robinson den der Tender der uns brachte, zum Tantallon Castle fuhr. Durban den 14ten. Royal Hotel. Um 10 Uhr wurden wir mittelst Korbes auf die Launch befördert (wir waren schon vor 7 Uhr

Seite 43
vor Anker gegangen) und obgleich das Meer ziemlich bewegt war, und auch hier die Bar bei schlechtem Wetter sehr schlecht sein soll, so ging es doch recht gut und wir kamen nach einer halbstündigen Fahrt an der Landungsbrücke an wo wir vom Mayor, der Mayoress etz. etz. empfangen worden sind. Ich bekam auch einen großen Korb mit Veilchen dann fuhren wir mit der Mayoress in ihrem Wagen ins Hotel. Die Stadt hat ganz indischen Anstrich – es gibt auch sehr viel Inder, Singalesen, hier. Auch die indischen Dienstmädchen sollen hier sehr gesucht sein und sie sehen sehr malerisch in ihren bunten Gewändern und Arm, Ohr und Nasenringen aus. Auch giebt es hier massenhafte Jinrikschas[40], die kleinen Wägelchen in denen man sich von Singalesen oder Zulus fahren läßt. Sonderbar sieht die Natal Zulu Polizei aus – sie haben Beinkleider bis zu den Knien, Blusen und Mützen von dunklem Stoff aber weder Strümpfe noch Stiefel. Die Zulu Polizei darf keinen Weißen, und wäre er

---

[39] Durban: Provinz KwaZulu-Natal, 5 m ü.d.M., Entfernungen: Pietermaritzburg 80 km, Johannesburg 590 km, Kapstadt 1750 km.
[40] Jinrikschas – aus Japan stammende Rikschas, die von Menschen gezogen wurden. (jin – Mensch; riki – Kraft; sha – Wagen).

Abb. 73 Inderinnen in Südafrika, 1895, Fotografie

Seite 44
ein Verbrecher schlimmster Art, verhaften, Hand an ihn legen – aber er darf, wenn die Weiße Polizei ihn zu Hilfe haben will, irgend Jemand arrestiren.
Das Hotel ist reizend – alle Diener sind Schwarze – indische Kellner, ganz weiß und rein gekleidet, mit schneeweißen Hauben – aber schuhlos. Die „Stubenmädchen" bestehen hauptsächlich aus Zulus – Männer – ich sah nur zwei weiße englische Hausmädchen! Wir trafen Mitreisende vom Tantallon Castle – Mayor Welchire und Frau und die Grafen Coudenhove[41] und Blücher die ins Innere auf Jagden gehen. – Abends war das erste Concert in der sehr großen und schönen Townhall. Es war nicht ganz voll – ich glaube der Saal ist zu groß für die hiesigen Concertgehenden Leute. Wieder war großer Enthusiasmus – wir überall. 15. August. Das Hotel ist ganz indisch gebaut – mit offenem, teilweise gedecktem Dach, wo es sehr kühl und angenehm zu sitzen ist. Auf dem Schiff Athenian sah ich einen sehr schönen Pa-

---

[41] Vermutlich handelt es sich um Graf Heinrich von Coudenhove (1859-1906), kk Legationssekretär.

Seite 45
pagei der sehr hübsch war und viel schwatzte. Er gehört einem Matrosen. Ich sprach darüber zu Carl und Mr. Searelle, unser Entre frug mich ob ich ihn haben möchte. Ich wollte es gerne und nach wenigen Minuten brachte er den Vogel und bat mich ihn zu acceptiren. Das Thierchen ist sehr lieb und wird uns viel Spaß machen. Es ist ein Brasilianer wie der Matrose sagt. Gestern erst bekam ich ihn. Vormittag ging ich um einige Läden mit Curiositäten aufzusuchen und kaufte Einiges – Assegais[42] und Zuluschilde, Armbänder und Perlenschmuck wie die Zulu's sie tragen, und noch Manches Andere. Nachmittag war für uns eine Reception in der Town Hall wo eine Masse Menschen waren. Man hatte den merkwürdigen Einfall für uns Musik zu machen und wir hörten einen Flötenspieler – einen Sänger – Orgelspiel – und dann spielten zwei anwesende Herren, eine Scene aus Othello – Jago & Othello.
    Der eine Herr kam

Seite 46
aber vorher zu mir um sich zu entschuldigen daß sie diese Scene spielen. Es war so drollig diese beiden kleinen Männer im Nachmittag Anzug zu exekutiren! Ich brach so rasch wie möglich auf denn ich mußte vor dem Concert etwas ausruhen. Da ich auch durch eine ziemlich lange Spazierfahrt die wir Vormittag unternahmen etwas ermüdet war. Durban liegt ganz reizend und die Vegetation die bis ans Meer geht, tragisch schön. Wir fuhren auf der Berea Straße[43] wo die schönen Häuser und Gärten der vornehmsten Durbaner Bewohner hausen. Die herrlichen Palmen aller möglichen Arten, hohen Oleander Bäume, und andere blühende Bäume deren Namen mir fremd sind, sind ganz wunderbar schön. Man sieht Zuckerrohr Pflanzungen, Ananasfelder, Bananenwälder etc. etc. in unabsehbarer Entfernung sich ausbreiten. Dazu war die See so schön und blau so wie der Himmel, und die Sonne

Seite 47
schien warm, ja heiß – und doch war die Luft so belebend und anregend. Ich wünschte, daß ich 4-6 Wochen in Durban hätte bleiben können! –
    Der Mayor proponirte mir gleich er würde ein passendes Haus für mich finden wenn ich bleiben würde. Das Concert war voller als das Erste und das Publikum

---

[42] Assegais – leichter Speer aus Holz mit einer eisernen Spitze.
[43] Die Straße wurde benannt nach dem Berea Höhenzug unweit von Durban.

sehr liebenswürdig. 16. Aug. Wir reisen Vormittag nach Pietermaritzburg[44], die Hauptstadt von Natal, die aber viel kleiner ist als Durban. Die Eisenbahn geht lange in wunderschöner Gegend und man sieht das Meer und die herrlichen Bäume und Pflanzungen noch sehr lange. Der Weg geht dann immer aufwärts – ich glaube Maritzburg liegt 2000 Fuß höher als Durban. Nachmittag gegen 4 Uhr kamen wir an – wurden wieder vom dortigen Mayor und seiner Frau empfangen und ich bekam reizende Blumen – ganze Veilchenbouquets.

Seite 48
Der Saal ist groß und angenehm – auch klingt er sehr gut. Hier sowie in Durban haben sie in der Town Hall gute Orgel. Das Concert war sehr voll und das Publikum riesig nett. Ich bekam mehrere große reizende Bouquets und Körbe – wovon einer ganz mit weißen und lila Veilchen gefüllt waren. Das Hotel ist ganz gut. Die Wirtin und ihre zwei Nichten sehr nett und freundlich. Das indische Stubenmädchen gefiel mir sehr und ich sprach viel mit ihr – sie erzählte mir sie wäre nach dem Tode ihrer Mutter als 7-jähriges Kind von der Wirtin aufgenommen und erzogen worden. Sie ist katholisch. Sie gab mir auch ihre Photographie zur Erinnerung. Sonntag den 18ten kam der Aide de Camp des Gouverneurs von Natal, Sir Walter Hely-Hutchinson[45], zu uns, um uns zum luncheon im Gouvernement House einzuladen. Wir fanden den Gouverneur

Seite 49
sehr liebenswürdig. Lady Hutchinson war reizend! Sie ist sehr hübsch und so sympathisch daß sie mir gleich sehr gut gefiel. Sie haben 2 Söhne wovon der jüngere, 9 Jahre alt, ein wunderhübscher Junge mit den schönsten Augen ist. Der Junge wurde für meine süße kleine Wilma[46] passen!

Lady H. zeigte mir noch ihre kleine 1-jährige, in Natal geborene Tochter. Es ist ein süßes, ganz wunderhübsches Kind mit schönen blauen Augen. Natürlich heißt sie Natalie. Um 4 Uhr spielten Carl und ich in der Town Hall – Sonntag! Die Comperation… will Sonntags Concerte haben. So hatten sie ein Orgelstück, einen Gesang, und wir spielten die Kreutzer-Sonate. Der Saal war gestopft voll – die

---

[44] Pietermaritzburg: 613 m ü.d.M., Entfernung: Johannesburg 510 km. In der Nähe dieser Stadt wurde der indische Rechtsanwalt Mahatma Gandhi 1893 aus dem Zug geworfen, da er in einem Abteil für Weiße Platz genommen hatte.
[45] Sir Walther Hely-Hutchinson (1849-1913), Gouverneur von Natal 1893-1901.
[46] Kleine Wilma – Enkelkind Wilma Nerudas, Tochter des Sohnes Ludvig Norman-Neruda.

Preise waren aber nur 2/ und 1/. Das Honorar aber war sehr anständig – besonders da Carl durchaus wollte ich solle alles haben.

Seite 50
Abends um 10.30 reisten wir mit der Bahn ab. Wir hatten – Carl und ich – ein Compartement zum Schlafen – nebenan Frl. Fillu mit Augusta, und unsere Entre Frauen das dritte Coupé. Sonst war Niemand im Wagen der für uns reserviert war. Augusta machte es aber so bequem für mich wie nur möglich – Aber schlafen konnte ich doch nicht denn das Gerüttele war gar zu stark. Gegen Morgen (Montag 19ter) wurde es recht kühl denn erstens sind die Nächte in S. Afrika in dieser Zeit immer recht kalt und zweitens gingen wir immer höher und höher so daß wir schon 3000 Fuß höher als Durban waren. Wir frühstückten ganz gut an einem für uns reservierten Tisch, von Coolis bedient und dann ging es weiter, die Bahn steil aufsteigend. Es geht dann im Zig Zag hinauf, aber die Lokomotive wird, wenn der Zug die nächste Station erreicht hat am Ende des Zuges angehängt und so geht

Seite 51
es weiter hinauf, immer den berühmten Majuba Berg[47] emporkommend bis zur folgenden Station wo die Lokomotive wieder vorn angehängt wird. So geht es dreimal. Die Aussicht über die zahllosen Hügel und Berge Riesen ist wunderschön und ich bedaure uns daß wir hier im Winter sind, wo es gar kein Grün giebt – es soll mehr als 4 Monate nicht geregnet haben. Wir passirten alle die berühmten Plätze wo die Engländer von den Buren geschlagen wurden – auch sieht man die Gräber in der Entfernung der Soldaten und ihrer Anführer, die am Majuba Berg (Blauer Berg) umgekommen sind. Endlich erreichten wir die letzte Eisenbahn Station, Standerton[48], und da erwartete uns ein Coach mit 10 Pferden bespannt. Es sind alles bunt bemahlte Wagen, wie alte Omnibus, die die Plätze wie in gewöhnlichen Wagen haben, 4 Reihen mit je drei Plätzen. Es sollte nur ein Passagier außer uns mit sein,

Seite 52
da Mr. Searelle den Coach speciel für uns nahm. Carl, ich, Frl. Fil. und Augusta saßen sehr bequem, und im Mittelraum war der Mitreisende Sänger, nebst dem

---

[47] Majuba Berg – Amajuba Berg 1600 m Höhe: 1881 fand hier die Schlacht der Buren gegen die Engländer statt. Der Kampf endete mit einem Sieg der Buren. Paul Kruger (1825-1904) wurde Präsident von Transvaal. Er regierte bis 1902.

[48] Standerton: heute kleiner Ort ca. 150 km entfernt von Johannesburg.

Handgepäck und mein Papagei. Ein Herr fuhr mit in dieser Abteilung der uns absolut nicht genirte. Wir konnten nur das nötigste Gepäck mithaben, eben auf dem Coach – das Übrige sollte 2 Tage später nachkommen (wir bekamen es aber erst 6 ganze Tage später). Es ging dann gegen 4 Uhr fort und wir kamen zu einem Farmhaus, Waterfall, wo wir in 2 Stunden waren und dort übernachteten nachdem wir dinners bekamen. Bevor wir zu dem Hause kamen mußten wir durch einen ziemlich breiten Fluß[49] fahren, und da es schon finster war so war das nicht ganz angenehm. Der Fluß soll sehr gefährlich zu passiren sein in der Regenzeit und man muß aussteigen und entweder hinüber getragen, oder mittels

Seite 53
eines kleinen Fahrzeugs rübergesetzt werden, was sehr oft lebensgefährlich ist, der Ströhmung wegen. Den 20. Aug. um 7.45 ging es von Waterfall weiter. Wir sahen noch eine Bushman[50], einen der wenigen die hier leben. Er war für einen Bushman nicht so klein auch nicht sehr schwarz, mehr hellbraun, mit langem zausigen Haar, sehr großen sehr weißen Zähnen. Er grinste uns sehr freundlich an. Der Farmer sagte mir daß dieser Mensch seit 40 Jahren unverändert im Aussehen geblieben sein soll! Gegen 1 Uhr hielten wir in einem kleinen Orte und dinirten – sehr schlecht. Ich fühlte mich schon sehr müde – aber wir hatten noch bis 5 Uhr zu fahren. Unser Coach war mit 10 Pferden vorgespannt, sehr gut gepflegte Pferde die sehr oft gewechselt werden. Wir hatten so viele „Uitspans" so daß wir 120 Pferde gebrauchten bis Johannisburg. Wir konnten bald sehen daß wir zu den merkwürdigen Goldminen kommen denn Rauchsäulen

Seite 54
stiegen am Horizont auf und der mitreisende Herr der mit Minen viel zu thun hat, sagte uns daß das Terrain der Goldminen auf der einen Seite über 60 Meilen lang sei. Fünf Meilen vor Johannisburg trafen wir Gustav Hallé[51] der uns mit seinem Freunde (bei dem für uns Wohnung genommen war) Dr. Schulz entgegen kam. Natürlich freute sich mein Carl riesig seinen Sohn wieder zu sehen. Seit 7 Jahren hatte er ihn nicht gesehen. Ein Landauer kam mit Mr. Conby dem vorausreisenden Agenten und so stiegen wir in die beiden Wagen ein, Hallé mit Gustav – Frl. Fil., ich, Dr. Schulz und Mr. Conby und so ging es weiter auf dem

---

[49] Waterval.
[50] Bushman auch San (Volk): erste Bewohner Südafrikas.
[51] Gustav Hallé (1851-1835/6), Sohn von Charles Hallé.

fürchterlich staubigen Weg, durch das miming village, nach Johannisburg[52]. Bei der Post mußten wir halten da eine Deputation des Musiker Clubs uns bewillkommen wollte. Nach den üblichen Vorstellungen und Begrüßungen ging es endlich zu Dr. Schulz. Glücklicherweise war es schon

Seite 55
sehr dunkel geworden – es war nach 5 Uhr – und so konnte man uns arme, sehr verstaubte Reisende nicht mehr genau sehen. In unserer Wohnung fanden wir ein Zimmer zu wenig – deshalb mußte Frl. Fil. zu Freunden ziehen die ihr leider nur ein sehr kleines Zimmer anbieten konnten. 21. Aug. Die Luft ist sehr stark hier, mehr Bergluft! Wir sind aber auch 6000 Fuß über dem Meere. Wahrscheinlich fühlte ich mich so unwohl heut, und ich konnte fast gar nichts essen. Ausgehen konnte ich aus diesem Grund auch nicht und so blieb ich teilweise im Salon teilweise auf der Veranda. Nachmittag kam Mrs. Rogers[53] mit ihrer Tochter uns zu besuchen. Sie brachte mir eine Masse Veilchen mit. Johannisburg ist ganz umgeben von Goldminen. Man hört des Nachts ganz deutlich das Arbeiten der Dampfmaschinen denn es wird Tag und

Seite 56
Nacht in den Minen gearbeitet. Der Boden ist ganz roth-terra cotta – und der Staub ist ein halben Fuß hoch in den Straßen die gar nicht makadamisirt[54] sind. Es soll 5 Monate keinen Tropfen geregnet haben! Gustav dinirte mit uns und ich zog mich bald in mein Zimmer zurück. 23. Aug. Heute ist das erste Concert hier – es soll sehr voll werden. Ich fühlte mich gestern sehr unwohl – auch heut bin ich noch nicht so ganz wohl aber doch besser und ich hoffe Morgen nichts mehr von meinem Unwohlsein zu spüren. Gestern war ich den ganzen Tag zu Hause – auch Carl, und wir ruhten gehörig aus. Gustav war natürlich hier. Carl fuhr heut mit dem Dr. und Gustav aus um die Stadt und nähere Umgebung zu sehen. Er kam sehr müde nach 2 Stunden zurück. Er sah manches Interessante. Er sah in der Nähe der Stadt eine Art Park oder Wald mit einem ganz kleinen elenden Häuschen. Es gehört einem Bauer

---

[52] Johannesburg: Provinz Gauteng, 1752 m ü.d.M., Entfernungen: Bloemfontain 400 km, Kimberley 470 km, Kapstadt 1400 km.
[53] William Heyward Rogers (1845-1906), Rand mining magnate, Direktor der *Crown Reef Goldmine* und Gründer von *Corner House Group*. Die Crown Mine war eine der reichsten Minen der Welt; der Schacht 220 m tief. Die Mine liegt ca. 6 km südlich von Johannesburg.
[54] Straßenbauverfahren nach Joun Loudon McAdam.

Seite 57
der sich vor 8 oder 9 Jahren hier angesiedelt hat. Er hatte gar nichts ausgenommen eine Kuh, deren Milch er selbst jeden Tag in der Stadt verkaufte. Nach einer kurzen Zeit konnte er eine zweite Kuh kaufen – und so ging es immer besser bis daß er den Einfall hatte Bäume zu pflanzen. Die wachsen hier so schnell daß sie schon nach 3 Jahren eine so anständige Größe erreichen daß jeder Baum für eine Guinee verkauft werden kann. Er pflanzte 3000 Bäume, die ihm nach 3 Jahren 3 Tausend Guineen einbrachten – und so pflanzte er jedes Jahr mehr und mehr solcher Bäume so daß er jetzt ein sehr reicher Mann geworden ist der seine Kinder gut erziehen läßt – aber seine kleine Hütte bewohnen sie noch immer ohne sie vergrößern zu wollen. Der Mann ist jedenfalls ein Original! 24. Aug. Das Concert gestern war ganz voll und wir wurden vom Publikum auf das Wärmste empfangen. Nach mei-

Seite 58
nem ersten Solo wurde mir eine Trophäe in Blumen, eine Violine und Bogen darstellend, mit rotgelbschwarzen Bändern reich verziert, überreicht. Diese Blumen waren vom hiesigen „Wanderer's Club" – die Farben rotgelbschwarz sind ihre Farben. Der Enthusiasmus des Publikums steigerte sich bei jedem Stück und wir waren sehr zufrieden mit unserer Aufnahme. Nach dem Concert saßen wir gemütlich beim souper mit Gustav, dem Doktor und dessen Bruder die von nichts anderem sprachen als von den noch nie erlebten kolossalen Erfolgen. Heut um 2 ½ Uhr fuhren wir nach Pretoria[55], kamen um 5 Uhr an. Abends ist Concert und nachher sind wir zum Lunch geladen, das ein Mr. Bourkin uns zu Ehren im Hotel veranstaltet.
    25. Aug. Das Concert gestern Abend war sehr voll und das Publikum ebenso warm wie überall. Ich bekam sehr schöne Blumen. Nach dem Concert machten wir Bekanntschaft

Seite 59
mit sehr vielen bedeutenden Pretoria Einwohnern und nach diesen Vorstellungen im Salon, hatten wir souper wobei gegen 50 Personen teilnahmen. Mr. Bourkin der mich zu Tische führte, ist ein sehr netter angenehmer Mann. Mein zweiter Tischnachbar war Dr. Leids[56], ein Holländer, Staatsekretär, also nach dem Presi-

---

[55] Pretoria: Hauptstadt von Transvaal, 1370 m ü.d.M., Entfernungen: Johannesburg 50 km, Kapstadt 1460 km.
[56] Dr. Leids – Willem Johannes Leyds (1859-1949), Staatsekretär der Südafrikanischen Republik von 1889-1898.

denten Kruger[57] der erste Mann der Transvaal Republik[58]. Fast ein noch ganz junger, interessant aussehender Mann mit dem ich mich sehr gut unterhielt. Er ist großer Musikfreund, spielt selbst Violine und noch mehrere Instrumente wie er mir erzählte. Da waren auch der Chief Justice Canon Fisher – Französische Consul etz. etz. Es war fast 1 Uhr als nach einer sehr schmeichelhaften Rede des Mr. Bourkin (die Carl natürlich beantworten mußte) aufgebrochen wurde. Gustav war mitgekommen und amüsirte sich sehr. Heut, Sonntag, machten wir

Seite 60
eine kurze Spazierfahrt, die nächste Umgebung der Stadt zu sehen. Es muß sehr schön sein wenn alles grün ist – nicht so verdreckt und vertrocknet als es jetzt der Fall ist. Trotzdem blühen überall die Pfirsich und Mandelbäume und das Grün spross durch die dürren Gräser empor. Gustav fuhr Mittag nach Johannisburg zurück, auch Augusta, Mr. Searelle und Mr. Conby. Wir fuhren erst um 6 Uhr und soupiren nach 9 Uhr in Johannisburg. 26. Aug. Unser 2 tes Concert war wieder ganz voll und der Enthusiasmus wieder sehr groß. Den 27. Aug. wurden wir von der Mitgliedern, Gründern und dem Presidenten des Musiker Clubs abgeholt – Hallé sollte die neuen Lokalitäten dieses Clubs eröffnen, und wir Beide zum „Patrons" desselben beitreten. Natürlich wurden Reden gehalten und der Club mit Champagner eingeweiht. Gleich nachher fuhren wir in den Saal wo unsere Concerte sind, der sehr festlich decorirt war – Blumen, Flaggen etz. und

Seite 61
der Musiker Club hatte die hervorragendsten Leute von Johannisburg eingeladen, um uns zu begrüßen. Nachdem mir vom Presidenten ein riesig großes und schönes Bouquet überreicht worden war, wurden mir eine große Anzahl Damen und Herren vorgestellt deren Namen ich leider, bei der ziemlich undeutlichen Aussprache, fast alle vergessen habe. Später spielte man den ersten Satz des I. Quartettes von Beethoven in Fdur[59], gar nicht schlecht wenn man bedenkt wo es gespielt wurde. Johannisburg scheint mir die Stadt in der Welt zu sein wo alles nur nach Gewinn trachtet, Vermögen macht und Vermögen verliert – heut arm und morgen Millionär ist! Daß man da überhaupt an Musik denkt begreife ich nicht und ich bewundere die Leute! Wir hörten die merkwürdigsten Dinge über das plötzliche reich werden – und fast noch plötzlichere arm werden! Ich traf einen Herren von dem mir erzählt

---

[57] Paul Kruger (1825-1904), 5. Staatspräsident der Südafrikanischen Republik.
[58] Transvaal Republik: 1895 ein unabhängiger Staat der Buren im Süden Afrikas.
[59] Ludwig van Beethoven: Streichquartett F-Dur op. 18 Nr. 1.

Seite 62

wurde er hätte in den letzten 6 Wochen 150 Tausend Pfund gemacht – er war <u>ganz arm</u> vor 6 Wochen. Und wie viele solcher wunderbaren Geschichten hörte ich! Schade daß der fast reichste Mann von Johannisburg in England war. – Es wurde gesungen – sehr schlecht dilletantisch – dabei hatten die beiden Damen doch sehr hohe Ideen von sich u. ihrem Gesang. Später wurden Carl und ich auf das Podium geführt und der President hielt eine riesige Lobrede auf uns, und eine illuminirte Adresse wurde Hallé überreicht. Darauf mußte er eine Rede halten die großen Beifall und Applaus erzielte. Endlich konnten wir wieder zu den anderen Gästen gehen und Thee trinken. Die Anzahl der mir Vorgestellten war sehr groß. Mrs. Rogers und ihre Tochter waren auch anwesend. Mrs. Rogers, als sie hörte Frl. Fil. wohnte so schlecht, lud sie ein bei ihr zu wohnen was ungeheuer angenehm ist. Wir waren sehr müde und abgespannt als wir endlich wieder zu Hause waren. Gustav kam

Seite 63

zum dinner und wir verbrachten den Abend ganz still. Mittwoch den 28ten war hier das dritte Concert – Donnerstag 29te (Olgas Geburtstag) 2. Concert in Pretoria, und Freitag 30 ten – 4. Concert in Johannisburg. Dr. Leids der Staatssekretär besuchte uns Freitag Vormittag und dann ging Carl um den Presidenten Kruger einen Besuch zu machen. Ich sah ihn leider nicht. Er scheint kein Freund der Musik zu sein denn er soll zu Jemand der ihn aufforderte der Trebelli ihr Concert (vor kurzer Zeit) zu besuchen gesagt haben er höre viel lieber Jackels[60] heulen als irgend welche Musik! Eine ganz reizende Erklärung. <u>Er soll</u> auch das Theater hassen, decoltirte Kleider etc. und dulde nicht daß Mitglieder seiner Familie Theater besuchen – noch daß die Damen dekoltirt gehen. Er schien aber alles von unserer Tour zu wissen, soll aber kein Wort Englisch gesprochen haben sondern durch einen Dolmetscher der die von Kruger auf holländisch gestellten Fragen ins

Seite 64

Englische übersetzte, so wie Carls Englische Antworten oder Fragen ins Holländische. Er gefiel, glaube ich, damit daß er nicht Englisch versteht, obgleich seine Kenntnis darin eine limitirte sein soll. Es war ziemlich ermüdend in Johannisburg nach mehr als 3 stündiger Reise anzukommen und Abends wieder zu spielen. Die Luft in Johannisburg ist sehr stark und scharf, die Gesichtshaut brennt und die Hände werden ganz rauh wenn sie der Luft ausgesetzt sind – und selbst in den

---

[60] Jackels – Schakale.

Abb. 74 Präsident Kruger, Südafrika 1895, Fotografie

Zimmern fühlt man die rauhe Luft. Einen Tag hatten wir so schauderhaften Staub – es war sehr windig, und der Staub drang in die Zimmer mit unglaublicher Menge. Carl mußte zur Bank gehen und als er zurück kam war sein Gesicht, Haar und Kleider über und über <u>roth</u> mit dickem Staub. Dieser rothe Staub ist fast unmöglich aus den Kleidern zu bringen – es scheint eine fettige Substanz dabei zu sein die gar nicht wieder zu vertilgen ist. Der Beamte

Seite 65
an der Bank sagte zu Hallé der sich über den riesigen Staub beklagte „it would have been a pity if you had not come our land"!! – Eine wunderbare Äußerung! 31. Aug. Heut waren wir in einer der Goldminen – Village Main Mine, da wir schon in Australien eine solche gesehen haben so war es nichts mehr Neues für uns. Wir fuhren 570 Fuß herab und besahen die sehr gut ventilirte Mine. Es geht dann noch bis 500 Fuß tiefer, aber nicht mit Lift, sondern Treppen. Wir konnten

genau sehen wo das Gestein das Gold enthält geht. Es wurde augenblicklich nicht Gold gesucht oder ausgegraben, sondern sie arbeiteten nur an der Erweiterung und Vergrößerung der Mine. Wir nahmen dann Thee beim Aufseher in seiner kleinen Cottage und nach 2 Stunden waren wir wieder zurück. Abends waren wir mit Gustav und Dr. Schulz im Theater – sahen ein schrecklich langweiliges „komisches" Stück oder Operette „All abroad"

Seite 66
sehr mittelmäßig gegeben. Sonntag 1. Sep. Um 11 Uhr fuhren wir zum Palo Ground wo Tausend Zulus versammelt waren um uns, <u>für uns</u> speziell arrangirt, ihre Tänze und Gesänge sehen und hören zu lassen. Es war ungeheuer interessant und ein ganz unvergeßliches Schauspiel. Leider durften sie nicht in ihren echten Costümen Kopffederschmuck, Moocha, Schild und Assegai sein. Es muß unbeschreiblich wild und großartig sein wenn sie, so geschmückt, die Kriegsgesänge singen und dazu tanzen. Die Melodie – oder wie soll ich es nennen da es doch eigentlich keine solche ist – ist sehr rhytmisch und eigenthümlich. Sie trugen gewöhnliche sehr schäbige Arbeiterkleider fast alle haben weiße Tücher um die Köpfe gewunden und Stöcke in den Händen. Mit den Stöcken machen sie allerlei Bewegungen über ihren Häuptern, aber alle immer zusammen. Plötzlich hörten wir ein sonderbares, sich dreimal wiederkehrendes Aufschreien. Da kam der Herr, der die Aufsicht auf diese „boy's" hat

Seite 67
zu uns auf seinem Pony geritten und sagte sie hätten uns dadurch – und dem sonderbaren Schreien – begrüßen wollen. Man hatte ihnen gesagt daß dieser Tanz für uns sei und so tanzten sie und brüllten. Sie tanzten und sangen verschiedene Sachen – und bei einer der Gesänge trennte sich einer der Leute von den anderen und tanzte eine Art Solo mit den wildesten, drohendsten Gebärden und Schreien. Als der die Reihe entlang gesprungen und getanzt hatte, kam wieder ein anderer der andere Sprünge, Gebärden und Schreie ausstieß – und so tanzten bis 20 ihre Solos. Zuweilen sahen sie aus als hätte sie der St. Veits Tanz gezuckt – so epileptisch – spasmatisch sah es aus. Dabei sangen die anderen eine monotone Phrase von 4 Takten auf zwei Quinten die von originellsten Eindruck waren. Nach ungefähr einer Stunde war es vorüber

Seite 68
und der Herr der die Aufsicht auf die Zulus hatte, brachte zu unserem Wagen die Hauptleute – den „Chief" und einige der Anderen. Der Chief war sehr groß und

stark und sah sehr energisch und kraftvoll aus. Diese Vorstellung, Tanz und Gesang war riesig interessant und man konnte gut verstehen wie schrecklich wild, barbarisch und unmenschlich diese Leute in ihrem Ganzen mit ihren Feinden sein müssen. Mich interessirt es jetzt viel mehr alle afrikanischen Geschichten zu lesen als vorher. Um 2 Uhr lunchten wir bei Mrs. Rogers die ein sehr hübsches Haus bewohnen. Wir trafen dort mehrere andere Eingeladene – wir waren 12 oder 14 – auch Gustav war dort. Nach dem Luncheon, gegen 4 Uhr, kamen eine Menge Damen und Herren deren Bekanntschaft wir machen sollten – uns waren schon Mehrere und früher, bei der Station, vorgestellt waren. Es sollen

Seite 69
beinahe alle Millionäre gewesen sein, die es in ganz kurzer Zeit in Johannisburg geworden sind. Natürlich war die erste Frage aller mir Vorgestellten – Damen und Herren – „what do you stay to Johannisburg? Are you imagined you would find such a plan as this in S. Africa? Are you not astonished to an Johannisburg such a big pleasure." etz.etz. Die Bewohner dieser Stadt sind sehr stolz daß sie sich in kaum 8 Jahren so entwickelt hat. Man muß nur immer vor Augen haben daß vor kaum 8 Jahren die Menschen die damals hier waren, in Zelten gewohnt haben und daß später alles Material zum bauen und einrichten der Häuser von Cape Town mit Carts, mit Spann von 36 Ochsen jeder gezogen, hierher geschafft werden mußten – als das in riesigen Quantitäten hier gefundene Gold Tausende von Menschen herzog, von denen Tausende zugrunde gingen aber auch manche, ja viele der Abenteuerer, Millionär geworden sind – und was noch merkwürdiger

Seite 70
ist, geblieben sind! Kolossale Reichthümer werden fast täglich gewonnen – und verloren, denn es wird riesig spekulirt. Abends um 9 Uhr spielten wir im Wanderers Club wo ein Concert gegeben wurde. Der Saal des Clubs hat Sitze für 3000 Menschen und ich hörte daß nicht ein Plätzchen leer gewesen sei. Es sind jeden Sonntag Concerte – und wir wurden engagirt für dieses Concert. Der Saal ist von Eisenblech... aufgestellt – und natürlich häßlich. Zuerst spielte das Wanderer Orchester eine kurze Ouvertüre – im Orchester spielten 6-8 junge Damen Geige mit – dann sang Frl. Fil. – dann spielte Carl die Mondschein Sonate[61] – ich Fantaisie Capriccio[62] – vier... Variationen aus der Kreutzer-Sonate[63] – und ich noch als encore „la

---

[61] Ludwig van Beethoven: Klaviersonate Nr. 14 op. 27 cis-moll, *Mondscheinsonate*.
[62] Henri Vieuxtemps: *Fantaisie- Caprice* op. 11.
[63] Ludwig van Beethoven: Sonate für Klavier und Violine Nr. 9 A-Dur op. 47, *Kreutzer-Sonate*.

Ronde des lutins"⁶⁴. Natürlich sind die meißten der Anwesenden mit guter Musik unbekannt gewesen – aber man hörte sehr still Beethoven zu und applaudierte zum Schluß sehr stark. Aber als die Fantaisie vorüber war

Seite 71
da merkte man doch daß das verständlicher für die Leute war und der Enthusiasmus war dann sehr groß. Ich bekam einen riesigen sehr schönen Blumenkorb von der Gesellschaft den ich aber nicht selbst tragen konnte der Größe wegen. So war dieses unser 5tes und letztes Concert in Johannisburg. 2. Sept. Auf der Station waren viele Bekannte um uns das Geleit zu geben und Adieu zu sagen. Im Ganzen genommen war der hiesige Aufenthalt ein sehr angenehmer, für Carl besonders der seinen Sohn wieder sah nach 7 Jahren – und wir schieden nicht ohne ein gewisses Bedauern – aber mit vielen Versprechungen im nächsten Jahr wieder zu kommen! – Um 1 Uhr ging unser Zug. Wir hatten einen ganzen Wagon für uns – 2 Coupis I. Classe 2 Coupis II. Classe – beide durch das Compertment worin unser Gepäck war getrennt. Wir soupierten auf einer Station Abends – schlecht – aber

Seite 72
wir hatten deutsches Bier mit, für das Mr. Conby gesorgt hatte. Auf der Station bekam man weder Bier noch Wein. Die Mitreisenden beneideten uns nicht wenig. –
3. Sep. Wir kamen gegen 2 Uhr Nachts in Bloemfontain⁶⁵ an. Es war sehr schwer einen Wagen zu bekommen aber da Conby telegraphisch an verschiedene Leute deshalb sich wandte, so erwartete uns doch ein offenes Vehicle. Wir kamen in ein sehr mittelmäßiges Hotel. Der Wirt des besten Hotels hier, wo schon Zimmer für uns genommen waren, als er erfuhr wir würden in der Nacht ankommen, <u>defirirte</u>… uns aufzunehmen! Er wollte uns aber auch kein privat Sittingroom geben, und die Mahlzeiten <u>nicht</u> separat für uns servieren lassen. Natürlich konnten wir nicht in einem solchen Hotel wohnen. Wir gingen zu Bette, und ich stand erst zur Luncheon Zeit auf. Nachmittag hatten wir verschiedene Besucher worunter

Seite 73
mich Mr. Vickert und seine Frau allein interessirten da Mr. V. ein Freund von Lucy und ihrer Familie ist, der sich vor kurzem verheiratet hat. Er erzählt uns manches ganz interessante über die hiesigen Zustände. Bloemfontain ist eine sehr kleine,

---

⁶⁴ Antonio Bazzini: *La Ronde des Lutins* op. 25.
⁶⁵ Bloemfontain: 1392 m ü.d.M., Entfernungen: Kimberley 170 km, Johannesburg 400 km, Kapstadt 1000 km.

ganz hübsche (wenigstens nach afrikanischen Maßstab) Stadt. Es sollen einige sehr reiche Leute hier sein, die aber noch immer nicht genug zu haben scheinen, denn sonst blieben sie nicht hier! Das Concert war voll und wie überall schien es den Leuten viel Freude zu machen. Ein Deutscher lud uns für seine Spazierfahrt Morgen <u>ein</u> um die Stadt zu sehen. <u>Den 4.</u> September fuhren wir Vormittag und – sahen das Gouvernementsgebäude. – Die Statue des vorigen Presidenten der Frei-orange State Republick[66] – sahen von einer Anhöhe die Umgebungen und Kaffer locations… etz.etz. Dann hatten wir auch viele Besucher – auch der President der Republick[67] mit seiner

Seite 74
Frau besuchte uns. Sie schien eine sehr sympatische Frau zu sein die mir sehr gefiel. Der President sieht ziemlich grumlich und finster aus – aber er soll sehr krank gewesen sein – war eben von England und Deutschland nach einer Kur zurückgekommen – und noch immer sehr leidend. Auch hier im Bloemfontain fehlte es nicht an Blumen – gestern Abend bekam ich mehrere reizende Bouquets – auch eines von Mr. Vickart – Lucys Freund. Gegen 3 Uhr Nachmittag reisten wir ab. Der Wagen der für uns reservirt war, war wieder so bequem wie der der uns herbrachte. Wir schliefen die Nacht durch sehr gut – es schüttelte auch nicht sehr und man konnte wirklich Ruhe finden. Den <u>5ten Kimberly</u>[68]. Gegen 1 Uhr kamen wir an, fanden ganz gute bequeme Wohnung und sehr freundliche Wirthin. Sie ist die Schwester der Mrs. Barnato[69] – der Frau des Exmillionärs der Dabley House gekauft hat in London. Nachdem wir geluncht hatten legte ich mich ein wenig um auszuruhen. Hier in Kimberly

Seite 75
ist also das <u>Heim</u> der Diamanten! Die Luft ist hier schon sehr viel wärmer, liegt 4042 Fuß, (Johannisburg 5000). Natürlich sahen wir als wir ankamen die Maschinen der Diamantenminen De Beers[70], Bultfontein[71], etz. – vor allem aber die der

---

[66] Oranje-Freistaat: unabhängige Burenrepublik bis 1910; heute Provinz Freistaat.
[67] P.W.Reitz war 1888-1895 Präsident des Oranje-Freistaates.
[68] Kimberly: Provinz Nord-Kap, 1198 m ü.d.M., Entfernungen: Bloemfontain: 180 km, Kapstadt 960 km.
[69] Barney Barnato (1852-1897), Besitzer von Diamantminen.
[70] Diamantmine De Beers: Die Mine ist benannt nach den Eigentümern der Farm, auf der die Diamanten gefunden wurden.
[71] Bultfontain: Die Diamantmine wurde 2005 geschlossen.

„Kimberly"[72]. Wir werden natürlich eine der Minen besuchen. Abends ist das erste Concert – Morgen das 2te – den 6ten. Das Concert gestern war voll und alles ging so wie gewöhnlich – an encores fehlte es nicht – nur hat der mitreisende Tenorist, Mr. Wald, gar keine encore – er singt, trotz seiner hübschen Stimme, unbeschreiblich dumm und langweilig und sieht ebenso aus. Wir wurden von einem bei den Minen an der Spitze stehenden Herrn, Captain Dawson um 2 Uhr im Wagen abgeholt, und er nahm uns zu den interessantesten Plätzen. Zuerst zu dem von der Diamantminen Company angelegten Village, wo reizende Alleen von Eucalyptus, und Beeftree[73], die reizendsten kleinen

Seite 76
Häuschen mit kleinen Gärten den Alleen entlang standen. Es sind das die Häuser der englischen oder holländischen Arbeiter in den Minen. Diese werden sehr gut bezahlt, haben Schule, Gymnasium, Cricket Ground, Library, Kirche etz. etz die eigens für diese Leute und ihre Familien gebaut worden. Dann sahen wir den Obstgarten wo 5-6 Tausend Obstbäumen gepflanzt sind – Pflaumen, Äpfel. Aprikosen, Mandel etz.etz. und die riesige Massen von Früchten Feigen. Dann war es sehr interessant die Weinpflanzungen zu sehen. Man baute den Wein wie große Laubgänge – hoch über den Kopf gespannte Gänge und diese Weinstöcke wurden erst vor 4 Jahren gepflanzt – die schon 2 Jahre kolossale Weinernte gegeben haben sollen. Diese Weingänge sind über eine englische Meile lang – es laufen 3 in der halben Reihe. Der Wein soll von ausgezeichneter Qualität sein. Mr. Cecil Rhodes[74] hat diese Obstgärten, Wasserleitungen angelegt

Seite 77
und das Dorf Beachamsfield und dessen schöne Cottage etz.etz. bauen lassen. Er ist natürlich der wichtigste Mann in der Cape Colonie. Der Capitain ist einer seiner wichtigsten Aufseher. Nachher fuhren wir eine lange Strecke, zu den Maschinenwerken die den bluestone herbeibringt in kleine Waggons in die hoch gelegenen Behälter zum Stampfen und waschen zieht und, und in kistenartigen Behälter auf der anderen Seite, die zum weiteren Stampfen und Waschen sortirten Steine, wieder heraufgezogen wird. Dann sehen wir die kleineren Steine die gestampft

---
[72] De Beers-, Bultfontain- und Kimberly-Mine wurden nach und nach Eigentum der 1880 von Cecile Rhodes gegründeten *De Beers Consolidated Mines Ltd.*
[73] Beeftree (Guapira discolor) eigentlich in Florida beheimatete Pflanze.
[74] Cecil Rhodes (1853-1902), Diamantminenbesitzer und Gründer der *De Beers Consolidated Mines. Ltd.*. Von 1890-1895 war er Premierminister der Kapkolonie.

werden, und immer und immer mit Wasser bespült werden bis sie so klein wie Hühner oder Taubeneier sind! Darauf werden diese Steine von den Arbeitern auf <u>große</u> Diamanten durchgesehen – wir sahen selbst wie sie sie herausgefunden haben – die krystalförmigen Steine. Nachher werden die übrigen Steine wieder gestanzt – kleinere Diamanten

Seite 78
gefunden – wieder gestampft und wieder gesucht – und das geht so fort bis man die kleinsten Diamanten – hier etc. gefunden hat. Die großen Diamanten lesen die weißen Arbeiter, die kleinen die Schwarzen, – die Gefangenen, die auch beim einladen der bluestones beschäftigt sind, suchen die allerkleinsten Steinchen aus. Es sitzen bei einem runden (mit Abteilungen getrennten Eisenplatten) Tische 4 oder 6 schwarze Gefangene die mit einer eisernen viereckigen Platte den Sand zerteilen und durchsuchen. In der Mitte des Tisches ist eine verschloßne Blechbüchse in die die gefundenen Diamanten von den Arbeitern hineingeworfen werden. Nachdem wir das alles angesehen hatten, gingen wir ins Bureau und da war gerade der Fund der „De Beers" des heutigen Tages auf dem Tische – auf einem Bogen Papier von den Beamten ausgebreitet. Es war merkwürdig anzusehen, die glanzlosen Kristalle! Es waren verschiedene Farben,

Seite 79
weiße hellgelbe, dunkelgelbe Steine die in den verschiedensten Größen da lagen – ein Stein war fast größer als ein Taubenei war aber nicht fehlerlos, viele wie Haselnüsse, Erbsen und so bis zu den kleinsten Steinen. Der Wert dieses Fundes soll ungefähr £ 2000 gewesen sein. Das ist der Fund eines einzigen Tages in <u>einer</u> Mine!! – Meilenweit in der Umgebung der Minen sind die bluestone aufgehäuft – die alle einmal gestampft werden sollen. Kein Mensch darf auch nur <u>einen</u> davon einstecken – wäre es der kleinste – denn Diamanten sollen fast in jedem sein. Es ist ein unerhörter, unglaublicher Reichthum! Von da fuhren wir zum Camp wo die schwarzen Arbeiter wohnen, davon es 2700 giebt. Es sind natürlich alle mögliche afrikanische Stämme vertreten. Die Kaffers kommen hierher um Geld zu verdienen – wenn sie aufgenommen werden, müssen sie sich für 3 Monate sozusagen einsperren lassen.

Seite 80
Sie haben alles was sie brauchen – sie kochen ihr Essen selbst, haben eine Art Conserial wo sie das nöthige kaufen können, haben ein sehr gut eingerichtetes Hospital – Abtheilung für Fieberkranke, Bäder etc. etc. und da leben diese Zulus

in der vergnügtesten Weise. Wir sahen sie Karten spielen, selbst gemacht. Domino Steine wurden für das Spiel gebraucht. Kaffermusikinstrumente wurden gezwickt gekniffen, geschlagen – gesungen und getanzt. Andere kochten, backten, brieten, wuschen und alle waren vergnügt. Über den den Straßen nächstliegenden Plätzen waren Drahtgeflechte – ungefähr 8 Fuß über der Erde, gezogen. Ich frug um die Ursache und da hörten wir, es sei um damit die Arbeiter nicht gestohlene Diamanten über das Gebäude oder Mauern schleudern könnten – was sie sogar jetzt noch zu thun versuchten. Es war fast das merkwürdigste was wir in Afrika

Seite 81
gesehen haben – dieses Lager der Zulus![75] Wenn die Schwarzen ihre 3 oder 6 Monate gearbeitet haben und ihr Geld bekommen haben (sie werden sehr gut bezahlt) so gehen sie in ihre heimathlichen Kraals, kaufen 2 bis 3 Weiber[76] für 4 bis 8 Kühe, und dann bleiben sie ruhig daheim – lassen die Weiber arbeiten – ihr Maisfeld bebauen, ihre Schafe beaufsichtigen und gehen nur dann wieder arbeiten wenn sie neue Weiber zum Arbeiten brauchen. – Sehr müde von unserer Expedition, die über 2 ½ Stunden dauerte, kamen wir im Hotel an um unseren Thee und Toilette vor dem Concert zu haben. 7. Sep. Gestern Abend war das 2te und letzte Concert – und heut Abend um 11 Uhr reisen wir nach Cape Town. Das Concert war wieder voll – alles satisfakterisch. Natürlich bekam ich wieder Blumen. Hier überall scheint es sehr schwer zu sein schöne Blumen zu bekommen – es giebt keine Glashäuser und das Wasser ist ein nicht leicht für

Seite 82
Gärten zu beschaffener Gegenstand. Heut um 11 Uhr holte uns wieder Captain Dawson und brachte uns in die Bureaus des Diamond Camp. Man zeigte uns eine Masse von Diamanten – Haselnußgroß, hellgelb meist gelblich und nur wenig sehr weiß. Ich hätte sehr gern einen Diamanten gekauft – aber es hätte mir keinen Spaß gemacht einen ganz kleinen zu haben – so ließ ich es sein. Wir gingen dann in die ganz nah gelegene Kimberly Mine[77] wo zuerst Diamanten gefunden wurden. Es

---

[75] Die Lager wurden *Compounds* genannt. Die Schwarzen wurden darin eingesperrt, um den illegalen Diamantenhandel einzudämmen. Die sozialen und hygienischen Verhältnisse der Lager waren miserabel.

[76] Ähnliche Schilderungen der Frauen findet man auch bei: Hannah Asch: *Fräulein Weltenbummler. Reiseerlebnisse in Afrika und Asien*, Berlin 1927, S. 9.

[77] Vermutlich handelt es sich um die Mine *Big Hole*.

[ist] ein offener, riesig großer Platz, oder Loch, das ziemlich trichterförmig herabgeht. Man kann jetzt sehen wo der bluestone liegt – und welche Schätze sind noch da! Auch hier ist alles von Drahtgitter umgeben und nicht den kleinsten bluestone kann man nehmen – ich hätte so gerne einen gehabt. Abends sind alles diese meilenweiten Strecken von großen elektrischen Lichtern „search lights"[78] beleuchtet damit ein hereinwollender

Seite 83
Dieb sofort gesehen und gefaßt werden kann. Man sagte uns daß alle die Häuser, daran es eine Menge noch dieser offenen Minen giebt, auf Diamantsteinen „Blue Ton" gebaut sein sollen. Die Diamanten Comp. verkauft sicherlich nur für eine bestimmte Summe Diamanten, damit sie nicht billiger im Handel werden als sie sind – aber man findet unlimitirte Quantitäten! Die Kimberly Mine soll hunderte Tausende Pfund Sterling in Diamanten produzirt haben. Man scheut fast diese Zahlen zu schreiben – aber es sollen von den 4 Hauptminen schon für <u>hundert Millionen</u> Pfund gefunden worden sein. – Wir gingen dann etwas in der Stadt umher – ich fand aber nichts was mich zum Kaufen gelockt hätte. Wir haben denselben Waggon der uns von Bloemfontein herbrachte – wir haben 2 Nächte und einen Tag bis nach Cape Town zu fahren. Wir nahmen einen großen Korb mit Essen und Wein und Bier

Seite 84
mit da nicht überall gutes Essen auf den Stationen zu haben sein soll.
    Cape Town den 9ten. Um ½ 8 Uhr kamen wir hier an – im Hotel waren die Leute noch kaum sichtbar – aber wir fanden unsere Zimmer, nach einigen Persuaders zur Aufnahme bereit. Der Tag ging ziemlich rasch vorüber – die Aussicht schon übermorgen auf dem Scot[79] zu sein, ist eine höchst angenehme – wir werden die Reise auf dem Schiff mehr wie je genießen und ich freue mich riesig darauf. Wir diniren heut bei Dr. Gill[80] – Astronomer Royal – und werden nach dem diner

---

[78] Kimberley besitzt seit 1882 eine elektrische Straßenbeleuchtung.
[79] Scot: Builder: 1891 Wm Denny&Bros, Dumbarton. Tonnage: 6,844 gross, 4,278 net. Dimension: 500 x 54.7 x 25.95/. Engines: Tw screw, 2 x tpl exp, 12,000 ihp, 160 psi, 6 dbl blrs. 18 1/2 kts at 80 rpm. By builder. Coal: 3,000 tons at 170 tpd. H: Steel. 3 + spar dk. 14 Schotten, 10 davon Wasserdicht. Passengers: 208/212 first (Mittelschiff), 105 second (Acheterdeck), 108 third (Hauptdeck in 12 x 9-Kojen-Räumen). Crew: 30 officers, 66 stewards, 115 deck and engineroom. Quelle: Ducan Haws: 1990.
[80] Dr. David Gill (1843-1914), britischer Astronom. Er war Pionier der Astrofotografie.

aufs Observatorium gehen worauf ich mich sehr freue. – Wie schön wird es sein eine Zeit gar nicht <u>spielen</u> zu müssen! –

Den 10. Sep. Unser diner war sehr angenehm – Dr. Gill ist ein sehr lieber angenehmer Mann – Schotte – der mit dem unverkennbarsten schottischen accent spricht. Wir bekamen gutes diner – sein Haus ist sehr groß und hübsch. Wir hör-

Seite 85
ten daß seine sehr leidende Frau momentan nicht hier sei – sie soll eine nervöse Krankheit haben. Es waren auch außer uns, Frl. Fillunger, die einen Brief an seine Frau von Lady Loch hatte, eine deutsche sittiche Dame, Doctorin; ein Herr mit seiner Frau, dessen Namen ich leider vergaß, die aber sehr nette angenehme Leute waren – und ein Professor Wallace[81], der in S. Afrika reiste um das Land zu studiren und darüber der Regierung in England zu berichten. Er reist auch morgen mit dem Scot nach England. Gegen halb 10 Uhr giengen wir den ganz kurzen Weg zum Observatorium das sehr gut eingerichtet ist und das in kurzer Zeit einen der größten Tubus haben wird – das Geld dazu wurde von einem reichen Manne geschenkt. Wir sahen ganz herrliche Sterne – zuerst zeigte Dr. Gill eine ganz kleine fast wie Nebel aussehende Stelle – eine ganze Menge sehr kleiner Sterne die man

Seite 86
mit bloßen Auge nicht von einander trennen konnte. Mit dem Tubus sahen sie so herrlich strahlend und blinkend aus. Dann sahen wir einen großen, wunderbaren strahlenden großen Stern – und dann ein mit dem nackten Augen kaum zu sehendes Flackern mit winzigen Sternen. Es war ganz wunderbar wie sie deutlich hervortreten und Dr. Gill sagte uns daß mindestens 10 tausend Sterne auf der Stelle sind. Ich war ganz entzückt wieder einmal auf einer Sternwarte zu sein und die Sterne sehen zu können – die Großartigkeit bewundern zu können! Wie klein sich der Mensch dabei – und wie unbedeutend – fühlt!! – Dann gingen wir wieder mit ihm zurück in sein Haus wo er uns noch Photographien von Sternen zeigte, – in verschiedenen Stadien – eine Platte die 3 Stunden eingewirkt war – die zweite 6 Stunden, und die Dritte, wovon er mir einen Abdruck gab, 12 Stunden. Er sagte

Seite 87
daß auf dieser Platte die Sterne gezählt wurden und beinahe hunderttausend Sterne darauf sind. Man sieht sie ganz wunderbar gut darauf und ich werde mich

---

[81] Professor Robert Wallace (1853-1939), Professor für Landwirtschaft an der Edinburgher Universität.

freuen wenn ich sie einmal Lully zeigen kann. Wir verbrachten in jeder Beziehung einen schönen unvergeßlichen Abend bei Dr. Gill. <u>Den 11. Sep.</u> Gestern Abend war das letzte Concert in S. Afrika! Es regnete „Katzen und Hunde" – der erste Regen den wir in Afrika hatten – und natürlich waren wir den ganzen Tag zu hause, obgleich es erst Nachmittag zu regnen anfing. Das Concert war in dem großen sehr schönen Saal – Hoher Hall. Trotz des schauderhaften Regens und dem Mangel an Wagen in Cape Town, war es doch voll. Natürlich wurde sehr viel geleistet im Applaudiren und Lärmen und ich freute mich sehr daß das <u>letzte</u> Concert hier so gut ablief. Wir hatten 20 Concerte in der kurzen

Seite 88
Zeit gegeben, und so viele lange Reisen machten wir! Heut war ich noch aus – wollte noch einige Kleinigkeiten kaufen – haben gepackt – freilich das that die gute Augusta ganz allein – und nach dem luncheon hatten wir noch eine kleine Reception – Editoren und Kritiker der hiesigen Blätter hatten darum gebeten – dabei wurden einige kurze Reden gehalten – auch des abwesenden Unternehmers Mr. Searelle's, der sich gegen uns stets in der besten Weise benommen hatte, gedacht – Champagner auf unsere Gesundheit getrunken – und nun halb 4 fuhren wir mit großen Blumenbouquets zum „Scot". Natürlich begleiteten uns sehr viele Bekannte auch Dr. Gill kam auf's Schiff. Ich vergaß von gestern Abend noch zu sagen daß man ein Pianino aus Blumen (natürliche Größe) Carl schenkte und daß es gestern auf dem Podium in

Seite 89
seiner Glorie glänzte. Tausende von Veilchen, Calas, Geranien etz. etz. waren dazu gebracht worden. – Wir sollten um 4 Uhr Cape Town verlassen – es war aber 5 als wir endlich abgingen. Gott gebe uns eine gute Fahrt –

 14ten. Wie froh bin ich wieder auf dem Schiff zu sein! Es war ein vergnügtes Gefühl <u>ruhen</u> zu können. Ich bin so schläfrig – schlafe Nachts sehr gut und schlafe Vormittag auf meiner Chaiselong ein – Nachmittag wieder. Erst jetzt fühle ich wie müde ich war! – Die Scot ist ein viel größeres Boot als „Tantallon Castle". Capitain Robinson schickte Carl einen kleinen Empfehlungsbrief an Capitain Larner, der ein einfacher lieber, guter Mann zu sein scheint. Wir sitzen an seinem Tische – ich neben ihm – und noch 6 andere Passagiere – Mr. & Mrs. Matthews aus London (sie kennen Mrs. Goetz und trafen uns dort im

Seite 90
vorigen Jahre) Mr. Mrs. Gadge – Mrs. Cromdiek und ein Mr. Gadge, Cousin des Anderen. Fillu sitzt leider nicht mit uns sondern am nächsten Tische. Es wird nur

an den kleinen Seitentischen gegessen da wir kaum mehr als 50 Passagiere der I. Classe sind. Gleich als wir Cape Town verlassen hatten – und wir genossen noch länger die schöne Lage der Stadt und das wundervolle Gebirge – Table Mountain ist wunderbar schön – fing das Schiff zu rollen an – aber wir konnten doch ohne Fiddles essen. Mrs. Cromdiek verließ aber doch den Tisch; und wir sahen [sie] erst heute wieder, denn es rollte ziemlich stark die ganze Zeit – auch die Fiddles waren gebraucht worden für die Mahlzeiten. – Da es viel ruhiger geworden ist. Es sollen viele der Mitreisenden in den ersten Tagen krank gewesen sein – sogar Frl. Fillu mußte in großer Eile unsere

Seite 91
Whistpartie abbrechen und ihre Cabine aufsuchen. Es war recht stürmisch – und sehr große Wellen – und Schiffe rollen hier gewöhnlich sehr stark. Ich fühlte mich keinen Augenblick unwohl. Wir haben eine sehr gute und sehr große Cabine mit Chest of drawers[82] und wardrobe[83] – ich sah noch auf keinem Schiff so große Cabinen – es ist ein Vergnügen alles so bequem zu haben. Vis a vis dieser Cabine hat Carl eine kleinere, auch sehr gute, zum ankleiden. Auch Augusta hat eine Cabine I Classe allein. So haben wir es so gut wie nur möglich. Aber das Essen ist weit weniger gut als auf Tantallon Castle! – Die Calla's[84], Arum lilies, habe ich noch immer – sie halten wundervoll!

 Sonntag den 15ten. Es sind 2 katholische Priester auf dem Schiffe, und sie baten uns, als sie erfuhren wir seien katholisch, der Messe beizuwohnen. Sie wurde im Rauchzimmer! gelesen!

Seite 92
Ich gestehe daß ich gar nicht andächtig sein konnte – es kam mir vor als wären Rudolf[85] und Olga, als sie kleine Kinder waren, und „Messe lesen" gespielt hatten! – Carl spielte mit einem Mr. Sanling Schach Nachmittag. Abends nach dem Essen spielten wir in unserer Cabine Whist mit dem „Kleidern". Mr. Gadge Ist seit Freitag Abend, wo er den Tisch verlassen musste, krank. Er hat Fieber.

 Den 18ten. Gestern Abend war Concert – Carl und ich wurden gebeten zu spielen, aber wir schlugen ab da wir leider dazu nicht aufgelegt sind – zu müde – zu faul – und besonders deshalb weil uns die Mitreisenden nicht genug interessirten

---

[82] Chest of drawers – Kommode.
[83] Wardrobe – Kleiderschrank.
[84] Kalla (Zantedeschia Aethiopica L.) wird im Englischen auch Arum Lilie genannt.
[85] Rudolf Neruda-Wickenhauser – Sohn der Schwester Amalie Neruda.

Abb. 75 Smoking room, Zeichnung von Joseph Pennell

– weil dieselben sogar uns missfallen. Die Fillu sang zweimal, was sehr nett von ihr war. Auch Mr. Wild sang – langweiliger denn je! Daß alle die anderen Nummern gräulich waren ist selbstredend. Mrs. Gadge saß neben mir und sagte mir ihrem Mann ginge

Seite 93
es gar nicht gut – seine Temperatur wäre 104 Grad Fahrenheit[86]! Gestern Abend tanzte sie sehr viel – es war „Ball"! Wir haben es letzte Nacht ziemlich warm in unserer Cabine gehabt und der Capitain hat mir gesagt wir können eine andere, kühlere zum Schlafen haben. Wenn es noch heißer wird werden wir es annehmen. Der Kranke wird von seinem Cousin, der nicht Doktor ist, behandelt da er sehr

---
[86] 104 Grad Fahrenheit entsprechen 40 Grad Celsius.

viel Routine in Fieberkrankheit haben soll – er war in all den Fieberdistrikten und behandelte sehr viele Kranke auf seinen Reisen. Man glaubt Mr. Gadge hat in Delagoa Bay[87] das Fieber bekommen, und wäre schon seit Durban, wo er mit seiner Frau, 2 blonden Knaben mit Locken, aufs Schiff kam, sehr unwohl gewesen. 20. Sept. Es wird sehr warm – man merkt daß man dem Equator nahe ist. Wir werden heut in der kühleren Cabine schlafen, weit fort von den Maschinen. Getanzt wurde

Seite 94
nicht mehr – auch die schon veranstaltet gewesenen „Sports" sind, der Hitze wegen, aufgeschoben worden. Mr. Gadge hat 2 Ärzte jetzt, den Schiffsdoktor und einen Arzt aus Johannisburg, der nach England zu Besuch geht. Es soll schlimm gehen – er hat Typhus der arme Mann! Seine Frau kommt zu jeder Mahlzeit trotzdem. Sie weiß nicht wie krank ihr Mann ist – man sagt es ihr nicht. Der Kranke soll sehr schwer zu behandeln sein – er ist sehr voll hüftig; stark und ziemlich dick – für Typhusfever schlechte Eigenschaften. Sonntag 22 Sep. Wir waren wieder im Smoking Room bei der Messe. Ich fand es abscheulich von mir daß ich hinging da es mir doch zu unangenehm – und unheilig vorkam! – Der Kranke hat jetzt Herren [?] die zufällig mitreisen. – es geht sehr schlecht. – Das Wetter ist herrlich! – Man will den Kranken, sollte es nöthig sein, in Madeira ausschiffen – aber nur im Falle es nicht besser mit ihm geht. Seine Frau sah heut zum ersten mal

Seite 95
sehr traurig und niedergeschlagen aus die Arme! Wir sind seit mehreren Nächten sehr comfortabel und kühl in unserem neuen Schlafzimmer gewesen – ich schlafe in einem großen Bette das so gut wie im besten englischen Hotel ist. Wir sahen in diesen Tagen mehrere Schiffe in der Ferne – auch zwei sollen in den letzten Nächten vorbei gekommen sein. –

Montag 23. Sep. Welch trauriges Ereignis! Der arme Mr. Gadge ist um 7 Uhr heut früh gestorben! Er war 3 Tage lang bewusstlos gewesen und heut gegen 5 Uhr weckte mich ein sehr starkes jammern, schreien und singen – und dann verstummt es ab und zu um wieder und stärker zu beginnen. Ich konnte nicht mehr schlafen und obzwar ich keine Ahnung hatte der Kranke sei uns so nah, so musste ich dennoch denken er sei es. Endlich blieb es still. Carl der es auch gehört hatte glaubte es sei ein Matrose auf dem Deck – aber als er einige Minuten vor 7 Uhr

---

[87] Die Delagoa Bay, heute Maputo Bucht, ist ein Teil des Indischen Ozeans an der Küste vor Mosambik.

Seite 96
aufstand, sah er ganz nah unserer Cabine die Stewarts sprechen – und hörte von ihnen daß das Ende ganz nahe sei. Er kam um es mir zu sagen – und als er wieder bei der Cabine des Kranken vorbei kam, sagten die Ärzte es wäre vorbei. Der Arme ist gar nicht mehr zum Bewusstsein gekommen. Natürlich ist jeder Mensch in Sympathie mit der armen Frau. Sie kam später aufs Deck – saß da mehrere Stunden. Jeder wich dem Platze wo sie saß nur um sie nicht zu stören. Sie ist merkwürdig gefasst. Um halb 6 Uhr sprach der Capitain das burial. – Der Todte wurde unter der englischen Flagge getragen zu der Öffnung des Schiffes gebracht – gefolgt vom Capitain, den Offizieren – die arme Frau am Arme des Cousins ihres Mannes wohnte der schrecklichen Ceremonie bei. Sie las in ihrem Gebetsbuch – dann kam der grausige

Seite 97
Augenblick wo der Todte unter der Flagge herab ins Meer – ins wunderbar schöne blaue Meer – mit ominösen leisen Geräusch herab geglitten wird. Es ist ein schreckliches Geräusch – das ich nie vergessen werde. Das Schiff stand stille während der Ceremonie – die Sonne ging eben unter, lag schon fast auf dem Wasser – und nach wenigen Minuten ging das Schiff weiter – und Morgen früh um 5 Uhr sind wir in Madeira! Man soll in Madeire sehr ängstlich sein Fieberkranke zu landen – Mr. Gadge, der Cousin, dem Mrs. Gadge alle Bestimmungen und Anordnungen überlassen hatte, bestimmte daß man nicht erst riskiren sollte den Todten zu landen da es wahrscheinlich gewesen wäre daß man das Begräbnis dort verweigert hätte. Es scheint mir so grausam schmerzlich daß kein Stein, kein Zeichen die Stelle

Seite 98
bezeichnen soll wo der Mann der ärmsten Frau den letzten Ruheplaz gefunden hat. Das ist vielleicht sentimental – aber für mich liegt etwas unsäglich schmerzliches darin. Es war sehr still auf dem Schiffe heut. Die arme Frau brachte man in eine Cabine wo sie allein schlafen sollte – oder mit einer ihr erst auf dem Schiffe bekannt gewordenen Dame – aber glücklicherweise haben die Ärzte ein Machtwort gesprochen und ihr gesagt sie müsse mit ihrem Bruder, wie früher, schlafen. Das hat sie auch selbst wollen. <u>24. Sep.</u> Um 5 Uhr hat Scot vor Madeira geankert. Es war ein herrlicher stiller Morgen – aber noch dunkel. Ich stand auf – nahm mein Bad – dann zog ich mich an – ich wollte den Aufgang der Sonne sehen der gerade hier so schön sein soll und Madeira wundervoll beleuchtet. Ich ging so

Seite 99
rasch ich konnte hinauf – musste aber noch lange warten da die Sonne hinter dem am weitesten ins Meer gehenden, ziemlich hohen Felsen aufsteigt. Madeira sah herrlich aus die ganze Insel von magischem rosigen Lichte beschienen. Später brachte uns Augusta Caffee hinauf und dann fuhren wir mit Mr. Mathnos ans Land. Wir gingen ins Hotel Carmo wo wir frühstückten. Es war eine angenehme Abwechslung besonders weil das Essen so schön gut war. Fast alle vom Schiff waren ebenfalls dort. Fillu kam mit ihrem Tischnachbar der sie eingeladen hatte. Später fuhren wir im Carrren mit 2 Bullocks bespannt zum Obstmarkt wo ich eine Masse Feigen und Tomaten bekam – von Mr. Mathnos. Nach dem wir bei der Post vorbei fuhren wo Mr. M. zu thun hatte, gingen wir wieder aufs Schiff zurück. Vom Hotel aus – aus dem

Seite 100
3ten Stock ist die herrlichste Aussicht von der ich mich lange nicht trennen konnte. Ich möchte einmal einige Wochen zubringen – im Winter. Auf dem Schiffe war sehr reges Leben. Männer mit Photos, Stickereien, gewirkten Schawls, Silberfiligranschmuck, Papageien, Canary Vögel, geflochtenen Stühlen, Tischen, Sessel und anderen Sachen bestürmten die Passagiere. Ich kaufte eine sehr hübsche weiße Stickerei – sehr billig. Um halb 10 fuhren wir weiter und nachdem das Deck wieder gewaschen war, konnte man sich in Ruhe wieder lassen und lesen. Wir passirten verschiedene Rocks und eine ziemlich große Insel. Ich vergaß zu notiren, daß wir gestern ganz früh bei den Canary Islands vorbei fuhren. Es sah wunderschön aus – der Pieck Teneriffa war zwar schneelos – aber er machte doch einen großen Eindruck – er ist 12 192 Fuß hoch – besonders als Wolken sich wie

Seite 101
ein Gürtel um die Mitte des Berges gelegt hatten und man dann die dunkle ungeheure Höhe und den weißen Wolken aufsteigen sah. – Mrs. Gadge war früh beim luncheon. Ich glaube sie kann ihr Unglück noch nicht realisiren – sonst könnte sie es nicht thun. Es war wieder ein herrlicher Tag – und jetzt bleiben uns noch wenige Tage nur und unsere Reise ist zu Ende. Um halb 7 oder 7 Uhr war es, passirten wir Tantallon Castle. Ich sah es leider nicht – ich kleidete mich zum Essen an, auch war es schon dunkel um die Menschen sehen zu können. Ich hätte so gern den guten Capitän Robinson gesehen – er wusste daß wir auf Scot sind – natürlich. Wir schliefen schon letzte Nacht wieder in unserer alten Cabine – es ist nicht mehr so heiß. Übermorgen kommen wir in die Bay of Biscay! Möge sie ebenso gnädig wie bei unserer Fahrt nach Afrika sein! –

Seite 102
<u>Freitag 27. Sep.</u> Gestern gegen 7 Uhr früh waren wir Cap Finistere[88] vorbei, in der Bay of Biscay eingefahren. Das Wetter ist herrlich gewesen, das Meer ruhig. Ich war wie immer den ganzen Tag auf dem Deck. So schön und ruhig war das Meer so daß man sich gar nicht vorstellen konnte <u>wie</u> stürmisch es hier sein kann – wie sehr die Verrufenheit der Bay motivirt sein kann. Wir sind sehr glücklich gewesen und ich kann nicht genug dankbar für unsere gute Reise sein. Wir sollen gegen 4 Uhr in Plymoth sein – und morgen ganz früh in Southampton wo wir wahrscheinlich vor 9 Uhr mit dem Zug von dort nach London gehen. Gott sei gelobt und gedankt daß wir gesund – und ohne Gefahren – die Reise nach Afrika und zurück – überstanden – nein – <u>fast</u> überstanden haben. Das Wetter ist auch heut schön und ich bin noch in <u>weißen</u> Serge gekleidet. – Noch eine Nacht haben wir auf Scot zuzubringen! Es war sehr angenehm und bequem auf Scot…

---

[88] Kap Finisterre: Kap im Nordwesten Spaniens, 60 km westlich von Santiago de Compostela gelegen.

Abb. 76 Wilma Neruda, Porträt von George Frederic Watts (1817-1904)

Abb. 77 Wilma Neruda, Ölgemälde von John Collier (1850-1934)

Abb. 78 Wilma Neruda, Ölgemälde, unbekannter Meister

Abb. 79 Konzertprogramm Sydney 1890

ABKÜRZUNGEN UND SIGLEN

Zeitschriften- und Publikationssiglen

AB – Aftonbladet, Stockholm
AMZ – Allgemeine Musikalische Zeitung
BMZ – Berliner Musikalische Zeitung
BT – Berlingske Tidende, Kopenhagen
Dalibor – Dalibor, hudební listy, Prag
DN – Dagens Nyheter og Dagbladet, Kopenhagen
Humorist – Der Humorist, Wien
Idun – Idun. Praktisk Veckotidning for Kvinnan och Hemmet, Stockholm
IT – Illustrerad Tidning, Stockholm
MS – The Musical Standard, London
MT – The Musical Times and Singing Class Circular, London
MW – Musikalische Wochenblatt
NIT – Ny Illustrerad Tidning, Stockholm
NMP – Neue Musikalische Presse
NMT – Nordisk Musik-Tidende, Christiania
NWMZ – Neue Wiener Musik-Zeitung
NTK – Nationaltidende, Kopenhagen
NYT – New York Times
NZfM – Neue Zeitschrift für Musik
om – Opus musicum, Brünn
RGM – La Revue et Gazette Musicale de Paris
RMZ – Rheinische Musikzeitung
Signale – Signale für die Musikalische Welt
SMT – Svensk Musiktidning, Stockholm 1881-1911
Strad – The Strad
Times – The Times, London
TTM – Tidning för Theater och musik, Stockholm
WAMZ – Wiener Allgemeine Musik-Zeitung
WMZ – Wiener Musik-Zeitung
WAZ – Wiener Allgemeine Zeitung
WW – The Woman's World 1890, London

Bibliotheks- und Archivsiglen

Asolo UCC – Ufficio Cultura del Commune di Asolo
Brevard. Materialsammlung Karen Shaffer – North Carolina: Maud Powell Society
Bergen OB – Offentlige Bibliotek: Edvard Grieg arkiv
Berlin SBPK – Staatsbibliothek zu Berlin – Preußischer Kulturbesitz, Musikabteilung mit Mendelssohnarchiv
Berlin SIM – Staatliches Institut für Musikforschung Preußischer Kulturbesitz, Berlin
Berlin UdK – Archiv der Universität der Künste Berlin
Den Haag KB – Koninklijke Bibliotheek, Den Haag
Florenz BNCF – Biblioteca Nazionale Centrale di Firenze
Frankfurt UB – Stadt- und Universitätsbibliothek Johann Christian Senckenberg, Frankfurt am Main
Hamburg SUB – Staats- und Universitätsbibliothek Carl von Ossietsky, Hamburg
Kopenhagen KB – Kopenhagen: Det Kongelige Bibliotek
Kopenhagen MM – Dänisches Musikmuseum – Musikhistorisches Museum & Carl Claudius Collection (MMCCS)
Krakau UB – Uniwersytet Jagielloński: Biblioteka Jagiellońska: Oddział Zbiorów Muzycznych, Krakow
Leipzig HMT – Hochschule für Musik und Theater Felix Mendelssohn Bartholdy, Leipzig, Bibliothek
Leipzig UB – Universitätsbibliothek Leipzig, Sondersammlungen, Sammlung Taut und Sammlung Nebauer
London BL – British Library, Music Collections, London
London RAM – Royal Akademie of Music, London
München Monacensia – Stadtbibliothek München Monacensia: Literaturarchiv
BSB München. Nerudaiana – Bayrische Staatsbibliothek München: Abteilung für Handschriften und seltene Drucke: Sammlung Nerudaiana
Paris BnF – Bibliotheque nationale France, Paris
RAM – Royal Academy of Music
Stockholm MM – Stockholm Musikmuseum
Stockholm MTB – Stockholm: Musik- och teaterbiblioteket, Statens musiksamlingar, Raritetssamlingar
Stockholm NYC – Stiftelsen Musikkulturens Främjande: The Nydahl Collection Stockholm
Wien ÖNB – Österreichische Nationalbibliothek, Musik- und Handschriftensammlung, Wien
Wien GdM – Gesellschaft der Musikfreunde, Wien, Archiv
Zürich ZB – Zentralbibliothek Zürich, Kantons-, Stadt- und Universitätsbibliothek

Abkürzungen der Lexika

Hügel: Handbuch populäre Kultur – *Handbuch Populärer Kultur. Begriffe, Theorien und Diskussionen*, hg. Hans-Otto Hügel, Stuttgart / Weimar 2003.
MGG – Die Musik in Gesellschaft und Gegenwart. Allgemeine Enzyklopädie der Musik, hg. von Friedrich Blume, 17 Bd., Kassel / Basel 1949-1987.
MGG2 – Die Musik in Gesellschaft und Gegenwart. Allgemeine Enzyklopädie der Musik, hg. von Ludwig Finscher, 17 Bd. Personenteil, 9 Bd. Sachteil, 2. Aufl., Kassel 1991-2008.
NGroveD1 – The New Grove. Dictionary of Music and Musicians, hg. von Stanley Sadie, 1. Aufl., 20 Bd., London 1980.
NGroveD2 – The New Grove. Dictionary of Music and Musicians, hg. von Stanley Sadie, 2. Aufl., 29 Bd., London 2001.
Sohlman1 – Sohlmans Musiklexikon. Nordisk och allmänt uppslafsverk för tonkonst, musikliv och dans, hg. von Gösta Morin, 4 Bd., Stockholm 1948-1952.
Sohlman2 – Sohlmans Musiklexikon. Nordisk och allmänt uppslafsverk för tonkonst, musikliv och dans, hg. von Hans Åstrand, 5 Bd., 2. Aufl., Stockholm 1975-1979.

Weitere Abkürzungen

FNP – Franz Neruda Papirer
MFN – Memoiren Franz Neruda
MM – Musikmuseum
NCS – Nydahl Collection Stockholm
Tgb 1 WN – Tagebuch der ersten Australienreise 1890 Wilma Nerudas
Tgb 2 WN – Tagebuch der zweiten Australienreise 1891 Wilma Nerudas
Tgb SA – Tagebuch der Südafrikareise 1895 Wilma Nerudas

LITERATUR- UND QUELLENVERZEICHNIS

Monografien und Zeitschriftenaufsätze

Anderson, Bonnie / Zinsser, Judith P. (Hg.): *Eine eigene Geschichte. Frauen in Europa. Vom Absolutismus zur Gegenwart*, Zürich 1993.

Andersson, Gregor (Hg.): *Musikgeschichte Nordeuropas*, Stuttgart / Weimar 2001. (Historische Politikforschung Bd. 4, hg. von Wolfgang Braungart / Neithard Bulst / Ute Frevert u.a.) (übers. aus dem Schwedischen von Axel Bruch / Christine von Bülow und Gerline Lübbers).

Andersson, Gregor: Artikel „Norman, Fredrik Wilhelm Ludvig", in: MGG2, Personenteil Bd. 12, Kassel 2004, Spalte 1197-1198.

Andres, Jan: *Auf Poesie ist die Sicherheit der Throne gegründet. Huldigungsrituale und Gelegenheitslyrik im 19. Jahrhundert*, Frankfurt a.M. 2005.

Asch, Hannah: *Fräulein Weltenbummler. Reiseerlebnisse in Afrika und Asien*, Berlin 1927.

Axmann, Emil: *Morava v České hudbé XIX. Stoleti*, Prag 1920.

Bajgarová, Jitka u.a. (Hg.): *Besední Dům*, Brno 1995.

Balk, Claudia: *Theatergöttinnen: inszenierte Weiblichkeit; Clara Ziegler, Sarah Bernhardt, Eleonore Duse*, Basel u.a. 1994. (Katalog zu drei Ausstellungen im Deutschen Theatermuseum München)

Bär, Ute: Zur gemeinsamen Konzerttätigkeit Clara Schumanns und Joseph Joachims, in: *Clara Schumann. Komponistin, Interpretin, Unternehmerin, Ikone*. Bericht über die Tagung anläßlich ihres 100. Todestages veranstaltet von der Hochschule für Musik und Darstellende Kunst und dem Hochschen Konservatorium in Frankfurt, Hildesheim / Zürich / New York 1999, S. 35-57 (Musikwissenschaftliche Publikationen, hg. von Herbert Schneider, Bd. 12)

Bartsch, Cornelia / Borchard, Beatrix / Cadenbach, Rainer (Hg.): Der „männliche" und der „weibliche" Beethoven. Bericht über den Internationalen musikwissenschaftlichen Kongress vom 31. Oktober bis 4. November 2001 an der Universität der Künste Berlin, Bonn 2003 (Veröffentlichungen des Beethoven-Hauses Bonn Reihe IV, Schriften zur Beethoven-Forschung, Bd. 18).

Bartsch, Cornelia: Virtuosität und Travestie. Frauen als Virtuosinnen, in: *Musikalische Virtuosität*, hg. von Heinz von Loesch / Ulrich Mahlert / Peter Rummenhöller, Mainz 2004, S. 77-90. (Schriftenreihe Klang und Begriff. Perspektiven musikalischer Theorie und Praxis, Bd. 1, hg. von Thomas Ertelt und Conny Restle)

Bashford, Christina / Langley, Leanne: *Music and British Culture, 1785-1914*, Oxford 2000.

Bashet, Eric: *Südafrika. Schwarzafrika 1890-1925*, Kehl/Rhein 1978.

Battiscombe, Georgina: *Alexandra. Königin an der Seite Edouard VII.*, München 1970.

Baumgarten, Monika I: *Madeira*, 5. Aufl., Ostfildern 2003.

Beale, Robert: *Charles Hallé. A Musical Life*, Ashgate 2007.

Beci, Veronika: *Musikalische Salons*, Düsseldorf 2000.

Behrend, William: *Niels Wilhelm Gade*, Leipzig 1918.

Benestad, Finn / Schjelderup-Ebbe, Dag: *Edvard Grieg. Mensch und Künstler*, aus dem Norwegischen von Tove und Holm Fleischer, Leipzig 1993.

Berg, Christa (Hg.): *Handbuch der deutschen Bildungsgeschichte*, Bd. III 1800-1870. Von der Neuordnung Deutschlands bis zur Gründung des Deutschen Reiches, München 1991.

Berg, Christa (Hg.): *Handbuch der deutschen Bildungsgeschichte*, Bd. IV, 1870-1918. Von der Reichsgründung bis zum Ende des Ersten Weltkriegs, München 1991.

Beyer, Kathrin / Kreutziger-Herr, Annette (Hg.): *Musik, Frau, Sprache. Interdisziplinäre Frauen- und Genderforschung an der Hochschule für Musik und Theater Hannover*, hg. von der Hochschule für Musik und Theater Hannover, Herbolzheim 2003. (Beiträge zur Kultur- und Sozialgeschichte der Musik, Bd. 5, hg. von Eva Rieger)

Bielenberg, Herta (Übers. und Bearb.): Karl Halle. Lebensbild eines Hagener Musikers, in: *Hagen einst und jetzt*. Bd. 2, Heft 4, hg. von der Stadt Hagen anlässlich des 130. Geburtstages Karl Halles 11. April 1949.

Bielenberg, Karl: *Karl Halle 1819-1895. Ein deutscher Musiker im europäischen Konzert*, Hagen 1991.

Bilger, Harald R.: *400 Jahre Südafrika in Porträts*, Konstanz 1974.

Bode, Emil: *Cecil Rhodes. Der Eroberer Südafrikas*, Lübeck 1932.

Bodsch, Ingrid / Biba, Otto / Fuchs, Ingrid: *Beethoven und andere Wunderkinder*. Wissenschaftliche Beiträge und Katalog zur Ausstellung, Bonn 2003.

Boese, Helmut: *Zwei Urmusikanten. Smetana – Dvorak*, Wien 1955.

Borchard, Beatrix: *Stimme und Geige. Amalie und Joseph Joachim. Biographie und Interpretationsgeschichte*, Wien / Köln / Weimar 2005. (Wiener Veröffentlichungen zur Musikgeschichte Bd. 5, hg. von Markus Gassl und Reinhard Kapp)

Borchard, Beatrix: *Clara Schumann. Ihr Leben*, Frankfurt a.M. 1991.

Borchard, Beatrix: Der Virtuose – eine „weiblicher" Künstlertypus? In: *Musikalische Virtuosität*, hg. von Heinz von Loesch / Ulrich Mahlert / Peter Rummenhöller, Mainz 2004, S. 63-76. (Schriftenreihe Klang und Begriff. Perspektiven musikalischer Theorie und Praxis, Bd. 1, hg. von Thomas Ertelt und Conny Restle)

Borchard, Beatrix: Die Regel und die Ausnahmen. Reisende Musikerinnen im 19. Jahrhundert, in: *Le musicien et ses voyages. Pratiques, réseaux et représentations*, hg. von Christian Meyer, Musical Life in Europe 1600-1900. Circulation, Institutions, Representation, Berlin 2003, S. 173-201.

Borchard, Beatrix: *Robert Schumann und Clara Wieck. Bedingungen Männlicher und Weiblicher Kreativität in der ersten Hälfte des Neunzehnten Jahrhunderts*, Diss., Bremen 1983. (Ergebnisse der Frauenforschung, hg. an der Freien Universität Berlin, Bd. 4)

Borchard, Beatrix / Schwarz-Danuser (Hg.): *Fanny Hensel geb. Mendelssohn Bartholdy. Komponieren zwischen Geselligkeitsideal und Romantischer Musikästhetik*, Internationales Symposium Berlin 1897, Stuttgart 1999. (Schriftenreihe für Wissenschaft und Forschung).

Borchard, Beatrix: Lücken schreiben. Oder: Montage als biographisches Verfahren, in: *Biographie schreiben*, hg. von Hans Erich Bödeker, Göttingen 2003, S. 213-243. (Göttinger Gespräche zur Geschichtswissenschaft Bd. 13).

Borowski, Birgit: *Südafrika, Lesotho, Swasiland*, 4. Aufl., Ostfildern 2004.

Braun, Christina von / Stephan, Inge (Hg.): *Gender-Studien. Eine Einführung*, Stuttgart 2000.

Brock, Hella: *Edvard Grieg: Eine Biographie*, 2. Aufl., Zürich / Mainz 1998.
Brown, Clive: *Louis Spohr. Eine kritische Biographie*, Berlin 2009.
Brown, David (Hg.): *Peter I. Tschaikowsky im Spiegel seiner Zeit*, aus dem Englischen von Tobias Döring, Mainz / Zürich 1996.
Brück, Brigitte / Kahlert, Heike / Krüll, Marianne (Hg.): *Feministische Soziologie. Eine Einführung*, Frankfurt a.M. 1992.
Busch-Salmen, Gabriele: Die Bildnisse der Clara Schumann im Kontext zu Künstlerinnenporträts des 19. Jahrhunderts, in: *Clara Schumann. Komponistin, Interpretin, Unternehmerin, Ikone*, hg. von Peter Ackermann / Herbert Schneider, Bericht über die Tagung anläßlich ihres 100. Todestages veranstaltet von der Hochschule für Musik und Darstellende Kunst und dem Hochschen Konservatorium in Frankfurt, Hildesheim / Zürich / New York 1999, S. 83-128. (Musikwissenschaftliche Publikationen, hg. von Herbert Schneider, Bd. 12).
Bužga, Jaroslav: Artikel „Neruda", in: MGG, Bd. 9, Kassel 1961, Sp. 1378-1379.
Campbell, Margaret: *Die großen Geiger. Eine Geschichte des Violinspiels von Antonio Vivaldi bis Pinchas Zukerman*, Königstein / Taunus, 1982.
Citron, Marcia J.: *Gender and the Musical Canon*, Cambridge 1993.
Citron, Marcia J.: Männlichkeit, Nationalismus und musikpolitische Diskurse. Die Bedeutung von Gender in der Brahmsrezeption, in: *History / Herstory. Alternative Musikgeschichten*, hg. von Annette Kreutziger-Herr / Katrin Losleben, Köln, Weimar, Wien 2009, S. 352-374, übers. aus dem Englischen von Gesa Finke und Katrin Losleben. (Musik-Kultur-Gender, Bd. 5, hg. von Annette Kreutziger-Herr / Dagmar von Hoff / Susanne Regener u.a.)
Clapham, John: Artikel „Wilma Neruda", in: NGroveD, Bd. 13, London 1980, S. 112f.
Clapham, John: Artikel „Wilma Neruda", in: NGroveD, 2. Aufl., Bd. 17, London 2001, S. 767f.
Clarke, A. Mason: *A biographical dictionary of fiddlers*, Reprint 1972 der Ausgabe London 1895.
Cherburiez, Antoine-E.: *Edvard Grieg. Leben und Werk*, Zürich 1947.
Conrad, Anne / Michalik, Kerstin (Hg.): *Quellen zur Geschichte der Frauen Bd. 3. Neuzeit*, Stuttgart 1999.
Danuser, Hermann: *Musikalische Interpretation*, Laaber 1997. S. 1-67. (Neues Handbuch der Musikwissenschaft, Bd. 11)
Danuser, Hermann: Die Kategorie Krise in ihrer Bedeutung für Leben und Kunst, in: *Biographische Konstellation und künstlerisches Handeln*, hg. Giselher Schubert, Mainz 1997, S. 303-318. (Frankfurter Studien Band VI).
Doyle, Sir Arthur Conan: *A Study in Scarlet*, London Reprint 1976.
Döge, Klaus: *Dvořák. Leben, Werke, Dokumente*, 2. Aufl., Mainz 1997.
Döhner, Sophie: *Weltreise einer Hamburgerin 1893-1894*, Hamburg 1895.
Dolman, Frederick: Lady Hallé at Home, in: *The Woman's World* 1890, Interview mit Wilma Neruda, S. 171-174.
Dusik, Roland: *Australien. Der Osten & Tasmanien*, Ostfildern 2005.

Dusik, Roland: *Australien Outback*, Köln 2005.
Ehrlich, A. (Hg.): *Berühmte Geiger der Vergangenheit und Gegenwart. Eine Sammlung von 104 Biographien und Porträts.* 2. Aufl., Leipzig 1902.
Ehrlich, Cyril: *First Philharmonic. A history of the royal Philharmonic Society*, Oxford 1995.
Ehrlich, Cyril: *Music Profession in Britain since the eighteenth century. A Social History*, Oxford 1985.
Ehrmann, Alfred von: *Johannes Brahms. Weg, Werk und Welt*, Leipzig 1933.
Engländer, Richard: Artikel „Wilhelmina Norman-Neruda", in: *Svenska män och kvinnor*, Bd. 5, Stockholm 1949, S. 548.
Essner, Cornelia: *Deutsche Afrikareisende im neunzehnten Jahrhundert. Zur Sozialgeschichte des Reisens*, Stuttgart 1985.
Feder, Georg: *Haydns Streichquartette. Ein musikalischer Werkführer*, München 1998.
Fellerer, Karl Gustav: *Max Bruch*, Köln 1974. (Beiträge zur Rheinischen Musikgeschichte Heft 103)
Fetz, Bernhard / Schlösser, Hermann (Hg): *Wien – Berlin*, Wien 2001.
Fifield, Christopher: *Max Bruch. Biographie eines Komponisten*, Zürich 1990.
Finscher, Ludwig: *Studien zur Geschichte des Streichquartetts I. Die Entstehung des klassischen Streichquartetts. Von den Vorformen zur Grundlegung durch Joseph Haydn*, Kassel u.a. 1974, S. 238-270 (Saarbrücker Studien zur Musikwissenschaft, Bd. 3, hg. von Walter Wiora)
Fleiß, Sigrit / Gayed, Ina (Hg.): *Virtuosen. Über die Eleganz der Meisterschaft*, Wien 2001. (Vorlesungen zur Kulturgeschichte hg. vom Herbert von Karajan Centrum).
Flesch, Carl: *Erinnerungen eines Geigers*, Zürich / Freiburg i. Breisgau 1960.
Flesch, Carl F.: „... *und spielst du auch Geige?*" Der Sohn eines berühmten Musikers erzählt und blickt hinter die Kulissen, Zürich 1990.
Flotzinger, Rudolf: *Geschichte der Musik in Österreich*, Köln 1988. (Forum für Musikwissenschaft, Bd. 5)
Forner, Johannes: *Brahms. Ein Sommerkomponist*, 2. Aufl., Leipzig 2007.
Foster, Myles Birket: *The History of the Philharmonic Society of London 1813-1912*, London 1912.
Fournier, Pascal: *Der Teufelsvirtuose. Eine kulturhistorische Spurensuche*, Freiburg i. Br. 2001. (Rombach Wissenschaften, Reihe Cultura, Bd. 22, hg. von Gabriele Brandstetter / Ursula Renner / Günter Schnitzler)
Fragner, Stefan / Hemming, Jan / Kutschke, Beate (Hg.): *Gender studies & Musik. Geschlechterrollen und ihre Bedeutung für die Musikwissenschaft*, Regensburg 1998. (Forum für Musikwissenschaft, Bd. 5)
Franzén, Nils-Olof: *Jenny Lind. Die schwedische Nachtigall*, Stockholm 1982, (übers. aus dem Schwedischen von Alfred Otto Schwede).
Friedrichs, Jürgen / Schwinges, Jürgen: *Das journalistische Interview*, 2. überarb. Aufl., Wiesbaden 2005.
Gall, Lothar: *Europa auf dem Weg in die Moderne 1850-1890*, 3. überarb. und erw. Aufl., München 1997.
Geldenhuys, Daniël G.: Artikel „Südafrika. III. Kunstmusik", in: MGG2, Sachteil Bd. 8, Kassel 1998, Sp. 2054ff. (übers. aus dem Englischen von Britta Schilling-Wang)

Gerhard, Ute (Hg.): *Frauen in der Geschichte des Rechts. Von der frühen Neuzeit bis zur Gegenwart*, München 1997.
Gerhard, Ute: *Gleichheit ohne Angleichung. Frauen im Recht*, München 1990.
Gerhard, Ute (Hg.): *Verhältnisse und Verhinderungen. Frauenarbeit, Familie und Rechte der Frauen im 19. Jahrhundert*, Frankfurt a.M. 1981.
Gerstberger, Walter (Hg.): *Der legendäre Geiger Gerhard Taschner. Vom ersten Bogenstrich gefangen*, Augsburg 2000.
Gewande, Wolf-Dieter: *Hans von Bülow*. Eine biographisch-dokumentarische Würdigung aus Anlass seines 175. Geburtstages. Lilienthal 2004 (Veröffentlichungen des Archivs *Deutsche Musikpflege* e. V., Bd. 8, hg. von Oliver Rosteck).
Gillett, Paula: *Musical Woman in England*, 1870-1914: „encroaching on all man's privileges", New York 2000.
Glahn, H. / Tamsen, Gisela: Artikel „Wilma Neruda", in: Sohlman1, Bd. 3, S. 1180-1181.
Glanz, Christian (Hg.): *Wien 1897. Kulturgeschichtliches Profil eines Epochenjahres*, Frankfurt a.M. 1999 (Musikleben, Bd 8).
Goldschmidt, Raymond Maud: *The Life of Jenny Lind*, London 1926.
Gradenwitz, Peter: *Literatur und Musik in geselligem Kreise*, Stuttgart 1991.
Grotjan, Rebecca / Hoffmann, Freia (Hg.): *Geschlechterpolaritäten in der Musikgeschichte des 18. bis 20. Jahrhunderts*, Herbolzheim 2002.
Gutknecht, Dieter: Zur geschichtlichen Entwicklung der „Geigen-Virtuosität" bis einschließlich Henryk Wieniawski, in: Henryk Wieniawski. *Composer and Virtuose in The Musical Culture of The XIX and XX Centuries*, hg. von Maciej Jabłoński und Danuta Jasińska, Poznan 2001, S. 35-48.
Gwizdalanka, Danuta: Henryk Wieniawski − „a chamber musician extraordinaire", in: Henryk Wieniawski. *Composer and Virtuose in The Musical Culture of The XIX and XX Centuries*, hg. von Maciej Jablonski und Danuta Jasinska, Poznan 2001, S. 115-127.
Haas, Fridhjof: *Hans von Bülow. Leben und Wirken*, Wilhelmshaven 2002.
Habinger, Gabriele: *Frauen reisen in die Fremde. Diskurse und Repräsentationen von reisenden Europäerinnen im 19. und beginnenden 20. Jahrhundert*, Wien 2006.
Haller, Michael: *Das Interview. Ein Handbuch für Journalisten*, 3. überarb. Aufl., Konstanz 2001. (Reihe praktischer Journalismus Bd. 6)
Hanson, Alice M.: *Die zensurierte Muse*, Wien 1987. (Wiener musikwissenschaftliche Beiträge Bd. 15.)
Harten, Uwe: Artikel „Wilma Neruda", in: Österreichisches Bibliographisches Lexikon und Biographische Dokumentation, 1815-1950. Bd. 7, Wien 1978, S. 69f.
Hartnack, Joachim W.: *Große Geiger unserer Zeit*, Zürich 1983.
Hausen, Karin: Die Nicht-Einheit der Geschichte als historiographische Herausforderung. Zur historischen Relevanz und Anstößigkeit der Geschlechtergeschichte, in: *Geschlechtergeschichte und Allgemeine Geschichte. Herausforderungen und Perspektiven*, hg. von Hans Medick und Anne-Charlott Trepp, Göttingen 1998, S. 15-55. (Göttinger Gespräche zur Geschichtswissenschaft, Bd. 5)

Hausen, Karin: Die Polarisierung der Geschlechtscharaktere – Eine Spiegelung der Dissoziation von Erwerbs- und Familienleben, in: *Sozialgeschichte der Familie in der Neuzeit Europas. Neue Forschungen*, hg. von Werner Conze, Stuttgart 1976, S. 363-393. (Industrielle Welt, Bd. 21)

Hausen, Karin (Hg.): *Frauen suchen ihre Geschichte. Historische Studien zum 19. und 20. Jahrhundert*, München 1983.

Heise, Jutta: Wilma Neruda – „Groß und rein wie Joachim", in: „… *Mein Wunsch ist, Spuren zu hinterlassen …". Rezeptions- und Berufsgeschichte von Geigerinnen*, hg. von Carolin Stahrenberg und Susanne Rode-Breymann, Hanover 2011, S. 44-63. (Beiträge aus dem Forschungszentrum Musik und Gender, Bd. 1, hg. von Susanne Rode-Breymann)

Helfert, Vladimir: *Leoš Janáček*, Brno 1936.

Heller, Friedrich C. (Hg.): *Musikleben Bd. 1. Biographische Beiträge zum Musikleben Wiens im 19. und frühen 20. Jahrhundert*, Wien 1992.

Helmer, Axel: Artikel „Schweden. Spätromatische Zeit (ca. 1850-1890)", in: MGG, Bd. 12, Kassel 1965, Spalte 359-360.

Herresthal, Harald: *Norwegische Musik von den Anfängen bis zur Gegenwart*, Oslo 1987.

Heuberger, Richard: *Erinnerungen an Johannes Brahms. Tagebuchnotizen aus den Jahren 1875 bis 1897 erstmals vollst.* hg. von Kurt Hofmann, 2. überarb. Aufl., Tutzing 1976.

Hiller, Ferdinand: *Musikalisches und Persönliches*, Leipzig 1876.

Hinrichsen, Hans-Joachim: Die Reisen der Meininger Hofkapelle und ihre Organisation durch die Agentur Hermann Wolff, in: *Le musicien et es voyages. Pratiques, réseaux et représentations*, hg. von Christian Meyer, Musical Life in Europe 1600-1900. Circulation, Institutions, Representation, Berlin 2003, S. 283-290.

Hoff, Dagmar von: Artikel „Gender", in: *Handbuch Populärer Kultur. Begriffe, Theorien und Diskussionen*, hg. von Hans-Otto Hügel, Stuttgart / Weimar 2003, S. 209-212.

Hoffmann, Freia: *Instrument und Körper. Die musizierende Frau in der bürgerlichen Gesellschaft*, Frankfurt a.M. / Leipzig 1991.

Hoffmann, Freia / Bowers, Jane / Heckmann, Ruth (Hg.): *Frauen- und Männerbilder in der Musik*, Festschrift für Eva Rieger, Oldenburg 2000.

Hoffmann, Freia (Hg.): *Reiseberichte von Musikerinnen des 19. Jahrhunderts*, Hildesheim / Zürich / New York 2011.

Horlacher, Stefan: Kulturwissenschaftliche Geschlechterforschung und ihre Notwenigkeit. Historische Entwicklungen und aktuelle Perspektiven, in: Kreutziger-Herr, Annette / Losleben, Katrin: *History / Herstory. Alternative Musikgeschichten*, Köln / Weimar / Wien 2009, S. 53-83. (Musik-Kultur-Gender, Bd. 5, hg. von Annette Kreutziger-Herr / Dagmar von Hoff / Susanne Regener u.a.)

Hösch, R.: Artikel „Ludvig Norman-Neruda", in: Österreichisches Bibliographisches Lexikon und Biographische Dokumentation, 1815-1950. Bd. 7, Wien 1978, S.151-152.

Hove, Richard: Artikel „Franz Neruda", in: Dansk biografisk leksikon, Bd. 16, Copenhagen 1939, S. 589-591.

Hügel, Hans-Otto / Moltke, Johannes von: Artikel „Diva", in: *Handbuch Populärer Kultur. Begriffe, Theorien und Diskussionen*, hg. von Hans-Otto Hügel, Stuttgart / Weimar 2003, S. 159-164.
Hügel, Hans-Otto: Artikel „Virtuose", in: *Handbuch Populärer Kultur. Begriffe, Theorien und Diskussionen*, hg. Hans-Otto Hügel, Stuttgart / Weimar 2003, S.491-496.
Hügel, Hans-Otto: „Weißt Du wie viel Sterne stehen?" Zu Begriff, Funktion und Geschichte des Stars, in: *Musikermythen*, hg. von Claudia Bullerjahn / Wolfgang Löffler, Hildesheim / Zürch / New York 2004, S. 265-292.
Jastrow, Hermann: *Das Recht der Frauen nach dem Bürgerlichen Gesetzbuch. Dargestellt für die Frauen*, Berlin 1897.
Joachim, Joseph / Moser, Andreas: *Violinschule. Sechzehn Meisterwerke der Violinliteratur, bezeichnet und mit Kadenzen versehen von Joseph Joachim*, Bd. 3, Berlin 1905.
Jonsson, Leif / Tegen, Martin: *Musiken i Sverige. Den nationella identiteten 1810-1920*, Stockholm 1992.
Kaden, Christian: Annäherung und Entfremdung. Soziokommunikative Funktionen von Künstlerbildern, in: *Bericht des Bruckner-Symposiums Künstler-Bilder im Rahmen des Internationalen Brucknerfestes Linz 1998*, hg. von Uwe Harten u a., Wien 2000, S. 37-52.
Kaden, Christian: Musik als Lebensform, in: *Biographische Konstellation und künstlerisches Handeln*, Symposiumsbericht, hg. von Giselher Schubert, Mainz 1997, S. 11-25. (Frankfurter Studien, Veröffentlichungen des Paul-Hindemith-Instituts Frankfurt a.M., Bd. 6)
Karle, Gunhild: *Ludvig Norman och Kungl. Hovkapellet i Stockholm 1861-90. Med flera. Tryckjouren*, Uppsala 2006.
Kaminski, Katherina (Hg.): *Die Frau als Kulturschöpferin. Zehn Biographische Essays*, Würzburg 2000.
Kaufmann, Dorothea: *... routinierte Trommlerin gesucht. Musikerin in einer Damenkapelle. Zum Bild eines vergessenen Frauenberufes aus der Kaiserzeit*, Karben 1997 (Schriften zur Popularmusikforschung, hg. von Helmut Rösing in Zusammenarbeit mit dem Arbeitskreis Studium Populärer Musik, Hamburg, Bd. 3)
Kennedy, Michael (Hg.): *The Autobiography of Charles Hallé*, London 1972.
Carl-Halle-Ausstellung Hagen 1958, Ausstellungskatalog 3 des Stadtarchives Hagen. Aus Anlass des Festkonzertes vom jetzt hundertjährigen Hallé Orchestra Manchester. Bibl. Hagen AC 10401.
Kennedy, Michael (Hg.): *The Autobiography of Charles Hallé*, London 1972.
Kennedy, Michael: Hallé, Sir Charles, in: Oxford Dictionary of National Biography, Bd. 24, hg. von H.C.G. Matthew / Brian Harrison, Oxford 2004, S. 681f.
Kennedy, Michael: Hallé, Wilma; in: Oxford Dictionary of National Biography, Bd. 24, hg. von H.C.G. Matthew / Brian Harrison, Oxford 2004, S. 683f.
Kersting, Ann: *Carl Halle – Sir Charles Hallé. Ein europäischer Musiker*, Hagen 1986. (Beiträge zur Westfälischen Musikgeschichte Heft 19, hg. vom Westfälischen Musikarchiv Hagen)
Klassen, Janina: Virtuosität und Verantwortung. Zur Kunstauffassung Clara Wieck-Schumanns, in: Ackermann, Peter / Schneider, Herbert (Hg.): *Clara Schumann. Komponistin, Interpretin, Unternehmerin, Ikone*. Bericht über die Tagung anläßlich ihres 100. Todestages

veranstaltet von der Hochschule für Musik und Darstellende Kunst und dem Hochschen Konservatorium in Frankfurt, Hildesheim / Zürich / New York 1999, S. 139-149. (Musikwissenschaftliche Publikationen, hg. von Herbert Schneider, Bd. 12)

Klein, Christian (Hg): *Grundlagen der Biographik*, Stuttgart 2002.

Kohnen, Daniela: Maud Powell in Berlin – Studienjahre der legendären amerikanischen Geigerin bei Joseph Joachim, in: *Das Orchester* 48. Bd., Nr. 11, 2000, S.8-13.

Korff, Malte: *Johannes Brahms. Leben und Werk*, München 2005.

Kreutziger-Herr, Annette: Bauplanung, in: *History / Herstory. Alternative Musikgeschichten*, hg. von Annette Kreutziger-Herr und Katrin Losleben, Köln / Weimar / Wien 2009, S. XIII. (Musik-Kultur-Gender, Bd. 5, hg. von Annette Kreutziger-Herr u.a.)

Kreutziger-Herr, Annette: History und Herstory: Musikgeschichte, Repräsentation und tote Winkel, in: *History / Herstory. Alternative Musikgeschichten*, hg. von Annette Kreutziger-Herr und Katrin Losleben, Köln / Weimar / Wien 2009, S. 21-46. (Musik-Kultur-Gender, Bd. 5, hg. von Annette Kreutziger-Herr u.a.)

Kühnen, Barbara: Marie Soldat-Roeger (1863-1955), in: *Die Geige war ihr Leben. Drei Geigerinnen im Porträt*, hg. von Kay Dreyfus, Margarethe Engelhardt-Krajanek, Barbara Kühnen, Strasshof 1995, S. 13-98. (Schriftenreihe Frauentöne, Bd. 4)

Kyas,Vojtěch: *Berühmte Musikerpersönlichkeiten in Brünn* (1859-1914), Brünn 1995.

Kyas,Vojtěch: K hudební historii Brna v 19. století. Slavná hudební rodina Nerudů, in: *Opus Musicum:* 25. Jg., Nr. 8, 1993, S. 229-241.

Kyas, Vojtěch: Janáček se nemel o kojo oprít? Amalie Wickenhauserová-Nerudová, Leoš Janáček a léta sedmdesátá, in: *Opus Musicum:* 25. Jg., Nr. 2, 1993, S. 33-42.

La Grange, Henry-Louis de: *Wien. Eine Musikgeschichte*, Leipzig 1997.

La Motte, Helga: Schwierigkeit und Virtuosität, in: *Musikalische Virtuosität*, hg. von Hans von Loesch / Ulrich Mahlert / Peter Rummenhöller, Mainz 2004, S. 175-179. (Schriftenreihe Klang und Begriff. Perspektiven musikalischer Theorie und Praxis, Bd. 1, hg. von Thomas Ertelt und Conny Restle)

La Motte-Haber, Helga de: Jenseits des Künstlermythos, in: *Musikermythen*, hg. von Claudia Bullerjahn / Wolfgang Löffler, Hildesheim / Zürich / New York 2004, S. 251-262.

Lahee, Henry C.: *Famous Violinists of Today and Yesterday*, Boston 1899.

Lépront, Catherine: *Clara Schumann. Künstlerleben und Frauenschicksal*, München 1989.

Lipsius, Marie (genannt auch La Mara): *Die Frauen im Tonleben der Gegenwart*, 3. Aufl., Leipzig 1902. (Musikalische Studienköpfe, Bd. 5)

Loeckle, Wolf / Schmidt, Michael (Hg.): *Hat Musik ein Geschlecht?* Thema Musik live, Regensburg 1997.

Loesch, Heinz von / Mahlert, Ulrich / Rummenhöller (Hg.): *Musikalische Virtuosität*, Mainz 2004. (Schriftenreihe Klang und Begriff. Perspektiven musikalischer Theorie und Praxis, Bd. 1, hg. von Thomas Ertelt und Conny Restle)

Loesch, Heinz von: Virtuosität als Gegenstand der Musikwissenschaften, in: *Le musicien et es voyages. Pratiques, réseaux et représentations*, hg. von Christian Meyer, Musical Life in Europe 1600-1900. Circulation, Institutions, Representation, Berlin 2003, S. 11-16.

Loeser, Martin: Clara Schumann um 1855: Küche, Kinder K..., in: *Musik. Frau. Sprache.* Interdisziplinäre Frauen- und Genderforschung an der Hochschule für Musik und Theater Hannover hg. von der Hochschule für Musik und Theater Hannover / Kathrin Beyer / Annette Kreutziger-Herr, Herbolzheim 2003. (Beiträge zur Kultur- und Sozialgeschichte der Musik Bd. 5, Hg. Eva Rieger)

Lomtev, Denis: *An der Quelle. Deutsche Musiker in Russland*, Lage-Hörste 2002.

Löndahl, Tomas: Makten att begära och tvånget att försaka: Tourettesyndrmets betydelse för Ludvig Normans liv och verk, 2003, in: *Svensk tidskrift för musikforskning.* 2003(85), S. 45-57.

Lunn, Sven: Artikel „Kopenhagen", in: MGG, Bd. 7, Kassel 1958, Spalte 1606-1614.

Mark, Peeter: Artikel „Norman, Fredrik Vilhelm Ludvig", in: Svensk biografisk Lexikon, Bd. 27, Stockholm 1990-1991, S. 580-582.

Mauser, Siegfried: Interpretation im biographischen Kontext, in: *Biographische Konstellation und künstlerisches Handeln* hg. von Giselher Schubert, Mainz 1997, S. 262-267. (Frankfurter Studien Band VI).

Mauser, Siegfried: Klavier- und Kammermusik, S. 398, in: *Musikalische Interpretation*, hg. von Hermann Danuser, Laaber 1997, S. 360-394. (Neues Handbuch der Musikwissenschaft, hg. von Carl Dahlhaus / Hermann Danuser Bd. 11)

May, Florence: *Johannes Brahms. Die Geschichte seines Lebens*, 2. Aufl., 2 Bände in einem Band, Leipzig 1925, Reprint München 1983.

McCallum, Peter: Australia. 19th Century, in: NGroveD, 2. Aufl., Bd. 2, London 2001, S. 215ff.

McCredie, Andrew D.: Artikel „Adelaide", in: MGG2, Sachteil Bd. 1, Kassel 1994, Sp. 88ff.

McCredie, Andrew D.: Artikel „Sydney", in: MGG2, Sachteil Bd. 9, Kassel 1998, Sp. 1ff.

Mears, Caroline / May James: Cape Town: in: NGroveD, 2. Aufl., Bd. 5, London 2001, S. 88f.

Medick, Hans / Trepp, Anne-Charlott: *Geschlechtergeschichte und Allgemeine Geschichte. Herausforderungen und Perspektiven*, Göttingen 1998. (Göttinger Gespräche zur Geschichtswissenschaft, Bd. 5)

Meissner, Toni: *Wunderkinder. Schicksal und Chance Hochbegabter*, München 1993.

Menuhin, Yehudin: *Die Violine. Kulturgeschichte eines Instrumentes*, Stuttgart 1996.

Messmer, Franzpeter: *Musiker reisen: Vierzehn Kapitel aus der europäischen Kulturgeschichte*, Zürich 1992.

Meyer, Christian (Hg.): *Le musicien et ses voyages. Pratiques, réseaux et représentations*, Berlin 2003. (Schriftenreihe Musical Life in Europe 1600-1900)

Moser, Andreas: *Joseph Joachim. Ein Lebensbild*, Berlin 1898.

Moser, Andreas: *Joseph Joachim. Ein Lebensbild*, neue, umgearbeitete und erw. Ausgabe in zwei Bänden, 2. Band (1856-1907), Berlin 1908/1910.

Moser, Andreas: *Geschichte des Violinspiels*, Berlin 1923.

Moser, Andreas / Nösselt, Hans-Joachim: *Geschichte des Violinspiels*, Tutzing 1967.

Mühlbach, Marc: *Russische Musikgeschichte im Überblick.* Berlin 2004.

Myers, Margaret: Musicology and „The Other" European Ladies' Orchestras 1850-1920, in: *Gender Studies & Musik. Geschlechterrollen und ihre Bedeutung für die Musikwissenschaft,* hg. von Stefan Fragner / Jan Hemming / Beate Kutschke, Regensburg 1998 (Forum Musik Wissenschaft Bd. 5).

Nauhaus, Gerd (Hg.): Schumann-Studien 6. Im Auftrag der Robert-Schumann-Gesellschaft Zwickau e.V., Sinzig 1996.

Niemann, Walter: *Die Musik Skandinaviens*, Leipzig 1906.

Nipperdey, Thomas: *Deutsche Geschichte 1800-1866. Bürgerwelt und starker Staat,* München 1983

Nipperdey, Thomas: *Deutsche Geschichte 1866-1918. Arbeitswelt und Bürgergeist,* Bd.1, München 1990

Nyström, Pia / Elmquist, Anne Marie (Hg.): *Kungliga Musikaliska Akademien, Matrikel 1771-1995,* 2. verb. u. erw. Aufl., Stockholm 1996.

Olivier, Antje / Braun, Sevgi: *Apolls Töchter. Große Sängerinnen und Interpretinnen auf der Bühne der Welt,* Düsseldorf 1997.

Otis Skinner, Cornelia: *Madame Sarah. Das Leben der Schauspielerin Sarah Bernhardt,* Frankfurt a.M. 1988.

Pavel, Veronika: *Australien. Osten und Zentrum,* Westerstede 2004.

Pincherle, Marc: *Virtuosen, ihre Welt und ihr Schicksal,* München 1964, (übers. aus dem Französischen von Frieda Beerli).

Peel, Mark: *Kleine Geschichte Australiens,* München 2000.

Pennell, Elizabeth Robins: *Tantallon Castle. The Story of The Castle and of The Ship*, Edinburgh 1895.

Prante, Inka: *Die Schülerinnen Joseph Joachims.* Wissenschaftliche Hausarbeit zur ersten Staatsprüfung für das Amt des Lehrers, Berlin. Unveröffentlichtes Typoskript. 1999.

Redepennig, Dorothea: *Geschichte der russischen und der sowjetischen Musik.* Bd. 1: Das 19. Jahrhundert, Laaber 1994.

Reich, Hans: *Südafrika,* in: Merian. Das Monatsheft der Städte und Landschaften, Heft 12 / XXII, München 1955.

Reich, Nancy B.: *Clara Schumann. Romantik als Schicksal.* Eine Biographie, Reinbek bei Hamburg 1991.

Reich, Susanna: *Clara Schumann. Piano Virtuoso,* New York 1999.

Reuter, Florizel von: *Führer durch die Solo-Violinmusik: eine Skizze ihrer Entstehung und Entwicklung; mit kritischer Betrachtung ihrer Hauptwerke,* Berlin 1925.

Rezniček, Ladislav: *Česka kultura a Edvard Grieg,* Prag / Oslo 1993.

Rieger, Eva: *Frau, Musik und Männerherrschaft. Zum Ausschluss der Frau aus der deutschen Musikpädagogik, Musikwissenschaft und Musikausübung,* Kassel 1988.

Rieger, Eva: Vom „genuin Weiblichen" zur „Geschlechter-Differenz". Methodische Probleme der Frauen- und Geschlechterforschung am Beispiel Clara Schumann. In: *Clara Schumann. Komponistin, Interpretin, Unternehmerin, Ikone,* hg. von Peter Ackermann und Herbert Schneider, Hildesheim / Zürich, New York 1999, S. 205-216. (Musikwissenschaftliche Publikationen, hg. von Herbert Schneider, Bd. 12)

Rieger, Eva: Weibliches Musikschaffen – weibliche Ästhetik? In: *Neue Zeitschrift für Musik*, 145. Jg, 1984, S. 4-7.

Roeseler, Albrecht: *Große Geiger unseres Jahrhunderts*, München 1987.

Runggakdier Moroder, Ingrid: May Norman-Neruda (1867-1945), in: Alpenvereinsbuch Berg 2009, Zeitschrift Bd. 133, Jahrbuch Redaktion Walter Theil, hg. vom Deutschen Alpenverein München / Österreichischer Alpenverein Innsbruck / Alpenverein Südtirol Bozen.

Salmen, Walter: Beruf: *Musiker: verachtet – vergöttert – vermarktet*. Eine Sozialgeschichte in Bildern, Kassel 1997.

Salmen, Walter: *Das Konzert. Eine Kulturgeschichte*, München 1988.

Salmond, David S.: *Diary of a Trip to South Africa on R.m.s. Tantallon Castle*, Glasgow 1899.

Samson, Jim: *Virtuosity and the Musical Work*. The transcendental Studies of Liszt, Cambridge 2003

Sanner, Lars-Erik: Artikel „Norman, Fredrik Vilhelm Ludvig", in: MGG, Bd. 9, Kassel 1961, Spalte 1572-1574.

Schacter, Daniel L.: *Aussetzer. Wie wir vergessen und uns erinnern*, Bergisch Gladbach 2005.

Scheitler, Irmgard: *Gattung und Geschlecht. Reisebeschreibungen deutscher Frauen 1780-1850*, Tübingen 1999 (Studien und Texte zur Sozialgeschichte der Literatur, Bd. 67, hg. von Wolfgang Frühwald / Georg Jäger / Dieter Langewiesche u.a.)

Schenk, Dietmar / Rather, Wolfgang (Hg): *Aspekte der Berliner Streichertradition*, Berlin 2002 (Schriften aus dem Archiv der Universität der Künste Berlin Band 4).

Schiørring, Nils: Artikel „Dänemark", in: MGG, Bd. 2, Kassel 1952, Spalte 1841-1857.

Schiørring, Nils: Artikel „Franz Neruda", in: MGG, Bd. 9, Kassel 1961, Spalte 1380-1381.

Schmidt, Christian Martin: *Johannes Brahms und seine Zeit*, Laaber 1983.

Schmidt, Werner: *Südafrika. Republik Südafrika. Südwestafrika. Betschuanenland. Basutuland. Swaziland*, Bonn 1963.

Schmidt, Werner: *Pretoria. Deutsche Wanderung nach Südafrika im 19. Jahrhundert*, Berlin 1955.

Schmitz, Oscar U.H.: *Brevier für Weltleute*, München / Leipzig 1919.

Schmitz, Peter: *Johannes Brahms und der Leipziger Musikverlag Breitkopf & Härtel*, Göttingen 2009.

Schneeberger, Bernhard: „Unstreitig unter den Virtuosinnen die größte. Erinnerungen an Wilma Neruda, ihre Beziehung zu Charles Hallé und Hagen". In: *Hagener Impuls*, Bd. 13. 1995, S. 13-16.

Scholes, Percy A.: *The Mirror of Music 1844-1944*, 2 Bd., London 1947.

Schraub, Ingrid: *Zwischen Salon und Mädchenkammer*, Hamburg 1992.

Schrenk, Oswald: *Berlin und die Musik. Zweihundert Jahre Musikleben einer Stadt 1740-1940*, Berlin 1940.

Schwab, Heinrich Wilhelm: *Das Konzert. Öffentliche Musikdarbietung vom 17. bis 19. Jahrhundert*, Leipzig 1971 (Musikgeschichte in Bildern, Bd. 4: Musik der Neuzeit. Lieferung 2, hg. von Heinrich Besseler und Werner Bachmann)

Schwab, Heinrich Wilhelm: Konzert und Konzertpublikum im 19. Jahrhundert, in: *Musica*, Bd. 31, Kassel 1977, S. 19-21.

Schwab, Heinrich Wilhelm: Kopenhagen als Reiseziel ausländischer Virtuosen, in: *Le musicien et es voyages. Pratiques, réseaux et représentations*, hg. von Christian Meyer, Musical Life in Europe 1600-1900. Circulation, Institutions, Representation, Berlin 2003, S. 143-168.

Schwab, Heinrich Wilhelm: Formen der Virtuosenehrung und ihr sozialgeschichtlicher Hintergrund, in: *Report of the eleventh Congress* / International Musicological Society: Copenhagen 1972, hg. von Henrik Glahn, Kopenhagen 1974, Bd. 2, S. 637-643.

Schwindt-Gross, Nicole: *Musikwissenschaftliches Arbeiten. Hilfsmittel-Techniken-Aufgaben*, Kassel 2003.

Shaffer, Karen A.: *Maud Powell. Pioneer American Violinist*, Arlington 1988.

Skjerne, Godfredt: Franz Neruda, in: *Ord och Bild*, 24. Jg., Stockholm 1915, S. 431-437.

Sørensen, Inger: *Niels W. Gade – et dansk verdensnavn*, Gyldendal, Kopenhagen 2002.

Šourek, Otakar: *Antonín Dvořák. Sein Leben und sein Werk*, Prag 1953.

Spearritt, Gordon D.: Artikel „Brisbane", in: NGroveD, 2. Aufl., Bd. 4, London 2001, S. 359f.

Štastná, Bohuslava: "Kdo byli Nerudové?", in: *Opus musicum*, 17. Jg., Brünn 1985, S. 85-88.

Stifter, Adalbert: *Zwei Schwestern*, in: Gesammelte Werke in 6 Bd., Bd. 2, Wiesbaden 1959, S. 468-487.

Straeten, Edmund van der: *The History of the Violin*. 2 Bd., London 1933.

Straeten, Edmund van der: *The Romance of the Fiddle; the origin of the modern virtuoso and the adventures of his ancestors*, London 1911.

Tatarska, Janina: Henryk Wieniawski's Relationsship with the Opera, in: *Henryk Wieniawski. Composer and Virtuose in The Musical Culture of The XIX and XX Centuries*, hg. von Maciej Jabłoński und Danuta Jasińska, Poznan 2001, S. 143-156.

Tegen, Martin: Artikel „Stockholm III. Von 1800 bis zur Gegenwart", in: MGG, Bd. 12, Kassel 1965, Spalte 1372-1374.

Tegen, Martin; Bużga, Jaroslav: Artikel „Wilma Neruda", in: MGG, Bd. 9, Kassel 1961, Sp. 1379-1380.

Temperley, Nicholas: Artikel „London VI. Das 19. Jahrhundert", in: MGG, Bd. 8, Kassel 1960, Spalte 1158-1169.

Trepp, Anne-Charlott: Diskurswandel und soziale Praxis. Zur These von der Polarisierung der Geschlechter seit dem 18. Jahrhundert, in: *Geschlechterpolaritäten in der Musikgeschichte des 18. bis 20. Jahrhunderts*, hg. von Rebecca Grotjahn und Freia Hoffmann, Herbolzheim 2002, S. 7-18. (Beiträge zur Kultur- und Sozialgeschichte der Musik, Bd. 3, hg. von Eva Rieger).

Trojan, Jan: *Das Brünner Konzertleben in der Zeit der nationalen Wiedergeburt*, Brünn 1973.

Urie, Bedrich: *Čestí violoncelisté*, Prag 1946.

Voigt, Bernhard: *Cecil Rhodes. Der Lebenstraum eines Briten*, Potsdam 1939.

Voigt, Johannes H.: *Geschichte Australiens*, Stuttgart 1988.

Vries, Claudia de: *Die Pianistin Clara Wieck-Schumann. Interpretation im Spannungsfeld von Tradition und Individualität*, Mainz 1996.

Wagner, Undine: Artikel „Neruda", in: MGG2, Personenteil Bd. 12, Kassel 2004, Spalte 996f.

Währungen der Welt I. Europäische und Nordamerikanische Devisenkurse 1777-1914, Teilband III, hg. von Jürgen Schneider / Oskar Schwarzer / Friedrich Zellfelder, Stuttgart 1991. (Beiträge zur Wirtschafts- und Sozialgeschichte, hg. von Rainer Gömmel / Jürgen Schneider, Bd. 44, Stuttgart)

Wasielewski, Wilhelm Jos. von / Wasielewski, Waldemar von (Hg.): *Die Violine und ihre Meister*, Leipzig 1927, Neudruck Egweil 1968.

Wasserloos, Yvonne: *Kulturgezeiten. Niels W. Gade und C.F.E. Horneman in Leipzig und Kopenhagen*, Hildesheim / Zürich / New York 2004. (Studien und Materialien zur Musikwissenschaft, Bd. 36)

Weber, Marianne: Eheideal und Eherecht, 1914, in: dies.: *Frauenfragen und Frauengedanken. Gesammelte Aufsätze*, Tübingen 1919. Zit. nach: Anne-Charlott Trepp: Diskurswandel und soziale Praxis. Zur These von der Polarisierung der Geschlechter seit dem 18. Jahrhundert. In: *Geschlechterpolaritäten in der Musikgeschichte des 18. bis 20. Jahrhunderts*, hg. von Rebecca Grotjan und Freia Hoffmann, Herbolzheim 2002.

Wehnert, Martin: Das Persönlichkeitsbild eines schöpferischen Musikers als ikonographisches Problem – andeutungsweise exemplifiziert bei Anton Bruckner, in: *Bericht des Bruckner-Symposiums Künstler-Bilder im Rahmen des Internationalen Brucknerfestes Linz 1998*, hg. von Uwe Harten u.a., Wien 2000, S. 233-243.

Weiß, Günther: *Der große Geiger Henri Marteau. Ein Künstlerschicksal in Europa*, Tutzing 2002.

Weissmann, Adolf: *Der Virtuose*, Berlin 1918.

Weissweiler, Eva: *Clara Schumann. Eine Biographie*, Hamburg 1990.

Weitzmann, Carl Friedrich: *Der letzte der Virtuosen*, Leipzig 1868 / 1932.

Wessling, Berndt W.: *Franz Liszt. Ein virtuoses Leben*, München 1979.

Westrup, Jack-Allan: Artikel „England. Romantik und englische Renaissance". In: MGG, Bd. 3, Kassel 1954, Spalte 1401-1407.

Wicke, Peter: Virtuosität als Ritual. Vom Guitar Hero zum DJ-Schamanen, in: *Musikalische Virtuosität*, hg. von Hans von Loesch / Ulrich Mahlert / Peter Rummenhöller, Mainz 2004, S. 232-243 (Schriftenreihe Klang und Begriff. Perspektiven musikalischer Theorie und Praxis, Bd. 1, hg. von Thomas Ertelt und Conny Restle)

Wiese, Bernd: *Südafrika mit Lesotho und Swasiland*, Gotha / Stuttgart 1999.

Williams, Basil / Mauk, Maries: *Südafrika. Entdeckung und Besiedlung des Schwarzen Kontinents durch die Europäer*, Bd. 1, Berlin 1939.

Winkelbauer, Thomas (Hg.): *Vom Lebenslauf zur Biographie*. Geschichte, Quellen und Probleme der historischen Biographik und Autobiographik, Waldviertler Heimatbund 2000. (Schriftenreihe des Waldviertler Heimatbundes hg. von Thomas Winkelbauer Bd. 40)

Winter, Rainer: Artikel „Kult", in: *Handbuch Populärer Kultur. Begriffe, Theorien und Diskussionen*, hg. von Hans-Otto Hügel, Stuttgart, Weimar 2003, S. 295-299.

Wolf-Watz, J.: Artikel „Norman, Ludvig", in: Sohlman2, Bd. 4, Stockholm 1977, S. 752-253.

Wozna-Stankiewicz, Malgorzata: Compositions of the Franco-Belgien School of Violin Music in the Concert repertoire of 19th Century Poland, in: *Henryk Wieniawski. Composer and Virtuose in The Musical Culture of The XIX and XX Centuries*, hg. von Maciej Jabłoński und Danuta Jasińska, Poznan 2001, S. 215-251.

Veröffentlichte Briefe und Dokumente

Bülow, Marie von: *Hans von Bülow in Leben und Wort*, Stuttgart 1925.
Fahlbusch, Lothar (Hg.): *Eduard Hanslick. Musikkritiken*, Leipzig 1972.
Hans von Bülow: *Briefe und Schriften 1850-1892*, Bd. 3, hg. von Marie von Bülow, Leipzig 1911.
Hallé, C. E. / Hallé, M. (Hg.): *Live and Letters of Sir Charles Hallé*, London 1896.
Hanslick, Eduard: *Aus dem Concert-Saal. Kritiken und Schilderungen aus 20 Jahren des Wiener Musiklebens 1848-1868*, Wien / Leipzig 1897.
Hanslick, Eduard: *Concerte, Componisten und Virtuosen der letzten fünfzehn Jahre 1870-1885. Kritiken*, Berlin 1886.
Hanslick, Eduard: *Concerte, Componisten und Virtuosen der letzten fünfzehn Jahre 1870-1885. Kritiken*, 4. Aufl., Berlin 1896.
Hanslick, Eduard: *Geschichte des Konzertwesens in Wien*, Wien 1869.
Sietz, Reinhold (Hg.): *Aus Ferdinand Hillers Briefwechsel. Beiträge zu einer Biographie Ferdinand Hillers*, Bd. 1-6, Köln 1958-1968.
Janáček, Leoš: *Intime Briefe 1879/80 aus Leipzig und Wien*, kommentiert und ergänzt von Jakob Knaus, Zürich 1985.
Johannes Brahms im Briefwechsel mit Karl Reinthaler, Max Bruch, Hermann Deiters, Friedr. Heimsoeth, Karl Reinecke, Ernst Rudorff, Bernhard und Luise Scholz, hg. von Wilhelm Altmann, Tutzing 1974, Nachdruck der Ausgabe von 1912.
Joachim, Johannes / Moser, Andreas (Hg.): *Briefe von und an Joseph Joachim*, 3 Bde., Berlin 1911-1913.
Litzmann, Berthold (Hg.): *Clara Schumann – Johannes Brahms*: Briefe aus den Jahren 1853-1896, Wiesbaden 1989.
Litzmann, Berthold (Hg.): *Clara Schumann. Ein Künstlerleben. Nach Tagebüchern und Briefen*, Bd. 3 (1856-1896), Reprint Hildesheim / Zürich / New York 1971, zit.: Litzmann: Clara Schumann.
Moser, Andreas (Hg): *Johannes Brahms im Briefwechsel mit Joseph Joachim*, Bd. 2, Berlin 1912.
Rieger, Eva (Hg.): *Mit 1000 Küssen Deine Fillu. Briefe der Sängerin Marie Fillunger an Eugenie Schumann 1875-93*, Köln 2002.
Smyth, Ethel: *Ein stürmischer Winter. Erinnerungen einer streitbaren englischen Komponistin*, hg. von Eva Rieger, Kassel 1988.
Stargardt-Wolff, Edith: *Wegbereiter großer Musiker:* Unter Verwendung von Tagebuchblättern, Briefen und vielen persönlichen Erinnerungen von Hermann und Luise Wolff, den Gründern der 1. Konzertdirektion 1880-1935, Berlin 1954.
Strauß, Dietmar (Hg.): Eduard Hanslick. Sämtliche Schriften. Historisch kritische Ausgabe in 4 Bänden, Aufsätze und Rezensionen 1844-1858, Wien 1993-2002.
Wapnewski, Peter (Hg.): *Eduard Hanslick: Aus dem Tagebuch eines Rezensenten*, Kassel 1989.
Wendler, Eugen (Hg.): *Clara Schumann. Das Band der ewigen Liebe*, Briefwechsel mit Emilie und Elise List, Stuttgart/ Weimar 1996.

Zschinsky-Troxler, Elsa (Hg.): *Edvard Grieg: Briefe an die Verleger der Edition Peters 1866-1907*, Leipzig 1932.

Lexika und Nachschlagewerke

Československý hudební slovník osob a institucí. Státní hudební vydavatelství, Hg. Gracian Černušák, Bohumír Štědroň und Zdenko Nováček, Prag 1965.

Dansk biografik leksikon, hg. von Povl Engelstoft / Svend Dahl, 27 Bd., Kopenhagen 1933-1944.

Hügel, Hans-Otto (Hg.): Handbuch Populärer Kultur. Begriffe, Theorien und Diskussionen, Stuttgart / Weimar 2003, S. 159-164.

Kreutziger-Herr, Annette / Unseld, Melanie (Hg.): Lexikon Musik und Gender, Kassel 2010.

Die Musik in Geschichte und Gegenwart. Allgemeine Enzyklopädie der Musik, Hg. Friedrich Blume, 17 Bd., Kassel / Basel 1949-1987.

Die Musik in Gesellschaft und Gegenwart, Allgemeine Enzyklopädie der Musik, Hg. Finscher, Ludwig, 17 Bd. Personenteil, 9 Bd. Sachteil, 2. Aufl., Kassel 1991- 2008.

The New Grove. Dictionary of Music and Musicians, Hg. Stanley Sadie, 1. Aufl., 20 Bd., London 1980.

The New Grove. Dictionary of Music and Musicians, Hg. Stanley Sadie, 2. Aufl., 29 Bd., London 2001.

Österreichisches Bibliographisches Lexikon und Biographische Dokumentation, 1815-1950. 13 Bd., Wien 1978.

Oxford Dictionary of National Biography, 60 Bd., Hg. H.C.G. Matthew / Brian Harrison, Oxford 2004.

Riemann, Hugo: Musiklexikon, 12. völlig neubearb. Aufl., Hg. Willibald Gurlitt, 5 Bände, Mainz 1959-1975.

Sohlmans Musiklexikon. Nordisk och allmänt uppslafsverk för tonkonst, musikliv och dans, Hg. Gösta Morin, 4 Bd., Stockholm 1948-1952.

Sohlmans Musiklexikon. Nordisk och allmänt uppslafsverk för tonkonst, musikliv och dans, Hg. Hans Åstrand, 5 Bd., 2. Aufl., Stockholm 1975-1979.

Svenska män och kvinnor, 8 Bd., Stockholm 1942-1955.

Svensk biografiskt Lexikon, 32 Bd., Stockholm 1918-2006.

Werner-Jensen, Arnold: Reclams Kammermusikführer, 12. Aufl., Stuttgart1997.

Who Was Who. Vol. 1, 1897-1915, London 1953, S. 307.

Verwendete Zeitungen und Zeitschriften

Aftonbladet, Stockholm
Adelaide Musical Herald, Adelaide
Allgemeine Musikalische Zeitung
American String Teacher
Berliner Musikalische Zeitung
Berliner Tageblatt
Berlingske Tidende, Kopenhagen
Brisbane Courier, Brisbane
Caecilia. Algemeen Muzikaal Tijdschrift van Nederland
Dagens Nyheter og Dagbladet, Kopenhagen
Dalibor, hudební listy, Prag
Der Humorist, Wien
Idun. Praktisk Veckotidning for Kvinnan och Hemmet, Stockholm
Illustrerad Tidning, Stockholm
La Revue et Gazette Musicale de Paris
Moravia, Brünn
Московские ведомости (Moskowskije Wedomosti), Moskau
Musikbladet, Kopenhagen
Musikalische Wochenblatt
Музыкальные известия (Musikalnije Iswestia), Charkow
Nationaltidende, Kopenhagen
Neue Musikalische Presse
Neue Wiener Musik-Zeitung
Neue Zeitschrift für Musik
New York Times
Nordisk Musik-Tidende, Christiania
Ny Illustrerad Tidning, Stockholm
Одесские Вестник (Odesskije Westnik), Odessa
Opus musicum, Brünn
Петербургские Городские Известия. Северная Пчела (Peterburgskije Gorodskije Iswestija. Ševernaja Pčela), Petersburg
Петербургская Летопись (Peterburgskaja Letopis), Petersburg
Rheinische Musikzeitung
Signale für die Musikalische Welt, Leipzig
Svensk Musiktidning, Stockholm
The Adelaide Observer, Adelaide
The Argus, Melbourne
The Cape Argus, Cape Town
The Cape Mercury, King Williams Town

The Cape Times, Cape Town
The Diamond Fields Advertiser, Kimberly
The Eastern Province Herald, Port Elizabeth
The Musical Standard, London
The Musical Times and Singing Class Circular, London
The Natal Witness, Pietermaritzburg
The Press, Pretoria
The Standard and Diggers News, Johannesburg
The Star, Johannesburg
The Strad, London
The Sydney Morning Herald, Sydney
The Times, London
The Transvaal Advertiser, Pretoria
The Woman's World, London
Tidning för Theater och musik, Stockholm
Vossische Zeitung, Berlin
Wiener Allgemeine Musik-Zeitung
Wiener Musik-Zeitung
Wiener Allgemeine Zeitung

Archivalien und ungedruckte Quellen

Bayerische Staatsbibliothek München: Handschriftenabteilung: Sammlung Nerudaiana.
British Library London: Music Collections: Royal Philharmonic Orchestra
    Dohnány Collection Vol XVIII-Add. MS 50,807 A Manuskript der Radiosendung des RIAS
    Diverse Briefe von und an Wilma Neruda:
    RPS MS. 347 f 69 / RPS MS. 347 Nr. 76-97 / RPS MS. 351 Nr. 125-126 / RPS MS. 351 Nr. 129-131 / RPS MS. 351 Nr. 127-128 / RPS MS. 366 f 268 / Add. 60 633 ff
Det Kongelige Bibliotek Kopenhagen, Handschriftensammlung, Brevbase:
    Diverse Briefe von und an Wilma Neruda:
    Sig. NKS 1716-2 / Sig. NBD 2. Rk / Sig. NKS 2449-2 / Sig. NBU
Gesellschaft der Musikfreunde, Wien, Archiv: Programmsammlung: *Programmsammlung der Zöglingskonzerte und Prüfungsprogramme*, Akte 2713 / 47.
Hallé Orchestra Manchester, Archiv: Programmsammlung.
Hochschule für Musik und Theater, Leipzig, Bibliothek
Moravské zemské Muzeum Brno. Hudebni odděleni:
    Sig. B1, JA: Brief Wilma Neruda an Leoš Janáček, 22.9.1879.
    Sig. F. 61: Lithographie von 1850 der Wunderkinder Wilma, Amalie und Victor Neruda 1850.

Musikmuseum Kopenhagen: Nachlass Wilma Neruda, Dagmar Neruda, Franz Neruda; Franz Neruda Papirer Kasse 1-4.
Briefe, Stammbuch Wilma Nerudas, Fotos, Zeitungsartikel, Programme
Musikmuseum Stockholm: Nachlass Wilma Neruda, Franz Neruda, Eugenie Lindblad, Ludvig Norman; Fotoarkived Skand Neruda Nr. 2350, 2351, 2352, 2353, 2354, 2355, 2356
Musik- och teaterbiblioteket Stockholm, Raritetssamlingar: Tagebuch der Reise Wilma Nerudas 1890 nach Australien in Kurrentschrift und eine Abschrift in lateinischer Schrift; Tagebuch der Reise Wilma Nerudas nach Australien 1891; Tagebuch der Reise Wilma Neruda 1895 nach Südafrika.
Brief Wilma Neruda an Eugenie – Sig. Gü1:18
Brief Wilma Neruda an Eduard d'Aubert – Sig. Gü5:185a, b, c Bd. 2, Brief Nr. 10/11
Offentlige Bibliotek Bergen: Edvard Grieg arkiv, 4 Briefe Wilma Neruda an Edvard Grieg, Sig. FNWI 001-004; Brief Waldemar Neruda an Edvard Grieg, Sig. FNWN 001
Österreichische Nationalbibliothek Wien: Handschriftenabteilung: Musikerbriefe:
Sig. 947 / 65-1: Leopold Jansa an C.F.Siegel in Leipzig
Sig. 980: davon: 6-6 / 16-10 / 17-3 / 17-8 / 18-3 / 18-4 / 18-6 / 18-8 / 19-1/ 19-4 / 19-6 / 19-9 / 20-4 / 22-3 / 23-3 / 24-8 / 26-7 / 26-15 Briefe Marie Fillunger an Eugenie Schumann
Royal Academie of Music London: Collection McCann:
Diverse Briefe: Sig. 2005.718 / Sig: 2006.146 / Sig. 2006.147 / Sig. 2006.148 / Sig. 2006.149 / Sig. 2006.150 / Sig. 2006.152 / Sig. 2006.153 / Sig. 2006.154 / Sig. 2006.2044 / Sig. 2007. 1462
Staatsbibliothek Preußischer Kulturbesitz Berlin, Musikabteilung: Musikalischer Nachlass Clara Schumann: Briefe Wilma Neruda an Clara Schumann: Sig.: Nachl. Schumann, K. 4, 252 – K, 289 – K. 6, 249 – K. 6, 304.
Diverse Briefe: Mus. ep. Norman-Neruda / Mus. ep. Franz Neruda / Mus. ep. Josef Neruda
Staatsbibliothek Preußischer Kulturbesitz Berlin, Musikabteilung: Musikalischer Nachlass Ferruccio Busoni: Briefe Wilma Neruda an Ferruccio Busoni: Sig.: Mus. Nachl. F. Busoni / B II, 3315-3321 (olim; Mus. ep. W. Neruda 1-7)
Staatliches Institut für Musikforschung, Berlin: Nachlass Joseph Joachim, Briefe Wilma Neruda an Joseph Joachim: Sig.: Doc. orig. Wilma Norman-Neruda 1-13; SM 12/1957/3494-3506
Staats- und Universitätsbibliothek Carl von Ossietzky, Hamburg:
Sig. LA, Inventur Nr.: 1926. 10 353: 2 Briefe Wilma Neruda an Frau Averdieck
Stadtbibliothek München / Monacensia: Nachlass Ludwig Quidde: Briefe Wilma Neruda an Margarethe Quidde: Sig.: LQ B 610:
Diverse Briefe an Wilma Neruda: Sig: 1586 / 68 – AI, Sig. 1587 / 65 – AI, Sig. 121 / 64 – AI, Sig. 120 / 64 – AI, Sig. AI, Sig. 158 / 66 – AI, Sig. 152 / 62 – AI.

Stadt- und Musikbibliothek Mannheim: Noten der Komposition Wilma Nerudas, Sig. Tkl3 Neru: *Minne fran Warschau: mazurka för piano* / af Wilhelmina Neruda. – Stockholm: Lundquist, [s.d]. – 5 S.
Stadt- und Universitätsbibliothek, Frankfurt am Main: Abteilung Tanz und Theater:
    Slg. F. N. Manskopf / Bildsammlungen
    S 36_F09407 WN Kniestück, Profil
    S 36_F01412 Wilma Neruda Brustbild mit Violine
    S 36_F01409 Amalie Neruda, Franz Xaver Neruda, Wilma Hallé Gruppenbildnis
    S 36_F01408 Amalie Neruda, Ganzfigurbildnis
    Manskopfsches Musikhistorische Museum: Rebus, Brief Frau Tatem an Wilma Neruda
    Slg. F. N. Manskopf / Konzertprogrammsammlung
Stiftelsen Musikkulturens Främjande – The Nydahl Collection Stockholm:
    Sig. 2807-2819 Franz Neruda Briefe
    Sig. 2820-22 Wilma Neruda Briefe
Sydney: State Library of South Wales: Zeitungsausschnitte und Programme
Universitätsbibliothek Leipzig, Sondersammlungen:
    Kurt-Taut-Slg. / Slg. Nebauer, Musiker, M 409.
Universitätsbibliothek Uppsala: Handschriftenabteilung:
    Diverse Briefe von Wilma und Franz Neruda an Jacob Axel Josephson: Sig. Z 205 f:5 fol. / Sig. Z 205 f; 5 fol.
Zentralbibliothek Zürich: Zentralbibliothek Zürich, Kantons-, Stadt- und Universitätsbibliothek
    Sig. Nachlass Friedrich Hegar NN 132, AMG I 1683
    Sig. Nachlass H. Angst 40.19: 7 Briefe C.E. Hallé an Heinrich Angst

ABBILDUNGSVERZEICHNIS

Abb. 1 Wilma Neruda, Fotografie, Stockholm MTB, Neruda Familienalbum (Eugenie Lindblads Fotoalbum), Fotoarkivet Skand. Neruda (flera), Nr. 2355.

Abb. 2 Notenautograf Johannes Brahms, Wien November 1880, Kopenhagen MM. FNP Kassette 2 / 7.

Abb. 3 Brief Wilma Nerudas an Julius Benedict, London, Royal Academie of Music, McCann Collection, Zugangs-Nr. 2006.148.

Abb. 4 Unterschriftensammlung Nachlass Wilma Neruda, Kopenhagen MM, FNP Kassette 1/3.

Abb. 5 Stammbuch Wilma Nerudas, Kopenhagen MM, FNP Kassette 3 / 18 .

Abb. 6 Albumeintrag Joseph Joachim, Hannover 12. Januar 1855, Stammbuch Wilma Neruda S. 72, Kopenhagen MM, FNP Kassette 3 / 18.

Abb. 7 Konzertprogramm London *Monday Popular Concerts*, 26.3.1888, Frankfurt UB, Abteilung Musik, Theater, Film, Programmsammlung, Sammlung Manskopf.

Abb. 8 Wilma und Amalie Neruda als Wunderkinder, ca. 1847, Teil der Porträt-Kollection des Dänischen Musikmuseums – Musikhistorisches Museum & Carl Claudius Collection, ohne Inv.-Nr.

Abb. 9 Wilma, Viktor und Amalie Neruda. Lithografie ca. 1850 von August Prinzhofer (1816-1885), Hudební oddelení Moravského muzea v Brne, Sign. F19.

Abb. 10 Mutter: Francisca Neruda, Fotografie, Stockholm MTB, Neruda Familienalbum (Eugenie Lindblads Fotoalbum), Fotoarkivet Skand. Neruda (flera), Nr. 2355.

Abb. 11 Vater: Josef Neruda, Fotografie, Stockholm MTB, Neruda Familienalbum (Eugenie Lindblads Fotoalbum), Fotoarkivet Skand. Neruda (flera), Nr. 2355.

Abb. 12 Brünn: Elternhaus der Familie Neruda, Fotografie, Stockholm MM, Fotoarkivet Skand. Neruda, Bl. a. album. Nr. 2350.

Abb. 13 Marie Neruda, Fotografie Elliott & Frey London, Frankfurt UB, Abteilung Musik, Theater, Film, Bildersammlung, Sammlung Manskopf, Sign. S36_F01408.

Abb. 14 Franz Neruda, ca. 1862, Fotografie, Stockholm MM, Fotoarkivet Skand. Neruda (flera), Nr. 2352.

Abb. 15 Franz Neruda, Fotografie, Stockholm MM, Fotoarkivet Skand. Neruda (flera), Nr. 2352.

Abb. 16 Olga und Wilma Neruda, Fotografie, Stockholm MM, Fotoarkivet Skand. Neruda (flera), Nr. 2352.

Abb. 17 Olga, Wilma, und Franz Neruda, ca. 1881, Fotografie, Stockholm MTB, Neruda Album, Fotoarkivet Skand. Neruda (flera), Nr. 2356.

Abb. 18 Neruda Trio Wilma, Franz und Marie, ca. 1862, Fotografie, Stockholm MM, Fotoarkivet Skand. Neruda (flera), Nr. 2352.

Abb. 19 Rechenschaftsbuch Franz Neruda, Seite 1, Kopenhagen MM, FNP Kasse 3 / 17.

Abb. 20 Wilma Neruda, ca. 1862, Fotografie, Stockholm MM, Fotoarkivet Skand. Neruda (flera), Nr. 2352.

Abb. 21 Wilma Neruda, Zeichnung nach Staaff, Illustrerad Tidning, 22.3.1862, Stockholm MM, Nachlass Wilma Neruda: Sammlung Rezensionen.

Abb. 22 Wilma Neruda und (vermutlich) Niels Gade, ca. 1858. Zeichnung von Wilhelm Marstrand (1810-1873), Kopenhagen MM, Inv. Nr. MMCCS OB 50.

Abb. 23 Wilma Neruda, ca. 1862, Fotografie, Stockholm MM, Fotoarkivet Skand. Neruda (flera), Nr. 2352.

Abb. 24 Wilma Neruda, ca. 1862, Fotografie, Stockholm MM, Fotoarkivet Skand. Neruda (flera), Nr. 2352.

Abb. 25 Neruda Trio Franz, Marie und Wilma ca. 1862, Fotografie, Stockholm MTB, Fotoarkivet Skand. Neruda (flera), Neruda, Vänner o platser, Nr. 2351.

Abb. 26 Wilma Neruda mit Ludvig Norman-Neruda, 1865, Fotografie, Stockholm MM, Fotoarkivet Skand. Neruda (flera), Nr. 2352.

Abb. 27 Konzertprogramm Stockholm, Erste Kammermusiksoiree 7.2.1865, Nachlass Wilma Neruda, Sammlung Programmzettel, Stockholm MM.

Abb. 28 Wilma Neruda in der St. Jame's Hall, ca. 1870, Zeichnung von Daniel Frederick Wentworth http://upload.wikimedia.org/wikipedia/commons/5/5b/Wilma-norman-neruda.jpg (letzter Zugriff am 25.05.2010)

Abb. 29 Wilma Neruda, Fotografie, Stockholm MM, Fotoarkivet Skand. Neruda (flera), Nr. 2352.

Abb. 30 Wilma Neruda, Zeichnung von Otto Bache (1839-1927), Kopenhagen MM, Inv. Nr. MMCCS OB 52.

Abb. 31 Testimonial Seite 1, British Library London: Music Collection: Royal Philharmonic Orchestra, Sig. B.L. RPS MS. 351f 129

Abb. 32 Testimonial Seite 2, British Library London: Music Collection: Royal Philharmonic Orchestra, Sig. B.L. RPS MS. 351f 130

Abb. 33 Boudoir Wilma Nerudas, Holland Park 19, London, Fotografie nach *The Strand Musical Magazin*, Januar 1895, S. 13.

Abb. 34 Wilma Neruda, Fotografie, Stockholm MTB, Neruda Album, Fotoarkivet Skand. Neruda (flera), Nr. 2356.

Abb. 35 Charles Hallé, Fotografie, Stockholm MM, Fotoarkivet Skand. Neruda (flera), Nr. 2352.

Abb. 36 Wilma Neruda, Fotografie, Stockholm MM, Fotoarkivet Skand. Neruda (flera), Nr. 2352.

Abb. 37 Wilma Neruda in Venedig, ca. 1875, Fotografie, Stockholm MM, Fotoarkivet Skand. Neruda (flera), Nr. 2352.

Abb. 38 Wilma Neruda in Melbourne, 1890, Fotografie, Stockholm MM, Fotoarkivet Skand. Neruda (flera), Nr. 2352.

Abb. 39 V.V. Briscoe, Kapitän der Valetta, Sydney 1890, signierte Fotografie, Stockholm MM, Fotoarkivet Skand. Neruda (flera), Bl. a. album, Nr. 2350.

Abb. 40 Hasey Hopetoun, Australien Juli 1891, signierte Fotografie, Stockholm MTB, Fotoarkivet Skand. Neruda (flera), Neruda, Vänner o platser, Nr. 2351.

Abb. 41 Wilma Neruda, Fotografie, Stockholm MTB, Neruda Album, Fotoarkivet Skand. Neruda (flera), Nr. 2356.
Abb. 42 Wilma Neruda, ca. 1890, Fotografie von Barrand Liverpool, Stockholm MM, Fotoarkivet Skand. Neruda (flera), Nr. 2352.
Abb. 43 Carl Pinschof, Melbourne August 1890, signierte Fotografie, Stockholm MM, Fotoarkivet Skand. Neruda (flera), Bl. a. album, 2350.
Abb. 44 Earl of Kintore, Australien, ca. 1890, Fotografie, Stockholm MM, Fotoarkivet Skand. Neruda (flera), Bl. a. album, Nr. 2350.
Abb. 45 Wilma Neruda, 1894, Fotografie, Stockholm MM, Fotoarkivet Skand. Neruda (flera), Nr. 2352.
Abb. 46 Wilma Neruda, 1894, signierte Fotografie, Stockholm MM, Fotoarkivet Skand. Neruda (flera), Nr. 2352.
Abb. 47 Wilma Neruda am Meer, ca. 1900, Fotografie, Kopenhagen MM, FNP Kassette 4 / 19.
Abb. 48 Konzertprogramm, Kopenhagen 24.10.1905, Stockholm MM, Nachlass Wilma Neruda, Sammlung Programmzettel.
Abb. 49 Wilma und Marie Neruda, ca. 1900, private Fotografie, Stockholm MM, Fotoarkivet Skand. Neruda (flera), Album Neruda-Lindblad, E. Nr. 2353.
Abb. 50 Olga Neruda, Wilma Neruda und Johanna Stockmarr, ca. 1900, Fotografie, Stockholm MM, Fotoarkivet Skand. Neruda (flera), Album Neruda-Lindblad, E. Nr. 2353.
Abb. 51 Eugenie und Marie Neruda, Johanna Stockmarr, Wilma Neruda, ca. 1900, Fotografie, Stockholm MM, Fotoarkivet Skand. Neruda (flera), Album Neruda-Lindblad, E. Nr. 2353.
Abb. 52 Marie Neruda, Hjalmar Arlberg, Dagmar, Wilma und Franz Neruda, ca. 1900, Fotografie, Stockholm MTB, Fotoarkivet Skand. Neruda (flera), Neruda, Vänner o platser, Nr. 2351.
Abb. 53 Wilma Neruda, Fotografie, Stockholm MM, Fotoarkivet Skand. Neruda (flera), Nr. 2352.
Abb. 54 Ludvig Norman, Fotografie, Stockholm MM, Fotoarkivet Skand. Neruda (flera), Nr. 2352.
Abb. 55 Waldemar und Ludvig Norman-Neruda, ca. 1868, Fotografie, Stockholm MM, Fotoarkivet Skand. Neruda (flera), Nr. 2352.
Abb. 56 Wilma Neruda mit ihren Söhnen Waldemar und Ludvig, ca. 1876, Fotografie, Stockholm MM, Fotoarkivet Skand. Neruda (flera), Nr. 2352.
Abb. 57 Charles Hallé, ca. 1890, Fotografie, Stockholm MTB, Neruda Album, Fotoarkivet Skand. Neruda (flera), Nr. 2356.
Abb. 58 London Holland Haus Nr. 19, Fotografie der Autorin 2007.
Abb. 59 Wilma Neruda als Primaria der *Monday Popular Concerts*, mit Louis Ries (2. Violine), Ludwig Strauss (Viola) und Alfredo Piatti (Violoncello), Lithografie von Daniel Frederick Wentworth, *The Illustrated London News*, Bd. 60, 1872, S. 201.
Abb. 60 Wilma Neruda, ca. 1872, Fotografie Barrand Liverpool, Stockholm MM, Fotoarkivet Skand. Neruda (flera), Nr. 2352.

Abb. 61 Wilma Neruda, ca. 1885, Fotografie, Stockholm MM, Fotoarkivet Skand. Neruda (flera), Nr. 2352.
Abb. 62 Wilma Neruda, Fotografie, Stockholm MTB, Neruda Familienalbum (Eugenie Lindblads Fotoalbum) Fotoarkivet Skand. Neruda (flera), Nr. 2355.
Abb. 63 Wilma Neruda, ca. 1886, Fotografie, Stockholm MM, Fotoarkivet Skand. Neruda (flera), Archiv 29.
Abb. 64 Wilma Neruda, Fotografie, Stockholm MTB, Fotoarkivet Skand. Neruda (flera), Neruda, Vänner o platser, Nr. 2351.
Abb. 65 Wilma Neruda, Fotografie E. Holenberg Kopenhagen, Stockholm MM, Fotoarkivet Skand. Neruda (flera), Nr. 2352.
Abb. 66 Wilma Neruda, Fotografie, Stockholm MTB, Neruda Familienalbum (Eugenie Lindblads Fotoalbum), Fotoarkivet Skand. Neruda (flera), Nr. 2355.
Abb. 67 Wilma Neruda, Fotografie Elliott & Frey London, Frankfurt UB, Abteilung Musik, Theater, Film, Bildersammlung, Sammlung Manskopf, Sign. 6_F 09407.
Abb. 68 Wilma Neruda, ca. 1881, Fotografie Elliott & Frey London, Stockholm MTB, Neruda Album, Fotoarkivet Skand. Neruda (flera), Nr. 2356.
Abb. 69 Programmzettel *Monday Popular Concerts* London, 7. Dezember 1885, Frankfurt UB, Abteilung Musik, Theater, Film, Bildersammlung, Sammlung Manskopf.
Abb. 70 Tagebuch Südafrika, S. 1, Stockholm, MTB, Abteilung Handschriften
Abb. 71 Music room 1, Zeichnung von Joseph Pennell (1857-1926). Illustration zu: Elizabeth Robins Pennell: *Tantallon Castle: The Story of The Castle and of The Ship*, Edinburgh 1895.
Abb. 72 Music room 2, Zeichnung von Joseph Pennell (1857-1926). Illustration zu: Elizabeth Robins Pennell: *Tantallon Castle: The Story of The Castle and of The Ship*, Edinburgh 1895.
Abb. 73 Inderinnen in Südafrika, 1895, Fotografie, Stockholm MTB, Neruda Album, Fotoarkivet Skand. Neruda (flera), Nr. 2356.
Abb. 74 Präsident Kruger, Südafrika 1895, Fotografie, Stockholm MTB, Fotoarkivet Skand. Neruda (flera), Neruda, Vänner o platser, Nr. 2351.
Abb. 75 Smoking room, Zeichnung von Joseph Pennell (1857-1926). Illustration zu: Elizabeth Robins Pennell: *Tantallon Castle: The Story of The Castle and of The Ship*, Edinburgh 1895.
Abb. 76 Wilma Neruda, Porträt von George Frederic Watts (1817-1904) http://upload.wikimedia.org/wikipedia/commons/5/5e/Lady-Halle.jpg (letzter Zugriff am 25.05.2010)
Abb. 77 Wilma Neruda, Ölgemälde von John Collier (1850-1934), Kopenhagen MM, Inv. Nr. MMCCS OB 86.
Abb. 78 Wilma Neruda, Ölgemälde unbekannter Meister, Kopenhagen MM, Inv. Nr. MMCCS OB 53.
Abb. 78 Konzertprogramm Sydney 1890, State Library of New South Wales, Mitchell Library, Ann Carr Boyd Collectio, Wentzel family, Ref. Nr. MLMSS 6606 / Box 17 / Folder 1.

Abdruckgenehmigungen

Abb. 1, 10-12, 14-18, 20, 21, 23-27, 29, 34-46, 48-57, 60-66, 68, 70, 73, 74 und Umschlagmotiv: Abdruck mit freundlicher Genehmigung der Musik- och teaterbiblioteket Stockholm, Musik- och teatermuseet, Fotoarkivet Skand. Neruda.

Abb. 2, 4-6, 8, 19, 22, 30, 47, 77, 78: Abdruck mit freundlicher Genehmigung Kopenhagen Musikmuseet, Forskings- & Formidlingsafdelingen.

Abb. 3: Abdruck mit freundlicher Genehmigung der Royal Academie of Music London, McCann Collection.

Abb. 7, 13, 67, 69: Abdruck mit freundlicher Genehmigung der Universitätsbibliothek Frankfurt/Main, Johann Christian Senckenberg, Programm- und Bildersammlung, Sammlung Manskopf.

Abb. 9: Abdruck mit freundlicher Genehmigung des Hudebnni oddeleni Moravského muzea v Brne.

Abb. 31, 32: Abdruck mit freundlicher Genehmigung der British Library London, Music Collection.

Abb. 79: Abdruck mit freundlicher Genehmigung der Mitchell Library, State Library of New South Wales.

PERSONENVERZEICHNIS

Aberg, Hilma 260
Agrell, Anna 98-100
Albani, Emma 208
Alexandra, Prinzessin von Wales IX, 69, 132-134
Alfred von Sachsen-Coburg und Gotha, Herzog von Edinburgh 131
Alfvén, Hugo 741
Alma-Tadema, Laura 133
Alma-Tadema, Lawrence 133
Andersen, Hans Christian 86
Andrée, Friederike 81, 91-92
Anna zu Hessen, Prinzessin 85-87, 93
Arlberg, Fritz 5, 58, 236, 274
Arlberg, Hjalmar 58, 151, 214, 223, 329, 395
Arlberg, Marie s. Neruda, Marie
Arnold, Carl 104
Artot, Joseph 293
Auber, Daniel-François-Esprit 9
Auer, Leopold 130
Aulin, Tor 66

Bach, Johann Sebastian 56, 58, 64, 66, 90, 102, 104, 114, 122, 132, 145, 208, 211, 215, 221, 291, 302-303
Bach, Johann Christian Friedrich 56
Bache, Otto 133-134
Barnato, Barney 358
Bartholomew, William 39, 278
Bazzini, Antonio 71, 176, 178, 183, 205, 357
Becker, Hugo 118, 218-219
Beethoven, Ludwig van XII, 37, 55-56, 64, 66, 71, 83, 95, 102, 111, 114-116, 118, 120, 123-124, 131, 140-141, 145, 148, 151, 155, 174-176, 178, 181, 183, 197, 205, 216, 219, 222, 289-291, 293-299,
301, 303, 307-309, 316, 333, 352, 356-357
Beigel, Victor 210
Berger, Francesco 131, 281, 283-284, 287-288
Berger, Wilhelm 215, 302
Beriot, Charles Auguste de 25-27, 33-34, 39, 45, 293-294
Berlioz, Hector 83, 111, 247, 253
Bernhardt, Sarah 168, 197, 267
Blixen, Karen 85
Brahms, Johannes 3, 7, 9, 20, 55, 63, 66, 71, 83, 111, 118, 124, 137, 143, 146, 174, 184, 187, 216, 218, 289-290, 300-301, 304-305, 307, 310-311, 313-314
Březina, Karl 60
Borwick, Leonard 216
Bournonville, August 82
Broadfield, Edward J. 243
Bruch, Max 7, 20, 115, 118, 123, 210, 213-214
Bülow, Hans von XI, 7, 63, 111-114, 117-118, 125-128, 143, 148, 208-209, 212, 222, 267-269, 275-276, 279, 287, 305
Bull, Ole 77-78, 84, 141, 208, 293
Burdekin, Sydney 187, 191
Busoni, Ferruccio 3, 281, 305
Butler, Violet Victoria 134

Calisch, Moritz 134
Calvé, Emma 208
Campbell, Lucy Herbert 258
Carrington, Lord und Lady 162, 177, 186, 188-189
Casals, Pablo 219, 221
Cetti, Ludivica Camilla 66
Cetti, Giovanni 66

Christian VIII., König von Dänemark X
Christian IX., König von Dänemark 63-64
Chopin, Frederik 51, 71, 114, 205
Collier, John 134
Colonne, Edouard 147
Conby, T. A. 203, 349, 352, 357

Dargomyshski, Alexander 42
D'Aubert, Eduard 5, 81, 86, 89-91, 93-94, 96, 104, 109, 248
David, Ferdinand 9
Davidoff, Karl J. 64
Davies, Fanny 216
Dirnböck, Jacob 42
Dohnányi, Ernst von 216, 218, 289
Dolman, Frederick 13, 28
Doria, Clara s. Rogers
Doyle, Sir Arthur Conan 1, 134
Dreyschock, Alexander 85, 87
Dudley, Lord 131
Dussek, Johann Ladislaus 181, 183
Dvořák, Antonín 20, 55, 57, 118, 301, 313-314

Edouard VII., Prinz von Wales XII, 131-132, 134
Eichberg, Julius 259
Einstein, Alfred 262
Engström, Amalie Fredrica 229
Ernst, Heinrich Wilhelm 38, 52, 77-78, 131, 141, 177, 293

Ferni, Caroline 247
Ferni, Virginia 247
Fibich, Zdeněk 314
Fillunger, Marie 6, 137, 154, 157, 160-162, 194-198, 201, 203, 244-245, 267, 317, 326, 328-329, 333, 363
Finger-Bailletti, Elly 258
Fleetwood Wilson, Frances 325-326
Fonaroff, Vera 259

Franko, Jeanne 259
Fredrik VII., König von Dänemark 85

Gade, Niels 9, 60, 65, 83, 85, 87, 93, 130, 134, 154-155, 239
Galatzin, Marie 259
Gandhi, Mahatma 347
Garcia, Maria verh. Malibran 233
Garcia, Pauline verh. Viardot 232
Gates, Cecilia 258
Gates, Maud 101-102
Gernsheim, Friedrich 219
Gill, David 319, 362-364
Gladstone, William 132
Glinka, Michail 42
Goddard, Arabella 141, 308
Goldmark, Karl 314
Goldschmidt, Otto 229
Grainger, Percy 168
Grieg, Edvard 4, 9, 20, 65, 97, 137, 157, 177, 184, 215, 218, 232, 234, 304
Grieg, Nina Hagerup 232

Hagemeister, Richard 98, 100
Hall, Marie 257,
Hallé, Anna 329
Hallé, Barney 159, 192
Hallé, Charles XI, 3-4, 6, 10, 16, 20, 62-64, 67, 111-114, 116-118, 120, 122-124, 127, 129, 132, 138, 140-144, 146-148, 150-209, 216, 240-245, 253, 263, 267, 274, 302, 307-308, 311, 316-317, 325-370
Halle, Karl s. Hallé, Charles
Hallé, Gustav 202, 349, 350-352
Händel, Georg Friedrich 145, 170, 173, 260, 303
Hansen, Emil 86
Hansen, Nicolai 63
Hanslick, Eduard 30, 145, 247, 251, 254, 262, 293, 301

Hardwicke, Lord 131, 134
Hare, Amy 210
Hartmann, Johann Peter Emilius 86
Hedberg, Frans 230
Hegar, Friedrich 147
Hellmesberger, Josef 146
Hely-Hutchinson, Walter Sir 347
Hemmings, Florence 258
Hollaender, Gustav 100
Holm, Dagmar s. Neruda, Dagmar
Holm, Vilhelm 61
Holmes, Sherlock 1
Hopetoun, Lady Hasey 170-172, 187, 191
Hopetoun, Lord John Adrian 170, 172, 186, 191
Houghton, Elizabeth 259
Hüfner, Franz 121, 311, 313

Janáček, Leoš 101, 228
Jansa, Leopold X, 29-33, 50, 226, 254
Joachim, Amalie 116, 232, 286, 288
Joachim, Joseph X, XI, 3, 7, 9-10, 18-23, 39, 58-59, 62-63, 100, 108, 111-112, 114-118, 122, 124-125, 127-130, 137, 141, 143-146, 153-154, 174, 178, 205, 214-215, 218, 221-222, 232, 234, 237-238, 243, 250-251, 253, 257-258, 267-268, 281, 186, 288-289, 291, 198-299, 301-303, 306-307, 309-311, 313
Josephson, Jacob Axel 79, 90, 97, 233, 235

Kaltenborn, Franz 260
Kiel, Friedrich 314
Kintore, Earl of auch: Algernon Hawkins Thomond Keith-Falconer 186, 190-192
Kintore, Lady Sydney Charlotte 186
Klindworth, Karl 147
Kneisel, Ernst 259
Kovarik, Josef 260
Kruger, Paul 316, 348, 352-354

Lady Linsay auch Caroline Blanche Fitzroy 133
Lagerwall, Valborg 260
Lind, Jenny X, 30, 32-33, 54, 74, 80, 208, 229, 275, 292, 295
Lindgren, Astrid 74
La Mara s. Lipsius, Marie
Laub, Ferdinand 38
Lauterbach, Christoph 130
Lechner-Bauer, Natalie 258
Lehmann, Friedrich Carl 341-342
Léonard, Hubert 77-78
Leyds, Willem Johannes 351, 353
Lindberg, Hilma s. Svedbom, Hilma 66, 260
Lindblad, Adolf Fredrik 2, 296
Lindblad, Eugenie s. Neruda, Eugenie
Lindblad, Major 2
Lindman, C. J. 76
Lindroth, Adolf Fedrik 104
Lipsius, Marie 381
Liszt, Franz 32, 83, 85, 129, 262-264, 275, 291
Littehales, Lillian 259
Lose, C.C. 91, 92
Louise von Hessen-Kassel 64
Louise, Duchess of Agryll 137, 139
Lucas, Stanley 112, 283
Lundquist, Conrad 66
Lubomirski, Kazimierz 30

Maier, Amanda 257
MacCarthy, Maud 257
Malibran, Francois Eugène 233
Manns, August 117
Marteau, Henri 212, 300
Marsick, Martin Pierre 101-102
Marstrand, Wilhelm 83, 134
Mayer, Charles 84
Mayer-Minelli-Filipowicz, Elisabeth 246-247

Mead, Olive 259
Melba, Nelli 168, 208, 210
Mendelssohn Bartholdy, Fanny 226
Mendelssohn Bartholdy, Felix 39, 50, 55, 64- 65, 83, 88, 90, 95, 102, 108, 110-111, 114-116, 118, 121, 144-146, 174-175, 219, 226, 239. 255-156, 268, 283, 288, 291, 294, 296-298, 300, 303, 307, 310
Miersch, Paul 260
Milanollo, Marie 26, 34. 39, 127, 225-226, 229, 247, 254, 278
Milanollo, Teresa 26, 32, 34, 39, 127, 225-226, 229, 246-247, 254, 278
Møller, Carl Christian 88
Morris, Anthony G. 213
Moser, Andreas 18
Möser, A. 87, 95
Müller, August 10
Mussa, Mérica 259

Napoléon III., französischer Kaiser 108
Nardini, Pietro 71, 183
Naylor, Miss 161
Nedbal, Oscar 219
Neruda, Amalie X, 9, 16, 28, 31, 34, 41-42, 44-45, 49-50, 54-57, 134, 228- 229, 292, 365
Neruda, Dagmar 3, 66, 223
Neruda, Eugenie 2, 11, 49, 115, 221, 223, 274
Neruda, Francisca 27, 48-49
Neruda, Franz 2-5, 7, 11, 38, 46, 48-54, 57-58, 60-67, 70-74, 76, 81-82, 86, 88-91, 93-95, 106-107, 109, 114-115, 133, 148, 151-152, 176, 178, 205, 216, 221, 223, 226-228, 230, 232, 235, 237-238, 240, 242-243, 248, 252, 271-272, 294-296
Neruda, Johann Baptist 66
Neruda, Josef 4, 25-29, 34-36, 42, 44-45, 47-54, 57, 60, 62, 67, 72, 84, 95, 109, 225-228, 232, 237, 254, 270-272, 292, 294
Neruda, Marie 5, 45, 50, 57-60, 63-64, 66, 72-74, 94-96, 102, 109, 151, 213, 220-221, 223, 225-226, 228-230, 233, 235, 248, 271-272, 274, 296, 325, 329
Neruda, Olga 7, 46, 50, 64, 67-71, 145, 199, 220-221, 228, 235, 238, 243, 325, 329, 353, 365
Neruda, Viktor 9, 28, 36, 41-43, 45-46, 50, 60, 134, 154, 270, 293-294
Newman, Robert 213
Nilsson, Birgit 74, 85
Nilsson, Christina 80, 272
Nordquist, Johan Conrad 66, 216
Norman, Johan 229
Norman, Ludvig X, XI, 6, 16, 21, 76, 79, 81, 90-91, 93, 95, 97, 100, 102, 104-105, 126, 138, 148, 215, 229-236, 238-240, 243, 248, 260, 280, 296
Norman-Neruda, Ludvig X, 95-96, 156-157, 209, 211, 230, 233-234, 236-240, 325, 329, 347, 364
Norman-Neruda, May 156
Norman-Neruda, Waldemar X, 96-97, 157, 230, 233-234, 236-240, 325, 329
North, Gladys 259

Ondriček, František 208
Otton, S. Churchill 160-161, 167, 173, 193

Pachmann, Wladimir 213
Paderewski, Ignaz 208, 210, 213, 216, 306
Parmentier, Théodore 229, 246
Parry, Hubert H. 260, 314
Pasdeloup, Jules 107-109
Patti, Adelina 74, 150
Pauer, Ernst 115, 122, 141
Paulli, Holger Simon 106

Petersen, Christian 63
Piatti, Alfredo 62-63, 111-112, 117-118, 121, 123-124, 134, 141, 143, 243, 253, 308, 311
Pinschof, Carl Ludwig 179, 187-188
Poole, W. H. 160, 167, 193, 199-200
Powell, Maud 121, 130, 251, 257, 259-260, 276
Prume, Francois 77-78

Radnor, Lady – Viscontess Folkestone 260
Reber, Napoléon-Henri 295
Reinecke, Carl 56
Reitz, P. W. 358
Remenyi, Edouard 168
Reuß-Gaudelius, Agathe 9
Revelstoke, Lord 132, 134
Richter, Hans 137, 284
Ries, Franz 3, 183
Ries, Louis 121, 123, 134, 253, 308, 311
Riley, Lucy 258
Rode, Pierre 87, 107, 110, 256
Regers, Clara Kathleen 308
Rhodes, Cecile 321, 359
Robinson, J. C. 317, 333, 344, 364, 369
Robinson, Hercules Sir 316, 334
Rogers, Clara Kathleen 308, 350, 353
Rogers, William Heyward 350
Romani, Bertha Roeder von 9
Rose, Algernon 192
Rosenthal, Moriz 208
Roy, Gabriele 258
Rubenson, Albert 79, 230
Rubinstein, Anton 56, 64, 84-86, 109, 111-112, 128, 208, 306, 313-314
Rudorff, Ernst 250-251
Rust, Friedrich Wilhelm 56, 71, 110, 118, 143, 145, 286, 230

Saint-Saëns, Camille 130, 150, 306
Sapellnikoff, Wassily 288

Sarasate, Pablo de 19, 128, 130, 183
Scharwenka, Xaver 100
Sauret, Èmil 128
Scheidler, Dorette verh. Spohr 232
Schellendorf, Hans Bronsart von 314
Scherek, Benno 161
Schiller, Madeline 168
Schleicher-Krähmer, Caroline 247
Schneeweiß, Amalie s. Joachim, Amalie
Schröder-Devrient, Wilhelmine 43
Schubert, Franz 65, 83, 114, 117-118, 124, 143, 296, 307, 309
Schulhoff, Julius 9, 43, 47
Schulz, Zdenka 56
Schumann, Clara 3, 6-7, 21, 32-33, 35, 43, 67-69, 96, 105, 111, 114, 117, 122, 128-130, 133, 137-138, 141, 153-156, 225, 228, 233, 243, 250, 262-264, 267, 273-274, 280-281, 285-286, 291-292, 295, 298, 311
Schumann, Eugenie 6, 154, 160-162, 194-198, 201, 244-245, 267
Schumann, Robert 6, 21, 55-56, 74, 102, 104, 117, 130, 225, 229, 233, 239, 264, 289, 295-296, 303, 307, 310-311, 314
Schumann, Mary 258
Schuppanzigh, Ignaz 29
Scotta, Frida verh. Kaulbach 257
Searell, Luscombe 202-203, 346, 348, 352, 364
Servais, Adrien-François 60, 84
Shinner, Emily 257-258
Siboni, Erik 86
Siboni, Vincenzo Antonio 86
Smetana, Bedřich 313
Södermann, Fritz 96
Soldat-Röger, Marie 130, 251, 258
Sperati, Paolo 90
Spiering, Leonore 3
Spiering, Theodore 3

Spohr, Louis 64-65, 71, 111, 113, 118, 120, 143, 145-146, 177, 205-206, 232, 297, 299, 300, 302, 310
Stenhammar, Wilhelm 66, 216
Strinasacchi-Schlick, Regina 122, 246
Stockmarr, Johanna Amalie 216, 220, 223, 395
Strauss, Ludwig 118, 134, 143, 253, 311
Svedbom, Hilma 66
Svendsen, Anton 63

Tartini, Giuseppe 66, 212, 216, 306
Tayau, Marie 259
Teresina, Tua 251, 257
Tovey, Donald Francis 216, 218-219, 288, 290, 305
Trebelli, Antoinette 204, 316, 353
Trebelli, Zelia 204, 208
Tyl, Josej Kajetán 25

Urso, Camilla 168, 204, 246, 257

Vert, Nathaniel 284
Victoria I., Königin von England 131-132, 137-138, 140, 258
Vieuxtemps, Henri 43, 65, 69, 71, 74, 87, 107, 110-112, 118, 128-129, 141, 145-146, 174, 176, 178, 183-184, 205, 211, 234, 254-256, 262, 275-276, 293, 297-300, 356
Viotti, Giovanni Battista 69, 71, 127, 145, 302

Wallace, Robert 363
Wentworth, Daniel Frederick 119, 253
West, Vincent 160
Wickenhauser, Amalie s. Neruda, Amalie
Wickenhauser, Ernst 55
Wieck, Clara s. Schumann, Clara
Wiedermann, Elise 187
Wieniawski, Henryk 9, 17, 43, 65, 71, 111, 141, 174, 183-184, 292, 306
Winding, Heinrich August 93
Wilhelmj, August 141, 168
Wietrowetz, Gabriele 130, 251
Wurm, Mary 130

Ysaÿe, Eugen 128, 213

Zerbini, John Baptiste 121, 123, 308

STUDIEN UND MATERIALIEN ZUR MUSIKWISSENSCHAFT

*Zuletzt in dieser Reihe erschienen/
Recently published in this series:*

Band 69:
Sandra Danielczyk, Christoph Dennerlein, Sylvia Freydank, Ina Knoth, Mathias Maschat, Lilly Mittner, Karina Seefeldt, Lisbeth Suhrcke (Hg.)
Konstruktivität von Musikgeschichtsschreibung: Zur Formation musikbezogenen Wissens Tagung Göttingen 3.- 5. Nov. 2011. 2012. 268 Seiten. ISBN 978-3-487-14817-5

Band 68:
Martina Krause, Lars Oberhaus (Hg.)
Musik und Gefühl. Interdisziplinäre Annäherungen in musikpädagogischer Perspektive. 2012. 338 Seiten. ISBN 978-3-487-14697-3

Band 67:
Dietrich Helms, Sabine Meine (Hg.)
Amor docet musicam. Musik und Liebe in der frühen Neuzeit 2012. 399 Seiten mit Notenbeispielen und Abbildungen, davon 7 farbig.
ISBN 978-3-487-14696-6

Band 66:
Michael Baumgartner
Exilierte Göttinnen: Frauenstatuen im Bühnenwerk von Kurt Weill, Thea Musgrave und Othmar Schoeck 2012. 474 Seiten mit einigen Abbildungen und zahlreichen Notenbeispielen. ISBN 978-3-487-14815-1

Band 65:
Wolfgang Hirschmann (Hg.)
Aria. Eine Festschrift für Wolfgang Ruf 2011. 802 Seiten und 12 Farbtafeln.
ISBN 978-3-487-14711-6

Band 64:
Susanne Dammann
Charakteristik und Formprozess. Einheit und Vielfalt in den späten Symphonien Antonín Dvoráks 2011. 240 Seiten mit Notenbeispielen.
ISBN 978-3-487-14577-8

GEORG OLMS VERLAG